全国普通高校电子信息与电气学科基础规划教材

模拟电子技术简明教程

元增民 主编

清华大学出版社
北京

内容简介

本书主要介绍 BJT 和 FET 两种半导体器件，以及放大、反馈、滤波、振荡、电源五大模块。本书特点：层次有别，重点突出，如工作点分为内涵与外延；有来有去，逻辑性强，如根据输出范围最大要求寻求临界工作点；分析计算力求定量，如对工作点稳定性的分析实现定量设计；电路分析透彻周到，如放大器一参数九指标分析计算齐全；详略得当，深浅有序，如介绍三极管时，以讲透三极管三特性为宜，介绍集成放大器工作原理时，以讲清三项关键技术——差分放大、电流镜和有源负载技术——为宜；联接孤岛融会贯通，如根据方波的梯形畸变来计算运放芯片压摆率；抓住要害有的放矢，如针对削平失真、上矮胖下瘦长的非线性失真及交越失真等三大几何失真进行放大器、振荡器的设计。同时，本书简化了分析计算，如放大器下限频率计算采用高精度近似方法，如用 3φ 法即 $\sum\varphi=\varphi_a+\varphi_f+\varphi_c=2n\pi$ 或 $(2n+1)\pi$ 统一判断反馈相位条件即反馈极性。力求更好适合应用型本科、注册电气工程师执业资格考试培训、专科和高职高专教学以及最广泛的中初级层次读者自学的需求。

图书在版编目(CIP)数据

模拟电子技术简明教程/元增民主编. —北京：清华大学出版社，2014(2021.9重印)
(全国普通高校电子信息与电气学科基础规划教材)
ISBN 978-7-302-37340-7

Ⅰ. ①模… Ⅱ. ①元… Ⅲ. ①模拟电路—电子技术—高等学校—教材 Ⅳ. ①TN710

中国版本图书馆 CIP 数据核字(2014)第 159498 号

责任编辑：文 怡
封面设计：傅瑞学
责任校对：焦丽丽
责任印制：丛怀宇

出版发行：清华大学出版社
网　址：http://www.tup.com.cn，http://www.wqbook.com
地　址：北京清华大学学研大厦 A 座　　**邮　编**：100084
社 总 机：010-62770175　　**邮　购**：010-62786544
投稿与读者服务：010-62776969，c-service@tup.tsinghua.edu.cn
质量反馈：010-62772015，zhiliang@tup.tsinghua.edu.cn
课件下载：http://www.tup.com.cn，010-62795954
印 装 者：北京九州迅驰传媒文化有限公司
经　销：全国新华书店
开　本：185mm×260mm　　**印　张**：18.5　　**字　数**：446 千字
版　次：2014 年 11 月第 1 版　　**印　次**：2021 年 9 月第 5 次印刷
定　价：49.00 元

产品编号：057845-02

前言

1998年我国高等学校扩招以来，很多学校连续降低卷面及格线，先从60分降到55分，又从55分降到50分。即使如此放水，很多高校课程考试及格率偏低的问题依然严重。

对比之下，美国高等学校的课程考试卷面及格线，不用说哈佛等名校，即使普通本科大学，很多也规定为70分。很多有识之士已经认识到，国内很多高校课程考试卷面及格线一直停留在50分甚至更低水平下，真是饮鸩止渴，后患难料！

教育是立国之本。教育质量是国家实力的基础。高等学校如何淘汰水课、打造金课、取消清考，提高质量，有太多的基础建设工作亟待一代代人来接力完成。

模拟电子技术课程是很多高校很多专业开设的一门课程，也是一门典型的水课。根源在于模拟电子学学科历史太短，在概念、方法等方面存在缺陷、漏洞、错误。在此略举几例。

(1) 忽视少子只有多子的百亿分之一的事实，认为少子漂移电流能与多子扩散电流相平衡，不仅使自由PN结内电场势垒U_{ho}大小没有结论，并错误认为导通PN结还有内电场U_h。U_{ho}、U_h及放大器输出范围$U_{om(max)}$，已被戏称为传统模拟电子学解不开的三个U。

(2) 放大器最佳工作点、输入范围、输出范围缺乏讨论。学生做放大实验，不知道最大能加上多大幅度的输入信号电压。第一步都走不开，遇到失真更是一头雾水。

(3) BJT输入电阻r_{be}本来是晶体管的参数，传统上却安排在放大电路章节来讨论。读者欲使用时往往踏破铁鞋无觅处，解题第一步就难以走开。r_{be}计算公式本来有互相等价的三种形式，传统却只介绍最复杂的一种形式，人们用起来往往捉襟见肘。

(4) 放大器上下限频率计算残缺不全。基本共射放大器下限频率只在两时间常数相差很大情况下有简化计算，两时间常数相差不大乃至相等的典型情况反而鲜见讨论。共射放大器上限频率计算很繁杂，共集及共基放大器上限频率分析计算更是鲜见讨论。

(5) 串、并联反馈概念死绕弯子不得要领，害人之深，使无数的人们困惑迷茫。

(6) 基于晶体管输出特性曲线族的图解法洋洋洒洒几十页，最后最佳工作点及输出范围一个也没得到。

(7) 三极管第一参数电流放大倍数β值在传统教科书、理论课堂及实验课堂都难以得到重视。

某高校组织上千名学生集体购买的数字万用表的晶体管电流放大倍数β值测量插孔竟然是空的，该功能被制造厂家删除了，令人刻骨铭心！因为商人都知道高校模电实验教学不测β值。难怪很多单位接收大学毕业生后第一件事就是重新进行模拟电子技术培训！

模拟电子学的缺陷还有很多，详见作者2020年8月出版的专著《模拟电子学的创新之路》。

读者用传统模电教科书，如看天书，如走迷宫，如闯暗道。难怪学生模电理论课莫名其妙、仰天望地、昏然入梦，实验课无从下手、一脸惆怅、屡屡拖堂，考试及格率甚至降到30%以下。大学四年，本来是人的一生中最灿烂的时光，实际上无数大学生一直笼罩在补考、重修、清考的阴影中。欢蹦乱跳的孩子经大学培养教育，本来应当更聪明，实际很多变得笨拙了，甚至“刀枪不入”。错漏连篇的教科书难咎其责。

问题是如何应对。一种应对，只是片面降低教学难度，是消极应对。例如，学生不会搭实验电路，就改用模板。某实验设备厂为其实验台配用的模电教学模板已超过10种。昂贵的实验台几乎沦落为模板的基座。用模板做实验，尽管学生只需接两根电源线加输入输出共四根线，虽然简单透顶，但是很多学生还是无奈。一学期闪过去了，别说学到啥，很多学生就连已经老掉牙的色环电阻都不认识。

另一种应对，是从学科基础找原因、做工作，是从基础理论研究及改进教科书做起。

2001年前辈童诗白教授就指出：“模拟电路不好学”。向人们发出了研究和改进模拟电子学的号召。1998年高伟、2002年赖家胜、冯永振先生就基本共射放大器提出最佳工作点及输出范围计算方法，1999年吴运昌先生纠正FET输出特性曲线族饱和区与灵敏区分区错误。同年常建刚、陈兆生提出反馈系统的合成环节概念。2004年铃木雅臣先生抛弃了基于晶体管输出特性曲线族的图解法。2012年陶希平先生实质使用了加、减反馈概念。

作者就是在前辈们的激励、鼓舞和鞭策下，从世纪之交开始系统性研究工作的。经过几十年来的不懈研究，作者工作重心已经从大面积开荒转为精细心梳理，从能做能算发展到算得更准更好更快。如将三组态BJT放大器的电压、电流、功率增益计算公式统一为一种三组态通用的规范形式；放大器上下限频率计算已改用一种高精度近似方法；已建立并用合成环节相移φ_s概念及3φ法快速判断反馈极性。特别是作者的很多学生也主动参加研究。如刘志国同学提出的反馈系数计算方法因其方便快捷受到大家的由衷欢迎。

本书的前身《模拟电子技术》于2009年由中国电力出版社印行。虽然没有依赖什么光环，但这本书还是受到广大读者的热忱欢迎，并且加印了。说明作者真正与读者站在一起，想读者之所思，谋读者之所急，解读者之所疑。

经优化充实加强调整以后，《模拟电子技术》修订版于2013年由清华大学出版社印行，《模拟电子技术简明教程》于2014年由清华大学出版社印行，形成互补的系列。

十年来作者这三本新体系特色模电教科书已经由近30所院校在本、专科教学及注电培训教学中自主采用。其中新理论的正确性、新方法的快捷性已经得到各方面充分的检验。

实践表明，按照本书新知识体系组织教学，即便教考分离，或者即使教学过程按照旧知识体系组织，只要学生受到本书的熏陶，考试及格率都会明显提高。特别是2014年以来六届注电学员使用本书学习模电，把模电课由落分大户改造为提分利器。根本原因是本书的新知识新方法体系不仅系统全面好用，而且全面覆盖和包容了旧体系。

作者的工作得到长沙大学(长沙学院)和山东华宇工学院的大力支持，在此表示衷心感谢。

本书备有电子课件及教学视频，登录清华大学出版社网站 www. tup. com. cn 可免费下载。

以精致的文字、严密的逻辑、合时的题材、丰富的内涵服务社会，是作者的追求。但因水平有限，不足之处还望多多指正。意见请发 yzmhb@126. com 或加 QQ1471579366。

作　者

2020年金秋本书第三次加印时写于德州京杭大运河畔

主要符号表

1. 专用下标

s：① 信号　② FET 源极

g：FET 栅极

d：FET 漏极

b：BJT 基极

c：BJT 集电极

e：BJT 发射极

r：电阻

i：输入

o：输出，负载

m：电流或电压幅度

2. 专用符号

β：BJT 电流放大倍数

g_m：FET 跨导

θ：BJT 电流放大倍数 β 值温度系数

λ：集电极偏置电流的温度系数

ξ：集-射极偏置电压的温度系数

σ：输出范围的温度系数

3. 带下标的参量

R_b：BJT 基极外接偏置电阻

R_c：BJT 集电极外接安伏变换器

R_e：BJT 发射极外接反馈电阻

R_g：FET 栅极外接偏置电阻

R_d：FET 漏极外接安伏变换器

R_s：FET 源极外接反馈电阻

R_L：放大电路负载电阻

r_s：信号源内阻

r_{be}：BJT 发射结电阻（b、e 动态电阻）

r_{ce}：BJT 输出电阻（c、e 动态电阻）

r_{ds}：FET 输出电阻（d、s 动态电阻）

r_i：放大电路输入电阻

r_o：放大电路输出电阻

$\dot{E}_s$：信号源电动势相量，E_s为其有效值

$\dot{I}_s$：信号源电流相量，I_s为其有效值

i_b：BJT 基极瞬时总电流

i_c：BJT 集电极瞬时总电流

i_e：BJT 发射极瞬时总电流

i_d：FET 漏极瞬时总电流

i_r：某电阻瞬时总电流

I_b、I_c、I_e、I_d：直流偏置电流

$I_{c(cr)}$、$I_{e(cr)}$、$I_{d(cr)}$：直流偏置电流临界值

I_{dss0}：零电阻零栅压漏极电流

I_{dss}：零栅压漏极电流

u_{ce}：BJT 集-射极电压瞬时值

U_{ce}：BJT 集-射极偏置电压

$U_{ce(cr)}$：BJT 集-射极偏置电压临界值

u_{ds}：FET 漏-源极电压（降）瞬时值

U_{ds}：FET 漏-源极偏置电压

$U_{ds(cr)}$：FET 漏-源极偏置电压临界值

$\dot{U}_o$：负载电压（相量）

U_o：负载电压有效值

U_{om}：负载电压幅度

$U_{om(max)}$：负载电压最大幅度（动态范围）

$\dot{I}_o$：负载电流（相量）

A_u：源电压放大倍数

A_{uz}：放大电路自身电压放大倍数

A_i：电流放大倍数

A_p：功率放大倍数

目录

第1章 晶 体 管

半导体技术是当代信息技术的核心。本章介绍基于半导体技术制造的晶体二极管、晶体三极管及发光二极管、光电池、光敏二极管、光敏三极管、磁敏三极管等半导体器件。

1.1 半导体PN结与晶体二极管数理模型

1.1.1 半导体及其掺杂改性

电子比原子小得多。电子质量大约只有硅原子的十万分之二。从微观层次看，原子之间是有缝隙的。电子在原子之间的缝隙中不定向地随机运动，物质不显电性。电子在原子之间的缝隙中定向穿梭运动，就会输送电荷而导电。

电导率介于导体与绝缘体之间的材料称为半导体。常见半导体材料有硅(Si)、锗(Ge)和砷化镓(GaAs)等。半导体材料有以下4个基本特点：

① 电导率介于导体与绝缘体之间；

② 物质结构为单晶体；

③ 微量掺杂后电导率猛然增大；

④ 光照或受热后电导率稍微增大。

硅电导率约为 5×10^{-4}S/m(西门子/米)，是陶瓷的 1.5×10^{9} 倍，是铜的 $1/10^{11}$。

1. 本征半导体、本征激发及载流子

成分纯净、结构单晶的理想半导体材料称为本征半导体(Intrinsic Semiconductor)，其结构如图1.1.1所示。

制造半导体器件要用纯度99.999 999 9%(俗称九个9)以上的半导体单晶材料。

四价元素硅原子外层的4个电子与相邻原子的外层电子组成稳定的共价键结构。

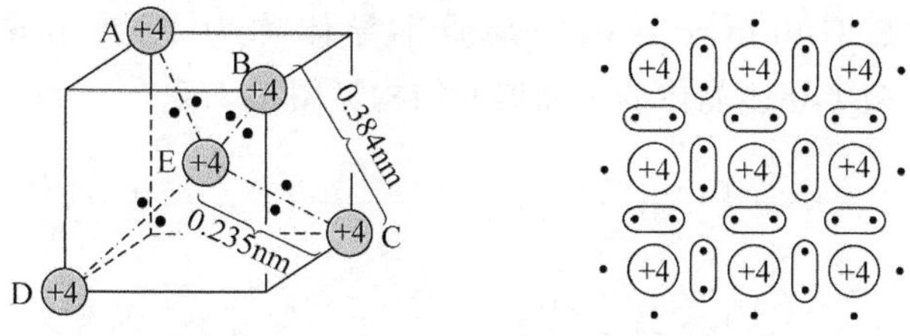

(a) 实际的硅晶体立体结构图　　(b) 硅晶体的平面展开表达

图1.1.1 本征半导体晶体结构

由于热的影响，本征半导体中会不断地成对出现微量自由电子-空穴，又不断地复合，这种现象叫做本征激发。本征激发使得本征半导体中始终存在等量的自由电子和空穴。有益于导电的自由电子和空穴都叫做载流子。空穴或空位本身并不带电。称空穴为载流子，只是因为空穴为电子的移动即导电提供了方便而已。

每立方厘米本征半导体中的自由电子数用 N_i 表示，等量空穴数用 P_i 表示，$P_i=N_i$，下

标 i 为 intrinsic(本征)的首字母。N_i 和 P_i 统称为本征载流子浓度。

每立方厘米硅单晶约有 5×10^{22} 个硅原子。温度越高，本征激发越多，本征半导体中的自由电子和空穴数量越多。室温时本征载流子浓度 $N_i=P_i\approx1.4\times10^{10}/\text{cm}^3$。$5\times10^{22}/(1.4\times10^{10})\approx3.6\times10^{12}$，室温时硅晶体中每 3.6×10^{12} 个硅原子中才有一个硅原子释放出一个电子和空穴。本征激发产生的载流子相对很少，而本征半导体材料电导率很低。

2. 杂质半导体——N 型半导体与 P 型半导体

常温下硅晶体为金刚石结构，呈灰黑色闪亮金属光泽。硅的熔点为 1410℃。约 850℃ 高温时硅晶体开始松散，此时可以按照下列两条要求有意识地掺入杂质。

(1) 掺入杂质为三价元素或五价元素。

分别掺入三价元素和五价元素将形成特性互补的杂质半导体。

(2) 掺杂量适当，通常为百万分之一甚至更微量的掺杂。

掺杂使自由电子和空穴的数量不再相等，结果形成了多数载流子和少数载流子。

掺杂浓度有两种表达方式，一是每立方厘米晶体内掺入的杂质原子数，称为体积掺杂浓度，符号 N_d，下标 d 是 doping(掺杂)的首字母；二是晶体内杂质原子数与主体原子数的比值，称为相对掺杂浓度，符号 N_{rel}。对于硅，体积掺杂浓度 N_d 与相对掺杂浓度 N_{rel} 的关系为

$$N_d = N_{rel}\times5\times10^{22}/\text{cm}^3 \tag{1.1.1}$$

为使自由电子与空穴两种载流子数量差异极明显，体积掺杂浓度应当远远大于本征载流子浓度，对硅来说就是远远大于 $N_i=P_i\approx1.4\times10^{10}/\text{cm}^3$。为不影响晶体原结构，体积掺杂浓度应当远远小于主体原子体积浓度，对硅来说就是远远小于 $5\times10^{22}/\text{cm}^3$。总之，对硅来说，体积掺杂浓度应当大致介于 $N_d=5\times10^{12}/\text{cm}^3\sim5\times10^{16}/\text{cm}^3$ 之间，折合相对掺杂浓度 $N_{d(rel)}=10^{-10}\sim10^{-6}$，即百亿分之一到百万分之一之间。

相对掺杂浓度是在三维空间定义的。相对掺杂浓度达到上限百万分之一(即 10^{-6})时，在每个晶格方向上看，就是每 100 个主体原子才掺入一个杂质原子。

1) N 型半导体

往四价硅中掺入微量五价磷后电导率增大的原因是产生了带负电荷的自由电子。这种掺入五价元素后依靠自由电子导电的杂质半导体称为 N 型半导体(Negative-Type Semiconductor)。N 型半导体晶体的平面展开结构见图 1.1.2。

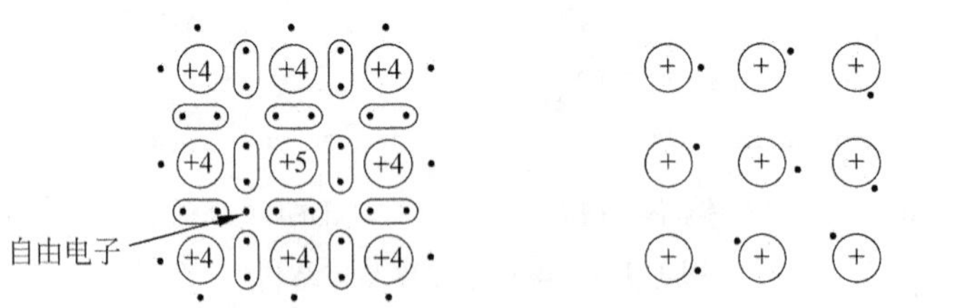

(a) N型半导体结构的平面展开表示　　(b) N型半导体结构的简化平面展开

图 1.1.2　N 型半导体晶体结构及其简化画法

图 1.1.2(a)中的 +4 代表 4 个单位正电荷，标有 +4 的圆圈代表主体硅原子实，+5 代表 5 个单位正电荷，标有 +5 的圆圈代表杂质磷原子实。

图 1.1.2(b)简化画法省略了所有主体原子，只画出杂质原子。标有＋号的圆圈代表失去一个电子的杂质离子——磷离子，而黑点代表带 1 个单位负电荷的自由电子。

2) P 型半导体

三价元素原子外层电子个数为 3。在纯净的半导体材料硅中加入微量三价元素硼、铝或铟，也不影响硅晶体结构。以掺入微量硼为例，硼原子外层 3 个电子与相邻 3 个硅原子的外层价电子形成 3 个共价键，相邻第 4 个硅原子周围缺少 1 个配对电子而出现 1 个空穴。空穴的存在为周围的电子挣脱共价键的束缚创造了客观条件，电子会填补空穴。自由态下，电子填补空穴是随机的，空穴位置飘忽不定。在外加电压作用下，电子会定向填补空穴。形式上看起来是空穴定向运动，实质上是电子反向递补运动，也能导电。

四价硅中掺入微量三价硼后电导率增大的原因是产生了空穴。这种掺入三价元素后依靠电子定向填补空穴而导电的杂质半导体称为 P 型半导体(Positive-Type Semiconductor)。P 型半导体晶体的平面展开结构见图 1.1.3。

图 1.1.3(a)中的＋4 代表 4 个单位正电荷，标有＋4 的圆圈代表主体硅原子实，＋3 代表 3 个单位正电荷，标有＋3 的圆圈代表杂质硼原子实。

图 1.1.3(b)简化画法省略了所有的主体原子，只画出杂质原子。大圆圈表示三价杂质原子，小圆圈表示空穴。

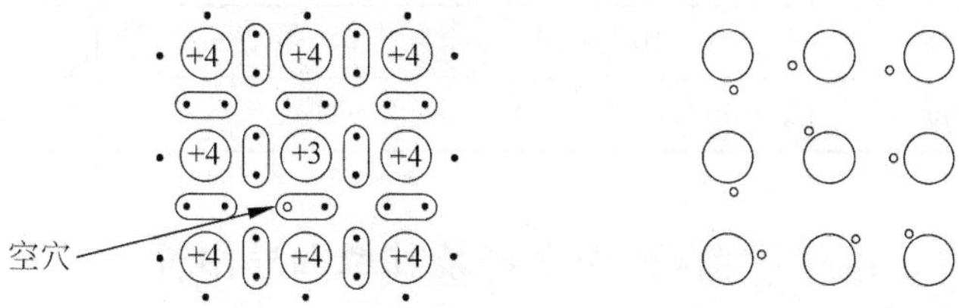

(a) P型半导体结构的平面展开表达　　(b) P型半导体结构的简化平面展开

图 1.1.3　P 型半导体晶体结构及其简化画法

N 型半导体导电是依靠自由电子的连续运动，P 型半导体导电则是依靠电子依次填补空穴所形成的接力运动。P 型半导体导电过程就好像电子的接力赛跑。

3. 多数载流子与少数载流子

N 型半导体中不仅有大量自由电子，由于热激发影响，还有极微量空穴；同样，P 型半导体中不仅有大量空穴，还有极微量自由电子。N 型半导体中大量自由电子称为多数载流子，极微量空穴称为少数载流子。P 型半导体中大量空穴称为多数载流子，极微量自由电子称为少数载流子。多数载流子简称为多子，少数载流子简称为少子。

半导体掺杂前后两种载流子浓度的乘积保持不变。本征载流子浓度为 $N_i = P_i$，掺杂后每立方厘米中自由电子数变为 N_d，空穴数变为 P_d，则有

$$N_d P_d = N_i P_i = N_i^2 = P_i^2 \tag{1.1.2}$$

掺入浓度远大于 N_i 的五价杂质后形成 N 型半导体，自由电子浓度 N_d 约等于所掺入的五价杂质浓度，自由电子锐增，空穴大量被填充，空穴浓度 P_d 锐减。可由式(1.1.2)计算

杂质半导体空穴浓度 P_d 及其与自由电子浓度 N_d 的比值 P_d/N_d

$$P_d = N_i^2/N_d \tag{1.1.2a}$$

$$P_d/N_d = (N_i/N_d)^2 \tag{1.1.2b}$$

若 $N_i=1.4\times10^{10}/cm^3$，掺入五价杂质浓度即自由电子浓度 $N_d=10^{15}/cm^3$，则自由电子浓度与空穴浓度的比值锐增为

$$N_d/P_d = (N_d/N_i)^2 = [(10^{15}/cm^3)/(1.4\times10^{10}/cm^3)]^2 \approx 50\times10^8$$

就是说，常温下掺杂浓度 $N_d=10^{15}/cm^3$ 时，N 型硅晶体中自由电子数是空穴的 50 亿倍。每 50 亿个自由电子，才对应有一个空穴。同理，常温下掺杂浓度 $P_d=10^{15}/cm^3$ 时，P 型硅晶体中空穴数是自由电子的 50 亿倍。每 50 亿个空穴，才对应有一个自由电子。

可以看出，杂质半导体中少子如此之少，绝大多数情况下完全可以忽略不计。

少子越少，半导体器件工作越好。理想半导体材料的少子应为 0。室温下温度升高 10℃，硅本征半导体中自由电子和空穴数量 N_i、P_i 将加倍，而杂质半导体中少子数量将增加为原先的 4 倍。由此判断，本征半导体中自由电子和空穴原始量 N_i、P_i 越多，所制成的半导体器件极限最高工作温度就越低。表 1.1.1 展示了室温 300K 下锗、硅、砷化镓半导体材料的本征载流子浓度及其所制成的半导体器件的极限最高工作温度。

表 1.1.1　室温 300K 下常见材料的 N_i、P_i 值及器件极限最高工作温度

材　料	锗	硅	砷化镓
本征载流子浓度 $N_i=P_i$	$2.4\times10^{13}/cm^3$	$1.4\times10^{10}/cm^3$	$1.1\times10^{7}/cm^3$
器件极限最高工作温度	100℃	250℃	450℃

1.1.2　PN 结自由电子扩散势、内电场及其单向导电性

1. 扩散势与 PN 结内电场的形成

N 型与 P 型半导体的结合体称为 PN 结。电子工程中 PN 结可用合金法或扩散法等工艺制成。PN 结刚形成时，见图 1.1.4(a)，N 区电子会经过界面移动到 P 区填充空穴。重物的下落是受到重力的作用，电子的移动是受到电动势的作用。自由电子从 N 区移动到 P 区，所受电动势称为扩散势或逃逸势，用 E_e 表示，其大小与材料及掺杂浓度有关。电子从 N 区移动到 P 区，相当于把正电荷从 P 区推到 N 区，故 E_e 极性为 P 正 N 负。

按照半导体物理原理，室温下硅 PN 结自由电子扩散势(逃逸势)E_e 及其温度系数为

$$E_e = 0.119\lg N_d - 1.17\text{V} \tag{1.1.3}$$

$$\frac{dE_e}{dT} = 0.396\lg N_d - 8.17\,\frac{\text{mV}}{℃} \tag{1.1.4}$$

掺杂浓度为 $N_d=5\times10^{15}/cm^3$ 时，由此计算室温下硅 PN 结逃逸势及温度系数各为

$$E_e = 0.119\lg(5\times10^{15}) - 1.17\text{V} = 1.868 - 1.17 \approx 0.7\text{V}$$

$$\frac{dE_e}{dT} = 0.396\lg(5\times10^{15}) - 8.17 \approx -2.0\text{mV}/℃$$

硅 PN 结自由电子扩散势 E_e 及其温度系数与掺杂浓度的关系见表 1.1.2。

表 1.1.2　室温下硅 PN 结自由电子扩散势 E_e（正向压降）及其温度系数

$\lg N_d$	12	14	15	16	17	18	19
E_e/V	0.26	0.50	0.62	0.73	0.85	0.97	1.09
$\frac{dE_e}{dT}\Big/\frac{mV}{℃}$	−3.4	−2.6	−2.2	−1.8	−1.4	−1.0	−0.6

常温下晶格固定，原子不能活动。就好像电子是和尚，原子是庙，跑得了和尚跑不了庙。N 区电子跑到 P 区填充空穴后，原地留下正离子，在 N 区一侧形成正电荷区，在 P 区一侧形成负电荷区。P 区负电荷区与 N 区正电荷区组成 PN 结内电场，也叫空间电荷区。内建电势（势垒）U_b 的极性 N 正 P 负，与扩散势 E_e 方向相反，见图 1.1.4(b)。U_b 削弱 E_e 的作用。内建电势 U_b 对电子迁移是阻力。最先迁移的电子形成势垒，阻止其他电子继续迁移。

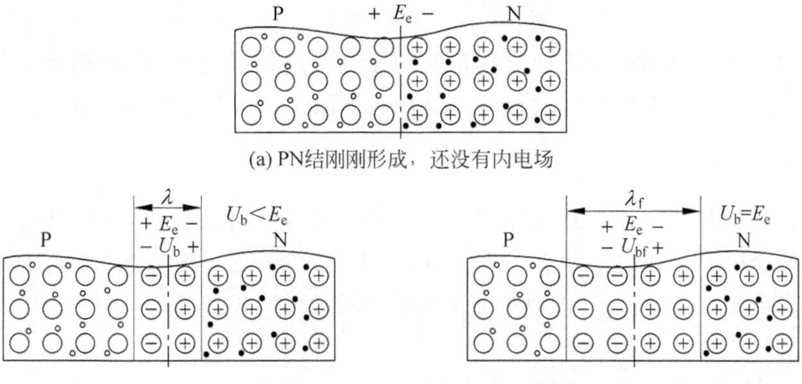

图 1.1.4　PN 结及其内电场的形成过程

随着 N 区自由电子向 P 区的运动，内电场越来越宽，势垒 U_b 越来越大。因此电子从 N 区到 P 区的扩散势头会很快减弱。当内电场增宽以致势垒 U_b 数值达到扩散势 E_e 时，$U_b=U_{bf}=E_e$，阻力与动力平衡，电子不再扩散，内电场正式稳定形成，见图 1.1.4(c)。总之，电子定向扩散会形成电场，而电场会阻止过分的扩散，于是扩散到一定程度即达成平衡。

无外力作用的 PN 结称为自由 PN 结，其内电场势垒用 U_{bf} 表示，宽度用 λ_f 表示。

2. 外加电压及光照对 PN 结内电场的影响

电源和光照对 PN 结都是外力。下面讨论电源和光照对 PN 结内电场的影响。

1) PN 结在外加电压下的表现

外加电压会改变 PN 结电子迁移动力、内电场与逃逸势的平衡及内电场的大小。

(1) PN 结在外加正向电压（正偏）下的表现

电源正极接 P、负极接 N，称为 PN 结外加正向电压。外加正向电压 U 与逃逸势 E_e 极性相反，原始扩散动力由 E_e 降低为 E_e-U。动力小了，自由电子的迁移提前终止，PN 结内电场变窄，见图 1.1.5(a)。正向电压作用下 PN 结内电场宽度 λ_p、势垒 U_{bp} 都变小。

外加正向电压数值达到扩散势时，PN 结内电场不复存在；外加电压继续增大，PN 结就会导通，见图 1.1.5(b)。PN 结内电场内建电势 U_{bp} 与外加正向电压 U 的关系如下：

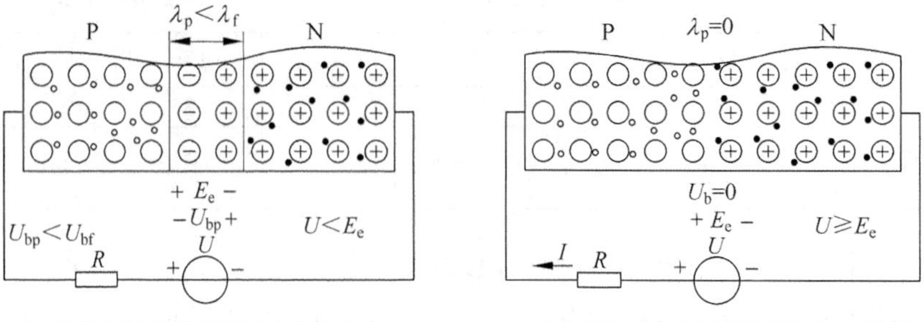

(a) 外加正向电压时PN结内电场变窄　(b) 外加正向电压较大时PN结内电场消失

图 1.1.5　外加正向电压对 PN 结内电场的影响

$$U_{bp}=\begin{cases}E_e-U & (U<E_e)\\0 & (U>E_e)\end{cases}$$

扩散势独立于内电场存在。内电场消失以至于 PN 结导通后，线路只剩下外加正向电压和扩散势。外加正向电压与扩散势的差值加在电阻上。限流电阻 R 上的电流

$$I=\frac{U-E_e}{R} \tag{1.1.5}$$

这表明：只有内建电场消失(势垒 $U_b=0$)、PN 结导通时，自由电子扩散势才能独立体现出来。在闭合电路上顺着电流方向巡行，可发现扩散势 E_e 表现为电压降落即正向压降。

外加正向电压 U 远远大于扩散势 E_e(即正向压降)时，式(1.1.5)可简化为

$$I\approx\frac{U}{R} \tag{1.1.5a}$$

(2) PN 结在外加反向电压(反偏)下的表现

电源 U 正、负极各接 PN 结 N、P 极，称为外加反向电压。反向电压 U 与扩散势 E_e 方向相同。U 与 E_e 对 N 区电子向 P 区的迁移都是动力。迁移动力大了，就会有更多的电子迁移，迁移就会延后终止，因此外加反向电压下 PN 结内电场 λ_n 变宽、势垒 U_{bn} 变大，见图 1.1.6(a)。

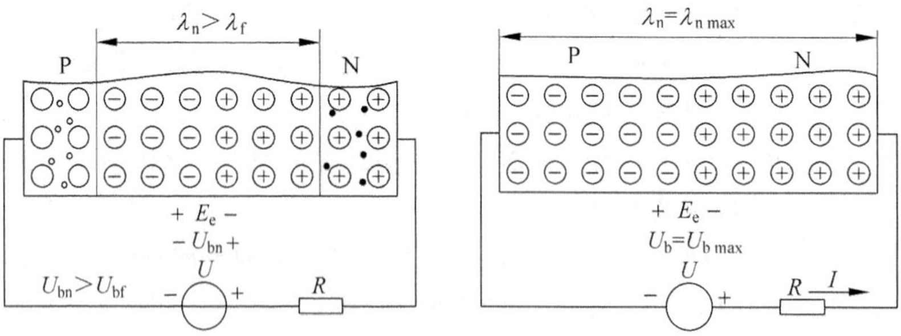

(a) 外加反向电压时内电场变厚　(b) 外加反向电压时内电场宽度达到极限

图 1.1.6　外加反向电压对 PN 结内电场的影响

外加反向电压较小时，内电场厚度随着外加反向电压数值增大而变大，呈现类似水涨船高的态势。PN 结在施加正向电压超过一定数值时导通，加反向电压时不导通，此即 PN 结的单向导电性。

PN 结 N 区自由电子及 P 区空穴都是有限的。外加反压一直增大时，最终不是 P 区所有空穴都被填满了，就是所有自由电子都扩散到 P 区了。无论 P 区所有空穴都被填满，还是所有自由电子都扩散到 P 区，见图 1.1.6(b)，内电场都不能再继续变宽。内电场不能跟着反压继续变宽，结果就达不到平衡，结果外加反压就会把 PN 结击穿。

反向击穿后若有电阻限流，PN 结功耗限制在允许值，则 PN 结还可正常工作。反向击穿后若无限流措施，电流就会猛增，而 PN 结很快就会发热烧毁。

2) PN 结在光照下的表现

不受光照的 PN 结内电场内建电势达到逃逸势而平衡，使 PN 结呈现中性。外电源能打破内建电势与逃逸势的平衡。光照像外电源一样都是一种能量或干涉力量。光照也能打破内建电势与逃逸势的平衡，使 PN 结呈现电性，这就是 PN 结的光生伏特效应。

PN 结受光照时各处都产生光生电子空穴对。其中内电场产生的光生电子在内建电势作用下奔向内电场正边缘、空穴奔向负边缘，见图 1.1.7，故内电场持续变窄直至最终消失。内电场消失时逃逸势得以独立现身，以电动势出现在 PN 结两端。逃逸势是光电池电动势的源泉。光生电动势 P 正 N 负，这是光电池原理。

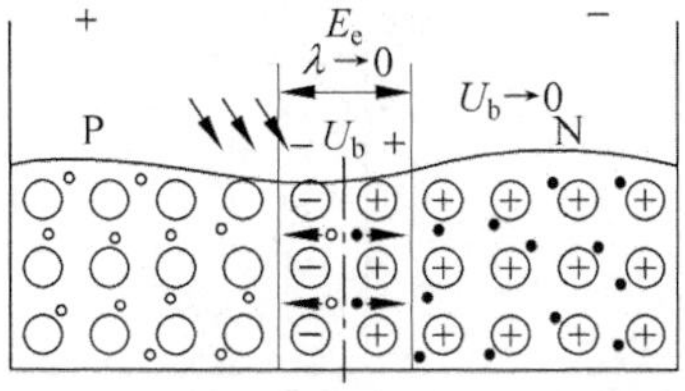

图 1.1.7　开路 PN 结在光照下内电场消失逃逸势得以现身

在秋日光照下，白色塑料外壳的红/绿 LED，可产生约 1.5V 光生电动势。玻封二极管具有一定的光电效应。Φ3mm/2mm 玻封硅二极管可产生约 0.4V/0.1V 光生电动势。

二极管导通流过电流时，光电效应就没有了，用事实证明只有内电场产生的光生电子空穴对才是有效的，才能产生光电效应，并证明导通 PN 结的确没有残余内电场。

白色塑料外壳的 LED 可充当光电二极管使用，质优价廉。只要想玩好，遍地是材料！

1.1.3　二极管(PN 结)数理模型

1. 二极管制作及其外形

制作引线，并用玻璃、塑料等材料将 PN 结适当封装，就制成了晶体二极管，简称二极管(Diode)。P 区是二极管正极，N 区是负极。二极管有玻璃封装(玻封)、塑料封装(塑封)和金属封装(金封)。PN 结、二极管符号及玻封、塑封和金封二极管外形见图 1.1.8。

为了散热，金封二极管螺栓外壳常做成正极，引出线为负极。为了安装，发电机用金封二极管采用两种封装方式，引出线为正极，称为正二极管；引出线为负极，称为负二极管。

图 1.1.8　PN 结与晶体二极管的符号及塑封、玻封、金封二极管外形

二极管符号应分布在正方形上。画二极管符号的要领：先点出构成正方形的四个点，然后画出正方形的两条平行边，在其中一条边上找出中点，从中点再画两条斜线即成。

2. 二极管伏安特性及数理模型

器件特性曲线就是工作时有关参数变化的轨迹。器件特性曲线就好似火车的轨道。火车运行须臾离不开轨道，器件工作也是循着特性曲线进行。器件特性曲线不仅决定元器件如何工作，并且直接影响整个电路工作。器件特性曲线是打开模拟电路大门的金钥匙。

设计图 1.1.9、图 1.1.10 所示实验电路进行实验，再根据实验数据描出二极管伏安特性曲线，或在晶体管特性图示仪上做出。图 1.1.9 电源 U 正、负极经电阻各接二极管正极 P、负极 N，为正向接法，图 1.1.10 为反向接法。二极管伏安特性曲线见图 1.1.11。

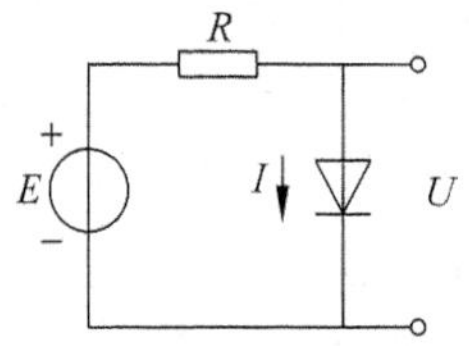

图 1.1.9　二极管正向特性实验电路

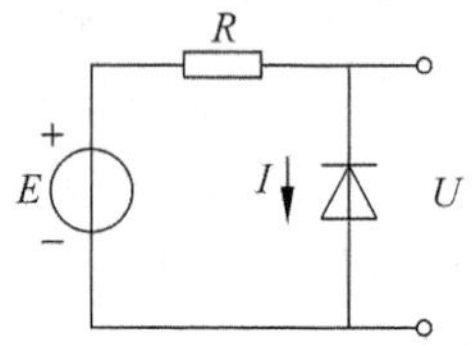

图 1.1.10　二极管反向特性实验电路

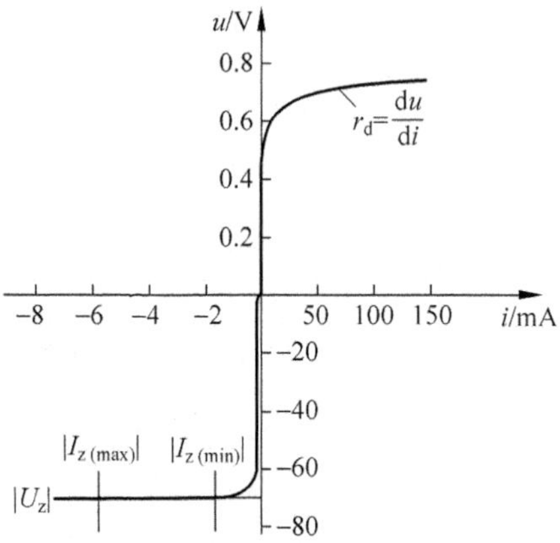

图 1.1.11　硅晶体二极管伏安特性曲线

二极管伏安特性曲线的斜率称为管子的动态电阻(交流电阻)。由图 1.1.11 可看出，正向电流很小时，二极管动态电阻几乎是无穷大；正向电流越大，二极管动态电阻就越小。

普通二极管的反向击穿电压通常在 30V 以上，最高可达几千伏。图 1.1.11 特性曲线所示二极管模型的反向击穿电压约为 70V。

建立元器件数理模型，并且进行简化，获得不同等级的客观、清晰的数理模型，是电子电路分析设计的关键。二极管反向伏安特性只有一种，即反向电压较小时截止，极微小的反向漏电流基本恒定；超过击穿电压时反向击穿，电压基本保持恒定，见图 1.1.11。

二极管正向伏安特性的数理模型有 4 种，见图 1.1.12。

1) 非线性模型

非线性模型可用指数曲线模型和多项式模型来表达。

(1) 指数曲线模型

指数曲线模型见图 1.1.12(a)。PN 结电流 i 与电压 u 之间的关系可用指数函数

$$i = I_s[e^{u/kU_T} - 1]\big|_{u>2U_T} \approx I_s e^{u/U_T} \tag{1.1.6}$$

来描述，其中 I_s 与材料和掺杂浓度有关，U_T 是一个与绝对温度 T 成正比的热电势，$U_T=$

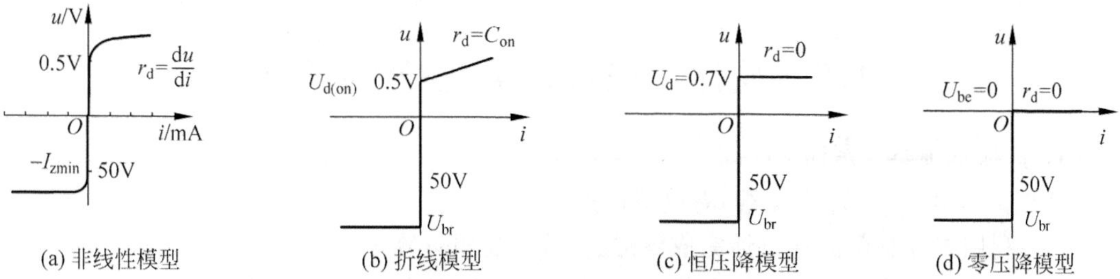

图 1.1.12 晶体二极管伏安特性的 4 种数理模型

0.08614T(mV)，0.08614mV/℃≈0.1mV/℃就是 U_T 的温度系数。

T=302K(折合 29℃)时，U_T=0.08614×302≈26mV。模拟电子学中的 U_T=26mV 是一个与数学中的圆周率 π=3.14 一样重要的常数。二极管动态电阻

$$r_d = \frac{du}{di} = \frac{U_T}{i} \tag{1.1.6a}$$

(2) 多项式模型

PN 结二极管的多项式数理模型如下

$$i = a_1 u + a_2 u^2 + a_3 u^3 + \cdots \tag{1.1.7}$$

其中 a_1、a_2、a_3、…为常系数。

多项式模型用于混频分析计算时比较方便。

2) 折线模型(近理想模型)

正向电压 u 小于开启值 $U_{d(on)}$ 时认为二极管根本不导通，伏安特性简化为电流恒为 0；正向电压大于开启值 $U_{d(on)}$ 时二极管导通，认为二极管动态电阻 r_d 不变，伏安特性简化为斜线表示，见图 1.1.12(b)。折线模型既比较贴近实际，又比较容易使用。

3) 恒压降模型(准理想模型)

不论正向电流大小，认为二极管正向压降 U_d 是固定值，硅管 U_d≈0.7V，锗管 U_d≈0.3V，见图 1.1.12(c)。整个二极管模型由过反向击穿电压 U_{br} 向右的水平线、垂直坐标轴上 U_{br} 至正向导通电压 U_d 的垂线和过 U_d 向右的水平线组成。

温度 0K 时恒压降模型能真正代表二极管正向特性，平时能近似代表二极管正向特性。

4) 零压降模型(理想模型)

认为二极管正向电阻为零，正向压降为零，反向电阻为无穷大，见图 1.1.12(d)。整个二极管模型由过反向击穿电压 U_{br} 向右的水平线、垂直坐标轴上 U_{br} 至原点的垂线和水平坐标轴组成。零压降模型也称为理想模型。

分析不同问题，首先应当选取适用的二极管数理模型。例如，分析计算放大器工作点及整流问题时，恒压降甚至零压降模型就足矣。分析计算镜像电流阱时，则应使用恒压降模型。分析计算比例电流阱时，就需要使用 PN 结折线模型甚至指数曲线模型。

思考题

1.1.1 就硅、锗材料指出自由 PN 结及正向导通 PN 结的内电场内建电势 U_b 各为多少伏？

1.1.2 PN 结自由电子扩散势 E_e 可以在哪些条件下通过哪些物理量体现出来？

1.1.3 为什么普通金封二极管的螺栓端常做成正极，而发电机用金封二极管的螺栓端有正极和负极两种封装方式？

1.1.4 为什么玻璃二极管及白外壳 LED 的光电效应只有用数字万用表才能测到，用指针万用表测不到？

1.2 晶体二极管种类、参数及应用

1. 二极管种类及用途

从理论上看,二极管(PN 结)有以下用途:

(1) 利用二极管单向导电性完成整流、检波及逻辑运算等工作。

(2) 利用二极管非线性进行混频、乘法及自动增益控制(AGC)等。

(3) 利用 PN 结光敏特性制成光电池、光电二极管传感器等。

(4) 利用 PN 结发光特性制成各色发光二极管,包括激光二极管。

(5) 利用 PN 结击穿后反向压降基本不变的特性制成稳压二极管。

(6) 利用 PN 结势垒电容随反向电压升高而减小的特点制成变容二极管。

(7) 利用金属与 N 型半导体结合制成肖特基二极管(Schottky Barrier Diode,SBD)。

1) 普通二极管

依工作频率,分成低频二极管和高频二极管。模拟电视行扫描脉冲电压频率为 15 625Hz,其行扫描逆程反峰脉冲等高频整流必须用高频二极管。

2) 稳压二极管

利用二极管反向击穿电压基本不变的特点可制成稳压二极管。稳压二极管也叫齐纳二极管(Zener Diode)。稳压二极管伏安特性与普通二极管很相似,见图 1.1.11。

3) 发光二极管及激光二极管

二极管 PN 结正向导通后电流连续地从 P 区流向 N 区,就是电子源源不断地从 N 区运动到 P 区,就是电子连续地从高能级跌落在较低能级的过程。电子连续地从高能级跌落在较低能级,必然伴随着电能的释放。电能可以热能或光能形式释放。普通二极管电能以热能释放而发热。若电能以光能释放,就是发光二极管(Light Emitting Diode,LED)。

最早制成的是红色 LED、红外 LED、绿色 LED、黄色 LED 等发光二极管产品,后来又陆续制成激光二极管、蓝色 LED、白光 LED。发光二极管的正向压降比普通硅二极管大。红色、绿色及黄色 LED 正向压降高达 2V 左右,蓝色 LED 及白光 LED 正向压降更高达 3V 左右。红色、绿色、蓝色、黄色及白光 LED 已经用于各类指示灯及节能灯等。

4) 光电池及光电二极管

光照时 PN 结处处产生电子-空穴对,但是只有内电场中产生的电子-空穴对才是有效的,才能在内建电势作用下分别跑向电场 N 区、P 区边缘。内电场中的光生电子、空穴在电场力的作用下分别持续奔向电场边缘,其实是一种内部短程电流,用 I_0 表示。若 PN 结开路,则内电场持续变窄最终消失,逃逸势现身,产生开路光生电压 $E_{pho}=E_e$。接通负载,就会有负载电流 I 产生,见图 1.2.1。光电池电子的运动,在原位靠内电场 U_b,出内电场靠扩散势 E_e。这正是:在家靠父母,出门靠朋友。

负载 PN 结刚受光照时,内电场最宽,内部短程电流大于负载电流,$I_0>I$。当 $I_0>I$ 时,内电场变窄。随着内电场持续变窄,有效电子-空穴对减少,I_0 相应减小,$U_b<E_e$,光生电动势 E_{pho} 持续增大,负载电流 $I=(E_e-U_b)/R$ 持续增大,至 $I_0=I$ 时达到平衡,内电场保持固定尺寸,光生电动势 E_{pho}、短程电流 I_0 及负载电流 I 都维持在固定数值。

$$E_{pho}=E_e-U_b \tag{1.2.1}$$

光照 PN 结对外呈现的电动势与逃逸势极性相同,P 极为正 N 极为负。

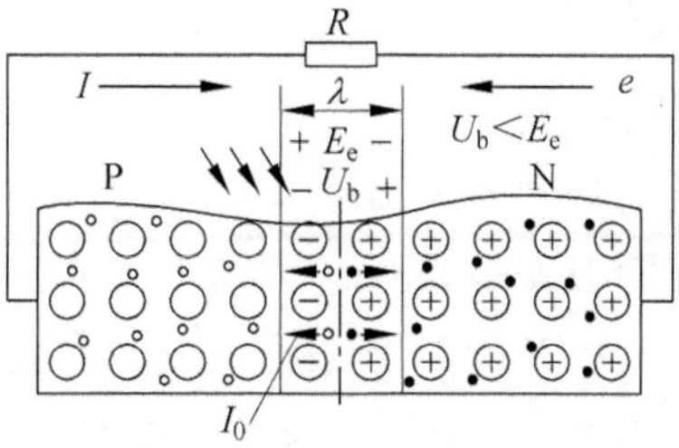

图 1.2.1 负载 PN 结在光照下的表现-光电池原理

从式(1.2.1)可看出，一方面内电场内建电势 U_b 是光生电动势的阻力，另一方面只有内电场中产生的光生电子空穴对才能对光生电动势做贡献。在光照作用下负载 PN 结内电场虽然会变窄，但是一般不会消失。仅仅在开路时 PN 结在光照作用下内电场才会完全消失，而光生电动势达到最大 $E_{pho}=E_e$，与逃逸势相等。

为使电动势尽可能大，制造光电池时应尽可能加大掺杂浓度，以使 PN 结获得较大的逃逸势，最终有利于使光电池获得较大的电动势。

光电二极管工作原理与光电池相同，仅应用电路有所不同。

5) 变容二极管

PN 结内电场两侧异极性电荷构成电容。根据 $C=\varepsilon S/d$ 原理，PN 结电容的极板面积 S 是定值，而极板等效间距 d 随反向电压增加而变大，结电容随之减小。利用此特点可制成变容二极管。改变反向电压，就能改变变容二极管结电容，改变振荡频率，实现电调谐。电调谐具有体积小、寿命长、可靠性高、易实现遥控及自动化等优点。彩色电视机、半导体收音机等很多电子产品都采用电调谐。

6) 肖特基二极管

金、银等金属的自由电子浓度比 N 型半导体还低，两者结合时也能形成内电场及单向导电性。金属与 N 型半导体结合形成的二极管以其发明者肖特基博士的名字命名为肖特基二极管，见图 1.2.2。肖特基二极管正向压降只有 0.4V 左右，反向恢复时间极短，小到几纳秒，故功耗低，频响好，但反向耐压低，只有几十伏。常用于开关电源、变频器、驱动器、微波通信等电路，作高频、低压、大电流整流二极管、续流保护二极管或检波二极管使用。

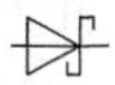

图 1.2.2 肖特基二极管符号

7) 隧道二极管

隧道二极管又叫江崎二极管，用于微波混频、检波、超高速开关、触发器等。

8) 激光二极管

激光二极管广泛用在 VCD 机、DVD 机、光盘刻录机、激光测距等领域。

2. 二极管技术参数

不同种类二极管具有不同的技术参数。这里首先列出普通二极管的 4 个常用参数。

(1) 最大正向电流。

(2) 反向击穿电压。

(3) 极限耗散功率。

(4) 最高工作频率。

3. 温度对二极管工作特性的影响

(1) 二极管正向压降温度特性。

环境因素对半导体器件影响最大的是温度,而二极管性能参数中受环境因素影响最大的是正向压降。二极管正向压降温度系数$\partial V/\partial T$与 PN 结的材料及掺杂浓度有关。

硅 PN 结掺杂浓度 $N_d \approx 5\times 10^{15}/\mathrm{cm}^3$(千万分之五)时,室温下正向压降温度系数约为$\partial V/\partial T = -2.0\mathrm{mV}/℃$,见表 1.1.2。这个特性对二极管整流、滤波等工作没有什么影响,却是 PN 结温度传感器所依赖的原理。用 PN 结温度传感器可以制成高精度温度计。

(2) 稳压二极管工作电压温度系数,详见稳压二极管技术参数。

4. 二极管损坏原因

二极管耗散功率等于其电压降与电流的乘积

$$P = UI \tag{1.2.2}$$

二极管正向导通时,U 是正向压降,I 是正向电流;反向击穿时,U 是反向击穿电压,I 是反向电流。无论正、反向电压降都是一定的。影响二极管功耗的关键是电流。

硅二极管正向导电时,其正向压降一般不会超过 0.7V。就是说,二极管正向导电时压降很小。因此二极管正向导电时功率消耗一般较小。

二极管反向导电条件是反向击穿。二极管反向击穿后若无电阻限流,则其反向电流将达到很大的数值,再考虑其反向击穿电压一般在几十伏以上,所以其功率消耗将很大。因此,若无电阻限流,二极管反向击穿后将很快由于过热而损坏。

因此,反向击穿既不是稳压二极管损坏的原因,也不是普通二极管包括 LED 的损坏原因。正向过流或反向击穿过流使功耗过大导致过热,才是二极管损坏的真正原因。

5. 二极管型号命名及常用二极管

国产二极管型号由四部分组成。

第一部分:电极数,数字 2 表示有 2 个电极。

第二部分:材料,A 代表 N 型锗,B 代表 P 型锗、C 代表 N 型硅,D 代表 P 型硅。

第三部分:功能,Z 代表整流管,K 代表开关管,C 代表变容管,W 代表稳压管。

第四部分:参数规格,以数字字母表示。

例如,2CZ11B 表示 N 型硅整流二极管,其最大整流电流为 1A,反向耐压为 200V。

日产晶体管型号开头的数字代表 PN 结个数,二极管以 1 开头,三极管以 2 开头。

1N4148 是日产玻封二极管,最大正向电流 100mA,反向击穿电压 100V,最高工作频率 1MHz。常用以下三个“1”概括 1N4148 主要特征:100mA、100V、1MHz。

1N4007 是日产塑封整流二极管,最大正向电流 1A,反向击穿电压 1200V。

6. 二极管管脚鉴别及测试

根据外观可判断二极管管脚。玻封管带黑环、塑封管带白环的一端是负极。

用万用表可鉴别二极管管脚。指针表应选电阻挡。测试时指针明显偏摆,则黑表笔所接为管子正极、红表笔所接为负极。数字表应选 PN 结挡。数字表测试时若导通,则红表笔所接为二极管正极、黑表笔所接为负极,所显示数字代表被测二极管正向压降。

7. 稳压二极管应用电路

1) 稳压二极管技术参数

(1) 稳定电压 U_z，见图 1.1.11 标注。

(2) 最小稳定电流 $I_{z(min)}$，见图 1.1.11 标注。

从图 1.1.11 可看出，二极管的反向电流越大，反向击穿电压越稳定。就是说，稳压二极管的工作电流越大，其输出电压越稳定。要使稳压二极管输出稳定的工作电压，就需要一个最小电流。使稳压二极管输出稳定的工作电压的最小电流称为稳定电流，用符号 $I_{z(min)}$ 表示。稳压二极管正常工作时其反向电流应不低于最小稳定电流。

(3) 最大稳定电流 $I_{z(max)}$ 或最大功率消耗 P_{max}。

只考虑输出电压稳定性，稳压二极管工作电流大一点比较好。但电流越大，则其功率消耗就越大，发热也越厉害。使稳压二极管在一定散热条件下不至于损坏的功率消耗值叫做最大功率消耗 P_{max}，对应最大耗散功率有最大稳定电流 $I_{z(max)}$。$P_{max}=U_zI_{z(max)}$。图 1.1.11 所示二极管若是稳压管，则其最大耗散功率约为 70V×5.8mA≈400mW。

(4) 动态内阻 r_z。稳压二极管输出电压变化与工作电流变化之比，即管子击穿后平坦直线段的斜率，叫动态内阻，用 r_z 表示。r_z 越小越好，实际上 r_z 可小到几欧。

(5) 电压温度系数 α_z，二极管反向击穿有齐纳击穿及雪崩击穿两种效应。一般来讲，稳压值低于 6V 时，以齐纳击穿效应为主，电压温度系数为负，其值大约在−0.05%/℃；等于 6V 时，电压温度系数近似为 0；大于 6V 时，以雪崩击穿效应为主，电压温度系数为正，其值大约在+0.05%/℃。稳压二极管稳定电压温度系数与稳压值有关。选择稳压值 6V 上下的稳压二极管，其电压温度系数最低，所获得的电压稳定效果较好。

2) 稳压二极管应用电路

稳压二极管应用电路见图 1.2.3。输入电压 U_1 变低，电阻 R 电流及稳压管电流都自动变小；输入电压 U_1 变高，电阻 R 电流及稳压管电流都自动变大，以保证负载电阻电压 U_z 及电流 I_L 基本不变。负载电阻变小，稳压管电流自动变小，以供给负载更多的电流。负载电阻变大，稳压管电流自动变大，以供给负载较少的电流。稳压二极管以自己的忍饥挨饿换来负载电压及电流的稳定。

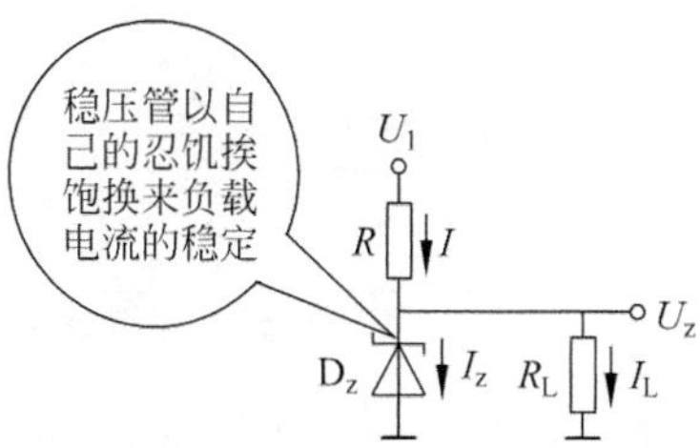

图 1.2.3 稳压二极管应用电路

已知稳压二极管稳定电压 U_z 满足负载电阻 R_L 要求，稳压二极管最小稳定电流为 $I_{z(min)}$，负载电流为 I_L，输入电压为 U_1，限流电阻可设计为

$$R=\frac{U_1-U_z}{0.5I_{z(max)}+I_L} \tag{1.2.3}$$

例 1.2.1 已知稳压二极管输入电压 $U_1=12V$，稳定电压 $U_z=6V$，最小稳定电流 $I_{z(min)}=2mA$，负载电流 $I_L=10mA$，试计算限流电阻 R。

解 $R=\frac{U_1-U_z}{0.5I_{z(max)}+I_L}=\frac{12-6}{0.5\times38+10}\frac{V}{mA}=0.2k\Omega=200\Omega$

8. 发光二极管应用电路

1) 直流应用

LED属于电压型负载，或直接用电流源驱动，或串联电阻后用电压源驱动，来限制并稳定电流。直径3～5mm LED通常只需要0.5mA左右电流，所发光就肉眼可见。

为简化设计，选择LED限流电阻时常用PN结恒压降模型，见图1.2.4。使用PN结恒压降模型时，红、绿、黄LED正向压降可按照$U_{led}=2V$计算，蓝、白LED可按照$U_{led}=3V$计算。已知LED工作电流I，电源电压U_{cc}，限流电阻可计算为

$$R=\frac{U_{cc}-U_{led}}{I} \tag{1.2.4}$$

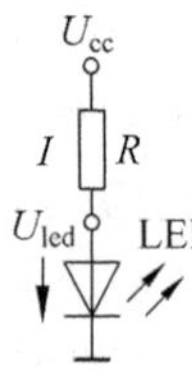

图1.2.4　最简LED应用电路

例1.2.2　红色LED电源电压$U_{cc}=5V$，要求工作电流$I=1mA$，试计算限流电阻R。

解 $R=\frac{U_{cc}-U_{led}}{I}=\frac{5-2}{1}\frac{V}{mA}=3k\Omega$

2) 交流应用

二极管反向击穿后若限流措施得当，则能正常工作。LED也可考虑直接在交流电路工作。红色及部分绿色LED与电阻或电容串联作220V交流电源指示灯，见图1.2.5(a)。Φ3～5mm LED最大耗散功率50mW。考虑约2V正向压降及20V反向击穿电压，可计算470kΩ限流电阻功耗约0.1W，LED功耗$P\approx10mW$，电阻及LED实际功耗均小于最大耗散功率。

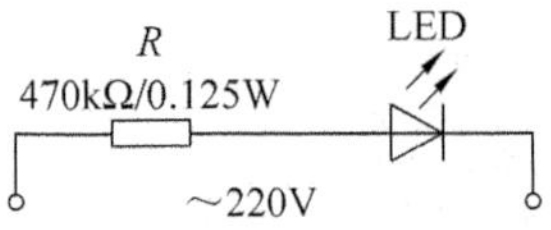

图1.2.5　经典R+LED交流电源简易指示电路

二十多年来这种R+LED电路已经在交流电源插排、热得快、电热毯、电蚊拍等产品中得到了广泛应用，几乎是世界上用量最大的典型电路。

图1.2.6是一种电热毯LED加热功率指示电路，S为加热功率选择开关，红色LED_1为半功率指示器，绿色LED_2为全功率指示器。R_1、R_2为LED限流电阻，R_3为100W电热丝。LED反向耐压5～30V，D_1为反向耐压1000V以上的整流二极管。开关S打在上位H，220V交流电直接加在电热丝上，绿色LED_2亮，指示全功率，由于D_1的单向导电作用，红色LED_1只有反向电流而无正向电流，不亮；开关S打在中位L，220V交流电经D_1使电热丝获得半功率，红色LED_1亮，指示半功率，由于D_1的单向导电作用，绿色LED_2只有反向电流而

无正向电流故不亮；开关 S 打在下位，关掉电源。

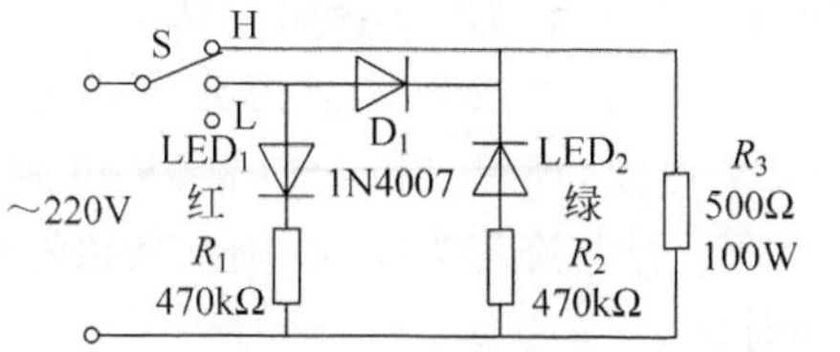

图 1.2.6 电热毯加热功率 LED 指示电路

LED 流过反向电流时，电子不断地从 P 区走到 N 区，不仅没有能量可释放，反而要吸收能量，所以不可能发光。图 1.2.6 还能演示 LED 流过反向电流时不能发光的机理。

9. 光电池及光电二极管应用电路

PN 结是光电池的核心。一个硅 PN 结能产生 0.7V 以下的光生电动势。将多个 PN 结串联，可以提高光生电动势，见图 1.2.7。将多个 PN 结并联，可以提高光生电流。

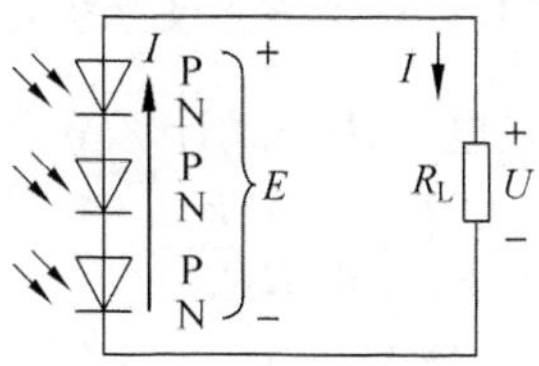

图 1.2.7 光电池应用电路

光电池由用硅等材料制成的 PN 结串并联组成。光电池是迄今为止最有前途的清洁能源之一。卫星上的光电池安装在翼板上以充分接受光照，俗称太阳翼。太阳翼的可靠性和寿命对整个卫星的影响非常大，它的寿命常常决定卫星的寿命。

国产 2CR 型硅光电池在 100mW/cm^2 的入射光强作用下，可得到开路电压(电动势)450～600mV，短路电流 16～30mA。

光敏二极管也称为光电二极管，其结构与光电池大同小异。光敏二极管负极 N 接正电源，能加宽内电场，提高灵敏度。无光照时，内电场内建电势 U_b 与电源电压 E 及逃逸势 E_e 平衡，$U_b=E+E_e$，负载电阻无电流，输出电压 $U_o=0$。

光照下光生电子和空穴各自移向 N、P 区，内电场被削弱，U_b 下降，输出电压 $U_o=E+E_e-U_b$，见图 1.2.8。U_o 代表光的强弱。这是 PN 结光电传感器的工作原理。

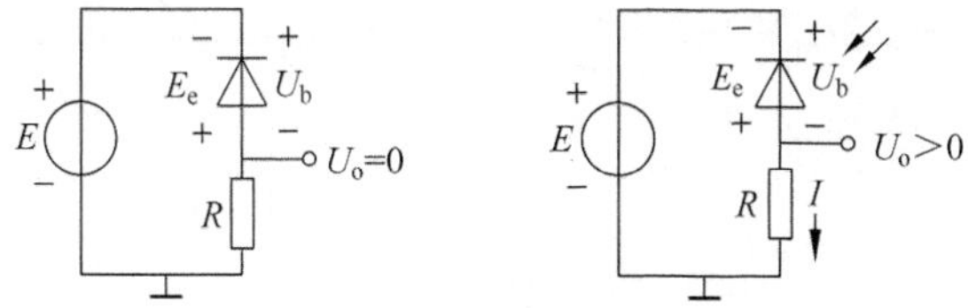

图 1.2.8 光敏二极管应用电路

明白了光电二极管结构与光电池大同小异，电源 E 只是加宽内电场，锦上添花，就能明白，外接电源为 0 时，光电二极管只是灵敏度降低，但是还能输出微弱传感信号。

10. 二极管电路分析方法

二极管正向电流从扩散势 E_e 正极流向负极。若把二极管看做电池，则正向导通的二极管恰似充电电池。二极管正向电流相当于电子连续不断地从高能级跌落在低能级，多余能量以热能或光能形式随即释放。正向导通的二极管可认为是一块永远也充不满的电池。

(1) 在线电流分析法。把二极管当成一块只能充电不能放电的电池，硅二极管当成0.7V电池，锗二极管当成0.2V电池，理想二极管当成0V电池，计算某管电流若为正向，则判断管子导通，结果成立；计算某管电流若为反向，则判断该管截止，结果不成立，实际电流应为0，应将该管断开后重新计算。

例1.2.3 图1.2.9电路中二极管恒压降0.7V，试计算节点电压U_A及二极管电流I_2。

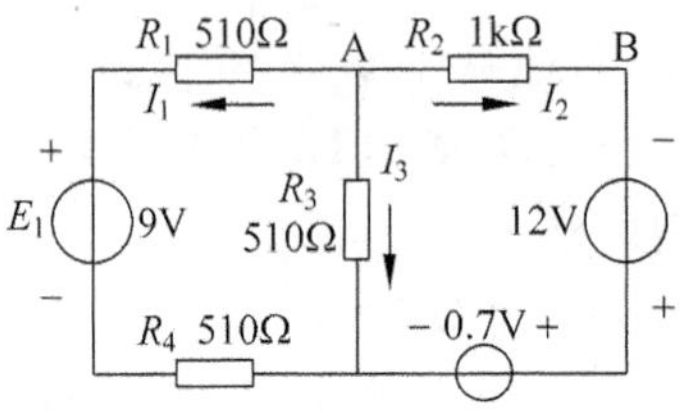

图1.2.9 含有二极管的电路

解 使用在线电流法，先用节点电压法公式计算节点电压即A点相对于下点的电位

$$U_A = \frac{E_1/(R_1+R_4)+(0.7\text{V}-E_2)/R_2}{1/(R_1+R_4)+1/R_3+1/R_2}$$

$$= \frac{9/1.02+(0.7-12)/1}{1/1.02+1/0.51+1/1}\ \frac{\text{V/k}\Omega}{1/\text{k}\Omega}$$

$$= -0.628\text{V}$$

再用欧姆定律计算电阻R_2的电流I_2

$$I_2 = \frac{U_A-U_B}{R_2} = \frac{-0.628\text{V}-(-12+0.7)\text{V}}{1\text{k}\Omega}$$

$$= \frac{12.672\text{V}}{1\text{k}\Omega} = 12.672\text{mA}$$

(2) 开路电压分析法。断开所有二极管计算各开路电压。若最大的开路电压大于管子正向压降，则判断那只管子导通。然后只断开第二只管子计算其开路电压，若大于其正向压降，则判断该管导通。

例1.2.4 电路见图1.2.10，U_d=0.7V，判断二极管导通还是截止，并求U_o。

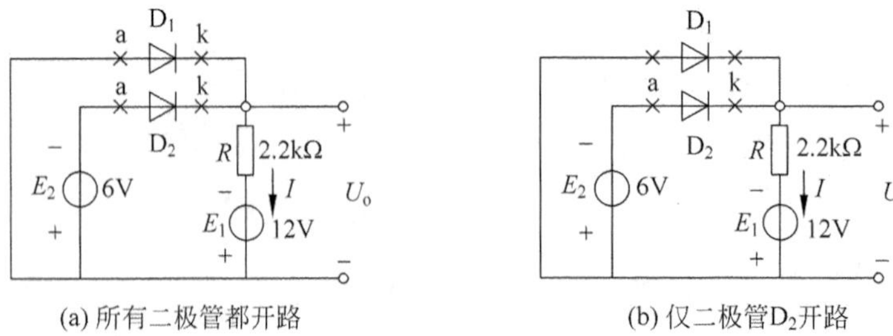

图1.2.10 双二极管电路

解 使用开路电压法。所有二极管开路，见图1.2.10(a)，U_{ak1}=12V，U_{ak2}=12V−6V=6V，$U_{ak1}>U_{ak2}$，判断D_1导通。只断开D_2，见图1.2.10(b)，计算U_{ak2}=0.7V−6V=

$-5.3V$，D_2承受负压而截止。通过D_1回路，或通过E_1和R支路，都能计算$U_o=-0.7V$。

11. 帕尔贴效应

电子从N型半导体经金属导线流到P型半导体，会散热；从P型半导体经金属导线流到N型半导体，会吸热制冷。把电子从P型半导体经金属导线到N型半导体过程中会吸热制冷的现象称为帕尔贴效应。利用帕尔贴效应可以制成小巧玲珑的环保半导体冰箱。

思考题

1.2.1　为什么用指针式万用表1kΩ及以下电阻挡能测量硅、锗二极管的正向导通性能，但不能测量LED的正向导通性能？欲用指针式万用表测量LED的正向导通性能，应采取什么措施？

1.2.2　光电池与光电二极管正常工作时其内部电流方向是否相同？

1.2.3　N型半导体再掺入倍量三价元素能否变为同样掺杂浓度的P型半导体？

1.2.4　为什么电流从N型半导体材料只有经过金属线流到P型材料时才会有吸热效果，而从N型半导体材料直接流到P型材料时无吸热效果？

1.2.5　如何从外观或用仪表判断二极管正负极？

1.2.6　为什么电路中高频二极管损坏后换上低频二极管能工作但管子异常发热？

1.2.7　为什么实际产品中多用红色LED少用绿色LED串电阻做220V交流电源指示灯？

1.3　晶体三极管原理及数理模型

1.3.1　背靠背的PN结——三极管工作原理

用扩散或合金等工艺制成两个背靠背的PN结。图1.3.1为NPN结构。下面的N区称为发射区，上边的N区称为集电区，中间薄薄的P区称为基区。基区与发射区之间的PN结称为发射结，基区与集电区之间的PN结称为集电结。从三区表面制成欧姆接触引出三根线，各称为基极(Base)B、发射极(Emitter)E和集电极(Collector)C，整个器件称为晶体三极管，简称晶体管或三极管，全称双极结型晶体管(Bipolar Junction Transistor，BJT)。

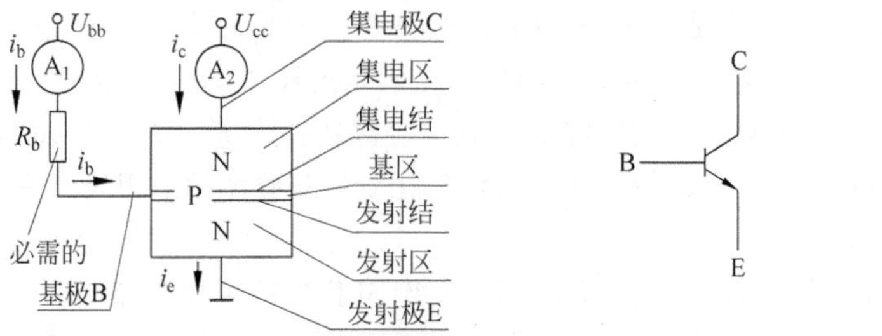

(a) PN结背靠背形成三极管的剖面示意图　　(b) NPN型三极管电路图形符号

图1.3.1　背靠背的PN结——晶体三极管

NPN型BJT结构及应用电路有如下三个特点：

(1) 从尺寸上看，基区很薄，只有μm数量级，发射区和集电区较宽阔。

薄薄的基区好像狭窄的山梁，电子拥挤不堪又极易受到"风吹"，很难立足。

(2) 从掺杂浓度上看，基区最低，发射区最高，集电区居中。例如，NPN型BJT发射区自由电子浓度是基区空穴浓度的100倍以上。

基区空穴浓度很低，使得从发射区到达基区的电子中，只有少量电子有机会与基区的空穴复合而形成基极电流。可以说,"基区很荒凉,兔子不拉屎,电子难安家"。

(3) 集电极尺寸较大并加有正电源。以发射极为公共极,通过限流电阻 R_b 给 NPN 型 BJT 基极加上大于 0.7V 的正电源电压 U_{bb},发射结正向导通,有电流自基极流向发射极,就是说,有大量电子自发射区流向基区。

集电极正电源 U_{cc} 对 NPN 型 BJT 中由发射区流到基区的大量电子是很强的吸引力——动力。从发射区流向基区的大量电子中,只有少数得以与基区的空穴动态复合而形成较小的基极电流 i_b,多数电子被集电极正电源所俘获,抄近道越过狭窄的基区奔向广阔的集电区并到达集电极,结果形成较大的集电极电流 i_c。

基区尺寸很小、基区固有载流子浓度很低、发射区载流子浓度很高及集电区尺寸较大这样四个内在因素,加上集电极正电源的强劲动力这样一个外部条件,最终使 BJT 集电极电流是基极电流的很多倍,这就是人们通常所说的 BJT 的电流放大机理。

由于集电区与发射区掺杂浓度不同,使用时 BJT 发射极和集电极不能互换,否则电流放大能力将降低到标称值的 10%以下而极可能使电路不能正常工作。

三极管符号大致应当分布在高宽比 3∶2 的矩形内。BJT 符号的画法要领:先点出高宽比 3:2 的矩形的四个顶点,画出一个长边,等分为三份,从两个等分点引出两条斜线到矩形的另两个端点,一根斜线条代表集电结,另一根斜线上加箭头代表发射结。

BJT 符号中的箭头代表基极与发射极之间的 PN 结即发射结。不仅 BJT 中有 PN 结,很多其他半导体器件中,像第 2 章介绍的 JFET 也都有 PN 结。所有半导体器件中代表 PN 结的箭头方向都是从 P 区指向 N 区。明确这一点,有助于认识半导体器件的工作原理。

例如,明确 NPN 型 BJT 中代表发射结的箭头方向是从 P 区指向 N 区,而二极管正向电流是从 P 区流向 N 区,就可以判断 NPN 型 BJT 基极电流只能从基极流进管子,从发射极流出。集电极电流只能顺着基极电流方向,从集电极流进管子,从发射极流出。

因硅晶体管发射结只有 0.7V 正向压降,而电源至少在 1.5V,故若没有外接电阻限流,晶体管将很快烧毁。无论是考虑管子安全还是整个电路功能,无论在模拟电路还是数字电路中,基极限流电阻 R_b 都是必须使用的,而且其阻值要足够大。

电压与电流的乘积等于元器件功率消耗,电阻是这样,二极管、三极管也是这样。集-射电压 U_{ce} 俗称管压,集电极电流 I_c 俗称管流。BJT 全部功耗为 $P=U_{ce}I_c+U_{be}I_b$,但 $I_b<I_c$,$U_{be}<0.7\text{V}$ 亦有限,而 U_{ce} 通常很大,故 BJT 功耗约等于管压与管流的乘积

$$P \approx U_{ce}I_c \tag{1.3.1}$$

U_{ce} 分为 U_{cb} 和 U_{be},通常 $U_{cb}>U_{be}$。可看出 BJT 功耗主要为集电区所消耗。故晶体管功耗也称为集电极损耗。功率 BJT 通常将集电区与外壳相连,以利于管子散热。

电阻电压与电流方向关联,晶体管集电极电流与基极电流方向也是关联的。NPN 管中 I_b 从 B 流到 E,I_c 从 C 流到 E;PNP 管中 I_b 从 E 流到 B,I_c 从 E 流到 C。

1.3.2 三极管三特性

器件传输特性指输出参数与输入参数之间的关系。BJT 输入参数是基极电流,输出参数是集电极电流。三极管传输特性指集电极电流与基极电流的倍数关系。发射结电压影响基极电流的形成,而集-射压降影响集电极电流的形成。把发射结电压对基极电流的影响称为晶体管输入特性,集-射压降对集电极电流的影响称为晶体管输出特性。输入特性、传输

特性和输出特性简称为三极管的三特性。要用好三极管，首先要熟悉它的三特性。

1. 三极管输入特性——发射结电压与基极电流的关系

发射结电压与基极电流的伏安特性叫做 BJT 的输入特性。在图 1.3.2 中令电源电压 U_{cc}取不同数值，如各取 $U_{cc}=0$、$U_{cc}=12V$，逐渐改变 U_{bb}或改变 R_b 进行实验，记录 I_b、U_{be}数据。根据得到的两组 I_b、U_{be}数据可画出 BJT 输入特性曲线，见图 1.3.3。

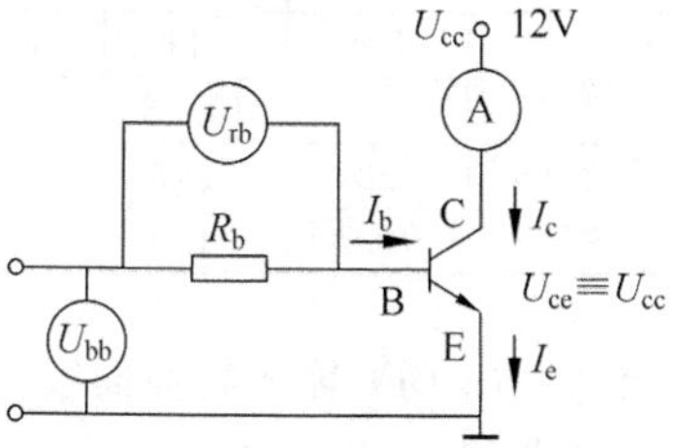

图 1.3.2 BJT 实验电路

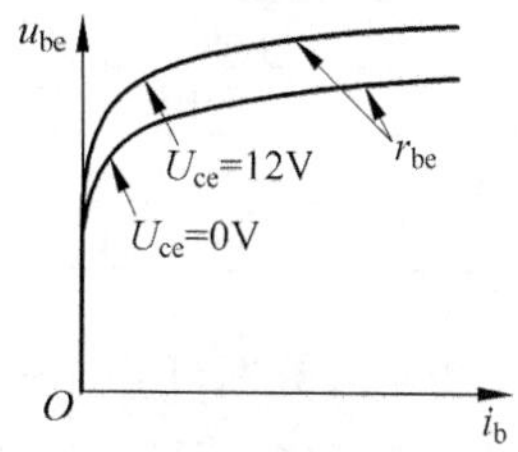

图 1.3.3 BJT 集-射恒压输入特性曲线

可看出，BJT 输入特性曲线与二极管 PN 结正向特性曲线相似，但更陡峭。就是说，二极管 PN 结正向电压达到 0.4V 后就开始逐渐导通，而受集电极电源 U_{cc}的影响，三极管发射结正向电压要达到 0.5V 后才开始逐渐导通。图 1.3.3 两条输入特性曲线对比，说明集电极电源电压 U_{cc}越大，发射结导通就越晚。

BJT 输入特性即发射结伏安特性的处理及简化可参照二极管(PN 结)的 4 个模型。

BJT 输入特性曲线的斜率叫做管子的交流输入电阻。在二极管动态电阻计算式(1.1.6a)上加上三极管发射结本身的电阻即体电阻 $r_{bb'}$，得到三极管输入电阻计算式

$$r_{be}=r_{bb'}+\frac{U_T}{I_b} \quad 或 \quad r_{be}=r_{bb'}+\beta\frac{U_T}{I_c} \quad 或 \quad r_{be}=r_{bb'}+(\beta+1)\frac{U_T}{I_e} \tag{1.3.2}$$

式(1.3.2)是计算 BJT 输入电阻的常用公式，要牢记。电流越大，管子 BJT 输入电阻 r_{be}就越小。U_T 是热的电压当量，常温下 $U_T=26mV$，$r_{bb'}$为体电阻，$r_{bb'}=100\sim300\Omega$。

2. 三极管传输特性——基极电流放大为集电极电流

图 1.3.4 实验电路在 BJT 集电极接入电阻 R_c，可研究 BJT 传输特性和输出特性。

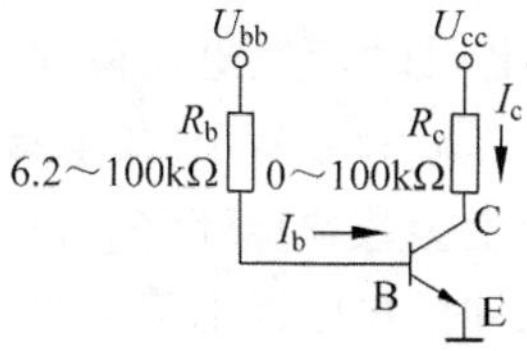

图 1.3.4 BJT 特性实验电路

根据 KVL 可写出图 1.3.4 所示 BJT 传输特性实验电路管压 U_{ce}与管流 I_c 的关系

$$U_{ce}=U_{cc}-R_cI_c \tag{1.3.3}$$

该式代表了 BJT 应用电路中集-射压降与集电极电流的逻辑关系。从能量角度看，集-射压降是 BJT 进行电流放大的净动力。从逻辑关系上看，集-射压降是一个派生参数，说明 BJT 集电极或发射极接有电阻时，放大所需的净能量受到集电极电阻压降的限制。

在图 1.3.4 实验电路中暂时将 R_c 固定为 1kΩ，然后改变被测晶体管基极电源电压 U_{bb}，设法测量发射结电压 U_{be}、基极电流 I_b、集电极电流 I_c，集-射压降 U_{ce}填入表 1.3.1。

表 1.3.1 BJT 传输特性实验数据

U_{be}/V	0	0.4	0.5	0.586	0.629	0.646	0.658	0.665	0.670
I_b/μA	0	0	0.05	1.4	7.1	15.4	24.2	33.5	43
I_c/mA	0	0	0.004	0.12	0.64	1.42	2.27	3.17	4.1
U_{ce}/V	12	12	12.00	11.88	11.36	10.58	9.73	8.83	7.9
β	—	—	80	85.7	90.1	92.2	93.8	94.6	95.3
U_{be}/V	0.674	0.677	0.680	0.684	0.686	0.69	0.694	0.699	0.70
I_b/μA	53	62	72	82	91	101	111	120	130
I_c/mA	5.04	6.01	6.96	7.9	8.87	9.71	10.53	11.33	11.89
U_{ce}/V	6.96	5.99	5.04	4.1	3.13	2.29	1.47	0.67	0.11
β	95.1	96.9	96.7	96.3	97.5	96.1	94.9	94.4	91.5

根据表 1.3.1 的实验数据可验证式(1.3.3)，并再次画出 BJT 输入特性曲线，见图 1.3.5。根据表 1.3.1 实验数据还可以画出 BJT 传输特性曲线，见图 1.3.6。

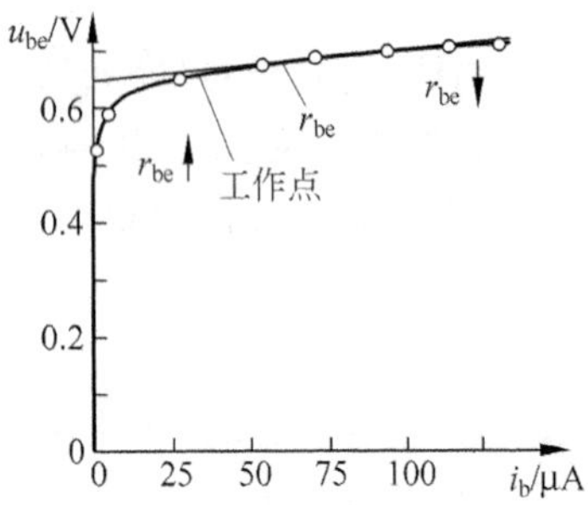

图 1.3.5 BJT 实际输入特性曲线及直线拟合

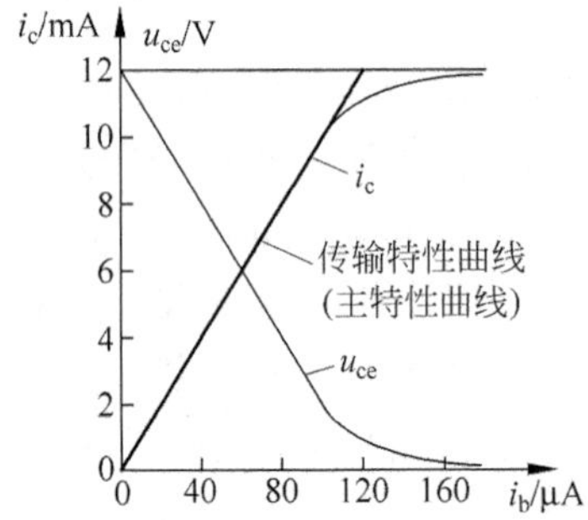

图 1.3.6 BJT 传输特性曲线

可以看出，实验用 BJT 的集电极电流约是基极电流的 96 倍，说明 BJT 具有电流放大能力。用希腊字母 β 表示 BJT 集电极电流与基极电流的比值，称 β 为 BJT 的电流放大倍数。电流放大倍数 β 值是 BJT 的主参数。本实验用 BJT 电流放大倍数 $\beta \approx 96$。目前 β 数量级通常为 100，超 β 晶体管的 β 值可达 1000。

集-射压降实质上是 BJT 进行电流放大的净电压或净动力。BJT 的电流放大能力以集-射压降较大为前提。电流流过电阻时产生电压降是一个不变的客观规律。因此强调，集-射压降是一个派生参数。从式(1.3.3)可看出，集电极电流 I_c 较大时，由于电阻 R_c 压降的影响，BJT 集-射压降作为一个派生参数，自然降低为很小的数值。

基极电流很大但集-射压降很小时，集电极电流不再与基极电流同比上升，原因是集-射压降小就意味着 BJT 净动力少。把基极电流很大，集-射压降变得很小，外部动力不足，基极电流消化不了的现象，叫做饱和。BJT 饱和类似动物吃撑了难以消化。

3. 三极管输出特性——管压对管流的影响

在图 1.3.4 实验电路中固定基极电流 i_b，改变集电极外接电阻 R_c，或者改变电源 U_{cc}，都可得到管压 U_{ce} 与管流 i_c 的一组实验数据，画出一根 Γ 型伏安特性曲线，见图 1.3.7。I_b 改变 n 次，获得 n 组实验数据，就画出 Γ 型伏安特性曲线族。i_b 固定时 u_{ce}-i_c 关系曲线叫做 BJT 输出特性曲线。若干条输出特性曲线组成输出特性曲线族。

管压 U_{ce} 是 BJT 进行电流放大的净电压或净动力。BJT 的电流放大能力以管压较大为

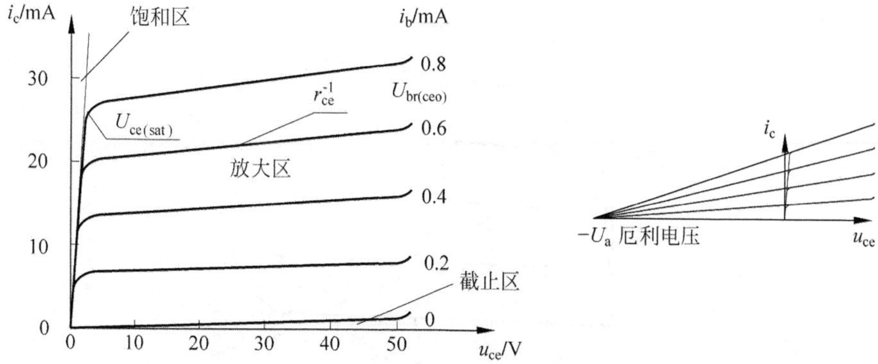

图 1.3.7 某型 NPN BJT 输出特性曲线族

基础。管压 U_{ce} 大，则 BJT 电流放大倍数 β 值较大，反映是输出特性曲线上翘。

BJT 输出特性曲线呈 Γ 状，曲线拐角处表示管子电流放大能力开始急剧受限，该处管压叫饱和压降，用 $U_{ce(sat)}$ 表示(sat 是 saturation 的前三个字母，饱和)，简写为 U_{ces}。

晶体管饱和是渐进的过程。很难说输出特性曲线究竟在哪一点改平。习惯上以 U_{ce} 与 U_{be} 大小来判断。认为 $U_{ce}>U_{be}$ 为放大区；以 $U_{ce}=U_{be}$ 为临界点，认为 $U_{ce}=U_{be}$ 时 BJT 管子开始饱和；$U_{ce}<U_{be}$ 为饱和区。由此流行集电结反偏为放大，集电结正偏为饱和的说法。

u_{ce}-i_c 平面分为截止区、放大区和饱和区。$i_b=0$ 曲线与电压轴之间的小窄条为截止区，电流轴与饱和曲线之间的小窄条为饱和区，截止区与饱和区之间的广大区域为放大区。

截止区的高度表示漏电流，饱和区的宽度表示饱和压降。如图 1.3.7 所示，管压越大，漏电流也越大；管流越大，饱和压降也越大。管子的漏电流及饱和压降都不是定值。

放大区输出特性曲线管压 u_{ce} 变化量与管流变化量的比值叫做晶体管输出电阻，也叫集-射动态电阻(交流电阻)，用 r_{ce} 表示。输出特性曲线斜率的倒数就是 BJT 输出电阻 r_{ce}。

输出特性曲线斜率很小，说明 BJT 输出电阻 r_{ce} 很大。集电极电流增大，输出特性曲线斜率少许变大。反映在输出特性曲线族，就是基流越大，则输出特性曲线越上翘，见图 1.3.7。放大区所有输出特性曲线段的延长线交于一点，此点电压叫做厄利电压(Early voltage)，符号 U_a。U_a 介于 15～150V。不同管子，U_a 越大，r_{ce} 越大。

同一个管子，I_c 越大，r_{ce} 越小。I_c 为 mA 数量级时，BJT 输出电阻 r_{ce} 常在 100kΩ 数量级。就信号放大器来说，通常记住 BJT 输出电阻 $r_{ce}\approx 100\text{k}\Omega$ 就可以解决很多问题。

已知 BJT 的厄利电压 U_a 及集电极电流 I_c，可用下式估算管子的输出电阻

$$r_{ce}=\frac{U_{ce}+U_a}{I_c} \tag{1.3.3a}$$

按照功率消耗，u_{ce}-i_c 平面分为正常工作区和非工作区，非工作区又分为过流区、过损耗区和过压区，见图 1.3.8。双曲线 $u_{ce}i_c=P_{CM}$ 即是 BJT 临界损耗曲线，P_{CM} 为晶体管极限耗散功率。临界损耗曲线可与输出特性曲线族画在一起，见图 1.3.8 虚线。

在过损耗区，管子虽然可能还有电流放大能力，但工作时间稍长就会因过热而损坏。在过流区，管子或者电流放大能力将降低，或者容易烧毁。管子一旦进入过压区，就会马上击穿损坏，一定要注意防止管子过压。过损耗区、过流区和过压区可统称为红灯区。

BJT 输出特性曲线的主要功能是表达集-射压降对集电极电流的影响。不同种类的 BJT 集-射压降对集电极电流的影响大同小异。就是说，若去掉坐标轴刻度，图 1.3.7 实际

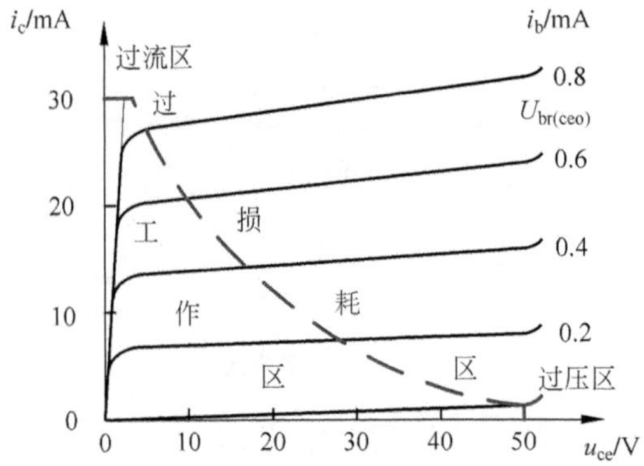

图 1.3.8　某型 BJT 工作区与红灯区

上可代表几乎所有种类 BJT 的集-射压降对集电极电流的影响。输出电阻 r_{ce} 是 BJT 的共性参数。r_{ce} 能提供大电压增益但又不影响输出范围,可当成有源负载作安伏变换器使用。

集-射压降变化后集电极电流基本不变,说明 BJT 有一个比较硬的输出特性即负载特性。而比较硬的负载特性类似于机电技术中硬的机械特性,通常正是 BJT 工作所需要的。在线性放大区,集-射压降变化时,集电极电流几乎没有什么变化,说明 BJT 可作为电流源。输出电阻 r_{ce} 就是等效电流源的内阻。

通过输出特性曲线族和极限功耗双曲线可以观察 BJT 以下参数:①电流放大倍数 β;②输出电阻 r_{ce};③集-射漏电流 I_{ceo};④集-射击穿电压 $U_{br(ceo)}$;⑤集电极最大电流 I_{CM}。

BJT 输出电阻 r_{ce} 很大,集-射漏电流 I_{ceo} 很小,输出特性曲线斜率及漏电流一般都是夸大画出的。实际能从输出特性曲线上得到的数据只有电流放大倍数 β、集-射击穿电压 $U_{br(ceo)}$,其中能直接读取的只有 $U_{br(ceo)}$。输出特性曲线上端斜率猛然减小,表示管子将被击穿,此转弯处的电压就是 BJT 集-射击穿电压。

例 1.3.1　试从图 1.3.8 读取某晶体管 β 值、集-射击穿电压 $U_{br(ceo)}$ 和极限功率 P_{CM}。

解　从图 1.3.8 最右边一条输出特性曲线可看出,基极电流 $i_b=0.8$mA 时,集电极电流 $i_c\approx30$mA,由此计算电流放大倍数 $\beta=i_c/i_b\approx30/0.8=37.5$ 倍。从该图还可看出,输出特性曲线接近 50V 时斜率猛然减小,故该型 BJT 集-射击穿电压约为 $U_{br(ceo)}=50$V。

从图 1.3.8 虚线所示 BJT 临界损耗曲线上任取一点,如取 $u_{ce}=20$V,可读出 $i_c=10$mA,由此计算该型 BJT 极限耗散功率 $P_{CM}=20\times10$mW$=200$mW。

4. 三极管的两种饱和形式及饱和特性

集电极电能和电流都充足供应时,BJT 集电极电流 i_c 与基极电流 i_b 同步增长。无论集电极电能还是电流本身供应不足,BJT 电流放大能力都会受到限制。BJT 电流放大能力受到限制的基本特征是 $i_c<\beta i_b$。将晶体管电流放大能力受到限制的现象称为饱和。

集-射压降代表集电极电能供应。把集-射压降很小即集电极电能供应很少导致的饱和称为甲类饱和(A 类饱和),也叫电压饥饿饱和。把多个主电极串联的 BJT 互相约束,造成其中部分管子集电极电流供应直接受到其中一只晶体管约束的饱和称为乙类饱和(B 类饱和),也叫电流饥饿饱和。由此晶体管饱和分为两种,一是甲类饱和,二是乙类饱和。

1) 甲类饱和

图 1.3.9 中晶体管饱和原因是随着管流增长,管压太小甚至降低到几乎为 0,实质是缺

乏电能供应失去动力。认为饱和压降 $U_{ces}=0$，可由电流比对法判断 BJT 甲类饱和

$$\beta i_b \geqslant U_{cc}/R_c \tag{1.3.4}$$

将 $i_b \approx U_{cc}/R_b$ 代入，消去 U_{cc}，可得到简单的电阻比对法

$$R_b \leqslant \beta R_c \tag{1.3.4a}$$

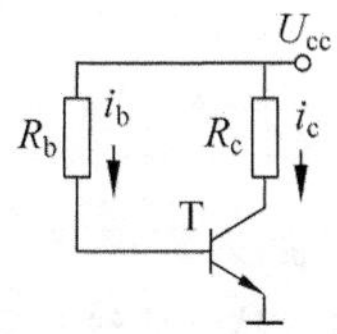

图 1.3.9　BJT 的甲类饱和

可看出，基极限流电阻 R_b 越小，或者晶体管 β 值越大，或者集电极外接电阻 R_c 越大，管子都越容易进入甲类饱和。

基极限流电阻 R_b 越小，基极电流 i_b 就越大；晶体管 β 值越大，βi_b 值就越大。βi_b 值好似喂给晶体管的电流。βi_b 值越大，就是给 BJT 吃得越多，吃得越多，自然越容易饱和。集电极外接电阻 R_c 越大，好比是晶体管胃口越小，胃口越小，自然也越容易饱和。

2）乙类饱和

n 只 BJT 主电极 C、E 串联工作（$n \geqslant 2$），由于很难保证 $\beta_1 i_{b1}=\beta_2 i_{b2}=\cdots=\beta_n i_{bn}$，而集电极电流 i_c 只能达到 $\min(\beta_1 i_{b1},\beta_2 i_{b2},\cdots,\beta_n i_{bn})$，即达到其中最小的一个，于是总有（$n-1$）只管子的电流放大能力受 1 只管子的约束而得不到充分发挥，结果只有 1 只管子处于放大状态，其余（$n-1$）只管子都处于饱和状态，称为多管乙类饱和。

图 1.3.10 所示为两个 BJT 主电极串联，为简单的双管乙类饱和，T_1 管饱和条件

$$\beta_1 i_{b1} > \beta_2 i_{b2} \tag{1.3.5}$$

针对一般的多管乙类饱和，T_1 管饱和条件

$$\beta_1 i_{b1} > \beta_x i_{bx} \quad (x=2,3,\cdots,n) \tag{1.3.5a}$$

乙类饱和最厉害的管子的电流放大能力利用率

$$\delta\beta = \frac{\min(\beta_1 i_{b1},\beta_2 i_{b2},\cdots,\beta_n i_{bn})}{\max(\beta_1 i_{b1},\beta_2 i_{b2},\cdots,\beta_n i_{bn})} \times 100\% \tag{1.3.5b}$$

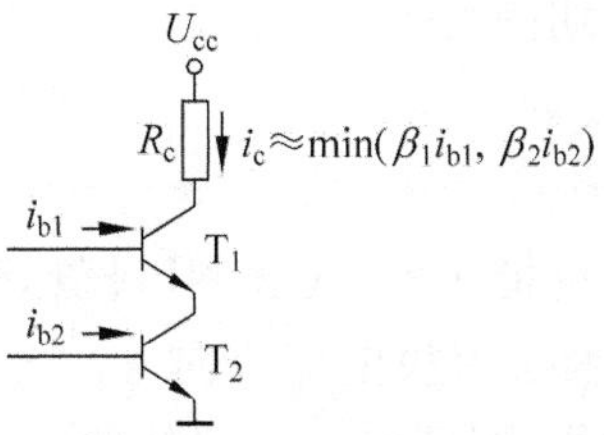

图 1.3.10　BJT 的乙类饱和

5. 三极管极性——NPN BJT 与 PNP BJT 及其电流方向与数量关系

NPN 晶体管应用最多，此外还有 PNP 晶体管。PNP 晶体管与 NPN 晶体管可以互补。如 NPN 管与 PNP 管组成互补射随器，见第 5 章；NPN 管与 PNP 管组成有源负载放大器，见第 6 章。在一些场合，如计算机接口电路，PNP 晶体管反而可能最适用。

由 PN 结单向导电性，NPN 晶体管基极电流 i_b 自基极流进管子，集电极电流 i_c 从集电

极流进管子，两者在管子内部汇合为发射极电流 i_e，从发射极流出，见图 1.3.11。

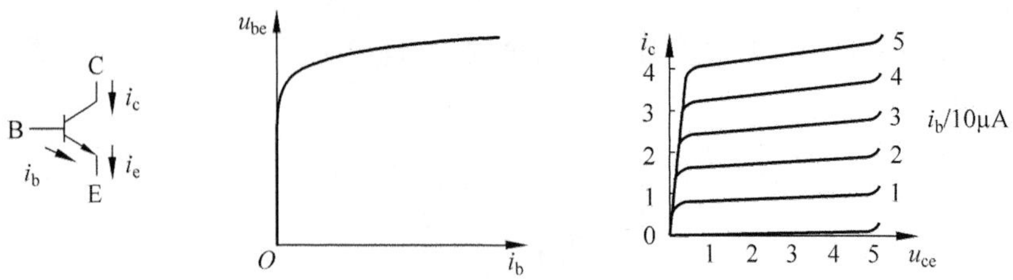

(a) 符号　　(b) 输入特性曲线　　(c) 输出特性曲线族

图 1.3.11　NPN 晶体管符号、输入特性曲线及输出特性曲线族(小进大出 NPN)

PNP 晶体管发射极电流 i_e 流进管子，然后在管子内部分离为基极电流 i_b 与集电极电流 i_c，再各自从管子的基极和集电极流出，见图 1.3.12。

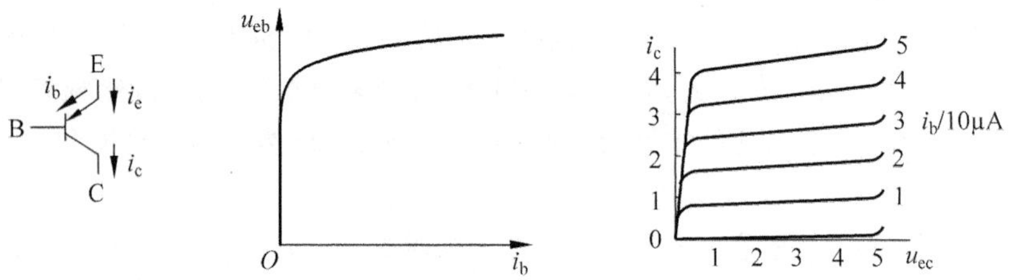

(a) 符号　　(b) 输入特性曲线　　(c) 输出特性曲线族

图 1.3.12　PNP 晶体管符号、输入特性曲线及输出特性曲线族(大进小出 PNP)

三极管集电极电流和发射极电流与基极的关系各为 $i_c=\beta i_b$，$i_e=i_b+\beta i_b=(\beta+1)i_b$，$i_c$ 稍小于发射极电流 i_e。通常可认为 $\beta+1\approx\beta$、$i_e\approx i_c$。

基极电流 i_b 只能顺着发射结二极管正向流动，小小的基极电流 i_b 放大成为大大的集电极电流 i_c；i_c 方向受控于 i_b，i_c 方向自然与 i_b 一致；i_c 优先在电阻 R_c 上产生电压降，剩余才是集射极压降 u_{ce}，u_{ce} 太少了又反过来限制 i_c。这些客观规律可用口诀来形容：

艾碧顺着发射结，携来电子多如云；小小艾碧大艾西，艾西顺着艾碧循。

艾西电压落电阻，剩余才给集射极；集射压降太少了，管子饱和限艾西。

BJT 图形符号的箭头有三个功能。

(1) 箭头代表管子的发射结。

(2) 箭头方向指示管子的极性。

箭头从基极指向发射极即从里指向外，代表 NPN 管，否则为 PNP 管。

(3) 箭头表明基极电流方向及发射极电流方向。

BJT 符号的箭头有这么多功能，画图时一定要按照应有方向将其画在正确位置上。

1.3.3　三极管数理模型

BJT 数理模型有非线性模型和线性化模型。非线性模型有埃伯斯-莫尔模型(Ebers-Moll，EM 模型)，1954 年由 Ebers 和 Moll 提出；葛牟-潘模型(Gummel-Poon 模型，GP 模型)，1970 年由 Gummel 和 Poon 提出。非线性模型全面但复杂，GP 模型有几十个参数。

按照工作频率，BJT 线性化数理模型又可分为中低频数理模型和高频数理模型。

1. **直流数理模型**

忽略管子输入电阻 r_{be} 等参数，BJT 可以等效为图 1.3.13 所示的直流 CCCS 数理模型。

2. **交流数理模型**

1) H 四参数数理模型

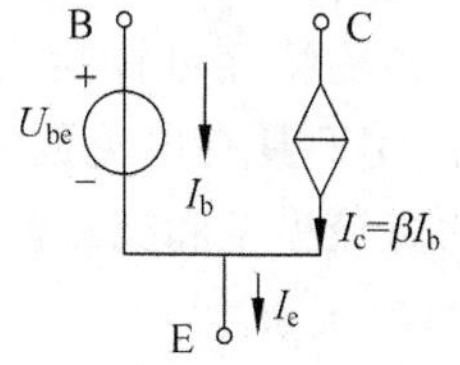

图 1.3.13　BJT 的直流 CCCS 模型

i_c和 u_{be}主要与 i_b有关，还受 u_{ce}的影响。可认为基极电流 i_b和集-射压降 u_{ce}是 BJT 的两个输入量，集电极电流 i_c和发射结电压 u_{be}是两个输出量。在工作点附近把两个输入量对两个输出量的影响进行线性化，将 β 改为 h_{fe}，r_{be}改为 h_{ie}，u_{ce}对 i_c的影响 $1/r_{ce}$改为 h_{oe}表示，u_{ce}对 u_{be}的影响用 h_{re}表示，$h_{re}\approx 0.001$，h_{re}称为晶体管管内反馈系数。建立线性化模型

$$\begin{cases}\Delta i_c = h_{fe}\Delta i_b + h_{oe}\Delta u_{ce}\\ \Delta u_{be} = h_{ie}\Delta i_b + h_{re}\Delta u_{ce}\end{cases} \tag{1.3.6}$$

该模型中有四个 H 参数，故称为 H 四参数线性化混合模型(Hybrid model)，见图 1.3.14。

$$h_{fe} = \frac{\partial i_c}{\partial i_b},\quad h_{ie} = \frac{\partial u_{be}}{\partial i_b},\quad h_{re} = \frac{\partial u_{be}}{\partial u_{ce}},\quad h_{oe} = \frac{\partial i_c}{\partial u_{ce}}$$

集电极电流 i_c为 mA 级，集-射压降 u_{ce}变化 10V，不饱和时集电极电流变化仅有0.1mA 以下。此微量变化在常见放大电路中是次要矛盾，可被忽略，在有源负载放大电路中则是所依赖的主要因素。模拟电子技术之所以被称为艺术，就是因为类似灵活性太多了。

2) H 三参数数理模型(β、r_{be}、r_{ce}三参数模型)

忽略 u_{ce}对 u_{be}的影响，认为 $h_{re}=0$，并用 β 表示 h_{fe}，r_{be}表示 h_{ie}，r_{ce}表示 h_{oe}，H 四参数模型式可简化为 H 三参数模型，即 β、r_{be}、r_{ce}三参数模型，见图 1.3.15。式(1.3.6)简化为

$$\begin{cases}\Delta i_c = \beta\Delta i_b + \Delta u_{ce}/r_{ce}\\ \Delta u_{be} = r_{be}\Delta i_b\end{cases} \tag{1.3.6a}$$

$$\dot{I}_c = f(\dot{I}_b,\dot{U}_{ce}) = \beta\dot{I}_b + \frac{\dot{U}_{ce}}{r_{ce}} \tag{1.3.6b}$$

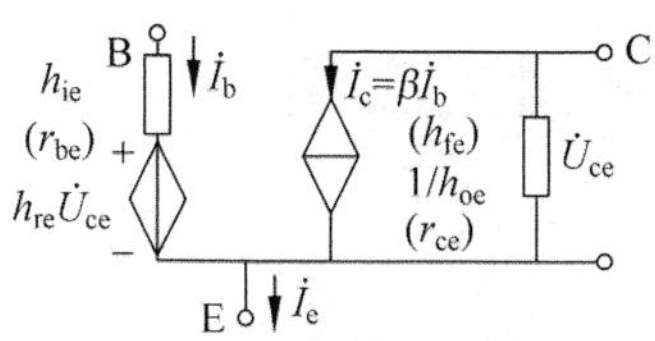

图 1.3.14　BJT 的 H 四参数交流 CCCS 模型

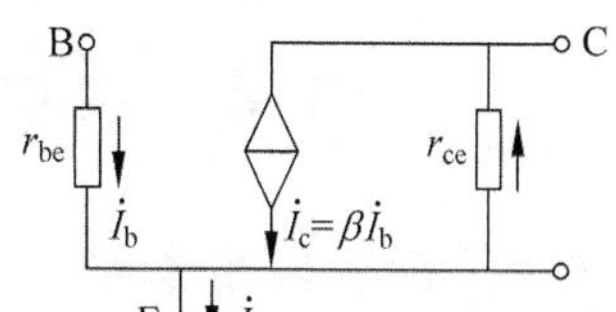

图 1.3.15　BJT 的 H 三参数交流 CCCS 模型

H 三参数数理模型实际是基极电流控制的电流源，简称为流控电流源(Current Control Current Source，CCCS)，r_{ce}是内阻。有源负载放大器分析需用带内阻的 CCCS 模型。

3) H 两参数模型(β、r_{be}模型)

忽略 u_{ce}对 i_c的影响，认为 $r_{ce}\to\infty$，H 三参数模型可简化为 H 两参数模型，也称为 β、r_{be}两参数模型。β、r_{be}两参数模型就是理想流控电流源 CCCS，见图 1.3.16。理想 CCCS 应用

于普通放大器分析。

$$\begin{cases}\Delta i_c = \beta\Delta i_b \\ \Delta u_{be} = r_{be}\Delta i_b\end{cases} \tag{1.3.6c}$$

集-射压降是保证 BJT 电流放大的净能量储备。BJT 传输特性可概括为：集-射压降大于饱和值条件下 BJT 具有电流放大能力。式(1.3.6c)可以派生为直流模型和交流模型

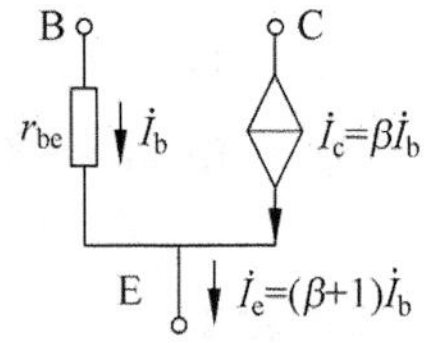

图 1.3.16 BJT 两参数交流 CCCS 模型

$$i_c = \beta i_b \qquad (u_{ce} > U_{ces})\text{ 或 }(u_{ce} > 0) \tag{1.3.6d}$$

$$\dot{I}_c = \beta\dot{I}_b \qquad (u_{ce} > U_{ces})\text{ 或 }(u_{ce} > 0) \tag{1.3.6e}$$

3. 高频数理模型

PN 结有分布电容。由于极间分布电容的影响，工作频率很高时电流放大倍数 β 值将下降且不再是实数。把 β 值下降到正常值的 $1/\sqrt{2}=70.7\%$时的工作频率称为 BJT 的截止频率，用 f_β表示，ω_β为截止角频率，把电流放大能力下降到$|\beta|=1$ 时的工作频率称为特征频率，用 f_T表示。晶体管电流放大倍数 β 与频率 f 的关系

$$\beta = \frac{\dot{I}_c}{\dot{I}_b} \approx \frac{\beta_0}{1+\mathrm{j}\omega/\omega_\beta} \qquad \text{或} \qquad \beta = \frac{\dot{I}_c}{\dot{I}_b} \approx \frac{\beta_0}{1+\mathrm{j}f/f_\beta} \tag{1.3.7}$$

在式(1.3.7)中令$|\beta|=1$ 有 $f=f_T$及$|1+\mathrm{j}f_T/f_\beta|\approx\beta_0$，忽略 1 有 $f_T/f_\beta\approx\beta_0$，即 $f_T\approx\beta_0 f_\beta$，说明晶体管特征频率 f_T是截止频率 f_β的 β_0倍。

$$f_T \approx \beta_0 f_\beta \tag{1.3.8}$$

特征频率 f_T也称为管子的增益带宽积。晶体管手册给定管子的特征频率 f_T。

例 1.3.2 从手册上查得某晶体管特征频率 $f_T=600\text{MHz}$，$\beta=100$，试求截止频率 f_β。

解 $f_\beta=f_T/\beta=600\text{MHz}/100=6\text{MHz}$

思考题

1.3.1 有哪些现象可用于判别三极管是否处于饱和状态？

1.3.2 处于饱和状态的晶体管还起放大作用吗？

1.3.3 如何判断 BJT 基极电流方向，又如何根据基极电流方向判断集电极电流方向。

1.4 三极管技术参数及测试应用

1.4.1 三极管技术参数

晶体管应用人员应当了解原理、熟悉结构、明确参数、掌握数据。

1. 中低频电流放大倍数 β

一般不是用 β_0 而是用符号 β 表示中低频电流放大倍数，简称为电流放大倍数。

直流电流放大倍数：BJT 集电极总电流与基极总电流的比值。

$$\bar{\beta} = \frac{i_c}{i_b}$$

交流电流放大倍数：BJT 集电极电流变化量与基极电流变化量的比值，即 BJT 集电极

交流电流分量有效值与基极交流电流分量有效值的比值。

$$\beta=\frac{\mathrm{d}i_c}{\mathrm{d}i_b}\quad 或\quad \beta=\frac{\dot{I}_c}{\dot{I}_b}$$

实践证明，在线性范围内，BJT 的直流电流放大倍数与交流电流放大倍数相差很小。根据抓主要矛盾的指导思想和一般规范做法，本书将不区分直流电流放大倍数与交流电流放大倍数，而一概使用电流放大倍数的概念，并且统一使用符号 β。

晶体管 β 值反映了管子的主要功能，因此 β 是 BJT 的主参数，应注意重点关注。β 值范围大体在几十到几百之间，大功率晶体管 β 值只有 20 倍，也属正常。

为解决晶体管 β 值分散给生产应用带来的困难，一些旧型号国产 BJT 在出厂前按照 β 值分类，并在管子顶部标上色点来表示 β 值所在范围，见表 1.4.1。

表 1.4.1 国产小功率三极管 β 值色标法

色点	棕	红	橙	黄	绿	蓝	紫	灰	白	黑
β	5～15	15～25	25～35	45～55	55～80	80～120	120～180	180～270	270～600	600～1000

新型号 BJT 不仅 β 值明显变大，而且同一批次产品的分散度很小。

2. 集电极最大电流 I_{CM}

晶体管 β 值与集电极电流大小有关。一般讲，集电极电流达到某值时晶体管 β 值将达到最大值。集电极电流继续增加，β 值反而会变小。将晶体管 β 值降低到正常值的 70.7% 时的集电极电流定义为集电极电流最大允许值，用 I_{CM} 表示。集电极电流超过最大允许值 I_{CM} 后，BJT 或者电流放大能力将显著降低，或者过热损坏。

3. 集-射极击穿电压 $U_{br(ceo)}$（分类指标）

集-射压降超过一定数值后，BJT 将被击穿损坏。

$U_{br(ceo)}$ 是基极开路时，BJT 集-射极之间所允许施加的最大电压。$U_{br(ceo)}$ 数值一般在 50V 以上。CRT 行扫描用的大功率高反压 BJT 达 1500V 以上。

4. 集电极最大耗散功率 P_{CM}（分类指标）

集-射压降与集电极电流的乘积最大值代表 BJT 的最大耗散功率（极限耗散功率）

$$P_{CM}=U_{ce}I_c$$

小功率 BJT 极限耗散功率有 100mW、200mW、300mW、500mW、700mW 等规格。下列管子极限耗散功率：3DG6 为 100mW；2SC1815 为 400mW；9013 为 500mW；3DG12 为 700mW。极限耗散功率降额折算后，可以作为晶体管的工作允许耗散功率。

5. 截止频率 f_β（截止角频率 ω_β）与特征频率 f_T（其中 f_T 为分类指标）

略。

6. 输入电阻 r_{be}

BJT 输入特性曲线的斜率，叫做管子的输入电阻，用 r_{be} 表示，用式(1.3.2)计算。

7. 输出电阻 r_{ce}

BJT 输出特性曲线的斜率，叫做管子的输出电阻，用 r_{ce} 表示。集电极电流越大，输出电

阻 r_{ce} 越小。I_c 为 mA 数量级时放大区 BJT 输出电阻 r_{ce} 约 100kΩ。

8. 饱和导通电阻

BJT 饱和导通时集-射极之间相当于一个小电阻，称为饱和导通电阻，用符号 $r_{ce(on)}$ 表示。为简化计算可认为 $r_{ce(on)}=0$ 及 $U_{ces}=0$，从而把 BJT 简化为一个理想电子开关。

9. 极间漏电流

实际由于少数载流子的存在，二极管 PN 结和三极管集电结都有很小的反向漏电流。三极管表现为集-基反向漏电流和集-射漏电流。

1) 集-基反向漏电流 I_{cbo}

发射极开路时集-基之间的反向漏电流检测电路见图 1.4.1。

2) 集-射漏电流 I_{ceo}

基极开路时，在外加电压作用下集-射之间的漏电流检测电路见图 1.4.2。

图 1.4.1 检测电路中，集-基反向漏电流 I_{cbo} 从基极流出只是测试需要。实际晶体管工作时，I_{cbo} 不是从基极流出来，而是经基区直接流到发射极。I_{cbo} 实际起到了基极电流的作用，见图 1.4.2。因此集-射漏电流 I_{ceo} 大约等于集-基反向漏电流 I_{cbo} 的 $\beta+1$ 倍。

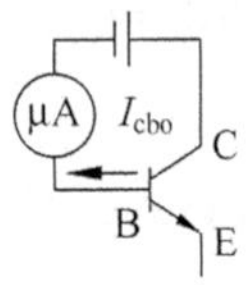

图 1.4.1　BJT 集-基反向漏电流 I_{cbo} 检测电路

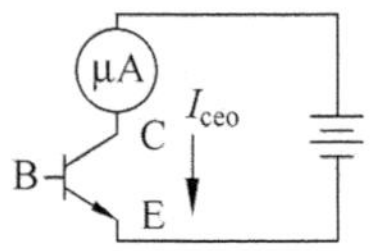

图 1.4.2　BJT 集-射漏电流检测电路

漏电流越小，晶体管质量越好。同种管子，工作温度越高，漏电流就越大。硅管 I_{cbo} 在 1μA 以下，I_{ceo} 在几 μA 以下。锗管漏电流大约是硅管的 100 倍。

10. 发射结反向击穿电压 $U_{(br)beo}$

由于制造工艺结构限制，BJT 发射结反向击穿电压很低，通常只有几伏特。因此 BJT 发射结是一个薄弱环节，最容易损坏。最初用户在应用电路中给 BJT 发射结并联一个电阻加以保护。给 BJT 发射结并联保护电阻的做法为业界所认可后逐渐成为一个规范设计。为方便用户使用，很多器件制造厂家干脆在管壳内部给 BJT 发射结并联一个保护电阻。

11. 有关参数的温度特性

1) 电流放大倍数 β 值的正温度系数 θ

环境温度上升时，晶体管 β 值要变大。将温度每增加 1℃时 β 值的相对增加量称为 β 值温度系数，用符号 θ 表示。用 $\Delta\beta$ 代表 β 值绝对变化量，$\Delta\beta=\beta_2-\beta_1$，$\delta\beta$ 代表 β 值相对变化量，$\delta\beta=\Delta\beta/\beta=(\beta_2-\beta_1)/\beta_1$，$\theta=\delta\beta/\Delta T$

$$\theta=\delta\beta/\Delta T=\frac{\beta_2-\beta_1}{\beta_1}\times 100\%/(T_2-T_1) \tag{1.4.1}$$

晶体管 β 值温度系数 θ 大小主要与材料特性有关。通常环境温度每上升 1℃，硅晶体管 β 值大约变大 0.5%～1%。就是说，硅晶体管 β 值温度系数 $\theta\approx(0.5\%\sim1\%)/℃$。

2) 发射结压降 U_{be} 的负温度系数 λ

发射结压降 U_{be} 的温度系数与二极管 PN 结正向压降的温度系数类似，与半导体材料掺杂浓度有关，其值通常约在 $\lambda\approx-2\text{mV/℃}$。

3) 反向漏电流 I_{cbo}、I_{ceo}的正温度系数 ξ

温度上升，少数载流子增多，漏电流就变大。温度每升高 10℃，I_{cbo}增加约 1 倍。

12. BJT 技术参数的分类——个性参数和共性参数

为了有效记忆和使用，按照数值特点，BJT 技术参数可分为个性参数和共性参数。

(1) 个性参数

数值与管子具体型号种类有关的参数称为个性参数。选用 BJT 时需声明或查证。

上述第 1～6 项参数：电流放大倍数、集电极最大电流、集-射击穿电压、BJT 最大耗散功率、截止频率 f_β与特征频率 f_T 及输入电阻 r_{be}属于个性参数。

低频或中频应用时，只要知道所选 BJT 的电流放大倍数 β 值、集电极最大电流 I_{CM}、集-射击穿电压 $U_{br(ceo)}$、BJT 最大耗散功率 P_{CM}四项参数就足以。

(2) 共性参数

数值与管子具体型号种类无关的参数称为共性参数。不同型号种类 BJT 的共性参数数值基本相同，选用 BJT 时作为一般常识，不需要就具体型号给予特殊关注，通常在设计、制造或维修发生问题或争议时才涉及。

上述第 7～11 项参数：极间漏电流、发射结反向击穿电压、输出电阻 r_{ce}、饱和导通电阻以及有关参数的温度系数属于共性参数。应当明确 BJT 极间漏电流很小、发射结反向击穿电压很低、输出电阻很大、饱和导通电阻很小、有关参数的温度系数很小。

1.4.2 三极管测试鉴别

1. BJT 种类及型号命名

硅管的结温允许值大约为 150℃，锗管的结温允许值为 85℃左右。要保证管子结温不超过允许值，就必须将产生的热量散发出去。晶体管在使用时，其实际功耗不允许超过极限耗散功率 P_{CM}值，否则晶体管会因过载过热而损坏。

(1) 低压晶体管、中压晶体管与高压晶体管(高反压晶体管)之分

常将集-射击穿电压 $U_{br(ceo)}<100\text{V}$ 的晶体管称为低压晶体管，$100\text{V}\leqslant U_{br(ceo)}<800\text{V}$ 的晶体管称为中压晶体管，$U_{br(ceo)}\geqslant800\text{V}$ 的晶体管称为高压晶体管。

(2) 低频晶体管、中频晶体管与高频晶体管之分

将特征频率 $f_T<3\text{MHz}$ 的晶体管称为低频晶体管，$3\text{MHz}\leqslant f_T<30\text{MHz}$ 的晶体管称为中频晶体管，$f_T\geqslant30\text{MHz}$ 的晶体管称为高频晶体管。

(3) 小功率晶体管、中功率晶体管与大功率晶体管之分

常将极限耗散功率 $P_{CM}<500\text{mW}$ 的晶体管称为小功率晶体管，$500\text{mW}\leqslant P_{CM}<5\text{W}$ 的晶体管称为中功率晶体管，$P_{CM}\geqslant5\text{W}$ 的晶体管称为大功率晶体管。

按照材料，BJT 分为硅晶体管、锗晶体管及砷化镓晶体管等。

按照极性，BJT 分为 NPN 晶体管与 PNP 晶体管。

BJT 型号命名方法如下。

国产三极管型号由四部分组成。

第一部分：电极数，以数字 3 表示。

第二部分：材料和管子极性，以大写字母 A 代表 PNP 锗管，B 代表 NPN 锗管，C 代表

PNP 硅管，D 代表 NPN 硅管。

第三部分：频率及功率功能，以大写字母 X 代表低频小功率管，G 代表高频小功率管，D 代表低频大功率管，A 代表高频大功率管，T 代表晶体闸流管(可控硅，SCR)。

第四部分：参数规格，以数字字母表示。

例如，3DG12 表示国产硅材料 NPN 高频中功率三极管。

日产晶体管型号开头的数字代表 PN 结数，三极管以数字 2 开头，如 2SC1815。

韩国产三极管型号用四位数字表示，如 9012 为 PNP 管，9013 为 NPN 管。

常见 BJT 型号及相应参数如下：

3DG12：NPN，$\beta=40\sim150$ 倍，300mA，20V，700mW，$f_T=150$MHz，国产；

2SC1815：NPN，100～500 倍，150mA，60V，400mW，日产；

9013 (NPN)，9012 (PNP)：$\beta\approx100\sim300$ 倍，100mA，50V，500mW，韩产。

晶体管除了以 I_b 控制 I_c 的经典 CCCS 类型之外，还有光敏晶体管和磁敏晶体管。

晶体管除了作为独立个体供货之外，还有很多形式，如复合 BJT、带阻尼带保护的 BJT、孪生 BJT，光敏晶体管与 LED 组合为光电耦合器。

2. BJT 特性及参数测量

用 BJT 特性图示仪可以测量晶体管特性曲线及参数 r_{be} 和 β 等。常见数字万用表及高档指针式万用表都有晶体管 h_{FE} 参数测量挡位，可直接测量晶体管 β 值。

应急情况下可借助手指充当基极电阻，用指针式万用表电阻挡直接判断 BJT 有无电流放大能力，见图 1.4.3 及图 1.4.4。这种简便方法的要点是利用万用表等效电路，将表内电池(≥1.5V)当作电源，表内电阻当作集电极电阻 R_c，借用手指作基极限流电阻 R_b，表头作为集电极电流指示。测量时，表针摆幅越大，晶体管电流放大能力就越强，β 值也就越大。

测量 NPN 晶体管时，黑表笔应接被测三极管集电极，红表笔接被测三极管发射极，手指按压在基极与集电极之间充当基极上拉限流电阻，即形成图 1.4.3 所示的测量电路。

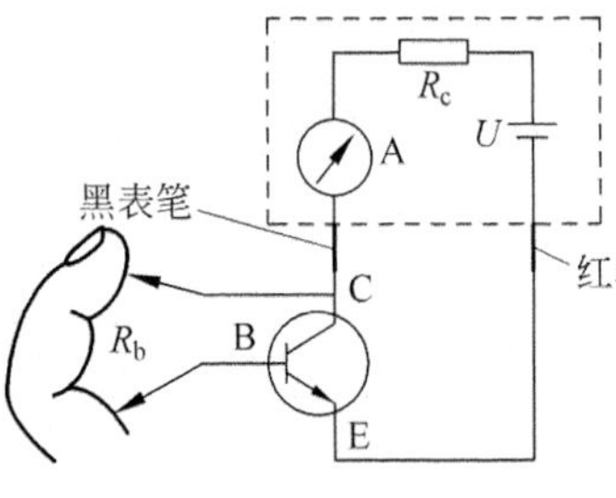

图 1.4.3　借助手指电阻测 NPN 管子放大能力

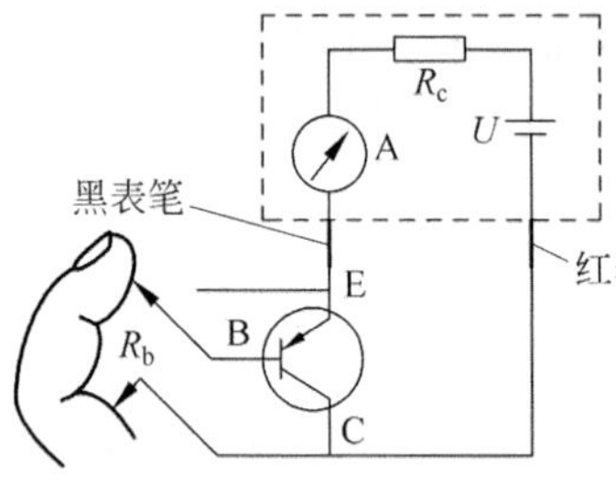

图 1.4.4　借助手指电阻测 PNP 管子放大能力

测量 PNP 晶体管时，黑表笔应接被测三极管发射极，红表笔接被测三极管集电极，手指按压在基极与集电极之间充当基极下拉限流电阻，即形成图 1.4.4 所示的测量电路。

表面干燥手指接触电阻约为 10MΩ，蘸水后明显降低。借助手指充当基极电阻估计晶体管电流放大能力时，必要时可蘸些水润湿，以减小接触电阻。

手指等效电阻法的价值不仅在于能估计三极管电流放大能力，而且能区别管子集电极与发射极。若误把 C 当成 E，E 当成 C，则电流放大倍数将变得很小，表针摆幅很小。对 NPN 管子来说，两次试测时，表针摆动较大的那次测量中黑笔所接的是集电极，红笔所接的是发射极。用手指等效电阻法还能在简陋条件下鉴别晶体管好坏。

乘积 $U_{ce}I_c$ 可以代表晶体管功耗。测得 U_{ce} 和 I_c，计算其乘积即得到 BJT 功耗。

3. BJT 极性、材料及管脚鉴别

不同晶体管有以下个性：(1)内部两个 PN 结的公共极不同；(2)电流大小及方向各不相同；(3)电压大小及方向各不相同。鉴别 BJT 极性、材料及管脚，有型号识别法、电流比对法、电压比对法及仪表测量法等。

1) 型号识别法

三极管型号包含极性、材料、管脚等信息。型号识别法效率最高，应优先掌握。

2) 电流比对法——三电流居间的是集电极

放大时 BJT 管 $I_e>I_c\gg I_b$，NPN 管基极电流流进管子，可判断电流居间的是集电极，最大的是发射极，最小的是基极。若基极电流流进管子，则为 NPN 管，否则为 PNP 管。

用电流比对法能判别管子极性及各脚功能并识别 β 值，但不能判别材料。

3) 电压比对法——三电压居间的是基极

由 BJT 放大时发射结逻辑正偏、集电结逻辑反偏知，基极电压接近发射极、集电极电压明显不同于另两极电压：NPN 管 $U_c\gg U_b>U_e$，PNP 管 $U_c\ll U_b<U_e$。给定三电压，可判断电压居间的为基极 B；电压特高，似鹰击长空，为集电极，电压比基极低 0.2～0.7V 的为发射极，管子为 NPN 管；电压特低，似鱼翔浅底，也是集电极，电压比基极高 0.2～0.7V 的为发射极，管子为 PNP 管。基极发射极压差约 0.2V 的为锗管，差约 0.7V 的为硅管。

用电压比对法能判别管子极性及各脚功能并判别材料，但不能识别 β 值。

4) 仪表测量法

BJT 内部有两个 PN 结，两个 PN 结的公共极是基极，NPN 管内部两个 PN 结共用 P 极，见图 1.3.11(a)，PNP 管内部两个 PN 结共用 N 极，见图 1.3.12(a)。用万用表鉴别要分两步走：第一步应先筛出基极 B 并判断管子极性，第二步鉴别集电极 C 与发射极 E。

数字万用表置于 PN 结挡。如图 1.4.5 所示，用红表笔试接任意一脚，黑表笔依次接另两脚时若都通，则红表笔所接脚为基极，管子极性为 NPN。用黑表笔试接任意一脚，红表笔各接另两脚时若都通，则黑表笔所接脚为基极，管子极性为 PNP。

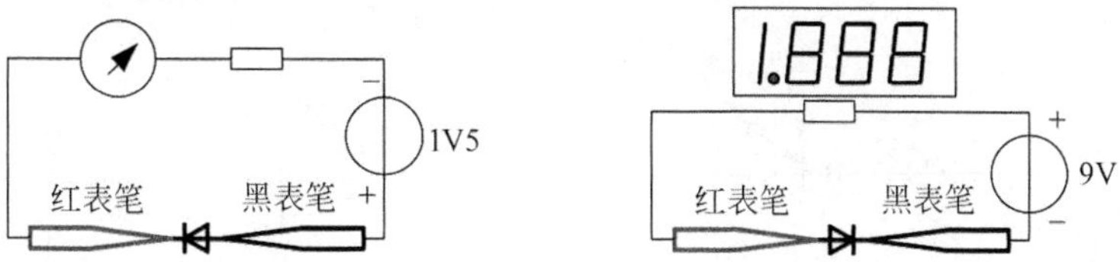

图 1.4.5 借助万用表鉴别 BJT 管脚

指针万用表置于电阻挡。如图 1.4.5 所示，黑表笔试接任意一脚，红表笔分别接第二、三脚时，若表针都摆动，则管子为 NPN，且黑表笔所接为基极。红表笔试接任意一脚，黑表笔分别接第二、三脚时，若表针都摆动，则管子为 PNP，且红表笔所接为基极。

管子极性及基极都鉴别出来之后，集电极与发射极可用两种方法区别开来。

(1) 用测试电流放大倍数的方法鉴别集电极与发射极

NPN 管用图 1.4.3 所示等效手指电阻测量法方法，表针摆动较大的那一次黑表笔所接的是集电极；PNP 管用图 1.4.4 所示方法，表针摆动较大的那一次黑表笔所接是发射极。

(2) 根据发射结压降稍大于集电结压降的特征鉴别集电极与发射极

晶体管发射区掺杂浓度大于集电区。因此同一个管子的发射结压降比集电结大 0.02～0.05V。这个差异可用数字万用表 PN 结挡测出来。利用此特性可鉴别晶体管集电极与发射极。例如，所测晶体管甲脚到乙脚的结电压为 0.69V，再测甲脚到丙脚的结电压为 0.66V，则管子极性为 NPN，甲脚为基极，乙脚为发射极，丙脚为集电极。

小进大出 N P N，小电流进管子、大电流从管子流出，是 NPN 管。

大进小出 P N P。大电流进管子、小电流从管子流出，是 PNP 管。

鹰击长空 N P N，管子三个电压中有一个特别高，似鹰击长空，就是 NPN 管。

鱼翔浅底 P N P。管子三个电压中有一个特别低，如鱼翔浅底，就是 PNP 管。

结压点二是锗管，发射结压降 $U_{be}\approx 0.2V$ 的管子是锗管。

结压点七为硅管。发射结压降 $U_{be}\approx 0.7V$ 的管子是硅管。

两结压差点零三，同一个管子发射结压降 U_{be} 比集电结压降 U_{bc} 约高 0.03V。

四两千斤发射极。高出的区区 0.03V 好像四两拨千斤，用它能鉴别发射极 e 与集电极 c。

1.4.3 三极管产品形态

1. 复合三极管

将两只三极管级联就形成电流放大倍数更大的复合三极管。复合晶体管也称为达林顿晶体管(Darlington Transistor)。使用复合管可以简化电路。

三极管复合接法有两种：一是同极性管子复合，即两只 NPN 管子相复合或两只 PNP 管子复合；二是异极性管子复合，即 NPN 管子与 PNP 管子复合，PNP 管子与 NPN 管子复合。

1) 同极性管子复合

同极性管子复合，见图 1.4.6(a)、(b)，前管发射极接后管基极，两管集电极相连，所形成复合管的极性不变，所甩出的新管脚功能不变。

同极性管子接成的复合 BJT 电流放大倍数为

$$\beta = \beta_1 + (\beta_1 + 1)\beta_2 \approx \beta_1\beta_2 \tag{1.4.2}$$

(a) 两只NPN管复合为NPN管　(b) 两只PNP管复合为PNP管　(c) NPN管与PNP管复合为NPN管　(d) PNP管与NPN管复合为PNP管

图 1.4.6 复合 BJT(达林顿管)

2) 异极性管子复合

异极性管子复合，见图 1.4.6(c)、(d)，前管集电极 C 接后管基极 B，前管发射极 E 接后管集电极，形成复合管。异极性管子形成的复合管的极性与前管相同。前管基极作为复合管基极，后管发射极作为复合管集电极，后管集电极作为复合管发射极。

异极性管子接成的复合 BJT 电流放大倍数为

$$\beta = \beta_1 + 1 + \beta_1\beta_2 \approx \beta_1\beta_2 \tag{1.4.3}$$

三极管发射结压降在应用电路中通常表现为损耗。由同极性 BJT 构成的复合 BJT 的发射结压降是 2 倍的 PN 结压降,由异极性 BJT 构成的复合 BJT 的发射结压降只有前管的 1 个 PN 结压降。比较起来,由异极性 BJT 构成的复合 BJT 的发射结压降损失只有由同极性 BJT 构成的复合 BJT 的一半。因此通常选用异极性 BJT 构成复合 BJT。

3) 复合管的输入电阻

对于同极性管子组成的复合管(见图 1.4.7),前管 T_1 基极电流为 i_b,T_2 基极电流为 $(\beta_1+1)i_b \approx \beta_1 i_b$,输入压降为 $r_{be1}i_{b1}+r_{be2}i_{b2}=r_{be1}i_b+r_{be2}\beta_1 i_b$。输入压降与输入电流之比就是输入电阻。同极性复合管输入电阻为 $r_{be}=(r_{be1}i_b+\beta_1 r_{be2}i_b)/i_b= r_{be1}+\beta_1 r_{be2}$

$$r_{be} = r_{be1} + \beta_1 r_{be2} \tag{1.4.4}$$

由图 1.4.6(c)、(d)知,异极性管子组成的复合管的输入电阻等于前管的输入电阻。

$$r_{be} = r_{be1} \tag{1.4.5}$$

2. 孪生晶体管(差分对管)

差分放大电路等要求两只配对晶体管的电流放大倍数等特性参数非常一致才好。实际上很难寻找两只各种特性参数都匹配非常好的晶体管。为此晶体管生产厂家在一块晶片上制出两只特性匹配较好的晶体管,并封装在一个管壳中,称为孪生晶体管,也叫做差分对管。

3. 带阻尼二极管及保护电阻的晶体管

经过长期实践,在 BJT 应用方面已经形成了一些专业性很强的单元电路。如根据工作要求,作 CRT 行扫描用的 NPN 高反压大功率 BJT 集电极与发射极之间需要反并联阻尼二极管。早期阻尼二极管与三极管在结构上是独立的。后来晶体管制造厂家为方便 CRT 显示器制造厂,就把阻尼二极管与三极管以及发射结保护电阻都制作在一个管壳内,并起名叫做行输出管,其内部结构见图 1.4.8,使得制造厂和维修者使用起来都很方便。

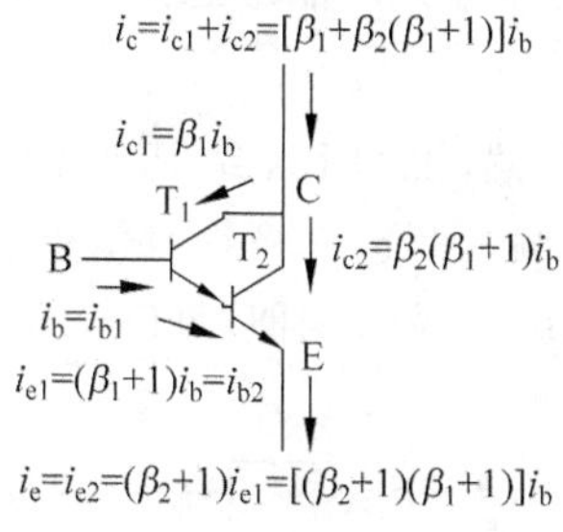

图 1.4.7 同极性复合 BJT(达林顿管)

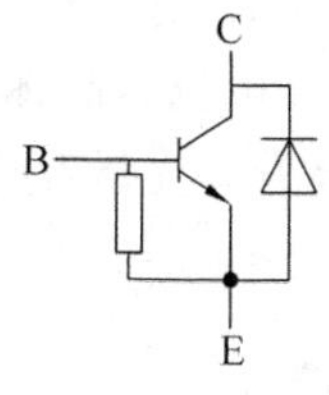

图 1.4.8 CRT 行扫描输出 BJT——自带阻尼二极管及保护电阻

4. 晶体管阵列

晶体管不仅在集成电路中成批使用,而且在分立元件电路中成批使用。半导体器件制造厂商根据市场要求推出了晶体管阵列模块,以满足用户批量使用晶体管的需要。

图 1.4.9 所示为复合晶体管阵列模块 ULN2803。复合晶体管阵列模块 ULN2803 的外形与双列直插式集成电路一样,其中有 8 只 NPN 达林顿管,每只达林顿管电流放大倍数保证 1000 以上。图 1.4.9(a)展示了 ULN2803 内部每个复合 BJT 的单元结构。为方便用

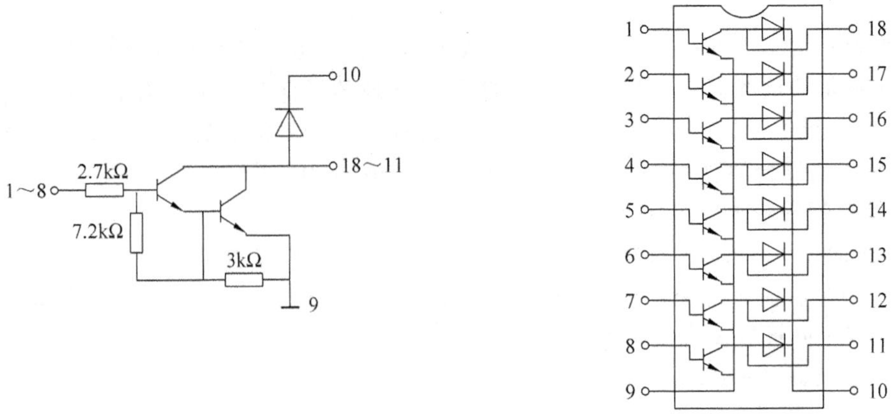

(a) 单元构造　　(b) 芯片引脚布置

图 1.4.9　达林顿阵列 ULN2803 工作原理与内部结构

户使用，制造厂家把保护电子开关的续流二极管以及保护三极管发射结的电阻也做在芯片内部。图 1.4.9(b)是 ULN2803 达林顿阵列芯片引脚布置，该图的 BJT 符号省略了限流电阻和保护电阻，属于简化画法。可以看出，所有达林顿管的发射极连在一起作为公共地，以第 9 脚引出，所有续流二极管负极连在一起备接正电源，第 9 脚与第 n 脚之间(n=11～18)是 8 个电子开关。BJT 阵列无电源线。

类似的芯片还有 MC1413。BJT 阵列 MC1413 具有 7 个电子开关，其结构与 ULN2803 相似。MC1413 在全自动洗衣机中应用很广泛。

使用晶体管阵列不仅可以有效地减小线路板面积，而且可以降低成本。

早期电子产品的电路板上晶体管密密麻麻，现代电子产品上则是集成电路星罗棋布。越来越多的晶体管隐藏在晶体管阵列模块中。下面介绍的光电耦合器的外形也与集成电路一样。欲熟练应用 BJT，不仅要重视 BJT 工作原理，更需要知道其产品形态。

5. 光敏晶体管与光电耦合器

光电二极管工作时加上 N 正 P 负的电源电压，PN 结反偏，说明 PN 结只有无偏或反偏才能在光照下产生光电流。晶体三极管工作时其集电结反偏。制造三极管时使集电结能受光，就形成光敏晶体管。光敏晶体管基极无引线，外形与光敏二极管相似，见图 1.4.10(a)。

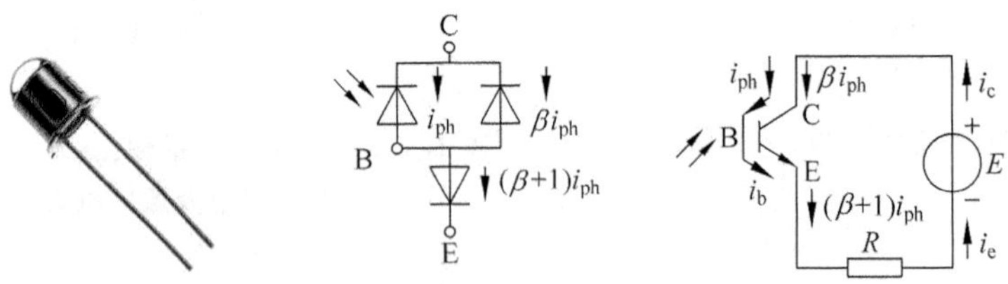

(a) 光电晶体管外形　　(b) 工作原理　　(c) 应用电路

图 1.4.10　光电晶体管工作原理

光敏晶体管集电结可以拆分为两只 PN 结，加上发射结总共等效为三只 PN 结，见图 1.4.10(b)，其中左上角的 PN 结是光敏结，其余上、下两只 PN 结各是集电结和发射结。受光照时，见图 1.4.10(c)，其光敏结的光生电流 i_{ph} 从集电极 C 出发，到基极 B，再经过发射结流向发射极，起到基极电流 i_b 的作用，$i_b=i_{ph}$，放大 β 倍后在集电极形成电流 βi_{ph} 与 i_{ph} 一并流向发射极，形成发射极电流 $(\beta+1)i_{ph}$。总之，光敏晶体管集电结受光照，其光生电流就等效为基极电流。光敏晶体管也称为光电晶体管。

$$i_c = i_{ph} + \beta i_{ph} = i_{ph} + \beta i_{ph} = (\beta + 1) i_{ph}$$

$$i_e = i_{ph} + \beta i_{ph} = (\beta + 1) i_{ph}$$

就是说，光敏晶体管的发射极电流恒等于集电极电流，这一点与普通三极管有所不同。

光电晶体管可以独立工作，也可与 LED 封装在一起，制成光电耦合器。图 1.4.11 为密封型 BJT 光电耦合器，图 1.4.12 是槽型 BJT 光电耦合器。

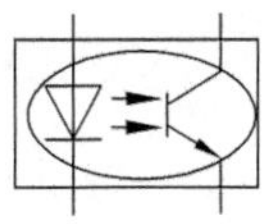

图 1.4.11　密封光电耦合器

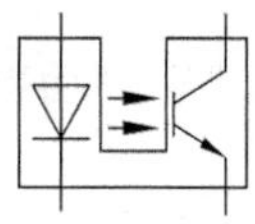

图 1.4.12　槽型光电耦合器

最早生产的 BJT 型光电耦合器的光电晶体管集电极电流与 LED 电流的比值不足 1 倍，故称为电流传输比(Current Transfer Ratio，CTR)，也称为电流转换系数。目前生产的光电耦合器的 CTR 已经达到 600%即 6 倍。随着技术的发展和进步，光电耦合器已经不再局限于信号传输而开始用于信号放大。光耦合成为放大电路级间耦合方式之一。

6. 磁敏三极管

导通和关断受磁场控制的三极管叫做磁敏三极管。A3141 就是一款典型的磁敏三极管组件。A3141 广泛应用在电动车的无刷直流电动机控制电路中。

1.4.4　三极管封装应用

1. 半导体器件及集成电路封装技术简介

了解半导体器件及集成电路封装技术及管脚功能、熟悉常见型号的半导体器件和集成电路，有助于识别电子设备中的半导体器件及集成电路的整体功能及管脚功能，对于提高电路分析、设计和维修水平有较大价值。

半导体器件及集成电路外壳有玻璃封装(玻封)、塑料封装(塑封)与金属封装(金封)等，其中玻封、塑封、金封各适合于小功率、中小功率及中大功率管子。二极管外壳主要有玻封、塑封与金封三种，三极管有塑封、金封两种，集成电路主要采用塑封技术。

图 1.4.13(a)展示了一种国产小功率三极管曾经广泛采用的金封形式。将这种管子引线对着自己，圆周上的突起甩向左下方，自左至右各管脚分别是发射极 E、基极 B 和集电极 C。有句著名的口诀"左发右集中基极"可以帮助人们识别这种金封三极管的管脚功能。图 1.4.13(b)所示 9013 等韩产塑封管的引脚排列与国产小型金封管方向一致。图 1.4.13(c)所示 2SC1815 等日产管基极 B 与集电极 C 的排列与国产小型金封管相反。图 1.4.13(d)所示 TO-220 管 2SC2073 的引脚排列与 2SC1815 整个相反。

元器件已经从最初的有引线式发展到无引线式，安装方式从最初曾经广泛应用的穿板焊接发展到现在非常流行的表面贴装焊接，即表面安装技术(Surface Mounting Technology，SMT)。把无引线贴板焊接的元器件简称为贴片元器件。贴片元件包括贴片电阻、贴片电容和贴片电感等。贴片器件包括贴片二极管、贴片三极管等。图 1.4.14 展示

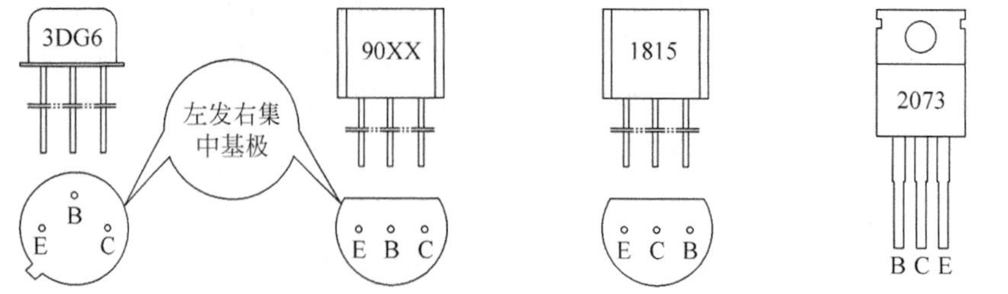

(a) 小型金封　(b) TO-92塑封　(c) TO-92塑封　(d) TO-220塑封

图 1.4.13　三极管常见封装外形及其管脚功能

了贴片三极管的外形及其管脚功能。

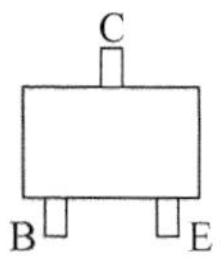

图 1.4.14　贴片三极管正视图及管脚功能

与有引线式元件相比较，贴片元件的突出优点是体积非常小。贴片电阻、贴片电容、贴片电感呈微长方体。一个 0.01μF 的贴片电容大小只有 2mm×1.25mm×0.8mm，四个这样的贴片电容才抵得上一粒大米大小。

集成电路芯片的安装方式也从长时间流行的双列直插式回归为贴片式为主。同样功能的集成电路，贴片式所占板面积、高度(厚度)大约只有双列直插式的 20%。

采用贴片元器件不仅可以减少线路板面积，而且可以减少总厚度。MP3、MP4、手机等电子产品体积能做得那么小，首先得益于集成电路技术，其次就是依仗于贴片技术。

初学者应当先从有引线锡焊技术做起，打下一定基础后再向 SMT 锡焊技术过渡。

2. 晶体管应用基础

1）模拟应用

BJT 工作在电流放大状态，作为放大器、振荡器、混频器等的核心器件。

模拟电子技术课程重点介绍 BJT 如何工作在电流放大状态，作为放大电路的核心器件，使放大器输入的正弦波电压幅度或直流电压幅度得到放大而尽量不失真；作为振荡电路的核心器件，产生正弦波、矩形波、三角波、锯齿波等电压。

2）开关应用

BJT 在截止和饱和状态之间切换工作，作为电子开关使用。

历史上最常用的开关曾经是机械触点开关，简称有触点开关，包括手动开关和继电器、接触器上的电动开关。有触点开关的优点是接触电阻非常小，可以小到零点零几个欧姆以下；但其缺点也很明显，就是动作速度低、寿命短，难以满足现代自动控制的需要。电子开关也称为无触点开关。电子开关的导通电阻虽然比机械开关大一些，但是其突出优点是动作非常快，动作速度是继电器机械触点开关的千万倍以上，能满足现代自动控制的需要。电子计算机工作速度那么高，就是因为一台电子计算机使用了无数的电子开关。

BJT 的开关应用将在数字电子技术课程中介绍。

图 1.4.15 是由二、三极管组成的过压保护电路，其中三极管当作电子开关使用。输入电压 u_i 超过 D_2 稳定电压时，D_2 反向击穿，电流经电阻 R 限流供给三极管基极，电子开关饱和导通，继电器线圈得电，触头闭合，启动保护。输入电压 u_i 小于 D_2 稳定电压时，D_2 截止，三极管基极无电流，电子开关断开，继电器线圈失电，触头断开，撤销保护。D_1 功能是在电子开关断开时，给线圈中的电流提供通路而继续平缓地衰减，直到由线圈电阻消耗衰减到 0 为止，以免电子开关 S 承受高电压而损坏。通常将开关断开后为电感电流提供通路的二极管 D_1 称为续流二极管，把这种用二极管保护三极管的电路戏称为二保三电路。

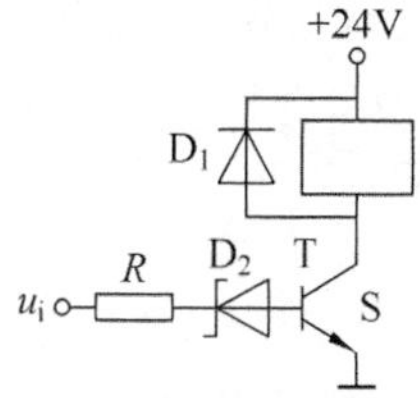

图 1.4.15 由稳压二极管与三极管组成的过压保护电路(二保三电路)

思考题

1.4.1 用哪些方法可以判别三极管极性及各脚功能?

1.4.2 异极性管子组成的复合三极管的极性取决于第一级管子还是第二级管子?

1.4.3 通常集成电路都有电源引脚，为什么晶体管阵列模块没有电源引脚?

1.4.4 为什么检测小功率晶体管时不允许使用万用表的 $R\times100$ 以下低阻欧姆挡?

1.5 本章小结

一、总体内容

介绍半导体材料及 PN 结特性，二极管及三极管工作原理，二极管的四个数理模型，三极管三特性，三极管的数理模型特别是 H 两参数数理模型，三极管的中低频数理模型和高频数理模型，三极管的两种饱和形式及产品形态等。

二、各节要点

1.1 半导体 PN 结与晶体二极管数理模型

N 型半导体导电性较强的原因是很多自由电子根本不受共价键的束缚。

P 型半导体导电性较强的原因是空穴的存在使共价键成为摆设，很容易被破坏。

PN 结是很多半导体器件的基本组成单元。PN 结的单向导电性是其基本特性。二极管(PN 结)有外加 P 正 N 负的电压可以导通，外加 N 正 P 负的电压保持截止的基本特性。牢记并逐步学会应用二极管的曲线模型、斜线模型、恒压降模型、零压降模型解决问题。

1.2 二极管的种类、参数及应用

熟悉二极管的常见品种。除了利用二极管正向导通、反向截止的特性以外，还可利用其反向击穿后压降基本不变的原理制成稳压二极管，利用流过正向电流时电子源源不断地从高能级跌落在低能级时能量连续以光能形式释放的原理制成红、绿、蓝、黄、白及红外光发光二极管、激光二极管等。明确稳压二极管用的是反向特性，LED 应用的是正向特性。

熟悉二极管正向压降特性。二极管正向压降特性主要取决于 PN 结材料，还与掺杂浓度有关。二极管

正向压降随温度上升而稍微下降。

1.3 晶体三极管及数理模型

了解晶体三极管(BJT)由两个背靠背的PN结组成,中间的基区很薄、尺寸很小、掺杂很少,发射区掺杂最浓,集电区尺寸最大。了解BJT电流放大的充要条件:基极有电流可以放大,集电极有动力和电流可供利用。集-射极有电压,就是有能量。NPN型BJT正常工作进行电流放大的必要条件是:基极加有正电压,$i_b>0$,有基极电流可供放大,集-射极加有正电压,$u_{ce}>0$,主通道能产生电流。了解BJT的三个工作区域:截止、放大和饱和,有两种饱和形式。

三极管三特性:输入特性、传输特性及输出特性。三极管数理模型有非线性模型和线性模型两种,重点是线性模型。本课程常用三极管线性模型有三参数模型和两参数模型。BJT本身相当于一个受控恒流源,而BJT输出电阻r_{ce}就相当于这个等效恒流源的内阻r_o。BJT输出电阻r_{ce}的数值很大。i_c变大,r_{ce}变小。i_c为mA数量级时,r_{ce}数量级为100kΩ。很多场合可认为r_{ce}是无穷大,而BJT是电流控制的电流源CCCS,BJT的基本关系简化为:$i_c=\beta i_b$,$u_{ce}=U_{cc}-R_c i_c$。$i_c=\beta i_b$建立在$U_{cc}-R_c i_c>0$条件上。BJT输入电阻r_{be}计算公式(1.3.2)经常使用,必须牢记。

1.4 三极管技术参数及测试应用

要求会用万用表测量二极管及三极管,判断极性,鉴别管脚,判断BJT有无电流放大能力等。了解BJT的产品形态:独立产品、组合产品、BJT阵列、集成电路等。

三、关键知识

二极管的单向导电性,三极管的电流放大能力。二极管、三极管极性判断及管脚鉴别。

本课程需要记住很多与圆周率π一样的常数。本章需要记住的常数有:①电压的温度当量$U_T=26\text{mV}$;②PN结电子逃逸势(正向压降):锗0.3V,硅0.7V,红、绿、黄LED 2V,蓝、白LED 3V;③硅PN结正向压降温度系数-2mV/℃,晶体管β值温度系数$\theta=0.5\%\sim1\%/℃$;④BJT输入电阻r_{be}数量级1kΩ,已有计算公式,输出电阻r_{ce}数量级100kΩ。

注意温度上升,PN结正向压降少许变小、晶体管β值及反向漏电流少许变大。

1.6 仿真与实训一 LED控制

1. Multisim仿真

Multisim仿真电流<5mA,则LED不亮。故限流电阻$R\leqslant(4.3\text{V}-1.8\text{V})/0.005\text{A}=500\Omega$,仿真图1.6.1中选用470Ω电阻。

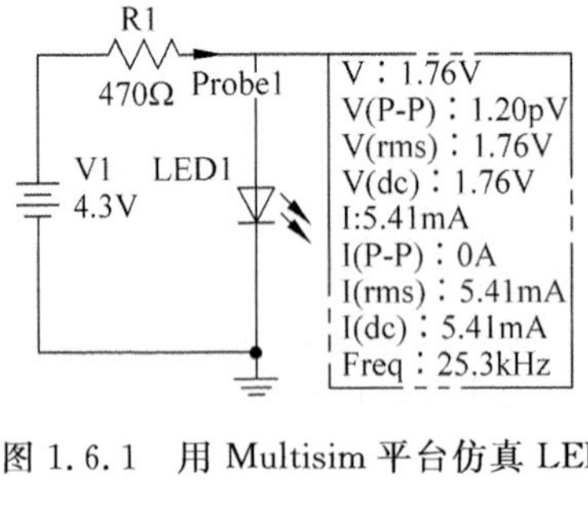

图1.6.1 用Multisim平台仿真LED

2. 使用面包板进行实验

业余实验的关键是就地取材,寻求直流电源。推荐用手机电池充电器或万能充电器。充电器输出电压4.3V,红色LED正向压降大约1.8V,加上限流电阻即能使LED发光。

实验器材:面包实验板1块,手机万能充电器1只,LED 2只,2.4kΩ电阻1只,红插线1根,黑插线1

根，双夹线 2 根。按照图 1.6.1 在面包板上搭接实验电路，见图 1.6.2。

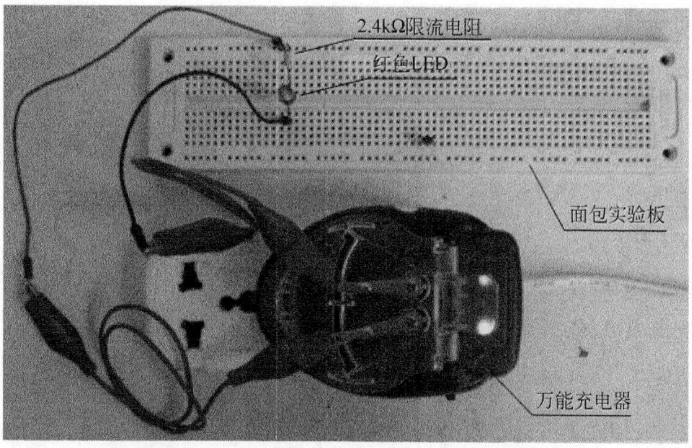

图 1.6.2 使用面包板进行 LED 实验

实际 LED 只要有零点几 mA 电流就可见发光，限流电阻 $R \leqslant (4.3\text{V}-1.8\text{V})/1\text{mA}=2.5\text{k}\Omega$，可选限流电阻 2.4kΩ。图示实验做成后，可以将第二只 LED 串进去，实验也能做成。

1.7 习 题 一

1.1.1 (1)按照边长 6mm 尺寸画出 5 个二极管图形符号。(2)按照高 10mm 宽 7mm 尺寸画出 NPN BJT 图形符号及 PNP BJT 图形符号各 5 个，并说明箭头有哪些功能。

1.2.1 已知 $U_{cc}=5\text{V}$，LED 正向压降 $U_{led}=2\text{V}$，电流 $I=2\text{mA}$，求限流电阻 R。

1.2.2 图 1.7.1 稳压二极管 $I_{z(min)}=2\text{mA}$，$U_z=5\text{V}$，$U_1=12\text{V}$，$R_L=1\text{k}\Omega$，求限流电阻 R。

1.2.3 电阻二极管组合电路见图 1.7.2、图 1.7.3，试按照两种情况计算输出电压 U_o，并指出电阻 R 有无电流。(1)认为二极管 D 恒压降 0.7V；(2)认为 D 为零压降。

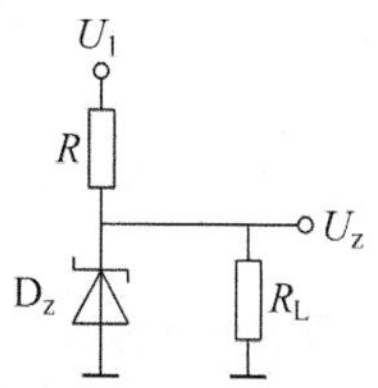

图 1.7.1 稳压二极管电路

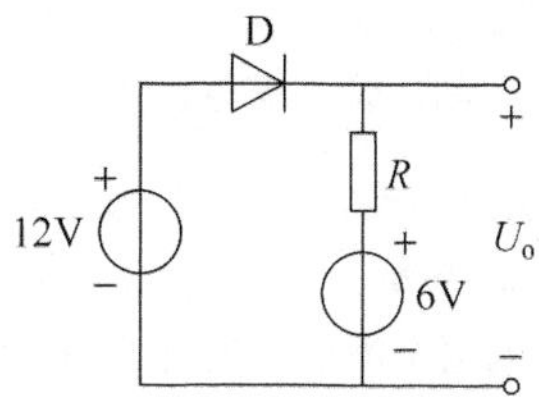

图 1.7.2 二极管电路

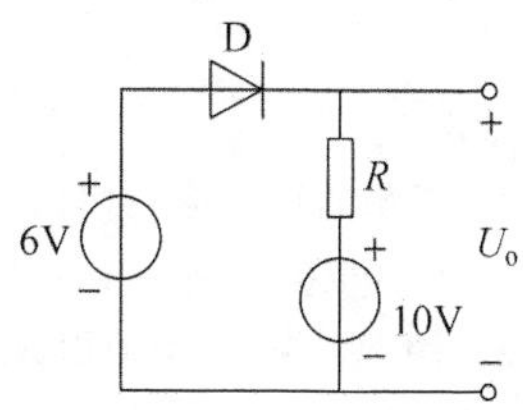

图 1.7.3 二极管电路

1.2.4 $U_{be}=0.7\text{V}$，试判断图 1.7.4、图 1.7.5 中哪只二极管导通，并计算输出电压 U_o。

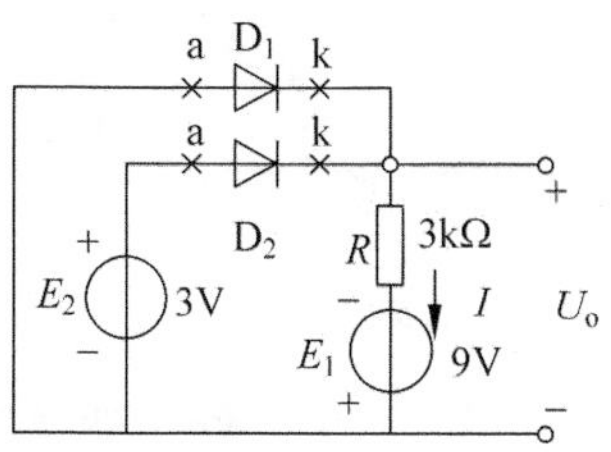

图 1.7.4 二极管电路

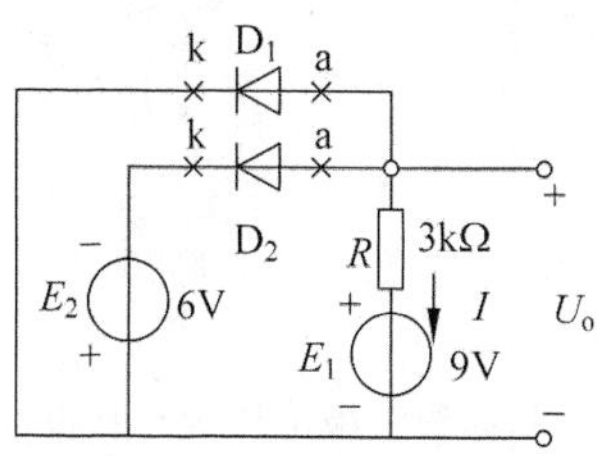

图 1.7.5 二极管电路

1.2.5 图 1.7.6 是二极管电压整形电路。(1)试分析其工作原理；(2)设输入正弦电压 $u_i=10\sin\omega t$，

$E=5\text{V}$，忽略二极管正向压降，试画出输出电压 u_o 波形。

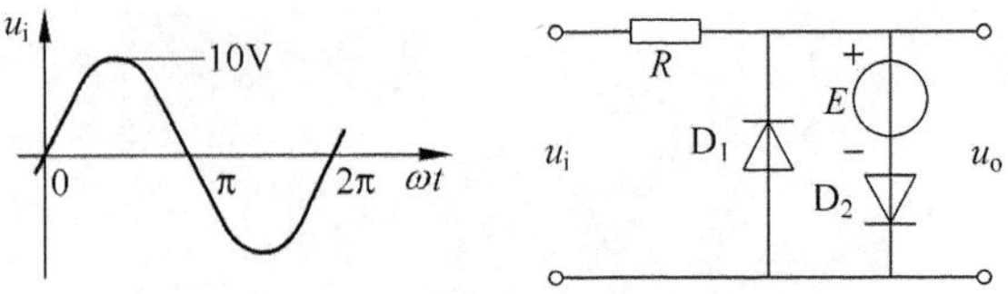

图 1.7.6　用二极管制作的电压整形电路

1.3.1　忽略 u_{be} 及 U_{ces}，试用电阻比对法和电流比对法分别判断图 1.7.7 中的各晶体管处于什么工作状态，并计算晶体管集电极电流实际值。

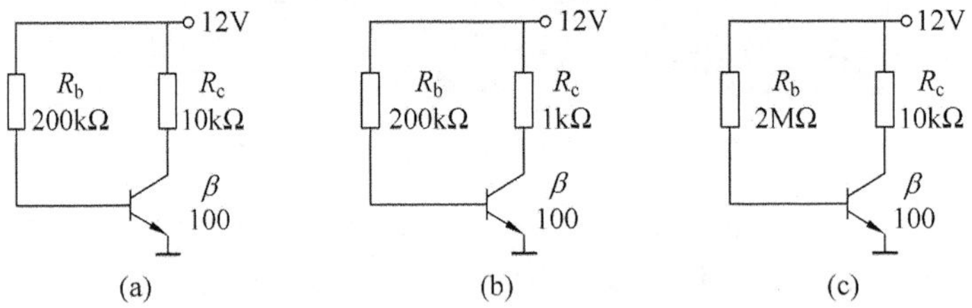

图 1.7.7　晶体管工作电路

1.4.1　三极管的 β 值、材料、极性和引脚功能，哪些能通过三极电流大小和方向来判断？晶体管三极电流大小和方向见图 1.7.8，试根据各极电流大小和方向做出合适判断。

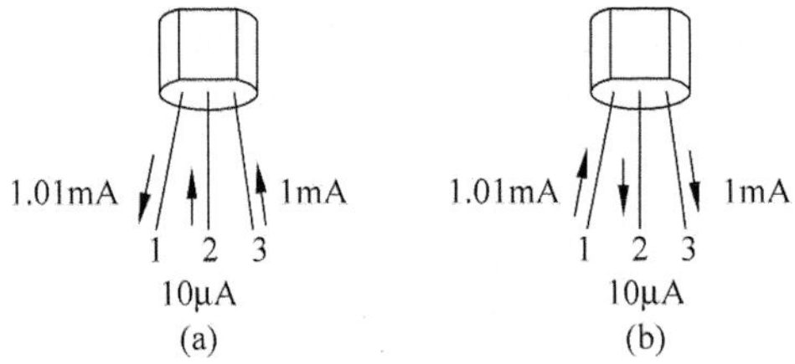

图 1.7.8　晶体管三极电流大小和方向

1.4.2　三极管的 β 值、材料、极性和引脚功能，哪些能通过三极电压大小来判断？晶体管三极电压大小见图 1.7.9，试根据各极电压大小做出合适判断。

1.4.3　图 1.7.10 是两种用数字信号低电平灌电流通过控制 PNP 晶体管导通使蜂鸣器等负载得电的控制电路，低电平时晶体管导通，负载得电。其中一种电路有缺陷，试指出。

1.4.4　简述用指针万用表和数字万用表鉴别 BJT 极性与管脚功能的操作过程。

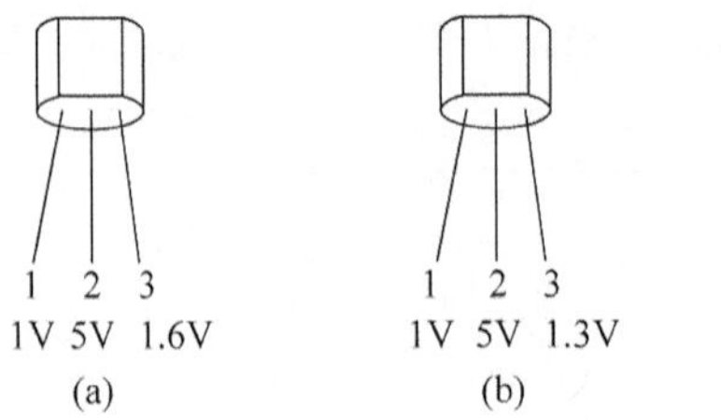

图 1.7.9　晶体管三极电压大小和极性

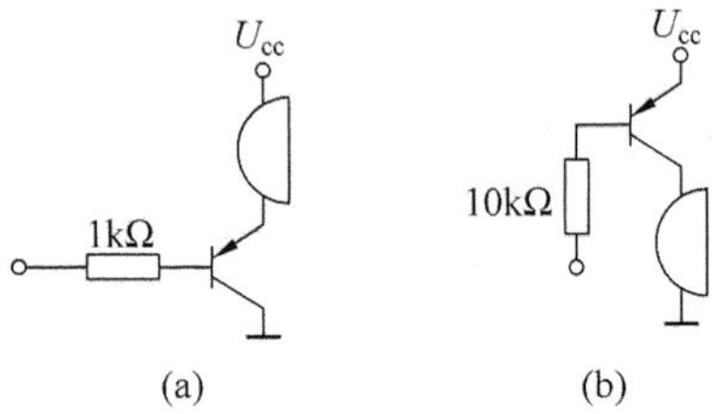

图 1.7.10　蜂鸣器控制电路

第2章 场 效 管

场效管具有输入电阻高、抗辐射能力强、温度系数小、噪声小等优点。

场效管种类很多。本章介绍 JFET、耗尽型 MOSFET 和增强型 MOSFET。

2.1 结型场效管

2.1.1 JFET 工作原理

在一块 N 型半导体材料两边用扩散工艺制成两个局部 P 型薄层，见图 2.1.1，形成两个面对面的 PN 结。两个面对面的 PN 结内电场之间形成 N 型导电沟道。内电场厚度增大/减小时，夹在其间的导电沟道宽度就跟着减小/增大。在两片 P 型材料侧面制出栅极(Gate)G，在 N 型导电沟道上端制出漏极(Drain)D，下端制出源极(Source)S。可看出，在 D、S 之间运动的电子正是顺着 PN 结结合面方向进行的，故受控于施加在 PN 结上的电压。

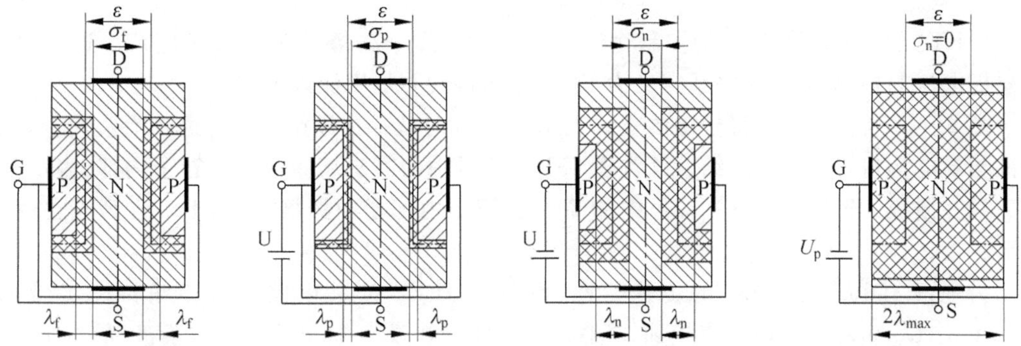

图 2.1.1 栅-源电压对 JFET 导电沟道的影响

图 2.1.1 用双点划线表示 PN 结界面。JFET 的 PN 结内电场由栅-源电压 u_{gs} 控制。双向交叉剖面线通常表示绝缘体剖面。考虑 PN 结内电场能阻止电子在漏极 D 与源极 S 之间运动，起绝缘体作用，图 2.1.1 用双向交叉剖面线表示 JFET 内部的 PN 结内电场剖面。平行剖面线常表示导体剖面。考虑 N 型半导体和 P 型半导体具有导电能力，图 2.1.1 用平行剖面线表示两个面对面的内电场之间的 N 型半导体与两侧的 P 型半导体。

JFET 内左、右两 PN 结界面之间距离设为 ε，见图 2.1.1，PN 结内电场宽度为 λ，栅-源电压 $u_{gs}=0$ 时 PN 结内电场宽度为 λ_f，导电沟道宽度为 σ。σ 与 ε 及 λ 的关系为 $\sigma=\varepsilon-0.5\lambda-0.5\lambda=\varepsilon-\lambda$。制造时使 $\varepsilon>\lambda_f$，则 $u_{gs}=0$ 时左、右两 PN 结之间就存在原始导电沟道，见图 2.1.1(a)。例如，若制造时使 $\varepsilon=2\lambda_f$，则原始导电沟道宽 $\delta=2\lambda_f-\lambda_f=\lambda_f$。

栅-源电压 u_{gs} 作为正向电压施加在 PN 结上。随着 u_{gs} 从零开始增大，PN 结内电场变窄，沟道变宽，好像大门逐渐开启，导电能力增大，见图 2.1.1(b)。栅-源电压 u_{gs} 越大，PN

结内电场就越薄，导电沟道就越宽。

栅-源电压 $u_{gs}<0$ 时，PN 结内电场变宽，导电沟道变窄，见图 2.1.1(c)，沟道导电能力变差。u_{gs}负向越大，内电场越宽，沟道越窄，导电能力越差。当 u_{gs}负向达到一定数值时，两个面对面的 PN 结内电场接合，其间的导电沟道被两个内电场夹断而不复存在，见图 2.1.1(d)，好像大门关闭，沟道彻底失去导电能力。沟道彻底失去导电能力时源-栅极之间所施加的控制电压 u_{gs}称为夹断电压，用符号 U_p 表示。两 PN 结界面距离 ε 越大，则夹断电压绝对值$|U_p|$就越大。

管子基于 PN 结内电场宽度可控而工作，故把图 2.1.1 所示的半导体器件称为结型场效应管(Junction Field Effect Transistor，JFET)。因栅-源电压 $u_{gs}=0$ 时管子就存在原始导电沟道，所以 JFET 也称为常闭型场效应管。

N 沟道 JFET 栅-源极之间施加负向电压时，JFET 具有控制能力，且管子输入电阻很大。施加正向电压时，JFET 仍然具有控制能力，外加正向电压数值较小时，管子输入电阻仍然很大；超过 PN 结死区电压时，内电场仍然继续变窄，管子还有控制能力，只是管子输入电阻会变小。

2.1.2 JFET 传输特性

JFET 及所有 FET 完整的控制途径是：栅-源电压→漏-源电阻→漏极电流。通常直接把漏极电流与栅-源电压的关系定义为 FET 传输特性并加以深入考究。

图 2.1.2 所示 JFET 符号中的竖线表示 $u_{gs}=0$ 时就存在原始导电沟道。箭头代表管子栅极与导电沟道之间的 PN 结。N 沟道 JFET 符号中的箭头从栅极指向管子内部，表示 PN 结 P 端在栅极。P 沟道 JFET 符号中的箭头从管子内部指向栅极，表示 PN 结 P 端在管子内部。

为观察 3DJ6F 型 JFET 的传输特性，设计了 JFET 实验电路进行传输特性实验，见图 2.1.3。U_{dd}表示经电阻或直接加在漏极 D 的直流电源，下标 d 是 drain(漏极)的首字母。

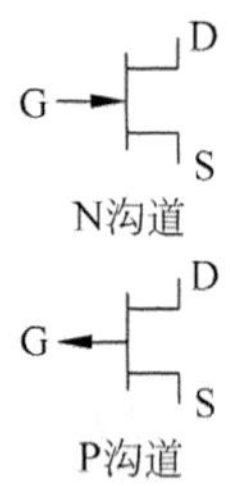

图 2.1.2　JFET 符号

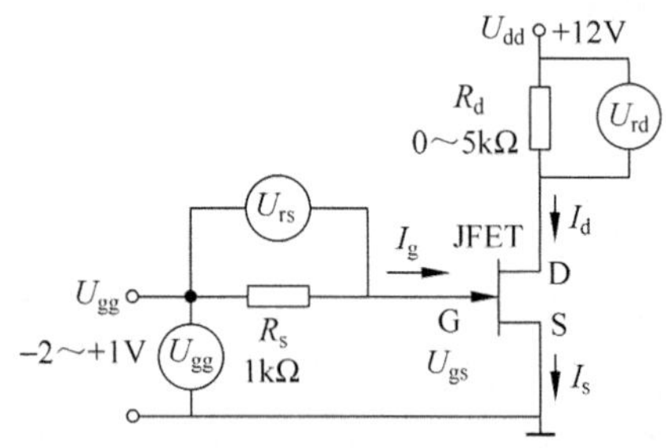

图 2.1.3　JFET 传输特性实验电路

根据 3DJ6F 夹断电压 U_p 约为 −2V 以及 PN 结正向导通电压约为 0.7V，设计栅极控制电压 U_{gg}在 −2～+1V 之间连续可调。调节栅极控制电压 U_{gg}，使栅-源电压 U_{gs}等于表 2.1.1 中的数据，根据 U_{rs}计算栅极电流 I_g，根据 U_{rd}计算漏极电流 I_d 等数据，记录在表 2.1.1。

1. JFET 输入电阻

按照表 2.1.1 所示数据，用公式 $r_{gs}=\Delta u_{gs}/\Delta I_{gs}$计算管子输入电阻，填入表 2.1.1。

表 2.1.1　JFET 传输特性实验数据

u_{gs}/V			−2	−1.6	−1.2	−1	−0.8	−0.6	−0.4	−0.2
I_g/nA			−0.1	−0.1	−0.1	−0.1	−0.1	−0.1	−0.1	0
r_{gs}/MΩ			∞	∞	∞	∞	∞	∞	∞	∞
R_d/kΩ	3	I_d/mA	0	0.01	0.20	0.38	0.60	0.86	1.14	1.46
	2		0	0.01	0.21	0.39	0.62	0.88	1.18	1.50
	1		0	0.01	0.21	0.40	0.64	0.90	1.21	1.54
u_{gs}/V			0	0.1	0.2	0.3	0.4	0.5	0.6	0.7
I_g/nA			0	0	0	0.4	12.8	61	137	220
r_{gs}/MΩ			∞	∞	∞	25	8	2.1	1.3	1.2
R_d/kΩ	3	I_d/mA	1.81	2.00	2.17	2.37	2.57	2.76	2.87	2.93
	2		1.86	2.04	2.25	2.45	2.65	2.85	2.98	3.04
	1		1.92	2.12	2.32	2.51	2.72	2.92	3.05	3.10

1. JFET 输入电阻

可看出，JFET 输入电阻确实与管子栅-源电压有关。就实验用 3DJ6F 型 JFET 来说，栅-源电压 u_{gs}≤0.3V 时，管子输入电阻 r_{gs}几乎是无穷大；u_{gs}≥0.4V 时，管子输入电阻 r_{gs}仍在 1MΩ 以上。实际若能保证栅-源电压≤+0.4V，就能保证 JFET 输入电阻 r_{gs}不小于 10MΩ，若能保证栅-源电压≤+0.6V，就能保证 JFET 输入电阻 r_{gs}不小于 1MΩ。

JFET 以及 MOSFET 的输入电阻都很大。因此，所有 FET 都没有输入特性曲线。

2. JFET 传输特性及其线性分析

输出参数与输入参数之间的关系叫做器件传输特性。JFET 输入参数是栅-源电压 u_{gs}，输出参数是漏极电流 i_d。JFET 及所有 FET 的传输特性都是指漏极电流 i_d 与栅-源电压 u_{gs}的关系。用表 2.1.1 的实验数据可画出 JFET 传输特性曲线，见图 2.1.4。FET 传输特性曲线的斜率叫做跨导，用 g_m 表示。跨导 g_m 反映了栅-源电压对漏极电流的控制能力。跨导是广义的放大倍数，是 JFET 及所有 FET 的主参数。

$$g_m = \frac{\partial i_d}{\partial u_{gs}} \tag{2.1.1}$$

i_d-u_{gs}曲线斜率越大，跨导 g_m 越大，说明 FET 控制能力越强。栅-源电压变化时，若漏极电流线性变化，跨导 g_m 数值基本不变，则说明管子传输特性线性良好。

从图 2.1.4 所示的 N 沟道 JFET 传输特性曲线可以看出以下三点。

(1) N 沟道 JFET 在正、负栅-源电压作用下都有控制特性

在第二象限，栅-源电压向正向变化时，漏极电流增长；到第一象限，栅-源电压继续变大时，漏极电流依旧保持增长态势。就是说，JFET 不仅在 u_{gs}≤0V 负向栅-源电压作用下具有控制特性，而且在 u_{gs}>0～+0.7V 正向栅-源电压作用下依然具有控制特性。

(2) 栅-源电压极性变化时 JFET 传输特性曲线连续光滑地跨象限过渡

栅-源电压 u_{gs}由负变正时 N 沟道 JFET 传输特性曲线从第二象限连续光滑地线性地过渡到第一象限。这是因为，栅-源电压 u_{gs}极性变化时，所改变的只是内电场厚度，而管子输入电阻没有变化，在零栅-源电压左右，JFET 传输特性的线性最好。

(3) 正向电压作用下的传输特性线性度和线性范围比负向电压作用下的还好

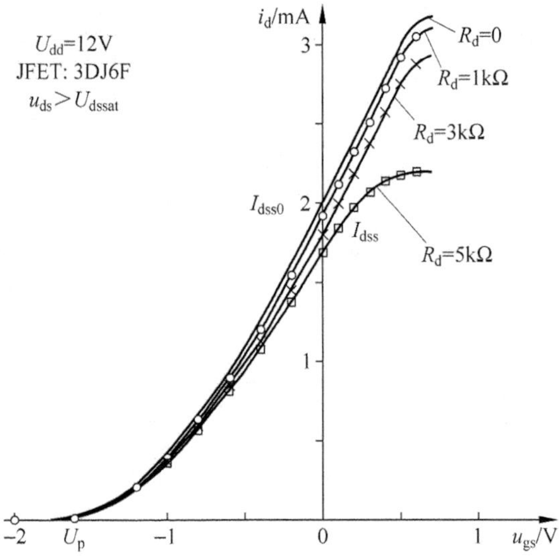

图 2.1.4 JFET 的双象限传输特性曲线

在第二象限，栅-源电压 u_{gs} 在 −0.2～0V 之间变化时，N 沟道 JFET 传输特性线性最好；到第一象限，栅-源电压 u_{gs} 在 0～+0.5V 之间变化时，传输特性线性最好。可以发现 JFET 在正向电压控制下的线性范围比负向电压控制下的线性范围宽得多。栅-源电压 u_{gs} 远离夹断电压 U_p 在 ±0.6V 之间变化时，3DJ6F 型 N 沟道 JFET 传输特性曲线的线性总体较好，见图 2.1.4。

实验结果与理论分析一致。N 沟道结型场效应管的传输特性曲线不仅分布在第二象限，而且也在第一象限存在。JFET 的确具有两象限传输特性。

相比之下，JFET 在夹断电压附近不仅线性最差，而且跨导几乎降低为 0。因此，除了混频等对非线性有特殊需要的场合之外，JFET 放大器工作点最好远离夹断电压。

漏极外接电阻 R_d = 5kΩ 时，3DJ6F 型 JFET 在正向控制电压达到 0.3V 时线性范围就变窄，其原因是漏极电阻 R_d 较大使 JFET 饱和，并非栅极电压达到 0.3V 左右时管子传输特性本身就一定变弯。实践中应当注意漏极外接电阻 R_d 不宜过大。

3. JFET 零栅压漏极电流的实验及计算

栅-源电压为零时 JFET 已导通，在电源作用下漏-源极之间已经有电流。栅-源极短路即 u_{gs} = 0 时 JFET 的漏极电流称为零栅压漏极电流，用 $I_{ds(short)}$ 表示，简写为 I_{dss}。

无论漏-源极之间 JFET 内部导电沟道电阻受栅-源极电压控制而变化，还是漏-源极外串不同阻值的电阻 R_d，都会影响漏极电流。因此，JFET 零栅压漏极电流 I_{dss} 肯定要受漏极外接电阻 R_d 影响。为分析漏极外接电阻对 JFET 零栅压漏极电流 I_{dss} 的影响，构造了图 2.1.5 所示实验电路。3DJ6F 型 JFET 漏极串联不同电阻时零栅压漏极电流实测数据见表 2.1.2。

表 2.1.2 JFET 零栅压漏极电流与电阻关系的实验数据

漏极电阻 R_d/kΩ	0	1	2	3	4	5
零栅压漏极电流 I_{dss}/mA	2.0	1.92	1.86	1.81	1.76	1.69

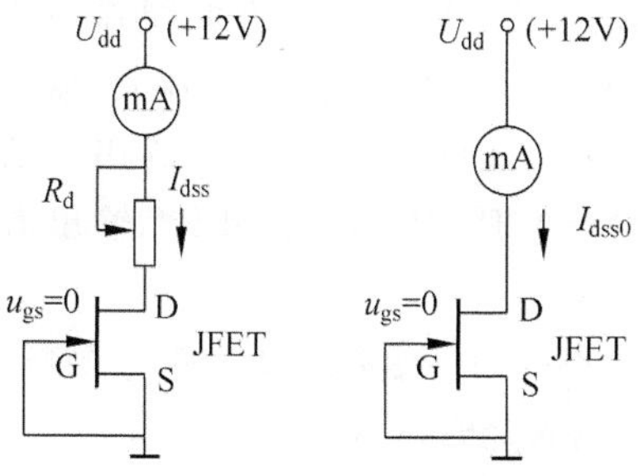

图 2.1.5 零栅压漏极电流测量电路

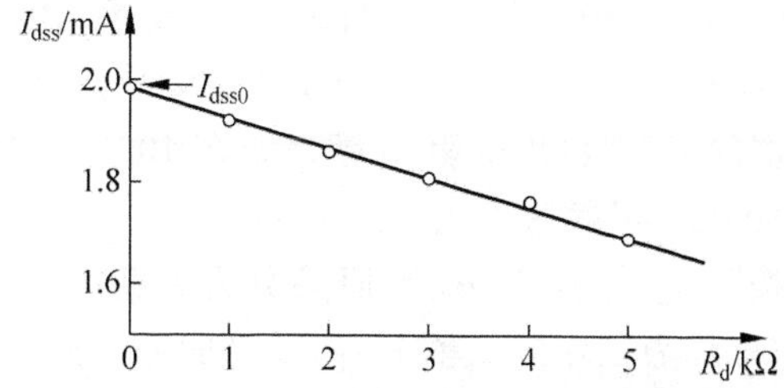

图 2.1.6 零栅压漏极电流与漏极外接电阻的关系

根据表 2.1.2 的实验数据可画出 JFET 零栅压漏极电流 I_{dss} 与漏极电阻 R_d 的关系曲线，见图 2.1.6。可以看出，漏极电阻 R_d 变大时，零栅压漏极电流 I_{dss} 线性下降。用 I_{dss0} 代表零栅压零电阻漏极电流，设管子输出电阻为 r_{ds}，则 I_{dss} 与 R_d 及 I_{dss0} 的关系为

$$I_{dss} = (1 - R_d / r_{ds}) I_{dss0} \tag{2.1.2}$$

式(2.1.2)不仅适用于 JFET，而且适用于耗尽型 MOSFET 等所有常闭型 FET。

用最小二乘法可得到实验所用 3DJ6F 型 JFET 的输出电阻为 $r_{ds}\approx 30\text{k}\Omega$。

零栅压零电阻漏极电流 I_{dss0} 与电源电压有关。手册上公布的 I_{dss0} 应该声明所用电源电压。用 $I_{dss0(12V)}$ 表示 12V 电源作用下的零栅压零电阻漏极电流。建议将 $I_{dss0(12V)}$ 作为 JFET 技术参数公布在手册上。若用户所用电源电压 $U_{dd}\neq 12\text{V}$，则既可以直接通过实验得到 JFET 零栅压零电阻漏极电流 I_{dss0} 的新数据，见图 2.1.5，又可以根据 FET 输出电阻 r_{ds} 和所用电源电压 U_{dd} 数据用下式推算管子的零栅压零电阻漏极电流 I_{dss0}

$$I_{dss0(2)} \approx I_{dss0(1)} + \frac{U_{dd(2)} - U_{dd(1)}}{r_{ds}} \tag{2.1.3}$$

例 2.1.1 $U_{dd}=12\text{V}$ 条件下 3DJ6F 型 JFET 零栅压零电阻漏极电流 $I_{dss0}=2\text{mA}$，安伏变换器 $R_d=1\text{k}\Omega$，现用电源电压 $U_{dd}=18\text{V}$，试计算 I_{dss0} 及 I_{dss}，FET 输出电阻 r_{ds} 按 30kΩ 计。

解 $I_{dss0(18V)}\approx I_{dss0(12V)}+\dfrac{U_{dd(2)}-U_{dd(1)}}{r_{ds}}=2\text{mA}+\dfrac{18-12}{30}\text{mA}=2.2\text{mA}$

$I_{dss}=I_{dss0}(1-R_d/r_{ds})=2.2\text{mA}(1-1/30)\approx 2.13\text{mA}$

2.1.3 JFET 输出特性

1. FET 输出特性

在图 2.1.3 所示的 JFET 传输特性实验电路中固定栅极输入电压 U_{gg}，即固定栅-源电压 U_{gs}，改变漏极电阻 R_d，可得到漏极电流 i_d 与漏-源压降 u_{ds} 的关系曲线。漏极电流 i_d 与漏-源压降 u_{ds} 的关系曲线叫做 JFET 的输出特性曲线。这样每调整一次 U_{gg}，改变 R_d 就可得到一条输出特性曲线，并组成一个曲线族，见图 2.1.7。

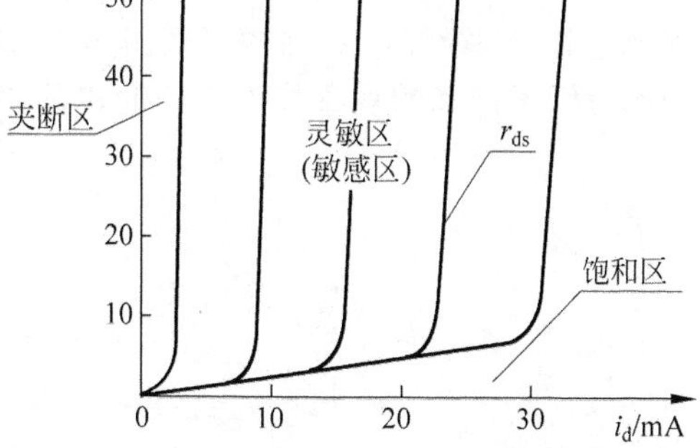

图 2.1.7 N 沟道 JFET 输出特性[7](32)

FET 输出特性曲线与 BJT 输出特性曲线很相似，曲线拐角处的横坐标就是管子饱和压

降 $U_{ds(sat)}$。按照 u_{ds} 大小，i_d-u_{ds} 平面分为灵敏区和饱和区。灵敏区输出特性曲线斜率非常大，代表 FET 输出电阻，也叫做 FET 漏-源动态电阻，用 r_{ds} 表示。漏极电流 i_d 越大，输出电阻 r_{ds} 越小。漏极电流 i_d 在 mA 数量级时，r_{ds} 约为几十 kΩ 到几百 kΩ。可以认为用于信号放大器的 FET 输出电阻 r_{ds} 数量级在 100kΩ 左右。$i_d=2\text{mA}$ 时，3DJ6F 型 JFET 输出电阻 $r_{ds}\approx 30\text{k}\Omega$。灵敏区可用于放大。

按照 u_{gs} 大小，i_d-u_{ds} 平面又分为夹断区和工作区，见图 2.1.7。$u_{gs}<U_p$ 称为夹断区，$u_{gs}>U_p$ 称为工作区。整个 i_d-u_{ds} 平面分为夹断区、灵敏区和饱和区。

电压电流积 $u_{ds}i_d$ 是 FET 功耗。依功耗，在临界功耗双曲线 $u_{ds}i_d=P_{DM}$ 内外侧，i_d-u_{ds} 平面分为工作区和非工作区，非工作区分为过流区、过损耗区和过压区，见图 2.1.8 虚线。

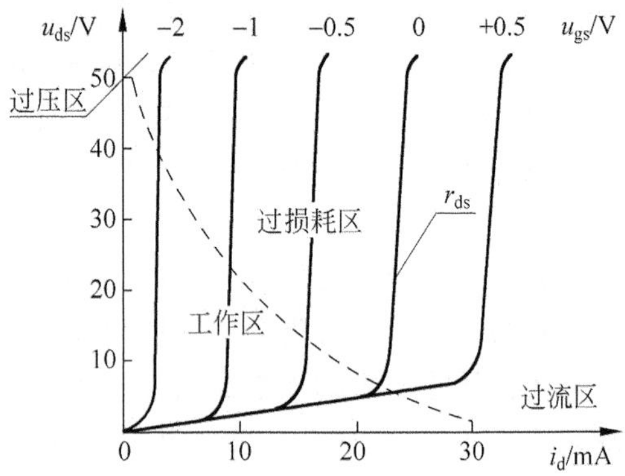

图 2.1.8　N 沟道 JFET 工作区与红灯区

灵敏区输出特性曲线斜率很大，说明 FET 输出电阻 r_{ds} 很大，u_{ds} 的变化对 i_d 影响很小。u_{ds} 增大，曲线斜率猛然减小，表示管子将被击穿。输出特性曲线斜率猛然减小转弯处的电压就是 FET 漏-源击穿电压 $U_{br(dso)}$。

FET 输出特性曲线的主要功能是表达漏-源电压对漏极电流的影响。不同种类 FET 漏-源电压对漏极电流的影响大同小异。就是说，如果去掉坐标轴刻度，图 2.1.7 实际上可代表几乎所有种类 FET 的输出特性曲线。

漏-源压降变化后漏极电流基本不变，说明 FET 有一个比较硬的输出特性即负载特性，通常正是 FET 工作所需要的。灵敏区漏-源压降变化时，漏极电流几乎没有什么变化，说明 FET 可作为电流源。100kΩ 数量级的输出电阻 r_{ds} 就是电流源内阻。

理论上通过输出特性曲线能看出 FET 的以下四个参数：①跨导 g_m；②漏-源击穿电压 $U_{br(dso)}$；③输出电阻 r_{ds}；④极限耗散功率 P_{DM}。

实际能从输出特性曲线上直接读取的数据只有漏源击穿电压 $U_{br(dso)}$。

2. FET 的两种饱和形式

FET 的功能是将栅-源电压的变化转换为漏极电流的变化。FET 饱和是指漏极电能或电流供应不足使管子栅-源电压到漏极电流的转换能力不能充分发挥，漏极电流不再随着栅-源电压改变而变化的现象。FET 饱和以 $\mathrm{d}i_d/\mathrm{d}u_{gs}<g_m$ 为基本标志。

把 FET 受主电极串联电阻大或电源电压低的影响，即电能供应不足而饱和的现象称为甲类饱和，见图 2.1.9。把多个主电极串联的 FET 互相约束，即电流本身供应不足，造成其中部分管子饱和的现象称为乙类饱和，见图 2.1.10，也称为电流饥饿饱和。

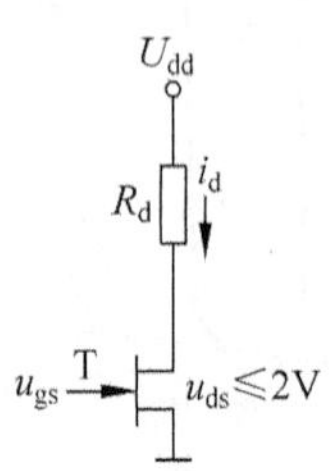

图 2.1.9　场效管的甲类饱和

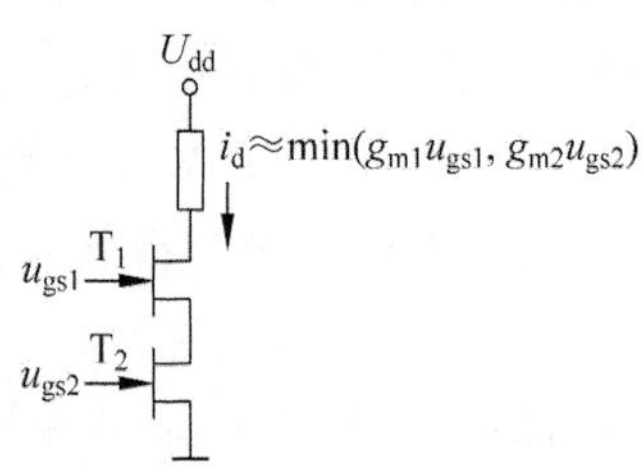

图 2.1.10　场效管的乙类饱和

将图 2.1.7 与图 1.3.7 对比可知,FET 与 BJT 输出特性曲线分区相同,控制特性非常相似。FET 的栅极 G、漏极 D、源极 S 分别对应 BJT 的基极 B、集电极 C 和发射极 E。基极是 BJT 的控制电极,集电极和发射极是主电极;栅极是 FET 的控制电极,漏极和源极是主电极。电流放大倍数 β 是 BJT 的主参数,跨导 g_m 是 FET 的主参数。输出电阻 r_{ce} 是 BJT 的共性参数,r_{ds} 是 FET 的共性参数,就连 r_{ds} 与 r_{ce} 的数量级也相同,都是大约 100kΩ 数量级。FET 与 BJT 都有两种饱和形式:甲类饱和与乙类饱和。

BJT 有输入特性、传输特性、输出特性三种特性曲线,FET 只有传输特性、输出特性两种特性曲线。因 FET 输入电阻很大,FET 不需要输入特性曲线。在熟悉 BJT 的基础上,充分利用 FET 与 BJT 的共性,就能较快掌握 FET 特性及应用要领。

2.1.4 JFET 数理模型及技术参数

从图 2.1.4 可看出,JFET 传输特性既有零栅-源电压附近线性良好的区段,又有夹断电压附近非线性突出的区段。通常电路功能需要线性时,JFET 传输特性的线性是优点;需要非线性时,JFET 传输特性的非线性反而成为优点。设计 JFET 电路时应注意扬长避短。

1. JFET 二次曲线数理模型

JFET 管子传输特性曲线可以简化为一条二次曲线,见图 2.1.4。

$$i_d = \left(1 - \frac{u_{gs}}{U_p}\right)^2 I_{dss} \tag{2.1.4}$$

JFET 的零栅压漏极电流 I_{dss} 既可以根据零栅压零电阻漏极电流 I_{dss0} 来计算,又可以直接在电路中测量获得。对比看,跨导的获得就比较困难些。二次曲线模型式(2.1.4)的一个用途就是可以根据零栅压漏极电流 I_{dss} 和夹断电压 U_p 来计算给定电流处的跨导 g_m。

将式(2.1.4)微分得

$$g_m = \frac{\partial i_d}{\partial u_{gs}} = \left(\frac{u_{gs}}{U_p} - 1\right)\frac{2I_{dss}}{U_p}$$

$$g_m = \left(\frac{u_{gs}}{U_p} - 1\right)\sqrt{I_{dss}}\ \frac{2}{U_p}\ \sqrt{I_{dss}}$$

根据式(2.1.4)有 $\left(\frac{u_{gs}}{U_p}-1\right)\sqrt{I_{dss}} = \sqrt{I_d}$,代到上式得到给定电流 $i_d = I_d$ 处的跨导

$$g_m = 2\frac{\sqrt{I_d I_{dss}}}{|U_p|} \tag{2.1.5}$$

用 g_{m0} 表示零栅压跨导,令 $I_d = I_{dss}$ 得到零栅压跨导

$$g_{m0} = \left.\frac{\partial i_d}{\partial u_{gs}}\right|_{u_{gs}=0} = \frac{2I_{dss}}{|U_p|} \tag{2.1.6}$$

该式说明:根据夹断电压 U_p 和零栅压漏极电流 I_{dss} 可以计算零栅压跨导 g_{m0}。

已知零栅压跨导 g_{m0} 和夹断电压 U_p,也可计算零栅压漏极电流

$$I_{dss} = 0.5 g_{m0} |U_p| \tag{2.1.6a}$$

已知零栅压跨导 g_{m0} 和零栅压漏极电流 I_{dss},也可推算夹断电压 U_p

$$U_p = -2I_{dss}/g_{m0} \tag{2.1.6b}$$

例 2.1.2 某 JFET 夹断电压 $U_p = -2V$,$I_{dss0} = 2.02mA$,$r_{ds} = 30k\Omega$,$R_d = 3k\Omega$,试计算 I_{dss},并用二次曲线模型估算管子的漏极电流 $I_d = 1.2mA$ 处的跨导和零栅压跨导。

解 零栅压漏极电流

$$I_{dss}=I_{dss0}(1-R_d/r_{ds})=2.02\text{mA}(1-3/30)\approx 1.82\text{mA}$$

给定电流 $I_d=1.2\text{mA}$ 处的跨导

$$g_m=2\frac{\sqrt{I_dI_{dss}}}{|U_p|}=2\times\frac{\sqrt{1.2\times1.82}}{2}\frac{\text{mA}}{\text{V}}=1.478\text{mS(毫西门子)}$$

零栅压跨导

$$g_{m0}=\frac{2I_{dss}}{|U_p|}=\frac{2\times1.82\text{mA}}{2\text{V}}=1.82\text{mS(毫西门子)}$$

2. JFET 线性化数理模型

若电路工作需要线性，且设计时使输入电压 u_{gs} 基本仅限于线性范围，不涉及传输特性曲线弯曲最厉害的部分，更远离夹断电压 U_p，则建立 JFET 数理模型时可仅考虑零栅-源电压附近的线性范围，而不需要考虑非线性传输特性，更不需要考虑夹断电压。仅考虑零栅-源电压附近的线性范围时，JFET 传输特性曲线的线性化数理模型可以用一条纵轴截距为 I_{dss}、斜率为零栅压跨导 g_{m0} 的固定直线来表达，见图 2.1.11。

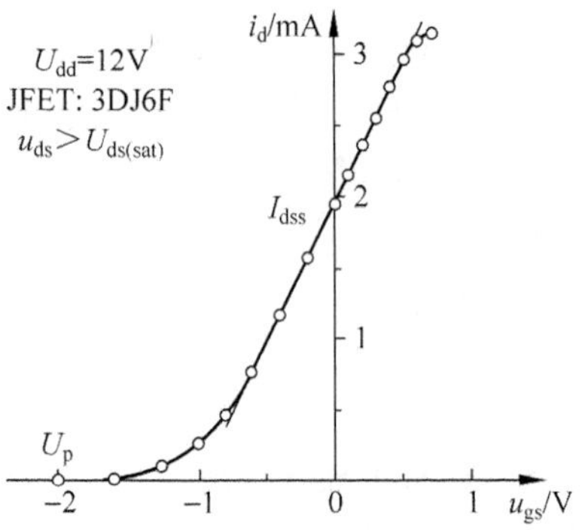

图 2.1.11 JFET 传输特性曲线的线性化

有些场合，如分析有源负载放大器工作原理时，需要考虑和利用漏-源压降 u_{ds} 对漏极电流 i_d 的影响。图 2.1.12 是 FET 线性化双参数等效电路，对应数理模型为

$$\dot{I}_d=f(\dot{U}_{gs},\dot{U}_{ds})=g_m\dot{U}_{gs}+\frac{\dot{U}_{ds}}{r_{ds}}\quad(u_{ds}>U_{ds(sat)})\tag{2.1.7}$$

漏极电流 i_d 数值常为 mA 数量级，而常用电源电压 $U_{dd}=12\text{V}$，$u_{ds}<U_{dd}$，取 $r_{ds}=100\text{k}\Omega$ 计算，实际 $|u_{ds}|/r_{ds}$ 不超过 0.1mA，因此 u_{ds} 对 i_d 的影响有些情况下又可以忽略不计。忽略漏-源压降对漏极电流的影响时所建立 FET 单参数等效电路见图 2.1.13，对应数理模型为

$$\dot{I}_d=g_m\dot{U}_{gs}\tag{2.1.7a}$$

直流分析时

$$i_d=g_{m0}u_{gs}+I_{dss}\quad(u_{ds}>U_{dss(at)})\tag{2.1.8}$$

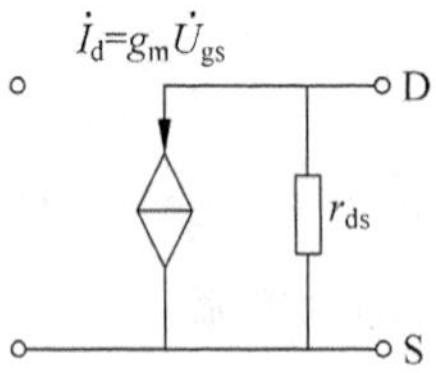

图 2.1.12 FET 双参数等效电路

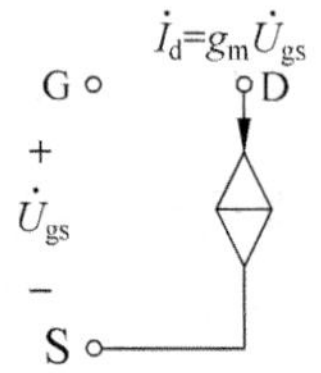

图 2.1.13 FET 单参数等效电路

例 2.1.3 3DJ6F 型 JFET 零栅压跨导 $g_{m0}=1.7\text{mS}$，$I_{dss0}=2.02\text{mA}$，$r_{ds}=30\text{k}\Omega$，$U_{dd}=12\text{V}$，$R_d=3\text{k}\Omega$，试计算零栅压漏极电流、零栅压漏-源电压及栅压 $u_{gs}=0.3\text{V}$ 时的漏-源电压。

解 漏极电阻 $R_d=3\text{k}\Omega$ 时的零栅压漏极电流及零栅压漏-源电压

$$I_{dss} = I_{dss0}(1 - R_d/r_{ds}) = 2.02\text{mA}(1 - 3/30) \approx 1.82\text{mA}$$

$$U_{ds} = U_{dd} - R_d I_{dss} = 12\text{V} - 3 \times 1.82\text{V} = 6.54\text{V}$$

$u_{gs}=0.3$V 时的漏极电流可用线性模型或非线性模型计算。但未给定夹断电压 U_p 时只能用线性模型计算。下面用线性模型计算栅压 $u_{gs}=0.3$V 时的漏极电流及漏-源电压

$$I_d = I_{dss} + g_{m0} u_{gs} = 1.82\text{mA} + 1.7 \times 0.3\text{mA} = 2.33\text{mA}$$

$$U_{ds} = U_{dd} - R_d I_d = 12\text{V} - 3 \times 2.33\text{V} = 5.01\text{V}$$

FET 漏-源饱和压降比 BJT 集-射饱和压降大得多。通常认为集-射压降减小到 1V 时 BJT 开始饱和，而漏-源压降减小到 2V 时 FET 即开始饱和。若 $R_d=4\text{k}\Omega$，则栅压 $u_{gs}=0.3$V 时漏-源压降减小到 2V，管子已经开始饱和，所以传输特性线性变差。因此 3DJ6F 型 JFET 电源电压为 12V 时，漏极外接电阻以不大于 4kΩ 为宜。

除了以上介绍的 N 沟道 JFET 之外，还有 P 沟道 JFET。P 沟道 JFET 与 N 沟道 JFET 传输特性的对比见表 2.1.3。

一般讲，N 沟道 JFET 使用最广泛，P 沟道 JFET 通常作为 N 沟道 JFET 的对偶或补充。但在一些场合，如运放锁零电路，P 沟道 JFET 反而显得更具优势，详见第 8 章。

表 2.1.3　P 沟道 JFET 与 N 沟道 JFET 控制特性对比

管子极性	N 沟道 JFET	P 沟道 JFET
夹断电压 U_p	<0	>0
漏极电源 U_{dd}	>0	<0

3. FET 高频特性

FET 像 BJT 一样，各电极之间都有分布电容。栅-源极分布电容 C_{gs}，又名 C_π，与信号源内阻串联分压。栅-源极分布电容 C_{gs} 的串联分压就是有效输入信号电压 u_{gs}，此串联分压越多越好。频率升高，C_{gs} 容抗模变小，会直接减少串联分压，拉低有效输入信号电压 u_{gs}。栅-漏极分布电容 C_{gd}，又名 C_μ，直接与等效负载电阻争夺漏极电流。

在 FET 单参数模型基础图 2.1.13 上可以建立其高频数理模型，见图 2.1.14。

FET 高频跨导

$$g_m = \frac{\dot{I}_d}{\dot{U}_{gs}} = \frac{g_{m0} - j\omega C_\mu}{1 - j\omega C_\mu R'_L} \tag{2.1.9}$$

很明显，频率很高时极间分布电容将降低 FET 有效跨导，并且产生相移。

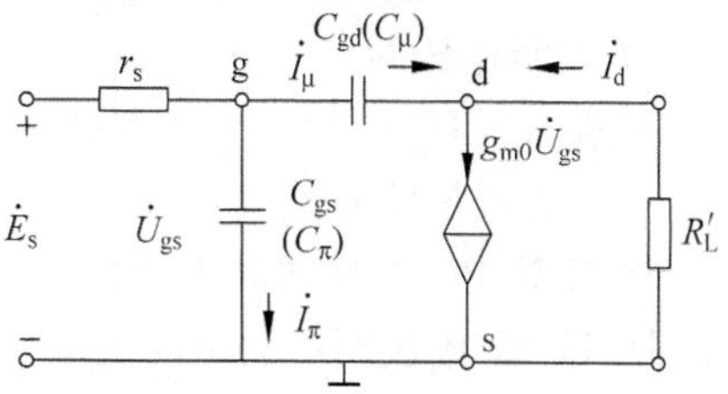

图 2.1.14　FET 高频等效电路

例 2.1.4　某 FET 中低频跨导 $g_{m0}=2.2$mS，$C_\mu=1$pF、$R'_L=1\text{k}\Omega$，试分析计算其在 $f=200$MHz 频率时的有效跨导和相移。

解　$\omega C_\mu = 6.28\times2\times10^8/\text{s}\times10^{-12}\text{s}/\Omega\approx0.00126\text{S}=1.26\text{mS}$

$$\omega C_\mu R'_L = 6.28\times2\times10^8/\text{s}\times10^{-12}\text{s}/\Omega\times1\times10^3\Omega\approx1.26$$

$$|g_m| = \sqrt{\frac{2.2^2+1.26^2}{1+1.26^2}} = \sqrt{\frac{6.4276}{2.5876}} = 1.58\text{mS} = 0.72g_{m0}$$

有效跨导已经降低到正常值的 72%左右，由此判断此 FET 的截止频率为 200MHz。

$$\varphi = \arctan\omega C_{\mu}R'_{L} - \arctan\omega C_{\mu}/g_{m0} = \arctan1.26 - \arctan(1.26/2.2) = 22^{\circ}$$

图 2.1.14 所示高频 FET 模型，既能用于 JFET 也能适合于 MOSFET。

世界上工作速度最快的 FET 的截止频率已达 100GHz。

4. JFET 技术参数

1) 中低频零栅压跨导 g_{m0}

JFET 的技术参数很多，其中跨导 g_m 是 JFET 的主参数，也是所有 FET 的主参数。FET 的非线性使得其跨导与栅-源电压 u_{gs} 有关而不是常数，因此很难像给出 BJT 电流放大倍数 β 值一样给出 JFET 跨导 g_m 值。零栅压跨导 g_{m0} 可反映 JFET 的主要功能，可以具体作为 JFET 包括耗尽型 MOSFET 的主参数。

频率较高时跨导会变小，故 g_m 称为中低频跨导，但一般仍简称为跨导。

如果漏极电流单位为 mA，栅-源电压单位为 V，则跨导单位为毫西门子(mS)。

JFET 零栅压跨导 g_{m0} 数值一般为 1～100mS。3DJ6F 型 JFET 的跨导范围约为 1.2～2.5mS，实验所用 3DJ6F 跨导约为 1.9mS。

2) 漏极最大允许电流 I_{DM}

FET 漏极电流的最大允许值用符号 I_{DM} 表示。

3) 漏-源击穿电压 $U_{br(dso)}$

漏-源压降超过一定数值后，FET 将被击穿损坏。

$U_{br(dso)}$ 是栅极开路时 FET 漏-源极之间所允许施加的最大电压，其数值通常＞20V。

4) 漏极最大允许耗散功率 P_{DM}

漏极功率消耗可以代表 FET 整体功耗。漏-源压降与漏极电流乘积的最大值代表 FET 最大允许耗散功率

$$P_{DM} = U_{ds}I_{d}$$

5) 零栅压零电阻漏极电流 I_{dss0}

零栅压零电阻漏极电流 I_{dss0} 是建立数理模型所依赖的一个基本参数。

6) 输入电阻

JFET 输入电阻在 10MΩ 上下。

7) 夹断电压 U_p

夹断电压 U_p 作为一个基本参数，其作用一是建立非线性数理模型，二是与 I_{dss} 一起，用于计算零栅压跨导 g_{m0}。

8) 栅源 PN 结反向耐压

JFET 栅-源极间承受负向电压工作时，栅-源极间的 PN 结反向偏置。因此要求负向控制电压不得大于 PN 结反向击穿电压。

9) 输出电阻

FET 在放大区工作时，漏-源压降变化与漏极电流变化的比值称为 FET 输出电阻，用符号 r_{ds} 表示。FET 输出电阻 r_{ds} 通常在几十 kΩ 到几百 kΩ 以上。r_{ds} 数量级为 100kΩ。

通常可认为 FET 输出电阻 r_{ds} 为无穷大，从而把 FET 简化为一个理想压控电流源。

10) 饱和导通电阻

FET 饱和导通时其漏-源极之间相当于一个很小的电阻，称为饱和导通电阻，用符号 $r_{ds(on)}$ 表示。$r_{ds(on)}$ 的数值与管子型号有关。

JFET 技术参数像 BJT 一样也可分为共性参数和个性参数，以方便记忆和应用。

（1）个性参数：零栅压跨导、零栅压漏极电流、漏极最大电流、漏-源击穿电压、最大允许耗散功率。

（2）共性参数：栅-源 PN 结反向耐压、输入电阻、输出电阻、饱和导通电阻属共性参数。

思考题

2.1.1　JFET 传输特性曲线是分布在一个象限还是分布在两个象限？

2.1.2　如何判断 FET 是否饱和以及饱和的 FET 是处于甲类饱和还是处于乙类饱和？

2.1.3　BJT 有三根特性曲线，FET 为什么只有两根特性曲线？

2.2　金属氧化物半导体场效管

按照与 JFET 相同的工艺在硅半导体材料表面制出漏、源极引线，再用特定工艺在硅半导体材料漏-源极之间的导电沟道侧面生长一层二氧化硅薄膜，在二氧化硅薄膜外边生成导电铝膜，然后在铝膜上制出引线作为栅极，就制成金属氧化物半导体场效管（Metal Oxide Semiconductor Field Effect Transistor，MOSFET）。MOSFET 的工作原理是在栅极上施加控制电压，利用电荷感应原理控制沟道电场（即调节沟道电阻）。

按照栅-源之间不加电压时漏-源之间有无原始导电沟道，MOSFET 分为耗尽型（常闭型）和增强型（常开型）两种。目前增强型 MOSFET 应用居多，大功率管尽是增强型。

栅-源极之间不加电压时漏-源之间即存在原始导电沟道，加上负栅-源电压使沟道关断、加上正栅-源电压使沟道电阻进一步减小的金属氧化物半导体场效管，称为耗尽型金属氧化物半导体场效管（Depletion Mode Metal Oxide Semiconductor Field Effect Transistor）。

栅-源之间不加电压时漏-源之间无原始导电沟道，只有加上一定的正栅-源电压才能使沟道导通的金属氧化物半导体场效管，称为增强型金属氧化物半导体场效管（Enhanced mode Metal Oxide Semiconductor Field Effect Transistor）。

2.2.1　金属氧化物半导体场效管工作原理及特性参数

1. 耗尽型金属氧化物半导体场效管（耗尽型 MOSFET）

图 2.2.1 所示是耗尽型 MOSFET 符号。其中长竖实线代表管子的原始导电沟道，短竖线代表栅极金属膜，其间的空隙代表二氧化硅绝缘层，箭头代表衬底。分立元件（Deplete Element）FET 的衬底与源极 S 接在一起。

图 2.2.2 所示是 N 沟道耗尽型 MOSFET 传输特性曲线。耗尽型 MOSFET 传输特性曲线与 JFET 非常相似。区别是耗尽型 MOSFET 正栅-源电压控制范围比 JFET 大。栅-源电压大于 0.5V 以后，JFET 传输特性曲线斜率变小，见图 2.1.4，而耗尽型 MOSFET 传输特性曲线斜率不减反升，见图 2.2.2。

耗尽型 MOSFET 的特性、数理模型及技术参数体系与 JFET 基本相同，区别仅仅在于数值大小不尽相同。例如，JFET 输入电阻大约为 10MΩ，耗尽型 MOSFET 输入电阻大约为 $10^3 \sim 10^9$ MΩ。描述 JFET 特性及数理模型的很多公式及讨论结果基本上都适用于耗尽型 MOSFET。有些场合，耗尽型 MOSFET 与 JFET 可以考虑互换。

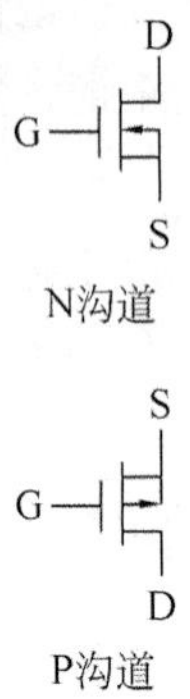

图 2.2.1　耗尽型 MOSFET 符号

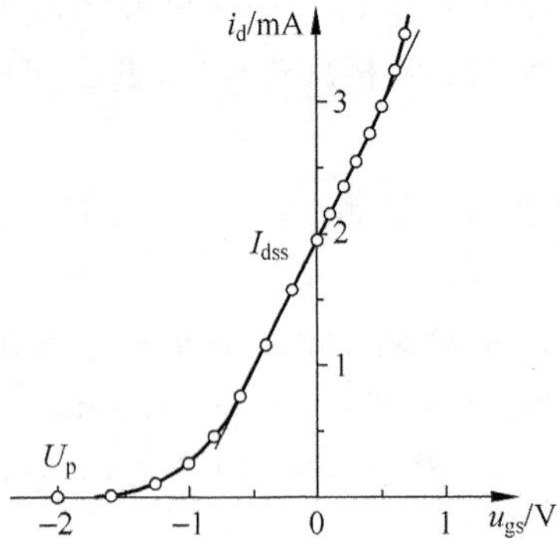

图 2.2.2　N 沟道耗尽型 MOSFET 传输特性曲线

2. **增强型金属氧化物半导体场效管(增强型 MOSFET)**

图 2.2.3 所示是增强型 MOSFET 符号。其中短竖线表示栅极金属膜,长竖虚线表示管子无原始导电沟道,其间的空隙代表二氧化硅绝缘层,箭头代表衬底。分立元件 FET 的衬底与源极 S 接在一起。

增强型 MOSFET 输入特性实验电路与图 2.1.3 基本相同,只是输入电压范围不同。应按照表 2.2.1 要求的输入电压进行实验。实验管型号为 VN2222LL,实验数据填在表 2.2.1 中。根据表 2.2.1 中的 1 号实验管的实验数据可以画出增强型 MOSFET 传输特性曲线,见图 2.2.4。

表 2.2.1　增强型 MOSFET 传输特性实验数据

实验管编号	U_{gs}/V	0	1.0	1.5	1.6	1.7	1.8	1.9
1	I_d/mA	0	0	3μA	7μA	0.02	0.05	0.13
2		0	0	0	1μA	4μA	0.02	0.06
3		0	0	0	0	0	2μA	0.04
实验管编号	**U_{gs}/V**	2.0	2.1	2.2	2.3	2.4	2.5	2.6
1	I_d/mA	0.40	0.95	2.16	4.24	6.84	9.6	
2		0.19	0.55	1.22	2.55	4.70	7.21	9.7
3		0.12	0.36	0.91	1.96	3.82	6.43	9.4

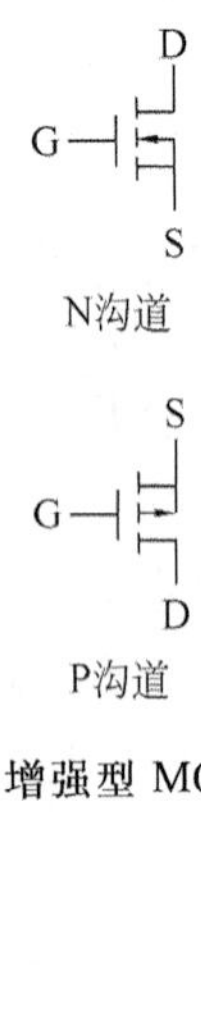

图 2.2.3　增强型 MOSFET 符号

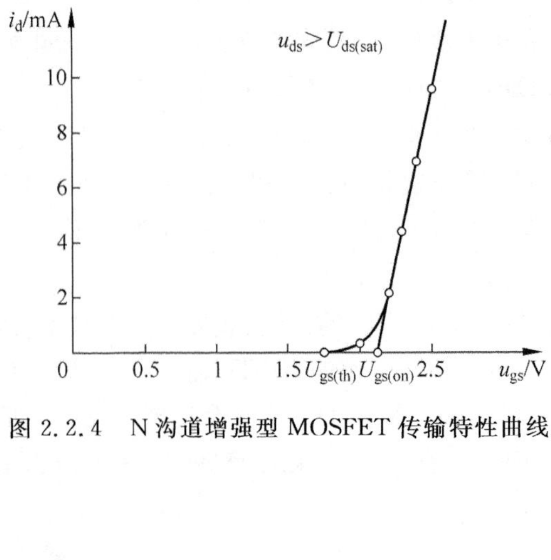

图 2.2.4　N 沟道增强型 MOSFET 传输特性曲线

从特性曲线可看出，当漏极电流大于 1mA 时，增强型 MOSFET 传输特性的线性开始好起来。

根据实验数据计算各管 $i_d>1mA$ 条件下的跨导及开启电压。

1 号管：$g_m=(9.6-2.16)mA/(2.5-2.2)V=24.8mS$，$U_{gs(th)}\approx1.70V$，$U_{gs(on)}\approx2.15V$

2 号管：$g_m=(9.7-2.55)mA/(2.6-2.3)V=23.8mS$，$U_{gs(th)}\approx1.80V$，$U_{gs(on)}\approx2.25V$

3 号管：$g_m=(9.4-1.96)mA/(2.6-2.3)V=24.8mS$，$U_{gs(th)}\approx1.80V$，$U_{gs(on)}\approx2.25V$

可以看出，这批管子的跨导及开启电压都比较一致。

1) 增强型 MOSFET 技术参数

(1) 中低频跨导 g_m

FET 技术参数很多，其中跨导 g_m 是增强型 MOSFET 的主参数。

非线性影响使传输特性曲线各处跨导不相等。栅-源电压达到两倍开启电压即 $U_{gs}=2U_{gs(th)}$ 时的跨导称为倍压跨导。倍压跨导用符号 g_{md} 表示，下标 d 是 double(两倍)的词头。

(2) 漏极最大允许电流 I_{DM}

FET 漏极电流的最大允许值，用 I_{DM} 表示。

(3) 漏-源击穿电压 $U_{br(dso)}$

漏-源压降超过一定数值后，FET 将被击穿损坏。

$U_{br(dso)}$ 是栅极开路时，FET 漏-源极之间所允许施加的最大电压，其数值常大于 20V。

(4) 漏极最大允许耗散功率 P_{DM}

FET 漏极功率消耗可以代表 FET 功耗。漏-源压降与漏极电流乘积的最大值代表 FET 最大允许耗散功率

$$P_{DM}=U_{ds}I_d$$

(5) 栅源开启电压 $U_{gs(th)}$

当实际栅-源电压大于开启电压 $U_{gs(th)}$ 时，增强型 MOSFET 才逐渐开始导通。

开启电压 $U_{gs(th)}$ 是建立非线性数理模型所用的一个基本参数。

(6) 输入电阻。增强型 MOSFET 输入电阻大约为 $10^9\sim10^{15}M\Omega$。

(7) 输出特性、输出电阻、饱和导通电阻

FET 输出特性、输出电阻、饱和导通电阻与 JFET 相似，参见 2.1 节。

(8) 饱和导通电阻

FET 饱和导通电阻与 JFET 相似，参见 2.1 节。

2) 增强型 MOSFET 数理模型

(1) 增强型 MOSFET 的线性数理模型

根据图 2.2.4 可以写出增强型 MOSFET 传输特性的线性化数理模型

$$i_d=\begin{cases}0 & (u_{gs}<U_{gs(on)})\\ g_m(u_{gs}-U_{gs(on)}) & (u_{gs}\geqslant U_{gs(on)},u_{ds}>U_{ds(sat)})\end{cases}\tag{2.2.1}$$

直流数理模型及交流数理模型

$$I_d=\begin{cases}0\\ g_m(U_{gs}-U_{gs(on)})\end{cases}\tag{2.2.1a}$$

$$\dot{I}_d=g_m\dot{U}_{gs}\tag{2.2.1b}$$

要注意：$U_{gs(th)}$ 与 $U_{gs(on)}$ 是两个相似又有所不同的概念，$U_{gs(th)}$ 是非线性模型中的参数，$U_{gs(on)}$ 是线性模型中的参数，见图 2.2.4，$U_{gs(on)}>U_{gs(th)}$。

通常可以由下式根据非线性开启电压 $U_{gs(th)}$ 估算线性化开启电压 $U_{gs(on)}$

$$U_{gs(on)} = 1.25U_{gs(th)} \tag{2.2.2}$$

(2) 增强型 MOSFET 的非线性数理模型

FET 漏极电流与宽长比 W/L 的关系

$$i_d = (u_{gs} - U_{gs(th)})^2 \frac{\mu_n C_{ox}}{2}\frac{W}{L} \quad (u_{gs} > U_{gs(th)})$$

μ_n 是电子迁移率，单位 $m^2/(Vs)$；C_{ox} 为单位面积的栅氧化层电容，单位 F/m^2；W/L 为 MOS 管的宽长比。

令 $u_{gs}=2U_{gs(th)}$ 有 $i_d=I_{dd}=U_{gs(th)}^2\frac{\mu_n C_{ox}}{2}\frac{W}{L}$

由此得到 $\frac{\mu_n C_{ox}}{2}\frac{W}{L}=\frac{I_{dd}}{U_{gs(th)}^2}$，以及增强型 MOSFET 的二次曲线模型

$$i_d = \left(\frac{u_{gs}}{U_{gs(th)}} - 1\right)^2 I_{dd} \quad (u_{gs} > U_{gs(th)}) \tag{2.2.3}$$

二次曲线模型是一种典型的非线性数理模型。由二次曲线模型可求增强型 MOSFET 的跨导。求式(2.2.3)微分可得

$$g_m = \frac{\partial i_d}{\partial u_{gs}} = \left(\frac{u_{gs}}{U_{gs(th)}} - 1\right)\frac{2I_{dd}}{U_{gs(th)}}$$

$$g_m = \left(\frac{u_{gs}}{U_{gs(th)}} - 1\right)\sqrt{I_{dd}}\ \frac{2}{U_{gs(th)}}\ \sqrt{I_{dd}} = 2\frac{\sqrt{I_d I_{dd}}}{U_{gs(th)}}$$

给定电流 $i_d=I_d$ 处的跨导

$$g_m = 2\frac{\sqrt{I_d I_{dd}}}{U_{gs(th)}} \tag{2.2.3a}$$

栅-源电压达到两倍电压 $U_{gs}=2U_{gs(th)}$ 时的跨导称为倍压跨导。用 g_{md} 表示倍压跨导

$$g_{md} = 2\frac{I_{dd}}{U_{gs(th)}} \tag{2.2.3b}$$

式(2.2.3a)与式(2.2.3b)是 FET 的线性模型与非线性模型之间的桥梁。

3. 场效管的两参数线性数理模型

漏-源电压对漏极电流的影响能被忽略时，可以使用上述 JFET 数理模型、耗尽型 MOSFET 数理模型以及增强型 MOSFET 数理模型。

有些情况下漏-源电压对漏极电流的影响不可忽略。例如，分析 FET 有源负载放大器的输出电压时，漏-源电压对漏极电流的影响就不可忽略。必须考虑漏-源电压对漏极电流的影响时，就需要建立包括漏-源电压对漏极电流的影响在内的 FET 数理模型。

$$\Delta i_d = g_m \Delta u_{gs} + \Delta u_{ds}/r_{ds} \tag{2.2.4}$$

对 JFET 与耗尽型 MOSFET

$$i_d = g_m u_{gs} + u_{ds}/r_{ds} + I_{dss} \tag{2.2.4a}$$

对增强型 MOSFET

$$i_d = g_m(u_{gs} - U_{gs(on)}) + u_{ds}/r_{ds} \tag{2.2.4b}$$

只研究放大交流信号时，可以不考虑 FET 种类，将式(2.2.4)改写为

$$\dot{I}_d = g_m \dot{U}_{gs} + \dot{U}_{ds}/r_{ds} \tag{2.2.4c}$$

忽略 FET 输出电阻 r_{ds}时，式(2.2.4c)可改写为

$$\dot{I}_d = g_m \dot{U}_{gs} \tag{2.2.4d}$$

2.2.2 各种 FET 及其与 BJT 的综合对比

1. 不同种类 FET 的基本特性

BJT 的种类只有 NPN 和 PNP 两种。只要额定参数相同，不同型号的 NPN 管子可以替换，不同型号的 PNP 管子也可以替换。

FET 种类很多。FET 的替换相当复杂。很有必要对比不同 FET 传输特性。

6 种常见 FET 的传输特性曲线及输出特性曲线如下，可以发现以下规律。

(1) 所有 N 沟道 FET 的传输特性曲线相似，见图 2.2.5、图 2.2.6 及图 2.2.7，所有 P 沟道 FET 的传输特性曲线相似，见图 2.2.8、图 2.2.9 及图 2.2.10。

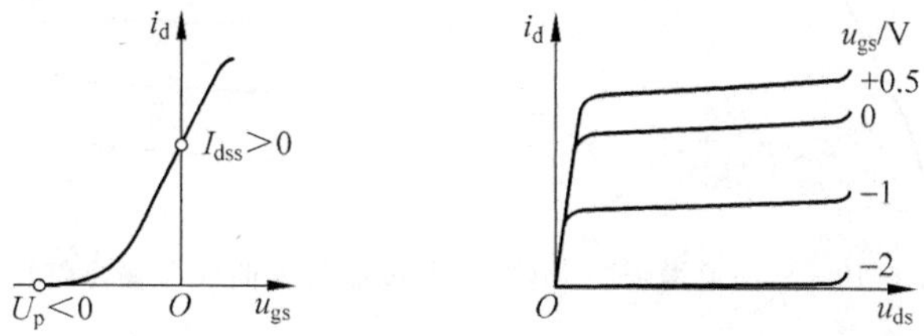

图 2.2.5 N 沟道 JFET 传输特性曲线及输出特性曲线

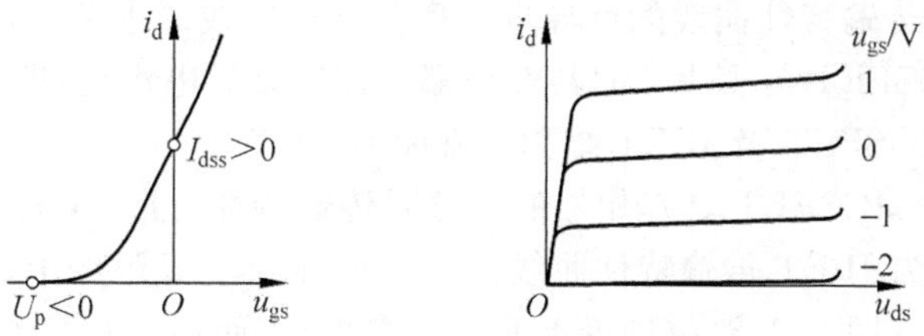

图 2.2.6 N 沟道耗尽型 MOSFET 传输特性曲线及输出特性曲线

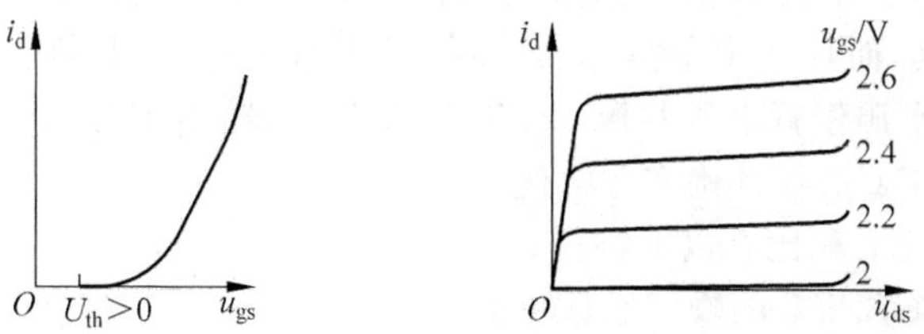

图 2.2.7 N 沟道增强型 MOSFET 传输特性曲线及输出特性曲线

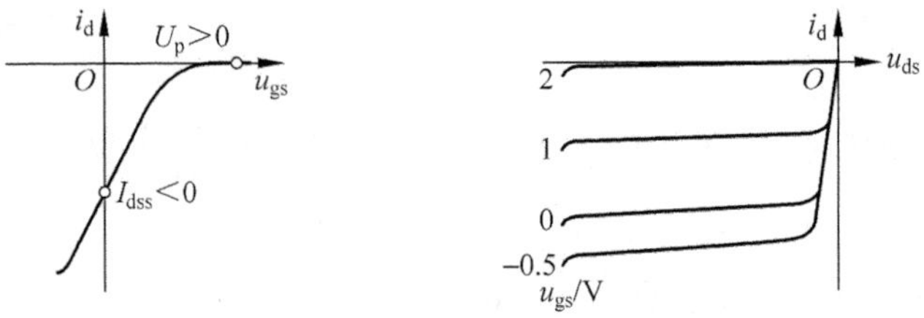

图 2.2.8　P 沟道 JFET 传输特性曲线及输出特性曲线

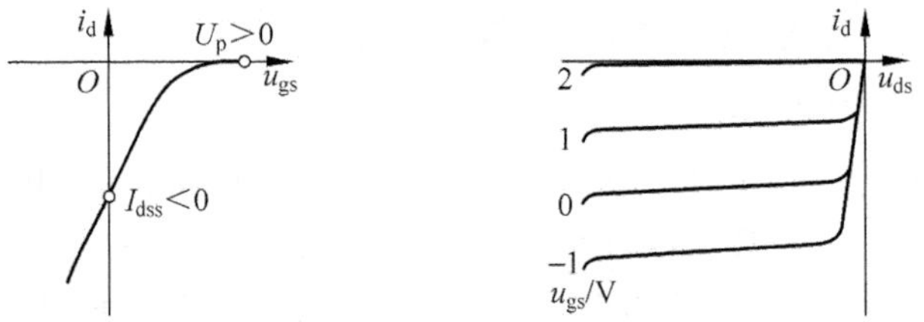

图 2.2.9　P 沟道耗尽型 MOSFET 传输特性曲线及输出特性曲线

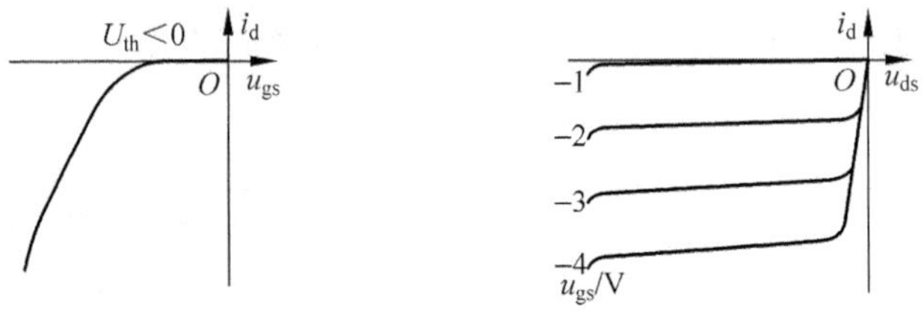

图 2.2.10　P 沟道增强型 MOSFET 传输特性曲线及输出特性曲线

(2) P 沟道 FET 特性曲线与 N 沟道 FET 特性曲线关于原点对称。

(3) 不同 N 沟道 FET 的传输特性曲线的差异主要表现在特性曲线的水平位移即偏移。不同 P 沟道 FET 的传输特性曲线的差异也表现在特性曲线的水平位移即偏移。

(4) 耗尽型 MOSFET 与 JFET 的共性是都存在原始导电沟道，即在零栅压时就已经导通，因此把耗尽型 MOSFET 及 JFET 统称为常闭型 FET。

JFET 与耗尽型 MOSFET 具有相似的双象限传输特性。JFET 传输特性的线性优于耗尽型 MOSFET。因为 JFET 传输特性曲线由夹断电压所在象限的上凹转化为另一个象限的下凹，见图 2.2.5 及图 2.2.8，故理论上曲线存在拐点，而拐点左右传输特性的线性最好。

实验和理论分析都已经证明，信号源内阻对于抑制器件的非线性是至关重要的。

若把一个内阻很小的正弦信号源直接加在共射 BJT 放大器上，其输出波形不仅由于 BJT 非线性明显失真，而且产生杂波，放大器很难正常工作。同样将一个内阻很小的正弦信号源直接加在零栅-源偏置电压共源 JFET 放大器上，输出正弦波形就非常纯净，说明在零栅-源电压左右 JFET 的线性确实非常优秀。

JFET 与 MOSFET 相比有以下特点。

(1) JFET 比 MOSFET 的噪声系数更低。

(2) JFET 比 MOSFET 的输入电容小，因此 JFET 工作频率上限比 MOSFET 更高。

(3) JFET 比 MOSFET 的线性更好。JFET 在 BJT 和 FET 中的线性是最好的。

(4) MOSFET 比 JFET 的输入电阻更高。

JFET 的输入电阻为 10MΩ 以上，而 MOSFET 的输入电阻为 10^3MΩ 以上。

一般讲，MOSFET 使用得多些，但有些场合，如运放锁零电路，JFET 最为适合。

在所有种类的场效应管中，增强型 MOSFET 的特性与 BJT 最接近，有时增强型 MOSFET 甚至可以直接替换 BJT。

2. FET 与 BJT 的综合对比

场效应管 FET 与双极型晶体管 BJT 非常相似。FET 所有参数都能与 BJT 的相应参数相对应，各个管脚都能对号入座，见表 2.2.2。

表 2.2.2　FET 与 BJT 的相似性

项目 种类	输入量	输出量	线性放大必要条件	管脚		
BJT	基极电流	集电极电流	$u_{ce}>U_{ce(sat)}$	基极 b	集电极 c	发射极 e
FET	栅-源极电压	漏极电流	$u_{ds}>U_{ds(sat)}$	栅极 g	漏极 d	源极 s

(1) FET 输入电阻比 BJT 高得多。

(2) FET 线性比 BJT 好。

(3) FET 利用多数载流子工作，不受少数载流子造成的漏电流的困扰。

(4) FET 噪声系数比 BJT 低，因此 FET 适合用在多级放大器的输入级。

(5) FET 温度系数比 BJT 低，且在栅-源电压等于一定数值时温度系数为零。

(6) FET 漏-源极饱和压降比 BJT 的集-射极饱和压降大。

(7) BJT 发射结电压 U_{be} 对于集电极电流的增长是阻力，FET 栅-源电压 U_{gs} 对于漏极电流的增长是动力。

总之，FET 与 BJT 相比，优点多，缺点少。

BJT 输入电阻通常在几千欧，而 FET 输入电阻在 10^4 千欧以上；FET 工作时几乎不消耗信号源功率。

在零温度系数栅-源电压上，漏极电流不随温度变化而变化。如果能将放大器中的 FET 工作点选在零温度系数栅-源电压上，那么就不再需要稳定工作点，只需要适当稳定电压增益。电路比较简单，却能使放大器获得较强的适应性。

考虑临界偏置要求时，尽管很难选取零温度系数栅-源电压作为 FET 偏置参数，但是栅极偏置电阻阻值不受工作点稳定要求的影响，使得可以根据电压放大倍数要求将栅极偏置电阻取较大阻值。

BJT 的电流增益温度系数通常在＋0.5%～1.0%，这意味着在基极输入电压不变的情况下，若环境温度从 0℃上升到 100℃时，集电极电流要增加 0.5 倍～1 倍。

比较来看，FET 的漏极电流温度系数就要低得多。例如，日本东芝公司生产的 2SK48 型 JFET，环境温度从 0℃ 上升到 100℃，在栅-源极电压不变的情况下漏极电流仅从 1.15mA 降低到 0.95mA，相对变化只有(0.95－1.05)/1.05＝－9.5%，折合－0.1%/℃。

3. FET-BJT 复合管

两只 BJT 组成 BJT 复合管，其极性取决于前一只 BJT。同理，BJT 与 FET 组成复合管，等效于 BJT 管还是 FET 管，取决于前一只管子。前一只管子是 BJT 管，BJT-FET 复合管就等效于 BJT 管，前一只管子是 FET 管，BJT-FET 复合管就等效于 FET 管。

通常 FET 的输入特性好于 BJT，而 BJT 的输出特性好于 FET。FET 与 BJT 组成复合管时，通常 FET 在前 BJT 在后，组成 FET 复合管，见图 2.2.4。

图 2.2.11 FET 与 BJT 组成 FET 复合管

思考题

2.2.1 耗尽型 MOSFET 与 JFET 传输特性曲线有什么共性和个性?

2.2.2 FET 与 BJT 输出特性曲线形状类似，其饱和、放大和截止分区是否基本相同?

2.3 本章小结

一、总体内容

本章主要基于半导体材料内电场是绝缘体的原理和对内电场尺寸的控制介绍 JFET、耗尽型 MOSFET 和增强型 MOSFET 的工作原理及数理模型。FET 只要在电压即电场控制下就能工作，其特点是输入电阻很大，工作时不需要前级电路提供电流。除了 BJT 需要输入电流、FET 不需要输入电流的区别之外，FET 与 BJT 相比较，两者更多的是共性。在学过 BJT 的基础上可以明确，FET 的种类虽多，但都具有与 BJT 特别相似的控制特性。FET 的栅极 G、漏极 D 和源极 S 各相当于 BJT 的基极 B、集电极 C 和发射极 E。FET 的跨导 g_m 相当于 BJT 的电流放大倍数 β。FET 与 BJT 一样都能既作放大，又作电子开关。BJT 作电子开关时只有常开型；FET 作电子开关，既能提供常开型，又能提供常闭型。

二、各节要点

2.1 结型场效管

JFET 传输特性曲线分布在两个象限。JFET 栅极 G 与导电沟道之间有一个 PN 结，栅极 G 不施加控制电压时漏极 D 和源极 S 之间自然存在导电沟道。栅极 G 加负压，JFET 导电沟道变窄；栅极 G 加正压，JFET 导电沟道变宽。JFET 的主要参数：跨导 g_m，零栅压零电阻漏极电流 I_{dss0}，零栅压漏极电流电阻系数 k，夹断电压 U_p。JFET 有二次曲线数理模型和线性数理模型。

2.2 金属氧化物半导体场效管

了解 MOSFET 栅极 G 通过电压感应来控制导电沟道尺寸。MOSFET 分为耗尽型（耗尽型 MOSFET）和增强型（增强型 MOSFET）两大类。

耗尽型 MOSFET 类似于 JFET，都属于常闭型器件，技术参数和控制特性相同。耗尽型 MOSFET 传输特性曲线与 JFET 相似，都分布在两个象限，仅末端走向不同。

增强型 MOSFET 类似于 BJT，增强型 MOSFET 与 BJT 都属于常开型器件。

三、关键知识

BJT 的主参数是电流放大倍数 β，FET 的主参数是跨导 g_m。跨导是漏极电流变化量与栅极电压变化量的比值。跨导代表着 FET 的控制能力，在广义上跨导也代表放大能力。唯一区别：BJT 电流放大倍数 β 无量纲，而 FET 跨导 g_m 有单位。FET 像 BJT 一样都有两种饱和形式。

FET 的噪声系数比 BJT 小。FET 还可以作为压控电阻来使用，其集成制造工艺比较简单。

BJT 将基极电流成比例转化为集电极电流的条件是集-射压降大于 0，FET 将栅极电压成比例转化为漏极电流的条件是漏-源压降大于 0。BJT 将基极电流成比例转化为集电极电流的过程是放大。从广义上看，FET 将栅极电压成比例转化为漏极电流的过程也是放大。

FET 与 BJT 具有相似的输出特性曲线。

模拟电子技术教科书常介绍的 FET 种类有 JFET、MOSFET；N 沟道 JFET、P 沟道 JFET；N 沟道 MOSFET、P 沟道 MOSFET；增强型 MOSFET、耗尽型 MOSFET。明确 N 沟道 FET 与 NPN 型 BJT 控制特性相似，P 沟道 FET 与 PNP 型 BJT 控制特性相似。很多人使用 BJT 很熟练，但使用 FET 却感到胆怯，原因就是 FET 种类繁多。弄清 FET 与 BJT、JFET 与 MOSFET、N-FET 与 P-FET、增强型 MOSFET 与耗尽型 MOSFET 的共性与个性是熟练应用 FET 的前提。

FET 数理模型有最原始的非线性模型和线性化模型。二次曲线模型是非线性模型的常用表达形式。非线性模型和线性化模型各有所长，应当灵活运用。

FET 输出电阻 r_{ds}、BJT 输出电阻 r_{ce} 属于类似参数，两者有着相同的数量级 100kΩ。

BJT 有输入特性、传输特性、输出总共三条特性曲线，FET 因输入电阻很大，几乎没有输入电流，故只有传输特性和输出特性总共两条特性曲线。

2.4 仿真与实训二 JFET 控制 LED

1. Multisim 仿真

Multisim 仿真电流<5mA，则 LED 不亮。故 JFET 零栅压零电阻漏极电流应大于 5mA。图 2.4.1 选用 N 沟道 JFET 管 2N3458，其参数为 15mA、50V、0.3W。

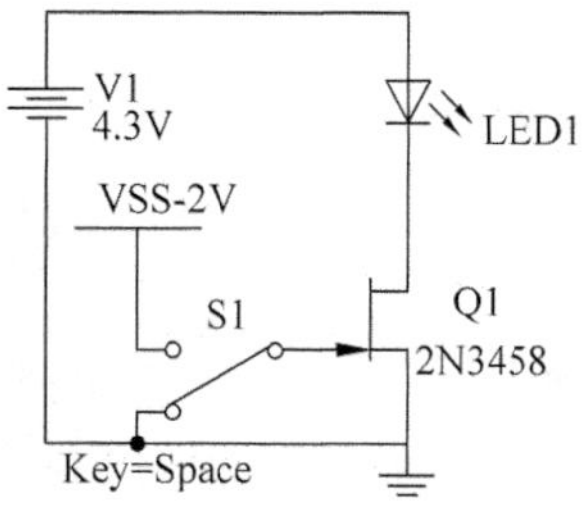

图 2.4.1 JFET 控制 LED

2. 使用面包板进行实验

实际实验选用 N 沟道 JFET 管 3DJ6F，其参数为 2mA、20V。推荐用手机电池充电器或万能充电器。红色 LED 正向压降大约 1.8V，充电器输出电压 4.3V，使 LED 发光。

实验器材：3DJ6F 型 JFET 管 1 只，面包实验板 1 块，手机万能充电器 1 只，LED 2 只，2.4kΩ 电阻 1 只，红插线 1 根，黑插线 1 根，双夹线 2 根。

2.5 习 题 二

2.1.1 FET 符号中的箭头有什么作用？

2.1.2 已知某 JFET 在电源电压 $U_{dd}=12V$ 条件下 $I_{dss0}=2mA$，$R_d=1k\Omega$，$r_{ds}=30k\Omega$，试按电源电压 (1) $U_{dd}=15V$；(2) $U_{dd}=24V$；计算 I_{dss0} 及 I_{dss}。

2.1.3 已知某 JFET 夹断电压 $U_p=-1.6V$，$I_{dss0}=4mA$，$r_{ds}=30k\Omega$，试计算 $R_d=4k\Omega$ 条件下的 I_{dss}，并用二次曲线模型估算管子的漏极电流 $I_d=2.4mA$ 处的跨导和零栅压跨导 g_{m0}。

2.1.4 已知 3DJ6F 型 JFET 零栅压跨导 $g_{m0}=2mA/V$，$I_{dss0}=2mA$，$r_{ds}=30k\Omega$，$U_{cc}=12V$，$R_d=2k\Omega$，试计算零栅压漏-源电压 U_{ds0} 及栅压 $u_{gs}=0.3V$ 时的漏-源电压 U_{ds}。

2.2.1 已知某型号增强型 MOSFET 的 $U_{gs(th)}=2.5V$，$I_{dd}=16mA$，试计算其倍压跨导 g_{md}。

2.2.2 试述 FET 与 BJT 的共性与区别。

第 3 章　晶体管放大电路

信号分为直流和交流两大类。音频等信号就是交流信号。直流传感信号也往往调制为交流信号进行放大。本章介绍正弦交流信号放大器。交流信号放大器本质是直交电能转换器。

3.1　基本共射放大电路

3.1.1　用直流器件放大交流信号的原理

放大概念　直流电压放大是把小电压放大为大电压。交流电压放大是把电压幅度(有效值)放大,但频率和波形保持不变,而放大后的电压相位可以与信号电压同相,也可以反相。图 3.1.1(a)、(b)分别是四倍同相电压放大及四倍反相电压放大。

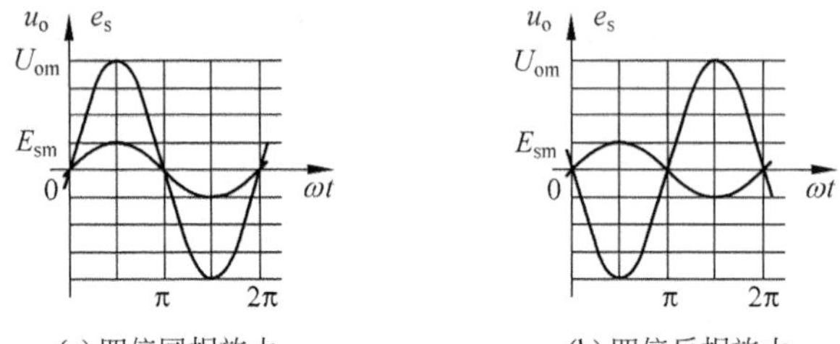

图 3.1.1　正弦交流信号电压放大概念

1. 基本共射放大电路

BJT 只能流过单向电流。为了放大交流信号,应使管子事先流过直流偏置电流,以使交流信号迭加在直流偏流上。晶体管放大电路见图 3.1.2。U_{cc}是直流偏置电源,交流信号源 E_s在概念上也是一种电源。晶体管放大电路是交、直流双电源电路,宜用迭加法来分析。

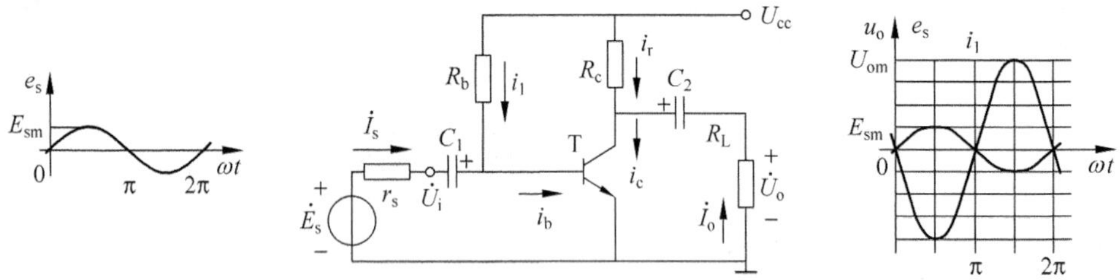

图 3.1.2　基本共射放大电路(固定偏置放大器)及四倍反相放大

直流电源 U_{cc}通过基极偏置电阻 R_b 使晶体管流过一定的直流电流,叫做基极偏置电流。交流信号电压经输入耦合电容 C_1加到晶体管基极上,结果使晶体管基极流过直流脉动电流,并放大为集电极直流脉动电流,再经电阻 R_c 转换为直流脉动电压,最后经输出耦合电容 C_2分离出交流电压到负载电阻 R_L。由此把电阻 R_c 叫做安伏变换器。

图 3.1.2 中信号电压从 BJT 基极输入,负载电压从集电极输出,输入输出共用发射极,称为共发射极放大器(Common Emitter Amplifier),简称共射放大器(CEA)。该电路中一

只 BJT，R_b、R_c 两个电阻，C_1、C_2 两个电容等五个元器件都是必不可少的，故叫做基本共射放大器，旧称固定偏置放大器。

2. 基本共射放大器元器件的作用及特点

首先来看图 3.1.2 所示基本共射放大器各个元件的作用。

r_s：信号源内阻，属于客观存在。

R_L：负载电阻，属于客观存在。R_L 数值在 1～100kΩ。

R_c：一种安伏变换器，属于人工设置。常取 $R_c=1\sim3\text{k}\Omega$。

R_b：基极偏置电阻，属于人工设置。通常 R_b 数值在几十～几百 kΩ。

C_1：输入耦合电容，属于人工设置。C_1 一方面为交流信号源提供电流通道，另一方面隔离直流偏置电流。由于 C_1 的存在，交流信号源既能为 BJT 基极供给信号电流，其工作又不受直流偏置电流的影响。通常取 $C_1=10\mu\text{F}$。

C_2：输出耦合电容，属于人工设置。C_2 既能让交流信号电压施加到负载电阻 R_L 上，另又能隔离直流偏置电流。可以说输出耦合电容 C_2 从正弦脉动直流电流中解调出纯正弦电流施加到负载电阻 R_L 上。通常取 $C_2=10\mu\text{F}$。

3. 基本共射放大器中的电流电压及其基本关系

图 3.1.2 所示基本共射放大器中的电流电压符号安排如下。

小写字母 i、u 代表瞬时总值。大写字母 I_b、I_c、U_{ce} 代表工作点参数，其中 I_b 代表基极偏置电流、I_c 代表集电极偏置电流，U_{ce} 代表集-射偏置压降。

大写字母 U_{cc} 表示通过电阻或直接加在 BJT 集电极 c 的直流电源电压。

相量 $\dot{E}_s$ 代表交流信号源电动势，E_{sm} 代表 $\dot{E}_s$ 的幅度；$\dot{I}_s$ 代表交流信号源电流，I_{sm} 代表 $\dot{I}_s$ 的幅度；$\dot{I}_b$ 代表 BJT 基极交流信号电流，$\dot{I}_c$ 代表 BJT 集电极交流信号电流，I_{cm} 代表 $\dot{I}_c$ 的幅度；$\dot{I}_o$ 代表负载获得的交流信号电流，I_{om} 代表 $\dot{I}_o$ 的幅度。

集电极-发射极压降 u_{ce} 是一个派生参数，简称集-射压降。图 3.1.2 中 $u_{ce}=U_{cc}-R_c i_c$。

应当注意 i_b、i_c、u_{ce} 的逻辑顺序关系。i_b、i_c、u_{ce} 的逻辑关系是：先有 i_b，放大后形成 i_c，电源电压 U_{cc} 除去 R_c 压降 $R_c i_c$，最后才有 u_{ce}，u_{ce} 又制约着 i_c 的增大。

正弦波信号就好像是波浪。平地怎能起波浪呢？只有在水面上才能起波浪。偏置电流就好像事先灌的水，用行话讲就是工作点。水浅了不抵啥事，起不了大波浪，深了又会把晶体管淹死，用行话讲就是饱和。所以工作点位置要合适。

4. 基本共射放大电路的直流通路与交流通路

为确定图 3.1.2 所示基本共射放大器的基极偏置电阻 R_b，首先画出直流等效电路，也叫做直流通路，见图 3.1.3。其中交流等效电路主要用于分析计算放大倍数等交流参数。

无论直流通路还是交流通路一般都是按照稳态考虑的。直流稳态下电容相当开路。令信号源电压为 0，耦合电容电压再无变化，故去掉电容，就得到直流通路，见图 3.1.3(b)。

暂且认为明显的直流电源 U_{cc} 和晶体管内部隐蔽的直流电源 U_{be} 都为 0，把晶体管改画为理想 CCCS 形式，就得到基本共射放大器的交流等效电路，也叫做交流通路，见图 3.1.3(c)。电阻符号一端打圆点，只是表示其在原图中的上端。

图 3.1.3(c) 虽然没错，但是不甚美观，R_c 与 R_L 的关系也不甚明确。既然 R_b 和 R_c 的

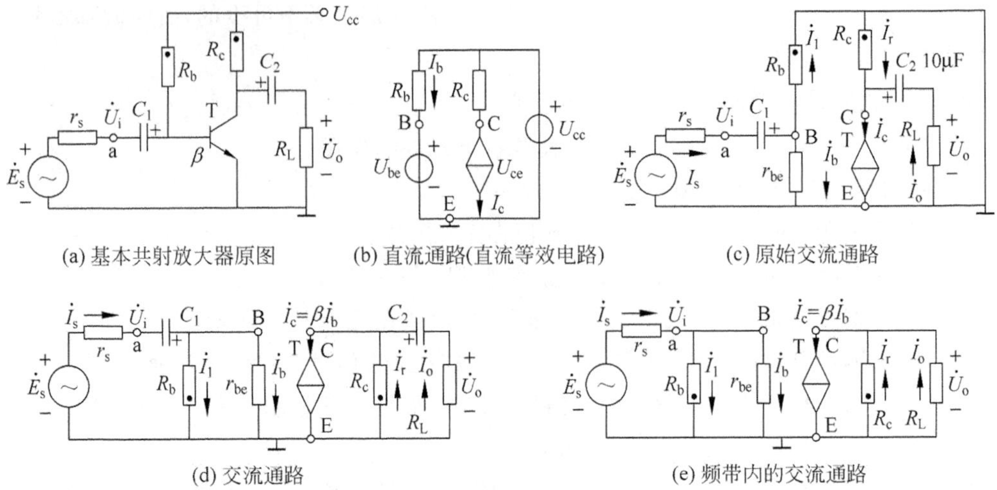

(a) 基本共射放大器原图　(b) 直流通路(直流等效电路)　(c) 原始交流通路

(d) 交流通路　(e) 频带内的交流通路

图 3.1.3　基本共射放大器的直流等效电路及交流等效电路的作图过程

上端已经接地，索性就把 R_b 和 R_c 拉下马来，使其上端向下接地，这样图 3.1.3(c)优化为整齐划一的图 3.1.3(d)。

信号频率 f 及角频率 $\omega=2\pi f$ 都比较大。对于 $C_1=C_2=10\mu F$，$f=2kHz$，C_1、C_2 的容抗模只有 $1/\omega C=1/(6.28\times2000\times10\times10^{-6})\approx15\Omega$，远远小于 R_c 及 R_L。所以在频带内耦合电容应视作短路。短路 C_1 及 C_2，图 3.1.3(d)又可以改画为频带内的交流通路，见图 3.1.3(e)。

在频带内的交流通路里，安伏变换器 R_c 与负载电阻 R_L 表现为并联关系，故称 $R_c/\!/R_L$ 为放大器的等效交流负载电阻，用符号 R_L' 表示

$$R_L'=R_c/\!/R_L \tag{3.1.1}$$

3.1.2　输入电阻、放大倍数及输出电阻

放大器输入端与零电位点之间的等效电阻叫做放大器的输入电阻。由图 3.1.3(e)可见基本共射放大器输入电阻

$$r_i=R_b/\!/r_{be}\approx r_{be} \tag{3.1.2}$$

基本共射放大器输入电阻 r_i 等于偏置电阻 R_b 与 BJT 管子输入电阻 r_{be} 的并联值。通常 $R_b\gg r_{be}$，故基本共射放大器输入电阻 r_i 近似等于 BJT 输入电阻 r_{be}。

BJT 管的输入电阻 r_{be} 值与电流有关，而其电流在信号放大过程中变化很大。为减少计算误差，r_{be} 值理论上应该取交流信号峰点与谷点之间的平均值。为方便，实际上取放大器工作点处的数值，即用偏置电流来计算 r_{be} 值。

从图 3.1.3(e)可一步步看出信号源等三个电流及输出电压与信号源电动势的关系

$$\dot{I}_s=\frac{\dot{E}_s}{r_s+r_i}\approx\frac{\dot{E}_s}{r_s+r_{be}},\quad \dot{I}_b=\frac{R_b}{R_b+r_{be}}\dot{I}_s\approx\dot{I}_s,\quad \dot{I}_c=\beta\dot{I}_b,\quad \dot{U}_o=-R_L'\dot{I}_c$$

由此得到基本共射放大器源电压放大倍数 A_u 及自身电压放大倍数 A_{uz}

$$A_u=\frac{\dot{U}_o}{\dot{E}_s}=-\beta\frac{R_b}{R_b+r_{be}}\frac{R_L'}{r_s+r_i}\approx-\beta\frac{R_L'}{r_s+r_{be}} \tag{3.1.3}$$

$$A_{uz}=A_u\big|_{r_s=0}=\frac{\dot{U}_o}{\dot{U}_i}=-\beta\frac{R'_L}{r_{be}} \tag{3.1.3a}$$

电压放大倍数中的负号表示共射放大器输出电压与输入信号电压符号相反。故共射放大器(Common Emitter Amplifier,CEA)属于反相放大器。

从输出端看进去,放大电路等效为一个新的信号源。等效的新信号源的内阻称为放大器的输出电阻。放大器输出电阻计算方法有加压求流法、负载空载对比法及开压短流法等。

这里用负载空载对比法,由 $U_o/R_L=E_o/(r_o+R_L)$ 计算基本共射放大器输出电阻。

$$r_o=\left(\frac{\dot{E}_o}{\dot{U}_o}-1\right)R_L=\left(\frac{\infty R_c}{\infty R'_L}-1\right)R_L=\left(\frac{R_c}{\frac{R_cR_L}{R_c+R_L}}-1\right)R_L=\left(\frac{R_c+R_L}{R_L}-1\right)R_L=R_c$$

考虑 BJT 晶体管输出电阻 r_{ce},基本共射放大器输出电阻 r_o 修正为

$$r_o=R_c/\!/r_{ce}\approx R_c \tag{3.1.4}$$

将源电压放大倍数计算公式的分子分母同乘以 BJT 管的输入电阻 r_{be} 可得到源电压放大倍数 A_u 与自身电压放大倍数 A_{uz} 的关系

$$A_u=\frac{r_i}{r_s+r_i}A_{uz}$$

式中线性电阻 r_s 与非线性电阻 r_{be} 相加。线性电阻 r_s 越大,就越有利于抑制非线性。

$$A_i=\frac{\dot{I}_o}{\dot{I}_s}=\beta\frac{R_b}{R_b+r_{be}}\frac{R_c}{R_c+R_L}\approx\beta\frac{R_c}{R_c+R_L}$$

$$A_p=|A_uA_i|$$

根据放大器输入电阻 r_i 和自身电压放大倍数 A_{uz} 计算源电压放大倍数 A_{us}、电流放大倍数 A_i 及功率放大倍数 A_p 的三个通用计算公式

$$A_u=\frac{r_i}{r_s+r_i}A_{uz} \tag{3.1.3b}$$

$$A_i=\frac{r_i}{R_L}|A_{uz}| \tag{3.1.3c}$$

$$A_p=\frac{r_i^2}{(r_s+r_i)R_L}A_{uz}^2 \tag{3.1.3d}$$

这种根据放大器输入电阻 r_i 和自身电压放大倍数 A_{uz} 计算源电压放大倍数 A_{us}、电流放大倍数 A_i 及功率放大倍数 A_p 的方法对三种组态 BJT 及 FET 放大器都是通用的。记住 r_i 和 A_{uz} 的计算及以上三个式子,就掌握了所有放大器三大放大倍数的计算方法。

例 3.1.1　图 3.1.4 所示基本共射放大器,晶体管 $r_{bb'}=200\Omega$、$\beta=100$,集电极偏置电流 $I_c=8\text{mA}$,$r_s=4.475\text{k}\Omega$、$R_c=R_L=1\text{k}\Omega$,试计算 BJT 输入电阻 r_{be}、放大器输入电阻 r_i、输出电阻 r_o、自身电压放大倍数 A_{uz}、源电压放大倍数 A_u、电流放大倍数 A_i 及功率放大倍数 A_p。

解　BJT 输入电阻及放大器等效交流负载电阻

$$r_{be}=r_{bb'}+\beta\frac{U_T}{I_{c(cr)}}=200\Omega+100\times\frac{26}{8}\Omega=525\Omega=0.525\text{k}\Omega$$

$$R'_L=R_c/\!/R_L=1\text{k}\Omega/\!/1\text{k}\Omega=0.5\text{k}\Omega$$

放大器输入电阻、输出电阻、自身电压放大倍数各为

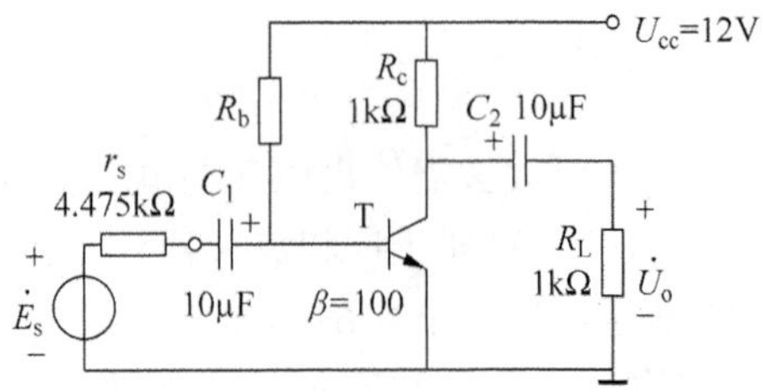

图 3.1.4 基本共射放大电路实例

$$r_i \approx r_{be} = 0.525\text{k}\Omega, \quad r_o \approx R_c = 1\text{k}\Omega$$

$$A_{uz} = -\beta \frac{R'_L}{r_{be}} = -100 \times \frac{0.5}{0.525} = -95.2 \text{ 倍}$$

源电压放大倍数(两种算法)、电流放大倍数及功率放大倍数(两种算法)各为

$$A_u \approx -\beta \frac{R'_L}{r_s + r_i} = -100 \times \frac{0.5}{4.475 + 0.525} = -10.0 \text{ 倍}$$

$$A_u = \frac{r_i}{r_s + r_i} A_{uz} = \frac{0.525}{4.475 + 0.525} \times (-95.2) = -10.0 \text{ 倍}$$

$$A_i = \frac{\dot{I}_o}{\dot{I}_s} \approx \beta \frac{R_c}{R_c + R_L} = 100 \times \frac{1}{1+1} = 50 \text{ 倍}$$

$$A_p = \frac{r_i^2}{(r_s + r_i) R_L} A_{uz}^2 = \frac{0.525^2}{(4.375 + 0.525) \times 1} \times 95.2^2 = 500 \text{ 倍}$$

$$A_p = |A_u A_i| = 10.0 \times 50 = 500 \text{ 倍}$$

3.1.3 临界工作点、输入、输出范围及元器件功耗

1. 临界工作点与输出范围最大化

1) 临界工作点设计及输出范围计算

放大器最大不失真输出正弦电压幅度,也叫输出摆幅、输出范围或动态范围。

设放大器输出端所接负载电压幅度为 U_{om},电流幅度为 I_{om},则 $U_{om} = R_L I_{om}$。

设晶体管集电极电流交流分量的幅度为 I_{cm}。由图 3.1.3(e)知

$$I_{om} = R_c/(R_c + R_L) I_{cm}, \quad U_{om} = R_L \frac{R_c}{R_c + R_L} I_{cm} = R'_L I_{cm}$$

晶体管集电极总电流

$$i_c = I_c + I_{cm} \sin\omega t$$

由此看出 I_{cm} 最大只能达到偏置电流 I_c。R_b 较大、I_c 较小时,I_{cm} 很容易达到 I_c,使 $i_{c(min)} = 0$,晶体管在交流信号谷点截止,经反相后负载电压波顶开始削波,如图 3.1.5 所示。因此,偏流 I_c 是防止管子截止的储备量,$R'_L I_c$ 是由管子截止条件限制的输出电压幅度

$$U_{om} = R'_L I_c$$

晶体管集-射极瞬时总压降

$$u_{ce} = U_{ce} - R_c \frac{R_L}{R_c + R_L} I_{cm} \sin\omega t = U_{ce} - R'_L I_{cm} \sin\omega t$$

由此看出,$R'_L I_{cm} < U_{ce} - U_{ces}$ 时,晶体管不会饱和。R_b 较小、U_{ce} 较小时,$R'_L I_{cm}$ 很容易达

到 $U_{ce}-U_{ces}$，使 $u_{ce(min)}=0$，使晶体管在交流信号峰点饱和，经反相后负载电压谷底开始削波，如图 3.1.6 所示。因此 $R_L'I_{cm}$ 最大只能达到电压 $U_{ce}-U_{ces}$。偏压 U_{ce} 是防止管子饱和的储备量，也是由管子饱和条件限制的输出电压幅度

$$U_{om}=U_{ce}-U_{ces}$$

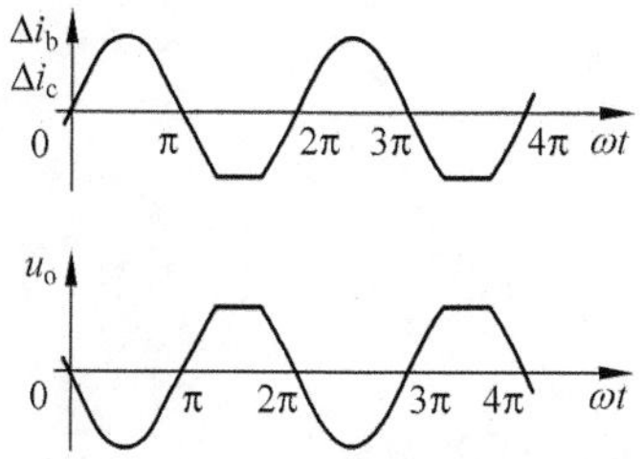

图 3.1.5 R_b 偏大 I_c 偏小造成的截止失真

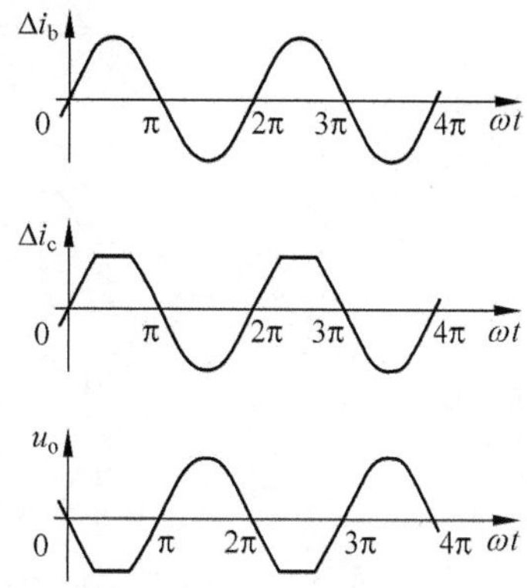

图 3.1.6 R_b 偏小 I_c 偏大 U_{ce} 偏小造成的饱和失真

工作点非临界时，基本共射放大器输出范围只能达到 $R_L'I_c$ 与 $U_{ce}-U_{ces}$ 中较小的一个

$$U_{om}=\min(R_L'I_c, U_{ce}-U_{ces}) \tag{3.1.5}$$

若 $R_L'I_c<U_{ce}$，即偏置电流 I_c 比较小，则随着信号电压幅度变大，首先出现截止削波失真，如图 3.1.5 所示。若 $U_{ce}-U_{ces}<R_L'I_c$，即偏置电压 U_{ce} 比较小，则随着信号电压幅度变大，首先出现饱和削波失真，如图 3.1.6 所示。

$R_L'I_c=U_{ce}-U_{ces}$ 时，最大不失真输出电压幅度达到最大。令 $R_L'I_c=U_{ce}-U_{ces}=U_{cc}-R_cI_c-U_{ces}$，得到基本共射放大器集电极临界偏置电流、集-射临界偏置压降及输出范围计算公式

$$I_{c(cr)}=\frac{U_{cc}-U_{ces}}{R_c+R_L'}\approx\frac{U_{cc}}{R_c+R_L'} \tag{3.1.6}$$

$$U_{ce(cr)}\approx\frac{R_L'}{R_c+R_L'}U_{cc} \tag{3.1.7}$$

可看出，基本共射放大器晶体管集-射临界偏置压降 $U_{ce(cr)}$ 无论如何都应当小于电源电压 U_{cc} 的一半。实践中若发现基本共射放大器 $U_{ce(cr)}>0.5U_{cc}$，就足以判断工作点不当。

$$U_{om(max)}=\frac{R_L'}{R_c+R_L'}(U_{cc}-U_{ces})\approx\frac{R_L'}{R_c+R_L'}U_{cc} \tag{3.1.5a}$$

由此可知，基本共射放大器负载时输出范围小于电源电压的一半，只有空载时输出范围才能达到电源电压的一半。负载电阻越小，负载越重，输出范围就越小。

考虑 BJT 饱和压降 U_{ces}，基本共射放大器输出范围实际值比式(3.1.7)理论计算值稍小些。$U_{cc}=12\text{V}$、$R_c=R_L$ 时，大约小 2%，计算值 4V，实际值约等于 3.9V。

由此看出，放大器临界集电极偏置电流、临界集-射偏置压降与管子 β 值无关。这个特性告诉人们，即使管子 β 值未知，也可以按照集电极偏置电流、集-射偏置压降达到临界值的要求，盲调 R_b，使工作点达到临界位置，放大器获得应有的最大不失真输出电压幅度。

工作点适中时，信号幅度一直增长，将首先在信号负半波因管子截止而使 BJT 基极电

流交流分量 Δi_b底部及集电极电流交流分量 Δi_c底部都被削平，见图 3.1.7 上图；在信号正半波因管子饱和而使集电极电流交流分量顶部被削平，见图 3.1.7 中图，结果输出电压同时发生截止削波失真和饱和削波失真，见图 3.1.7 下图。

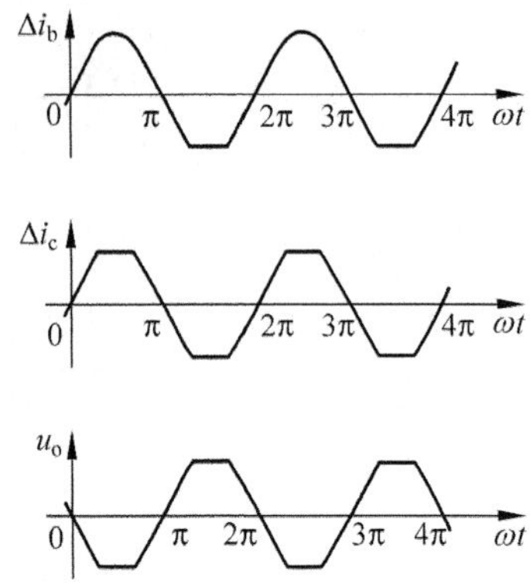

图 3.1.7　工作点恰如其分仅信号幅度超限时的双向削波失真

输出刚好没有双向削波失真时的信号电压幅度，就是放大器所能放大的最大不失真输入信号电压摆幅，叫做输入范围。

放大器输出范围除以源电压放大倍数，就是其输入范围

$$E_{om(max)}=\frac{r_s+r_{be}}{R_c+R_L'}\frac{U_{cc}}{\beta} \tag{3.1.5b}$$

式(3.1.5b)说明，放大器在不发生削波失真条件下能接受多大幅度的正弦电压信号。

2）输出电压削波失真判断方法

（1）输入电压幅度不超限，输出正弦波。

（2）工作点临界，输入电压幅度超限，输出底部和顶部对称削平的正弦波。

（3）工作点非临界，输入电压幅度单向超限，输出底部或顶部单向削平的正弦波。

（4）工作点非临界，输入电压幅度双向超限，输出底部和顶部都削平的正弦波。

输入信号电压上下两个波头中，哪个波头与晶体管发射结的负极 N 相接，即哪个波头与代表晶体管发射结的箭头顶牛，输入幅度超限时哪个波头就会发生截止削波失真。

NPN 管共射放大器信号负半波与代表晶体管发射结的箭头顶牛，输入电压幅度超限时截止削波失真特征是输入信号负半波削波，反相后输出电压 u_o顶部削波，见图 3.1.4。

PNP 管共射放大器信号正半波与晶体管发射结箭头顶牛，输入电压幅度超限时截止削波失真特征是输入信号正半波削波，反相后输出电压 u_o底部削波。

2. 基极偏置电阻设计计算

1）基极偏置电阻最小值

根据式(1.3.4a)得到基本共射放大器基极偏置电阻最小值

$$R_{b(min)}=\beta R_c \tag{3.1.6}$$

若基极偏置电阻 R_b实际值比此还小，则晶体管就会过饱和。信号幅度很小时，信号电压将全部被淹没，输出端什么也看不到。信号幅度较大时，负半波中间幅度较大的部分会使晶体管退出饱和而被放大，经反相放大后，输出侧只能看到刚冒出的一点点正波头。

这个现象，看似诡异，实则有其道理所在。实践中若发现有正弦信号输入但无输出或输

出信号电压总是只有不完整的正半波，就应检查基极偏置电阻是否太小。

2）基极偏置电阻临界值

基本共射放大器基极偏置电流及集电极偏置电流各为

$$I_b=\frac{U_{cc}-U_{be}}{R_b},\quad I_c=\beta I_b=\beta\frac{U_{cc}-U_{be}}{R_b}$$

令集电极偏置电流等于临界值，得到临界条件 $\beta\dfrac{U_{cc}-U_{be}}{R_b}=\dfrac{U_{cc}-U_{ces}}{R_c+R_L'}$

从这个临界条件得到的 R_b 就是基极偏置电阻临界值 $R_{b(cr)}$

$$R_{b(cr)}=\frac{U_{cc}-U_{be}}{U_{cc}-U_{ces}}\beta(R_c+R_L') \tag{3.1.6a}$$

直流电源电压 $U_{cc}=12V$、晶体管饱和压降 $U_{ces}=0.1V$、硅管 $U_{be}=0.7V$ 时，基本共射放大器基极偏置电阻临界值 $R_{b(cr)}$ 为

$$R_{b(cr)}\approx 0.95\beta(R_c+R_L') \tag{3.1.6b}$$

晶体管 β 值已知时，按照上式计算并整定 R_b，能在不用示波器条件下迅速将工作点调到临界位置。

例 3.1.2 例 3.1.1 所述基本共射放大器，如图 3.1.4 所示，$U_{cc}=12V$，试计算：晶体管集电极临界偏置电流 $I_{c(cr)}$、集-射临界偏置压降 $U_{ce(cr)}$、放大器输出范围 $U_{om(max)}$；并在 $U_{be}=0.7V$，$U_{ces}=0.1V$ 条件下计算基极偏置电阻的最小值与临界值。

解 $$U_{ce(cr)}\approx\frac{R_L'}{R_c+R_L'}U_{cc}=\frac{0.5k\Omega}{1k\Omega+0.5k\Omega}\times 12V=4V$$

$$I_{c(cr)}\approx\frac{U_{cc}}{R_c+R_L'}=\frac{12V}{1k\Omega+0.5k\Omega}=8mA$$

$$U_{om(max)}\approx\frac{R_L'}{R_c+R_L'}U_{cc}=\frac{0.5k\Omega}{1k\Omega+0.5k\Omega}\times 12V=4V$$

即使管子 β 值未知，也可以通过盲调基极偏置电阻 R_b，使集-射偏置压降达到 4V，或使集电极偏置电流达到 8mA，都使放大器获得应有的 4V 最大不失真输出电压幅度。

本题管子 β 值已知，可以计算基极偏置电阻 R_b 最小值及临界值。

$$R_{b(min)}=\beta R_c=100\times 1k\Omega=100k\Omega$$

$$R_{b(cr)}=0.95\beta(R_c+R_L')=0.95\times 100\times(1k\Omega+1k\Omega/\!/1k\Omega)=142.5k\Omega$$

3. 工作点内涵与外延

晶体管放大器的直流偏置量包括基极偏置电流 I_b、集电极偏置电流 I_c、集-射偏置压降 U_{ce}。偏置量 I_b、I_c、U_{ce} 的总汇简称为工作点。工作点是为输出幅度、效率及负载功率等最大化来设置的。偏置量 I_b、I_c、U_{ce} 中，I_c、U_{ce} 直接影响输出幅度等指标，I_b 为 I_c、U_{ce} 服务。I_b 为 I_c 和 U_{ce} 服务，I_c 和 U_{ce} 又为输出幅度等服务。因此，I_b、U_{ce} 或 I_c 与输出幅度 $U_{om(max)}$ 组成一个服务链条。偏置量 I_b、I_c 与 U_{ce} 的作用显然不同。当晶体管 β 值由于温度原因等有所变化后，正是通过基极偏置电流 I_b 的变化使工作点保持临界位置。因此，基极偏置电流 I_b 不是工作点的组成部分，而是工作点的保证手段。

工作点参数分为内涵和外延，见图 3.1.8。直接影响放大器输出幅度 $U_{om(max)}$ 的集电极偏置电流 I_c 或集-射偏置压降 U_{ce} 属于工作点内涵。基极偏置电流 I_b 为内涵服务，属于工作点外延。因 U_{ce} 与 I_c 线性相关，故属于工作点内涵的独立参数只有一个，就是 U_{ce} 或 I_c。

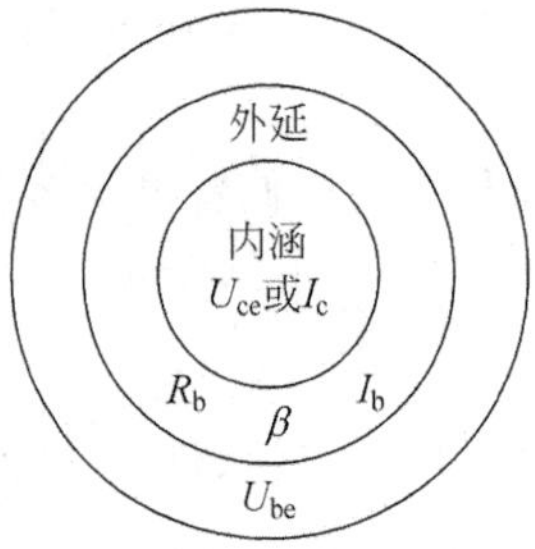

图 3.1.8　BJT 放大器工作点内涵与外延

晶体管发射结偏置电压 U_{be}虽然也算是一个偏置参数，但是考虑以下两点：

(1) 发射结偏置电压 U_{be}对基极偏置电流 I_b虽有一定影响，但影响实在有限。计算 I_b时，U_{be}往往被忽略不计，就是明证。故发射结偏置电压 U_{be}连工作点外延也难算上；

(2) 发射结偏置电压 U_{be}离散很厉害，因此不宜用 U_{be}判断工作点位置。

通常 U_{be}仅仅用于判断电路故障。根据 U_{be}不在 0.5V～0.8V 范围内，可判断电源未工作、管子已损坏、电路有断点等故障。

整定工作点，或者单刀直入地根据 U_{ce}或 I_c调整 R_b，或者根据 β、R_c、R_L计算 $R_{b(cr)}$并直接接入。切忌围着 U_{be}打转转。

考虑无须断开电路就可以测量 U_{ce}，因此应当优先用集-射偏置压降 U_{ce}表示工作点。电阻性放大器自然以偏置电压代表工作点。

明确工作点内涵和外延是放大器工作点定量设计的前提。设计工作点就是使 U_{ce}和 I_c达到临界值，稳定工作点就是使 U_{ce}和 I_c偏离临界值尽可能小，使输出范围损失最小。

工作点不仅影响输出范围，而且影响输入电阻及电压放大倍数等指标。微调工作点可实现自动增益控制(Automatic Gain Control，AGC)。为不影响输出范围，显然 AGC 应当以临界工作点为中心展开。临界工作点可作为 AGC 的中点。

4. 工作点分析计算

晶体管发射结采用恒压降模型。已知放大器 β、U_{cc}、U_{be}、R_b及 R_c、可利用直流等效电路计算 BJT 基极偏置电流 I_b、集电极偏置电流 I_c及集-射极偏置电压 U_{ce}等三个偏置参数

$$I_b=\frac{U_{cc}-U_{be}}{R_b}\approx\frac{U_{cc}}{R_b} \tag{3.1.7}$$

由此看出，发射结压降 U_{be}对于基极电流 I_b的形成是阻力。

$$I_c=\beta I_b \tag{3.1.7a}$$

$$U_{ce}=U_{cc}-R_cI_c \tag{3.1.7b}$$

计算结果若 $U_{ce}<0$，则应取 $U_{ce}=U_{ces}$，或 $U_{ce}=0$，并反计算 $I_c=U_{cc}/R_c$。

再计算代表工作点内涵的偏置电流、偏置电压与临界值的相对偏差

$$\delta I_c=\frac{I_c-I_{c(cr)}}{I_{c(cr)}}\times100\% \quad 或 \quad \delta U_{ce}=\frac{U_{ce}-U_{ce(cr)}}{U_{ce(cr)}}\times100\%$$

最后以$(|\delta I_c|+|\delta U_{ce}|)/2$ 小于某百分比，如 5%，来判断工作点设计合理。

例 3.1.3　例 3.1.1、例 3.1.2 所述基本共射放大器，如图 3.1.4 所示，$R_b=145\text{k}\Omega$，试计算偏置参数 I_b、I_c、U_{ce}，并按照相对允差 5%判定工作点设计是否合理。

解 $I_b = \dfrac{U_{cc} - U_{be}}{R_b} \approx \dfrac{12V - 0.7V}{145k\Omega} = 0.0779mA$

$I_c = \beta I_b = 100 \times 0.0779mA = 7.79mA$

$U_{ce} = U_{cc} - R_c I_c = 12V - 1k\Omega \times 7.79mA = 4.21V$

$\delta I_c = \dfrac{I_c - I_{c(cr)}}{I_{c(cr)}} \times 100\% = \dfrac{7.79 - 8}{8} \times 100\% = -2.6\%$

$\delta U_{ce} = \dfrac{U_{ce} - U_{ce(cr)}}{U_{ce(cr)}} \times 100\% = \dfrac{4.21 - 4}{4} \times 100\% = 5.3\%$

$(|\delta I_c| + |\delta U_{ce}|)/2 = (2.6\% + 5.3\%)/2 \approx 4\% < 5\%$

由此判断工作点设计基本合理。

5. 元器件功率计算及匹配设计

交流信号为零时 BJT 功率消耗达到最大值

$$P_{t(max)} = U_{ce} I_c \tag{3.1.8}$$

在此基础上乘以一定的安全系数，即能确定晶体管极限耗散功率。

$R_c/R_L = 2$ 且满幅输出时，基本共射放大器负载可获得最大功率

$$P_{o(max)} = \frac{U_{cc}^2}{16R_c} = 0.0625\,\frac{U_{cc}^2}{R_c} \tag{3.1.8a}$$

$R_c/R_L = \sqrt{2}$ 且满幅输出时，基本共射放大器效率可达到最大值

$$\eta_{max} = 1.5 - \sqrt{2} \approx 9\%$$

通常某类放大器效率就是指这一类放大器效率所能达到的最大值。

把 BJT 在交流信号的完整周期内一直导通的放大器叫做甲类放大器，把采用电阻作安伏变换器的放大器叫做电阻性放大器。图 3.1.4 所示基本共射放大器是一种典型的电阻性甲类放大器。基本共射放大器的输出幅度在所有电阻性甲类放大器的输出幅度中是最大的。因此，电阻性甲类放大器效率最大只能达到 9%。

基本共射放大器的负载功率特性曲线和放大器效率特性曲线，见图 3.1.9。效率特性曲线的拐点为(2.85，7.6%)，功率曲线拐点为(4，$0.056U_{cc}^2/R_c$)。

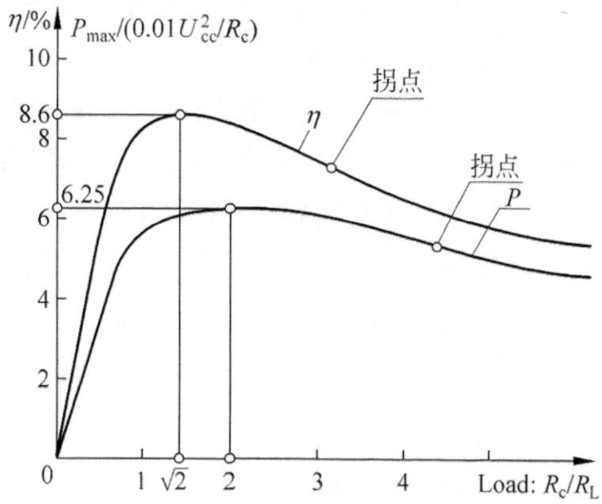

图 3.1.9 基本共射放大器效率及负载功率特性曲线

基本共射放大器效率、负载最大功率与输出电压最大幅度变化对照表，见表 3.1.1。

表 3.1.1　不同电阻匹配比 x 下的效率、负载最大功率与输出电压最大幅度对照表

电阻比 $x=\frac{R_c}{R_L}$	功率 $P\left(\frac{U_{cc}^2}{R_c}\right)$	功率比 $\frac{P}{P_{max}}$	效率 η	效率比 $\frac{\eta}{\eta_{max}}$	输出电压最大幅度 $U_{om(max)}$	输出电压最大幅度比
0.5	0.04	0.64	6.7%	0.78	$0.40U_{cc}$	80%
1	0.056	0.89	8.3%	0.97	$0.33U_{cc}$	67%
$\sqrt{2}$	0.061	0.97	8.6%	1	$0.29U_{cc}$	59%
2	0.0625	1	8.3%	0.97	$0.25U_{cc}$	50%

表中的输出电压最大幅度比是指某电阻比下的输出电压最大幅度 $U_{om(max)}=U_{cc}/(2+R_c/R_L)$ 与 $R_c/R_L=0$ 空载条件下的输出电压最大幅度 $U_{om(max)}=0.5U_{cc}$ 的比值。

可看出，虽然基本共射放大器效率与不失真负载功率理论上不能同时达到最大，但电阻比 $R_c/R_L=1$ 时，负载功率可以达到最大值的 89%，效率可达最大值的 97%，而输出范围达到空载时的 67%。因此，兼顾负载最大功率、效率和输出范围时，实际上可取电阻比 $R_c/R_L=1$。就是说，取电阻比 $R_c/R_L=1$ 通常是一个既简单又比较合理的设计方案。

综合考虑电压增益、输出范围、负载和效率，可按照以下原则选择 R_c

(1) 空载时或者后级放大器是射随器，取 $R_c=1\text{k}\Omega\sim3\text{k}\Omega$ 上下；

(2) 负载电阻 R_L 为 kΩ 数量级时可取 $R_c\approx R_L$；

(3) R_L 更小，共射放大器就得退场，就需要改用射随器甚至功率放大器了。

(4) 负载匹配有时会与抑制非线性失真的要求相抵触。这时，应当毫不犹豫地把负载匹配搁在第二位，优先考虑如何才能将非线性失真抑制到最小。

3.1.4　放大电路频率特性

1.　频率特性函数、上限频率及下限频率

如图 3.1.3(d) 所示，输入耦合电容串联在信号源内阻与放大器输入电阻中间，直接影响信号源电流。频率越低，电容容抗越大，信号源电流及基极电流就越小，实质等同于几乎无信号可放大，犹如无米之炊，电压增益就要降低。

输出耦合电容与负载电阻串联，与安伏变换器并联。频率越低，电容容抗越大，不仅电容及负载电阻这一路分流就越小，而且负载串联分压也越小，都使电压增益降低。

根据图 3.1.3(d) 可写出基本共射放大器输入侧时间常数 τ_1、输出侧时间常数 τ_2、一号转折角频率 $\omega_1=1/\tau_1$、二号转折角频率 $\omega_2=1/\tau_2$ 及频率特性函数

$$\tau_1=(r_s+r_i)C_1,\quad \omega_1=1/\tau_1,\quad f_1=\omega_1/2\pi=1/(2\pi\tau_1) \tag{3.1.9}$$

$$\tau_2=(r_o+R_L)C_2,\quad \omega_2=1/\tau_2,\quad f_2=\omega_2/2\pi=1/(2\pi\tau_2) \tag{3.1.9a}$$

$$A(\omega)=\frac{\dot{U}_o}{\dot{E}_s}=\frac{\omega}{\omega_1+j\omega}\,\frac{\omega}{\omega_2+j\omega}\,\frac{\omega_\beta}{\omega_\beta+j\omega}|A_u| \tag{3.1.10}$$

放大器频率特性函数说明，无论 C_1 小或 C_2 小，都会影响放大器的低频特性。

通常周期的倒数就是频率。为什么 RC 电路的时间常数 $\tau=RC$ 的倒数不是频率而是角频

率呢？设电容电压 $u=\sqrt{2}U\sin 2\pi ft=\sqrt{2}U\sin\omega t$，其电荷 $q=Cu$，则电流 $i=\mathrm{d}q/\mathrm{d}t=C\mathrm{d}u/\mathrm{d}t=\sqrt{2}U\omega C\cos\omega t$，与 $i=\sqrt{2}I\cos\omega t$ 对照可看出，$U\omega C$ 就是电流有效值 I，即 $U\omega C=I$，再与 $U/R=I$ 对比即知 $\omega C=1/R$，即 $1/RC=\omega$。

1）上限频率

基本共射放大器电压放大倍数与晶体管 β 值成正比，故放大器上限频率等于所用 BJT 管子的截止频率

$$f_{\mathrm{h}}\approx f_{\beta} \tag{3.1.11}$$

2）下限频率

从式(3.1.10)可推出电容耦合放大器下限角频率 ω_{L} 近似计算公式

$$\omega_{\mathrm{L}}\approx\left[1+0.1\frac{\min(\omega_1,\omega_2)}{\max(\omega_1,\omega_2)}\right]\sqrt{\omega_1^2+\omega_2^2}\quad\text{（万能公式）} \tag{3.1.12}$$

$$\frac{\min(\omega_1,\omega_2)}{\max(\omega_1,\omega_2)}=\frac{\min(1/\tau_1,1/\tau_2)}{\max(1/\tau_1,1/\tau_2)}=\frac{1/\tau_{\max}}{1/\tau_{\min}}=\frac{\tau_{\min}}{\tau_{\max}}=\frac{\min(\tau_1,\tau_2)}{\max(\tau_1,\tau_2)}$$

$$\omega_{\mathrm{L}}\approx\left[1+0.1\frac{\min(\tau_1,\tau_2)}{\max(\tau_1,\tau_2)}\right]\sqrt{\omega_1^2+\omega_2^2}\quad\text{（万能公式）} \tag{3.1.12a}$$

这种根据放大器输入电阻 r_{i} 和输出电阻 r_{o} 计算下限频率的方法对三种组态 BJT 及 FET 放大器都是通用的。记住 r_{i}、r_{o} 和 A_{uz} 的计算及上式，就掌握了放大器下限频率计算。

例 3.1.4 例 3.1.1、例 3.1.2 所述基本共射放大器，如图 3.1.4 所示，晶体管截止频率 $f_{\beta}=100\mathrm{kHz}$，放大器一号转折频率 $f_1=100\mathrm{Hz}$，二号转折频率 $f_2=1\mathrm{Hz}$，试计算放大器上、下限频率，并画出对数幅频特性曲线。

解 $f_{\mathrm{h}}\approx f_{\beta}=100\mathrm{kHz}$

$$f_{\mathrm{L}}\approx\left(1+0.1\frac{f_{\min}}{f_{\max}}\right)\sqrt{f_1^2+f_2^2}=\left(1+0.1\times\frac{1}{100}\right)\sqrt{100^2+1^2}\approx 100\mathrm{Hz}$$

$$L=20\lg|A_{\mathrm{u}}|=20\lg 10=20\mathrm{dB}$$

对数幅频特性曲线如图 3.1.10 所示，详见第 9 章介绍。

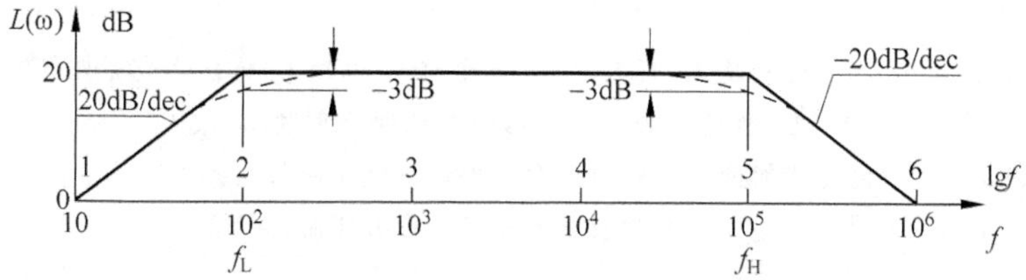

图 3.1.10 τ_1 与 τ_2 相差很大时基本共射放大器的对数幅频特性曲线

例 3.1.5 例 3.1.1、例 3.1.2 所述基本共射放大器，如图 3.1.4 所示，晶体管截止频率 $f_{\beta}=100\mathrm{kHz}$，放大器一、二号转折频率 $f_1=f_2=100\mathrm{Hz}$，试计算放大器上、下限频率，并画出对数幅频特性曲线。

解 $f_{\mathrm{h}}\approx f_{\beta}=100\mathrm{kHz}$

$$f_{\mathrm{L}}\approx\left(1+0.1\frac{f_{\min}}{f_{\max}}\right)\sqrt{f_1^2+f_2^2}=\left(1+0.1\times\frac{100}{100}\right)\sqrt{100^2+100^2}\approx 156\mathrm{Hz}$$

$$L=20\lg|A_{\mathrm{u}}|=20\lg 10=20\mathrm{dB}$$

对数幅频特性曲线如图 3.1.11 所示，详见第 9 章介绍。

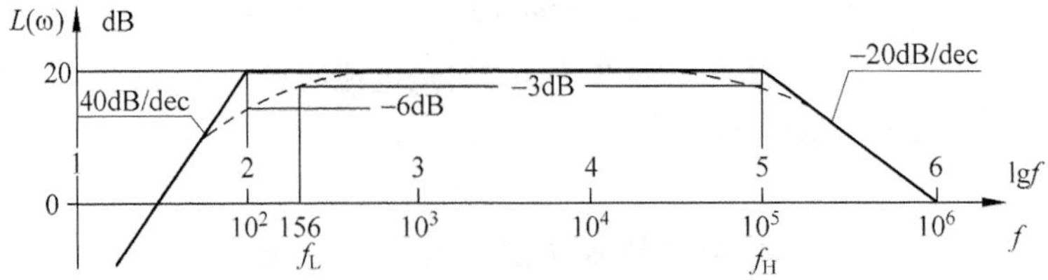

图 3.1.11　$\tau_1=\tau_2$ 时基本共射放大器的对数幅频特性曲线

2. 根据上下限频率确定管子截止频率设计耦合电容

根据式(3.1.11)，基本共射放大器上限频率要求多高，晶体管截止频率就选多大。例，要基本共射放大器上限频率 $f_h=1\text{MHz}$，可选用晶体管截止频率 $f_\beta=1\text{MHz}$。已知放大器下限频率 f_L 和有关电阻，可由下式设计计算耦合电容

$$\begin{cases} C_1\approx\dfrac{1}{4f_L(r_s+r_i)} \\ C_2\approx\dfrac{1}{4f_L(R_c+R_L)} \end{cases} \tag{3.1.13}$$

可以看出，要求放大器下限频率 f_L 越低，频带越宽，耦合电容就得越大。

例 3.1.6　图 3.1.5 所示基本共射放大器 $R_c=1\text{k}\Omega$，$R_L=1\text{k}\Omega$，$r_s=1\text{k}\Omega$，$r_i\approx r_{be}=1\text{k}\Omega$，要求下限频率 $f_L=12.5\text{Hz}$，试确定输入耦合电容 C_1 和输出耦合电容 C_2

解　$C_1=C_2=\dfrac{1}{4\times12.5\times(1\times10^3+1\times10^3)}=10\times10^{-6}\text{F}=10\mu\text{F}$

实际上，信号源内阻 r_s 与 BJT 基极输入电阻 r_{be} 的和通常在几 kΩ，而安伏变换器 R_c 与负载电阻 R_L 的和也在几 kΩ。因此，BJT 放大器选用 10μF 耦合电容，一般能保证放大器下限频率在 20Hz 左右，使大于 20Hz 的音频信号都能得到充分放大。

思考题

3.1.1　如何根据 BJT 放大器输出电压波形失真去反推输入电压波形失真，然后判断究竟放大器是截止失真还是饱和失真。

3.1.2　有人说 U_{be} 减小时 I_b 将增大，有人说 U_{be} 减小时 I_b 也减小，你认为究竟如何？

3.1.3　以 U_{be} 为突破口整定工作点的思路是否可行？如何合理利用 U_{be}？

3.1.4　已知晶体管 β 值时如何使基本共射放大器工作点处于临界状态？

3.1.5　未知晶体管 β 值时如何使基本共射放大器工作点处于临界状态？

3.1.6　对数频率特性图有什么优点？

3.1.7　简述基本共射放大器设计步骤。

3.2　射极偏置共射放大电路

基本共射放大器的优点是电路简单可靠，输出范围大、电压放大倍数大，缺点是工作点稳定性较差，只能依靠信号源内阻抑制晶体管非线性输入失真。

3.2.1　工作点及其稳定性设计

在共射放大器晶体管发射极与直流地之间接入电阻，见图 3.2.1，使得温度升高 β 变大

时，I_e 变大，结果晶体管发射极电位抬高，则 I_b 变小，在一定程度上使 I_c 即工作点稳定。

图 3.2.1 中接入 50Ω 电阻，虽然晶体管非线性得到一定的抑制，电压放大倍数得到些许稳定，但工作点难得足够稳定，而影响电压放大效果的副作用已经显现。

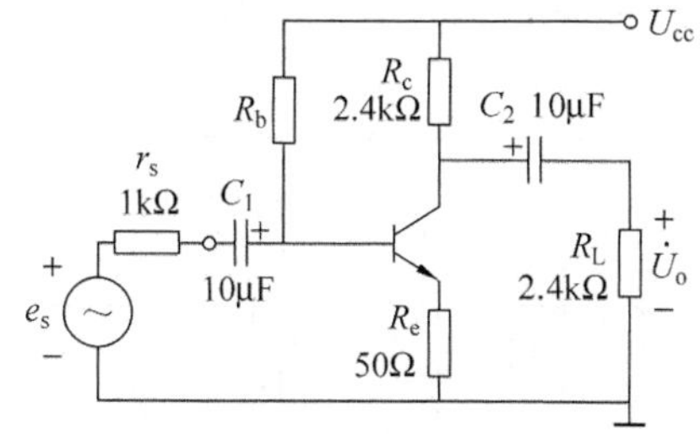

图 3.2.1 共射放大器管子射极接入电阻

把射极偏置电阻 R_e 分为 R_{e1} 和 R_{e2}，R_{e2} 并联大电容 C_3，见图 3.2.2，使交流信号电流绝大部分从 C_3 流过，C_3 对交流信号等效短路，结果屏蔽了 R_{e2} 的交流反馈作用，使 R_{e2} 不影响电压放大，就能在保证电压放大的条件下达到抑制晶体管非线性、稳定电压放大倍数及工作点的三重目的。图 3.2.2 叫做射极偏置共射放大器，是本课程中最典型的一种放大器。

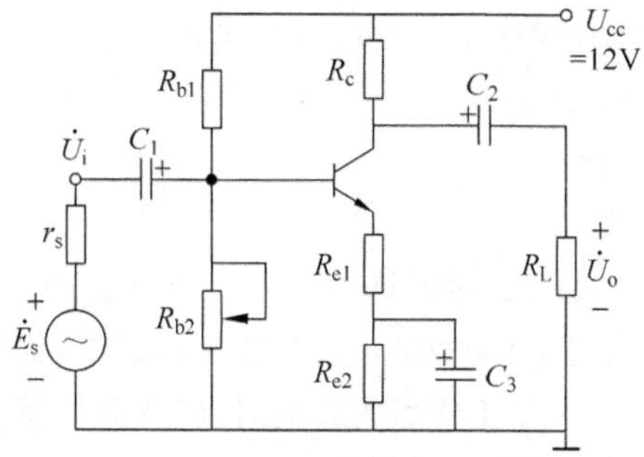

图 3.2.2 射极偏置共射放大器

R_{b1}、R_{b2} 构成串联分压，给晶体管基极提供偏置，由此射极偏置放大器也叫做分压偏置放大器。基极偏置电阻 R_{b1} 与 R_{b2} 的串联分压比用 α 表示、基极偏置电阻 R_{b1} 与 R_{b2} 的并联电阻，也叫做戴维南电阻，用 R_b 表示，发射极电阻 R_{e1} 与 R_{e2} 的串联电阻用 R_e 表示。

$$\alpha = \frac{R_{b2}}{R_{b1} + R_{b2}} \tag{3.2.1}$$

$$R_b = R_{b1} // R_{b2} \tag{3.2.2}$$

$$R_e = R_{e1} + R_{e2} \tag{3.2.3}$$

根据晶体管 CCCS 模型和射极偏置共射放大器特点可画出其直流通路和交流通路，见图 3.2.3。认为频带内所有电容都短路，并注意发射极反馈电阻 R_{e1} 为输入回路与输出回路共用，将 R_{e1} 分别画在输入回路和输出回路中，图 3.2.3(b)简化为图 3.2.3(c)。

为简化书写及分析计算，因 $\beta \gg 1$，认为 $\beta+1 \approx \beta$，且发射极电流约等于集电极电流。因 $(\beta \dot{I}_b)R_e = \dot{I}_b(\beta R_e)$，又在发射极回路将电流 $\beta \dot{I}_b$ 改写为 $\dot{I}_b$，为了等效，同时将 R_e 改为 βR_e。图 3.2.3(b)、(c)都是作图的中间过程。此后分析射极偏置共射放大器交流参数时，就用图 3.2.3(d)。由图 3.2.3(d)看出，射极偏置共射放大器的等效交流负载电阻为 $R_L' + R_{e1}$。

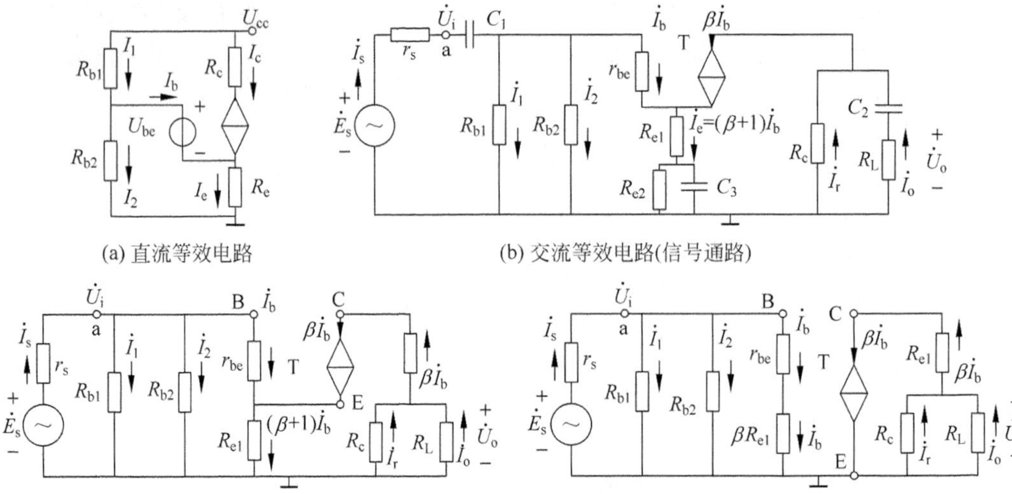

(a) 直流等效电路

(b) 交流等效电路(信号通路)

(c) 频带内的交流等效电路(信号通路)

(d) 方便观察输入电阻的交流等效电路

图 3.2.3　射极偏置共射放大器的等效拆分

1. 影响工作点稳定性的三个因素的归一化

环境温度变化后 BJT 参数变化主要有以下三类：

· 电流放大倍数 β 的变化；

· 漏电流 I_{cbo} 及 I_{ceo} 的变化；

· 发射结电压 U_{be} 的变化。

若能把 BJT 上述三个参数的变化折算为其中一个参数如 β 值的变化，就能简化分析计算过程。很不幸，这三类参数对工作点的影响不是互相抵消，而是互相加强。因此，用折算法综合考虑 BJT 参数特性对放大器工作点的影响时，应取晶体管 β 值温度系数 +0.5%/℃～+1%/℃的上限，即取 $\theta\approx+1\%/℃$ 比较合理。

2. 工作点稳定性的描述——工作点影响因子

说基本共射放大器工作点没有稳定性，是因为基本共射放大器的工作点内涵参数与晶体管 β 值的变化一样。工作点绝对稳定是很难的。某种放大器工作点具有一定的稳定性，是说工作点内涵参数变化比晶体管 β 值的变化要小。

用集电极偏置电流代表工作点。晶体管 β 值温度系数已经用 θ 表示，这里用 λ 表示集电极偏置电流温度系数。集电极偏置电流温度系数 λ 与晶体管 β 值温度系数 θ 的关系为

$$\lambda=\rho\theta \tag{3.2.4}$$

$$\rho=\frac{R_b}{R_b+\beta R_e}\times100\% \tag{3.2.5}$$

电阻比 ρ 代表了晶体管 β 值温度系数 θ 对集电极偏置电流温度系数 λ 的影响程度，因此称 ρ 为工作点影响因子。

影响因子 $\rho=1$，说明放大器根本没有工作点稳定能力。从式(3.2.5)可看出，要 $\rho=1$，只有 $R_e=0$。$R_e=0$ 时，R_b 大小对影响因子 ρ 就没有任何作用了。因此 $R_e=0$ 时，应取消 R_{b2}，基极偏置电阻只剩下上拉电阻 R_{b1}，分压偏置共射放大器变成基本共射放大器。所以说，基本共射放大器的影响因子 $\rho=1$，无工作点稳定能力。

影响因子 $\rho<1$，说明放大器具有一定的工作点稳定能力。影响因子 ρ 越小，说明工作点稳定能力越强。

影响因子 $\rho=0$，说明放大器工作点稳定能力最强。要 $\rho=0$，只有 $R_b=0$，但实际 R_b 阻值不可能是 0。因此 $\rho=0$ 是一个很难实现的理想情况。

若仅考虑放大器工作点稳定性，则集电极偏置电流温度系数 λ 应当尽可能小。事实上，λ 越小，R_b 就得越小，而 R_b 对信号源的分流就越多，电压放大能力就越差。因此，确定分压偏置放大器 R_b 时应当兼顾工作点稳定能力和电压放大能力。工作点温度系数大小要合适。

集-射极偏置电压温度系数用 ξ 表示，ξ 与集电极偏置电流温度系数 λ 的关系为

$$\xi=-\frac{R_c+R_e}{R'_L+R_{e1}}\lambda \tag{3.2.6}$$

输出范围温度系数用 σ 表示，σ 与 ξ 和 λ 的关系为

$$\sigma=\begin{cases}\lambda=\rho\theta & (I_c\leqslant I_{c(cr)})\\ \xi=-[(R_c+R_e)/(R'_L+R_c)]\theta & (I_c\geqslant I_{c(cr)})\end{cases} \tag{3.2.7}$$

3. 基极偏置电阻设计计算

由于发射极反馈电阻，射极偏置放大器效率和负载最大功率都比基本共射放大器低。设计时取 $R_c=R_L$ 为 kΩ 数量级，$R_{e1}=0\sim100\Omega$，$C_3=100\mu F$，$C_1=C_2=10\mu F$，根据输出范围要求确定 R_{e2}，根据工作点稳定性要求确定临界分压比 α_{cr} 及基极偏置电阻 R_{b1}、R_{b2}。

通常取 $\rho=0.1$，首先计算临界分压比

$$\alpha_{cr}=\frac{R_e/(1-\rho)}{R_c+R'_L+R_{e1}+R_e}+\frac{U_{be}}{U_{cc}} \tag{3.2.8}$$

再根据临界分压比计算临界基极偏置电阻 $R_{b(cr)1}$、$R_{b(cr)2}$

$$\begin{cases}R_{b(cr)1}=\dfrac{R_b}{\alpha_{cr}}\\ R_{b(cr)2}=\dfrac{R_b}{1-\alpha_{cr}}\end{cases} \tag{3.2.9}$$

计算最大分压比以备查障

$$\alpha_{max}=\frac{R_b/\beta+R_e}{R_c+R_e}+\frac{U_{be}}{U_{cc}} \tag{3.2.10}$$

射极偏置共射放大器中分压比 $\alpha>\alpha_{max}$ 时，则信号幅度较小时将被淹没，信号幅度较大时输出将只有部分正半波严重失真。此现象类似于基本共射放大器中 $R_b<R_{b(min)}$。

射极偏置共射放大器设计或维修时分压比 α 宁小勿大。图 3.2.2 中把 R_{b2} 选为电位器，就是考虑能使分压比 α 宁小不大，即使调到 0 也不会烧毁管子，能节省一个电阻。

例 3.2.1 图 3.2.2 所示射极偏置放大器信号源内阻 $r_s=2k\Omega$，工作温度范围 $\Delta T=100℃$，输出范围允许减量 $\delta U_{om}=20\%$，$U_{cc}=12V$，$U_{be}=0.7V$，$R_c=R_L=2.4k\Omega$、$R_{e1}=100\Omega$、$R_{e2}=1k\Omega$，晶体管 $\beta=103$、β 温度系数折算值 $\theta\approx+1\%/℃$、$r_{bb'}=200\Omega$。试计算集电极偏置电流温度系数 λ、集-射偏置电压温度系数 ξ、影响因子 ρ、临界分压比 α_{cr} 及 $R_{b(cr)1}$ 和 $R_{b(cr)2}$。

解 $R_e=R_{e1}+R_{e2}=(0.1+1)k\Omega=1.1k\Omega$

$R'_L=(2.4//2.4)k\Omega=1.2k\Omega$

$$R_c+R_L'+R_{e1}+R_e=(2.4+1.2+0.1+1.1)\text{k}\Omega=4.8\text{k}\Omega$$

$$\lambda=\frac{\delta U_{om}}{\Delta T}=\frac{20\%}{100}=0.2\%/℃,\quad \rho=\frac{\lambda}{\theta}=\frac{0.2\%}{1\%}=0.2$$

$$\xi=-\frac{R_c+R_e}{R_L'+R_{e1}}\lambda=-\frac{2.4+1.1}{1.2+0.1}\times 0.2\%/℃=-0.54\%/℃$$

$$\alpha_{cr}=\frac{R_e/(1-\rho)}{R_c+R_L'+R_{e1}+R_e}+\frac{U_{be}}{U_{cc}}=\frac{1.1/(1-0.2)}{2.4+1.2+0.1+1.1}+\frac{0.7}{12}$$
$$=0.2865+0.05833=0.3448$$

$$R_b=\frac{\rho}{1-\rho}\beta R_e=\frac{0.2}{1-0.2}\times 103\times 1.1=28.325\text{k}\Omega$$

$$R_{b(cr)1}=\frac{R_b}{\alpha_{cr}}=\frac{28.325}{0.3448}=82.15\text{k}\Omega\approx 82\text{k}\Omega$$

$$R_{b(cr)2}=\frac{R_b}{1-\alpha_{cr}}=\frac{28.325}{1-0.3448}=43.23\text{k}\Omega\approx 43\text{k}\Omega$$

4. 临界偏置条件与输出范围

射极偏置放大器 BJT 集电极临界偏置电流及集-射临界偏置压降为

$$I_{c(cr)}=\frac{U_{cc}}{R_c+R_L'+2R_{e1}+R_{e2}}\tag{3.2.11}$$

$$U_{ce(cr)}=\frac{R_L'+R_{e1}}{R_c+R_L'+2R_{e1}+R_{e2}}U_{cc}\tag{3.2.12}$$

将 R_e 乘以 $I_{c(cr)}$，可得到容易测量的发射极临界偏置电压为

$$U_{e(cr)}=\frac{R_{e1}+R_{e2}}{R_c+R_L'+2R_{e1}+R_{e2}}U_{cc}\tag{3.2.12a}$$

当 $I_c=I_{c(cr)}$ 时，射极偏置放大器输出电压幅度达到最大(输出范围)为

$$U_{om(max)}=\frac{R_L'}{R_c+R_L'+2R_{e1}+R_{e2}}U_{cc}\tag{3.2.13}$$

基本共射放大器是射极偏置共射放大器的简化版。令 $R_{e1}=0$，$R_e=0$，式(3.2.11)～式(3.2.13)就依次演变为式(3.1.5)～式(3.1.7)。逐步融会贯通，书是越读越薄。

在保证工作点稳定度的前提下，考虑电压放大倍数和输出范围，发射极反馈电阻应当尽可能小一些。然后根据 $U_{om(max)}$ 要求，由式(3.2.11)确定 R_{e2}

$$R_{e2}=\left(\frac{U_{cc}}{U_{om(max)}}-1\right)R_L'-R_c-2R_{e1}\tag{3.2.13a}$$

例 3.2.2 射极偏置共射放大器 $R_c=R_L=2.4\text{k}\Omega$、$U_{cc}=12\text{V}$、$R_{e1}=100\Omega$，输出范围要求 $U_{om(max)}=3\text{V}$。试确定 R_{e2}，并计算 $I_{c(cr)}$ 和 $U_{ce(cr)}$。

解 $R_L'=2.4//2.4=1.2\text{k}$，$R_c+R_L'+2R_{e1}+R_{e2}=2.4+1.2+2\times 0.1+1=4.8\text{k}\Omega$

$$R_{e2}=\left(\frac{U_{cc}}{U_{om(max)}}-1\right)R_L'-R_c-2R_{e1}=(12/3-1)\times 1.2-2.4-2\times 0.1=1\text{k}\Omega$$

$$I_{c(cr)}=\frac{U_{cc}}{R_c+R_L'+2R_{e1}+R_{e2}}=\frac{12}{4.8}\text{mA}=2.5\text{mA}$$

$$U_{ce(cr)}=\frac{R_L'+R_{e1}}{R_c+R_L'+2R_{e1}+R_{e2}}U_{cc}=\frac{1.2+0.1}{4.8}\times 12\text{V}=3.25\text{V}$$

3.2.2 工作点及交流参数分析计算

1. 偏置电流电压分析计算

在图 3.2.3(a)射极偏置放大器直流通路中,根据 $R_e\beta I_b=\beta R_e I_b$,发射极电流 I_e 改用 I_b 来表示,为保持电压等效,同时电阻 R_e 改为 βR_e。可认为 βR_e 是偏置电源的等效负载。晶体管发射结用恒压降模型,认为 $U_{be}=\text{Con.}$。依照戴维南定理,$(\alpha U_{cc}-U_{be})$是等效偏置电源电动势,R_{b1}、R_{b2}的并联值 R_b 是等效偏置电源内阻。图 3.2.3(a)可进一步等效为图 3.2.4。

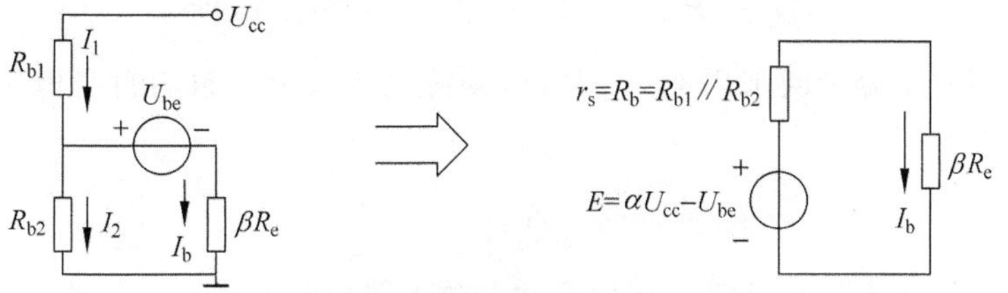

图 3.2.4 射极偏置放大器直流通路的二次及三次等效电路

射极偏置放大器晶体管基极偏置电流 I_b、集电极偏置电流 I_c 及集-射偏置压降 U_{ce}计算如下:

$$I_b=\frac{\alpha U_{cc}-U_{be}}{R_b+\beta R_e} \tag{3.2.14}$$

$$I_c=\beta I_b \quad 或 \quad I_c=\frac{\alpha U_{cc}-U_{be}}{R_b/\beta+R_e} \tag{3.2.15}$$

$$U_{ce}=U_{cc}-(R_c+R_e)I_c \tag{3.2.16}$$

计算结果若 $U_{ce}<0$,则应取 $U_{ce}=U_{ces}$或 $U_{ce}=0$,并反计算 $I_c=U_{cc}/(R_c+R_e)$。

I_b、I_c、U_{ce}通称 Q 点三参数。其中 I_c、U_{ce}是否合理的验证方法同 3.1.1 节。

计算 Q 点三参数 I_b、I_c、U_{ce}的旧方法如下:

(1) $I_c=\dfrac{\alpha U_{cc}-U_{be}}{R_e}$; (2) $I_b=I_c/\beta$; (3) $U_{ce}=U_{cc}-(R_c+R_e)I_c$

旧方法计算 I_c 时生硬地扔掉了戴维南电阻 R_b/β,造成百分之几十的计算误差。

从式(3.2.15)可看出,分压偏置放大器工作点稳定的根本原因不是串联分压,而是发射极偏置电阻的负反馈作用,故分压偏置放大器最合适的名称是射极偏置放大器。

从式(3.2.14)可看出,温度上升,晶体管 β 值变大,由于发射极反馈电阻的作用,基极偏置电流就减小,使集电极电流的增量减小,从一定程度上稳定工作点。从式(3.2.15)可看出,发射极反馈电阻 R_e 越大,基极偏置电阻并联值 R_b 越小,晶体管 β 值越大,反馈作用就越强,集电极偏置电流 I_c 就越稳定。

2. 输入电阻、输出电阻及三大放大倍数分析计算

从图 3.2.3(c)点 a 看进去,可直接得到射极偏置共射放大器输入电阻为

$$r_i=R_b//(r_{be}+\beta R_{e1}) \tag{3.2.17}$$

源电压放大倍数及空载源电压放大倍数为

$$\begin{cases} A_u = \dfrac{\dot{U}_o}{\dot{E}_s} = -\beta \dfrac{R_b}{R_b + r_{be} + \beta R_{e1}} \dfrac{R'_L}{r_s + r_i} \\ A_{uo} = \dfrac{\dot{U}_{Lo}}{\dot{E}_s} = -\beta \dfrac{R_b}{R_b + r_{be} + \beta R_{e1}} \dfrac{R_c}{r_s + r_i} \end{cases} \tag{3.2.18}$$

令信号源内阻 $r_s=0$ 可得到放大器自身电压放大倍数及空载自身电压放大倍数为

$$A_{uz} = \frac{\dot{U}_o}{\dot{U}_i} = -\beta \frac{R'_L}{r_{be} + \beta R_{e1}}, \quad A_{uzo} = \frac{\dot{U}_o}{\dot{U}_i} = -\beta \frac{R_c}{r_{be} + \beta R_{e1}} \tag{3.2.18a}$$

式(3.2.18)分子分母同乘以 $r_{be}+\beta R_{e1}$ 得到源电压放大倍数与自身电压放大倍数的关系为

$$A_u = \frac{r_i}{r_s + r_i} A_{uz}, \quad A_{uo} = \frac{r_i}{r_s + r_i} A_{uzo} \tag{3.2.18b}$$

根据自身电压放大倍数计算分压偏置共射放大器的源电压放大倍数，是一个捷径。

电流放大倍数及功率放大倍数为

$$A_i = \frac{\dot{I}_o}{\dot{I}_s} = \frac{r_i}{R_L} |A_{uz}| \tag{3.2.19}$$

$$A_p = |A_u A_i| = \frac{r_i^2}{(r_s + r_i) R_L} A_{uz}^2 \tag{3.2.20}$$

可以发现，式(3.2.18b)、式(3.2.19)、式(3.2.20)与式(3.1.17b)、式(3.1.18a)、式(3.1.19)分别相同。以下射随器及共基放大器的类似公式也与这些公式相同。

射极偏置共射放大器与基本共射放大器输出侧电路结构相同，输出电阻相同

$$r_o \approx R_c \tag{3.2.21}$$

射极偏置放大器线性电阻 βR_{e1} 与 r_s 共同抑制 BJT 输入电阻 r_{be} 的非线性，故其非线性失真比基本共射放大器小。线性电阻 βR_{e1} 及 r_s 越大，放大器非线性失真就越小。

例 3.2.3 图 3.2.2 所示射极偏置放大器 $U_{cc}=12\text{V}$，$U_{be}=0.7\text{V}$，$r_s=2\text{k}\Omega$，$R_c=R_L=2.4\text{k}\Omega$、$R_{e1}=100\Omega$、$R_{e2}=1\text{k}\Omega$，晶体管 $\beta=100$，$R_{b1}=82\text{k}\Omega$，$R_{b2}=43\text{k}\Omega$，试计算工作点三参数 I_b、I_c、U_{ce}，并按照允差 10% 验证工作点是否合理，验证合理后再计算输入电阻、输出电阻、自身电压放大倍数及源电压放大倍数。本例题是传统模拟电子技术教科书最常见的题型。

解 发射极总反馈电阻 $R_e=R_{e1}+R_{e2}=0.1\text{k}\Omega+1\text{k}\Omega=1.1\text{k}\Omega$

串联分压比 $\alpha=\dfrac{R_{b2}}{R_{b1}+R_{b2}}=\dfrac{43}{82+43}=0.344$

戴维南电阻 $R_b=R_{b1}//R_{b2}=82\text{k}\Omega//43\text{k}\Omega=28.2\text{k}\Omega$

$$I_b = \frac{\alpha U_{cc} - U_{be}}{R_b + \beta R_e} = \frac{0.344 \times 12\text{V} - 0.7\text{V}}{28.2\text{k}\Omega + 100 \times 1.1\text{k}\Omega} = \frac{3.428\text{V}}{138.2\text{k}\Omega} = 0.0248\text{mA}$$

$$I_c = \beta I_b = 100 \times 0.0248\text{mA} = 2.48\text{mA}$$

$$U_{ce} = U_{cc} - (R_c + R_e) I_c = 12\text{V} - (2.4 + 1.1) \times 2.48\text{mA} = 3.32\text{V}$$

$$I_{c(cr)} = \frac{U_{cc}}{R_c + R'_L + R_{e1} + R_e} = \frac{12}{2.4 + 1.2 + 0.1 + 1.1} \frac{\text{V}}{\text{k}\Omega} = 2.5\text{mA}$$

$$U_{ce(cr)} = \frac{R'_L + R_{e1}}{R_c + R'_L + R_{e1} + R_e} U_{cc} = \frac{1.2 + 0.1}{4.8} \times 12\text{V} = 3.25\text{V}$$

$$\delta I_c = \frac{I_c - I_{c(cr)}}{I_{c(cr)}} \times 100\% = \frac{2.48 - 2.5}{2.5} \times 100\% = -0.8\%$$

$$\delta U_{ce} = \frac{U_{ce} - U_{ce(cr)}}{U_{ce(cr)}} \times 100\% = \frac{3.32 - 3.25}{3.25} \times 100\% = 2.2\%$$

$$(|\delta I_c| + |\delta U_{ce}|)/2 = (0.8\% + 2.2\%)/2 = 1.5\% < 10\%$$

故工作点设计合理。

$$r_{be} = r_{bb'} + U_T/I_b = 200\Omega + 26\text{mV}/0.0248\text{mA} = 1248\Omega$$

$$r_{be} + \beta R_{e1} = 1.25\text{k}\Omega + 100 \times 0.1\text{k}\Omega = 11.25\text{k}\Omega$$

$$r_i = R_b//(r_{be} + \beta R_{e1}) = 28.2\text{k}\Omega//11.25\text{k}\Omega = 8.04\text{k}\Omega$$

$$R'_L = R_c//R_L = 2.4\text{k}\Omega//2.4\text{k}\Omega = 1.2\text{k}\Omega$$

$$A_{uz} = \frac{\dot{U}_o}{\dot{U}_i} = -\beta\frac{R'_L}{r_{be} + \beta R_{e1}} = -100 \times \frac{1.2\text{k}\Omega}{11.25\text{k}\Omega} = -10.7$$

$$A_u = \frac{r_i}{r_s + r_i}A_{uz} = \frac{8.04\text{k}\Omega}{2\text{k}\Omega + 8.04\text{k}\Omega} \times (-10.7) \approx -8.6$$

$$A_i = \frac{\dot{I}_o}{\dot{I}_s} = \frac{r_i}{R_L}|A_{uz}| = \frac{8.04}{2.4} \times 10.7 \approx 35.8$$

$$A_p = |A_u A_i| = 8.6 \times 35.8 = 308$$

$$A_p = |A_u A_i| = \frac{r_i^2}{(r_s + r_i)R_L}A_{uz}^2 = \frac{8.04^2}{(2 + 8.04) \times 2.4} \times 10.7^2 = 307$$

$$r_o \approx R_c = 2.4\text{k}\Omega$$

3．频带参数分析计算

射极偏置共射放大器的上限频率

$$f_h = \left[1 + \frac{(r_s + R_b)\beta R_{e1}}{r_s R_b}\right]f_\beta \approx f_\beta + \frac{(r_s + R_b)R_{e1}}{r_s R_b}f_T \tag{3.2.22}$$

例 3.2.4　射极偏置共射放大器晶体管 $\beta=103$，$R_b=28.21\text{k}\Omega$，$R_{e1}=100\Omega$，信号源内阻 $r_s=10\text{k}\Omega$，试计算放大器上限频率是所用晶体管截止频率 f_β 的几倍。

解　$f_h=f_\beta+\dfrac{(r_s+R_b)R_{e1}}{r_sR_b}f_T=f_\beta+\dfrac{(10+28.21)\times 0.1}{10\times 28.21}\times 103f_\beta=2.40f_\beta$

这种基于晶体管 β 值与频率关系的放大器上限频率计算结果，与反馈法计算结果一致，参见例 7.3.1。读者可以从中体会，正确的理论运用起来能达到殊途同归的意境。

思考题

3.2.1　射极偏置共射放大器中的晶体管发射极第一反馈电阻 R_{e1} 与第二反馈电阻 R_{e2} 对输出范围的影响是否相同？为什么？

3.2.2　射极偏置共射放大器的电容 C_3 称为旁路电容，还是称为短路电容更符合实际？

3.2.3　耦合电容 C_1、C_2、安伏变换器 R_c 和负载电阻 R_L 都不变时，射极偏置共射放大器与基本共射放大器相比，哪个的下限频率更低些？

3.2.4　用调节基极偏置电阻使集-射偏置电压 U_{ce} 达到临界值 $U_{ce(cr)}$ 的方法整定射极偏置放大器工作点时，可以固定 R_{b1}、盲调 R_{b2}，或者固定 R_{b2}、盲调 R_{b1}，试比较两个方案的优劣。

3.2.5　BJT 放大器工作点包括那些参数，其中哪些属于内涵，哪些属于外延？

3.2.6　射极偏置共射放大器中戴维南电阻 $R_b=R_{b1}//R_{b2}$ 过大或过小各有什么影响？

3.3 共集放大电路(射极输出器)

信号从 BJT 基极输入、从集电极输出、以发射极为公共点的放大器叫做共发射极放大器,简称为共射放大器。共射放大器的不足是输入电阻小输出电阻大。

信号从 BJT 基极输入、从发射极输出、以集电极为公共点的放大器叫做共集电极放大器(Common Colletor Amplifier),见图 3.3.1,简称共集放大器(CCA),通称射极输出器,电压跟随器,或射随器。射随器输入电阻高,输出电阻低,有一定的工作点稳定能力。从图 3.3.2 可看出,温升使管子 β 值增大,I_e 将变大,反馈电阻 R_e 压降增大,偏置电阻 R_b 串联分压自然减小,偏置电流 I_b 跟着减小,经反馈使 I_e 增量减小,工作点得到一定的稳定。

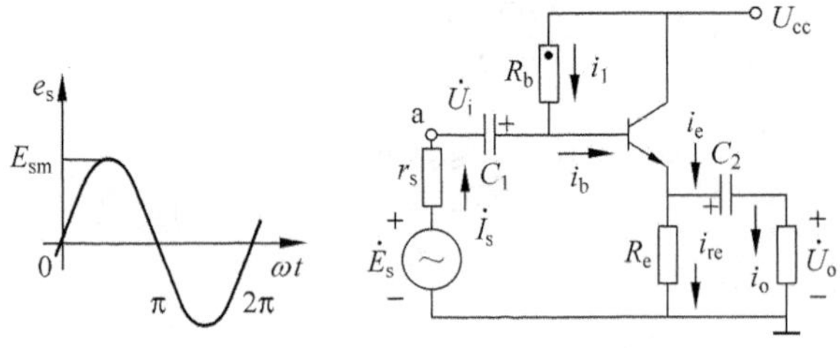

图 3.3.1 射随器及其输入、输出信号

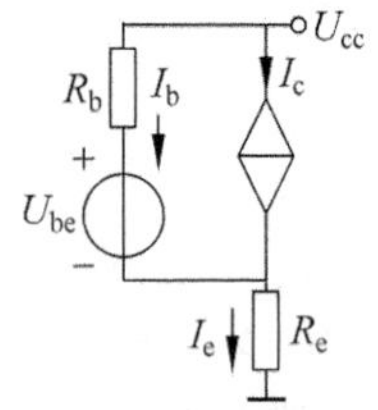

图 3.3.2 射随器直流通路

由图 3.3.1 可一步步画出射随器交流等效电路,见图 3.3.3。

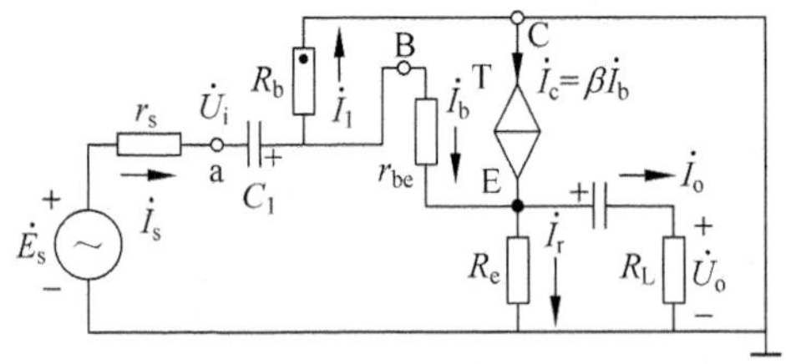

(a) 原始交流通路

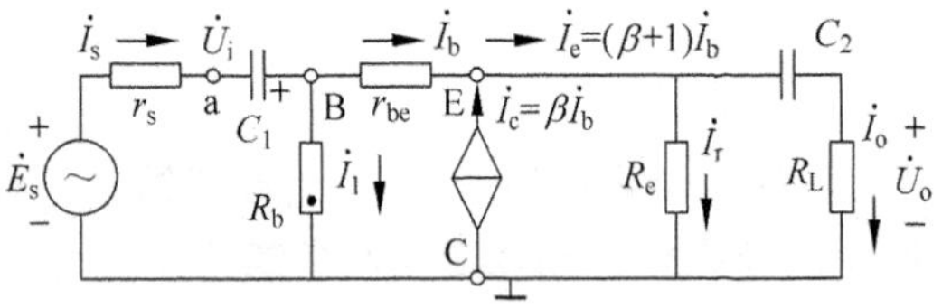

(b) 交流通路

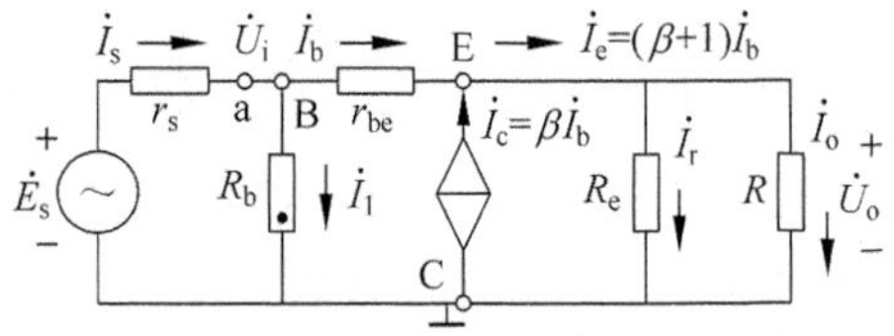

(c) 梳理后的交流通路

图 3.3.3 射随器交流等效电路

3.3.1 工作点及其稳定性设计

基本共射放大器输出侧交流负载电阻等于 R_c 与 R_L 的并联体,$R'_L=R_c//R_L$,射随器输出侧交流负载电阻等于 R_e 与 R_L 的并联体,$R'_L=R_e//R_L$。射随器输出侧电路与基本共射放大器相同。只要把基本共射放大器集电极临界偏置电流、集-射临界偏置压降、最大输出摆幅计算公式(3.1.5)、式(3.1.6)、式(3.1.7)中的 R_c 换成 R_e,就可得到射随器集-射临界偏

置压降、发射极临界偏置电流及输出范围计算公式为

$$I_{e(cr)} = \frac{U_{cc}}{R_e + R'_L} \quad 或 \quad I_{e(cr)} = \frac{1 + R_e/R_L}{2 + R_e/R_L}\frac{U_{cc}}{R_e} \tag{3.3.1}$$

$$U_{ce(cr)} = \frac{R'_L}{R_e + R'_L}U_{cc} \quad 或 \quad U_{ce(cr)} = \frac{U_{cc}}{2 + R_e/R_L} \tag{3.3.2}$$

$$U_{om(max)} = \frac{R'_L}{R_e + R'_L}U_{cc} \quad 或 \quad U_{om(max)} = \frac{U_{cc}}{2 + R_e/R_L} \tag{3.3.3}$$

负载电阻较小(即负载较大)时,射随器的输出范围也很小。从基本共射放大器效率分析可以看出,放大器效率主要取决于其输出范围-负载特性。射随器的输出范围-负载特性与基本共射放大器完全相同。因此,像基本共射放大器一样,射随器的最高效率也只有9%。

射随器带负载时及空载时晶体管基极临界偏置电阻

$$R_{b(cr)} = \beta R'_L, \quad R_{b(cr)} \approx \beta R_e \tag{3.3.4}$$

临界偏置时射随器的工作点影响因子

$$\rho = \frac{1}{2 + R_e/R_L} \times 100\% \tag{3.3.5}$$

例 3.3.1 图 3.3.1 射随器 $U_{cc}=12V$,$R_e=R_L=2.4k\Omega$,$\beta=100$。试求临界偏置电流 $I_{e(cr)}$、临界偏置压降 $U_{ce(cr)}$、输出范围 $U_{om(max)}$、基极临界偏置电阻 $R_{b(cr)}$ 及影响因子 ρ。

解 $I_{e(cr)}=\frac{1+R_e/R_L}{2+R_e/R_L}\frac{U_{cc}}{R_e}=\frac{1+2.4/2.4}{2+2.4/2.4}\frac{12}{2.4}mA=3.333mA$

$$U_{ce(cr)}=\frac{U_{cc}}{2+R_e/R_L}=\frac{12V}{2+2.4/2.4}=4V$$

$$U_{om(max)}=\frac{U_{cc}}{2+R_e/R_L}=\frac{12V}{2+2.4/2.4}=4V$$

$$R'_L=2.4//2.4k\Omega=1.2k\Omega$$

$$R_{b(cr)}=\beta R'_L=100\times1.2k\Omega=120k\Omega$$

$$\rho=\frac{1}{2+R_e/R_L}\times100\%=\frac{1}{2+2.4/2.4}\times100\%\approx33.33\%$$

3.3.2 工作点及交流参数分析计算

1. 偏置电流电压分析计算

这里使用符号 $R'_L=R_e//R_L$。认为 $\beta+1\approx\beta$,由射随器直流通路可求出

$$I_b = \frac{U_{cc} - U_{be}}{R_b + \beta R_e} \tag{3.3.6}$$

$$I_e = \beta\frac{U_{cc} - U_{be}}{R_b + \beta R_e} \tag{3.3.7}$$

$$U_{ce} = U_{cc} - R_e I_c \tag{3.3.8}$$

2. 输入电阻、输出电阻及三大放大倍数分析计算

从图 3.3.3(c)可求得射随器输入电阻及自身电压放大倍数为

$$r_i = R_b//(r_{be} + \beta R'_L) \approx R_b//\beta R'_L, \quad r_{io} \approx R_b//\beta R_e \tag{3.3.9}$$

$$A_{uz} = \frac{\dot{U}_o}{\dot{U}_i} = \frac{\beta R'_L}{r_{be} + \beta R'_L} \approx 1 \tag{3.3.10}$$

射极输出器自身电压放大倍数小于1但很接近1，故叫做电压跟随器，简称射随器。

射随器源电压放大倍数与自身电压放大倍数的关系为

$$A_{u}=\frac{\dot{U}_{o}}{\dot{E}_{s}}=\frac{r_{i}}{r_{s}+r_{i}}A_{uz}\approx\frac{r_{i}}{r_{s}+r_{i}} \tag{3.3.11}$$

$$A_{uo}=\frac{\dot{E}_{o}}{\dot{E}_{s}}=\frac{r_{io}}{r_{s}+r_{io}}A_{uzo}\approx\frac{r_{io}}{r_{s}+r_{io}} \tag{3.3.11a}$$

射随器源电压放大倍数近似等于其输入电阻与信号源内阻的串联分压比。

射随器电流放大倍数为

$$A_{i}=\frac{r_{i}}{R_{L}}|A_{uz}|\approx\frac{r_{i}}{R_{L}} \tag{3.3.12}$$

射随器电流放大倍数近似等于其输入电阻与负载电阻的比值。

射随器功率放大倍数为

$$A_{p}=\frac{r_{i}^{2}}{(r_{s}+r_{i})R_{L}}A_{uz}^{2}\approx\frac{r_{i}^{2}}{(r_{s}+r_{i})R_{L}} \tag{3.3.13}$$

射随器电压放大倍数虽然小于1，但其电流放大倍数通常大于1，信号源内阻不是很大时，功率放大倍数也大于1。射随器可能具有一定的功率放大能力。

射随器输出电阻为

$$r_{o}\approx\frac{r_{s}//R_{b}+r_{be}}{\beta+1}//R_{e}\approx\frac{r_{s}//R_{b}}{\beta}//R_{e} \tag{3.3.14}$$

从放大器输出端看，连带原信号源，整个放大器又等效为一个新的信号源。放大器的输出电阻，就是新的信号源的内阻。信号源的内阻自然越小越好。射随器输出电阻小，说明它有削内阻作用。式(3.3.14)说明，β值越大，射随器的削内阻作用就越好。

式(3.3.6)～式(3.3.14)中，约等号(≈)之前是理论公式，之后是忽略r_{be}的近似公式。

3. 下限频率与上限频率

射随器下限频率可参照基本共射放大器下限频率计算式(3.1.12)。上限频率为

$$f_{h}=[1+\beta R_{L}'/(r_{s}//R_{b})]f_{\beta}=f_{\beta}+[R_{L}'/(r_{s}//R_{b})]f_{T} \tag{3.3.15}$$

共射放大器$f_{h}=f_{\beta}$，射随器$f_{h}>f_{\beta}$，说明共集放大器频带较宽。$R_{L}'/(r_{s}//R_{b})=0.2$时，$f_{h}=(0.2\beta+1)f_{\beta}$，若$\beta=100$，此时共集放大器频带约是共射放大器的21倍。

例3.3.2 试用例3.3.1中的已知条件及计算结果，$r_{s}=100\text{k}\Omega$，$r_{bb'}=200\Omega$，在考虑和忽略晶体管输入电阻r_{be}两种情况下计算射随器输入电阻r_{i}、输出电阻r_{o}及源电压放大倍数A_{us}，并计算自身电压放大倍数A_{uz}、电流放大倍数A_{i}及功率放大倍数A_{p}。

解 晶体管输入电阻$r_{be}=r_{bb'}+\beta\frac{U_{T}}{I_{e}}=200\Omega+100\times\frac{26}{3.333}\Omega=980\Omega\approx1\text{k}\Omega$

(1) 考虑r_{be}，则$r_{i}=R_{b}//(r_{be}+\beta R_{L}')=[120//(1+100\times1.2)]\text{k}\Omega=60.25\text{k}\Omega$

$$A_{uz}=\frac{\beta R_{L}'}{r_{be}+\beta R_{L}'}=\frac{120}{1+120}=0.992\text{倍}$$

$$A_{u}=\frac{r_{i}}{r_{s}+r_{i}}A_{uz}=\frac{60.25}{100+60.25}\times0.992=0.373\text{倍}$$

$$A_{i}=\frac{r_{i}}{R_{L}}A_{uz}=\frac{60.25}{2.4}\times0.992=24.9\text{倍}$$

$$A_p = A_u A_i = 0.373 \times 24.9 = 9.29 \text{ 倍}$$

$$r_o = \frac{r_s//R_b + r_{be}}{\beta+1}//R_e = \left(\frac{100//120+1}{100+1}//2.4\right)\text{k}\Omega = (0.5500//2.4)\text{k}\Omega = 0.448\text{k}\Omega$$

(2) 忽略 r_{be}，则 $r_i \approx R_b//\beta R'_L = (120//120)\text{k}\Omega = 60\text{k}\Omega$

$$A_{uz} \approx 1 \text{ 倍}, \quad A_u \approx \frac{r_i}{r_s + r_i} = \frac{60}{100+60} = 0.375 \text{ 倍}$$

$$A_i \approx \frac{r_i}{R_L} = \frac{60}{2.4} = 25 \text{ 倍}, \quad A_p = A_u A_i = 0.375 \times 25 = 9.375 \text{ 倍}$$

$$r_o \approx \frac{r_s//R_b}{\beta}//R_e = \left(\frac{100//120}{100}//2.4\right)\text{k}\Omega = (0.5455//2.4)\text{k}\Omega = 0.445\text{k}\Omega$$

用 β 代替 $\beta+1$ 并忽略 r_{be}，射随器交流参数的近似计算误差一般可控制在1%以内。

此例射随器输出电阻与信号源内阻的比值 $\delta r_s = 0.45/100 = 0.45\%$。就是说，此例射随器将信号源内阻削减到只有原值的0.45%，效果非常好。

4. 射随器特点及其应用

1) 射随器特点及功能

射随器电压放大倍数虽然小于1，但电流放大倍数大于1，功率放大倍数也大于1。射随器不仅具有很高的输入电阻，而且具有很低的输出电阻，具有较强的带负载能力。

射随器能把信号源的高内阻变换为放大器的低输出电阻。换句话说，高内阻信号源经过射随器变换后就成为一个低内阻信号源。

射随器本身电压放大倍数虽然小于1，但是由于它有很强的削内阻作用，能为下级放大创造条件，因此使用射随器不仅不会影响放大器电压放大总倍数，而且有助于提高放大器电压放大总倍数。真好似磨刀不误砍柴功。

对照基本共射放大器源电压放大倍数 A_u 算式可发现，信号源内阻 r_s 很大时，基本共射放大器源电压放大倍数 A_u 也将小于1，失去电压放大能力。故 r_s 很大时，若仍用共射放大器，则不仅电压难得放大，而且内阻还是比较大。若用射随器，则只是牺牲电压放大倍数，但是内阻被大幅度削低，为下级放大打下坚实基础。总之，使用射随器，本级电压只是有一定损失，好比是野火烧不尽，下级继续有效放大，则好比是春风吹又生。

2) 射随器应用

(1) 放在高内阻信号源之后，作为放大器的输入级，一方面将高内阻信号源变换为低内阻信号源，另一方面提高放大器输入电阻，为信号放大创造条件。

(2) 放在放大器某两级之间，进行阻抗匹配。

(3) 放在放大器末级，为功率放大器提供小内阻服务。

第5章的例题将用事实证明：信号源内阻较大时，若不用射随器，只用一级共射放大器，则电压放大总倍数只有约0.5倍；增加一级射随器后，虽然射随器源电压放大倍数只有不足0.2，但放大器电压放大总倍数却提高为11倍。

思考题

3.3.1　因射随器输出电阻非常小就能说其适合作功率放大器吗，为什么？

3.3.2　硅PN结正向压降0.7V，用硅管做的射随器输出电压幅度是否也比信号小0.7V？

3.3.3　二极管正向伏安特性的四个数理模型在放大器分析计算中各有什么应用？

3.4 共基放大电路(电流跟随器)

信号由晶体管发射极输入、从集电极输出，以基极为公共点的放大器称为共基极放大器(Common Base Amplifier)，简称共基放大器(CBA)，也叫电流跟随器，见图 3.4.1。

断开所有电容，根据图 3.4.1 可画出共基放大器的直流通路，见图 3.4.2。

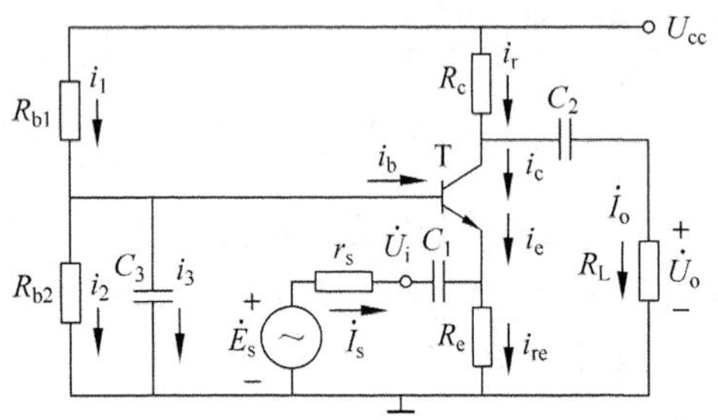

图 3.4.1　共基放大电路[7](91)

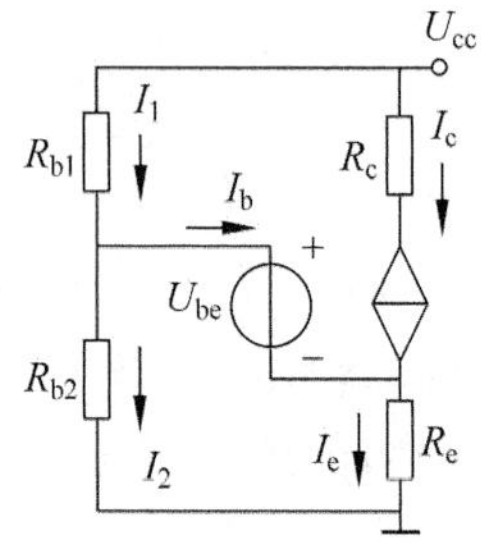

图 3.4.2　共基放大器直流通路

晶体管数理模型不因管脚接法而变，因为无论晶体管采用什么接法，集电极电流与基极电流的内在关系不会改变，β 值也不会变化。

首先令 $U_{cc}=0$，仅将晶体管换为 CCCS 模型，其他元件一概不动，共基放大器原图即成为原始交流等效电路，见图 3.4.3(a)。此时 R_{b1} 上端及 R_c 上端已经接地。

干脆将 R_{b1} 上端及 R_c 上端向下拉到地，即画出共基放大器交流等效电路，见图 3.4.3(b)、图 3.4.3(c)。短路所有耦合电容，即画出频带内共基放大器交流等效电路，见图 3.4.3(d)。

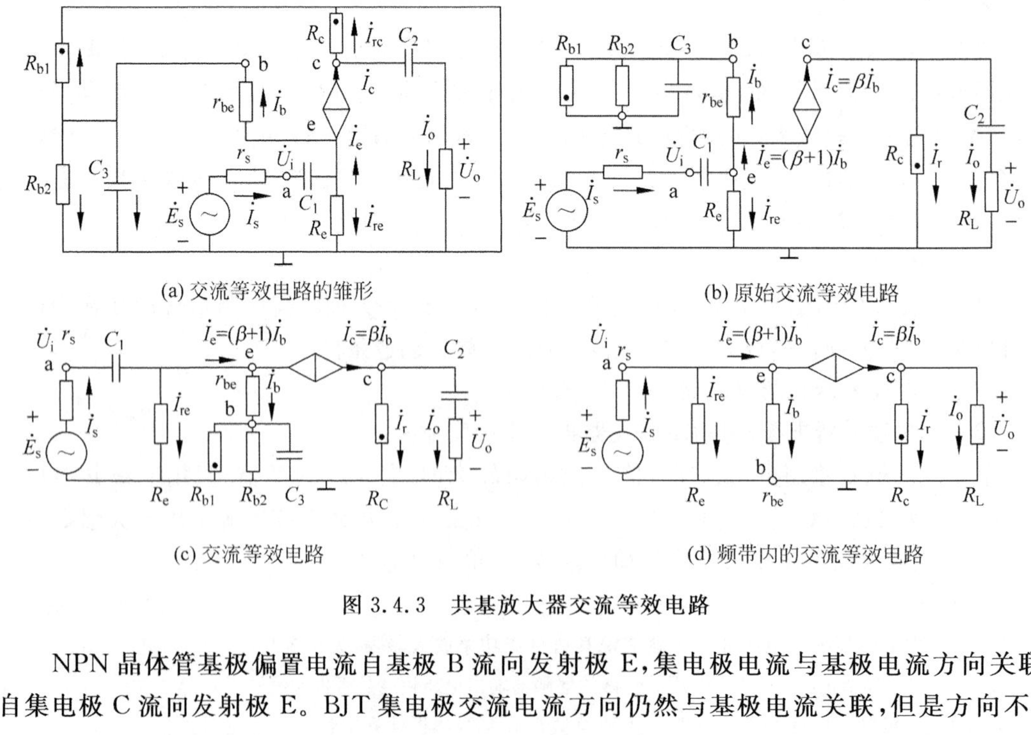

(a) 交流等效电路的雏形　(b) 原始交流等效电路　(c) 交流等效电路　(d) 频带内的交流等效电路

图 3.4.3　共基放大器交流等效电路

NPN 晶体管基极偏置电流自基极 B 流向发射极 E，集电极电流与基极电流方向关联，自集电极 C 流向发射极 E。BJT 集电极交流电流方向仍然与基极电流关联，但是方向不再受限。因为交流电流本身就没有方向可言。

就是说,若基极信号电流自基极 B 通过 r_{be} 流向发射极 E,则集电极信号电流自集电极 C 流向发射极 E。反之,若基极信号电流自发射极 E 通过 r_{be} 流向基极 B,则集电极信号电流自发射极 E 流向集电极 C。

为此首先根据信号源电流自下而上流进发射结的实际情况,判断基极信号电流自发射极 E 通过 r_{be} 流向基极 B。再根据 BJT 集电极电流无论如何都与基极电流相关联的原理,确定集电极信号电流自 E 流向 C,标注共基放大器交流通路的电流方向,见图 3.4.3。

1. 工作点设计与分析

1) 工作点设计

将图 3.4.2 与图 3.2.3(a)对比可以发现,共基放大器的直流等效电路与射极偏置共射放大器完全相同。因此,第 3.2 节关于射极偏置共射放大器工作点设置及输出范围设计计算方法适用于共基放大器。

共基放大器的发射极反馈电阻相当于一个直流电阻。由于电路结构机制,共基放大器中的发射极反馈电阻 R_e 虽然没有并联交流旁路电容,但其作用效果类似于分压偏置共射放大器的并联交流旁路电容的发射极第二反馈电阻 R_{e2}。

集电极临界偏置电流及集-射临界偏置压降为

$$I_{c(cr)} = \frac{U_{cc}}{R_c + R_e + R'_L} \tag{3.4.1}$$

$$U_{ce(cr)} = \frac{R'_L}{R_c + R_e + R'_L} U_{cc} \tag{3.4.2}$$

输出电压最大不失真幅度(输出范围)为

$$U_{om(max)} = \frac{R'_L}{R_c + R_e + R'_L} U_{cc} \tag{3.4.3}$$

集电极偏置电流温度系数 λ 及影响因子 ρ 的定义与分压偏置共射放大器相同,$\lambda=\rho\theta$。

将式(3.2.8)稍加修正可得到基本共基放大器临界分压比为

$$\alpha_{cr} = \frac{R_e/(1-\rho)}{R_c + R_e + R'_L} + \frac{U_{be}}{U_{cc}} \tag{3.4.4}$$

基极偏置电阻仍用式(3.2.9)计算。

例 3.4.1 图 3.4.1 共基放大器 $U_{cc}=12\text{V}$,$R_c=R_L=2.4\text{k}\Omega$,$R_e=1\text{k}\Omega$,试确定 BJT 集-射临界偏置压降 $U_{ce(cr)}$、集电极临界偏置电流 $I_{c(cr)}$,输出电压最大不失真幅度 $U_{om(max)}$。

解 $R'_L=(2.4//2.4)\text{k}\Omega=1.2\text{k}\Omega$

$R_c+R_e+R'_L=(2.4+1+1.2)\text{k}\Omega=4.6\text{k}\Omega$

$$U_{ce(cr)}=\frac{R'_L}{R_c+R_e+R'_L}U_{cc}=\frac{1.2}{4.6}\times 12\text{V}=3.130\text{V}$$

$$I_{c(cr)}=\frac{U_{cc}}{R_c+R'_L+R_e}=\frac{12}{4.6}\text{mA}=2.608\text{mA}$$

$$U_{om(max)}=\frac{R'_L}{R_c+R'_L+R_e}U_{cc}=\frac{1.2}{4.6}\times 12\text{V}=3.13\text{V}$$

2) 工作点分析

图 3.4.1 共基放大器工作点分析计算与 3.2 节介绍的射极偏置共射放大器相同。

2. 交流参数分析计算

1) 输入电阻、输出电阻及三大放大倍数

共基放大器输入电阻及输出电阻为

$$r_i \approx \frac{r_{be}}{\beta} \tag{3.4.5}$$

$$r_o \approx R_c \tag{3.4.6}$$

共基放大器自身电压放大倍数及源电压放大倍数为

$$A_{uz} \approx \beta \frac{R'_L}{r_{be}}, \quad A_{uzo} \approx \beta \frac{R_c}{r_{be}} \tag{3.4.7}$$

$$A_u = \frac{r_i}{r_s + r_i} A_{uz} = \frac{r_{be}/\beta}{r_s + r_{be}/\beta} \frac{\beta R'_L}{r_{be}} \approx \frac{R'_L}{r_s} \tag{3.4.8}$$

共基放大器近似的源电压放大倍数计算公式为

$$A_u \approx \frac{R'_L}{r_s + r_{be}/\beta} \approx \frac{R'_L}{r_s}, \quad A_{uo} \approx \frac{R_c}{r_s + r_{be}/\beta} \approx \frac{R_c}{r_s} \tag{3.4.9}$$

共基放大器电流放大倍数为

$$A_i = \frac{\dot{I}_o}{\dot{I}_s} \approx \frac{R_c}{R_c + R_L} \tag{3.4.10}$$

共基放大器电流放大倍数小于1,故共基放大器也叫做电流跟随器。有

$$A_i = \frac{r_i}{R_L} |A_{uz}| = \frac{r_{be}}{\beta R_L} \frac{\beta R'_L}{r_{be}} = \frac{R_c}{R_c + R_L} \tag{3.4.11}$$

共基放大器功率放大倍数为

$$A_p = A_u A_i = \frac{R'_L}{r_s + r_i} \frac{R_c}{R_c + R_L} = \frac{R'^2_L}{(r_s + r_i) R_L} = \frac{r_i^2}{(r_s + r_i) R_L} \left(\frac{R'_L}{r_i}\right)^2 = \frac{r_i^2}{(r_s + r_i) R_L} A_{uz}^2$$

$$A_p = A_u A_i = \frac{r_i^2}{(r_s + r_i) R_L} A_{uz}^2 \tag{3.4.12}$$

从式(3.4.8)~式(3.4.12)及前几节有关公式可以发现,基于信号源内阻 r_s、放大器输入电阻 r_i、负载电阻 R_L 及自身电压放大倍数 A_{uz} 计算 CE、CC、CB 三种基本放大器的源电压、电流及功率放大倍数计算公式具有统一的形式。信号源内阻 r_s、负载电阻 R_L 都是已知条件,牢记放大器输入电阻 r_i 及自身电压放大倍数 A_{uz} 就是计算三大放大倍数的关键。

2) 下限频率及上限频率

共基放大器下限频率可参照 3.1 节基本共射放大器下限频率计算公式(3.1.12)。

共基放大器上限频率

$$f_h = \left[1 + \beta \frac{r_s}{r_{be}(1 + r_s/R_e)}\right] f_\beta = f_\beta + \frac{r_s}{r_{be}(1 + r_s/R_e)} f_T \tag{3.4.13}$$

$r_s = R_e = 2r_{be}$ 时,$f_h \approx \beta f_\beta = f_T$,此时共基放大器频带是共射放大器的 β 倍。若 $\beta = 100$,则 $f_h \approx \beta f_\beta \approx 100 f_\beta$。基本共射放大器 $f_h = f_\beta$,共基放大器 $f_h \approx f_T \gg f_\beta$,说明共基放大器频带较宽。

就是说,当发射极反馈电阻 R_e 以及基极旁路电容 C_3 都较大时,共基放大器源电压放大倍数 A_u 近似等于等效负载电阻与信号源内阻的比值,而与晶体管 β 值基本无关,高频时由于晶体管极间电容的影响使管子 β 值的下降对整个放大器电压增益的影响就小。这个结论

解释了共基放大器具有优秀高频特性的原因。

总的看，共基放大器高频特性好，频带宽，但输入电阻低，且无电流放大能力。

例 3.4.2　图 3.4.1 共基放大器 $r_s=1\text{k}\Omega$，$R_c=R_L=5.6\text{k}\Omega$，$R_e=1\text{k}\Omega$，$\beta=100$，$r_{bb'}=200\Omega$，$f_\beta=3\text{MHz}$，临界偏置，试计算放大器输入电阻 r_i、源电压放大倍数 A_u、电流放大倍数 A_i、功率放大倍数 A_p、输出电阻 r_o、自身电压放大倍数 A_{uz}及上限频率 f_h。

解　$R_L'=(5.6//5.6)\text{k}\Omega=2.8\text{k}\Omega$

$$R_c+R_e+R_L'=(5.6+1+2.8)\text{k}\Omega=9.4\text{k}\Omega$$

$$I_{c(cr)}=\frac{U_{cc}}{R_c+R_L'+R_e}=\frac{12}{9.4}\text{mA}=1.277\text{mA}$$

$$r_{be}=r_{bb'}+\beta\frac{U_T}{I_{c(cr)}}=200\Omega+100\times\frac{26\text{mV}}{1.277\text{mA}}=2236\Omega\approx2.2\text{k}\Omega$$

$$r_i\approx\frac{r_{be}}{\beta}=\frac{2236}{100}\Omega\approx22\Omega$$

$$r_o\approx R_c=5.6\text{k}\Omega$$

$$A_u\approx\frac{R_L'}{r_s}=\frac{2.8}{1}=2.8\text{ 倍}$$

$$A_i\approx\frac{R_c}{R_c+R_L}=\frac{5.6}{5.6+5.6}=0.5\text{ 倍}$$

$$A_p=\frac{R_L'^2}{r_sR_L}=\frac{2.8^2}{1\times5.6}=1.4\text{ 倍}$$

$$A_{uz}\approx\beta\frac{R_L'}{r_{be}}=100\times\frac{2.8}{2.236}=125.2\text{ 倍}$$

$$f_h=f_\beta+\frac{r_s}{r_{be}(1+r_s/R_e)}f_T=3\text{MHz}+\frac{1}{2.2(1+1/1)}\times100\times3\text{MHz}=71.18\text{MHz}$$

实验完后将旁路电容 C_3由与 R_{b2}并联改为与 R_{b1}并联，电路仍能正常工作，电压放大倍数丝毫不受影响。去掉 R_{b2}，实验照样做成，具体可参考第 11 章实验指导书。但若去掉 C_3，则电压放大倍数就大大变小，说明 C_3的交流旁路作用确实对放大起着关键作用。

思考题

3.4.1　共基放大器高频特性好的根本原因是所用的晶体管还是电路结构？

3.4.2　就对输出范围的影响来说，共基放大器中的晶体管发射极反馈电阻 R_e 与射极偏置放大器中的晶体管发射极第一反馈电阻 R_{e1} 作用相同，还是与第二反馈电阻 R_{e2} 作用相同？

3.4.3　晶体管放大器有哪些基本接法？不同接法各有什么特点？

3.5　放大电路工作点及输出范围的图解分析

晶体管放大器的临界工作点和输出范围，可以用解析法分析计算，也可以用图解法分析计算。今以基本共射放大电路为例，引入直流负载线和交流负载线，介绍图解法。

1. 直流负载线

图 3.1.4 所示基本共射放大电路集-射偏置压降 U_{ce}与集电极偏置电流 I_c的关系为

$$U_{ce}=U_{cc}-R_cI_c\quad\text{或}\quad I_c=U_{cc}/R_c-U_{ce}/R_c\tag{3.5.1}$$

式(3.5.1)表达了偏置电流 I_c与偏置电压 U_{ce}的关系。在 I_c-U_{ce}坐标系中，它是一条直线。因偏置电流流过 R_c，故 R_c 也叫直流负载电阻，而把该直线称为直流负载线。因斜率 $-1/R_c$ 有量纲，故直流负载线须用两点法制作。

直流负载线电流、电压轴截距各为 U_{cc}/R_c、U_{cc}。连接点 $A(0V, U_{cc}/R_c)$ 与 $B(U_{cc}, 0mA)$，即画出直流负载线，如图 3.5.1 所示。U_{cc} 与 R_c 都是确定的，直流负载线是唯一的。

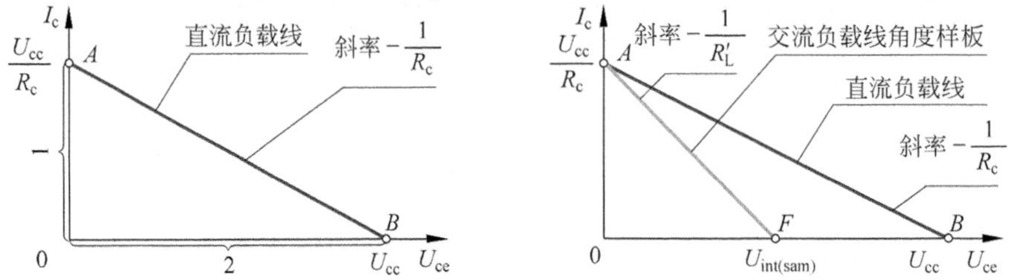

图 3.5.1　基本共射放大器和射随器直流负载线及交流负载线角度样板

2. 交流负载线及其角度样板

以等效交流负载电阻 R'_L 确定方向的直线叫做交流负载线。交流负载线与直流负载线的交点就是工作点。工作点有无穷多个，交流负载线有无穷多条。但所有交流负载线都是互相平行的。设法画出一条交流负载线角度样板，平移就能得到其余交流负载线。

直流负载线斜率 $-1/R_c$，交流负载线斜率 $-1/R'_L$。$R'_L \leqslant R_c$，$1/R'_L \geqslant 1/R_c$，故交流负载线比直流负载线要陡峭。交流负载线与直流负载线要画在一个坐标系内。一条直线无论过于平坦或过于陡峭，都会影响作图及识图效果。为使交流负载线不过于陡峭，直流负载线应画得平坦些。取代表横轴截距 U_{cc} 的线段长度为代表纵轴截距 U_{cc}/R_c 的线段长度的 2 倍，画出直流负载线，见图 3.5.1，使其大约呈 30°斜角。

交流负载线角度样板应过坐标轴上某个已知点。或者过电流轴上点 $A(0V, U_{cc}/R_c)$，或者过电压轴上点 $B(U_{cc}, 0A)$。为节省篇幅，显然宜过点 A。设定交流负载线角度样板过点 A 之后，U_{cc}/R_c 就是交流负载线角度样板在电流轴上的截距，问题只剩下求电压轴截距。

设交流负载线角度样板电压轴截距为 $U_{int(sam)}$，int 是 intercept（截距）的缩写，sam 是 sample（样板）的缩写。交流负载线角度样板方程为

$$U_{ce} = U_{int(sam)} - R'_L I_c \quad 或 \quad I_c = U_{int(sam)}/R'_L - U_{ce}/R'_L \tag{3.5.2}$$

由图 3.5.2(a)可看出电压轴、电流轴截距的比值等于交流负载线斜率倒数的绝对值

$$U_{int(sam)}/(U_{cc}/R_c) = R'_L$$

从中求出过 A 点的交流负载线角度样板的横轴截距

$$U_{int(sam)} = R'_L \frac{U_{cc}}{R_c} = \frac{R'_L}{R_c} U_{cc} = \frac{R_L}{R_c + R_L} U_{cc} \tag{3.5.3}$$

3. 角度样板平移获得最佳交流负载线、临界工作点及输出范围

交流负载线样板向右平移，其与直流负载线的交点 Q 就是工作点，与纵、横轴的交点设为 C、D，见图 3.5.2，CQ、QD 在电压轴上的投影各是 U_{ce}、$R'_L I_c$。样板刚开始右平移时，$U_{ce} < R'_L I_c$；平移到临界位置时，$U_{ce} = R'_L I_c$；超过临界位置时，$U_{ce} > R'_L I_c$。一般地，工作点非临界时，$U_{ce} \neq R'_L I_c$。其中较小的一个就是输出范围，$U_{om} = \min(U_{ce}, R'_L I_c)$。由此看出，用图解法也能导出解析计算式。

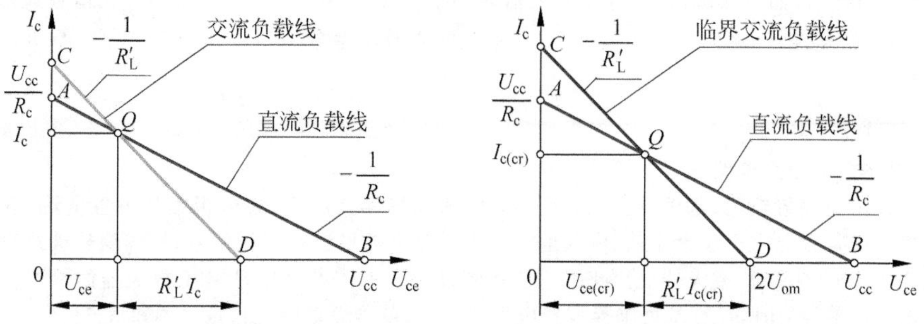

(a) 交流负载线角度样板开始右平移　　(b) 右平移到临界位置

图 3.5.2　平行线法画基本共射放大器交流负载线

总之，交流负载线平行移动到合适位置，至线段 CQ、QD 长度相等即 $U_{ce}=R_L' I_c$ 时，其与直流负载线的交点就是临界工作点，$U_{ce}=R_L' I_c$ 就是最大不失真输出电压幅度 U_{om}。

例 3.5.1　基本共射放大器 $U_{cc}=12V$，$R_c=R_L=1k\Omega$，试用图解法求其临界工作点和输出范围。

解　直流负载线横轴截距为 $U_{cc}=12V$，纵轴截距 $U_{cc}/R_c=12V/1k\Omega=12mA$，首先画出直流负载线，见图 3.5.3。交流负载线角度样板纵轴截距亦取为 12mA，其横轴截距为

$$U_{int(sam)}=\frac{R_L}{R_c+R_L}U_{cc}=\frac{1}{1+1}\times 12V=6V$$

连接点 $A(0V,12mA)$ 和 $F(6V,0mA)$ 即得到交流负载线角度样板，见图 3.5.3。

交流负载线角度样板平行向右移动，线段 CQ 变长，QD 变短，至一定位置时，QD 与 QC 等长，此时的平行线即是临界交流负载线。临界交流负载线与直流负载线的交点 Q 即是临界工作点。可以量得 $U_{ce(cr)}=4V$、$I_{c(cr)}=8mA$、$U_{om(max)}=4V$。

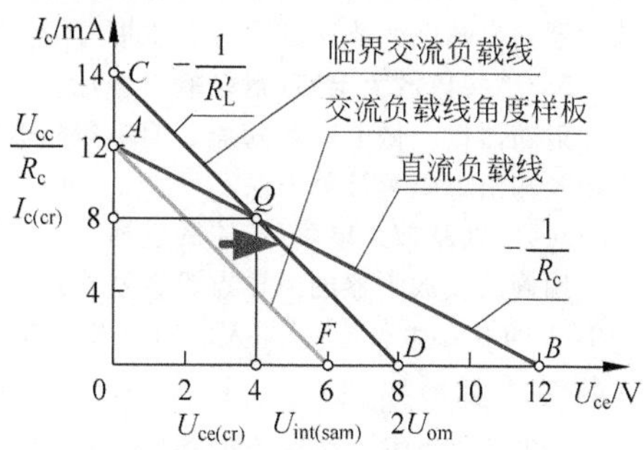

图 3.5.3　图解法求基本共射放大器临界工作点及输出范围

射随器与基本共射放大器输出侧电路相同，因此两者的工作点及输出范围解析计算完全相同，图解计算也完全相同。将以上分析计算中的下标 c 换成 e，即适用于射随器。

图解分析计算也能用于射极偏置共射放大器及共基放大器，详见文献[15]。

3.6　本章小结

一、总体内容

本章介绍了电容耦合 BJT 基本共射放大器、射极偏置共射放大器、基本共集放大器（射随器）及基本共基放大器。这几种放大器的共性是用属于直流半导体器件的 BJT 放大交流信号，因此要求 BJT 事先流有偏置电流。

放大器的作用不局限于电压放大，也可能是电流放大，还可能是功率放大。射随器的作用可以说是将大内阻转换为小内阻，也可以说是功率放大。放大器有电压、电流、功率三大放大倍数。一种放大器，可能

电压放大倍数小于 1，如射随器，或者电流放大倍数小于 1，如共基放大器，但功率放大倍数通常是大于 1 的。放大器电压、电流、功率三大放大倍数中，最重要的当数功率放大倍数。功率放大器的功率放大倍数更是不可轻视。

二、各节要点

3.1 基本共射放大电路

建立基极最小偏置电阻、基极临界偏置电阻、集-射临界偏置压降、集电极临界偏置电流、输出范围等概念。明确基极偏置电阻小于最小值、输入信号很小时输出端将没有任何信号，好像信号被淹没。只有基极偏置电阻等于临界值时，放大器输出范围才能达到最大。工作点设置是 BJT 放大器的首要任务。知道 BJT 电流放大倍数 β 值时，计算基极临界偏置电阻并接入，就能设置好工作点。不知道 β 值时，调整基极偏置电阻，使工作点达到临界值，也能获得最大输出范围。

目的是通过元器件功率与电路效率分析明确基本共射放大器中的功率流向和所能达到的 9% 的最高效率以及放大器效率达到最大的三个条件。

建立源电压放大倍数、自身电压放大倍数、电流放大倍数和功率放大倍数的概念，掌握方法。

建立频率特性概念，掌握根据放大器下限频率要求确定耦合电容的计算方法以及根据有关电阻和耦合电容计算放大器下限频率的方法，知道常用 10μF 耦合电容的计算方法。

3.2 射极偏置共射放大电路

明确放大器工作点内涵与外延。工作点的内涵包括集电极偏置电流与集-射偏置压降，基极偏置电阻、基极偏置电流属于外延。建立集电极偏置电流温度系数、影响因子等概念，并明确集电极偏置电流温度系数、影响因子与晶体管电流放大倍数温度系数的关系。能根据集电极偏置电流温度系数要求设计基极偏置电阻。共射放大器属于反相放大器。

在基本共射放大器基础上建立最大分压比、临界分压比的概念。明确只有实际分压比等于临界值时，放大器输出范围才能达到最大。掌握有关分析计算方法。

3.3 共集放大电路(射极输出器)

射随器也叫做电压跟随器。明确射随器的削内阻作用，掌握工作点设计、U、I、P 三种放大倍数、输入电阻及输出电阻等计算方法。

3.4 共基放大电路(电流跟随器)

明确共基放大器的工作点设置及稳定性分析与分压偏置放大器相同。明确共基放大器电压放大倍数与 BJT 的 β 值基本无关、输入电阻小等特点。

三、关键知识

BJT 放大器基本接法有共射、共集和共基，形成共射放大器(CEA)、共集放大器(CCA)、共基放大器(CBA)。不同接法特点不同。共射放大器电压放大倍数高，应用最广泛；共集放大器输入电阻大、输出电阻小，可用在输入级、插在中间级等；共基放大器高频特性好。偏置参数有偏置电阻最小值和分压比最大值等极限值。实际偏置超出极限，信号将被淹没。关键知识点见表 3.6.1～表 3.6.3。

表 3.6.1 电阻性放大器参数汇总(一)—纯交流参数 R_c

放大器 \ 参数	输入电阻 r_i	输出电阻 r_o	自身电压放大倍数 A_{uz}	源电压放大倍数 A_u
基本共射放大器	$R_b//r_{be}\approx r_{be}$	R_c	$-\beta\dfrac{R_L'}{r_{be}}$	$\approx-\beta\dfrac{R_L'}{r_s+r_{be}}$
射极偏置共射放大器	$R_b//(r_{be}+\beta R_{e1})$	R_c	$-\beta\dfrac{R_L'}{r_{be}+\beta R_{e1}}$	$\dfrac{r_i}{r_s+r_i}A_{uz}$
基本共集放大器(电压射随器)	$R_b//(r_{be}+\beta R_L')$	$\approx\dfrac{r_s//R_b}{\beta}//R_e$	≈1	$\approx\dfrac{r_i}{r_s+r_i}$
基本共基放大器(电流跟随器)	$\approx\dfrac{r_{be}}{\beta}$	R_c	$\beta\dfrac{R_L'}{r_{be}}$	$\approx\dfrac{R_L'}{r_s}$

表 3.6.2 电阻性放大器参数汇总(二)——工作点及输出幅度参数

放大器 \ 参数	临界基极偏置电阻 $R_{b(cr)}$	集-射极临界偏置压降 $U_{ce(cr)}$	输出范围 $U_{om(max)}$	工作点影响因子 ρ
基本共射放大器	$\beta(R_c+R'_L)$	$\dfrac{U_{cc}}{2+R_c/R_L}$	$\dfrac{U_{cc}}{2+R_c/R_L}$	1
射极偏置共射放大器		$\dfrac{(R'_L+R_{e1})U_{cc}}{R_c+R'_L+R_{e1}+R_e}$	$\dfrac{R'_LU_{cc}}{R_c+R'_L+R_{e1}+R_e}$	$\dfrac{R_b}{R_b+\beta R_e}$
射极输出器	$\beta R'_L$	$\dfrac{U_{cc}}{2+R_e/R_L}$	$\dfrac{U_{cc}}{2+R_e/R_L}$	$\dfrac{R_b}{R_b+\beta R_e}$
基本共基放大器		$\dfrac{R'_LU_{cc}}{R_c+R'_L+R_e}$	$\dfrac{R'_LU_{cc}}{R_c+R'_L+R_e}$	$\dfrac{R_b}{R_b+\beta R_e}$

表 3.6.3 BJT 放大器的三种组态及其特点对比

组态	相移	电压放大倍数	输入电阻	输出电阻	下限频率	上限频率
共射	反相	大	一般	一般	一般	一般
共集	同相	小于 1	大	小	低	较高
共基	同相	大	小	一般	一般	最高

电压放大可能伴随着电流放大或电流有所损失；电流放大时可能伴随着电压放大或电压损失。无论电压放大还是电流放大通常都伴随着功率放大。

怎样区分共集与共射电路：

先找到负载电阻 R_L，R_L 上端所接的就是输出耦合电容，过了这个电容再往里若是集电极，就是共射放大器；再往里若是发射极，就是共集放大器。

学习放大器，要着眼于电路结构、元器件逻辑关系及放大器与晶体管非线性之间的关系，并熟悉元器件参数的数量级。

通过本章学习，要知道按照接法 BJT 基本放大器有共射、共集和共基三种基本结构。

放大器以负载为本。就基本共射放大器来说，晶体管 T、基极偏置电阻 R_b、安伏变换器 R_c 以及耦合电容等都是为负载服务的。β、R_L、R_c、R_b 之间的逻辑关系应为：根据 R_L、按照效率最大或负载功率最大原则确定 R_c，一般取 $R_c=(1\sim2)R_L$；根据 R_L、R_c 和 β，按照输出范围最大原则确定 R_b。

放大器的非线性与所用晶体管不同。由于众多的线性电阻电容等作用，放大器的非线性小于所用晶体管的非线性。不能直接就晶体管特性曲线来分析放大器输出电压波形。

要善于从质的方面和量的方面认识放大器。要知道安伏变换器 R_c、R_e 的数量级通常在 1～10kΩ，而基极偏置电阻 R_b 的数量级通常在几十～几百 kΩ 以及 $r_{be}\ll R_b$。

3.7 仿真与实训三 基本共射放大电路

1. 实验电路及目的

实验电路见图 3.7.1。电压放大器的倒扣的勺形传输特性曲线见图 3.7.2。

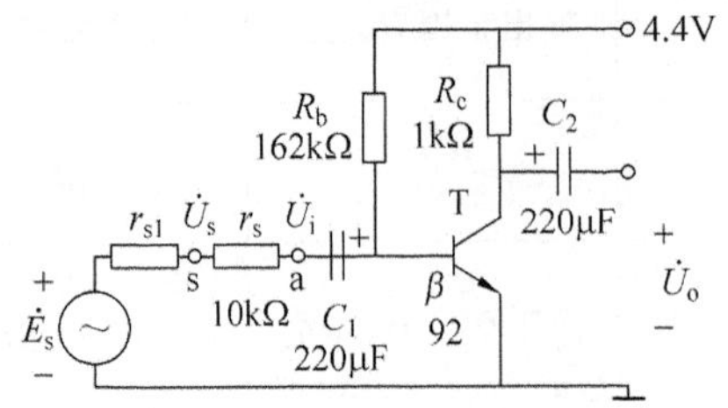

图 3.7.1 加大内阻调节信号源幅度

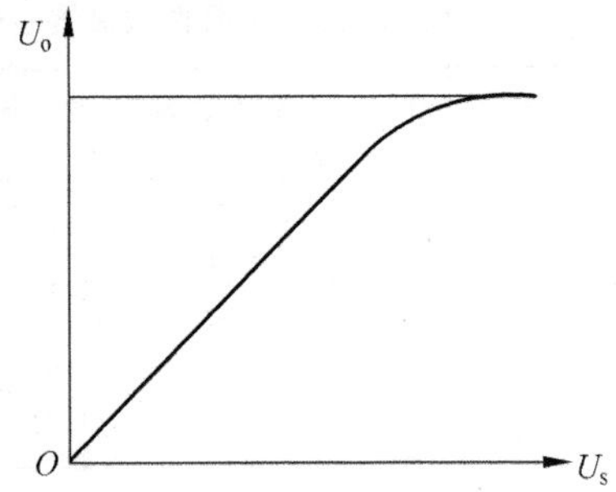

图 3.7.2 电压放大器的勺形传输特性曲线

训练基本共射放大器工作点设置及电压放大倍数计算。验证工作点达到临界位置时输出范围达到最大的规律。最后应能根据实验数据画出放大器倒扣的勺形传输特性曲线。

2. 实验器材

面包实验板，4.4V 充电器，220V/6V 变压器，数字万用表。晶体管 1 只，用万用表测量 $\beta=88$，100kΩ 电位器 1 只、1kΩ 电阻 1 只，100～680kΩ 电阻若干，220μF 电解电容 2 只，插线、双夹线、鳄鱼夹若干。

业余实验最大的困难是缺乏信号源、测量设备及示波器等实验器材。

只要适当加大耦合电容，如加大到 220μF，就可用 6V50Hz 工频电源作信号源。

信号源用 50Hz 工频电压，还能简化测量，用数字万用表就能完成所有实验测量。

根据临界工作点理论和方法，可确定输入范围，避免削波失真，省去示波器。

变压器副边输出的 50Hz 低压电源很难连续调节。为此可采取两种措施。

(1) 所用变压器绕组与铁芯之间有缝隙时，可用细导线穿绕成一个新副边，原边匝数约 4000 时，每匝可获得大约 50mV 电压。通过控制穿绕匝数，就能获得大小不等的信号。

(2) 所用变压器绕组与铁芯严丝合缝时，可加大信号源内阻以调整信号大小。为此把电路改造为图 3.7.1，内阻一分为二。加大 r_{s1}，使其在 100kΩ～2MΩ 之间调节，结果等效于减小信号源电压，就能在 $\dot{E}_s$ 不变条件下，将 6V 信号源连续调节为 $\dot{U}_s=20\sim200\text{mV}$。

3. 实验前计算

$$R_{b(cr)}=2\beta R_c=2\times88\times1\text{k}\Omega=176\text{k}\Omega$$

$$U_{ce(cr)}=U_{om(max)}=U_{cc}/(2+R_c/R_L)=4.4\text{V}/2=2.2\text{V}$$

4. 实训(业余实验)

实验设备接线见图 3.7.3。面包实验板上两个电解电容之间的是小型金封三极管，右边为输入耦合电容 C_1，左边为输出耦合电容 C_2。紧挨 C_1 左边是一个固定的 10kΩ 电阻，充当信号源内阻。再往左是一排 220～680kΩ 电阻串联在一起。左下角的鳄鱼夹来自于变压器 6V 输出电压。将这个鳄鱼夹依次右移，就能连续加大信号源幅度，进行放大实验。

实验前先检测工作点。根据计算值 176kΩ，用 100kΩ 电阻与 100kΩ 电位器串联作 R_b，调整 R_b 使 U_{ce} 达到临界值，然后测量 R_b 实值，反推晶体管 β 值，并计算其他参数指标。

$$\beta=(U_{cc}-U_{ce})/(U_{cc}-U_{be})R_b/(2R_c)$$
$$=(4.4\text{V}-0.1\text{V})/(4.4\text{V}-0.6\text{V})\times162/(2\times1)=92$$

$$I_b=(U_{cc}-U_{be})/R_b=(4.4\text{V}-0.6\text{V})/162\text{k}\Omega=3.8\text{V}/162\text{k}\Omega=0.0235\text{mA}$$

$$r_{be}=r_{bb}+U_T/I_b=200+26\text{mV}/0.0235\text{mA}=1308\Omega$$

$$A_{uo}=-\beta R_c/(r_s+r_{be})=-92\times1\text{k}\Omega/(10\text{k}\Omega+1.3\text{k}\Omega)=-8.14\text{ 倍}$$

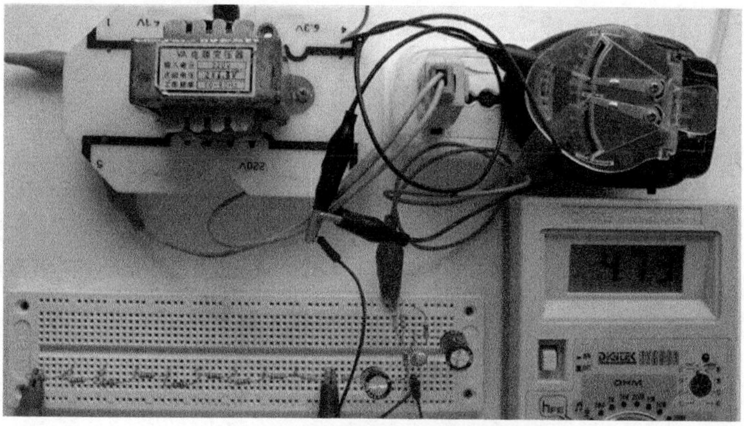

图 3.7.3　基本共射放大器简易实验电路

表 3.7.1　基本共射放大器实验数据

$\dot{U}_s$/mV	27.2	30.2	33.7	38.2	43.7	51.0	62.3	77.5	102.5	167
$\dot{U}_o$/mV	232	257	286	322	367	426	516	638	841	1307
$\lvert A_{uo} \rvert$	8.53	8.51	8.49	8.43	8.40	8.35	8.28	8.23	8.21	7.83

本电路输出范围为 2.1V，折合有效值 1.5V，故实验做到输出电压达到 1.3V 为止。

从表 3.7.1 读取 $A_{uo}=-(8.53+8.21)/2=-8.37$ 倍，理论计算与实验基本吻合。

Multisim 仿真晶体管 $\beta=92$，其余参数见仿真图 3.7.4。

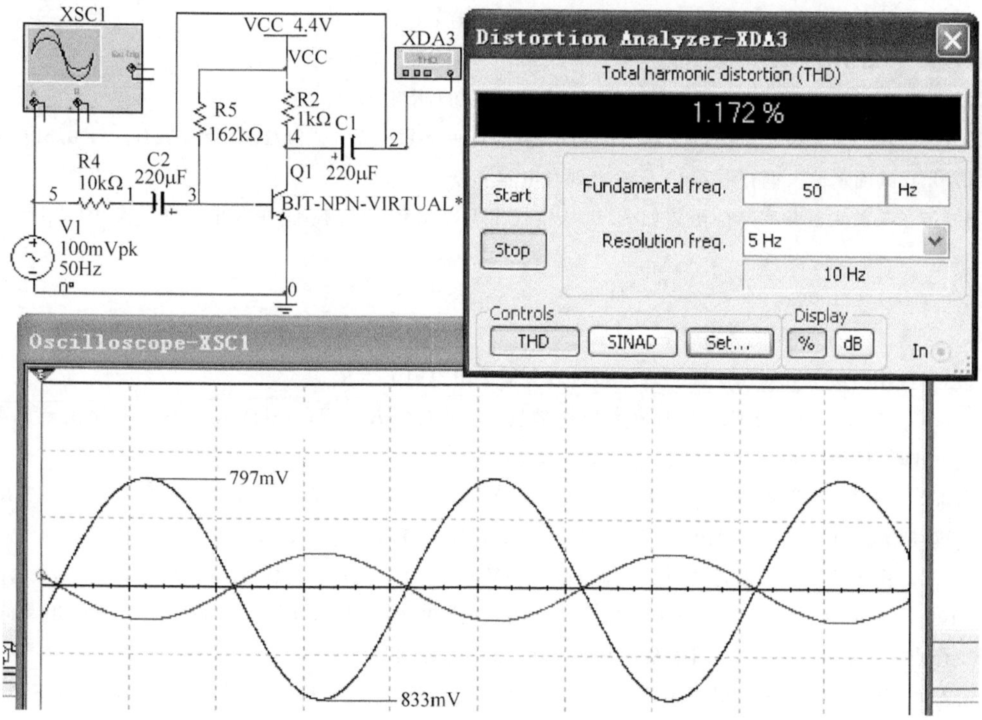

图 3.7.4　基本共射放大器 Multisim 仿真

$U_s=100\text{mV}$，从仿真图上读取 $U_{opk}=(797\text{mV}+833\text{mV})\div 2=815\text{mV}$，计算电压放大倍数

$A_{uo}=-815\text{mV}/100\text{mV}=-8.15$ 倍

3.8 习 题 三

3.1.1 图 3.8.1 基本共射放大器 $U_{cc}=12\text{V}$，$R_c=R_L=2.4\text{k}\Omega$，硅管 $\beta=100$，试计算 $R_{b(min)}$、$R_{b(cr)}$、$I_{c(cr)}$、$U_{ce(cr)}$、$U_{om(max)}$。指出 $R_b<R_{b(min)}$、$R_{b(min)}<R_b<R_{b(cr)}$、$R_b=R_{b(cr)}$、$R_b>R_{b(cr)}$ 对 U_o 波形的影响。

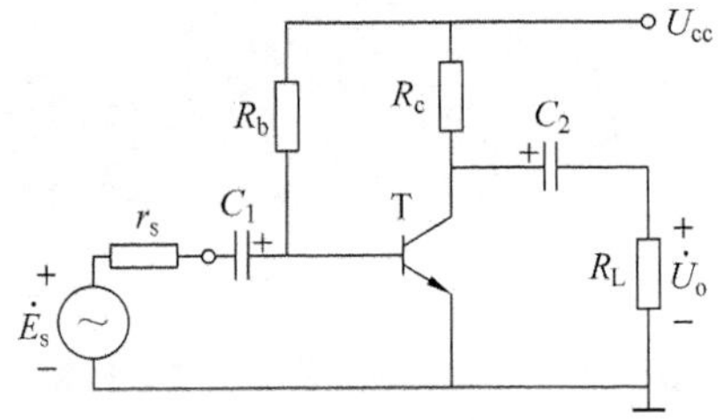

图 3.8.1 基本共射放大器

3.1.2 已知基本共射放大器 $U_{cc}=12\text{V}$，$R_c=R_L=2\text{k}\Omega$，当基极偏置电阻调整为 $R_b=390\text{k}\Omega$ 时工作点达到 $U_{ce(cr)}=4\text{V}$ 临界设计要求，试据此判断所用晶体管 β 值。

3.1.3 图 3.8.1 基本共射放大器 $U_{cc}=12\text{V}$，$R_c=R_L=2.4\text{k}\Omega$，$\beta=100$，$r_{bb'}=200\Omega$，$r_s=2\text{k}\Omega$，工作点调到临界位置，试计算 r_{be}、r_i、r_o、A_{uz}、A_u、A_i 和 A_p。

3.1.4 图 3.8.1 基本共射放大器 $U_{cc}=12\text{V}$，$R_c=R_L=2.4\text{k}\Omega$，$R_b=360\text{k}\Omega$，$\beta=100$，$r_{bb'}=200\Omega$，$r_s=2\text{k}\Omega$，试计算 I_b、I_c、U_{ce}，判断是否基本处于临界位置，再计算 r_{be}、r_i、r_o、A_{uz}、A_u、A_i 和 A_p。

3.1.5 计算图 3.8.1 基本共射放大器的下限频率 f_L：

(1) $r_s=1\text{k}\Omega$，$r_i=1\text{k}\Omega$，$C_1=10\mu\text{F}$，$C_2=10\mu\text{F}$，$R_L=2\text{k}\Omega$，$R_c=2\text{k}\Omega$；

(2) $r_s=2\text{k}\Omega$，$r_i=2\text{k}\Omega$，$C_1=10\mu\text{F}$，$C_2=10\mu\text{F}$，$R_L=2\text{k}\Omega$，$R_c=2\text{k}\Omega$。

3.1.6 图 3.8.1 基本共射放大器下限频率要求 $f_L=20\text{Hz}$，$R_c=0.5\text{k}\Omega$，$R_L=0.5\text{k}\Omega$，$r_s=0.5\text{k}\Omega$，$r_i\approx r_{be}=0.5\text{k}\Omega$，试确定输入耦合电容 C_1 及输出耦合电容 C_2。

3.1.7 某放大器频率特性函数如下，试从中找出下限频率、上限频率、中频电压增益及中频相移。

$$A(\omega)=1000\frac{\text{j}\dfrac{f}{10}}{\left(1+\text{j}\dfrac{f}{10}\right)\left(1+\text{j}\dfrac{f}{10^6}\right)}$$

3.1.8 用负载空载对比法证明基本共射放大器输出电阻 $r_o=R_c$。

3.2.1 图 3.8.2 射极偏置共射放大器用硅管，$U_{cc}=12\text{V}$、$R_c=R_L=2\text{k}\Omega$、$R_{e1}=100\Omega$、输出范围要求 $U_{om(max)}=3\text{V}$。试确定 R_{e2}，计算 $U_{ce(cr)}$、$U_{e(cr)}$、$I_{c(cr)}$。

3.2.2 图 3.8.2 射极偏置共射放大器 $r_s=1\text{k}\Omega$，$U_{cc}=12\text{V}$，$R_c=R_L=2\text{k}\Omega$，$R_{e1}=100\Omega$，$R_{e2}=0.8\text{k}\Omega$，$\Delta T=50℃$，$\delta U_{om}=10\%$，$\beta=100$，$\theta\approx+1\%/℃$，$r_{bb'}=200\Omega$。计算 $U_{om(max)}$、λ、ρ、α_{cr}、$R_{b(cr)1}$ 和 $R_{b(cr)2}$。

3.2.3 图 3.8.2 射极偏置共射放大器 $U_{cc}=12\text{V}$、$U_{be}=0.7\text{V}$、$r_s=2\text{k}\Omega$，$R_{b1}=47\text{k}\Omega$，$R_{b2}=27\text{k}\Omega$，晶体管 $\beta=100$，$R_c=R_L=2.4\text{k}\Omega$、$R_{e1}=200\Omega$、$R_{e2}=1.2\text{k}\Omega$，试计算 I_b、I_c、U_{ce}，实际工作点与临界值的相对偏离，判断工作点是否处于临界位置，计算影响因子 ρ、r_i、r_o、A_i、A_{uz} 及 A_u。

3.2.4 已知射极偏置共射放大器 $U_{cc}=12\text{V}$，$R_c=R_L=2\text{k}\Omega$，$R_{e1}=100\Omega$，$R_{e2}=1\text{k}\Omega$，试根据以下两种情况整定工作点。

(1) 已知晶体管 $\beta=100$ 及工作点影响因子 $\rho=10\%$；　(2) β 未知。

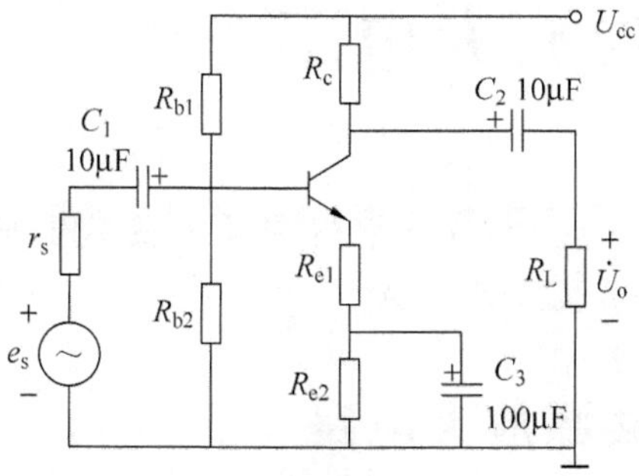

图 3.8.2　射极偏置共射放大器

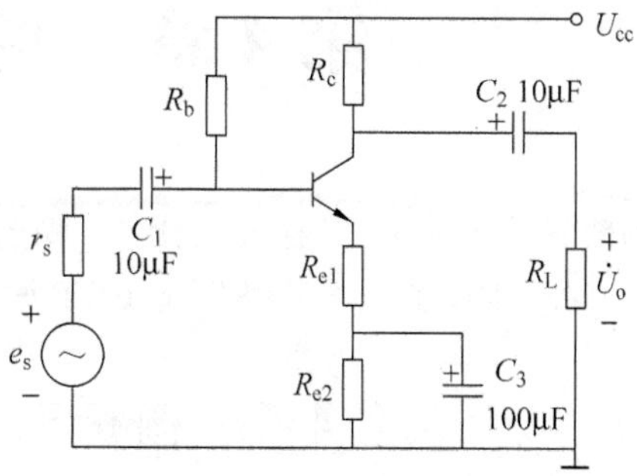

图 3.8.3　分压比=1 的射极偏置共射放大器

3.2.5　图 3.8.3 分压比 $\alpha=1$ 的射极偏置共射放大器中晶体管 $\beta=100$、β 值温度系数折合 $\theta=1\%/℃$，$R_c=2\text{k}\Omega$、$R_L=2\text{k}\Omega$、$R_{e1}=100\Omega$，$R_{e2}=1\text{k}\Omega$，忽略 U_{be} 影响，试计算基极临界偏置电阻 $R_{b(cr)}$、影响因子 ρ 及集电极偏置电流温度系数 λ。

3.3.1　图 3.8.4 射随器 $U_{cc}=12\text{V}$，$R_e=R_L=3\text{k}\Omega$，硅晶体管 $\beta=100$，$r_{bb'}=200\Omega$，$r_s=100\text{k}\Omega$。试求：

(1) $I_{e(cr)}$、$U_{ce(cr)}$、$U_{e(cr)}$、$U_{om(max)}$、$R_{b(cr)}$ 及工作点影响因子 ρ。

(2) r_i、r_o、A_u、A_{uz}、A_i、A_p。计算时可用近似公式。

3.4.1　图 3.8.5 共基放大器 $U_{cc}=12\text{V}$，$R_c=R_L=3\text{k}\Omega$，$R_e=1.2\text{k}\Omega$，试确定 BJT 集-射临界偏置压降 $U_{ce(cr)}$、发射极临界偏置电压 $U_{e(cr)}$、集电极临界偏置电流 $I_{c(cr)}$，临界偏置条件下放大器的输出范围 $U_{om(max)}$。

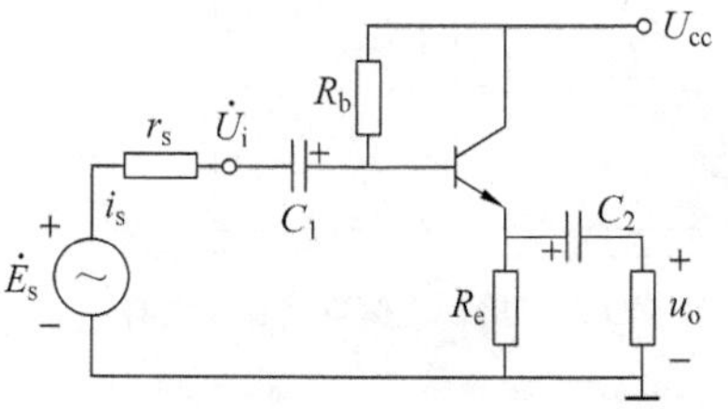

图 3.8.4　射随器

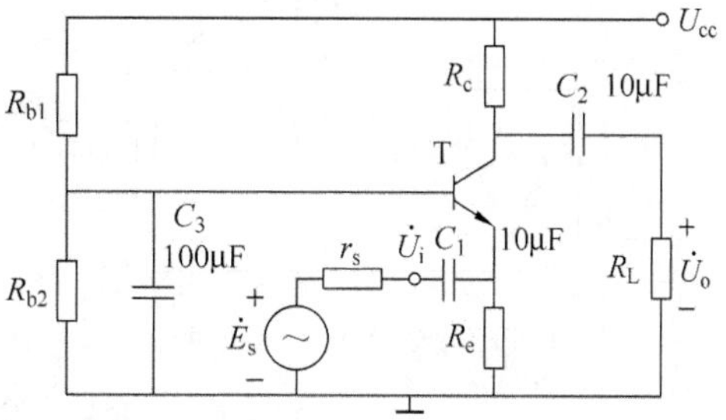

图 3.8.5　共基放大器

3.4.2　图 3.8.5 共基放大器 $r_s=1\text{k}\Omega$，$R_c=R_L=6.8\text{k}\Omega$，$R_e=1\text{k}\Omega$，晶体管 $\beta=100$，$r_{bb'}=200\Omega$，电路处于临界状态，试计算 r_i、A_u、A_i、A_p、r_o 及 A_{uz}。

3.4.3　图 3.8.6 用 PNP BJT 的基本共射放大器采用负电源，$R_c=R_L=2\text{k}\Omega$，$\beta=100$，试计算 $R_{b(min)}$、$R_{b(cr)}$、$I_{c(cr)}$、$U_{ce(cr)}$、$U_{om(max)}$。

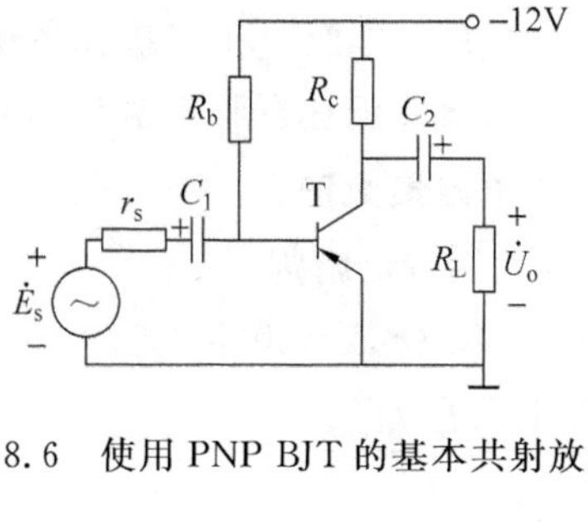

图 3.8.6　使用 PNP BJT 的基本共射放大器

第 4 章　场效管放大电路

场效管放大器具有输入电阻大、噪音低等优点。本章介绍与三种组态 BJT 放大器 CEA、CCA、CBA 类似的三种组态 FET 放大器 CSA、CDA、CGA。

4.1　栅极无偏置共源放大电路

与 BJT 组成的共射放大器(CEA)相似的 FET 放大器是共源极放大器(Common Source Amplifier),简称共源放大器(CSA)。

根据 JFET 传输特性曲线分布在两个象限,设计了栅极无偏置 JFET 共源放大器和栅极无偏置耗尽型 MOSFET 共源放大器,见图 4.1.1。U_{dd}表示 FET 漏极 D 所接直流电源。

可看到,放大器输入侧常见的偏置电阻和耦合电容都没有了。信号源电流几乎为 0。信号源内阻 r_s 几乎不消耗能量,也不影响电压放大倍数。整个放大电路简洁至上。

因为放大器栅极无偏置,所以 FET 栅-源电压直流分量 $U_{gs} \equiv 0$。

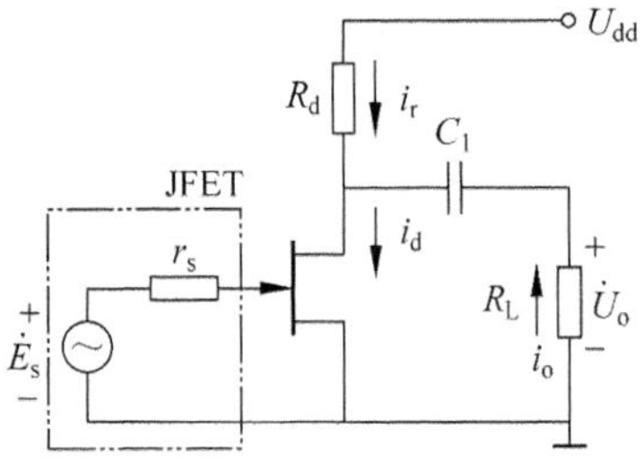

(a) JFET栅极无偏置共源放大器

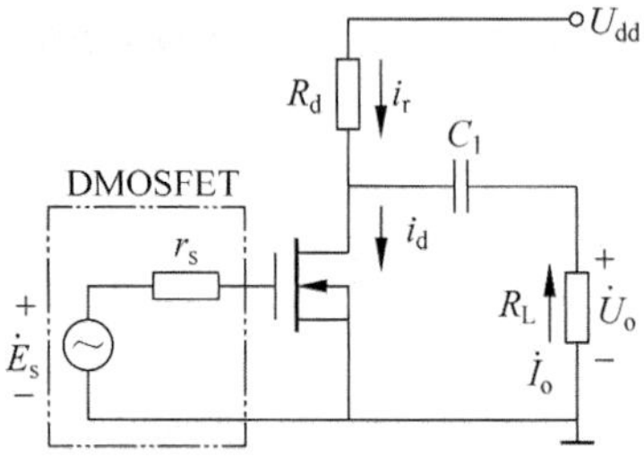

(b) 耗尽型 MOSFET栅极无偏置共源放大器

图 4.1.1　栅极无偏置 FET 共源放大器

如果栅极偏置电压可调,那么给定任意负载电阻和漏极安伏变换器,都能找到一个漏极临界偏置电流和漏-源临界偏置电压,都能根据 g_m 值找到一个栅极偏置电阻临界值,使放大器获得最大输出电压幅度。

栅极无偏置放大器的 FET 栅极偏置电压恒为 0,栅极电阻或电压根本没有调整余地,且零栅压漏极电流作为唯一的偏置电流。安伏变换器 R_d 兼起偏置电阻的作用。栅极无偏置放大器的最大不失真输出电压幅度直接取决于漏极偏置电阻 R_d。因此这种放大器的设计思路是:根据输出范围最大要求,将零栅压漏极电流作为固定偏置电流,来确定 R_d。

1. 临界偏置条件及漏极偏置电阻最大值

临界偏置约束条件及漏极最大偏置电阻为

$$U_{dd} - (R_d + R'_L) I_{dss0} (1 - R_d / r_{ds}) = 0 \tag{4.1.1}$$

$$R_{d(max)} = \frac{r_{ds} - \sqrt{r_{ds}^2 - 4 r_{ds} U_{dd} / I_{dss0}}}{2} \tag{4.1.2}$$

栅极无偏置 FET 放大器的 R_d 不能超过此最大值,否则只有信号负半波才能显现。因共源放大器亦属于反相放大,故 R_d 过大时在输出端只能看到正半波一部分电压。

2. 工作点设计及输出范围计算

下面分空载和负载两种情况讨论栅极无偏置放大器工作点的设计。

1) 空载放大器设计

漏极临界偏置电阻 $R_{d(cr)}$ 为

$$R_{d(cr)} = \frac{r_{ds} - \sqrt{r_{ds}^2 - 2r_{ds}U_{dd}/I_{dss0}}}{2} \tag{4.1.3}$$

漏极临界偏置电阻 $R_{d(cr)}$ 确定后，可计算栅极无偏置放大器 FET 漏极临界偏置电流为

$$I_{d(cr)} = I_{dss} = (1 - R_{d(cr)}/r_{ds})I_{dss0} \tag{4.1.4}$$

漏-源临界偏置压降和放大器空载输出范围为

$$U_{ds(cr)} = U_{dd} - R_{d(cr)}I_{d(cr)} \tag{4.1.5}$$

$$U_{om(max)} = R_{d(cr)}I_{d(cr)} \tag{4.1.6}$$

2) 负载放大器设计

关于未知数 R_d 的三次方程为

$$R_d^3 + (2R_L - r_{ds})R_d^2 + r_{ds}(U_{dd}/I_{dss0} - 2R_L)R_d + r_{ds}R_LU_{dd}/I_{dss0} = 0 \tag{4.1.1a}$$

r_{ds} 值比较大。可首先令 $r_{ds}\to\infty$ 将三次方程简化为二次方程

$$R_d^2 - (U_{dd}/I_{dss0} - 2R_L)R_d - R_LU_{dd}/I_{dss0} = 0$$

解此一元二次方程可得到 R_d 的初始值

$$R_d = \frac{U_{dd}/I_{dss0} - 2R_L + \sqrt{(U_{dd}/I_{dss0})^2 + 4R_L^2}}{2} \tag{4.1.2a}$$

然后以此近似值调试，或作为初始值用牛顿迭代法以得到 R_d 的精确值。

为用牛顿迭代法，首先根据式(4.1.1a)构造函数

$$f(R_d) = {R_d}^3 + (2R_L - r_{ds}){R_d}^2 + r_{ds}(U_{dd}/I_{dss0} - 2R_L)R_d + r_{ds}R_LU_{dd}/I_{dss0}$$

并求其一阶导数为

$$f'(R_d) = 3{R_d}^2 + 2(2R_L - r_{ds})R_d + r_{ds}(U_{dd}/I_{dss0} - 2R_L)$$

用牛顿迭代公式 $R_d = R_d - \dfrac{f(R_d)}{f'(R_d)}$ 可求得负载放大器输出范围为

$$U_{om(max)} = R'_LI_{dss} \tag{4.1.6a}$$

例 4.1.1　图 4.1.1 所示栅极无偏置 FET 放大器空载，$I_{dss0}\approx 2\text{mA}$，$r_{ds}=30\text{k}\Omega$，$U_{dd}=12\text{V}$，试计算 $R_{d(max)}$，并确定 $R_{d(cr)}$、$I_{d(cr)}$、$U_{ds(cr)}$ 及 $U_{om(max)}$。

解　$$R_{d(max)} = \frac{r_{ds} - \sqrt{r_{ds}^2 - 4r_{ds}U_{dd}/I_{dss0}}}{2} = \frac{30 - \sqrt{30^2 - 4\times 30\times 12/2}}{2}\text{k}\Omega = 8.3\text{k}\Omega$$

$$R_{d(cr)} = \frac{r_{ds} - \sqrt{r_{ds}^2 - 2r_{ds}U_{dd}/I_{dss0}}}{2} = \frac{30 - \sqrt{30^2 - 2\times 30\times 12/2}}{2}\text{k}\Omega = 3.38\text{k}\Omega$$

漏极临界偏置电流、漏-源临界偏置压降及输出范围为

$$I_{d(cr)} = I_{dss} = (1 - R_{d(cr)}/r_{ds})I_{dss0} = (1 - 3.38/30)\times 2\text{mA} = 1.775\text{mA}$$

$$U_{ds(cr)} = U_{dd} - R_{d(cr)}I_{d(cr)} = 12\text{V} - 3.38\times 1.775\text{V} = 6.0\text{V}$$

$$U_{om(max)} = R_{d(cr)}I_{d(cr)} = 3.38\times 1.775 = 6.0\text{V}$$

例 4.1.2　图 4.1.1 栅极无偏放大器 FET 的 $I_{dss0}\approx 2\text{mA}$，$r_{ds}=30\text{k}\Omega$，$U_{dd}=12\text{V}$，$R_L=10\text{k}\Omega$，试决定 $R_{d(cr)}$，并计算 $I_{d(cr)}$、$U_{ds(cr)}$ 及 $U_{om(max)}$。

解 $U_{dd}/I_{dss0}=12V/2mA=6k\Omega$

先用式(4.1.2a)计算漏极偏置电阻 R_d 初值

$$R_d=\frac{U_{dd}/I_{dss0}-2R_L+\sqrt{(U_{dd}/I_{dss0})^2+4R_L^2}}{2}=\frac{6-2\times10+\sqrt{6^2+4\times10^2}}{2}=3.44k\Omega$$

再用式(4.1.2b)迭代可求得精确值 $R_{d(cr)}\approx4.05k\Omega$，取 $R_d=3.9k\Omega$。

$$I_{d(cr)}=I_{dss}=(1-R_{d(cr)}/r_{ds})I_{dss0}=(1-3.9/30)\times2mA=1.74mA$$

$$U_{ds(cr)}=U_{dd}-R_{d(cr)}I_{d(cr)}=12V-3.9\times1.74V=5.21V$$

$$R'_L=R_d//R_L=(3.9//10)k\Omega\approx2.81k\Omega$$

$$U_{om(max)}=R'_LI_{d(cr)}=2.81k\Omega\times1.74mA=4.88V$$

3. 工作点整定

在 BJT 放大器中，即使不知道 BJT 电流放大倍数等参数，也可以计算集-射临界偏置压降，然后借助仪表调节基极偏置电阻，将放大器工作点调整到临界位置。

在 FET 放大器中，如果不知道 FET 零栅压零电阻漏极电流等参数，就不能根据理论确定漏极偏置电阻，更谈不上计算漏-源临界偏置压降，也就无法借助仪表将放大器工作点调整到临界位置。

临界工作点设计理论对于 BJT 放大器很重要，对于 FET 放大器显得更重要。

FET 放大器的调整主要表现为漏极偏置电阻的调整。根据以上两个例子可以看出，如果缺乏 FET 本身参数，可以试着调节漏极偏置电阻，使漏-源偏置压降达到电源电压 U_{dd} 的 40%左右，也能使放大器获得较大的输出范围。

4. 交流参数分析计算

放大器电压放大倍数及空载电压放大倍数为

$$A_u=\frac{\dot{U}_o}{\dot{E}_s}=-g_mR'_L,\quad A_{uo}=\frac{\dot{U}_o}{\dot{E}_s}=-g_mR_d \tag{4.1.7}$$

栅极无偏共源放大器输入电阻等于管子输入电阻，约在 10MΩ 甚至更高。信号源电流几乎等于 0，放大器电流放大倍数及功率放大倍数几乎都是无穷大。

栅极无偏共源放大器电压增益与管子跨导成正比，其上限频率等于管子截止频率。

共源放大器输出电阻与共射电路计算方法相同，为

$$r_o\approx R_d \tag{4.1.8}$$

高阻值电阻是一个噪声源。栅极无偏置 JFET 共源放大器噪声低，得益于两个因素：一是 JFET 管子本身噪声低；二是栅极没有使用高阻值偏置电阻。

5. 下限频率及上限频率

所有 FET 放大器下限频率及耦合电容计算设计都与 BJT 放大器相同，详见 3.1 节。

栅极无偏共源放大器电压增益与管子跨导成正比，其上限频率等于管子截止频率。

栅极无偏置 JFET 放大器具有以下优点。

(1) 噪声低。栅极不接高阻值偏置电阻，不仅使电路简洁，而且有利于降低噪声；栅极无偏置放大器的价值不仅在于它少用了一两只高阻值电阻，更重要的是消除了这一两只高阻值电阻产生的噪声源。因此，探讨栅极无偏置放大器的工作原理和设计方法是很重要的。

(2) 线性好、输出范围宽。栅极无偏置 JFET 放大器的线性不依赖于信号源内阻或负反馈。

(3) 输入电阻很大，可达 10MΩ，几乎不要求信号源提供电流，对信号源要求低，可代替射极输出器，将数百千欧的信号源内阻转换为几千欧的输出电阻。换句话说，栅极无偏置 JFET 放大器的电流放大倍数及功率放大倍数都很大。

(4) 可省去输入耦合电容，低频特性好。栅极无偏置 JFET 共源放大器特别适合用作多级放大器的输入级。

思考题

4.1.1　选择无偏置 JFET 共源放大器安伏变换器 R_d 时，放大器效率及负载最大功率与输出范围是否有矛盾？如有矛盾，一般应以哪个为主？

4.1.2　JFET 零栅压漏极电流与安伏变换器 R_d 有关吗？

4.1.3　无偏置 FET 放大器安伏变换器 R_d 超出最大值时电路还有无放大功能？

4.2　源极偏置共源放大电路

1. 工作点与输出范围

与图 3.3.2 射极偏置共射放大器相似的是源极偏置共源放大器，见图 4.2.1。

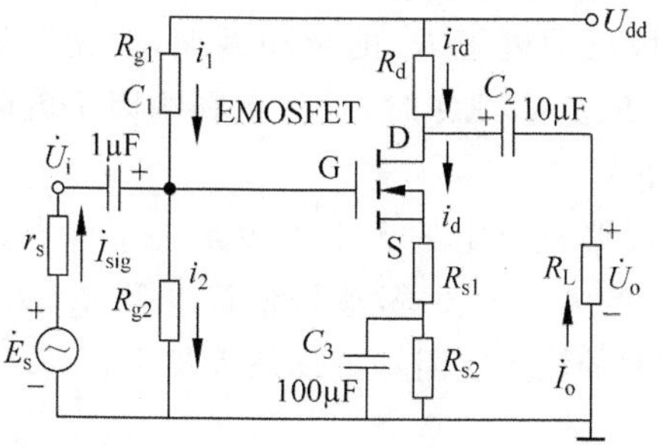

图 4.2.1　源极偏置共源放大器

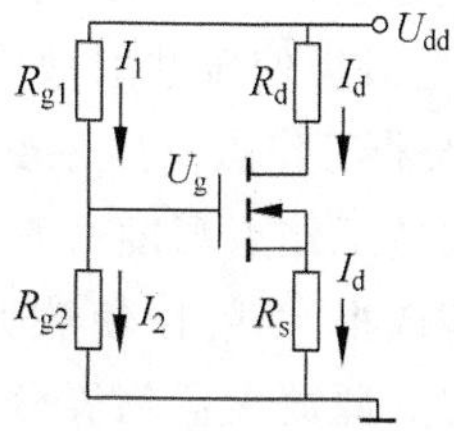

图 4.2.2　源极偏置共源放大器直流通路

源极偏置共源放大器的直流等效电路，见图 4.2.2，其中 $R_s=R_{s1}+R_{s2}$。

按照输出幅度定理，图 3.2.2 射极偏置共射放大器中与 BJT 电流放大倍数 β 无关的公式对图 4.2.1 源极偏置共源放大器仍然适用。将射极偏置共射放大器有关公式中的 R_c 改为 R_d，R_{e1}、R_{e2} 各改为 R_{s1}、R_{s2}，就得到源极偏置共源放大器的同类公式。

射极偏置共射放大器中 BJT 的集电极临界偏置电流计算公式(3.2.11)可以直接改写为源极偏置共源放大器 FET 漏极临界偏置电流计算公式

$$I_{d(cr)}=\frac{U_{dd}}{R_d+R_L'+2R_{s1}+R_{s2}} \tag{4.2.1}$$

射极偏置共射放大器 BJT 集-射偏置电压临界值计算公式(3.2.12)可以直接改写为源极偏置共源放大器 FET 漏-源临界偏置电压计算公式

$$U_{ds(cr)}=\frac{R_L'+R_{s1}}{R_d+R_L'+2R_{s1}+R_{s2}}U_{dd} \tag{4.2.2}$$

将 R_s 乘以 $I_{d(cr)}$，可得到容易测量的源极临界偏置电压为

$$U_{s(cr)}=\frac{R_{s1}+R_{s2}}{R_d+R'_L+2R_{s1}+R_{s2}}U_{dd} \tag{4.2.2a}$$

式(4.2.1)、式(4.2.2)与FET数学模型即FET种类无关，因此使用起来非常方便。这两个式子反映了FET源极偏置共源放大器工作点设计的基本要求，十分重要。

射极偏置共射放大器输出电压最大幅度计算公式(3.2.13)可直接改写为源极偏置共源放大器输出电压最大幅度计算公式

$$U_{om(max)}=\frac{R'_L}{R_d+R'_L+2R_{s1}+R_{s2}}U_{dd} \tag{4.2.3}$$

2. 工作点稳定系数与栅极偏置电阻

设栅极偏置电压分压比为

$$\alpha=\frac{R_{g2}}{R_{g1}+R_{g2}} \tag{4.2.4}$$

则栅极偏置电压可写为

$$U_g=\alpha U_{dd} \tag{4.2.4a}$$

源极偏置共源放大器的工作点影响因子为

$$\rho=\frac{1}{1+g_mR_s} \tag{4.2.5}$$

源极偏置共源放大器的工作点影响因子与栅极偏置电阻无关，仅仅取决于管子跨导 g_m 与源极反馈电阻 R_s 的乘积。管子跨导 g_m 与源极反馈电阻 R_s 的乘积越大，放大器的工作点影响因子就越小，工作点就越稳定。$g_m\geqslant 2\text{mS}$，$R_s\geqslant 4.5\text{k}\Omega$ 时，工作点影响因子就降低到10%以下，这是射极偏置共射放大器所不能比拟的。

FET放大器工作点温度系数与栅极分压比及偏置电阻的大小无关是一个优点。源极偏置共源放大器工作点温度系数与栅极偏置电阻的大小无关，故栅极偏置电阻 R_{g1}、R_{g2} 的阻值可以尽可能取得大些，以使放大器获得尽可能大的输入电阻和电压放大倍数。

源极偏置共源放大器临界分压比为

$$\alpha_{cr}=\frac{1/g_m+R_s}{R_d+R'_L+2R_{s1}+R_{s2}}+\frac{U_{gs(on)}}{U_{dd}} \tag{4.2.6}$$

源极偏置共源放大器临界分压比 α_{cr} 确定之后，可以任意指定一个栅极偏置电阻，如指定 R_{g1}，根据式(4.2.4)可推出 R_{g2} 的计算公式

$$R_{g2}=\frac{\alpha_{cr}}{1-\alpha_{cr}}R_{g1} \tag{4.2.7}$$

3. 交流参数

根据图4.2.1可画出源极偏置共源放大器的交流等效电路，见图4.2.3。可以看出源极偏置共源放大器交流等效电路的输出部分与源极偏置共射放大器完全相同。为将信号源与漏极区别开来，本章开始用 $\dot{I}_{sig}$ 表示信号源电流，用 r_{sig} 表示信号源内阻。

从交流等效电路可以看出源极偏置共源放大器输入电阻及源电压放大倍数为

$$r_i=R_g=R_{g1}//R_{g2} \tag{4.2.8}$$

$$A_u=\frac{\dot{U}_o}{\dot{E}_s}=-\frac{R_g}{r_s+R_g}\frac{g_mR'_L}{1+g_mR_{s1}} \tag{4.2.9}$$

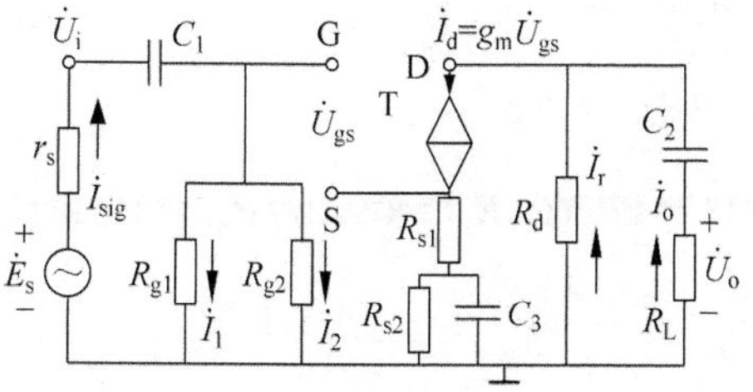

(a) 交流等效电路

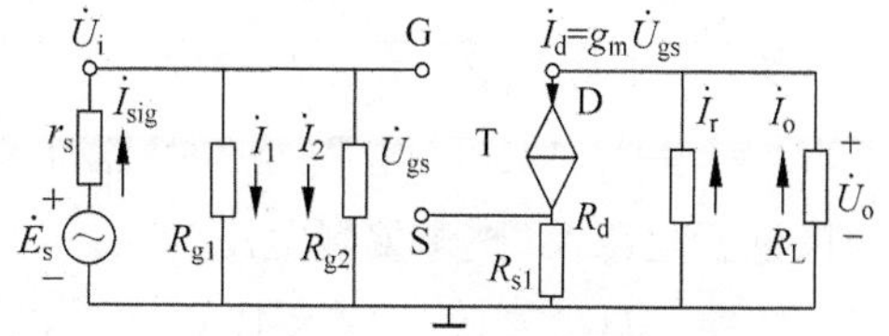

(b) 频带内的交流等效电路

图 4.2.3　源极偏置共源放大器的等效拆分

源极偏置共源放大器电压增益不再与管子跨导成正比，其上限频率高于管子截止频率。令信号源内阻 $r_s=0$ 得到源极偏置共源放大器自身电压放大倍数为

$$A_{uz}=\frac{\dot{U}_o}{\dot{U}_i}=-\frac{g_m R'_L}{1+g_m R_{s1}} \tag{4.2.9a}$$

由于 R_{s1} 的负反馈作用，源极偏置共源放大器上限频率高于管子截止频率。

源极偏置共源放大器电流放大倍数及功率放大倍数为

$$A_i=\frac{\dot{I}_o}{\dot{I}_{sig}}=\frac{R_d}{R_d+R_L}\,\frac{R_g}{1/g_m+R_{s1}} \tag{4.2.10}$$

$$A_p=|A_u A_i|=\frac{R_g^2}{r_s+R_g}\,\frac{R_d}{R_d+R_L}\,\frac{R'_L}{(1/g_m+R_{s1})^2} \tag{4.2.11}$$

源极偏置共源放大器输出电阻与无偏置共源放大器相同，即

$$r_o\approx R_d \tag{4.2.12}$$

例 4.2.1　图 4.2.1 源极偏置共源放大器 $r_s=10\text{k}\Omega, U_{dd}=12\text{V}, R_d=R_L=2.4\text{k}\Omega, R_{s1}=100\Omega$、$R_{s2}=1\text{k}\Omega, g_m=24\text{mS}, U_{gs(on)}=2.2\text{V}$，要求 $r_i=200\text{k}\Omega$，试计算 $I_{d(cr)}$、$U_{ds(cr)}$、ρ，然后分别用线性化方法和二次曲线方法计算 α_{cr}、R_{g1}、R_{g2} 及 U_g。

解　$R'_L=2.4\text{k}\Omega//2.4\text{k}\Omega=1.2\text{k}\Omega$

$$R_d+R'_L+2R_{s1}+R_{s2}=2.4\text{k}\Omega+1.2\text{k}\Omega+2\times 0.1\text{k}\Omega+1\text{k}\Omega=4.8\text{k}\Omega$$

$$I_{d(cr)}=\frac{U_{dd}}{R_d+R'_L+2R_{s1}+R_{s2}}=\frac{12}{4.8}\text{mA}=2.5\text{mA}$$

$$U_{ds(cr)}=\frac{R'_L+R_{s1}}{R_d+R'_L+2R_{s1}+R_{s2}}U_{dd}=\frac{1.2+0.1}{4.8}\times 12\text{V}=3.25\text{V}$$

$$U_{om(max)}=\frac{R'_L}{R_d+R'_L+2R_{s1}+R_{s2}}U_{dd}=\frac{1.2}{4.8}\times 12\text{V}=3\text{V}$$

(1) 用线性化方法计算分压比及栅极偏置电阻

$$\alpha_{cr}=\frac{1/g_m+R_s}{R_d+R'_L+2R_{s1}+R_{s2}}+\frac{U_{gs(on)}}{U_{dd}}=\frac{1/24+1.1}{4.8}+\frac{2.2}{12}=0.4212$$

$$\rho=\frac{1}{1+g_m R_s}=\frac{1}{1+24\times 1.1}=0.03650$$

$$R_{g2}=\frac{\alpha_{cr}}{1-\alpha_{cr}}R_{g1}=\frac{0.4212}{1-0.4212}R_{g1}=0.7277R_{g1}$$

将 R_{g2} 与 R_{g1} 的关系代入到并联电阻计算公式中，有

$$\frac{R_{g1}R_{g2}}{R_{g1}+R_{g2}}=\frac{0.7277R_{g1}^2}{R_{g1}+0.7277R_{g1}}=0.4212R_{g1}=R_g$$

令 $R_g=r_i=200\text{k}\Omega$，可得 $R_{g1}=200\text{k}\Omega/0.4211=475\text{k}\Omega$，$R_{g2}=0.7277R_{g1}=346\text{k}\Omega$。

栅极偏置电压及栅-源偏置电压为

$$U_g=\alpha U_{dd}=0.4212\times 12\text{V}=5.054\text{V}$$

$$U_{gs}=U_g-R_sI_d=5.054\text{V}-1.1\times 2.5\text{V}=2.304\text{V}$$

验算漏极偏置电流为

$$I_d=g_m(U_{gs}-U_{gs(on)})=24\times(2.304-2.2)\text{mA}=2.496\text{mA}\approx 2.5\text{mA}$$

(2) 用二次曲线方法计算分压比及栅极偏置电阻

首先用式(2.2.2)计算阈值电压

$$U_{gs(th)}=0.8U_{gs(on)}=0.8\times 2.2\text{V}=1.76\text{V}$$

然后令式(2.2.3a)中的 $I_d=I_{d(cr)}$，再求出倍压漏极电流为

$$I_{dd}=\frac{(g_mU_{gs(th)})^2}{4I_{d(cr)}}=\frac{(24\times 1.76)^2}{4\times 2.5}\text{mA}=178.4\text{mA}$$

再在式(2.2.3)中令 $i_d=I_{d(cr)}$，求出栅-源偏置电压为

$$U_{gs}=\left(\sqrt{\frac{I_{dcr}}{I_{do}}}+1\right)U_{gs(th)}=\left(\sqrt{\frac{2.5}{178.4}}+1\right)\times 1.76\text{V}=1.968\text{V}$$

栅极偏置电压及临界分压比为

$$U_g=U_{gs}+R_sI_d=1.968\text{V}+1.1\times 2.5\text{V}=4.718\text{V}$$

$$\alpha_{cr}=U_g/U_{dd}=4.718/12=0.3932$$

栅极第二偏置电阻 R_{g2} 与第一偏置电阻 R_{g1} 的关系为

$$R_{g2}=\frac{\alpha_{cr}}{1-\alpha_{cr}}R_{g1}=\frac{0.3932}{1-0.3932}R_{g1}=0.6480R_{g1}$$

可以看出，两种方法计算出的临界分压比 α_{cr} 的相对差异为(0.421－0.393)/0.393 = 7%。这说明两个结果都是可信的，但线性化方法显得简单些。

例 4.2.2 在例 4.2.1 基础上，计算该放大器的源电压放大倍数 A_u、自身电压放大倍数 A_{uz}、源电流放大倍数 A_i 和功率放大倍数 A_p。

解 $A_{uz}=-\dfrac{g_mR_L'}{1+g_mR_{s1}}=-\dfrac{24\times 1.2}{1+24\times 0.1}=-8.471$ 倍

$$A_u=\frac{R_g}{r_s+R_g}A_{uz}=\frac{200}{200+10}\times(-8.471)\approx -8.067\text{ 倍}$$

FET 放大器输入电阻很大，其自身电压放大倍数 A_{uz} 与源电压放大倍数 A_u 很接近。

$$A_i=\frac{\dot{I}_o}{\dot{I}_{sig}}=\frac{r_i}{R_L}\mid A_{uz}\mid=\frac{200}{2.4}\times 8.471=706\text{ 倍}$$

$$A_p=|A_uA_i|=8.471\times 706=5979\text{ 倍}$$

FET 管子及放大器输入电阻都比较大，使 FET 放大器具有很大的功率放大倍数。

图 4.2.4 所示源极偏置共源放大器的源极没有接反馈电阻，是图 4.2.1 的特例。在有

关公式中令 $R_{s1}=R_{s2}=0$，就可进行图 4.2.4 的分析设计计算。

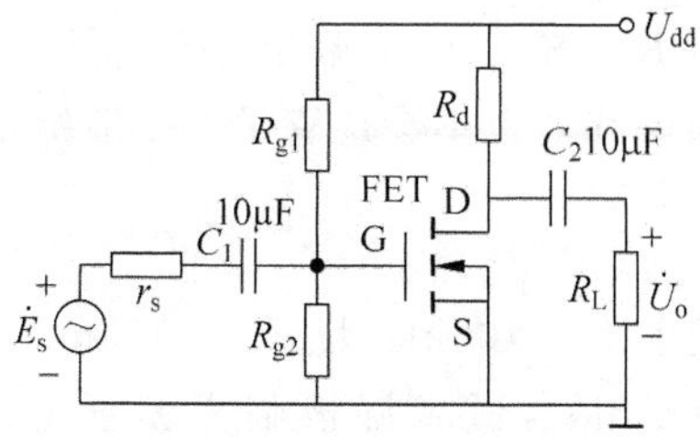

图 4.2.4　基本共源放大器

思考题

4.2.1　源极偏置共源放大器中的栅极偏置电阻 R_{g1}、R_{g2} 的大小是否影响工作点温度系数？

4.2.2　源极偏置共射放大器中的基极第二偏置电阻 R_{b2} 省略后适当调大 R_{b1}，电路还能工作。源极偏置共源放大器中的栅极第二偏置电阻 R_{g2} 省略后电路是否还可能工作？

4.2.3　若源极偏置共源放大器不用增强型 MOSFET，而是用耗尽型 MOSFET，将产生什么影响？

4.3　共漏放大电路(源极输出器)

与 BJT 组成的共集放大器(CCA)相似的 FET 放大器是共漏极放大器(Common Drain Amplifier)，简称共漏放大器(CDA)。共漏放大器信号从 FET 栅极输入，从源极输出，以漏极为公共点。共漏放大器也叫做源极输出器，简称源随器。

1. 工作点设计与输出范围

图 4.3.1 是采用耗尽型 MOSFET 的源随器。根据输出范围定理，图 4.3.1 源随器与图 3.3.1 射随器的临界漏-源偏置电压、临界漏极偏置电流及输出范围计算公式相同。

根据图 4.3.1 可画出源随器的直流等效电路，见图 4.3.2。

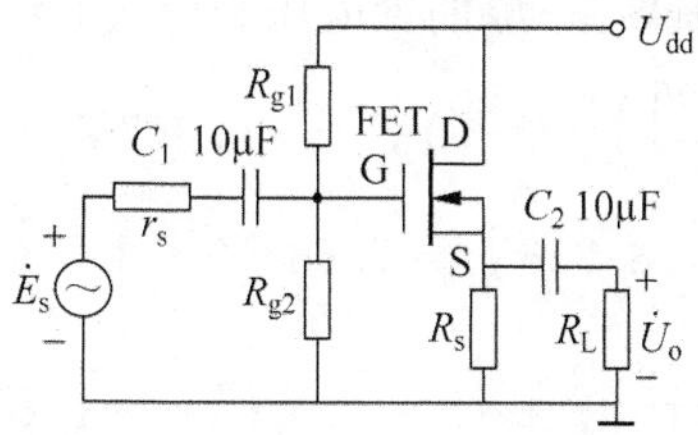

图 4.3.1　源极偏置共漏放大器(源随器)

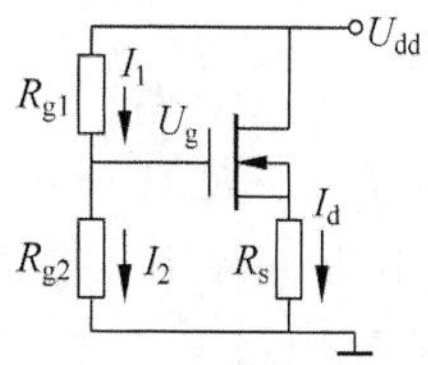

图 4.3.2　直流等效电路

将式(3.3.1)、式(3.3.2)和式(3.3.3)中的下标 c 换成 d，e 换成 s，即得到源随器临界漏极偏置电流、临界漏-源偏置电压及输出范围计算公式为

$$U_{ds(cr)}=\frac{U_{dd}}{2+R_s/R_L} \tag{4.3.1}$$

$$I_{d(cr)}=\frac{1+R_s/R_L}{2+R_s/R_L}\frac{U_{dd}}{R_s} \tag{4.3.2}$$

$$U_{om(max)}=\frac{U_{dd}}{2+R_s/R_L} \tag{4.3.3}$$

$$\alpha_{cr}=\frac{(1/g_m+R_s)I_{d(cr)}-I_{dss}/g_m}{U_{dd}} \tag{4.3.4}$$

有了临界分压比 α_{cr}，给定 R_{g1}、R_{g2} 之一，就可以确定另一个。给定 R_{g1}，然后确定 R_{g2}，R_{g2} 作为电位器，其好处是即使调到 0 也不会烧管子。一般给定 R_{g1}，用下式计算 R_{g2}。

$$R_{g2}=\frac{\alpha_{cr}}{1-\alpha_{cr}}R_{g1} \tag{4.3.5}$$

例 4.3.1 图 4.3.1 源随器 $r_s=100\text{k}\Omega$，$I_{dss0}=5.435\text{mA}$，$r_{ds}=30\text{k}\Omega$，$U_p=-2\text{V}$，$U_{dd}=12\text{V}$，$R_s=R_L=2.4\text{k}\Omega$，$R_{g1}=470\text{k}\Omega$，试求漏极临界偏置电流 $I_{d(cr)}$、漏-源临界偏置压降 $U_{ds(cr)}$、输出范围 $U_{om(max)}$，然后分别用线性化方法和二次曲线方法计算临界分压比 α_{cr} 及 R_{g2}。

解 $I_{dss}=(1-R_s/r_{ds})I_{dss0}=(1-2.4/30)\times5.435=5\text{mA}$

$$I_{d(cr)}=\frac{1+R_s/R_L}{2+R_s/R_L}\frac{U_{dd}}{R_s}=\frac{1+2.4/2.4}{2+2.4/2.4}\frac{12}{2.4}\text{mA}=3.333\text{mA}$$

$$U_{ds(cr)}=\frac{U_{dd}}{2+R_s/R_L}=\frac{12\text{V}}{2+2.4/2.4}=4\text{V}$$

$$U_{om(max)}=\frac{U_{dd}}{2+R_s/R_L}=\frac{12\text{V}}{2+2.4/2.4}=4\text{V}$$

(1) 先用线性化方法计算临界分压比、栅极偏置电阻及栅-源偏置电压

$$g_m=\frac{2\sqrt{I_{d(cr)}I_{dss}}}{|U_p|}=\frac{2\sqrt{3.333\times5}}{2}=4.082\text{mS}$$

$$\alpha_{cr}=\frac{(1/g_m+R_s)I_{d(cr)}-I_{dss}/g_m}{U_{dd}}=\frac{(1/4.082+2.4)\text{k}\Omega\times3.333\text{mA}-5/4.082\text{V}}{12\text{V}}$$

$$=0.6326$$

$$R_{g2}=\frac{\alpha_{cr}}{1-\alpha_{cr}}R_{g1}=\frac{0.6326}{1-0.6326}\times470\text{k}\Omega=809.3\text{k}\Omega$$

$$U_{gs(cr)}=\alpha_{cr}U_{dd}-R_sI_{d(cr)}=0.6326\times12\text{V}-2.4\times3.333\text{V}=7.5912-8=-0.409\text{V}$$

(2) 再用二次曲线方法计算临界分压比、栅极偏置电阻及栅-源偏置电压

在肖克莱方程(2.1.4)中令 $i_d=I_{d(cr)}$，求出临界栅-源偏置电压为

$$U_{gs}=\left(1-\sqrt{\frac{I_{d(cr)}}{I_{dss}}}\right)U_p=\left(1-\sqrt{\frac{3.333}{5}}\right)\times(-2)\text{V}=-0.367\text{V}$$

$$U_g=U_{gs}+R_sI_d=-0.3670\text{V}+2.4\times3.333\text{V}=7.633\text{V}$$

临界分压比及漏极第二偏置电阻为

$$\alpha_{cr}=U_g/U_{cc}=7.633\text{V}/12\text{V}=0.6361$$

$$R_{g2}=\frac{\alpha_{cr}}{1-\alpha_{cr}}R_{g1}=\frac{0.6361}{1-0.6361}\times470\text{k}\Omega=821.5\text{k}\Omega$$

可以看出，两种方法计算出的临界分压比 α_{cr} 的相对差异为(0.636－0.633)/0.633＝5%，但线性化方法显得简单些。可取 $R_{g2}=820\text{k}\Omega$。

源随器若使用增强型 MOSFET，则临界分压比将接近于 1 甚至大于 1，接近于 1 时将使 R_{g1} 与 R_{g2} 差别很大，对设计制造不利，等于或大于 1 时设计更是失败的。

2. 交流参数

设 R_g 是 R_{g1} 与 R_{g2} 的并联电阻，r_{gs} 是 FET 管子输入电阻，可画出源随器交流等效电路，见图 4.3.3。$r_{gs}\gg R_g$，故分析计算时可忽略 r_{gs}。

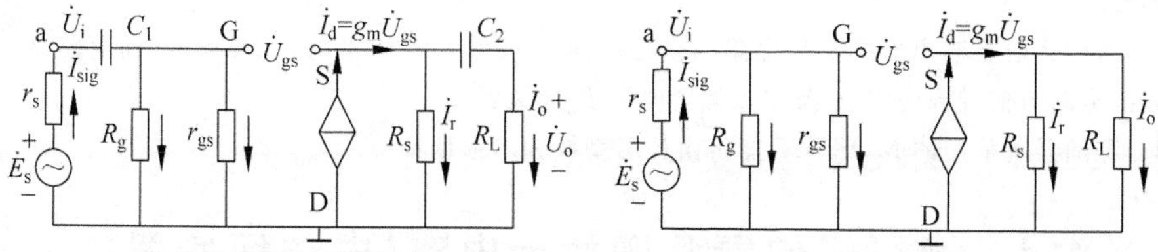

(a) 交流等效电路(信号通路)　　(b) 频带内的交流等效电路(信号通路)

图 4.3.3　源随器交流等效电路

源随器源电压放大倍数及自身电压放大倍数为

$$A_u = \frac{\dot{U}_o}{\dot{E}_s} = \frac{R_g}{r_s + R_g} \frac{g_m R'_L}{1 + g_m R'_L} \tag{4.3.6}$$

$$A_{uz} = \frac{\dot{U}_o}{\dot{U}_i} = \frac{g_m R'_L}{1 + g_m R'_L} \tag{4.3.6a}$$

由于R'_L的负反馈作用,共漏放大器上限频率高于管子截止频率。

源随器电流放大倍数、功率放大倍数、输入电阻及输出电阻为

$$A_i = \frac{\dot{I}_o}{\dot{I}_{sig}} = \frac{g_m R_g}{1 + g_m R'_L} \frac{R_s}{R_s + R_L} \tag{4.3.7}$$

$$A_p = A_u A_i = \frac{R_g}{r_s + R_g} \left(\frac{g_m R'_L}{1 + g_m R'_L}\right)^2 \frac{R_g}{R_L} \tag{4.3.8}$$

$$r_i = R_g = R_{g1} // R_{g2} \tag{4.3.9}$$

$$r_o \approx (1/g_m) // R_s \tag{4.3.10}$$

射随器输出电阻与信号源内阻有关,射随器的削内阻作用有限。源随器输出电阻与信号源内阻无关,说明源随器的削内阻作用更强。无论信号源内阻有多大,一旦经过源随器,立即就被削减到$r_o = (1/g_m) // R_s$。g_m值越大,源随器的削内阻作用就越好。

例 4.3.2　试计算例 4.3.1 中源随器的输入电阻 r_i、输出电阻 r_o、源电压放大倍数 A_u 及自身电压放大倍数 A_{uz}、电流放大倍数 A_i 及功率放大倍数 A_p。

解　$r_i = R_g = R_{g1} // R_{g2} = (470 // 820)\text{k}\Omega = 298.8\text{k}\Omega$

$r_o = (1/g_m) // R_s = (1/4.082) // 2.4\text{k}\Omega = 0.2450 // 2.4\text{k}\Omega = 0.2223\text{k}\Omega = 222.3\Omega$

$$A_u = \frac{\dot{U}_o}{\dot{E}_s} = \frac{R_g}{r_s + R_g} \frac{g_m R'_L}{1 + g_m R'_L} = \frac{298.8}{100 + 298.8} \frac{4.082 \times 1.2}{1 + 4.082 \times 1.2} = 0.6222 \text{ 倍}$$

$$A_{uz} = \frac{g_m R'_L}{1 + g_m R'_L} = \frac{4.082 \times 1.2}{1 + 4.082 \times 1.2} = \frac{4.8984}{1 + 4.8984} = 0.8305 \text{ 倍}$$

$$A_i = \frac{g_m R_g}{1 + g_m R'_L} \frac{R_s}{R_s + R_L} = \frac{4.082 \times 298.8}{1 + 4.082 \times 1.2} \frac{2.4}{2.4 + 2.4} = 103.4 \text{ 倍}$$

$$A_p = A_u A_i = \frac{R_g}{r_s + R_g} \left(\frac{g_m R'_L}{1 + g_m R'_L}\right)^2 \frac{R_g}{R_L} = 0.6222 \times 0.8305 \times \frac{298.8}{2.4} = 64.33 \text{ 倍}$$

或　$A_p = A_u A_i = 0.6222 \times 103.4 = 64.34$ 倍

思考题

4.3.1　为什么射极输出器的输出电阻与信号源内阻 r_s 及基极偏置电阻 R_b 有关，而电路结构类似的源随器的输出电阻与信号源内阻 r_s 及栅极偏置电阻 R_g 无关？

4.3.2　源随器所采用的 MOSFET 能否由耗尽型换为增强型？

4.4　栅极无偏置共栅放大电路（电流缓冲器）

与 BJT 组成的共基放大器（CBA）相似的 FET 放大器是共栅极放大器（Common Gate Amplifier），简称共栅放大器（CGA）。共栅放大器信号从源极输入、漏极输出，共用栅极。

耗尽型 MOSFET 的栅极可以直接接地，构成栅极无偏置共栅放大器，见图 4.4.1。

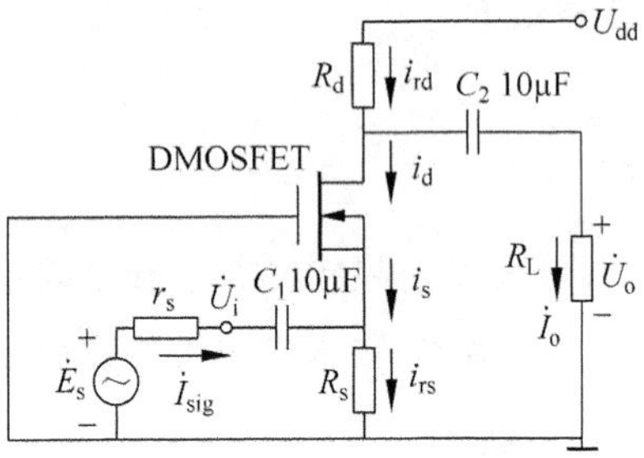

图 4.4.1　栅无偏共栅放大电路

1. 工作点设计与输出范围分析计算

零栅压漏极电流 I_{dss0} 与漏极电阻 R_d 及源极电阻 R_s 的临界工作点约束条件为

$$U_{dd}+(R_d+R_s+R'_L)[(R_d+R_s)/r_{ds}-1]I_{dss0}=0 \tag{4.4.1}$$

给定 R_s，上式是关于未知数 R_d 的方程，解之可得到漏极偏置电阻临界值 $R_{d(cr)}$。

漏极临界偏置电流、漏-源偏置压降临界值及输出电压最大幅度为

$$I_{d(cr)}=I_{dss}=[1-(R_d+R_s)/r_{ds}]I_{dss0} \tag{4.4.2}$$

$$U_{ds(cr)}=U_{dd}-(R_d+R_s)I_{dss} \tag{4.4.3}$$

$$U_{om(max)}=\frac{R'_L}{R_d+R'_L+R_s}U_{dd} \tag{4.4.4}$$

2. 频率特性函数

根据图 4.4.1 可画出栅极无偏置共栅放大器的等效电路，见图 4.4.2。

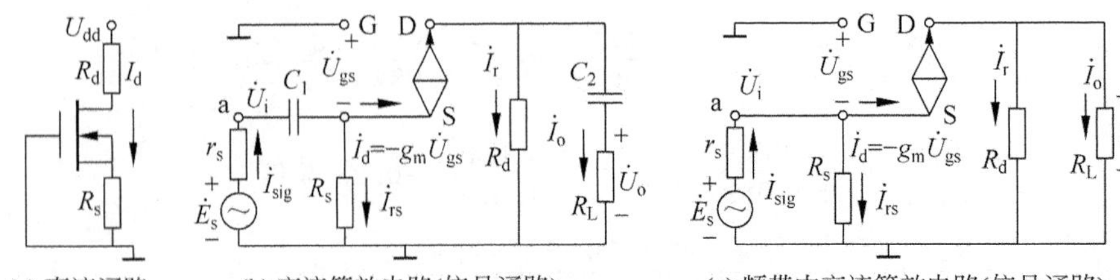

(a) 直流通路　(b) 交流等效电路(信号通路)　(c) 频带内交流等效电路(信号通路)

图 4.4.2　无偏置共栅放大器直流通路与交流等效电路

共栅放大器频率特性函数为

$$A_u(\omega)=\frac{\dot{U}_o}{\dot{E}_s}=\frac{R_dR_L}{R_d+R_L+1/j\omega C_2}\frac{1}{r_s+1/j\omega C_1} \tag{4.4.5}$$

共栅放大器频率特性函数与 FET 跨导无关，是其频带宽的根本原因。

3. 输入电阻、输出电阻及三大放大倍数

共栅放大器输入电阻为

$$r_i=\frac{R_s}{1+g_mR_s} \tag{4.4.6}$$

共栅放大器输入电阻约等于场效管跨导 g_m 的倒数。通常场效管跨导 $g_m>1\text{mS}$，故像共基放大器一样，共栅放大器输入电阻也是比较小的。

共栅放大器输出侧电路与共射电路及共基电路相同，输出电阻也相同。

$$r_o\approx R_d \tag{4.4.7}$$

在频率特性函数式(4.4.5)中令耦合电容容抗为 0 得到共栅放大器源电压放大倍数为

$$A_u\approx\frac{R_L'}{r_s},\quad A_{uo}\approx\frac{R_d}{r_s} \tag{4.4.8}$$

源极电阻 R_s 较大时，共栅放大器电压放大倍数 A_u 近似等于等效负载电阻与信号源内阻的比值，而与管子跨导 g_m 基本无关。这说明了共栅放大器高频特性好的原因。

比较电路原理及电压放大倍数计算公式可知，共栅放大器与共基放大器的交流特性完全相同。共栅放大器电流放大倍数及功率放大倍数与共基放大器完全相同。

$$A_i=\frac{\dot{I}_o}{\dot{I}_{sig}}\approx\frac{R_d}{R_d+R_L} \tag{4.4.9}$$

共栅放大器电流放大倍数小于 1，即共栅放大器没有电流放大能力。

$$A_p=A_uA_i=\frac{R_L'}{r_s}\frac{R_d}{R_d+R_L}=\frac{R_L'^2}{r_sR_L}=\frac{R_d^2R_L}{r_s(R_d+R_L)^2} \tag{4.4.10}$$

思考题

4.4.1　试比较共栅放大器(CGA)与共基放大器(CBA)有哪些异同。

4.4.2　无偏置共源放大器中 FET 漏极所接的安伏变换器 R_d 超出最大范围时输出信号将被淹没，无偏置共栅放大器中 R_d 超出最大范围时输出信号是否也将被淹没？

4.5　源极偏置共栅放大电路(电流缓冲器)

图 4.5.1 是用增强型 MOSFET 构成的源极偏置共栅放大器，图 4.5.2 是其等效电路。

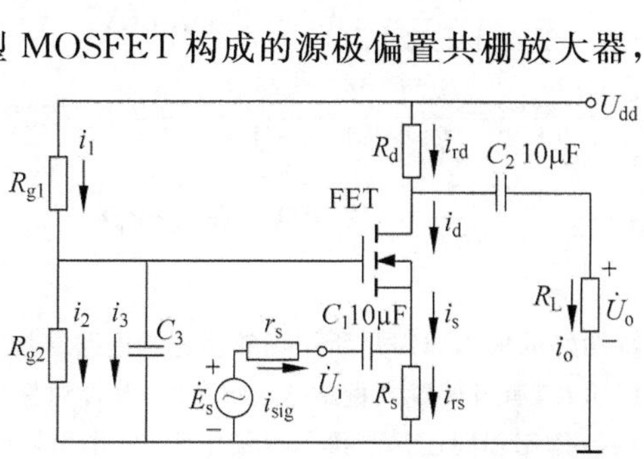

图 4.5.1　源极偏置共栅放大器

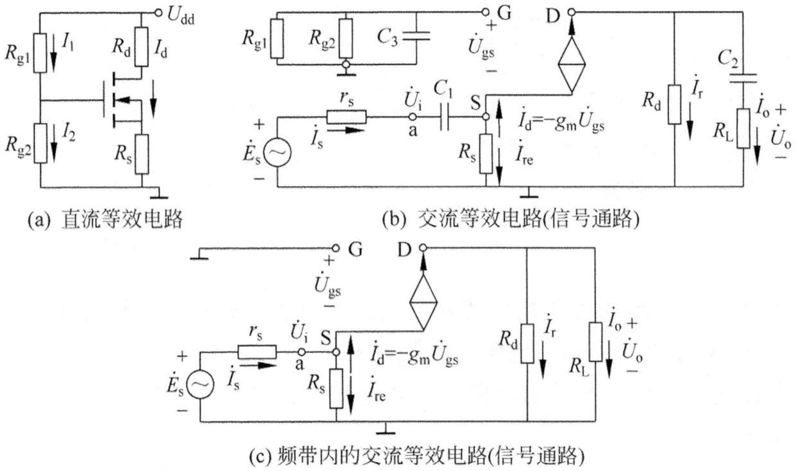

图 4.5.2 源极偏置共栅放大器等效电路

源极偏置共栅放大器的交流通路与无偏置共栅放大器的交流通路完全相同，源极偏置共栅放大器与无偏置共栅放大器具有相同的交流特性，无偏置共栅放大器频率特性函数、交流参数计算公式对源极偏置共栅放大器完全适用。

源极偏置共栅放大器直流通路与源极偏置共源放大器相同。去掉源极偏置共源放大器临界偏置计算公式中的 R_{s1}，R_{s2} 改为 R_s，即得到源极偏置共栅放大器临界偏置计算公式为

$$U_{ds(cr)} = \frac{R'_L}{R_d + R'_L + R_s} U_{dd} \tag{4.5.1}$$

$$I_{d(cr)} = \frac{U_{dd}}{R_d + R'_L + R_s} \tag{4.5.2}$$

$$U_{om(max)} = \frac{R'_L}{R_d + R'_L + R_s} U_{dd} \tag{4.5.3}$$

源极偏置共栅放大器偏置电路设计与 4.2 节的源极偏置共源放大器相同，频率特性及交流参数分析计算与 4.4 节的无偏置共栅放大器相同。

例 4.5.1 源极偏置共栅放大器电源 $U_{dd}=12\text{V}$、$R_d=2.4\text{k}\Omega$、$R_L=2.4\text{k}\Omega$、$R_s=1\text{k}\Omega$，管子 $g_m=20\text{mS}$，$U_{gs(on)}=2.2\text{V}$，栅极第一偏置电阻 $R_{g(cr)1}=220\text{k}\Omega$，试计算漏极临界偏置电流 $I_{d(cr)}$、临界分压比 α_{cr} 及栅极第二偏置电阻 $R_{g(cr)2}$。

解 $R'_L=2.4//2.4\text{k}\Omega=1.2\text{k}\Omega$

$$I_{c(cr)}=\frac{U_{dd}}{R_d+R'_L+R_s}=\frac{12}{2.4+1.2+1}\text{mA}=2.609\text{mA}$$

$$\alpha_{cr}=\frac{1/g_m+R_s}{R_d+R'_L+R_s}+\frac{U_{gs(on)}}{U_{dd}}=\frac{1/20+1}{2.4+1.2+1}+\frac{2.2}{12}=0.2838+0.1833=0.4671$$

$$R_{g(cr)2}=\frac{\alpha_{cr}}{1-\alpha_{cr}}R_{g1}=\frac{0.4671}{1-0.4671}\times 220\text{k}\Omega=192.8\text{k}\Omega$$

思考题

4.5.1 共栅放大器高频特性好的根本原因是所用场效管还是电路结构？

4.5.2 就对输出范围的影响看，源极偏置共栅放大器中的场效管源极反馈电阻 R_e 与源极偏置共源放大器中的源极第一反馈电阻 R_{s1} 作用相同还是与第二反馈电阻 R_{s2} 作用相同？

4.5.3 场效管放大器有哪些基本接法？不同接法各有什么特点？

4.6 本章小结

一、总体内容

本章介绍了电容耦合基本共源放大器、基本共漏放大器(源随器)及基本共栅放大器。这几种放大器的共性是用属于直流器件的 FET 放大交流信号。

学习 FET 放大器,要注意利用 BJT 放大器的基础,要善于在 BJT 放大器的基础上,对比分析两者的共性与个性。FET 放大器与 BJT 放大器的共性在输出侧电路,个性在输入侧电路。FET 放大器与 BJT 放大器的共性有:输出范围相同;效率及最大功率相同;电压放大倍数计算相似;输出电阻相似。个性有:输入电阻不同,偏置电路种类不完全相同。BJT 放大器或选用单电阻偏置,或选用双电阻分压偏置;FET 放大器或选用零栅压偏置,或选用双电阻分压偏置。

FET 与 BJT 一样都是三端器件。BJT 放大器基本接法有共射、共集和共基极三种,FET 放大器基本接法亦有共源、共漏和共栅极三种。不同接法特点不同。共源放大器放大倍数高,应用最广泛;共漏放大器输入电阻大、输出电阻小,可用在输入级、中间级等;共栅放大器高频特性好。

二、各节要点

4.1 栅极无偏置共源放大电路

针对 JFET 及耗尽型 MOSFET 栅极无电压时漏-源极之间就存在导电沟道的特点,设计了栅极无偏置 FET 放大器。栅极无偏置 FET 放大器的特点是利用安伏变换器 R_d 直接进行偏置设计,通过改变安伏变换器 R_d 寻找临界工作点使放大器获得最大的输出范围。

建立安伏变换器最大值的概念,明确安伏变换器超出最大范围时信号将被淹没。

4.2 源极偏置共源放大电路

源极偏置共源放大器采用增强型 MOSFET,整体上与源极偏置共射放大器十分相似,其工作点临界偏置参数、输出范围计算与源极偏置共射放大器相同,输入侧电路都有最大分压比概念,工作点稳定性分析相似。不同之处是源极偏置共源放大器的优点在于栅极偏置电阻大小不影响影响因子,因此栅极偏置电阻可以取大些,以尽可能减少对输入电阻及放大倍数的影响。

4.3 共漏放大电路(源极输出器)

共漏放大器(源随器)采用耗尽型 MOSFET,整体上与共集放大器(射极输出器)十分相似,其工作点临界偏置参数、输出范围计算与射极输出器相同,工作点稳定性分析相似。

4.4 栅极无偏置共栅放大电路(电流缓冲器)

栅极无偏置共栅放大器的偏置设计与无偏置共源放大器相同,交流参数计算与共基放大器相同。BJT 共基放大器电压放大倍数与 BJT 电流放大倍数 β 值基本无关,FET 共栅放大器电压放大倍数与 FET 跨导 g_m 值基本无关,因此都具有良好的高频特性。

4.5 源极偏置共栅放大电路(电流缓冲器)

源极偏置共栅放大器的偏置设计与源极偏置共源放大器相同,交流参数计算与共基放大器相同。源极偏置 FET 共栅放大器电压放大倍数与 FET 跨导 g_m 值基本无关,也具有良好的高频特性。

所有 FET 放大器下限频率及耦合电容计算都可参考 BJT 放大器进行。

三、关键知识

无偏置 JFET 及耗尽型 MOSFET 放大器的偏置设计通过漏极主通道上串联大小合适的电阻来解决。

工作点设置是 FET 放大器的首要任务。由于 FET 传输特性的多样性,有些 FET 栅极不用偏置电阻也能在漏-源极之间产生偏置电流,有些 FET 需要用分压方法给栅极提供偏置电压。BJT 放大器的基极偏置电路分为单偏置和源极偏置两种。FET 放大器的栅极偏置电路则分为无偏置和源极偏置两种。FET 放大器的工作点不能超出极限值,否则信号幅度足够小时亦将被淹没。

四、单位书写

电导单位对应电阻单位。电阻单位欧姆用大写字母 Ω 表示，电导单位西门子用大写字母 S 表示。ms 表示毫秒，mS 表示毫西门子。

4.7 仿真与实训四 栅极无偏共源放大电路

在 Multisim 上搭建栅极无偏置共源放大电路，见图 4.7.1，可见输出与输入反相放大的效果。

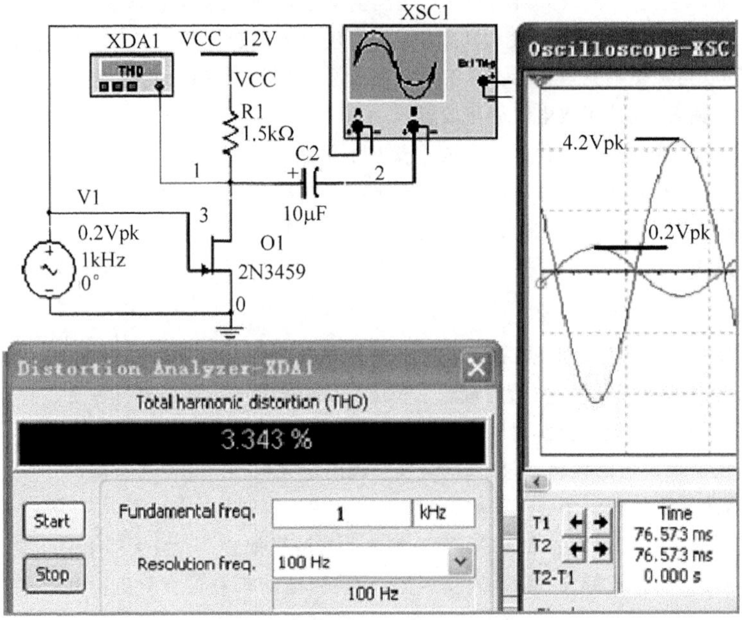

图 4.7.1 栅极无偏置 JFET 放大器 Multisim 仿真

4.8 习 题 四

4.1.1 图 4.8.1 所示栅极无偏置 JFET 放大器空载，$I_{dss0}\approx 3.1\text{mA}$，$r_{ds}=30\text{k}\Omega$，$U_{cc}=12\text{V}$，试计算 $R_{d(max)}$，$R_{d(cr)}$，$I_{d(cr)}$、$U_{ds(cr)}$ 及 $U_{om(max)}$。

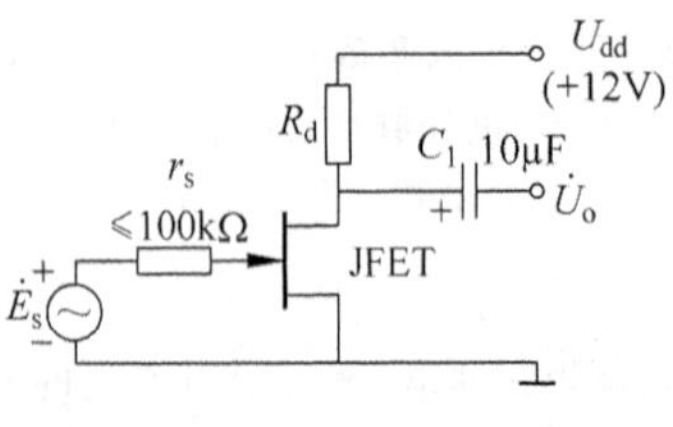

图 4.8.1 栅极无偏置 JFET 放大器

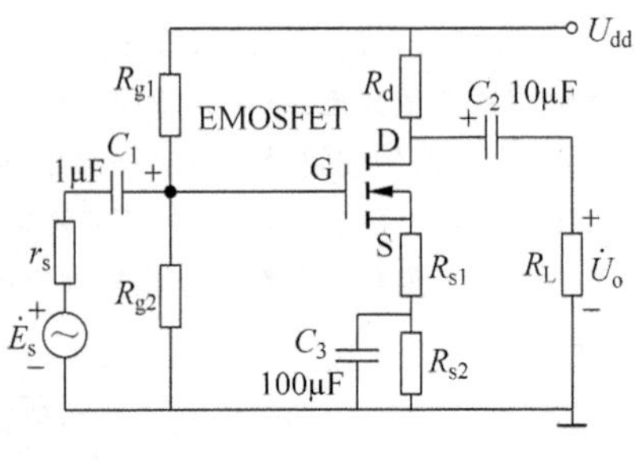

图 4.8.2 源极偏置 FET 放大器

4.2.1 图 4.8.2 源极偏置共源放大器 $U_{dd}=12\text{V}$、$r_s=12\text{k}\Omega$、$R_d=R_L=3\text{k}\Omega$、$R_{s1}=100\Omega$、$R_{s2}=1\text{k}\Omega$、$g_m=24\text{mS}$、$U_{gs(on)}=2.2\text{V}$，$R_{g1}=360\text{k}\Omega$，试计算 $I_{d(cr)}$、$U_{ds(cr)}$、ρ，α_{cr}、R_{g2} 及 U_g、A_u、A_{uz}、A_i 和 A_p。

4.3.1 图 4.3.1 所示源随器场效管 $r_{ds}=86\text{k}\Omega, U_p=-2\text{V}, I_{dss}=5.18\text{mA}, U_{dd}=12\text{V}, R_L=R_s=3\text{k}\Omega$, $r_s=100\text{k}\Omega, R_{g(cr)1}=560\text{k}\Omega$,试求 $I_{d(cr)}$、$U_{ds(cr)}$、$U_{om(max)}$、$R_{g(cr)2}$、r_i、r_o、A_u、A_{uz}、A_i 及 A_p。

4.4.1 图 4.8.3 所示无偏置共栅放大器中 $U_{dd}=12\text{V}$、$R_d=R_L=10\text{k}\Omega$、$R_s=1\text{k}\Omega$,$r_s=500\Omega$,$g_m=20\text{mS}$,试计算 A_u、A_{uz}、A_i、A_p、r_i 及 r_o。

4.5.1 图 4.8.4 源极偏置共栅放大器 $U_{dd}=12\text{V}$、$R_d=R_L=3\text{k}\Omega$、$R_s=1\text{k}\Omega$,$r_s=1\text{k}\Omega$,$g_m=20\text{mS}$,$U_{gs(on)}=2.2\text{V}$,指定 $R_{g(cr)1}=220\text{k}\Omega$,试计算 $I_{d(cr)}$、α_{cr}及 $R_{g(cr)2}$、A_u、A_{uz}、A_i、A_p、r_i 及 r_o。

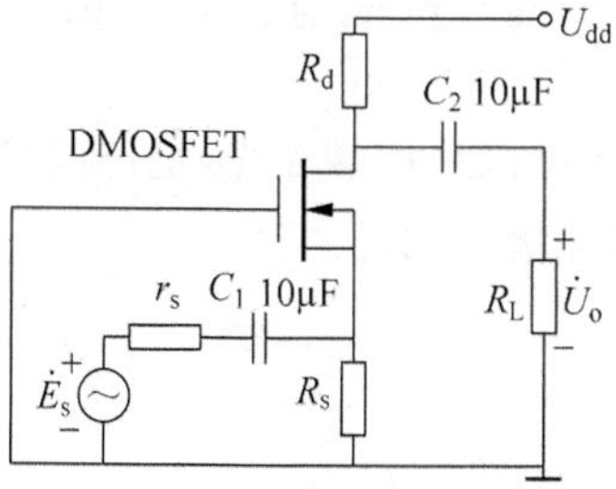

图 4.8.3 无偏置共栅 FET 放大器

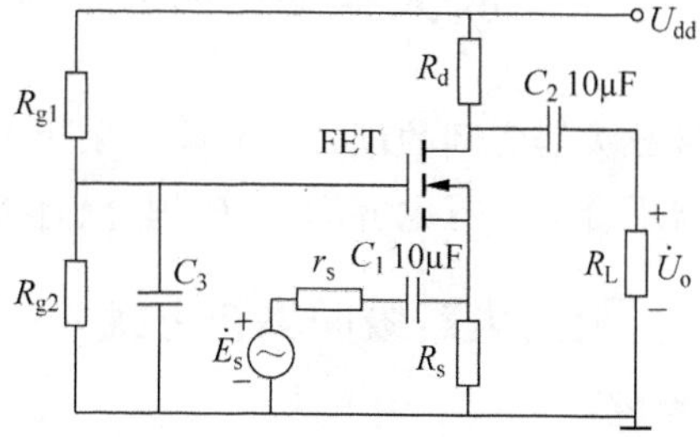

图 4.8.4 源极偏置共栅 FET 放大器

第5章　多级放大电路与功率放大电路

本章介绍前后级放大器之间的耦合原理及分析设计方法，并介绍功率放大器。

5.1　放大电路级间耦合方式及磁耦合放大电路

前后级放大器之间的耦合媒介除了采用电容外，还可以采用磁和光，也可以采用直接耦合。放大器耦合方式有电容耦合、磁耦合、直接耦合和光耦合四种。

5.1.1　放大电路级间耦合方式

1. 电容耦合

第3章介绍的放大器输入正弦信号电压通过电容耦合到放大器输入端，放大的正弦信号电压又通过另外一个电容耦合到负载，叫做电容耦合放大器。

电容耦合的优点是线路简单、成本低廉、高频特性好、前后级工作点互不影响；缺点是低频特性差、大容量电容不易集成。电容耦合主要用在分立元件放大器中。

电容耦合不仅可用于信号放大器，而且可与磁耦合放大器及功率放大器配套使用。

2. 磁耦合[15],[19],[20]

详见5.1.2节磁耦合放大器。磁耦合能实现阻抗变换。

3. 直接耦合

双级直接耦合放大器见图5.1.1，第一级放大器晶体管集电极直接接到第二级放大器晶体管基极。直接耦合的优点是既可以放大直流信号，也可以放大交流信号。

硅晶体管基-射压降只有0.7V左右，而集电极偏置电压为数伏特以上。为了解决前级晶体管集电极偏置电压与后级晶体管基极偏置电压的匹配问题，一般在后级晶体管发射极与地之间接一个电阻，见图5.1.1，以提高后级晶体管发射极电位。

4. 光耦合

光电耦合器原理见图1.4.11。光耦合的特点是：既可以传递交流信号也可以传递直流信号，并且前后级可以进行电气隔离。光耦合放大器见图5.1.2，其中 R_b 是偏置电阻。

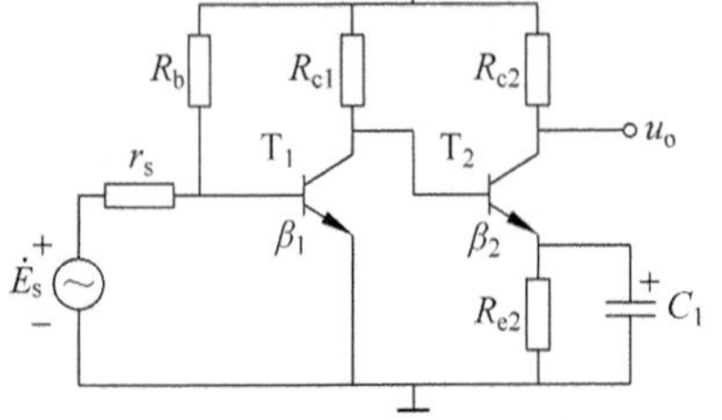

图5.1.1　直接耦合双级放大器

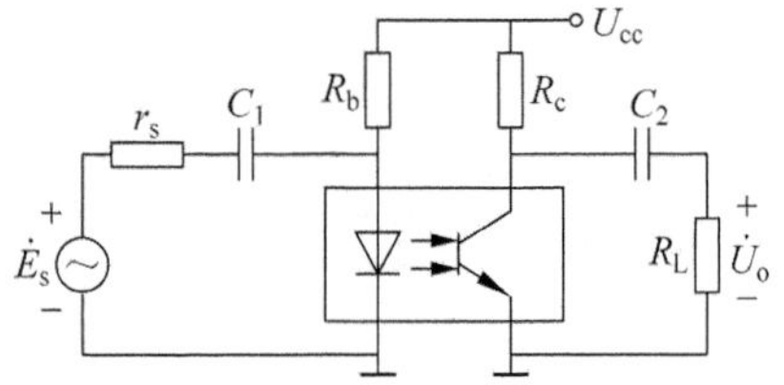

图5.1.2　光耦合放大器

电流传输系数 CTR 实际就是光电耦合器的电流放大倍数。图 3.1.5 所示基本共射放大器的计算公式完全适用于图 5.1.2 所示光耦合放大器。将式(3.1.3)中的电流放大倍数 β 换成传输比 CTR 得到 LED 偏置电阻计算公式

$$R_{b(cr)} = \text{CTR} \times (R_c + R'_L) \tag{5.1.1}$$

磁耦合和光耦合可用于制作电气隔离放大器。

5.1.2　磁耦合放大电路

磁耦合共射放大器见图 5.1.3，正弦信号源 $e_s = E_{sm}\sin\omega t$，内阻 r_s。放大器主要参数：电源电压 U_{cc}、10μF 输入耦合电容 C_1、晶体管 β 值、基极偏置电阻 R_b、变流器原边匝数 N_1、原边电阻 R_1、副边匝数 N_2、副边电阻 R_2、负载电阻 R_L、等效负载电阻 $R'_L = R_2 + R_L$，还有仅在分析问题过程中才涉及的变流器铁芯磁路磁阻 R_m、耦合系数 k、自感系数 $L_1 = N_1^2/R_m$、自感系数 $L_2 = N_2^2/R_m$、互感 $M = k(L_1L_2)^{0.5}/R_m = kN_1N_2/R_m$。

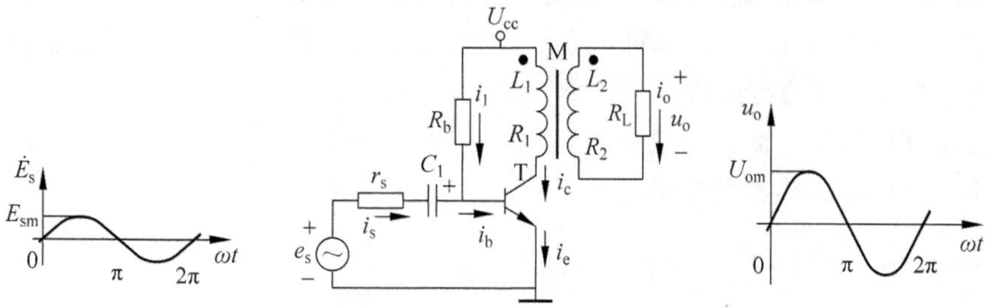

图 5.1.3　磁耦合晶体管放大器

1）输入阻抗和输入电阻

$$z_i = R_b // r_{be} + 1/\text{j}\omega C_1, \quad r_i = R_b // r_{be} \approx r_{be} \tag{5.1.2}$$

2）输出阻抗及输出电阻

$$z_o = R_2 + \text{j}\omega L_2, \quad r_o = R_2 \tag{5.1.3}$$

3）电压放大倍数

$R_2 + R_L \ll \omega L_2$ 时，电压放大倍数为

$$A_u = \beta \frac{N_1}{N_2} \frac{R_L}{r_s + r_{be}} \tag{5.1.4}$$

空载电压放大倍数为

$$A_{uo} = \beta \frac{N_1}{N_2} \frac{\text{j}\omega L_2}{r_s + r_{be}} \tag{5.1.4a}$$

可以看出，磁耦合放大器电压放大倍数 A_u 与晶体管电流增益(跨导)β 成正比，与变流器电流变比 N_1/N_2 成正比。

4）工作点、输出范围及效率

$R_L \ll \omega L_2$ 时，集电极临界偏置电流为

$$I_{c(cr)} = \frac{N_2^2}{N_1^2} \frac{U_{cc}}{R_L} \tag{5.1.5}$$

负载电压最大幅度(即放大器输出范围)为

$$U_{\text{om(max)}} = \frac{N_2}{N_1}U_{\text{cc}} \tag{5.1.6}$$

磁耦合放大器效率为

$$\eta = \frac{P_{\text{o(max)}}}{P_{\text{s}}} = \frac{P_{\text{o(max)}}}{U_{\text{cc}}I_{\text{c(cr)}}} = \left(\frac{N_2}{N_1}\right)^2 \frac{U_{\text{cc}}^2}{2R_{\text{L}}}\bigg/\left[U_{\text{cc}}\left(\frac{N_2}{N_1}\right)^2\frac{U_{\text{cc}}}{R}\right] = \frac{1}{2} = 50\%$$

磁耦合放大器最大输出幅度与变流器副边原边匝数比 N_2/N_1 成正比，与电源电压 U_{cc} 成正比，而与负载大小基本无关。负载基本不影响输出电压幅度是磁耦合放大器的一个优点，该优点有利于磁耦合放大器作功率放大器。

阻抗变换通常要求把低阻值变换为高阻值。考虑阻抗变换作用及需要电压增益大时，都要求变流器原边与副边匝数比 N_1/N_2 尽可能大。另一方面看，磁耦合放大器最大输出电压幅度却与变流器副边与原边匝数比 N_2/N_1 成正比。原边与副边匝数比 N_1/N_2 大，虽然对改善阻抗变换效果和提高放大器电压增益都有益，但是会影响放大器最大输出电压幅度。

用在前级和中间级的磁耦合放大器最大输出电压幅度要求不高，电压增益是主要矛盾，变流器原边与副边匝数比 N_1/N_2 可以大些，用在后级的磁耦合放大器的最大输出电压幅度是主要矛盾，变流器原边与副边匝数比 N_1/N_2 应当小些。

$R_{\text{L}} \ll \omega L_2$ 时，磁耦合放大器效率能达到最大值 $\eta_{\max} \approx 50\%$。

$R_{\text{L}} \ll \omega L_2$ 时，基极临界偏置电阻为

$$R_{\text{b(cr)}} \approx \left(\frac{N_1}{N_2}\right)^2 \beta R_{\text{L}} \tag{5.1.7}$$

5）电流放大倍数及功率放大倍数为

$$A_{\text{i}} = \beta\frac{N_1}{N_2} \tag{5.1.8}$$

$$A_{\text{p}} = A_{\text{u}}A_{\text{i}} = \beta\frac{N_1}{N_2}\frac{R_{\text{L}}}{r_{\text{s}}+r_{\text{i}}}\beta\frac{N_1}{N_2} = \beta^2\left(\frac{N_1}{N_2}\right)^2\frac{R_{\text{L}}}{r_{\text{s}}+r_{\text{i}}} \tag{5.1.9}$$

思考题

5.1.1 分析比较放大器四种耦合方式的异同。

5.1.2 磁耦合放大器的电压放大倍数是与电压变比成正比还是与电流变比成正比？

5.2 多级放大电路技术参数与频率特性

5.2.1 电压放大倍数与频率特性

1. 电压放大倍数

在多级放大器中，本级放大器的开路输出电压相当于后级放大器的信号源电动势；本级放大器的输出电阻相当于后级的信号源内阻；本级放大器的输入电阻相当于前级放大器的负载电阻。在图 5.2.1 双级放大器中，第 1 级放大器的开路输出电压是第 2 级的信号源电动势

$$\dot{E}_{\text{s1}} = A_{\text{uo1}}\dot{E}_{\text{s}}$$

第 2 级放大器的负载电压及开路输出电压各为

$$\dot{U}_{\text{o}} = A_{\text{u2}}\dot{E}_{\text{s1}}$$

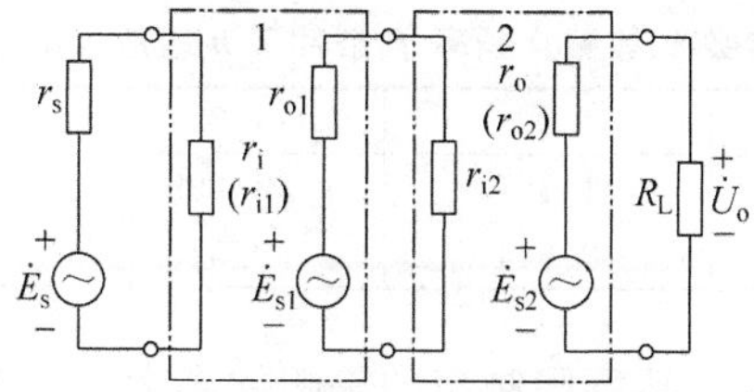

图 5.2.1 双级放大器等效电路

$$\dot{E}_{s2} = A_{uo2}\dot{E}_{s1}$$

整个放大器负载电压及开路输出电压与信号源电动势的关系为

$$\dot{U}_o = A_{uo1}A_{u2}\dot{E}_s$$

$$\dot{E}_{s2} = A_{uo1}A_{uo2}\dot{E}_s$$

由此得到双级放大器电压放大倍数及开路电压放大倍数各为

$$A_u = A_{uo1}A_{u2}$$

$$A_{uo} = A_{uo1}A_{uo2}$$

已经就双级共射放大器证明了以上两个电压放大倍数计算公式，详见文献[15]。

一般地，n 级放大器电压放大倍数及开路电压放大倍数各为

$$A_u = \left(\prod_1^{n-1} A_{uo(j)}\right)A_{u(n)},\quad A_{uo} = \prod_1^{n} A_{uo(j)} \tag{5.2.1}$$

n 级放大器电压放大倍数等于前 $n-1$ 级放大器的空载源电压放大倍数与末级放大器负载源电压放大倍数的乘积。

本级放大器输出阻抗为零，或下级放大器输入阻抗为无穷大时，空载与否不影响电压放大倍数。因此本级放大器输出阻抗为零，或下级放大器输入阻抗为无穷大时，计算多级放大器电压放大倍数时该级就不要求必须使用空载电压放大倍数。集成运算放大器闭环应用时大体如此。因为集成运算放大器输出电阻很小，或者还存在闭环放大器输入电阻很大甚至是无穷大等有利条件。

就是说，对集成运算放大器闭环应用的多级放大器，式(5.2.1)可简化为

$$A_u = \prod_1^{n} A_{u(j)} \tag{5.2.1a}$$

2. 频率特性

将电压放大倍数计算式(5.2.1)引申得到 n 级放大器频率特性函数为

$$A_u(\omega) = \left(\prod_1^{n-1} A_{uo(j)}(\omega)\right)A_{u(n)}(\omega),\quad A_{uo}(\omega) = \prod_1^{n} A_{uo(j)}(\omega) \tag{5.2.2}$$

式(5.2.2)的价值主要在于从总体上指导多级放大器频率特性的分析计算。

1) 下限频率

以电容耦合放大器为例，1 级放大器用 2 个耦合电容，2 级放大器用 3 个耦合电容；n 级放大器用$(n+1)$个耦合电容。各级放大器时间常数相等时，n 级放大器的下限角频率为

$$\omega_L = \frac{1}{\sqrt{2^{1/(n+1)}-1}}\frac{1}{\tau} \tag{5.2.3}$$

令 n=1、2、3、4、5，有等时间常数条件下 n 级放大器的下限频率为 ω_L，见表 5.2.1。

表 5.2.1　等时间常数 τ、等截止频率 f_β 条件下 n 级放大器下限频率和上限频率

n	1	2	3	4	5
$\omega_L\tau$	1.554	1.961	2.299	2.593	2.858
f_H/f_β	1	0.644	0.510	0.435	0.386

时间常数越小，对多级放大器下限频率的影响就越大。若有一个时间常数明显较小，则多级放大器下限频率基本上取决于数值最小的那个时间常数。

2）上限频率

设 n 级基本共射放大器中晶体管截止频率为 $f_{\beta j}$，将式(1.3.7)扩充，知其上限频率为

$$\prod_{1}^{n}[1+(f_H/f_{\beta j})^2]=2 \tag{5.2.4}$$

在各晶体管的截止频率相等，即 $f_{\beta1}=f_{\beta2}=\cdots=f_\beta$ 条件下应有

$$1+(f_H/f_\beta)^2=\sqrt[n]{2}$$

从中求出

$$f_H=\sqrt{\sqrt[n]{2}-1}\,f_\beta \tag{5.2.4a}$$

令 n=1、2、3、4、5，可得到等截止频率 f_β 条件下 n 级放大器的上限频率 f_H，见表 5.2.1。

同种组态放大器中某放大器的晶体管截止频率很低，则多级放大器上限频率就基本等于这个很低的截止频率。

管子截止频率 f_β 相同时，射随器和共基放大器的插入不影响多级放大器上限频率。

无论 $f_{\beta1}$ 与 $f_{\beta2}$ 是否相等，都可用下式计算两级放大器的上限频率

$$\frac{1}{f_H}=\left(1+0.1\frac{f_{\beta(\min)}}{f_{\beta(\max)}}\right)\sqrt{\frac{1}{f_{\beta1}^2}+\frac{1}{f_{\beta2}^2}} \tag{5.2.4b}$$

5.2.2　输入输出电阻及工作点

1. 输入电阻与输出电阻

由于 BJT 或 FET 输出电阻的隔离作用，共射放大器、共基放大器、共源放大器及共栅放大器的负载电阻均不影响输入电阻，信号源内阻也不影响输出电阻。因此，在共射放大器、共基放大器、共源放大器及共栅放大器组成的多级放大器中，各级电路的输入电阻与输出电阻独立存在，第 1 级放大器的输入电阻就是总电路的输入电阻，末级放大器的输出电阻就是总电路的输出电阻。

在射随器及源随器中，BJT 或 FET 恒流源的隔离作用不复存在。射随器及源随器的负载电阻影响输入电阻，信号源内阻影响输出电阻。因此，多级放大器中有射随器或源随器时，后级的输入电阻可能影响前级的输入电阻，前级的输出电阻可能影响后级的输出电阻。

因此，多级放大器输入电阻的分析计算应当从末级开始逐级逆向进行，而输出电阻计算应当从第 1 级开始逐级顺向进行。

多级放大器中第 1 级放大器的输入电阻等于整个放大器的输入电阻，因此标以 r_i 或 r_{i1}，见图 5.2.1。多级放大器中末级放大器的输出电阻等于整个放大器的输出电阻，图 5.2.1 所示双级放大器中标以 r_o 或 $r_{o(n)}$，本例是 r_{o2}。

2. 工作点设计与调整

放大器负载电阻影响工作点设置，放大器的输入电阻与基极偏置电阻或栅极偏置电阻

有关。因此，n 级放大器的工作点与输入电阻分析计算必须从末级开始逐级逆向进行。

首先根据总负载电阻确定末级放大器工作点，并计算末级输入电阻；第二步根据末级放大器输入电阻确定第($n-1$)放大器的工作点，并计算其输入电阻；……，再根据第 2 级放大器输入电阻确定第 1 级放大器的工作点，最后计算第 1 级放大器输入电阻。

现在总结多级放大器设计步骤。

第一步：逆向计算负载电阻与输入电阻并设计工作点。从末级开始逐级计算负载电阻与输入电阻，并进行多级放大器的工作点设计。

第二步：顺向计算输出电阻与内电阻并计算放大倍数。从第 1 级开始逐级顺向计算多级放大器各级的输出电阻，最后计算放大倍数。

第一步工作是在电路结构已知条件下确定电路的电阻参数，属于第二层次的设计。第一步工作完毕后，整个电路其实已经设计完毕，输出电阻已经是客观存在，第二步只是简单计算，因此第二步仅仅属于对已有电路的分析。

总的来看，多级放大器设计分析计算的特点是：逆向设计、正向分析。

例 5.2.1　图 5.2.2 双级共射放大器，$U_{cc}=12V$，$r_s=10k\Omega$，1 号管 $\beta_1=88$，2 号管 $\beta_2=75$，$r_{bb'}=100\Omega$，$R_{c1}=10k\Omega$，$R_{c2}=1k\Omega$，$R_L=1k\Omega$，要求两级放大器基本处于临界状态，满幅输出时 THD<5%，试确定 R_{b1}、R_{b2}、计算输入电阻 r_{i1}、r_{i2}、输出电阻 r_{o1}、r_{o2}、电压放大倍数 A_{o1}、A_{o2}、A_2 和 A、A_o。

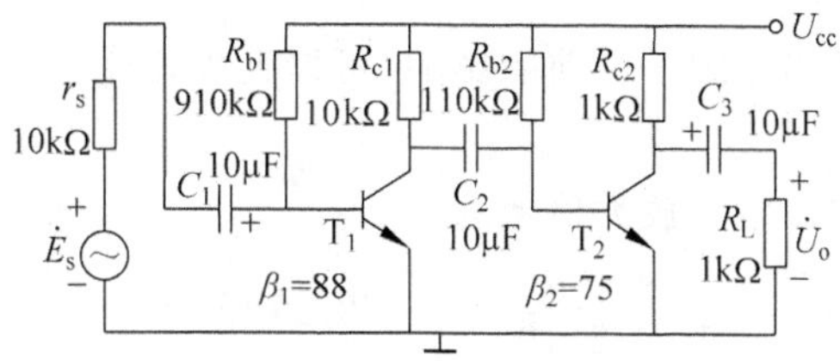

图 5.2.2　双级共射放大器

解　(1) 逆序计算负载电阻与输入电阻并设计工作点

第 2 级共射放大器等效负载电阻为

$$R'_{L2}=R_c//R_L=1//1k\Omega=0.5k\Omega$$

基极临界偏置电阻为

$$R_{b(cr)2}=\beta(R_c+R'_{L2})=75\times(1+0.5)k\Omega=75\times1.5k\Omega=112.5k\Omega$$

集电极临界偏置电流为

$$I_{c(cr)}=\frac{1+R_c/R_L}{2+R_c/R_L}\frac{U_{cc}}{R_c}=\frac{1+1/1}{2+1/1}\frac{12}{1}mA=8mA$$

取基极偏置电阻 $R_{b2}=120k\Omega$，实际集电极偏置电流为

$$I_c=\beta\frac{U_{cc}-U_{be}}{R_b}=75\times\frac{12-0.7}{120}mA=7.063mA$$

第 2 级共射放大器晶体管 T_2 输入电阻为

$$r_{be2}=r_{bb'}+\beta\frac{U_T}{I_c}=100\Omega+75\times\frac{26}{7.063}\Omega=376.1\Omega=0.3761k\Omega$$

第 2 级共射放大器输入电阻为

$$r_{i2} \approx r_{be2} = 0.3761\text{k}\Omega$$

第 2 级共射放大器的输入电阻就是第 1 级放大器的负载电阻，故一放的负载电阻为

$$R_{L1} = r_{i2} = 0.3761\text{k}\Omega$$

$$R'_{L1} = R_c // R_{L1} = 10//0.3761\text{k}\Omega = 0.362\text{k}\Omega$$

第 1 级共射放大器基极临界偏置电阻为

$$R_{b(cr)1} = \beta(R_{c1} + R'_{L1}) = 88 \times (10 + 0.362)\text{k}\Omega = 912\text{k}\Omega$$

取电阻标称值 $R_{b1}=910\text{k}\Omega$。

基极偏置电流为

$$I_{b1} = \frac{U_{cc} - U_{be}}{R_{b1}} = \frac{12 - 0.70}{910}\text{mA} = 0.01242\text{mA}$$

第 1 级共射放大器晶体管 T_1 输入电阻为

$$r_{be1} = r_{bb'} + \frac{U_T}{I_{b1}} = 100\Omega + \frac{26}{0.01242}\Omega = 2193\Omega = 2.193\text{k}\Omega$$

第 1 级共射放大器输入电阻为

$$r_{i1} \approx r_{be1} = 2.193\text{k}\Omega$$

(2) 顺序计算输出电阻及放大倍数

第 1 级共射放大器输出电阻为

$$r_{o1} \approx R_{c1} = 10\text{k}\Omega$$

第 2 级共射放大器输出电阻不受前级影响，可以直接计算

$$r_{o2} \approx R_{c2} = 1\text{k}\Omega$$

第 1 级共射放大器空载电压放大倍数为

$$A_{uo1} = -\frac{\beta_1 R_c}{r_s + r_{i1}} = -\frac{88 \times 10}{10 + 2.193} = -72.17\text{ 倍}$$

第 2 级共射放大器负载电压放大倍数为

$$A_{u2} \approx -\beta_2 \frac{R'_{L2}}{r_{s1} + r_{i2}} = -\beta_2 \frac{R'_{L2}}{r_{o1} + r_{i2}} = -75 \times \frac{0.5}{10 + 0.3761} = -3.614\text{ 倍}$$

第 2 级共射放大器空载电压放大倍数为

$$A_{uo2} \approx -\beta_2 \frac{R_c}{r_{s1} + r_{i2}} = -\beta_2 \frac{R_c}{r_{o1} + r_{i2}} = -75 \times \frac{1}{10 + 0.3761} = -7.228\text{ 倍}$$

总电压放大倍数(负载)为

$$A_u = A_{uo1} A_{u2} = (-72.17) \times (-3.614) = 260.8\text{ 倍}$$

总电压放大倍数(空载)为

$$A_{uo} = A_{uo1} A_{uo2} = (-72.17) \times (-7.228) = 521.6\text{ 倍}$$

针对图 5.2.2 所示双级共射放大器进行电压放大实验。实验结果：信号电压有效值 $E_s=1.5\text{mV}$ 时，负载电压有效值 $U_o=396\text{mV}$，实际电压放大倍数 $A_u=396/1.5=264$。

实验结果与理论分析相对误差

$$\delta = \frac{264 - 261}{261} \approx 1\%$$

Multisim 仿真结果：输入信号 1mVpk，输出 255mVpk，电压放大倍数 $A_u=255/1=255$。仿真结果与实际实验非常一致，再次证明多级电压放大倍数计算公式(5.2.1)合理。

Multisim 仿真结果：输入信号 16mVpk，输出满幅 3.9Vpk，THD=2.9%。

本仿真还发现，对于双级放大器，两头电压波形都很正常，中间级输出电压波形却严重畸变，非线性失真很严重，THD 达到 20%。这个现象与单级放大器晶体管发射结电压严重失真的原因相似，都很正常，不必理会。双级放大器没用任何负反馈，输出电压波形却很正常，往往就是中间级上半部矮胖下半部瘦长的失真波形经过后级自然补偿后的结果。

如为负载匹配将 R_{c1} 改为 1kΩ，则输出满幅时非线性失真肉眼可见，THD>10%。因此，不能片面追求负载匹配性。负载匹配性与非线性失真矛盾时，应当优先考虑 THD 指标。

例 5.2.2　图 5.2.3 共集-共射双级放大器 $U_{cc}=12V$，$r_s=100k\Omega$，$\beta_1=88$，$\beta_2=75$，$r_{bb'}=100\Omega$，$R_e=2.4k\Omega$，$R_{c2}=1k\Omega$，$R_L=1k\Omega$，要求两级放大器基本处于临界状态，试确定 R_{b1}、R_{b2}、r_{i1}、r_{i2}、r_{o1}、r_{i2}、A_{o1}、A_{o2}、A_2 和 A、A_o。

本题信号源内阻 r_s 较大，主要是展示共集放大器如何降低信号源内阻、实现放大。

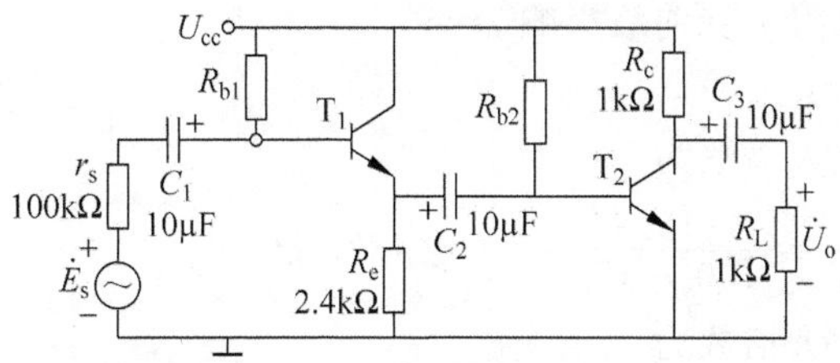

图 5.2.3　共集-共射双级放大器

解　(1) 逆序计算负载电阻与输入电阻并设计工作点

共射放大器(第 2 级)等效负载电阻为

$$R'_{L2}=R_c//R_L=1//1k\Omega=0.5k\Omega$$

共射放大器集电极临界偏置电流为

$$I_{c(cr)}=\frac{1+R_c/R_L}{2+R_c/R_L}\frac{U_{cc}}{R_c}=\frac{1+1/1}{2+1/1}\frac{12}{1}mA=8mA$$

共射放大器基极临界偏置电阻为

$$R_{b(cr)2}=\beta_2(R_c+R'_{L2})=75(1+0.5)k\Omega=75\times1.5k\Omega=112.5k\Omega$$

取基极偏置电阻 $R_{b2}=120k\Omega$，集电极偏置电流实际值为

$$I_c=\beta_2\frac{U_{cc}-U_{be}}{R_b}=75\times\frac{12-0.7}{120}mA=7.063mA$$

一般讲，允许集电极偏置电流实际值比临界值稍小。

共射放大器晶体管输入电阻为

$$r_{be2}=r_{bb'}+\beta_2\frac{U_T}{I_c}=100\Omega+75\times\frac{26}{7.063}\Omega=376.1\Omega=0.3761k\Omega$$

共射放大器输入电阻为

$$r_{i2}\approx r_{be2}=0.3761k\Omega$$

共射放大器的输入电阻就是第 1 级射随器的负载电阻为

$$R_{L1}=r_{i2}=0.3761k\Omega$$

射随器(第 1 级)等效负载电阻为

$$R'_{L1} = R_e // R_{L1} = 2.4//0.3761\text{k}\Omega = 0.3251\text{k}\Omega$$

射随器基极偏置电阻临界值为

$$R_{b(cr)1} = \beta_1 R'_{L1} = 88 \times 0.3251\text{k}\Omega = 28.61\text{k}\Omega$$

射随器作为第 1 级放大器不要求满幅输出，考虑市场上主流放大器的特性参数，可适当加大 R_{b1}，取 $R_{b1}=36\text{k}\Omega$。

射随器输入电阻为

$$r_{i1} = R_b // \beta_1 R'_{L1} = 36//(88 \times 0.3251)\text{k}\Omega = 36//28.6\text{k}\Omega \approx 15.94\text{k}\Omega$$

射随器空载输入电阻为

$$r_{io1} = R_b // \beta_1 R_e = 36//(88 \times 2.4)\text{k}\Omega = 36//211.2\text{k}\Omega = 30.76\text{k}\Omega$$

(2) 顺序计算输出电阻及电压放大倍数

射随器输出电阻为

$$r_{o1} = \frac{r_s // R_b}{\beta_1} // R_e = \frac{100//36}{88} //2.4\text{k}\Omega = 0.3008//2.4\text{k}\Omega = 0.2673\text{k}\Omega = 267.3\Omega$$

共射放大器输出电阻不受前级影响为

$$r_{o2} \approx R_c = 1\text{k}\Omega$$

射随器负载电压放大倍数为

$$A_{u1} \approx \frac{r_{i1}}{r_s + r_{i1}} = \frac{15.94}{100 + 15.94} = 0.1375\text{ 倍}$$

射随器空载电压放大倍数为

$$A_{uo1} \approx \frac{r_{io1}}{r_s + r_{io1}} = \frac{30.76}{100 + 30.76} = 0.2352\text{ 倍}$$

共射放大器负载电压放大倍数为

$$A_{u2} \approx -\beta_2 \frac{R'_{L2}}{r_{s1} + r_{i2}} = -\beta_2 \frac{R'_{L2}}{r_{o1} + r_{i2}} = -75 \times \frac{0.5}{0.2673 + 0.3761} = -58.28\text{ 倍}$$

共射放大器空载电压放大倍数为

$$A_{uo2} \approx -\beta_2 \frac{R_c}{r_{s1} + r_{i2}} = -\beta_2 \frac{R_c}{r_{o1} + r_{i2}} = -75 \times \frac{1}{0.2673 + 0.3761} = -116.6\text{ 倍}$$

总负载电压放大倍数为

$$A_u = A_{uo1} A_{u2} = 0.2352 \times (-58.28) = -13.71\text{ 倍}$$

总空载电压放大倍数为

$$A_{uo} = A_{uo1} A_{uo2} = 0.2352 \times (-116.6) = -27.41\text{ 倍}$$

为实际验证多级放大器电压放大倍数计算公式，对图 5.2.3 所示双级共集-共射放大器进行电压放大倍数实验，结果见表 5.2.2。

表 5.2.2 共集-共射双级放大器电压放大倍数实验

E_s/mV	60	80	100	133
U_o/mV	900	1200	1510	2000

实验结果：$A_u = -15$

理论分析与实验结果相对误差

$$\delta = \frac{15 - 13.71}{15} \approx 8.6\%$$

计算误差原因主要是晶体管输入电阻 r_{be} 计算误差大及晶体管 β 值误差。实验结果以事实证明多级电压放大倍数计算公式(5.2.1)合理。

例 5.2.3　在例 5.2.2 中取消射随器，只剩下共射放大器，试计算电压放大倍数 A_u。

解　$A_u \approx -\beta \dfrac{R_L'}{r_s + r_{i2}} = -75 \times \dfrac{0.5}{100 + 0.3761} \approx -0.374$ 倍

$$A_{uo} \approx -\beta \frac{R_c}{r_s + r_{i2}} = -75 \times \frac{1}{100 + 0.3761} \approx -0.747\ 倍$$

对比这两个例题，读者可加深对放大器输入电阻、输出电阻概念及射随器的理解。

例 5.2.2 中，虽然射随器电压放大倍数只有 0.2 多一点，即射随器本身暂时把信号幅度降低到了 23.52%，但是因为同时大幅度减小了下一级放大器的信号源内阻，所以为下一级共射放大创造了有利条件，放大器总电压放大倍数还是比较高的。

例 5.2.3 中，取消射随器后的放大器总电压放大倍数为 0.374，远小于有射随器时的总电压放大倍数 13.6，彻底失去了电压放大能力。

这两个例题用事实证明，使用射随器好比是磨刀不误砍柴工。

信号源内阻多大才算大，多小才算小，没有严格标准。一般讲，几千欧以上算大，几百欧以下算小。本例射随器把一个 100kΩ 的大内阻降低为 267Ω 的小内阻，是一个典型的降低内阻的例子。

思考题

5.2.1　计算多级放大器电压放大倍数时应使用各级源电压放大倍数还是自身电压放大倍数，是使用空载电压放大倍数还是负载电压放大倍数？

5.2.2　多级放大器中使用射随器对总电压放大倍数的影响如何？

5.3　乙类及甲乙类互补功率放大电路

功率放大器应具有以下特点：

(1) 输出电阻小；

(2) 输出范围大(最大不失真输出电压幅度大)；

(3) 效率较高。

第 3、4 章介绍的电阻性放大器中，只有射随器和源随器的输出电阻比较小。但当负载很大即负载电阻很小时，它们的极限输出电压摆幅也很小，而且它们的效率像其他电阻性甲类放大器一样，也在 10%以下，因此射随器和源随器并不适合作功率放大器。

磁耦合放大器输出电阻比较小，效率可达 50%，输出范围也比较大，可做功率放大器。在高频领域磁耦合放大器作功率放大器的优势较明显。其缺点是比较笨重。

本节介绍不用变压器的乙类功率放大器和甲乙类功率放大器(Output Transformer Less，OTL)，输出端既不用变压器也不用耦合电容的乙类功率放大器和甲乙类功率放大器(Output Capacitor Less，OCL)。

5.3.1　电路种类及工作原理

1. OTL 功率放大器

图 5.3.1 所示 OTL 功率放大器的输出级由 NPN 晶体管和 PNP 晶体管组成，NPN 晶

体管导通时 PNP 晶体管截止,PNP 晶体管导通时 NPN 晶体管截止,这样的结构叫做推挽式结构,也叫做互补结构。

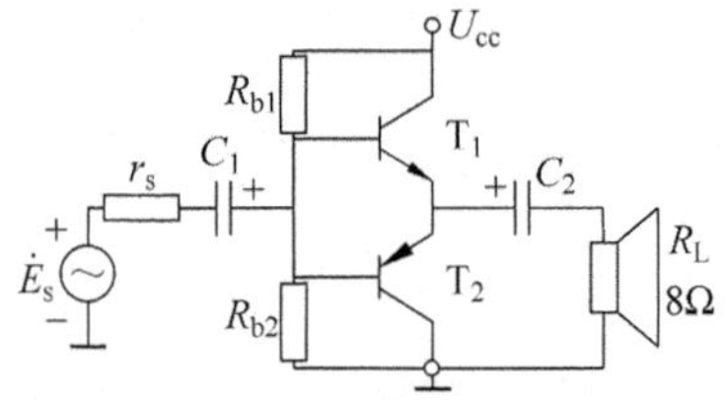

图 5.3.1　原始 OTL 功率放大器

功率放大器的常见负载是扬声器,也有旋转变压器等。扬声器不允许流过直流电流。较大直流电流会使扬声器的振动膜明显被拉在一边,造成吸膜或鼓膜,损伤扬声器。OTL 功率放大器的输出耦合电容 C_2 能隔开直流电流,避免吸膜或鼓膜。

以下分析中设 $R_{b1}=R_{b2}$,并暂且忽略 T_1、T_2 发射结压降。

没有信号输入时,上电后 T_1 导通,T_2 截止,电源 U_{cc} 给输出耦合电容 C_2 充电,一直到 $U_{c1}=0.5U_{cc}$、T_1、T_2 均截止为止。输出耦合电容 C_2 充电电压为 $0.5U_{cc}$。

有交流信号电压输入时,在信号正半周,T_1 导通,T_2 截止,电源 U_{cc} 经输出耦合电容 C_2 将正弦电压正半波加到负载电阻 R_L 上;在信号负半周,T_2 导通,T_1 截止,输出耦合电容 C_2 上的 $0.5U_{cc}$ 电压作为电源将正弦电压负半波加到负载电阻 R_L 上。C_2 容量选得较大,可以认为 C_2 交流压降很小,其上电压基本恒等于 $0.5U_{cc}$。

第 3、4 两章介绍的放大器中的晶体管在交流信号的一个周期内始终导通。把晶体管在交流信号的一个周期内始终导通的放大器叫做甲类(A 类)放大器。

互补结构的功率放大器中的两个晶体管交替导通。图 5.3.1 中每个晶体管负责半个信号周期。把晶体管仅在交流信号的半个周期内导通的放大器叫做乙类(B 类)放大器,也叫做互补结构的射随器(互补射随器)。

互补结构的乙类放大器既能由 NPN BJT 与 PNP BJT 构成,也能由 NMOSFET 与 PMOSFET 构成。集成放大器的输出级常用互补结构的射随器或源随器。

实际上,晶体管发射结电阻及其压降不可忽略。由于晶体管发射结伏安特性的非线性,信号正弦电压正半波来到时,晶体管 T_1 导通显得滞后,正半波快要结束时,晶体管 T_1 又提前趋于截止。同样,负半波到来时,晶体管 T_2 导通也显得滞后,正半波结束时,晶体管 T_2 又提前趋于截止。这就导致负载电压正、负半波交接处即输出电压零点附近电压曲线斜率减小、导致过分平坦的畸形,见图 5.3.2。可把这种由于晶体管非线性输入特性造成的输出电压零点附近斜率变小的波形失真叫做平坦交越失真。

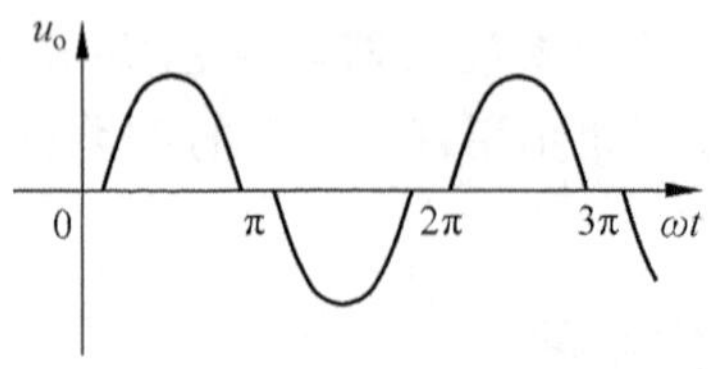

图 5.3.2　原始 OTL 功率放大器的平坦交越失真

正弦曲线本来在零点附近最为陡峭，斜率最大。正弦曲线在零点附近的陡峭笔直代表刚强，在上、下顶点附近的弯曲代表温柔。正弦曲线本来是刚柔兼济的自然美丽的曲线，平坦交越失真却使正弦曲线变成一个个蹩脚的丑小鸭。

消除平坦交越失真的措施是两只功率晶体管的基极不直接连接，以便无信号时两只功率晶体管设法获得较小的基极偏置电流而同时导通，使晶体管避免在输入特性的非线性最厉害的起始段工作，抑制平坦交越失真。电阻 R_{b1}、R_{b2} 越小，偏置电流越大，抑制平坦交越失真的效果就越好。

消除平坦交越失真的具体措施有：

1）与两互补功率管发射结并联二极管

与两互补功率管并联二极管，见图 5.3.3，利用二极管与三极管发射结并联时直流分流大、交流分流小的特点，建立较小的直流偏置电流，减弱交越失真，获得较好的交流放大效果。很小的偏置电流使得两只三极管的导通工作时间稍大于信号的半个周期。把这种晶体管导通时间稍大于交流信号的半个周期的放大器叫做甲乙类放大器。

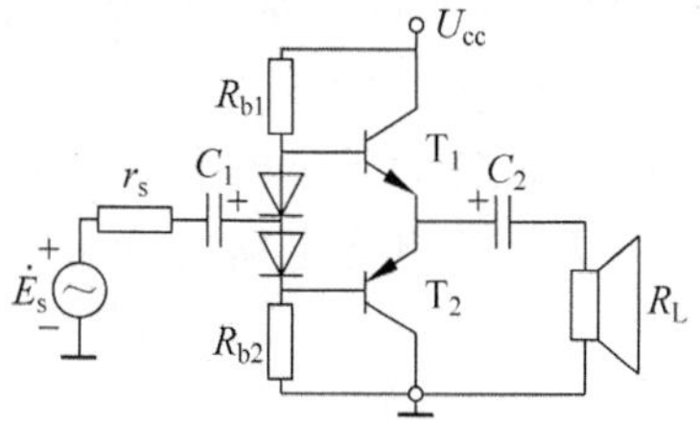

图 5.3.3　并联二极管 OTL 功率放大器

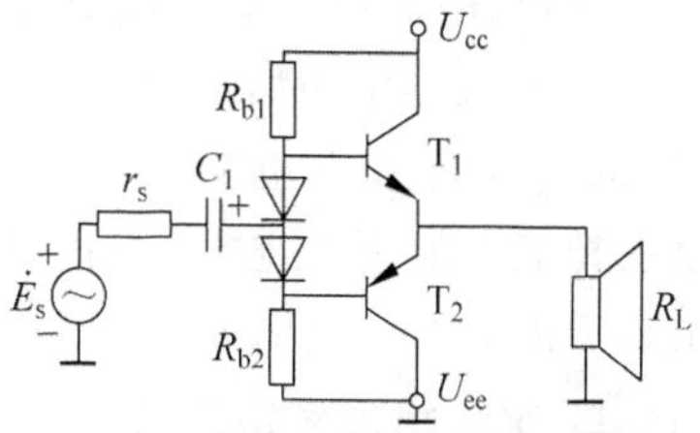

图 5.3.4　并联二极管 OCL 功率放大器

并联二极管电路的缺点是负载越重，或者输出电压幅度越大，非线性失真就越厉害。需要采取发射极回路串入电阻、配用自举、负反馈等措施，使得整个功放电路非常复杂。

2）与两互补功率管发射结并联晶体管

与两互补功率管并联三极管，见图 5.3.5，利用三极管主通道与三极管发射结并联时直流分流大、交流分流小的特点，建立较小的直流偏置电流，减弱交越失真。

并联三极管电路的缺点亦是负载越重，或者输出电压幅度越大，非线性失真就越厉害。需要采取发射极回路串入电阻、配用自举、负反馈等措施，整个功放电路亦非常复杂。

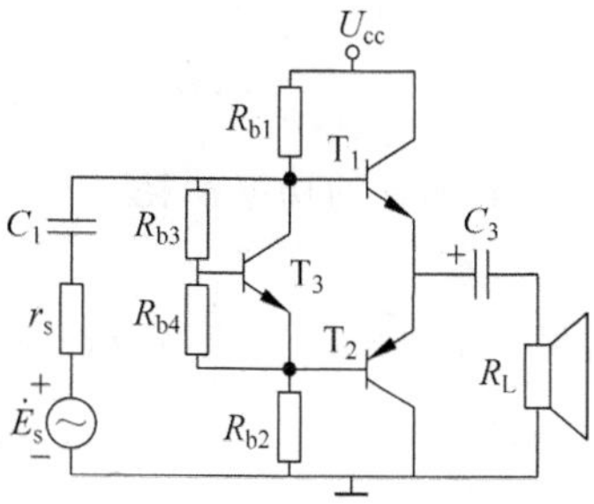

图 5.3.5　并联三极管 OTL 功率放大器

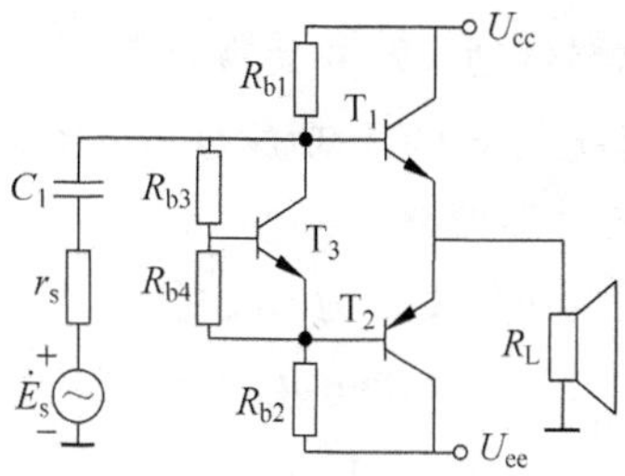

图 5.3.6　并联三极管 OCL 功率放大器

3）与两互补功率管发射结并联电阻

与两互补功率管并联电阻，见图 5.3.7，利用电阻与三极管发射结并联时直流分流大、交流分流小的特点，建立较小的直流偏置电流，避免交越失真，构成另一种甲乙类功放。

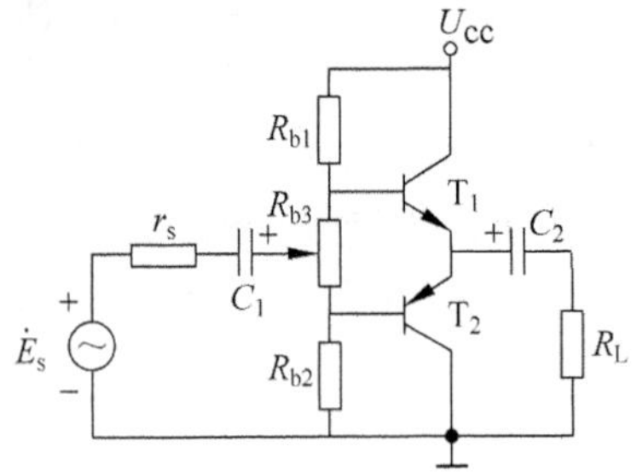

图 5.3.7　并联电阻 OTL 功率放大器

4）与两互补功率管发射结并联电容

与两互补功率管并联电容，构成另一种甲类或甲乙类功放。详见 5.4 节。

2. OCL 功率放大器

扬声器等负载电流可达安培数量级。为了减少输出耦合电容上的交流电压降落损失，通常 OTL 功率放大器中输出耦合电容的荷压比要选取 1000μF 以上。

把单电源改为正、负双电源，电源总电压保持不变，例如把 24V 单电源改为±12V 双电源，就可以去掉庞大的耦合电容，把电路改造成为输出无耦合电容电路（Output Capacitor Less，OCL），见图 5.3.4 及图 5.3.6。

3. OTL 与 OCL 功放电路的对比

NPN 功率管与 PNP 功率管 β 值匹配性较差时，互补功放首当其冲的问题是输出电压产生直流分量，其次是会产生非常小的非线性失真。OTL 电路的直流分量由输出耦合电容滤除，扬声器等负载不受影响。OCL 电路的直流分量直接加在扬声器等负载上，造成鼓膜或吸膜，影响扬声器工作效果甚至有损其寿命。因此，OCL 电路虽然省去了一个价格较高的电容，但是有一点得不偿失。反映在制造上，OCL 电路对 NPN 管与 PNP 管的 β 值匹配要求高，OTL 电路要求低。现在很多人宁可选用 OTL 电路，就是因为 OTL 电路的扬声器任何情况下都没有直流分量，不仅音响效果好，而且出现故障时扬声器不容易损坏。

输出级功率对管采用达林顿复合结构时，β 值匹配性比较容易实现。

5.3.2　技术参数指标分析与设计

1. 元器件功率及放大器效率

这里就乙类 OCL 功放分析乙类放大器效率及负载与晶体管的功率消耗。

1）放大器效率

负载电压幅度设为 $U_{om} \leqslant U_{cc}$，负载电压、负载电流及管子集电极电流、负载功率各为

$$\begin{cases} u_o = U_{om}\sin\omega t \\ i_o = i_c = \dfrac{U_{om}}{R_L}\sin\omega t \\ P_o = \dfrac{U_{om}^2}{2R_L} \end{cases} \tag{5.3.1}$$

正电源 U_{cc} 仅在信号正半周工作。正电源 U_{cc} 输出功率平均值为

$$P_{sp}=\frac{1}{2\pi}\int_0^{\pi}U_{cc}i_c\mathrm{d}\omega t=\frac{1}{2\pi}\int_0^{\pi}U_{cc}\frac{U_{om}}{R_L}\sin\omega t\mathrm{d}\omega t=\frac{U_{cc}U_{om}}{2\pi R_L}\cos\omega t\mid_{\pi}^{0}=\frac{U_{cc}U_{om}}{\pi R_L}$$

负电源 U_{ee} 仅在信号负半周工作。负电源 U_{ee} 输出功率平均值为

$$P_{sn}=|U_{ee}|U_{om}/(\pi R_L)=U_{cc}U_{om}/(\pi R_L)$$

整个电源输出功率为

$$P_s=P_{sp}+P_{sn}=U_{cc}U_{om}/(\pi R_L)+|U_{ee}|U_{om}/(\pi R_L)=2U_{cc}U_{om}/(\pi R_L)\quad(5.3.2)$$

忽略管子饱和压降 U_{ces}，OCL 乙类功放负载电压幅度 U_{om} 可达到电源电压 U_{cc}。

乙类功放输出不满幅时的效率函数及满幅时的效率最大值各为

$$\eta=\frac{P_o}{P_s}=\frac{U_{om}^2}{2R_L}\bigg/\frac{2U_{cc}U_{om}}{\pi R_L}=\frac{\pi}{4}\frac{U_{om}}{U_{cc}}=0.785\frac{U_{om}}{U_{cc}}\quad(5.3.3)$$

$$\eta=\frac{P_o}{P_s}=\frac{\pi}{4}\frac{U_{cc}}{U_{cc}}=\frac{\pi}{4}=78.5\%$$

这说明，乙类功率放大器满幅输出时效率可达到最大值 78.5%。此值对 OCL 和 OTL 通用。

2）功率三极管极限功耗及承受电压计算

电源功率由负载与两只功率三极管所消耗，故

$$P_T=\frac{P_s-P_o}{2}=\frac{1}{R_L}\left(\frac{U_{cc}U_{om}}{\pi}-\frac{U_{om}^2}{4}\right)\quad(5.3.4)$$

P_T-U_{om} 曲线呈倒扣的抛物线。$U_{om}=0$ 时 $P_T=0$，$U_{om}=(4/\pi)U_{cc}=1.27U_{cc}$ 时 $P_T=0$，故 $U_{om}=(2/\pi)U_{cc}=0.637U_{cc}$ 时管耗 P_T 将达到最大值为

$$P_{T(max)}=\frac{1}{R_L}\left(\frac{U_{cc}}{\pi}\frac{2U_{cc}}{\pi}-\frac{2^2U_{cc}^2}{4\pi^2}\right)=\frac{U_{cc}^2}{\pi^2R_L}$$

$$P_{T(max)}=\frac{U_{cc}^2}{\pi^2R_L}\approx0.101\frac{U_{cc}^2}{R_L}\quad(5.3.4a)$$

在此基础上加上一定的安全系数，就能确定功率三极管的极限功耗。

OCL 乙类功率放大器满幅输出时的管耗、负载最大功耗及电源最大功耗各为

$$P_T=\left(\frac{1}{\pi}-\frac{1}{4}\right)\frac{U_{cc}^2}{R_L}\approx0.0683\frac{U_{cc}^2}{R_L}\quad(5.3.4b)$$

$$P_{o(max)}=\frac{U_{cc}^2}{2R_L}=0.5\frac{U_{cc}^2}{R_L}\text{（此三式针对 OCL，÷4 可用于 OTL）}\quad(5.3.1a)$$

$$P_{s(max)}=\frac{2U_{cc}^2}{\pi R_L}\approx0.637\frac{U_{cc}^2}{R_L}\quad(5.3.2a)$$

与式(5.3.4a)对照可见，满幅输出负载功率最大时，管耗只有最大值的 68%。

由式(5.3.4a)和式(5.3.1a)可知，乙类功放的管耗最大值是负载功耗最大值的 20%。

$$P_{T(max)}=0.2P_{o(max)}\text{（此式对 OCL 及 OTL 通用）}\quad(5.3.4c)$$

乙类功放的 NPN 管在信号负半周截止，PNP 管在信号正半周截止。截止的功率三极管承受电压等于正负双电源电压的和，故功率三极管

$$U_{br(ceo)}>2U_{cc}\text{（此式针对 OCL，÷2 可用于 OTL）}\quad(5.3.5)$$

加上一定的安全系数，就能确定功率三极管 $U_{br(ceo)}$ 值，为选型打下基础。

能够抑制交越失真的甲乙类功率放大器中的晶体管在每个信号周期内的导通时间稍大

于半个周期，效率自然比乙类电路的 78.5%低些。例如，属于 A-B 类的音频集成功率放大器 NCP2890 的效率为 63%。

乙类功放效率及管子功率消耗的设计计算结果可供甲乙类功放参考。

例 5.3.1 图 5.3.6 无交越失真的甲乙类 OCL 功率放大器中 $U_{cc}=12V$，$R_L=8\Omega$，试在以下两种情况下计算负载功率 P_o、管子功耗 P_T 及电源最大功率输出 P_s，证明功率守恒。

(1) $U_{om}=0.637U_{cc}$；(2) $U_{om}=U_{cc}$

解 (1) $U_{om}=0.637U_{cc}$，电源输出功率、负载功耗及管耗最大值各为

$$P_s = 0.637\frac{U_{cc}U_{om}}{R_L} = 0.637\times\frac{0.637\times 12^2}{8} = 7.30W$$

$$P_o = \frac{0.637^2U_{cc}^2}{2R_L} = \frac{(0.637\times 12)^2}{2\times 8}W = 3.65W$$

$$P_T = P_{T(max)} \approx 0.101\frac{U_{cc}^2}{R_L} = 0.101\times\frac{12^2}{8} = 1.82W$$

$$P_o + 2P_{T(max)} = 3.65W + 2\times 1.82W = 7.29W \approx P_s$$

(2) $U_{om}=U_{cc}$，管耗、负载最大功率及电源输出最大功率为

$$P_T \approx 0.0683\frac{U_{cc}^2}{R_L} = 0.0683\times 18W = 1.23W$$

$$P_o = \frac{U_{cc}^2}{2R_L} = \frac{12^2}{2\times 8}W = 9W$$

$$P_s = \frac{2U_{cc}^2}{\pi R_L} \approx 0.637\frac{U_{cc}^2}{R_L} = 0.637\times 18W = 11.47W$$

$$P_{o(max)} + 2P_T = 9W + 2\times 1.23W = 11.46W \approx P_{s(max)}$$

2. 输入电阻、输出电阻及功率放大倍数

OCL 乙类功放输出范围等于电源电压 U_{cc}，OTL 乙类功放输出范围等于 $U_{cc}/2$。

乙类功放属于射随器，其输入电阻、输出电阻及功率放大倍数的计算方法与射随器相同。图 5.3.1 原始乙类功放的交流等效电路见图 5.3.8。

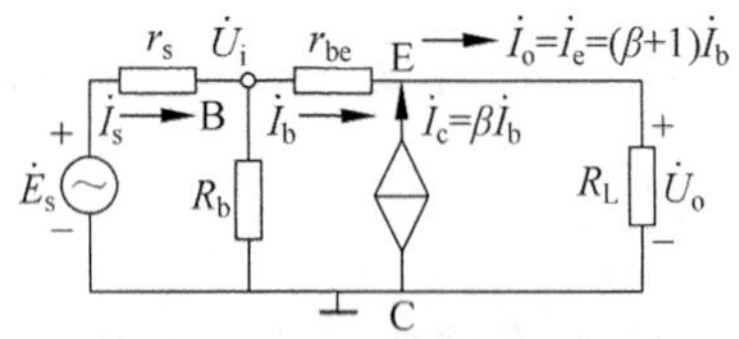

图 5.3.8 原始乙类功放的交流等效电路

乙类功放属于互补射随器，其输入电阻、输出电阻及功率放大倍数的计算方法可参照射随器。在第 3 章射随器相关公式中令 $R_e\to\infty$得到乙类功放输入电阻和输出电阻为

$$r_i = R_b//(r_{be} + \beta R_L) \tag{5.3.6}$$

$$r_o = \frac{r_{be} + r_s//R_b}{\beta} \tag{5.3.7}$$

可看出，晶体管输入电阻 r_{be}与等效负载 βR_L 串联分压，所以在乙类功放和甲类功放中

r_{be}表现为损耗。若用复合三极管，则应选用异极性管子，以减少发射结压降损耗。

乙类功放功率放大倍数为

$$A_p \approx A_u A_i = \frac{r_i^2}{(r_s + r_i)R_L} \tag{5.3.8}$$

R_b、r_{be}及 r_s 均忽略不计时，理想乙类功放功率放大倍数简化为

$$A_p \approx \frac{(\beta R_L)^2}{(\beta R_L)R_L} = \beta \tag{5.3.8a}$$

乙类功率放大器的功率放大倍数 A_p约等于晶体管电流放大倍数 β 值。功率放大是通过电流放大实现的，至于电压还有些损失。功率放大实质是电流放大。

3. BTL 乙类功放

OCL 乙类功放输出范围只能达到总电源电压的一半。为了在低电源条件下获得高输出范围，构造了桥接电路(Bridge-Tied-load，BTL)，见图 5.3.9。

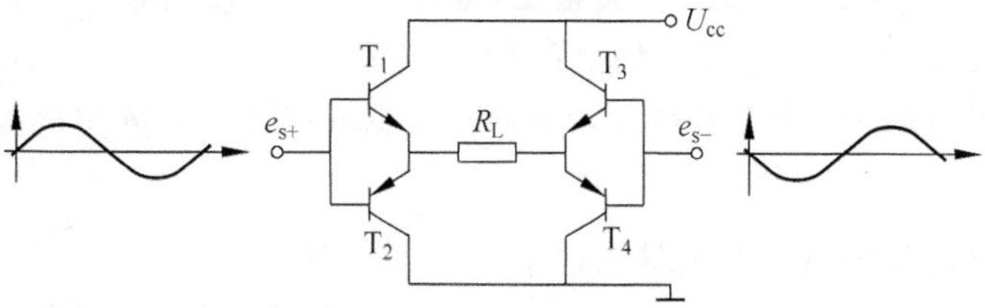

图 5.3.9　BTL 功率放大器工作原理

BTL 电路的优点是可在低电源条件下获得大输出范围，多用于车载音响设备。

思考题

5.3.1　功率放大器对放大器技术指标有哪些特殊要求？

5.3.2　BJT 互补功率放大器属于哪种组态，共射、共基还是共集？

5.4　电容耦合互补功率放大电路

1. 与两互补功率管发射结并联电容构成双管功放

电容具有隔直通交的特性。在互补射随器两管基极之间接进电容，就能保证两功率管基极直流断开，既不影响偏置，又保证交流信号畅通，见图 5.4.1 及图 5.4.2。

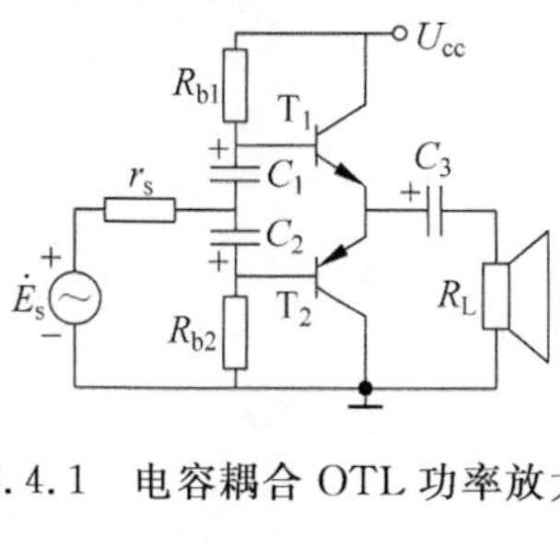

图 5.4.1　电容耦合 OTL 功率放大器

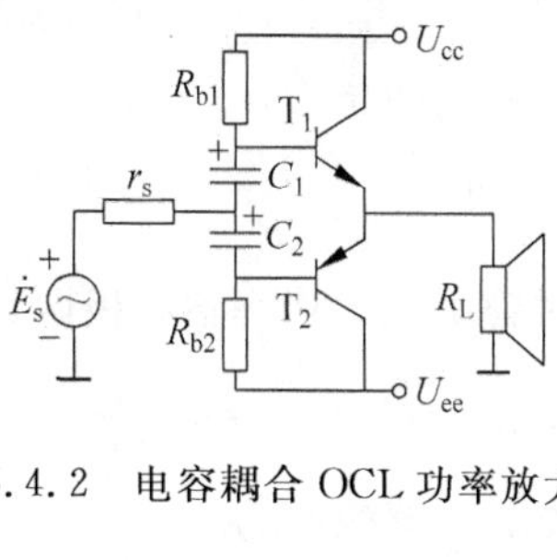

图 5.4.2　电容耦合 OCL 功率放大器

为减小管子发射结压降、提高有效输入电阻，双管甲类功放宜用异极性管子构成的复合三极管。图 5.4.3、图 5.4.4 展示了采用异极性管子构成的复合三极管的双管甲类功放。

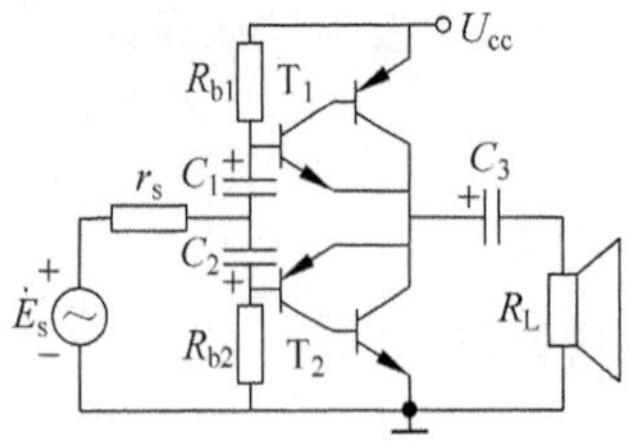

图 5.4.3　电容耦合复合管 OTL 功率放大器

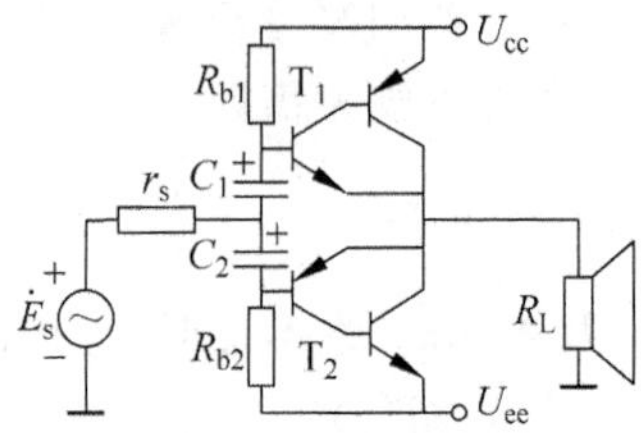

图 5.4.4　电容耦合复合管 OCL 功率放大器

图 5.4.1～图 5.4.4 所示新型功放电路属于作者的专利，专利号 201220057061.8。

2．电容耦合双管放大器设计整定及效率

偏置电流太小，则电源难得充分利用；偏置电流太大，则偏置电流难得充分利用。偏置电流大小合适，能使电源和偏置电流都得到充分利用。

电容耦合双管功放既可以按照甲类整定，也可以按照甲乙类整定。这里以 OCL 电路为例讨论偏置电阻设计，所得结论可以移植到 OTL 电路。

首先按照负载电阻 R_L 和极限最大功率输出根据式(5.3.1a)确定电源电压为

$$|U_{ee}| = U_{cc} = \sqrt{2P_{o(max)}R_L} \tag{5.4.1}$$

负载最大功率折算为负载电流最大幅度

$$I_{om(max)} = \sqrt{\frac{2P_{o(max)}}{R_L}} = \frac{U_{cc}}{R_L}$$

1) 按照甲类整定工作点

设发射极偏置电流为 I_e，则 T_1 管总电流为 $I_e + I_{em}\sin\omega t$，T_2 管总电流为 $I_e - I_{em}\sin\omega t$，负载电流为 $I_e + I_{em}\sin\omega t - (I_e - I_{em}\sin\omega t) = 2I_{em}\sin\omega t$，负载电流幅度为 $2I_{em}$。根据负载电流幅度为 $2I_{em} = I_{om}$ 反推发射极电流幅度 $I_{em} = 0.5I_{om} = U_{cc}/2R_L$。

根据甲类要求，管子总电流最低不能为 0，可推断集电极偏置电流为

$$I_{c(cr)} = \frac{U_{cc}}{2R_L} = \sqrt{\frac{P_{o(max)}}{2R_L}} \tag{5.4.2}$$

这说明，双管甲类功放管子集电极偏置电流应按照负载电流最大幅度的一半来设计。

基极偏置电阻临界值为

$$R_{b(cr)} = \frac{U_{cc} - U_{be}}{I_{b(cr)}} = \frac{U_{cc} - U_{be}}{(U_{cc}/2R_L)/\beta} = 2\beta\frac{U_{cc} - U_{be}}{U_{cc}}R_L \approx 2\beta R_L \tag{5.4.3}$$

直流电源输出功率为

$$P_s = 2U_{cc}I_c = \frac{U_{cc}^2}{R_L} \tag{5.4.4}$$

无信号时管子耗散功率达到极限最大，为

$$P_{T(max)} = U_{cc}I_{c(cr)} = \frac{U_{cc}^2}{2R_L} \tag{5.4.5}$$

双管甲类放大器效率为

$$\eta = \frac{P_{o(max)}}{P_s} = \frac{U_{cc}^2}{2R_L}\bigg/\frac{U_{cc}^2}{R_L} = \frac{1}{2} = 50\% \tag{5.4.6}$$

这说明，双管射随器甲类 OTL 及 OCL 放大器的效率也能达到 50%。

乙类互补射随器效率 78.5%，甲类互补射随器效率 50%，说明甲乙类互补射随器效率介于 50%～78.5%之间。

负载电流幅度大于 2 倍偏置电流时就会超出甲类。负载电压幅度达到电源电压时也会被限幅。基极偏置电阻 R_b 大于临界值时，负载电流由偏置电流限幅；基极偏置电阻 R_b 小于临界值时，负载电流由电源电压限幅。基极偏置电阻 R_b 等于临界值时，负载电流同时由电源电压和偏置电流限幅，电源电压和偏置电流都得到了充分利用。

从式(5.4.3)可看出，偏置电阻设计要求与电源电压无关。因此，可以根据所需要音量，自动调节电源电压，即能使甲类功放功耗最小，效率最高。

2）按照甲乙类整定工作点

负载电流幅度大于 2 倍偏置电流时虽超出甲类过渡到甲乙类，但交越失真不会马上重现。直到负载电流幅度达到大约 5 倍偏置电流时，交越失真才会逐渐重现，见图 5.4.5。

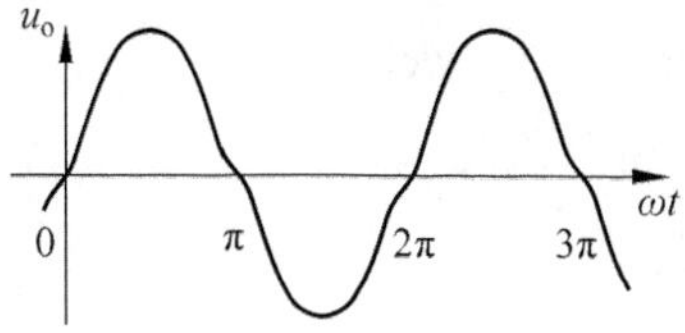

图 5.4.5　电容耦合功放负载过重导致交越失真萌芽重现

负载电流幅度持续变大，类似于图 5.3.2 的交越失真才会复发。

将式(5.4.2)中的 2 改为 5，可得到根据甲乙类要求确定集电极偏置电流的计算式为

$$I_{c(cr)} = \frac{U_{cc}}{5R_L} \tag{5.4.7}$$

基极偏置电阻临界值为

$$R_{b(cr)} = 5\beta\frac{U_{cc} - U_{be}}{U_{cc}}R_L \approx 5\beta R_L \tag{5.4.8}$$

3. 电容耦合双管功率放大器分析

已知 $R_b > R_{b(cr)}$，可以计算偏置电流、负载电流电压所能达到的幅度等参数为

$$I_b = \frac{U_{cc} - U_{be}}{R_b}$$

$$I_c = \beta I_b = \beta\frac{U_{cc} - U_{be}}{R_b}$$

1）按照甲类要求分析计算

$$I_{om(max)} = 2I_c = 2\beta I_b = 2\beta\frac{U_{cc} - U_{be}}{R_b}$$

$$U_{om(max)} = R_L I_{om(max)} = 2R_L I_c = 2\beta R_L I_b = 2\beta R_L\frac{U_{cc} - U_{be}}{R_b}$$

2）按照甲乙类要求分析计算

$$I_{om(max)} = 5I_c = 5\beta I_b = 5\beta\frac{U_{cc} - U_{be}}{R_b}$$

$$U_{om(max)} = R_L I_{om(max)} = 5R_L I_c = 5\beta R_L I_b = 5\beta R_L\frac{U_{cc} - U_{be}}{R_b}$$

4. 输入电阻、输出电阻及功率放大倍数

OCL 甲类功放输出范围等于电源电压 U_{cc}，OTL 甲类功放输出范围等于 $U_{cc}/2$。

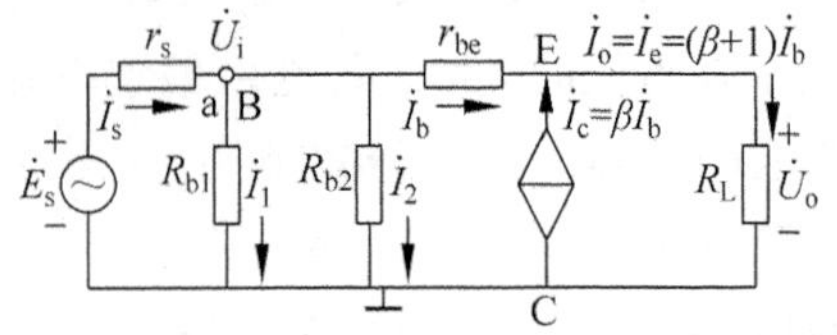

图 5.4.6 电容耦合 OCL 功率放大器交流等效电路

由图 5.4.6 交流等效电路可看出电容耦合双管甲类功率放大器输入电阻为

$$r_i = R_{b1}//R_{b2}//(r_{be} + \beta R_L) \tag{5.4.9}$$

忽略晶体管输入电阻 r_{be}，$R_{b1}=R_{b2}=2\beta R_L$ 时，甲类功放输入电阻可简化表达为

$$r_i = 2\beta R_L//2\beta R_L//\beta R_L = 0.5\beta R_L \tag{5.4.9a}$$

可以看出，β 越大，功放输入电阻就越大。

$$r_o = \frac{r_s//R_{b1}//R_{b2} + r_{be}}{\beta} \tag{5.4.10}$$

甲类功放功率放大倍数与乙类功放计算相同。将 $r_i=0.5\beta R_L$ 代到式(5.3.6)，忽略晶体管输入电阻 r_{be} 及信号源内阻 r_s，理想甲类功放功率放大倍数可简化为

$$A_p \approx \frac{(0.5\beta R_L)^2}{(0.5\beta R_L)R_L} = 0.5\beta \tag{5.4.11}$$

实际甲类功放功率放大倍数不超过晶体管电流放大倍数 β 的一半。

电容耦合功放电路简洁至上。电容耦合功放电路要比传统的甲乙类功放简单得多。实际上，甲类功放效率并不比乙类功放低多少。甲类功放效率并不是很低，而其失真最低、保真度最高，所以甲类功放被称为最好的功率放大器而被广大无线电爱好者所青睐。

实际功放配有前置电压放大级。实际功效配置额定负载输出额定输出功率时所需输入信号的电压称为输入灵敏度。功放输入灵敏度约为 0.775V(0dB)～1.5V(6dB)。

5. 甲类放大器分类

甲类放大器种类很多。除了第 3 章介绍的电阻性单管甲类放大器和本章介绍的磁耦合甲类放大器之外，还有电容耦合推挽甲类放大器，或叫做双管甲类放大器。市场上的甲类功放一般指双管甲类放大器。

1）单管电阻性甲类放大器

单管电阻性甲类放大器包括基本共射放大器、射随器、栅极无偏共源放大器、源随器等，其效率最高仅达 8.6%。

2）双管甲类放大器

双管甲类放大器就是互补射随器组成的甲类放大器，其效率最高可达 50%。

3）单管磁耦合甲类放大器

单管磁耦合甲类放大器效率最高也可达 50%。

模拟电子技术教科书介绍的放大器，一般包括导通角 360°的甲类(A 类)放大器、名义导通角 180°的乙类(B 类)放大器及导通角稍大于 180°的甲乙类(AB 类)放大器。

6. 功率放大器散热设计

功率管耗散功率较大时就需要加设散热片。功率管与散热片只能传递热量，但通常不允许电气连接。为此，功率管与散热片之间需加进导热硅脂，金封功率管与散热片之间还可能需要隔离一层绝缘片。功率管与散热片用螺钉紧固在一起，或者用弹簧卡在一起。

5.5　本章小结

一、总体内容

介绍放大器之间的耦合方式、多级放大器及功率放大器。

重点讨论磁耦合基本放大器。讨论多级放大器技术参数特别是电压放大倍数、输入电阻及输出电阻的计算。介绍功率放大器基本知识。

二、各节要点

5.1　放大电路级间耦合方式及磁耦合放大电路

放大器之间的耦合方式有电容耦合、磁耦合、直接耦合与光耦合等方式。

熟悉磁耦合基本放大器技术参数的计算方法，特别是电压放大倍数、动态范围等的计算。

5.2　多级放大电路技术参数与频率特性

多级放大器输入电阻主要取决于第一级放大器，有时也与后级电路有关。计算多级放大器各级的输入电阻时，应当逆序进行。

多级放大器输出电阻主要取决于末级放大器，有时也与前级电路有关。计算多级放大器各级的输出电阻时，应当顺序进行。

多级放大器动态范围取决于末级放大器。

多级放大器最重要的技术参数是电压放大倍数。多级放大器电压放大倍数按照本级的开路输出电压是下级的信号源电动势的原理来计算。为此，多级放大器电压放大倍数等于前边若干级开路源电压放大倍数与末级负载源电压放大倍数的乘积。

多级放大器频率特性按照本级的开路输出是下级的信号源电动势的原理来计算。因此，多级放大器频率特性等于前边若干级开路频率特性函数与末级负载频率特性函数的乘积。

5.3　乙类及甲乙类互补功率放大电路

功率放大器应具有输出电阻小、动态范围大、效率高等特点。功率放大器的种类很多。本章介绍的功率放大器是属于乙类的OTL互补功率放大器、OCL功率放大器，其效率可达78.5%。信号电压达到满幅度的64%时，乙类互补功放的晶体管功耗即达到最大。

乙类互补功率放大器有交越失真。为克服交越失真将乙类互补功率放大器修正为甲乙类互补功率放大器。甲乙类互补功率放大器采用并联二极管补偿、并联三极管补偿或并联电容耦合。

5.4　电容耦合互补功率放大电路

甲类电容耦合功率放大器具有电路极其简单、非线性失真极小等优点。

三、关键知识点

通常变压器耦合功率放大既有电压放大也有电流放大。OTL和OCL互补射随器功率放大像单管射随器一样都是单纯电流放大，而本来已经较大的电压基本保持不变。

磁耦合基本放大器技术参数的计算方法，特别是电压放大倍数、动态范围等的计算。

多级放大器电压放大倍数的计算方法。

乙类互补功率放大器交越失真校正电路是一个典型电路，不仅在分立元件放大器中得到应用，而且在集成放大器中也有应用。电路简洁至上的甲类电容耦合功率放大器具有独特的高保真优点。

5.6 仿真与实训五　电容耦合 OTL 功放

图 5.6.1 是电容耦合 OTL 功放 Multisim 仿真电路。

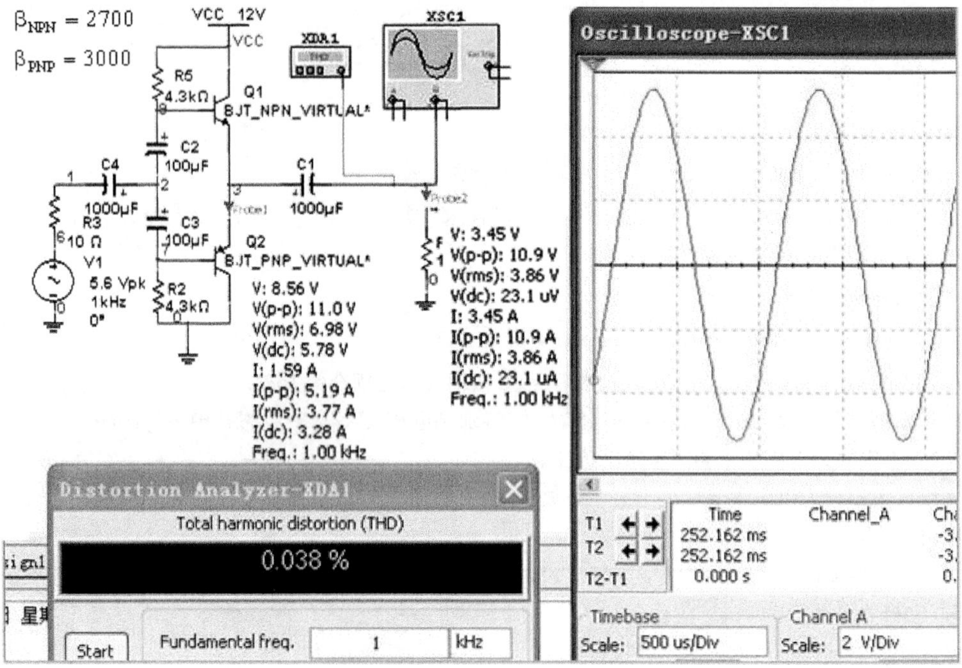

图 5.6.1　电容耦合 OTL 功放 Multisim 仿真

$R_L=1\Omega$，$U_{cc}=12V$，$\beta_1=2700$，$\beta_2=3000$，$R_{b1}=R_{b2}=4.3k\Omega$，介于甲乙类之间，其余参数见图。虽然 β_2 与 β_1 相差达 10%，而且输出电压峰峰值已达 10.9V，接近满幅输出，可是非线性失真 THD 只有 0.038%，还是很小，说明电容耦合功放电路效果极佳。

5.7 习　题　五

5.1.1　图 5.1.3 磁耦合放大器满足 $R_2+R_L\ll\omega L_2$ 条件，$U_{cc}=12V$，$U_{be}=0.7V$，$N_1=300$，$N_2=200$，$\beta=100$，$r_s=300\Omega$，$r_{bb'}=100\Omega$，$R_L=16\Omega$，试设计基极临界偏置电阻 $R_{b(cr)}$，计算电压放大倍数 A_u。负载最大功耗 $P_{o(max)}$ 及功率放大倍数 A_p。

5.2.1　图 5.7.1 所示共射-共集结构的双级放大器中，电源电压 $U_{cc}=12V$，信号源内阻 $r_s=10k\Omega$，晶体管电流增益 $\beta_1=\beta_2=80$，第 1 级发射极电阻 $R_{e1}=100\Omega$，$R_{e2}=1k\Omega$，要求影响因子 $\rho=0.2$，集电极电阻 $R_{c2}=2.4k\Omega$，第 2 级发射极电阻 $R_e=1k\Omega$，负载电阻 $R_L=1k\Omega$，要求两级放大器基本处于临界状态，试确定基极电阻 $R_{b(cr)1}$、$R_{b(cr)2}$，输入电阻 r_{i1}、r_{i2}，输出电阻 r_{o1}、r_{o2}，分级电压放大倍数 A_{o1}、A_{o2}、A_2 和总电压放大倍数 A、A_o。

5.3.1　根据晶体管在整个信号周期内的导通角度，模拟电子技术教科书一般把放大器分为甲类、乙类、甲乙类。试按照图 5.7.2(a)、(b)、(c)所示晶体管电流波形，指出各为何类放大器。

5.3.2　图 5.3.4 无交越失真的甲乙类 OCL 功率放大器中电源电压 $U_{cc}=15V$，$U_{ee}=-15V$，$R_L=8\Omega$，试计算负载最大功率 P_o、管子最大功率消耗 P_T 及电源最大功率输出 P_s。

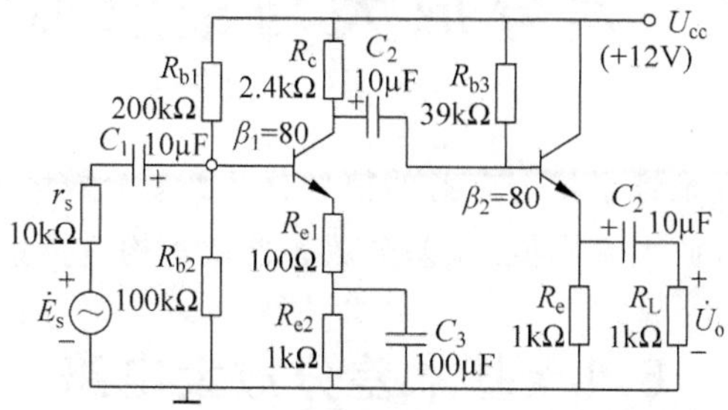

图 5.7.1　共射-共集结构的双级放大器

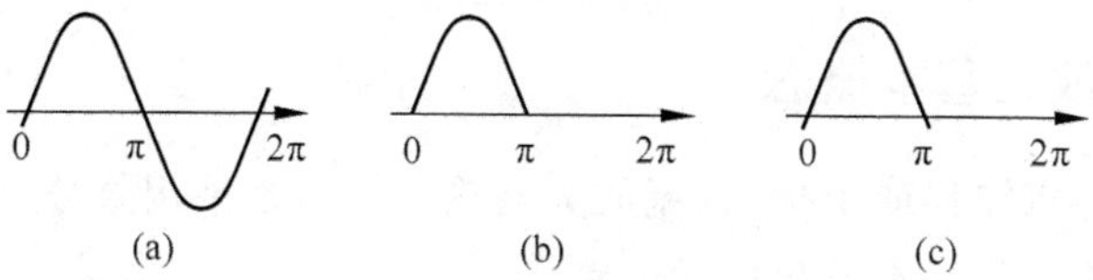

图 5.7.2　不同类功放的晶体管电流波形

5.4.1　图 5.4.1 OTL 功率放大器中晶体管 $\beta_1=\beta_2=100$，$R_L=8\Omega$，负载最大获得功率 $P_o=4W$，试确定电源电压 U_{cc}、晶体管集电极极限电流 I_{cm}、管子最大功率消耗 P_T 及电源最大功率输出 P_s。然后分别按照甲类和甲乙类整定基极偏置电阻 R_{b1} 和 R_{b2}。

5.4.2　电容耦合功放见图 5.4.2，$\beta_1=\beta_2=80$，$P_o=4W$，$R_L=8\Omega$，试确定正负电源电压 U_{cc} 和 U_{ee}，并各依甲类和甲乙类整定 R_{b1}、R_{b2}。

5.4.3　功率放大器功率增益 30dB，输入电阻 500Ω，负载电阻 20Ω，输入信号电压有效值 1V，试计算负载电流有效值。

第6章　差分放大与集成放大电路

前述单输入放大器很难将干扰与有益的信号分开。差分放大器可以自动筛选有益的信号和干扰。本章介绍差分放大基本概念、差分放大器基本构造及集成运算放大器(OPA)。

6.1　基本差分放大电路

本节主题是借助基本差分放大器建立差分放大相关基本概念。

6.1.1　差分放大基本概念

为了有效抑制零点漂移或干扰，直流放大器输入级通常采用差分对管形式，通称差分放大电路。图6.1.1所示为基本差分放大电路。

差分放大电路有单端和双端两种输出模式。差分放大电路的输出取自两输出端之间，称为双端输出模式，见图6.1.1(a)；也可取自一个输出端，称为单端输出模式，见图6.1.1(b)。

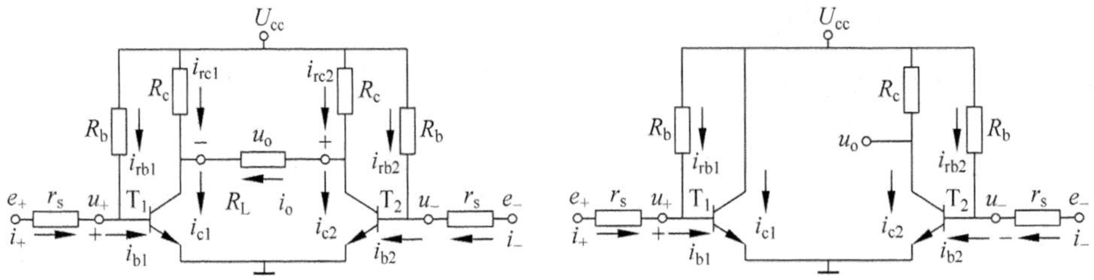

(a) 双端输出模式　　(b) 单端输出模式

图6.1.1　基本差分放大电路

差分放大电路有两个输入端。某端输入电压变化时，若输出电压同向变化，则该输入端称为同相输入端，简称同相端，用“+”表示；另一输入端则称为反相输入端，简称反相端，用“−”表示。用 e_+ 表示加到同相端的信号源电动势，用 u_+ 表示加到同相端的输入电压，用 e_- 表示加到反相端的信号源电动势，用 u_- 表示加到反相端的输入电压。

一个输入端子究竟是同相端还是反相端，与双端输出电压的定义有关。按照输出电压定义，图6.1.1所示基本差分放大电路左输入端为同相端，右输入端为反相端。

两信号源 e_+、e_- 的差值称为差模信号，用 e_d 表示，平均值称为共模信号，用 e_c 表示

$$\begin{cases} e_d = e_+ - e_- \\ e_c = 0.5(e_+ + e_-) \end{cases} \tag{6.1.1}$$

下标 d 是英语单词 difference(差模)的词头字母，c 是 common(共模)的词头字母。

两信号源电动势 e_+ 及 e_- 大小相等、符号相反时为纯差模信号，e_+ 及 e_- 大小相等、符号相同时为纯共模信号。实际上，两个输入端子接在一起时所加信号就是共模信号。

信号源电动势 e_+、e_- 也可用共模信号 e_c 与差模信号 e_d 表示为

$$\begin{cases} e_- = e_c - 0.5e_d \\ e_+ = e_c + 0.5e_d \end{cases} \tag{6.1.2}$$

差分放大器输出与输入的关系

$$u_o = A_d e_d + A_c e_c \approx A_d e_d \tag{6.1.3}$$

A_d 称为差模电压放大倍数，A_c 称为共模电压放大倍数。

将差分放大电路差模电压放大倍数 A_d 与共模电压放大倍数 A_c 的比值的绝对值定义为共模抑制比(Common Mode Rejection Ratio，CMRR)。

$$\mathrm{CMRR} = \left|\frac{A_d}{A_c}\right| \tag{6.1.4}$$

还有以分贝为单位的对数共模抑制比

$$\mathrm{CMRR(dB)} = 20\lg\mathrm{CMRR} \tag{6.1.4a}$$

通常差模信号是有用信号，共模信号是干扰量或漂移量等无用信号。差分放大器的目的是放大有用的差模信号，抑制无用的共模信号。因此希望差模电压放大倍数尽可能大些，共模电压放大倍数尽可能小些，也就是共模抑制比尽可能大些。理想差分放大器共模抑制比应当趋向无穷大。共模抑制比代表差分放大器的品质，共模抑制比是差分放大器的主参数。差分放大器能自动从两路信号源中筛选出差模信号 e_d 与共模信号 e_c，并且区别对待，是其一大特色。

6.1.2　基本差分放大电路工作原理

1. 工作点设计与输出范围

基本差分放大器相当于两套基本共射放大器的对偶。差分放大器也需要设置工作点。首先在安伏变换器 R_c、负载电阻 R_L 和 BJT 电流放大倍数 β 已知的条件下根据输出范围最大原则确定晶体管集电极偏置电流。

差分放大器双端输出时负载电阻的中点电位始终为零，等效接地，相当于 $R_L/2$ 与 R_c 交流并联。用符号 R''_L 表示差分放大器 T_1 和 T_2 管子共同的等效负载

$$R''_L = \frac{R_c R_L/2}{R_c + R_L/2} \tag{6.1.5}$$

将基本共射放大器集电极临界偏置电流计算公式(3.1.5)、集-射临界偏置压降计算公式(3.1.6)、最大不失真输出电压幅度计算公式(3.1.7)中的 R_L 换成 $0.5R_L$，就得到基本差分放大器的相应计算公式。

$$I_{c(cr)} \approx \frac{U_{cc}}{R_c + R''_L} \tag{6.1.6}$$

$$U_{ce(cr)} \approx \frac{R_L}{R_L + R_c}\frac{U_{cc}}{2} \tag{6.1.7}$$

$$U_{om(max)} = \frac{R_L}{R_L + R_c}U_{cc} \tag{6.1.8}$$

2. 电压放大倍数及共模抑制比分析计算

1) 双端输出电压放大倍数及共模抑制比

直接耦合差分放大电路既可放大交流信号，也可放大直流信号。为区别信号与偏置量，

仍设输入信号为交流形式，$e_{s+}=\dot{E}_{s+}$，$e_{s-}=\dot{E}_{s-}$。忽略基极偏置电阻对信号源电流的分流，有$\dot{I}_{b1}\approx\dot{I}_{s+}$，$\dot{I}_{b2}\approx\dot{I}_{s-}$，画出基本差分放大器信号等效电路，见图 6.1.2。

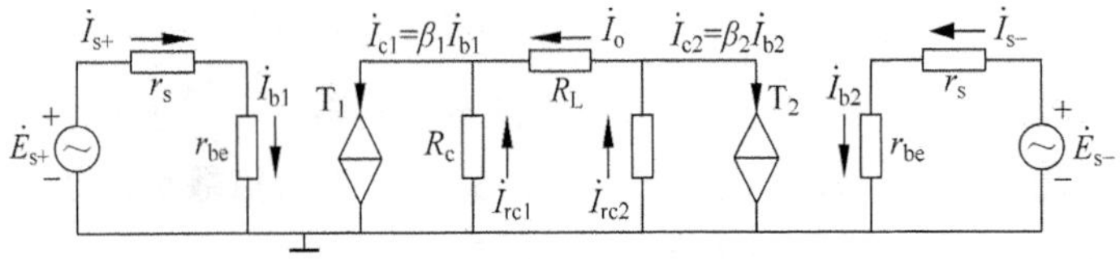

图 6.1.2　基本差分放大器信号等效电路

基本差分放大电路的差模电压放大倍数 A_d 和共模电压放大倍数 A_c 为

$$A_d=\frac{\dot{U}_{od}}{\dot{E}_{sd}}=\frac{\beta_1+\beta_2}{2}\frac{R''_L}{r_s+r_{be}} \tag{6.1.9}$$

$$A_c=\frac{\dot{U}_{oc}}{\dot{E}_{sc}}=(\beta_2-\beta_1)\frac{R''_L}{r_s+r_{be}} \tag{6.1.10}$$

只考虑 BJT 电流放大倍数差异时，基本差分放大电路共模抑制比为

$$\text{CMRR}=\left|\frac{A_{ud}}{A_{uc}}\right|=\frac{\beta_1+\beta_2}{2|\beta_2-\beta_1|} \tag{6.1.11}$$

基本差分放大电路双端输入电阻及双端输出电阻为

$$r_i=2R_b//r_{be}\approx 2r_{be} \tag{6.1.12}$$

$$r_o=2R_c \tag{6.1.13}$$

例 6.1.1　基本差分放大电路中两个安伏变换器 R_c 相等，两信号源内阻 r_s 相等，BJT 电流放大倍数 $\beta_1=100$，$\beta_2=99.5$，试计算其共模抑制比，要求各用倍数及分贝表示。

解　$\text{CMRR}=\dfrac{\beta_1+\beta_2}{2|\beta_1-\beta_2|}=\dfrac{100+99.5}{2\times(100-99.5)}\approx 200$ 倍

$\text{CMRR(dB)}=20\lg\text{CMRR}=20\lg 200=46\text{dB}$

2）单端输出及共模抑制比

基本差分放大器单纯依赖管子对称性，双端输出时共模抑制比就有限，单端输出时根本没有共模抑制能力。其价值主要是用来建立差分放大相关基本概念，引领读者入门。

共模抑制是差分放大器的核心问题。共模抑制比是差分放大电路的主参数。一个优秀的差分放大电路，不仅要求电压放大倍数高，最关键的是要求共模抑制比大。

对差分放大电路的基本要求是：具有高共模抑制比，工作点稳定，并用 2～3 级放大电路就形成一万倍以上的电压放大倍数。以下各节围绕如何用共模反馈技术、电流源偏置技术、电流镜偏置技术、有源负载技术来提高共模抑制比、稳定工作点及提高差模电压放大倍数展开。

思考题

6.1.1　差分放大器两管 β 值相等时其共模抑制比真的可达到无穷大吗？从理论和实际分别阐述。

6.1.2　基本差分放大器单端输出时有无共模抑制能力？其价值主要体现在何处？

6.2　长尾差分放大电路

本节主题是讨论如何获得高共模抑制比以及在单端输出时也能获得共模抑制能力。

6.2.1　BJT 长尾差分放大电路偏置设计

单管放大器 BJT 发射极接入反馈电阻，可以稳定工作点和电压放大倍数，但也同时影响电压放大。为了既能稳定工作点，又不影响电压放大，单管放大器将发射极反馈电阻一分为二，并与其中之一并联交流短路电容。

双管差分放大器 BJT 发射极回路接入电阻 R_e，由于左右对管的差模信号电流方向相反而在 R_e 中互相抵消，共模信号电流方向相同而在 R_e 中互相加强，结果 R_e 只对共模信号有反馈作用，对差模信号无反馈作用。因此把电阻 R_e 叫做发射极共模反馈电阻，见图 6.2.1。$U_{ee}=-U_{cc}$ 为发射极负电源。接有发射极共模反馈电阻的差分放大电路叫做射极耦合差分放大电路。发射极共模反馈电阻 R_e 在电路图上好似小松鼠的尾巴，故称其为长尾差分放大电路。

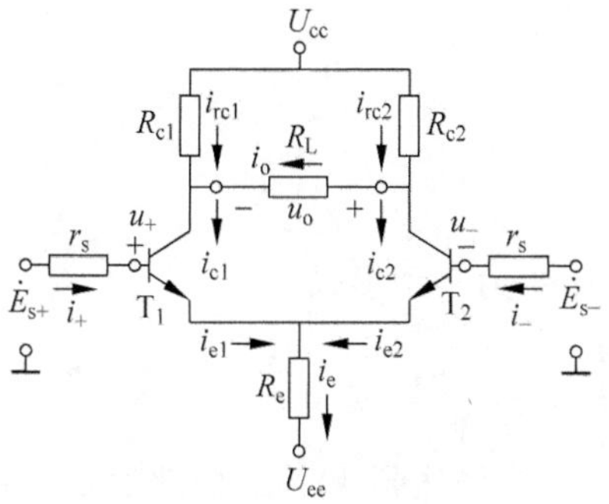

(a) 双端输出

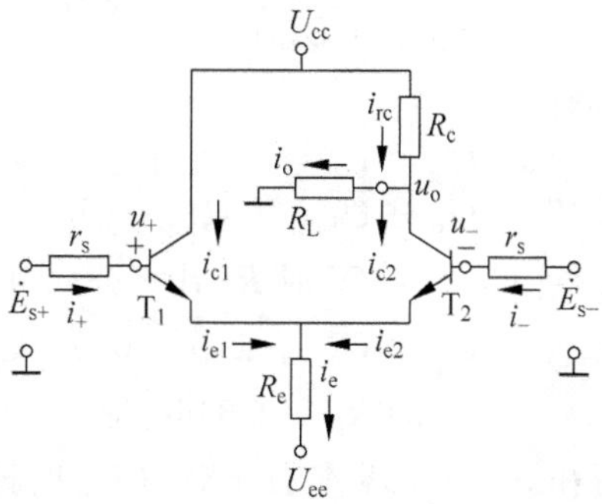

(b) 单端输出

图 6.2.1　长尾差分放大电路(信号源内阻可兼作基极偏置电阻)

发射极共模反馈电阻不仅对共模信号有抑制作用，具有零点漂移抑制能力，而且具有偏置作用及工作点稳定能力。因此发射极共模反馈电阻也称为发射极偏置电阻。

信号源内阻抗不含电容成分时，内阻兼起基极偏置作用，见图 6.2.1。信号源内阻抗含有不可分离的串联电容时，才需要使用专用基极偏置电阻，见图 6.2.2。

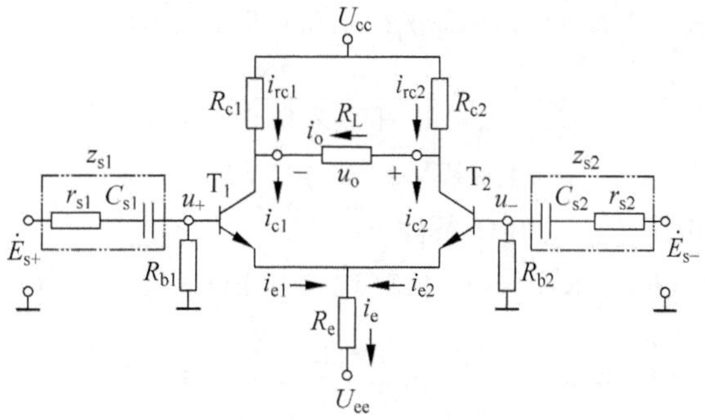

图 6.2.2　长尾差分放大电路(专用基极偏置电阻)

正负双电源 U_{cc}、U_{ee} 之间的直流地当作偏置电源使用，有利于减小基极偏置电阻。

1）工作点设计

长尾差分放大电路集电极临界偏置电流计算公式及集-射临界偏置压降计算公式为

$$I_{c(cr)} \approx \frac{2U_{cc}}{R_c + 2R_e + R_L''} \tag{6.2.1}$$

$$U_{ce(cr)} \approx \frac{2R_L''}{R_c + 2R_e + R_L''} U_{cc} \tag{6.2.2}$$

$$U_{om(max)} = 2U_{ce(cr)} \tag{6.2.3}$$

空载时 $R_L''=R_c$，集电极临界偏置电流、集-射临界偏置压降及负载电压最大幅度各为

$$I_{c(cr)} \approx \frac{U_{cc}}{R_c + R_e} \tag{6.2.1a}$$

$$U_{ce(cr)} \approx \frac{R_c}{R_c + R_e} U_{cc} \tag{6.2.2a}$$

2）发射极偏置电阻 R_e 设计

已知 β、$r_s(R_b)$、R_c 和 R_L，可用下式确定长尾差分放大器的发射极偏置电阻 $R_{e(cr)}$

$$R_{e(cr)} = \frac{U_{cc} - U_{be}}{2(U_{cc} + U_{be})}(R_c + R_L'') - \frac{U_{cc}}{U_{cc} + U_{be}} \frac{r_s}{\beta} \tag{6.2.4}$$

空载时有

$$R_{e(cr)} = \frac{U_{cc} - U_{be}}{U_{cc} + U_{be}} R_c - \frac{U_{cc}}{U_{cc} + U_{be}} \frac{r_s}{\beta} \tag{6.2.4a}$$

$U_{cc}=12\text{V}$、$U_{be}=0.7\text{V}$ 时 R_e 计算公式可具体化为实用形式

$$R_{e(cr)} = 0.445(R_c + R_L'') - 0.945 r_s/\beta \tag{6.2.4b}$$

$$R_{e(cr)} = 0.890 R_c - 0.945 r_s/\beta \tag{6.2.4c}$$

由此看出，$U_{cc}=12\text{V}$ 条件下忽略 U_{be} 时计算误差将达到 11%。因此通常分析计算长尾差分放大器发射极临界偏置电阻时宜考虑晶体管发射结压降。

例 6.2.1 长尾差分放大器见图 6.2.1(a)，$R_c=10\text{k}\Omega$，$\beta=100$，$U_{cc}=12\text{V}$，$U_{be}=0.7\text{V}$，$r_s=5\text{k}\Omega$ 可作为基极偏置电阻，试在考虑和忽略 r_s、负载电阻 $R_L=20\text{k}\Omega$ 和空载四种情况下，确定发射极临界偏置电阻 R_e，计算集-射临界偏置压降和动态范围。

解 $R_L''=\dfrac{R_cR_L}{2R_c+R_L}=\dfrac{10\times 20}{2\times 10+20}\text{k}\Omega=5\text{k}\Omega$

(1) 考虑 r_s、负载电阻 $R_L=20\text{k}\Omega$ 条件下

$$R_{e(cr)} = 0.445(R_c + R_L'') - 0.945 r_s/\beta = [0.445(10+5) - 0.945\times 5/100]\text{k}\Omega = 6.628\text{k}\Omega$$

$$U_{ce(cr)} \approx \frac{2R_L''}{R_c + 2R_e + R_L''} U_{cc} = \frac{2\times 5}{10 + 2\times 6.628 + 5} \times 12\text{V} = 4.247\text{V}$$

$$U_{om(max)} = 2U_{ce(cr)} = 2\times 4.247\text{V} = 8.494\text{V}$$

(2) 忽略 r_s、负载电阻 $R_L=20\text{k}\Omega$ 条件下

$$R_{e(cr)} = 0.445(R_c + R_L'') = 0.445(10+5)\text{k}\Omega = 6.675\text{k}\Omega$$

$$U_{ce(cr)} \approx \frac{2R_L''}{R_c + 2R_e + R_L''} U_{cc} = \frac{2\times 5}{10 + 2\times 6.675 + 5} \times 12\text{V} = 4.233\text{V}$$

$$U_{om(max)} = 2U_{ce(cr)} = 2\times 4.233\text{V} = 8.466\text{V}$$

(3) 考虑 r_s、空载时

$$R_{e(cr)} = 0.890R_c - 0.945r_s/\beta = [0.890 \times 10 - 0.945 \times 5/100]\text{k}\Omega = 8.853\text{k}\Omega$$

$$U_{ce(cr)} \approx \frac{R_c}{R_c + R_e}U_{cc} = \frac{10}{10 + 8.853} \times 12\text{V} = 6.365\text{V}$$

$$U_{om(max)} = 2U_{ce(cr)} = 2 \times 6.365\text{V} = 12.73\text{V}$$

(4) 忽略 r_s、空载时

$$R_{e(cr)} = 0.890R_c = 0.890 \times 10\text{k}\Omega = 8.9\text{k}\Omega$$

$$U_{ce(cr)} \approx \frac{R_c}{R_c + R_e}U_{cc} = \frac{10}{10 + 8.9} \times 12\text{V} = 6.35\text{V}$$

$$U_{om(max)} = 2U_{ce(cr)} = 2 \times 6.35\text{V} = 12.70\text{V}$$

在 r_s 与 R_c 数量级相同时，忽略 r_s 所带来的 R_e 计算误差很小。实际表现为：r_s 与 R_c 数量级相同时，r_s 及 β 大小对于长尾差分放大器工作点设置几乎没有什么影响，可被忽略。

6.2.2　工作点、电压增益与共模抑制比分析计算

1. 偏置电压电流分析计算

偏置分析计算应以输入信号电压为 0，并认为晶体管 $\beta_1 = \beta_2 = \beta$。图 6.2.1 中认为 $r_s = R_b$。考虑 BJT 发射结电压 U_{be}，无论图 6.2.1 还是图 6.2.2 都可以列出从基极偏置电阻到 BJT 基极及负电源之间的发射极回路的直流电压平衡方程

$$R_b I_b + U_{be} + R_e(I_{e1} + I_{e2}) + U_{ee} = 0$$

注意 $U_{ee} = -U_{cc}$ 及 $I_{e1} = I_{e2} = I_{c1} = I_{c2} = I_c$，上式化简为

$$R_b I_b + 2R_e I_c = U_{cc} - U_{be}$$

将 $I_c = \beta I_b$ 代到上式得到长尾差放晶体管偏置电流及集-射偏置电压计算公式为

$$I_b = \frac{U_{cc} - U_{be}}{R_b + 2\beta R_e} \approx \frac{U_{cc} - U_{be}}{2\beta R_e} \tag{6.2.5}$$

$$I_c = \beta I_b = \frac{U_{cc} - U_{be}}{R_b/\beta + 2R_e} \approx \frac{U_{cc} - U_{be}}{2R_e} \tag{6.2.5a}$$

$$U_{ce} = 2U_{cc} - (R_c + 2R_e)I_c \tag{6.2.6}$$

按此计算差放工作点参数 I_b、I_c、U_{ce}，再与临界值对照，可判断工作点是否合理。

2. 差模电压放大倍数、输入电阻和输出电阻

差模输入时电阻参数的微量不对称误差对输出影响不大，仍设两信号源内阻 r_s 相等、两 BJT 输入电阻 r_{be} 相等，根据图 6.2.1(a) 可以画出长尾差分放大器差模等效电路，见图 6.2.3。

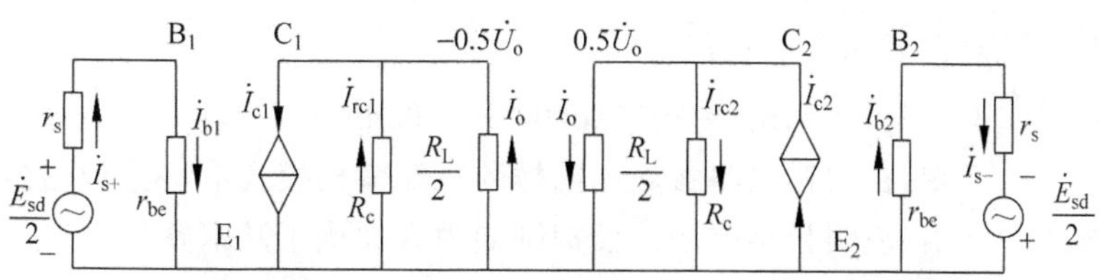

图 6.2.3　长尾差分放大电路差模信号等效电路

由图 6.2.3 可得到长尾差分放大电路负载差模电压放大倍数和空载差模电压放大倍数为

$$A_d=\frac{\dot{U}_{od}}{\dot{E}_{sd}}=\beta\frac{R_L''}{r_s+r_{be}}\ ,\quad A_{do}=\frac{\dot{U}_{od}}{\dot{E}_{sd}}=\beta\frac{R_c}{r_s+r_{be}} \tag{6.2.7}$$

还有长尾差分放大电路差模输入电阻及双端输出电阻为

$$r_i=2r_{be} \tag{6.2.8}$$

$$r_o=2R_c \tag{6.2.9}$$

3. 共模电压放大倍数

根据图 6.2.1(a)画出共模电压作用下的长尾差分放大电路等效电路，见图 6.2.4。

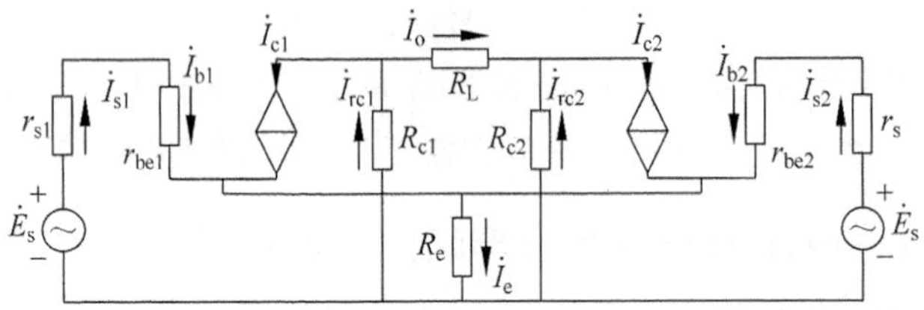

图 6.2.4　长尾差分放大电路共模信号等效电路

认为电路左右对称，由图 6.2.4 可得到长尾差放大器共模电压放大倍数及输入电阻各为

$$A_{uc}=\frac{\dot{U}_o}{\dot{E}_s}=\frac{(\beta_2-\beta_1)R_L''}{r_s+r_{be}+(\beta_1+\beta_2)R_e} \tag{6.2.10}$$

$$r_i=r_{be}+2\beta R_e \tag{6.2.10a}$$

4. 共模抑制比 CMRR

式(6.2.7)除以式(6.2.10)得到双端输出模式下长尾差分放大电路的共模抑制比为

$$\text{CMRR}=\left|\frac{A_{ud}}{A_{uc}}\right|=\frac{2\beta^2}{|\beta_1-\beta_2|}\frac{R_e}{r_s+r_{be}}=\frac{(\beta_1+\beta_2)^2}{2|\beta_1-\beta_2|}\frac{R_e}{r_s+r_{be}} \tag{6.2.11}$$

可以看出，发射极共模反馈电阻越大，信号源内阻越小，差分对管的电流放大倍数越接近，长尾差分放大器共模抑制比就越高。

对照式(6.2.11)与式(6.1.11)可看出，由于发射极共模反馈电阻 R_e 的作用，在同样的双端输出工作模式下，长尾差分放大器共模抑制比是基本差分放大电路的$(\beta_2+\beta_1)R_e/(r_s+r_{be})$倍。

例 6.2.2　长尾差分放大器两 R_c 相等，两 r_s 相等，$R_e=10\text{k}\Omega$，$r_s=9.1\text{k}\Omega$，BJT 发射结电阻 $r_{be}=1\text{k}\Omega$，电流放大倍数 $\beta_1=100$、$\beta_2=99.5$，试计算其双端输出模式下的共模抑制比。

解　$\text{CMRR}=\dfrac{(100+99.5)^2}{2|100-99.5|}\dfrac{10}{9.1+1}\approx 40\,000$ 倍

$\text{CMRR(dB)}=20\lg\text{CMRR}=20\times\lg 40\,000\approx 92\text{dB}$

对照例 6.1.1 可知，在同样电路参数和同样的双端输出模式下，长尾差放共模抑制比大约是基本差放的 200 倍，说明长尾差放共模抑制能力大大优于基本差放。

差分放大器调零方式很多。图 6.2.5(a)为小电位器串联调零，图 6.2.5(b)为并联调零。并联调零有调零电位器故障影响比较小、可不用调零电位器的优点，而广泛应用于集成电路外部调零。

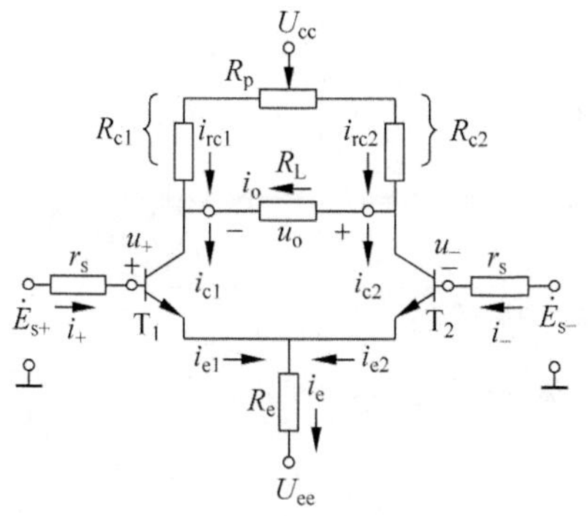

(a) 小电位器串联调零　　　　(b) 大电位器并联调零

图 6.2.5　差分放大电路的两种调零电路

差分放大器电压传输特性曲线如图 6.2.6 所示。输出接近上、下限时，由于晶体管趋于饱和，传输特性曲线就变得弯曲起来，是倒扣的勺子形状。图 6.2.6 与图 1.3.6 非常相似，说明放大电路的电压传输特性实际上来自于 BJT 的电流传输特性。

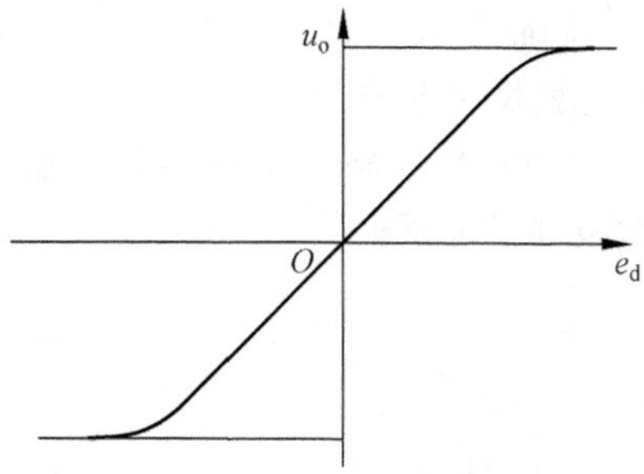

图 6.2.6　差分放大器电压传输特性曲线

6.2.3　输出模式对共模抑制比的影响

采用单端输出模式的长尾差分放大器见图 6.2.1(b)，其差模信号等效电路见图 6.2.7。

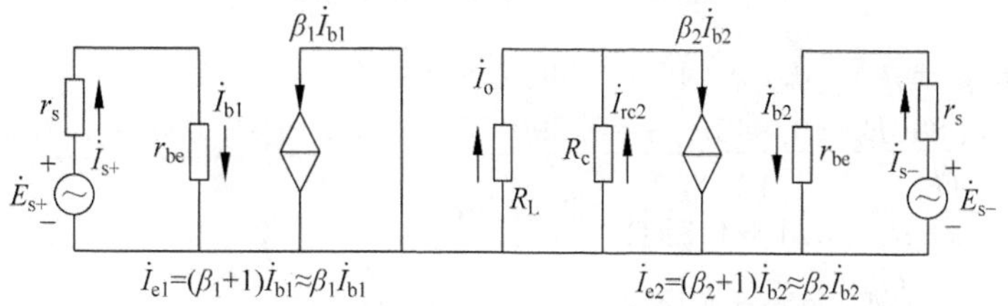

图 6.2.7　长尾差分放大电路差模信号等效电路(单端输出)

单端输出模式下长尾差分放大电路的差模电压放大倍数为

$$A_d=\frac{\dot{U}_{od}}{\dot{E}_{sd}}=\frac{\beta_2}{2}\frac{R'_L}{r_s+r_{be}} \tag{6.2.12}$$

单端输出模式下长尾差分放大电路的共模等效电路见图 6.2.8。

单端输出模式下长尾差分放大电路的共模电压放大倍数及共模抑制比为

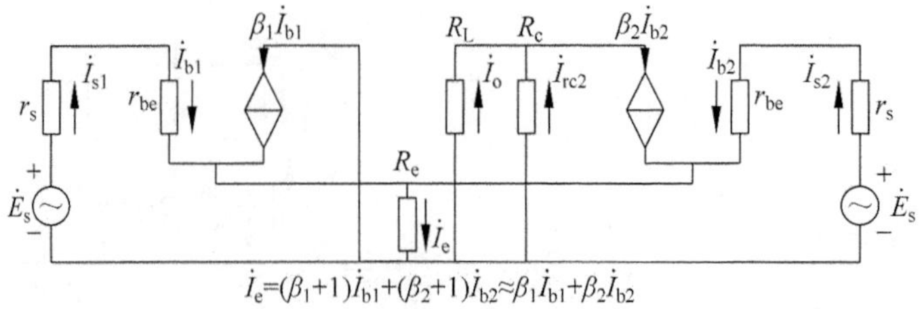

图 6.2.8　长尾差分放大电路共模信号等效电路(单端输出)

$$A_c = \frac{\dot{U}_o}{\dot{E}_s} = \frac{\beta_2 R'_L}{r_s + r_{be} + (\beta_1 + \beta_2)R_e} \tag{6.2.13}$$

$$\text{CMRR} = \left|\frac{A_d}{A_c}\right| = \frac{\beta_1 + \beta_2}{2}\frac{R_e}{r_s + r_{be}} \tag{6.2.14}$$

由此看出,长尾差分放大器不仅在双端输出模式下具有较强的共模抑制能力,而且在单端输出模式下也有一定的共模抑制能力。

比较式(6.2.11)与式(6.2.14)可知,长尾差分放大器双端输出模式下的共模抑制比是单端输出模式的$(\beta_2+\beta_1)/|\beta_2-\beta_1|$倍。在条件$\beta_2\approx\beta_1\approx100$、$|\beta_2-\beta_1|=1$下,大约是200倍。

例 6.2.3　图 6.2.9 所示空载长尾差分放大器 $R_c=5.1\text{k}\Omega$,$\beta_1=40.5$,$\beta_2=39.5$,$U_{cc}=12\text{V}$,$U_{be}=0.7\text{V}$,$r_s=10\text{k}\Omega$,$r_{bb'}=200\Omega$,试确定发射极临界偏置电阻,计算集-射临界偏置压降、输出范围、电压放大倍数及共模抑制比。

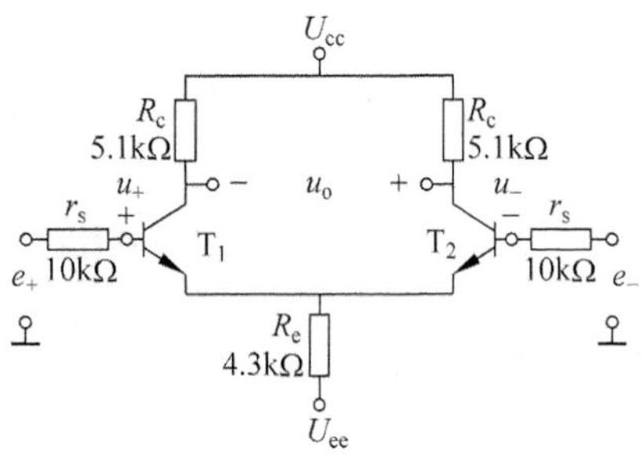

图 6.2.9　长尾差分放大电路

解　$\beta=0.5(\beta_1+\beta_2)=0.5\times(40.5+39.5)=40$

$R_{e(cr)}=0.890R_c-0.945r_s/\beta=0.890\times5.1-0.945\times10/40=4.30\text{k}\Omega$

$$I_{c(cr)}\approx\frac{U_{cc}}{R_c+R_e}=\frac{12}{5.1+4.3}\frac{\text{V}}{\text{k}\Omega}=1.277\text{mA}$$

$$r_{be}=r_{bb'}+\beta\frac{U_T}{I_{ccr}}=200\Omega+40\times\frac{26\text{mV}}{1.277\text{mA}}=1014\Omega$$

$$U_{ce(cr)}\approx\frac{R_c}{R_c+R_e}U_{cc}=\frac{5.1}{5.1+4.3}\times12\text{V}=6.51\text{V}$$

$$U_{om(max)}=2U_{ce(cr)}=2\times6.51\text{V}=13.02\text{V}$$

$$A_{ud}\approx\beta\frac{R_c}{r_s+r_{be}}=40\times\frac{5.1}{10+1.014}=18.52\ 倍$$

$$\text{CMRR}=\frac{(\beta_1+\beta_2)^2}{2|\beta_2-\beta_1|}\frac{R_e}{r_s+r_{be}}=\frac{(39.5+40.5)^2}{2\times(40.5-39.5)}\times\frac{9.1}{10+1}=2647$$

例 6.2.4　图 6.2.10 所示长尾差分放大器采用发射极串联调零，$\beta_1=\beta_2=50$，$U_{cc}=-U_{ee}=16V$，$U_{be1}=U_{be2}=0.7V$，$R_c=4k\Omega$，$R_e=3.6k\Omega$，$R_L=8k\Omega$，$r_s=R_p=100\Omega$，$r_{bb'}=300\Omega$，$e_+=-e_-=10mV$，试求：

(1) 直流偏置量 I_b、I_c、U_{ce}；

(2) 双端输出时的 A_{ud}、u_o；

(3) 单端输出时的 A_{ud}、A_{uc}、CMRR。

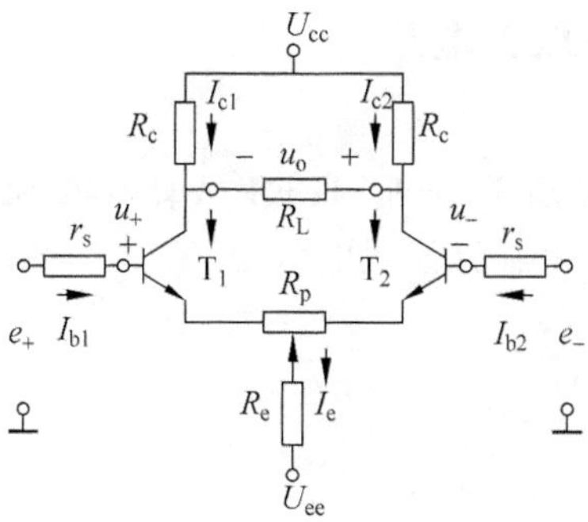

图 6.2.10　采用发射极串联调零的长尾差分放大器

解　暂令信号 $e_+=e_-=0$，从 GND、r_s、BJT 发射结、R_p、R_e 到 U_{ee} 列出电压平衡方程 $r_sI_b+U_{be}+0.5R_pI_c+2R_eI_c+U_{ee}=0$，代入 $I_c=\beta I_b$ 可解出基极偏置电流

(1) $I_b\approx\dfrac{U_{cc}-U_{be}}{R_b+2\beta R_e}=\dfrac{16-0.7}{0.1+2\times50\times3.6}\dfrac{V}{k\Omega}=0.0425mA$

$$I_c=\beta I_b=50\times0.0425mA=2.125mA$$

因 r_s 及 R_p 很小，故通常可以近似计算

$$I_c\approx\frac{U_{cc}-U_{be}}{2R_e}=\frac{16-0.7}{2\times3.6}\frac{V}{k\Omega}=2.125mA$$

$$U_{ce}=2U_{cc}-(R_c+2R_e)I_c=2\times16V-(4+2\times3.6)k\Omega\times2.125mA=8.2V$$

$$r_{be}=r_{bb'}+\frac{U_T}{I_b}=300+\frac{26mV}{0.0425mA}=912\Omega=0.912k\Omega$$

(2) 双端输出时 $R''_L=\dfrac{R_c(0.5R_L)}{R_c+0.5R_L}=\dfrac{4\times(0.5\times8)}{4+0.5\times8}k\Omega=\dfrac{4\times4}{4+4}k\Omega=2k\Omega$

$$A_{ud}=\frac{\beta R''_L}{r_s+r_{be}+0.5\beta R_p}=\frac{50\times2}{0.1+0.9+0.5\times50\times0.1}=\frac{100}{3.5}=28.6$$

$$e_{sd}=e_{s1}-e_{s2}=10mV-(-10mV)=20mV$$

$$u_o=A_{ud}u_{sd}=28.6\times20mV=572mV$$

(3) 单端输出时 $R'_L=\dfrac{R_cR_L}{R_c+R_L}=\dfrac{4\times8}{4+8}k\Omega=2.667k\Omega$

单端输出时偏置电流与双端输出时是不同的，会变化的，这里按照不变简化处理。

$$A_{ud}=\frac{0.5\beta R'_L}{r_s+r_{be}+0.5\beta R_p}=\frac{0.5\times50\times2.667}{0.1+0.9+0.5\times50\times0.1}=\frac{66.67}{3.5}=19.0$$

$$A_{uc}=\frac{\beta R'_L}{r_s+r_{be}+2\beta R_e}=\frac{50\times2.667}{0.1+0.9+2\times50\times4}=\frac{133.3}{401}=0.3324$$

$$\text{CMRR}=\left|\frac{A_{ud}}{A_{uc}}\right|=\frac{19.0}{0.3324}=57.2$$

$$\text{CMRR}=\frac{r_s+r_{be}+2\beta R_e}{2(r_s+r_{be})+\beta R_p}=\frac{0.1+0.9+2\times 50\times 4}{2\times(0.1+0.9)+50\times 0.1}=\frac{401}{7}=57.3$$

做此类题，一要注意单端输出时等效负载电阻 R'_L 与双端输出时的等效负载电阻 R''_L 不一样；二要注意调零电位器 R_p 在计算偏置量时可忽略，计算电压增益时不能忽略。

需要注意，这种发射极串联调零电阻会影响共模抑制效果，是最差最落后的，目前几乎被淘汰。在此列出，主要是考虑应对目前的考试，读者勿受其误导(例 6.3.1 同)。

6.2.4 FET 长尾差分放大电路

1. 工作点设计

JFET 长尾差分放大电路见图 6.2.11。JFET 或耗尽型 MOSFET 无偏置，依式(6.2.1)可写出漏极临界偏置电流及源极临界偏置电阻为

$$I_{d(cr)}\approx\frac{2U_{dd}}{R_d+2R_s+R''_L} \tag{6.2.15}$$

$$R_{s(cr)}=0.5(R_d+R''_L) \tag{6.2.16}$$

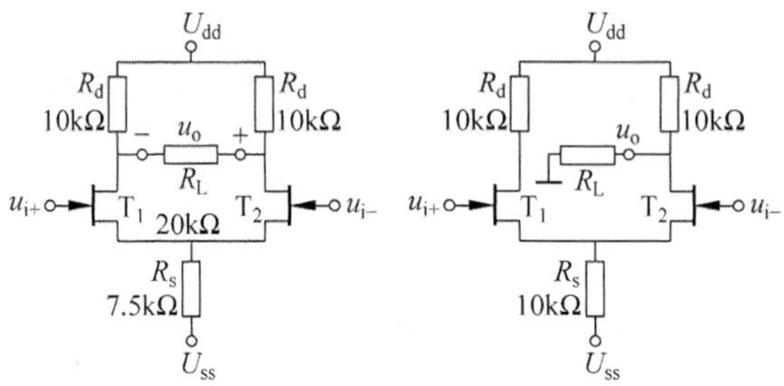

图 6.2.11 JFET 长尾差分放大电路

例 6.2.5 图 6.2.11 所示 JFET 长尾差分放大电路中 $R_d=10\text{k}\Omega$，$R_L=20\text{k}\Omega$，试求 $R_{s(cr)}$。

解 $R_{s(cr)}=0.5(R_d+R''_L)=0.5\times[10+10//(20/2)]=0.5\times[10+5]=7.5\text{k}\Omega$

2. 电压放大倍数与共模抑制比分析计算

仿照图 6.2.3 可以画出 FET 长尾差分放大电路的差模输入交流等效电路，仿照图 6.2.4 可以画出 FET 长尾差分放大电路的共模输入交流等效电路。

1) 双端输出电压放大倍数与共模抑制比

$$A_d=\frac{g_{m1}+g_{m2}}{2}\frac{R_dR_L}{2R_d+R_L} \tag{6.2.17}$$

$$A_c=\frac{g_{m1}-g_{m2}}{1+(g_{m1}+g_{m2})R_s}\frac{R_dR_L}{2R_d+R_L} \tag{6.2.18}$$

$$\text{CMRR}=\left|\frac{A_d}{A_c}\right|=[1+(g_{m1}+g_{m2})R_s]\frac{g_{m1}+g_{m2}}{2|g_{m1}-g_{m2}|} \tag{6.2.19}$$

2) 单端输出电压放大倍数与共模抑制比

$$A_d=\frac{g_{m2}}{2}\frac{R_dR_L}{2R_d+R_L} \tag{6.2.17a}$$

$$A_c=\frac{g_{m2}}{1+(g_{m1}+g_{m2})R_s}\frac{R_dR_L}{2R_d+R_L} \tag{6.2.18a}$$

$$\text{CMRR}\approx[1+(g_{m1}+g_{m2})R_s]/2 \tag{6.2.19a}$$

思考题

6.2.1　为什么图 6.2.7 所示长尾差分放大电路的基极偏置电阻 R_b（常标以 r_s）在 1～100kΩ 大范围变化时其输出电压最大幅度基本上都能达到最大？

6.2.2　长尾差分放大电路与基本差分放大电路相比有什么优点？

6.3　电流源偏置差分放大电路

本节主题是讨论如何进一步改善差放的共模反馈技术，进一步提高共模抑制比。

1. 工作原理与工作点设计

图 6.3.1 是电流源偏置差分放大电路。T_1、T_2 是差分放大主管，T_3 是偏置管。T_1、T_2 担负放大任务，T_3 为 T_1、T_2 提供偏置电流。

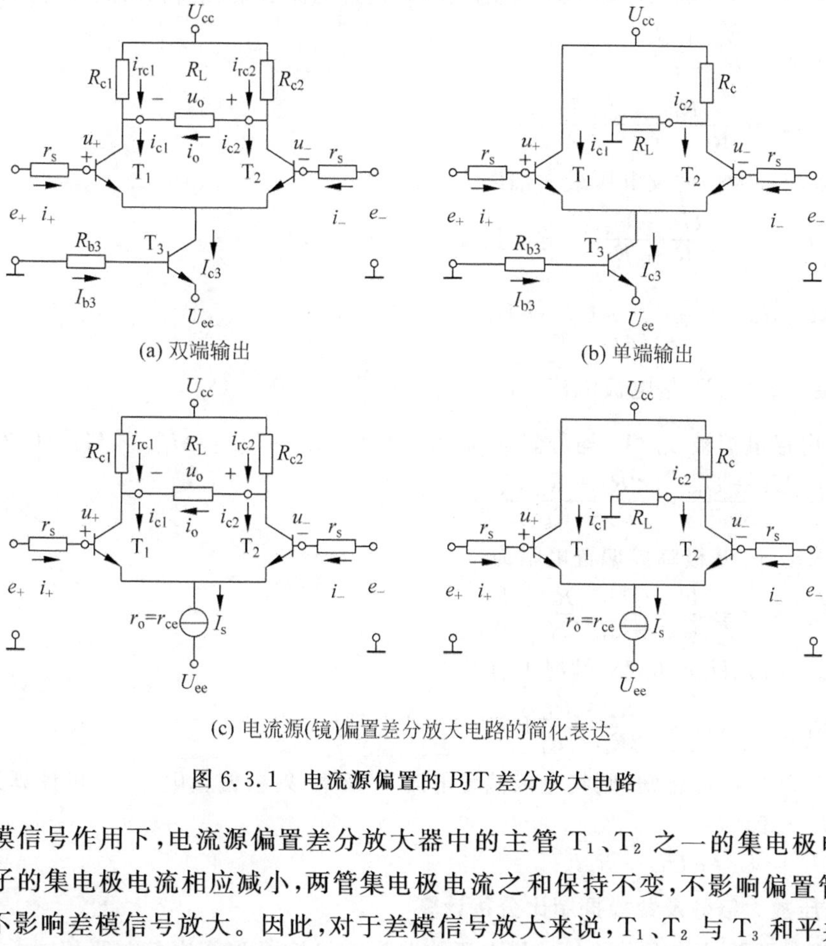

(a) 双端输出　　(b) 单端输出

(c) 电流源(镜)偏置差分放大电路的简化表达

图 6.3.1　电流源偏置的 BJT 差分放大电路

在差模信号作用下，电流源偏置差分放大器中的主管 T_1、T_2 之一的集电极电流增大，另一个管子的集电极电流相应减小，两管集电极电流之和保持不变，不影响偏置管 T_3 的电流，T_3 也不影响差模信号放大。因此，对于差模信号放大来说，T_1、T_2 与 T_3 和平共处。

用晶体管乙类饱和概念很容易解释电流源偏置差分放大电路抑制共模信号的原理。

在正共模信号作用下，$\beta_1 i_{b1}+\beta_2 i_{b2}>\beta_3 i_{b3}$，易使 T_1、T_2 进入乙类饱和，就好像是 T_3 掐着 T_1、T_2 的脖子。所以在正共模信号作用下，T_1、T_2 电流同向变化很小，输出电压同向变化亦很小，共模信号被抑制。

在负共模信号作用下，$\beta_3 i_{b3}>\beta_1 i_{b1}+\beta_2 i_{b2}$，易使 T_3 进入乙类饱和，就好像是 T_1、T_2 掐着

T_3 的脖子。所以在负共模信号作用下，T_3 电流受 T_1、T_2 的限制，T_1、T_2 电流同向变化也很小，输出电压同向变化也很小，共模信号被抑制。

电流源偏置差分放大器输入共模信号时，T_3 与 T_1、T_2 互掐脖子，共模信号被抑制。

就是说，电流源偏置差分放大器中的晶体管对共模信号来说处于饱和状态，对差模信号来说又处于放大状态，一方面巧妙地抑制了共模信号，另一方面又同时放大了差模信号。在抑制共模信号的同时放大差模信号，这属于典型的双重标准。

基本差分放大器 BJT 集-射偏置压降以直流地为参考点，见图 6.1.1。BJT 发射极接直流地，由于 0.7V 发射结压降的上拉箝位作用，基极电压被箝制在大约 0.7V。

在信号源内阻 r_s 比较小的情况下，忽略 r_s 压降，可认为电流源偏置差分放大器的 BJT 基极电位为 0。由于 T_1、T_2 发射结的下拉箝位作用，或者因为 T_3 集-射极压降的被动派生特性，可认为发射极电压被箝制在大约 -0.7V。

电流源偏置差分放大电路 BJT 集电极临界偏置电流及集-射临界偏置压降为

$$I_{c(cr)} = \frac{U_{cc} + U_{be}}{R_c + R''_L} \tag{6.3.1}$$

$$U_{ce(cr)} = \frac{R_L}{R_c + R_L}\frac{U_{cc} + U_{be}}{2} \tag{6.3.2}$$

负载电流最大幅度及电压最大幅度为

$$\begin{cases} I_{om(max)} = \dfrac{U_{cc} + U_{be}}{R_c + R_L} \\ U_{om(max)} = \dfrac{R_L}{R_c + R_L}(U_{cc} + U_{be}) \end{cases} \tag{6.3.3}$$

电流源晶体管 T_3 集电极电流 $I_{c3} = \beta_3 I_{b3} = \beta_3 \dfrac{U_{cc} - U_{be}}{R_{b3}}$

T_3 集电极电流被 T_1、T_2 均分。设 $\beta_1 = \beta_2$，则 $0.5I_{c3} = I_{c(cr)1} = I_{c(cr)2}$，与式(6.3.1)联立有

$$\frac{\beta_3}{2}\frac{U_{cc} - U_{be}}{R_{b3}} \approx \frac{2R_c + R_L}{R_c + R_L}\frac{U_{cc} + U_{be}}{2R_c}$$

从中求出 T_3 基极临界偏置电阻为

$$R_{b3(cr)} = \beta_3 \frac{U_{cc} - U_{be}}{U_{cc} + U_{be}}\frac{R_c + R_L}{2R_c + R_L}R_c \tag{6.3.4}$$

在 $U_{cc}=12$V、$U_{be}=0.7$V 情况下有

$$R_{b3(cr)} = 0.89\beta_3 \frac{R_c + R_L}{2R_c + R_L}R_c \tag{6.3.4a}$$

若图 6.3.1 中 I_s 已知，则集电极偏置电流 I_c 及集-射极偏置电压 U_{ce} 可计算为

$$I_c = 0.5I_s \tag{6.3.5}$$

$$U_{ce} = U_{cc} + U_{be} - R_c I_c \tag{6.3.6}$$

2. 电压放大倍数及共模抑制比分析计算

电流源偏置差分放大电路的差模电压放大能力与长尾差分放大电路相同，式(6.2.3)、式(6.2.12)适合于电流源偏置差分放大电路，不同的是共模电压放大倍数及共模抑制比。

将式(6.2.4)中的 R_e 换成 r_{ce}，得到电流源偏置差分放大电路的共模电压放大倍数为

$$A_{uc} = \frac{\dot{U}_o}{\dot{E}_s} = \frac{(\beta_2 - \beta_1)R''_L}{r_s + r_{be} + (\beta_1 + \beta_2)r_{ce}} \tag{6.3.7}$$

将式(6.2.11a)中的 R_e 换成 r_{ce}，得到电流源偏置差分放大器双端输出模式下的共模抑制比为

$$\text{CMRR}=\left|\frac{A_{ud}}{A_{uc}}\right|=\frac{(\beta_1+\beta_2)^2}{2\mid\beta_1-\beta_2\mid}\frac{r_{ce}}{r_s+r_{be}} \tag{6.3.8}$$

将式(6.2.13)、式(6.2.14)中的 R_e 换成 r_{ce}，得到电流源偏置差分放大电路单端输出模式下的共模电压放大倍数及共模抑制比为

$$A_c=\frac{\dot{U}_o}{\dot{E}_s}=\frac{\beta_2 R_L'}{r_s+r_{be}+(\beta_1+\beta_2)r_{ce}} \tag{6.3.9}$$

$$\text{CMRR}=\left|\frac{A_d}{A_c}\right|=\frac{\beta_1+\beta_2}{2}\frac{r_{ce}}{r_s+r_{be}} \tag{6.3.10}$$

考虑 R_e 数量级为 1～10kΩ，而 r_{ce} 数量级为 100kΩ，可以看出，电流源偏置差分放大电路共模抑制比提高为长尾差分放大电路的 10～100 倍左右。

例 6.3.1　图 6.3.2 所示电流源偏置差分放大器采用发射极串联调零，$\beta_1=\beta_2=50$，$U_{cc}=-U_{ee}=16\text{V}$，$U_{be1}=U_{be2}=0.7\text{V}$，$I_s=4\text{mA}$，$R_c=4\text{k}\Omega$，$R_L=8\text{k}\Omega$，$r_s=R_p=100\Omega$，$r_{bb'}=350\Omega$，$e_+=-e_-=10\text{mV}$，试求：

(1) 直流偏置量 I_b、I_c、U_{ce}；

(2) 双端输出时的 A_{ud}、u_o；

(3) 单端输出时的 A_{ud}、A_{uc}、CMRR。

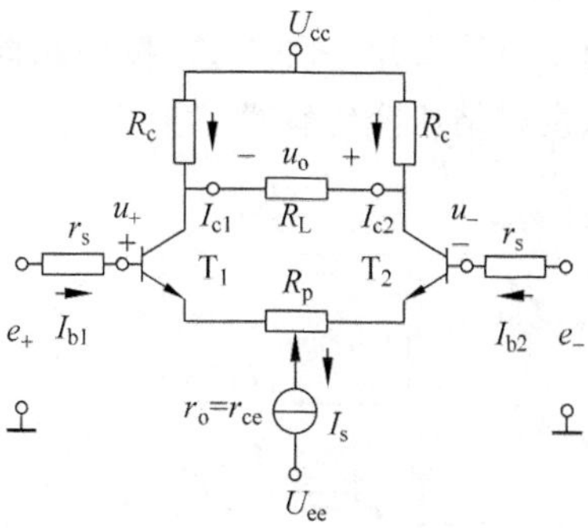

图 6.3.2　采用发射极串联调零的电流源偏置差分放大器

解　(1) $I_c=0.5I_s=0.5\times4\text{mA}=2\text{mA}$

$$I_b=I_c/\beta=2\text{mA}/50=0.04\text{mA}$$

$$U_{ce}=U_{cc}-R_cI_c+U_{be}=16\text{V}-4\text{k}\Omega\times2\text{mA}+0.7\text{V}=8.7\text{V}$$

$$r_{be}=r_{bb'}+\frac{U_T}{I_b}=350+\frac{26\text{mV}}{0.04\text{mA}}=900\Omega=0.9\text{k}\Omega$$

(2) 双端输出时 $R_L''=\dfrac{R_c(0.5R_L)}{R_c+0.5R_L}=\dfrac{4\times(0.5\times8)}{4+0.5\times8}=2\text{k}\Omega$

$$A_{ud}=\frac{\beta R_L''}{r_s+r_{be}+0.5\beta R_p}=\frac{50\times2}{0.1+0.9+0.5\times50\times0.1}=\frac{100}{3.5}=28.6$$

$$e_{sd}=e_{s1}-e_{s2}=10\text{mV}-(-10\text{mV})=20\text{mV}$$

$$u_o=A_{ud}u_{sd}=28.6\times20\text{mV}=572\text{mV}$$

(3) 单端输出时 $R'_L=\dfrac{R_cR_L}{R_c+R_L}=\dfrac{4\times8}{4+8}=2.667\text{k}\Omega$

$$A_{ud}=\frac{0.5\beta R'_L}{r_s+r_{be}+0.5\beta R_p}=\frac{0.5\times50\times2.667}{0.1+0.9+0.5\times50\times0.1}=\frac{66.67}{3.5}=19.0$$

$$A_{uc}=\frac{\beta R'_L}{r_s+r_{be}+2\beta r_o}=\frac{50\times2.667}{0.1+0.9+2\times50\times100}=\frac{133.3}{10\,001}=0.0133$$

$$\text{CMRR}=\left|\frac{A_{ud}}{A_{uc}}\right|=\frac{19.0}{0.0133}=1429$$

$$\text{CMRR}=\frac{r_s+r_{be}+2\beta r_o}{2(r_s+r_{be})+\beta R_p}=\frac{0.1+0.9+2\times50\times100}{2\times(0.1+0.9)+50\times0.1}=\frac{10\,001}{7}=1429$$

思考题

6.3.1 如何确定电流源偏置差分放大电路的偏置电流?

6.3.2 电流源偏置差分放大电路与长尾差分放大电路相比有什么优点?

6.4 电流镜及电流镜偏置差分放大电路

本节主要讨论电流镜技术及如何借助电流镜偏置来稳定差放工作点。

6.4.1 BJT电流镜种类及工作原理

1. 镜像电流源(电流接力棒)

图 6.4.1 所示电路中的两个晶体管用一种工艺、按照相同尺寸参数在同一个晶片上制成,可以认为其电流放大倍数、发射结压降等特性参数都完全相同。

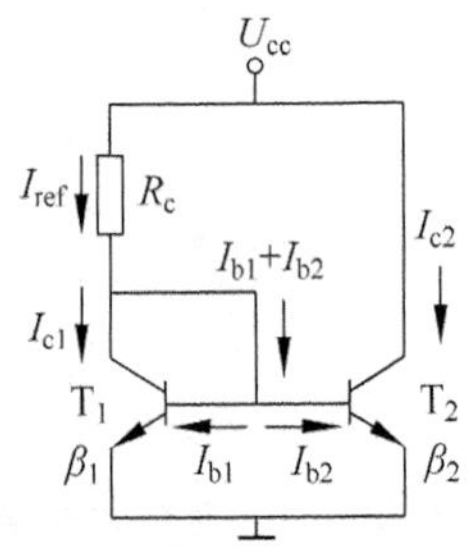

图 6.4.1 BJT 镜像电流源(电流接力棒)

分析图 6.4.1 电路时,晶体管发射结简化为垂线模型,即不论电流大小一律认为其正向压降为 U_{be}。由于 $U_{be1}=U_{be2}=U_{be}$,因此 $I_{b1}=I_{b2}=I_b$。

源电流也叫参考电流,或基准电流。已知电源 U_{cc},要获得基准电流 I_{ref},限流电阻应为

$$R_c=\frac{U_{cc}-U_{be}}{I_{ref}}\qquad I_{ref}=\frac{U_{cc}-U_{be}}{R_c}$$

T_2 管集电极电流称为像电流。

$$I_{c2}=\beta_2I_{b2}=\beta_2\frac{I_{ref}-I_{c1}}{2}=\frac{\beta_2I_{ref}}{2}-\frac{\beta_2}{2}\beta_1I_{b1}=\frac{\beta_2I_{ref}}{2}-\frac{\beta_1}{2}\beta_2I_{b2}=\frac{\beta_2I_{ref}}{2}-\frac{\beta_1}{2}I_{c2}$$

$$I_{c2}=\frac{\beta_2I_{ref}}{2}-\frac{\beta_1}{2}I_{c2}\qquad I_{c2}=\frac{\beta}{\beta+2}I_{ref}$$

移项再做除法即得到像电流与基准电流的关系为

$$I_{c2}=\frac{\beta_2}{\beta_1+2}I_{ref} \tag{6.4.1}$$

在 $\beta_2=\beta_1=\beta\gg 2$ 的条件下有

$$I_{c2}\approx I_{ref} \tag{6.4.1a}$$

T_2 管集电极电流对 T_1 管集电极电流的跟随作用是镜像电流源的基本功能。

图 6.4.1 所示电路中，晶体管 T_1 有多大的集电极电流，T_2 在有充足能量供应时也有多大的电流，晶体管 T_2 集电极电流好像 T_1 集电极电流的镜子，因此把该电路称为镜像电流源，把提供基准电流的晶体管 T_1 叫做源晶体管(Source Transistor)，把逻辑上接受电流的晶体管 T_2 叫做像晶体管(Mirror Transistor)。镜像电流源简称为电流镜。

电流镜中，基极与集电极连接的管子是源晶体管，分离的管子是像晶体管。

2．精密电流镜

普通电流镜中的源晶体管集电极电压被发射结 PN 结箝制在 PN 结正向压降，硅管箝制在 0.7V，使晶体管接近饱和，影响其放大能力和电流接力效果。

从式(6.4.1)可看出，晶体管 β 值越小，电流接力误差就越大。为减少接力误差，增加晶体管 T_3，将电路改造为如图 6.4.2 所示。T_3 的存在首先使电流接力棒中的源晶体管集电极电压达到 1.4V 左右而远离饱和区，使其能有效地放大，其次等效 β 值加大，电流接力误差变小。

精密电流镜像电流与源电流的关系为

$$I_{c2}=\frac{\beta_2\beta_3}{\beta_1\beta_3+2}I_{ref}=\frac{\beta_2}{\beta_1+2/\beta_3}I_{ref} \tag{6.4.2}$$

$\beta_3=\beta_2=\beta_1=20$ 倍时，$I_{c2}=0.995I_{ref}$，接力误差仅 0.5%。通常 $\beta\gg 20$，接力误差更小。

著名的 μA741 型集成运算放大器就使用了图 6.4.2 所示的精密电流接力棒。

从理论上看，即使 T_3 集电极与电源断开，仅靠其发射结二极管作用，也能使电流接力棒中的源晶体管集电极电压达到 1.4V 左右而远离饱和区，而减少电流接力误差。

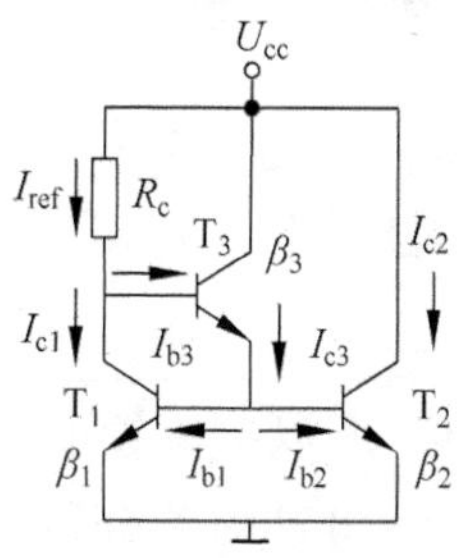

图 6.4.2　BJT 精密电流镜(精密电流接力棒)

3．可调电流源、微电流源及电流放大镜

集成放大器需要大量微安级的电流源，简称微电流源。如果直接使用电流镜，就需要用集成工艺制造大阻值电阻。实际用集成工艺制造大阻值电阻是比较困难的。

集成放大器有时还需要数毫安级的大电流源。如果直接使用电流镜，就需要用低阻值电阻，而低阻值电阻发热比较厉害。大电流源也称为电流放大镜。

为电流镜的源晶体管 T_1 及像晶体管 T_2 发射极串入不同电阻，见图 6.4.3，调节电阻大小比例，就可以得到与基准电流不等的电流源。若令 $R_{e1}=0$，见图 6.4.4，就可以用 10kΩ 上下的电阻 R_c 使源晶体管中产生的 mA 级电流转换为像晶体管中的 10μA 级电流；若令 $R_{e2}=0$，见图 6.4.5，则可以用 10kΩ 上下的电阻 R_c 使源晶体管中产生的 mA 级电流转换为像晶体管中的 10mA 级电流，以方便集成制造工艺。

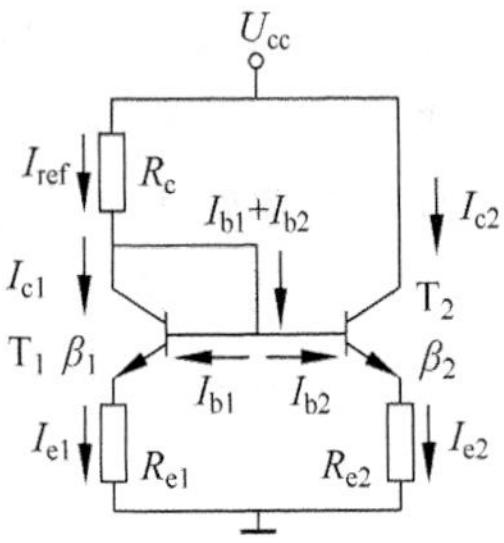

图 6.4.3　BJT 可调电流源

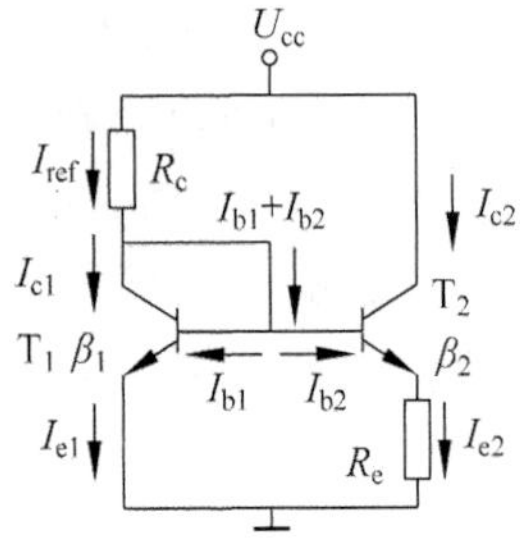

图 6.4.4　BJT 微电流源

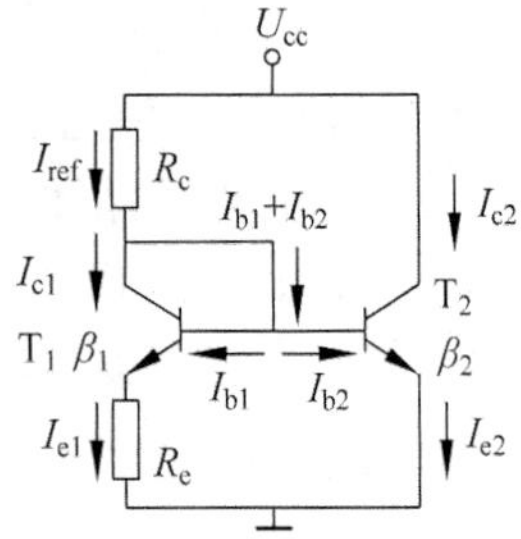

图 6.4.5　BJT 电流放大镜

可调电流源像电流与源电流的关系为

$$I_{c2} \approx \frac{r_{be1}+\beta R_{e1}}{r_{be2}+\beta R_{e2}} I_{ref} \tag{6.4.3}$$

电流镜除了以上种类，还有一源多像电流镜，将结合 LM733 介绍，见图 6.4.7。

电流镜的用途如下所述。

(1) 获得稳定的电流源

设法为源晶体管 T_1 供应稳定的基准电流 I_{ref}，就能使像晶体管 T_2 获得稳定电流，免受晶体管 β 值温度系数的影响，使放大器获得极稳定的工作点。

(2) 电流跟随器

源晶体管 T_1 接受基准电流 I_{ref}，就能使像晶体管 T_2 电流跟随源晶体管 T_1 变化而变化。像晶体管 T_2 集电极电流对源晶体管 T_1 集电极电流的跟随作用使得电流镜可以作放大电路的有源负载。

6.4.2　电流镜偏置差分放大电路

1. 电流镜偏置差分放大器

由于 β 值既用在分子又用在分母，所以电流镜的优点在于：β 值温度系数基本不影响电流稳定性。图 6.4.2 是采用电流镜偏置的差分放大电路。图 6.4.6 虽然比图 6.3.1 多用一只晶体管，但正是这只晶体管使偏置电流源更稳定，使差分放大电路工作点漂移更低。

2. 电流镜偏置差分放大器应用例子 LM733 及一源多像电流镜

宽带视频放大器 LM733 采用电流镜偏置、负反馈、差分输入、两级差分放大、差分输出，见图 6.4.7。电源 $U_{cc}=8V$，$U_{ee}=-8V$，输入电阻 250kΩ，带宽 120MHz，CMRR>60dB。

晶体管发射极接有反馈电阻 R_5、R_7，R_6、R_9，以提高输入电阻，其中 R_5、R_6 端子引出，以并联电阻，使芯片电压放大倍数调整为 10、100 或 400。

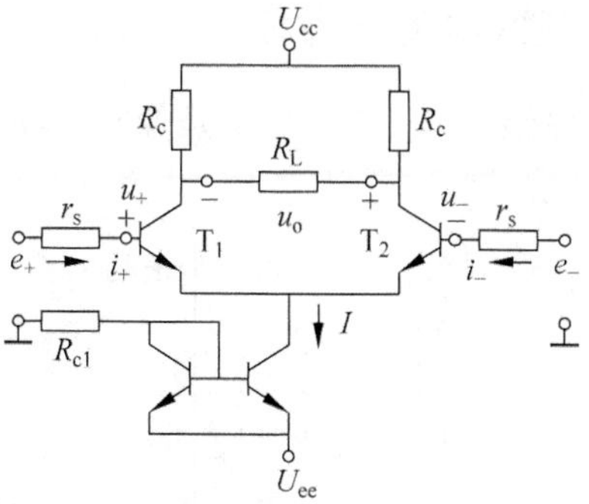

图 6.4.6 电流镜偏置的 BJT 差分放大电路

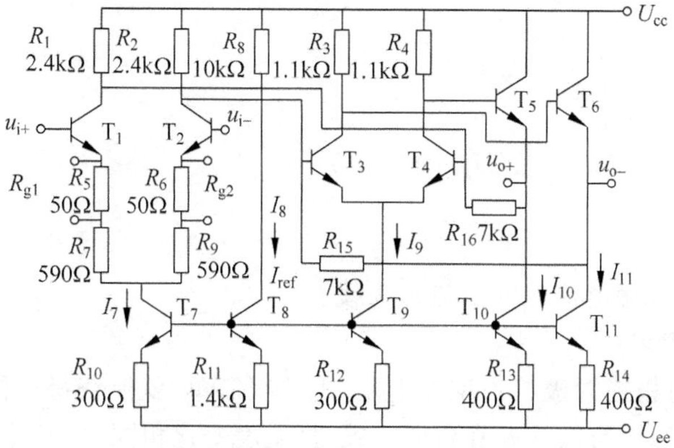

图 6.4.7 用一源四像电流镜偏置的宽带差分放大器 LM733

T_7、T_8、T_9、T_{10}、T_{11} 与 R_8、R_{10}、R_{11}、R_{12}、R_{13}、R_{14} 组成一源四像电流镜，各为两级差分放大器和两个射极输出器提供偏置电流，其中 T_8 是源晶体管，T_7、T_9、T_{10}、T_{11} 是四个像晶体管。R_7 为 T_8 提供基准电流 I_{ref}。一源多像电流镜可节省源管，减少静态功耗。

T_1、T_2 组成第一级电流镜偏置差分放大电路，由 T_7 提供偏置电流，R_{10} 用于确定偏置电流。T_3、T_4 组成第二级电流镜偏置差分放大电路，由 T_9 提供偏置电流，R_{12} 用于确定偏置电流。从输出级到第二级差分放大器接有反馈电阻 R_{15}、R_{16}，以形成电压加负反馈，使其获得宽带性能、高增益稳定性和低相位失真。

T_5、T_6 组成差分射极输出器，使放大器获得低输出阻抗和高电流驱动能力，T_{10}、T_{11} 各自为 T_5、T_6 提供偏置电流，R_{13}、R_{14} 用于确定偏置电流。

例 6.4.1 设 $\beta=100$，$r_{be}=1\text{k}\Omega$，试计算 LM733 所用电流放大镜源晶体管输入基准电流 I_{ref} 及像晶体管 T_7、T_9 输出偏置电流 I_7、I_9。

解 $$I_{ref}=\frac{U_{cc}-U_{ee}-U_{be}}{R_8+R_{11}}=\frac{8-(-8)-0.7}{10+1.4}\frac{\text{V}}{\text{k}\Omega}=1.342\text{mA}$$

$$I_7=I_9\approx\frac{r_{be8}+\beta_8 R_{11}}{r_{be7}+\beta_7 R_{10}}I_{ref}=\frac{1+100\times1.4}{1+100\times0.3}\times1.342\text{mA}=6.104\text{mA}$$

LM733 可作为分立放大器与集成放大器的典型过渡产品。

μA741 型集成运算放大器使用了微电流源。

6.4.3 FET镜像电流镜(电流接力棒)

NMOS管 T_1、T_2 组成电流镜，T_1 是源管，T_2 是像管，基准电流由 R_{ref} 决定，见图6.4.8。

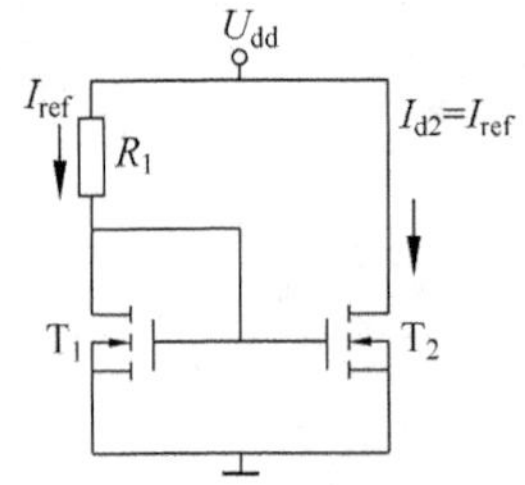

图6.4.8 FET镜像电流镜(电流接力棒)

基准电流为

$$I_{ref} = \frac{U_{dd} - U_{gs(on)}}{1/g_{m1} + R_d} \tag{6.4.4}$$

电流源输出电流为 $I_{d2} = g_{m2}(U_{gs} - U_{gs(on)})$

$$I_{d2} = \frac{g_{m2}}{g_{m1}} I_{ref} \tag{6.4.5}$$

用FET也能组成微电流源和电流放大镜。

电流镜的优点很多：

(1) 不需在发射极或源极接入反馈电阻，电路很简单，就能获得极稳定的像电流。

(2) 易集成化，源管与像管 β 值高度一致，且温度变化相同，分子分母变化互相抵消。

(3) 能用一个基准电流提供多个像电流，功耗特别低，LM733就是一个很好的例子。

电流镜是集成电路提供偏置的主要手段。几乎每一块集成电路中都要使用电流镜。

思考题

6.4.1 镜像电流源中的像晶体管电流与源晶体管电流的镜像关系是无条件还是有条件的？

6.4.2 确定可调电流源的输出极限电流时有哪两类计算方法？

6.4.3 电流镜接力误差的影响一定是消极的吗？

6.5 有源负载差分放大电路

本节主题是讨论如何用电流镜做有源负载使放大器获得超高电压放大倍数。

有形电阻 R_c 构成的安伏变换器对负载电阻 R_L 的分流作用是影响电压放大倍数的根本原因。为提高电压放大倍数，有形电阻 R_c 的阻值应当尽可能选大些。但 R_c 阻值越大，则放大器输出范围就越小。因此，兼顾电压放大作用和输出范围时，R_c 大小被限制在 1～10kΩ，结果使采用有形电阻作安伏变换器的放大器的电压放大倍数比较低。LM733一级放大倍数最大平均只有20倍，两级放大倍数最大能达到400倍，就是这个道理。

用电流接力棒取代有形电阻，在差分放大电路中作安伏变换器，把放大了的信号电流经过电流接力棒几乎全部传到输出端，见图6.5.1。利用晶体管无形输出电阻 r_{ce} 较大但又不影响放大器输出范围的特点，能使放大器达到较高的电压放大倍数。把使用电流接力棒的差分放大器叫做有源负载差分放大器。

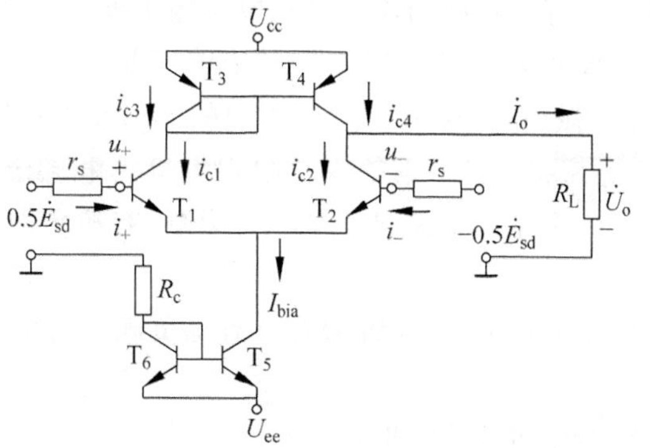

图 6.5.1 电流镜偏置有源负载 BJT 差分放大电路

1) 电流镜偏置电阻设计

集电极偏置电流至少应达到负载电流最大摆幅，即

$$I_{c(min)} = I_{om(max)} = U_{cc}/R_L$$

发射极总偏置电流最小值及有源负载放大器电流镜限流电阻最大值为

$$I_{bia(min)} = 2I_{om(max)} = 2U_{cc}/R_L$$

$$R_{c(max)} = \frac{U_{cc}}{I_{bia(min)}} = \frac{R_L}{2}$$

有源负载放大器所需偏置电流很小，有利于放大器获得很大的输入电阻。

2) 差模电压放大倍数

有源负载差分放大电路差模电压放大倍数及空载差模电压放大倍数为

$$A_d = \frac{\dot{U}_o}{\dot{E}_{sd}} = \frac{\beta_1+\beta_2}{2}\frac{r_{ce2}//r_{ce4}//R_L}{r_s+r_{be}}, \quad A_d = \frac{\dot{U}_o}{\dot{E}_{sd}} = \frac{\beta_1+\beta_2}{2}\frac{r_{ce2}//r_{ce4}}{r_s+r_{be}} \tag{6.5.1}$$

式(6.5.1)与式(6.2.7)相比，尽管形式似乎未变，但是已经赋予了全新内容。

式(6.2.7)中的有形电阻 R_c 阻值较小，其值常在 1～10kΩ，式(6.5.1)中的无形电阻 r_{ce} 阻值较大，其数量级为 100kΩ，$r_{ce2}//r_{ce4} > R_c$，故采用有形电阻作安伏变换器的放大电路的电压放大能力比较低，电压放大倍数比较小，而借用晶体管输出电阻作安伏变换器的放大电路的电压放大能力很高，电压放大倍数很大。通常单级有源负载放大器的放大倍数是有形电阻作安伏变换器的放大电路的 10 倍以上。

例如，晶体管电流放大倍数 $\beta=200$、空载时，一级有源负载差分放大电路电压放大倍数就可以达到 200 倍，两级就可以达到 40 000 倍。

有形电阻作为安伏变换器工作时总是要从信号电流中分流，即分一部分羹，好像是雁过拔毛，而电流接力棒工作时却无私地让信号电流通过，几乎没有分流。由于电流接力棒的卓越无私工作，放大的信号电流几乎全部被赶到负载中去了。正是电流接力棒的无私奉献，才使整个有源负载放大器获得了超强的电压放大能力。

差分放大器戏称为差分对。实际上很多负载的一端已经接直流地。为了驱动一端已经接直流地的负载，尽管差分对有很多优点，还是需要把差分对转换为单端口。差分对到单端口之间的转换器属于平衡到不平衡转换器(balance to unbalance)，简称巴伦(balun)。

集成放大器通常只有首级采用差分放大技术，客观上就要求首级差分对采用单端输出模式。采用电流接力棒作为有源负载的差分对的单端输出模式，正好可作巴伦。

有源负载放大技术有很多优点，如电流接力棒有利于提高单级放大电路的电压放大倍数，其单端输出模式正好可做巴伦，电流接力棒所用的无形动态电阻 r_{ce}、r_{ds} 虽然很大，但不影响输出范围，所需偏置电流很小放大器输入电阻很大等。电流接力棒有源负载技术以大量采用晶体管为基本特征。受晶体管极间分布电容影响，有源负载放大器的缺点是高频特性比较差。

集成放大器广泛采用差分放大、电流镜偏置及有源负载三大技术。

思考题

6.5.1 电流镜在差分放大电路中有哪些用途？

6.5.2 有源负载比电阻负载有哪些优缺点？为什么普通集成放大电路大量使用有源负载作安伏变换器，而高频宽带放大电路仍采用有形电阻？

6.6 从分立放大电路到集成放大电路的发展

从第 3 章介绍的基本共射放大电路开始，一直到第 6 章采用电流接力棒的有源负载差分放大电路，一个明显变化是：电阻、电容元件数量少了，而晶体管器件数量多了。

在分立元件放大电路中，密密麻麻的尽是电阻、电容，电阻、电容数量是晶体管数量的数倍，电阻、电容数量占整个元器件总数的 80%以上。

在集成放大电路中，密密麻麻的尽是晶体管，晶体管数量是电阻、电容数量的数倍，晶体管数量占整个元器件总数的 80%以上，其中一些晶体管其实是当电阻使用的。

从分立元件放大电路到集成放大电路，整个元器件数量比例完全颠倒了。元器件数量比例形式上的变化，隐含着许多技术发展。

1. 从单管放大到差分放大

从分立元件放大电路到集成放大电路的根本变革是从单管放大到对管放大，即差分放大。单管放大是兼容并蓄，只要是放大器输入端的变化，就一概予以放大。这种方式既把有益的差模信号放大了，又把有害的共模干扰放大了，貌似公允，实则良莠不分，严重时设备甚至无法工作。

差分放大的独特优点是能够区别差模电压信号和共模电压信号并分别对待。对有用的差模电压信号给予尽可能大的放大，对有害的共模电压信号给予尽可能小的放大甚至抑制。共模抑制比是差分放大电路的特有概念。一种差分放大电路共模抑制比越大，说明这种差分放大电路识别及分别处理差模电压信号和共模电压信号的能力就越强。

2. 从电阻偏置到电流源偏置再到电流镜偏置

放大电路的偏置电路，从最初的单电阻偏置发展到双电阻分压偏置，从电阻偏置发展到电流源偏置，又从电阻偏置电流源发展到镜像电流源偏置。单电阻偏置以图 3.1.2 为代表，双电阻分压偏置以图 3.2.1 为代表。电流源偏置以图 6.3.1 为代表，电流镜偏置以图 6.4.6 为代表。这些发展伴随着共模抑制比以及工作点稳定能力的提高。偏置电路的发展，使放大电路的工作点越来越稳定、工作越来越可靠。

3. 从有形电阻负载到无形有源负载

从采用电阻安伏变换器发展到有源负载，是电路设计上提高单级放大电路电压放大能力的一个最重要的发展。正是由于有源负载的应用，才使集成运算放大器只要用 2～3 级放大就能达到 10000 倍以上的电压放大倍数，为集成运算放大器闭环应用打下了坚实的基础。

以恒流源偏置差分放大电路为输入级和核心设计多级直接耦合直流放大器，包括互补对称射极输出功率放大电路，利用恒流源反馈等技术将放大器输入电阻和电压放大倍数都做得很大，偏置电路等也做在放大电路内部，制成集成放大器，既能放大直流信号，也能放大交流信号，其内部结构见图 6.6.1。

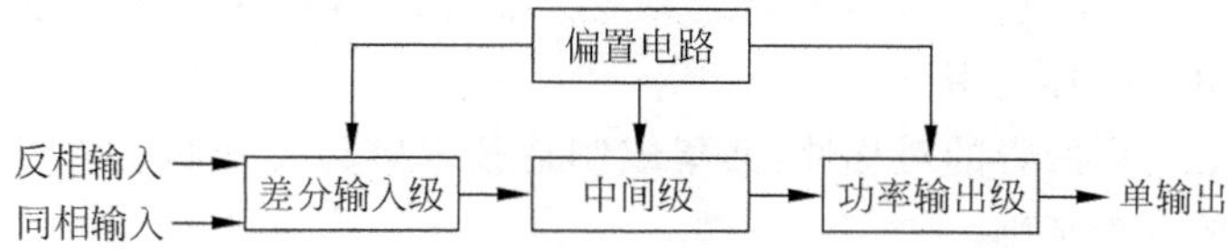

图 6.6.1 双入单出差分放大器内部结构

这样的特高输入电阻、特高电压增益双输入单输出集成差分放大器芯片的输入电阻已做到 1MΩ 以上，芯片电压增益已做到 80dB 以上，折合芯片电压放大倍数 A 在 10^4 以上。因为它经常配合外围 RC 电路进行比例、加、减、乘、除、积分、微分等数学运算，所以统称为集成运算放大器，其符号见图 6.6.2。

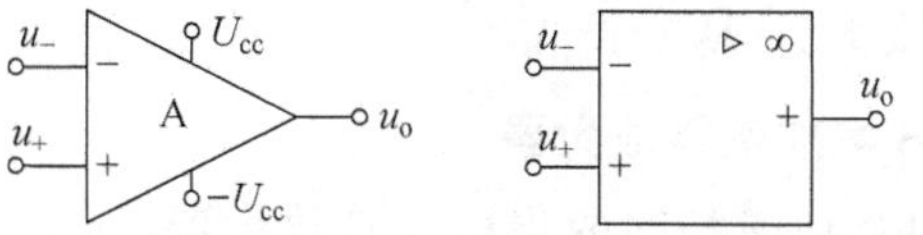

(a) 广泛流行符号 (b) 目前标准推荐符号

图 6.6.2 双输入单输出差分放大器及其闭环应用——运算放大器

图 6.6.2 集成运算放大器符号除了图示双输入端子、单输出端子外，可能的调零端子、消振端子等一般都不画出，正、负电源端子也经常省略不画。

信号源输出电压 u_+ 等于放大器输入电阻 r_i 与信号源内阻 r_s 对信号源电动势的串联分压

$$u_+ = \frac{r_i}{r_s + r_i} e_+$$

输入电阻 r_i 远大于信号源内阻 r_s 时有 $u_+ \approx e_+$。放大器输入电阻很大，还带来信号源电流(即输入电流)几乎为零的好处，就是放大器基本不消耗信号源电流。由于输入电阻很大，信号源内阻相对很小而可以被忽略，所以通常在集成运算放大器应用电路中既不画信号源内阻，又把信号源电动势 e_+ 简化为信号源输出电压，用 u_+ 代替 e_+，用 u_- 代替 e_-。

设芯片电压放大倍数为 A，集成运算放大器单输出与双输入的关系为

$$u_o = A(u_+ - u_-)$$

这个关系形式上看来简单好用，但是实际上不容易直接使用，原因有以下两条。

(1) 芯片电压增益特高条件下能直接放大的差分信号幅度很小。

例如，电源电压为±12V、芯片电压放大倍数为 10^4 时，线性输出电压 u_o 幅度通常不超过±10V，那么输入差模电压最大幅度可计算为 $|u_+ - u_-| = 10/10^4\text{V} = 1\text{mV}$。输入差模电

压信号一旦超过+1mV，放大器就正向饱和；一旦低于−1mV，放大器就负向饱和。饱和后若输入电压继续朝同一方向变化，输出也没有反应。

(2) 同一个输入电压信号作用下难以得到肯定的输出值(无互换性)。

由于制造工艺原因使集成电路所用晶体管电流放大倍数分散、跨导分散以及有源负载特性差异，芯片电压放大倍数 A 的具体数值虽然很大，但是比较分散，而且受环境温度影响比较大，制造厂家给出的不是准确值而是典型值。例如，在 1mV 差分输入电压信号作用下，一个芯片的输出电压可能等于 1V，换一个芯片输出电压也可能等于 1.5V 甚至更高，但也可能低于 1V。

因此，除了作电压比较器之外，集成运算放大器芯片一般不开环使用，而是外接 RC 网络构成各种反馈电路闭环应用。

差分放大主要利用两管的对称性，而集成制造技术容易实现两管的对称性。因此集成放大电路以差分放大为基础。

思考题

6.6.1　从分立元件放大电路到集成放大电路都有哪些变化？

6.6.2　哪些原因使集成放大电路电压放大倍数离散性很大？

6.7　集成运算放大器

6.7.1　集成运算放大器典型产品

1. MC14573 型 CMOS 集成运算放大器

MC14573 芯片具有四个功能相同的集成运算放大器，简称四运放。MC14573 管脚布置见图 6.7.1。MC14573 四运放芯片中每个集成运算放大器单元电路见图 6.7.2。图中 U_{dd} 为正电源，$U_{ss}=-U_{dd}$ 为负电源。图 6.7.2 中共有 8 个 MOSFET，其中 T_1、T_2、T_3、T_4、T_5 属于 PMOS 管，T_6、T_7、T_8 属于 NMOSFET，整个电路由 NMOSFET 和 PMOSFET 互补组成，因此叫做互补 MOS 电路(Complement MOS Circuit)，简称 CMOS 电路。

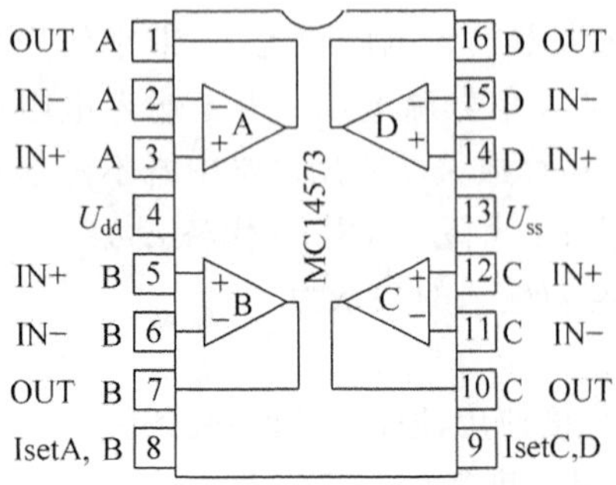

图 6.7.1　MC14573 芯片功能

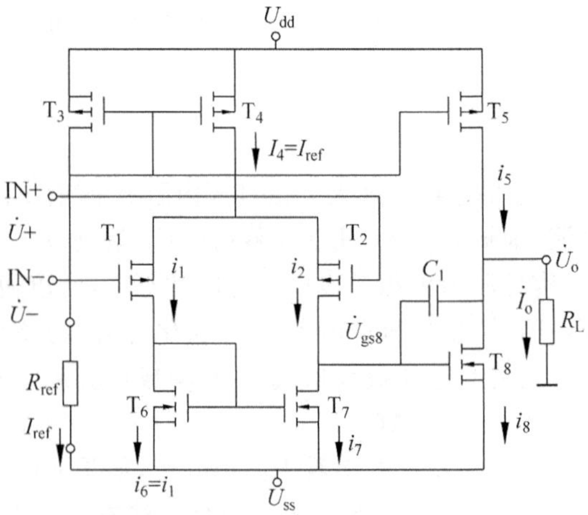

图 6.7.2　MC14573 单元电路

MC14573 由有源负载差分放大级和共源放大级共两级电路组成，其中 T_1、T_2、T_3、T_4、T_6、T_7 组成差分放大级，T_6、T_7 是 T_1、T_2 的有源负载，其工作原理见图 6.5.4；T_5、T_8 组成共源放大级，T_5 是 T_8 的有源负载。MC14573 镜像电流源取样电阻 R_1 需要用户外接。

PMOS 管 T_1、T_2 组成差分放大输入级，T_3、T_4、T_5 组成镜像电流阱，参考电流由外接电阻 R_{ref}决定，NMOS 管 T_6、T_7 组成电流接力棒，作为 T_1、T_2 的有源负载。T_8 为输出放大级，T_5 是 T_8 的有源负载。

由于 MOSFET 输入电阻可认为是无穷大，故 MC14573 差分放大输入级实际处于空载状态，其一、二级差模电压放大倍数各为

$$A_1=\frac{\dot{U}_{gs8}}{\dot{E}_{sd}}=-0.5(g_{m1}+g_{m2})(r_{ds2}//r_{ds7})$$

$$A_2=\frac{\dot{U}_o}{\dot{U}_{gs8}}=-g_{m8}(r_{ds5}//r_{ds8}//R_L)$$

MC14573 芯片的负载及空载总电压放大倍数各为

$$A=A_1A_2=\frac{\dot{U}_o}{\dot{E}_{sd}}=0.5(g_{m1}+g_{m2})g_{m8}(r_{ds2}//r_{ds6})(r_{ds5}//r_{ds8}//R_L)$$

$$A_o=A_1A_2=0.5(g_{m1}+g_{m2})g_{m8}(r_{ds2}//r_{ds6})(r_{ds5}//r_{ds8})$$

以 $g_{m1}=g_{m2}=g_{m8}=2\text{mS}$，$r_{ds2}=r_{ds6}=r_{ds5}=r_{ds8}=100\text{k}\Omega$，空载计算

$$A_o=A_1A_2=0.5(2+2)\times10^{-3}\times2\times10^{-3}(100//100)\times10^3(100//100)\times10^3=10\,000$$

本例再次说明通常集成运算放大器用 2～3 级放大就能达到上万倍的电压放大倍数。

与 MC14573 类似的芯片还有 MC14574 芯片。MC14573、MC14574、MC14575 管脚布置相同，见图 6.7.1。MC14574 芯片的单元 A、B 是两个功能相同的集成运算放大器，单元 C、D 是两个功能相同的集成电压比较器。

集成运算放大器通常也可以当电压比较器使用，但是集成运算放大器对于电压比较器经常遇到的阶跃电压变化的响应慢些。为了提高转换速度，特意设计了电压比较器。

MC14575 是典型的四集成电压比较器。MC14574 中的 C、D 单元也是集成电压比较器。LM339 是最常用的四集成电压比较器。

MC14573 属于最简单的 8 管 CMOS 集成运算放大器，其偏置电流调节由用户解决。其他型号的集成运算放大器所用晶体管数目都超过 10 个，且偏置电路设置在芯片内部。

除了像 MC14573 这样的 CMOS 集成运算放大器之外，还有纯粹由 BJT 组成的 BJT 集成运算放大器、由 BJT 和 MOS 复合组成的 BiMOS 集成运算放大器等。

2. μA741 型 BJT 集成运算放大器

μA741 型集成运算放大器原产美国，后来日本等国很多公司也生产，像 HA17741 就是日本日立公司生产的 741 型集成运算放大器，我国 F007 型集成运算放大器电路亦属于 741 系列运放。芯片有双列直插式和贴片式两种 8 脚封装形式。在要求节省空间的应用场合，应当选用贴片产品。双列直插式 741 芯片外形及管脚功能见图 6.7.3。

741 系列运放内部由 24 个 BJT、10 个电阻和 1 个电容组成，其内部电路见图 6.7.4。

按照用途，741 系列运放内部的 24 个 BJT 分成以下 5 类。

第 1 类：放大，有 T_1～T_4、T_{16}、T_{17}、T_{23}、T_{14}、T_{20} 共 9 只，其中 T_{23} 是双发射极晶体管。

图 6.7.3 双列直插式 μA741 芯片外形及管脚功能

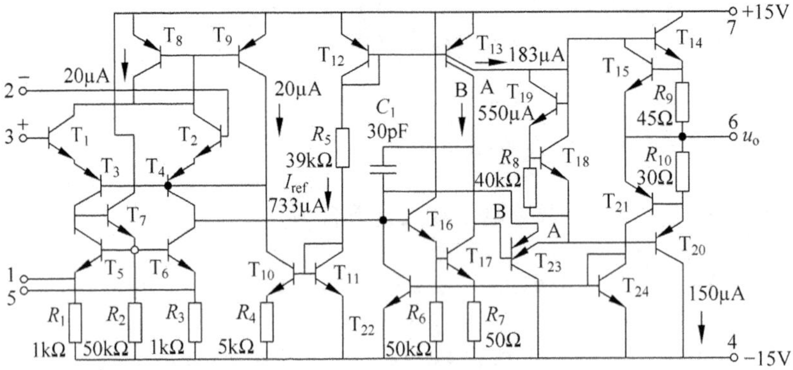

图 6.7.4 μA741 内部电路

第 2 类：有源负载(电流接力棒)，有 T_5、T_6、T_7 共 3 只。

第 3 类：平坦交越失真校正，有 T_{18}、T_{19} 共 2 只。

第 4 类：电流阱偏置，有 T_8、T_9、T_{10}、T_{11}、T_{12}、T_{13} 共 6 只，其中 T_{13} 是双集电极晶体管。

第 5 类：保护，有 T_{15}、T_{21}、T_{24}、T_{22} 共 4 只。

$T_1 \sim T_4$ 组成共集-共基输入级，T_{16}、T_{17}、T_{23} 组成共集-共射-共集中间级，T_{14}、T_{20} 组成互补输出级。输入级采用共集结构，使整个电路获得高输入电阻。第二级亦采用高输入电阻的共集结构，使输入级基本处于空载状态，以提升输入级电压放大倍数。输出级由 NPN 型管子 T_{14} 与 PNP 型管子 T_{20} 组成互补结构射极输出器，提高带负载能力。

T_5、T_6、T_7 组成精密电流接力棒，为输入级提供有源负载，再加上 T_{13} 也作为 T_{17} 的有源负载，在射极输出器输出级没有电压放大能力条件下，使 741 芯片用输入级和中间级这两级放大就达到 10 000 倍以上的电压放大倍数。

根据 OPA 输入端到输出端所经过的集电结为双数或单数，即可快速判断它是同相端或反相端。741 型 OPA 第 2 脚输入到第 6 脚输出，只经过 T_{17} 唯一一个集电结，故 2 脚为反相端；第 3 脚输入到第 6 脚输出，经过 T_4、T_{17} 两个集电结，故 3 脚为同相端。

平坦交越失真校正管 T_{18}、T_{19} 实际当成二极管使用，其作用相当于图 5.3.3 和图 5.3.4 中的二极管 D_1、D_2。

39kΩ 电阻 R_5 同时为源晶体管 T_{11} 和 T_{12} 提供基准电流 I_{ref}。电源为±15V 时

$$I_{ref} = \frac{2 \times 15 - 2 \times 0.7}{39}\text{mA} = \frac{28.6}{39}\text{mA} = 0.733\text{mA} = 733\mu\text{A}$$

733μA 基准电流向下经 T_{11} 和 T_{10} 降低为 20μA 的微电流源，向上经双集电极晶体管

T_{13}分流为 183μA 和 550μA 两路微电流源。

20μA 的微电流源分流为两路，使同相输入级 T_1、T_3 管与反相输入级 T_2、T_4 管各获得 10μA 偏置电流。183μA 电流源为平坦交越失真校正管 T_{18}、T_{19}提供工作电流，550μA 电流源作为中间放大管 T_{17}的有源负载。

输出拉电流过大时，45Ω 电阻 R_9 压降很大，结果使 T_{15}导通，将上拉输出管 T_{14}的基极电流旁路，T_{14}得到保护。

输出灌电流过大时，30Ω 电阻 R_{10}压降很大，结果使 T_{21} 导通。T_{21}导通后为 T_{24}提供基准电流，T_{22}与 T_{24}之间的镜像作用使 T_{22}导通，将中间放大管 T_{16}的基极电流旁路，提升输出电压，减小灌电流，保护下拉输出管 T_{20}。

单运放 μA741 具有调零功能，可用于精度要求较高的场合。μA741 芯片调零原理见图 6.7.5。实际上 μA741 芯片制造精度相当高，很多 μA741 芯片甩开调零功能也能正常工作，实践已经证明 μA741 调零功能可以作为备用选择。

μA741 并联调零电路的优点是可以借用电源线进行调零。借用电源线进行调零，不仅减少集成电路芯片引线，而且有利于减少导线数量，有利于降低成本以及提高可靠性。

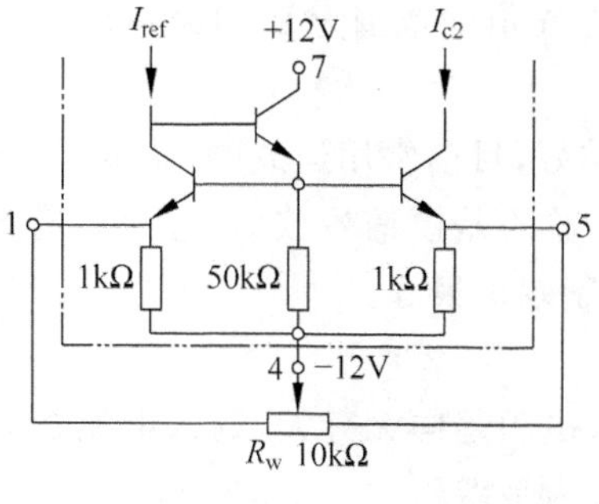

图 6.7.5　μA741 集成运放并联调零电路工作原理

至此，已经通过 MC14573 和 μA741 认识了集成运算放大器内部电路的工作原理。作为使用者，粗略了解集成运算放大器内部电路的工作原理已经足够了，应当重点从芯片外部了解其性能参数特点，着眼于应用。

3. 其他常用集成运算放大器

根据精度分，集成运放有普通精度型和高精度型。按照用途分，有军品、工业品和民品。例如，LM124 是军品四运放，LM224 是工业品四运放，LM324 是民品四运放。

LM324 四运放管脚功能见图 6.7.7、LM358 型双运放管脚功能见图 6.7.6。

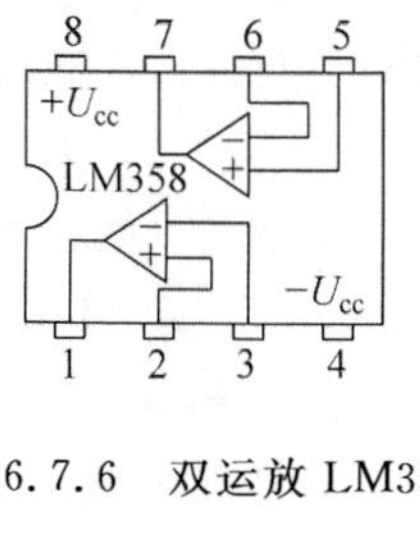

图 6.7.6　双运放 LM358

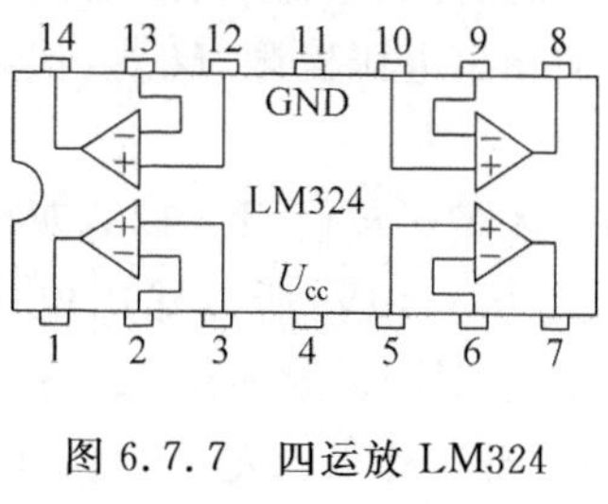

图 6.7.7　四运放 LM324

(1) LM324 型四运放

324 系列四运放由很多国家的很多公司生产，其中常见的有 LM324、HA17324 等。LM324 由一家美国公司生产，HA17324 由日本日立公司生产。不同厂家生产的 324 系列产品具有互换性。324 系列四运放在彩色电视接收机伴音、亮度、色饱和度、对比度四大模拟量控制中应用最为广泛。324 输入级使用 PNP BJT，基极输入，集电极接地。

(2) LM358 型双运放

LM358 型双运放与 324 系列四运放类似，都是只具备基本功能，每个运放单元只有同相端子、反相端子和输出端子，用在要求普通精度的场合。双列直插式 LM358 型双运放外形与 μA741 芯片一样。

6.7.2 集成运算放大器技术参数及其分类

1. 集成运算放大器技术参数

1) 电压放大倍数 A

集成运放自身电压放大倍数 A 也叫做开环电压放大倍数。集成运算放大器开环电压放大倍数 A 值的范围为 $10^4 \sim 10^7$，折合开环增益为 80～140dB。

μA741 开环电压放大倍数 A 值的范围为 $2\times10^4 \sim 2\times10^5$。

2) 共模抑制比 CMRR

共模抑制比 CMRR 越大越好，目前常用运放的 CMRR 已经做到 10^4 以上。以 $\text{CMRR}=10^5$，$A=10^4$，$A_c=0.1$ 为例，有益的差模信号放大 1 万倍，有害的共模信号被压缩为 10%。如此巨大的反差，说明共模抑制效果很好。

3) 输入电阻

理想集成运算放大器输入电阻趋向无穷大，输入电流趋向于零。实际运放输入电阻在 MΩ 以上，输入电流很小，可认为是零。

4) 电源电压范围

多数集成运放使用正、负双电源，常用±12V 双电源。电压比较器作为一种特殊运放使用单正电源。还有一些运放使用单正电源，如四运放 LM324。

集成运放电源电压通常有一个许用范围。例如 NE5532 型低噪声双运放电源电压许用范围为±3～±20V，能够满足很多需要。

μA741 电源电压范围约在±6～±22V。±12V 电源工作时空载电源电流 1.7～2.8mA。

5) 输出电压极限及摆幅

集成运放像其他放大器一样，输出电压范围稍小于电源电压范围，且不一定对称。用 $U_{\text{om(p)}}$ 代表正向输出电压极限，$U_{\text{om(n)}}$ 代表负向输出电压极限，$U_{\text{om(p)}}-U_{\text{om(n)}}$ 就是输出电压摆幅。

例如，μA741 型运放使用±12V 双电源时，正向输出电压极限 $U_{\text{om(p)}}\approx 11\text{V}$，负向输出电压极限 $U_{\text{om(n)}}\approx -10\text{V}$，所以输出电压摆幅 $U_{\text{om(p)}}-U_{\text{om(n)}}\approx 11\text{V}-(-10)\text{V}=21\text{V}$。再如，LM324 型单电源四运放使用 12V 电源电压时，输出电压范围约为 0～11V。

集成运放内部工作点已定，因此其输出电压幅度及摆幅都是确定值。

已有输出范围与电源很接近的集成运放，即轨到轨运放，优点是电源利用率高。

6）输入电压范围

输入共模电压在正常范围内，共模抑制比能得到保证；超过此范围，共模放大倍数会突然升高，放大器即失去共模抑制能力。减小共模误差的措施有两条：一是设计时选用共模抑制比 CMRR 比较大的运放，二是注意减小共模输入电压 u_c。

运放输入级结构是差分放大器。输入差模电压稍大，就会使芯片饱和；输入差模电压过大时，可能使差分输入级的一个 PN 结反偏甚至损坏。要防止差模输入电压过大而损坏运放输入级，一是限制差模输入电压，使加在运放两个输入端的电压绝对值尽可能小，二是在运放输入端加接两只反并联二极管组成的保护电路。

μA741 输入电压范围为负电源以上 2V、正电源以下 0.6V。

7）输入失调电压 U_{IO}

以上关于开环电压放大倍数是针对理想情况定义的。实际上，将运放两输入端都接地，使 $u_- = u_+ = 0$，此时差分输入电压 $u_d = u_- = u_+ = 0$，照理输出电压应当等于 0，但实际 $u_o \neq 0$，有一个残值，需要加上差分输入电压 $u_d = -u_o/A$，才能使输出电压为 0。

输入为 0 时的输出电压折算到输入端的数值 $-u_o/A$ 称为输入失调电压。或者说，把为使输出 $u_o=0$ 所加在运放输入端的补偿电压的绝对值 $|u_o/A|$ 称为输入失调电压。集成运放输入失调电压数量级正常为 mV 甚至更低。

8）输入偏置电流 I_{IB}

输出电压为 0 时两输入端偏置电流的平均值称为输入偏置电流。BJT 输入级集成运放输入偏置电流在 1μA 以下，FET 输入级集成运放输入偏置电流在 1nA 以下。

9）输入失调电流 I_{IO}

输出电压为 0 时两输入端偏置电流的差值称为输入失调电流。集成运放输入失调电流为 10nA 数量级，低的在 1nA 数量级。

10）频率响应能力

频率响应能力可用频带宽度（带宽）或压摆率表示。

采用有源负载技术用 2～3 级放大电路就能达到 10 000 倍以上的电压放大倍数，但是频率响应范围差些。一般使用负反馈技术展宽频带。例如 μA741 开环带宽只有 7Hz 左右，但采用深度负反馈技术接成电压跟随器，带宽可扩展至 1MHz。

考虑开环增益很高，输入电压由 $u_+ > u_-$ 转换为 $u_- > u_+$ 时，理论上输出应当立即由正向饱和陡降为负向饱和。但由于集成运放内部晶体管结间电容等惯性的影响，输入电压由 $u_+ > u_-$ 转换为 $u_- > u_+$ 时，实际上输出是由正向饱和较缓慢地线性变为负向饱和，即滞后一段时间 Δt。压摆率 SR（Slew Rate）指输出电压转换速率，其单位为 V/μs。

$$SR = \frac{U_{p-p}}{\Delta t} = \frac{U_{om(p)} - U_{om(n)}}{\Delta t} \tag{6.7.1}$$

压摆率越大，频带就越宽。压摆率是高速运放及电压比较器的主要技术指标。

用集成运放制作方波发生器，见第 10 章，频率较高时就能在示波器上看到方波明显畸变为梯形波，从示波器上读出转换时间 Δt，即可测算所用运放芯片的压摆率。

μA741 压摆率为 SR≈0.75V/μs，OP07 的压摆率为 SR≈0.3V/μs，而高速运放 SGM721 的压摆率可达 8.5V/μs，OPA637 压摆率更高达 SR=135V/μs。超高速运放 THS3001 的压摆率可达 6500V/μs，−3dB 带宽达 420MHz，110MHz 时增益仅下降 0.1dB。

11）增益带宽积（综合指标）

使用负反馈后频带展宽，同时增益压低，但放大器的增益带宽积等于常数。通常用增益带宽积（Gain-Bandwidth Product，GBP）来综合表达集成运放的电压放大能力与频率响应能力。μA741 增益带宽积约为 1MHz。

2. 集成运算放大器特点及分类

理想集成运放一般有如下四个特征：

（1）开环电压放大倍数 $A \to \infty$；

（2）共模抑制比 $CMRR \to \infty$；

（3）输入电阻 $r_i \to \infty$；

（4）输出电阻 $r_o \to 0$。

以上四条特征可简称为理想运放的“三大一小”。理想运放的“三大一小”是电子工程技术应用分析运放反馈电路的基础，必须牢记。但是应用运放只靠这四条特征是不够的。

集成运放已经经历四代发展：

第一代集成运放采用微流源偏置技术，以 μA709（国产品 FC3）为代表。

第二代集成运放普遍采用有源负载技术，以 μA741（国产品 F007）为代表。第二代集成运放技术特征是两级放大，防自激措施简单，且有输出短路保护措施。

第三代集成运放输入级采用超 β 管技术，以 AD508（国产品 4E325）为代表。

第四代集成运放技术采用大规模集成电路制造技术，输入级采用 MOSFET 管，输入电阻达 100MΩ 以上。第四代集成运放以 HA2900 为代表。

集成运放已像 BJT 和 FET 一样成为电子电路设计的首选器件。集成运放的发展不仅表现为技术进步，而且表现为分门别类。集成运算放大器的分门别类是合理选用的基础。

（1）通用型集成运算放大器

通用型运算放大器价格低廉、产品量大，应用面广。μA741 单运放、LM358 双运放、LM324 四运放及 LF356 都属于此种。一些场合通用运放不能满足工程需要，所以还有很多特色运放。

（2）高速型集成运算放大器

在快速 A/D 和 D/A 转换器、视频放大器中集成运算放大器的转换速率 SR 要高，单位增益带宽 BWG 要足够大，像通用型集成运放是不能适合于高速应用的场合的。高速型运算放大器主要特点是具有高的转换速率和宽的频率响应。高速型运放有 LM318、μA715 等，其 SR 在 50～70V/μs，单位增益带宽 BWG＞20MHz。

（3）低功耗型集成运算放大器

μA741 电源电压±12V 时空载电源电流为 1.7～2.8mA，芯片功耗约为 20mW。

便携式仪器需要低功率消耗的运算放大器。目前有的产品功耗已达微瓦级，例如 ICL7600 的供电电源为 1.5V，功耗为 10μW，可采用单节电池供电。

（4）低温漂型集成运算放大器

在精密仪器、弱信号检测等自动控制仪表中，总是希望运算放大器的失调电压要小且不随温度的变化而变化。低温漂型运算放大器正是为此而设计的。目前常用的高精度、低温漂运算放大器有 OP-07、OP-27、AD508 及由 MOSFET 组成的斩波稳零型低漂移器件 ICL7650 等。

(5) 高阻型集成运算放大器

高阻型集成运算放大器的特点是差模输入阻抗非常高,输入偏置电流非常小。

(6) 高压大功率型运算放大器

运算放大器的输出电压主要受供电电源的限制。在普通的运算放大器中,输出电压的最大值仅几十伏,输出电流仅几十毫安。若要提高输出电压或增大输出电流,普通集成运放外部要加辅助电路。高压大功率集成运算放大器外部则不需附加辅助电路,使用方便。

(7) 高精度型集成运算放大器

高精度型集成运放增益、共模抑制比、输入电阻更高,由此偏流、温漂、噪声更低。

(8) 集成电压比较器

根据同相端电压大于反相端时运放输出正向饱和、同相端电压小于反相端时运放输出负向饱和的原理,通用型集成运算放大器可以开环当做电压比较器使用。虽然如此,但工作频率较高时翻转速度可能达不到要求。高速型运放作电压比较器虽然动作较快,但其双极性输出不甚理想。因此专门设计了电压比较器。

比较器输入极性变化后输出变化所需时间称为响应时间 t_r。响应时间 t_r 约等于总电源电压 U_{cc}与压摆率的比值,即

$$t_r \approx \frac{U_{cc}}{SR}$$

例如,μA741 压摆率 SR=0.75V/μs,电源电压采用±12V,其响应时间可估算为

$$t_r \approx \frac{U_{cc}}{SR} = \frac{11V-(-10V)}{0.75V/\mu s} = 28\mu s$$

集成比较器 LM339 响应时间为 1.3μs,LM311 响应时间仅为 0.1~0.2μs。

比较器接成滞后电路时,由于正反馈作用,实际响应时间还要短。

3. 电压比较器特点

(1) 自身电压放大倍数比通用型运放更高,动作滞后时间极短。

(2) 输出级不再是复杂的互补推挽结构,而是简单的集电极开路或漏极开路结构。

(3) 单电源供电,直接输出与 TTL 等兼容的高低电平。

(4) 运放强调线性即放大,比较器侧重于翻转速度即压摆率。响应时间要求低时普通运放可做电压比较器。不过电压比较器不能作运放。因为电压比较器自身电压放大倍数虽然高,但是内部无相频补偿,闭环时难以稳定。

思考题

6.7.1 分立元件放大电路中电阻电容包围晶体管,集成放大电路中却是晶体管密密麻麻,晶体管包围电阻,电容更少,试解释主要是什么原因造成的?

6.7.2 集成运算放大器符号中很多没有标注电源,集成运算放大器工作时真的不需要电源吗?

6.7.3 试指出理想运放的“三大一小”。

6.8 集成功率放大器

第 5 章介绍的各类 OTL、OCL 功率放大器都可集成化,只需外接若干个分压电阻、旁路电容等少数元件即可使用。

目前市场上集成功率放大器的型号很多。NCP2890 就是一款集成功率放大器。

NCP2890 是安森美(On Semi)半导体公司专为手机和 PDA① 等电池供电的微型设备应用而设计生产的 A-B 类 CMOS 音频集成功率放大器，输出功率为 0.28～1.08W，单 2.2～5.5V 电源供电，效率 63%，参考负载阻抗 8Ω。

NCP2890 有 Micro-8(14.7mm²)和 Microbump-9(2.25mm²)两种贴片封装形式，供用户选用，见图 6.8.1。目前手机产品有的采用 Micro-8(14.7mm²)封装的 NCP2890 芯片，有的采用 Microbump-9(2.25mm²)封装的 NCP2890 芯片。

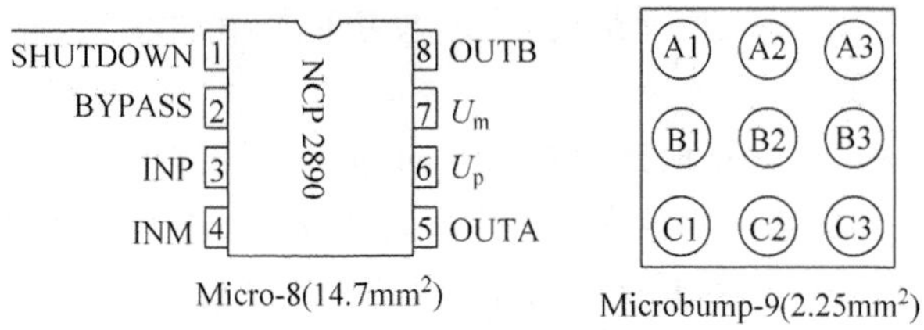

图 6.8.1 NCP2890 芯片两种封装形式

NCP2890 两种贴片封装形式的管脚名称及功能见表 6.8.1。

表 6.8.1 NCP2890 芯片管脚名称及功能

Micro-8	Microbump-9	管脚名称	管脚功能
1	C3	$\overline{\text{SHUTDOWN}}$	关断控制
2	C1	BYPASS	旁路电容
3	A3	INP	反相输入
4	A1	INM	同相输入
5	A2	OUTA	输出 A
6	B3	U_p	电源
7	B2	U_m	电源地
8	C2	OUTB	输出 B
	B1	U_{m-p}	接地

NCP2890 内部有两个相同的集成音频功率放大器 A 和 B，其内部电路见图 6.8.2，每个集成音频功率放大器都采用由 NMOSFET 与 PMOSFET 构成的甲乙类互补输出结构。集成功率放大器 A 的输出经内部 20kΩ 比 20kΩ 电阻 1:1 反相处理后由集成功率放大器 B 输出，放大器 B 与 A 输出符号相反，OUTA 与 OUTB 形成差动输出。

NCP2890 管脚名称见图 6.8.1。

$\overline{\text{SHUTDOWN}}$：关断控制端。输入低电平时芯片输出被关断，输入高电平时芯片输出接通。

BYPASS：旁路电容接入端。外接 1μF 旁路电容。

INP：反相输入端。经 0.1～0.39μF 电容接音频信号。

INM：同相端，与 BYPASS 端子接在一起，由内部的两个 300kΩ 串联电阻分压，使内部

① PDA，Personal Digital Assistant，个人数码助理，通常指掌上电脑。

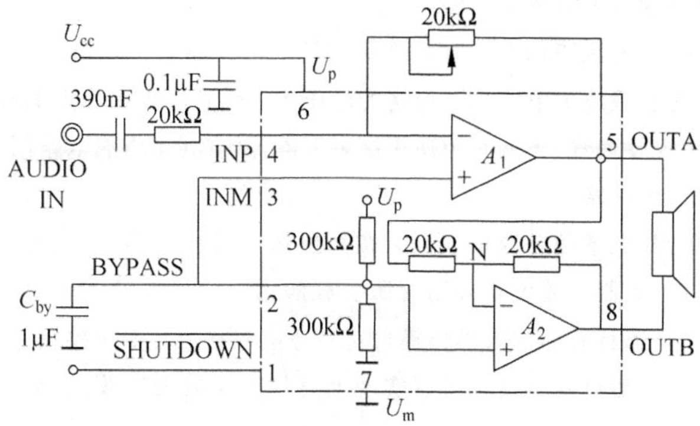

图 6.8.2　手机用音频功率放大器 NCP2890

集成功率放大器同相端获得数值等于一半电源电压的中间电位。

OUTA：输出端，与反相端接 20kΩ 以下反馈电位器，可调节放大器增益以控制音量。

U_p：电源电压，要求对地接 0.1μF 去耦电容。

U_m：电源地。

OUTB：内部集成功率放大器 B 的输出端。

U_{m-p}：Microbump-9(2.25mm^2)封装芯片特有，接地。

照规定接好外围电阻电容，就能使集成功率放大器工作。集成功率放大器型号很多。LM386 是一款常用的甲乙类集成功率放大器。LM386 输出达到极限时 THD 可达 10%。

6.9　本章小结

一、总体内容

放大器中最令人烦恼的问题是零点漂移及干扰。差分放大电路结构能有效地解决零点漂移及干扰。

本章所述的差分放大电路结构主线条有基本差分放大电路、射极耦合差分放大电路(长尾差分放大电路)、电流源偏置差分放大电路、电流镜偏置差分放大电路、电流镜偏置有源负载差分放大电路等五种差分放大电路，其中偏置电路包括基极电阻偏置、射极耦合电阻偏置、电流源偏置和电流镜偏置，安伏变换器包括传统的有形电阻安伏变换器和无形电阻安伏变换器——有源负载(电流接力棒)。伴随着这些技术发展，放大电路从传统的分立元件结构过渡到集成电路结构。

二、各节要点

6.1　基本差分放大电路

基本差分放大电路具有一定的共模抑制能力，但共模抑制比有限。因此基本差分放大电路主要作为一种知识铺垫，使读者建立直接耦合方式，同相输入和反相输入两个输入端子双入双出、双入单出、单入双出、单入单出四种工作模式，差模放大倍数、共模放大倍数及共模抑制比等概念。

6.2　长尾差分放大电路

发射极共模反馈使长尾差分放大电路具有比基本差分放大电路高得多的共模抑制能力。长尾差分放大电路除了作为一种知识铺垫，在实践中还有应用。

6.3　电流源偏置差分放大电路

电流源偏置差分放大器具有比长尾差分放大器更高的共模抑制能力。电流源偏置为集成放大器普遍采用。

6.4　电流镜及电流镜偏置差分放大电路

与普通电流源偏置相比，电流镜偏置具有温度稳定性。与采用有形电阻作安伏变换器的放大电路相比，采用电流接力棒的有源负载放大电路具有更高的电压放大倍数。要求熟悉电流镜偏置原理。

差分放大电路采用电流镜偏置，还能避免使用高阻值电阻，有利于集成电路制造工艺。

6.5　有源负载差分放大电路

安伏变换器有有形电阻、电感和有源负载等。按照所用安伏变换器种类，放大器分为电阻性放大器、电感性放大器和有源负载放大器。放大器采用有源负载的第一个优点是电压增益可以做得很高，第二个优点是有源负载差分放大电路特有的双入单出模式正好适应双路信号变单路信号的要求。集成放大器采用有源负载差分放大电路，一般只要 2 级就可以实现上万倍电压放大倍数，有利于减少放大电路总级数，以简化防自激措施。

要求熟悉典型有源负载放大电路，能区别同相端和反相端。

6.6　从分立放大电路到集成放大电路的发展

了解偏置电路从电阻偏置发展到电流源偏置及电流镜偏置，安伏变换器从有形电阻发展到电流接力棒等。

6.7　集成运算放大器

通过介绍典型集成运算放大器，使读者了解集成运算放大器采用的基本技术和基本结构，为读者应用集成运算放大器打下坚实的基础。

6.8　集成功率放大器

目前已有各种型号的集成功率放大器供应市场，用户只要按照说明加上一些电阻电容就能使用。

三、关键知识

镜像电流源即电流镜（电流接力棒）工作原理，电流镜的偏置应用和有源负载应用。

典型有源负载放大电路工作原理及典型集成运算放大器的外部特性。

理想运放的“三无穷大一个零”是分析运放闭环应用电路的基础，一定要牢记。

6.10　仿真与实训六　电流镜

图 6.10.1 是电流源 Multisim 仿真图。源电流 1.57mA，像电流 1.56mA。

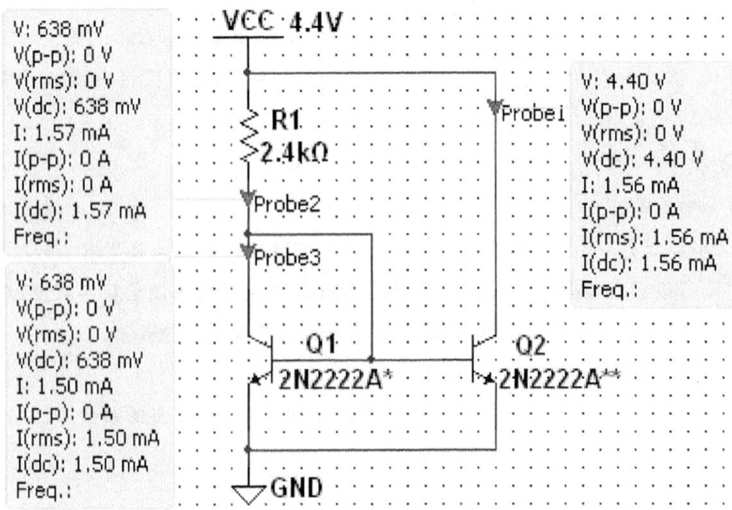

图 6.10.1　电流镜 Multisim 仿真图

图 6.10.2 是电流镜实验电路。用 2 只 $\beta=175$ 的 9013 三极管，源电流 1.54mA，像电流 1.70mA。

图 6.10.2　电流镜实验图

6.11　习　题　六

6.1.1　差分放大电路 $A_d=10\,000$，$A_c=100$，$U_-=0.8\text{mV}$，$U_o=2.09\text{V}$，试计算 U_+ 应为多大。

6.2.1　长尾差分放大器见图 6.11.1，已知 $R_e=R_c=5\text{k}\Omega$、$R_L=10\text{k}\Omega$，晶体管 $\beta_1=101$、$\beta_2=99$、$U_{be}=0.7\text{V}$、$r_{bb'}=200\Omega$、$U_{cc}=12\text{V}$、$R_w=100\Omega$、$r_s=1\text{k}\Omega$，试求：

(1) 工作点参数 I_b、I_c、U_{ce}。

(2) 双端输出差模电压放大倍数 A_d、共模电压放大倍数 A_c 及共模抑制比 CMRR。

(3) 单端输出差模电压放大倍数 A_d、共模电压放大倍数 A_c 及共模抑制比 CMRR。

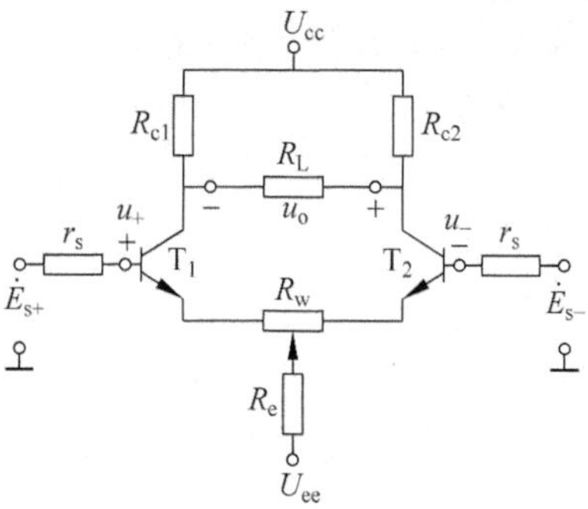

图 6.11.1　长尾差分放大电路

6.2.2　长尾差分放大器见图 6.11.1，$R_c=5\text{k}\Omega$、$\beta_1=101$、$\beta_2=99$、$U_{cc}=12\text{V}$、$U_{be}=0.7\text{V}$、$R_w=0$、$r_s=5\text{k}\Omega$、$r_{bb'}=200\Omega$，试在 $R_L=10\text{k}\Omega$ 和空载情况下，确定 $R_{e(cr)}$，计算 $U_{ce(cr)}$、$U_{om(max)}$、A_d 及 CMRR。

6.2.3　JFET 长尾差分放大电路见图 6.11.2，$g_{m1}=2.1\text{mS}$，$g_{m2}=1.9\text{mS}$，$R_d=12\text{k}\Omega$，求双端输出和单端输出时的差模电压放大倍数 A_d 及共模抑制比 CMRR。

6.2.4　图 6.11.3 所示是目前常用的长尾差分放大器实验电路，设晶体管 $\beta=100$，首先分析其是否处于临界工作点位置。如果不在临界工作点位置，如何调整发射极共模反馈电阻，使其处于临界工作点位置。然后指出其缺点，并分信号源输入是否经过电容两种情况加以改进。

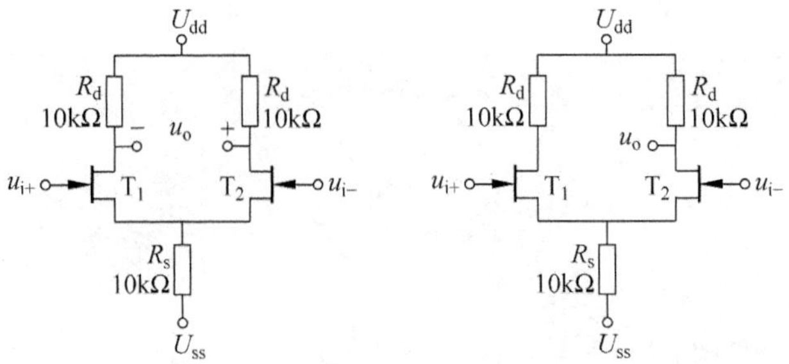

图 6.11.2　JFET 长尾差分放大电路

6.3.1　电流源偏置差分放大器见图 6.11.4，$R_c=5\text{k}\Omega$，$\beta_1=101$，$\beta_2=99$，$\beta_3=100$，$U_{cc}=12\text{V}$，$U_{be}=0.7\text{V}$，$R_w=0$，$r_s=5\text{k}\Omega$，$r_{bb'}=200\Omega$，试在 $R_L=10\text{k}\Omega$ 和空载两种情况下，根据临界条件确定基极偏置电阻 $R_{b(cr)3}$，计算集-射临界偏置压降 $U_{ce(cr)}$、输出范围 $U_{om(max)}$ 和差模电压放大倍数 A_d。

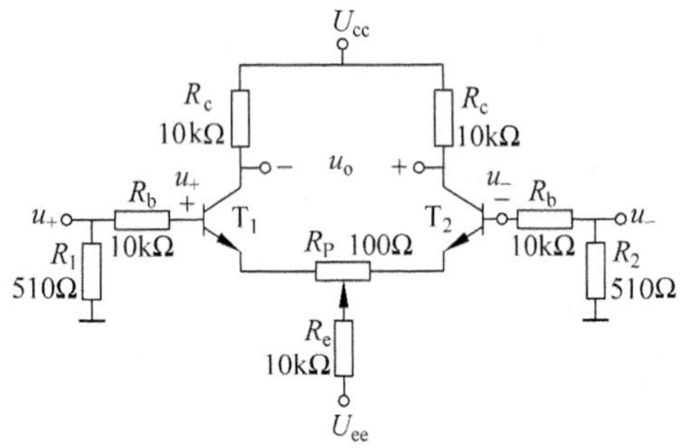

图 6.11.3　目前流行的长尾差分放大器实验电路

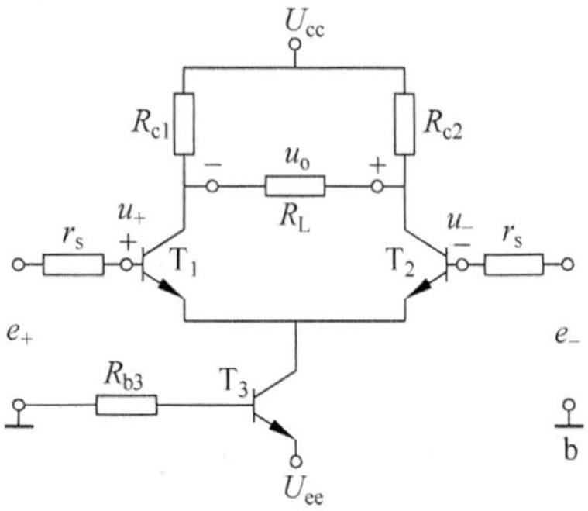

图 6.11.4　电流源偏置差分放大电路

6.4.1　电流镜偏置有源负载差分放大器见图 6.11.5，$r_{ce}=100\text{k}\Omega$，$\beta_1=101$，$\beta_2=99$，$U_{cc}=12\text{V}$，$R_w=0$，$r_s=4.7\text{k}\Omega$，$r_{bb'}=100\Omega$，$R_c=12\text{k}\Omega$，在 $R_L=100\text{k}\Omega$ 和空载情况下计算差模电压放大倍数 A_d。

6.4.2　电路如图 6.11.6 所示，试分开关 S 闭合与断开两种情况计算电流 I_2 和电压 U_{ab}。

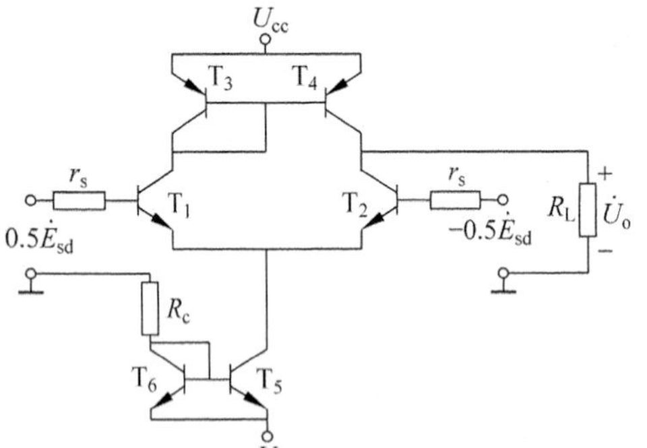

图 6.11.5　电流镜偏置有源负载差分放大电路

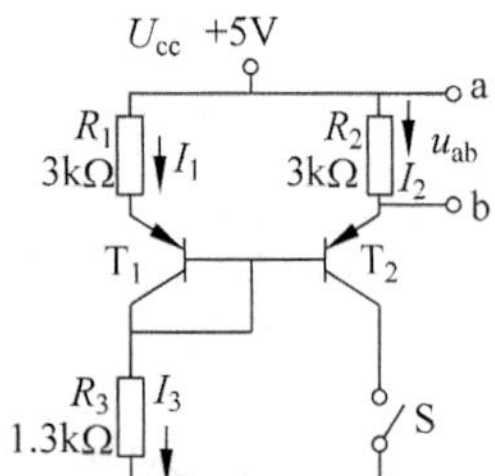

图 6.11.6　像晶体管电源对电流镜的影响

6.4.3　LM733 宽带集成放大器见图 6.4.7，$U_{cc}=8\text{V}$，$U_{ee}=-8\text{V}$，$\beta=100$，$r_{be}=1\text{k}\Omega$，试计算可调电流源参考电流 I_{ref}，并用式(6.4.3)计算电流源 T_{10}、T_{11} 输出电流极限最大值 I_{c2}，再用牛顿迭代法校验。

6.5.1　试分析图 6.11.7 有源负载 FET 差分放大器信号传输途径，指出其同相端和反相端。

6.7.1　差放调零电路有哪些种类，有何区别？

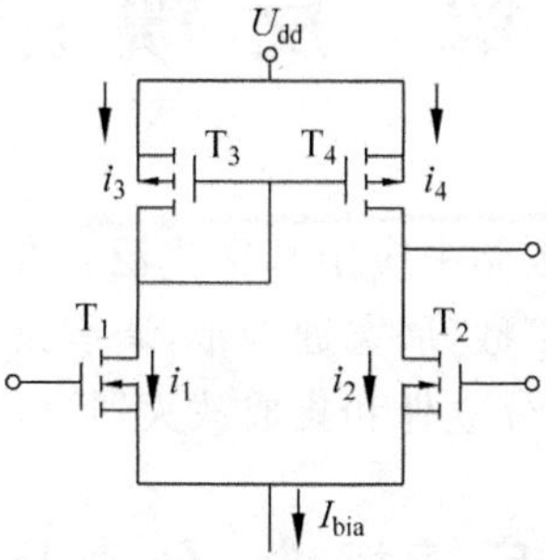

图 6.11.7　有源负载 FET 差分放大电路

6.7.2　μA741 型集成运算放大器见图 6.7.4，电源电压为 ±15V，试用牛顿迭代法计算 T_{10} 和 T_{11} 组成的微电流源的像晶体管输出电流极限最大值。

6.7.3　有哪些技术手段使 OPA 获得很大的输入电阻？

第7章　反馈原理

反馈技术在电子电路及自动控制中应用都很广泛。在电子电路中，负反馈可以稳定工作点，减少非线性失真，稳定放大倍数，展宽通频带，调节正弦振幅。正反馈是振荡电路的第一要素。本章讨论反馈原理，并就分立件和集成放大器讨论反馈应用及误差分析计算。

7.1　反馈概念、分类及组态

7.1.1　反馈概念

1. 开环与闭环、加反馈与减反馈

把输出信号或中间信号按一定比例引回到输入端，与输入信号进行代数迭加后形成偏差信号再放大，称为反馈放大。引回的一部分输出信号称为反馈信号。反馈构成环路，故反馈也叫做闭环，无反馈则称为开环。反馈方框图是直观表达反馈原理的基本工具。

从偏差信号 e 到输出信号 u_o 的环节叫做前向通道，前向通道放大倍数 A 叫做开环放大倍数；从输出信号 u_o 到反馈信号 u_f 的环节叫做反馈通道，把输出信号变为反馈信号的比例系数称为反馈系数(Feedback Factor) F，见图 7.1.1。把反馈信号与输入信号迭加为偏差信号的环节叫做合成环节。开环放大倍数 A 是器件固有的，与反馈存在与否无关。

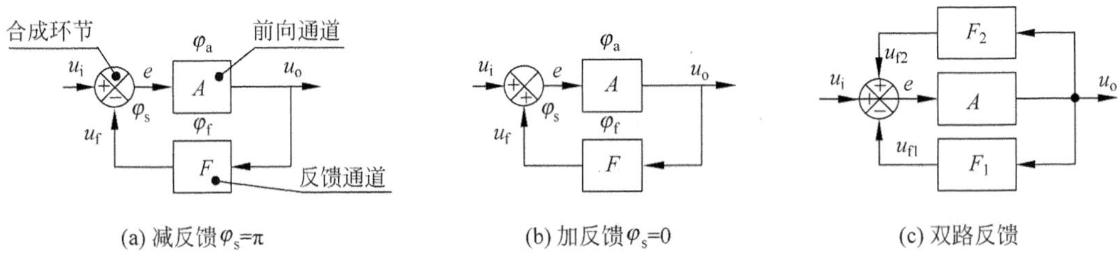

图 7.1.1　反馈的三大组成、三个相移及其方框图(按电压反馈绘制)

图 7.1.1(a)输入信号减去反馈信号形成偏差信号，所表达的反馈系统基本关系为

$$e=u_i-u_f$$

$$u_o=Ae$$

$$u_f=Fu_o$$

从中消去 u_f、e 可求出闭环条件下减反馈系统输出电压与输入电压的关系为

$$u_o=\frac{A}{1+FA}u_i$$

闭环条件下输出量与输入量的比值 $A/(1+FA)$ 称为闭环电压放大倍数，用 A_f 表示为

$$A_f=\frac{A}{1+FA}\quad (FA>0) \tag{7.1.1}$$

已知 A_f 和 A 时，用刘志国公式可直接快速计算减反馈的反馈系数 F

$$F=\frac{1}{A_f}-\frac{1}{A}\quad \text{（刘志国公式[①]）}\tag{7.1.1a}$$

由于电路、液压、气动等控制回路的多样性，客观上输入信号与反馈信号之间的逻辑关系既可能是相减关系，见图 7.1.1(a)，又可能是相加关系，见图 7.1.1(b)。

图 7.1.1(b)输入信号加上反馈信号形成偏差信号，所表达的加反馈基本关系为

$$u_o=\frac{A}{1-FA}u_i\quad (FA<0)\tag{7.1.2}$$

$$A_f=\frac{A}{1-FA}\tag{7.1.2a}$$

$$F=\frac{1}{A}-\frac{1}{A_f}\quad \text{（刘志国公式）}\tag{7.1.2b}$$

图 7.1.1(c)称为双通道复合反馈系统。

2．反馈深度、反馈系数及反馈近似计算

闭环放大倍数计算公式的分母

$$D=1\pm FA\tag{7.1.3}$$

称为反馈深度 D(Feedback Depth)。反馈深度也可用 $20\lg D$ 分贝数来表示。

正反馈时反馈深度 $D<1$，对数反馈深度 $20\lg D<0\text{dB}$。无反馈时反馈深度 $D=1$，对数反馈深度 $20\lg D=0\text{dB}$。负反馈时反馈深度 $D>1$，对数反馈深度 $20\lg D>0\text{dB}$。

反馈深度 $D\gg1$ 时，称为深度负反馈。

不分加减反馈，闭环放大倍数 A_f 与开环放大倍数 A 及反馈深度 D 的通用关系为

$$A_f=\frac{A}{D}\quad \text{因负反馈 } F>0 \text{ 而有 } F=\left|\frac{1}{A_f}-\frac{1}{A}\right|\tag{7.1.4}$$

1）减反馈的反馈深度及闭环电压放大倍数

由式(7.1.1)、式(7.1.2)、式(7.1.3)可知减反馈的反馈深度为

$$D=1+FA\tag{7.1.3a}$$

深度电压负反馈条件下减反馈的闭环电压放大倍数近似为

$$A_f\approx\frac{1}{F}\tag{7.1.1c}$$

2）加反馈的反馈深度及闭环电压放大倍数

加反馈的反馈深度为

$$D=1-FA\tag{7.1.3b}$$

深度电压负反馈条件下加反馈的闭环电压放大倍数近似为

$$A_f\approx-\frac{1}{F}\tag{7.1.2c}$$

反馈系数 F 的值并不大，一般只有开环电压放大倍数 $A\gg1$，才有反馈深度 $D\gg1$。

深度反馈时闭环放大倍数 A_f 基本与反馈系数 F 成反比。深度反馈时表面上闭环放大倍数与开环放大倍数无关，其实正是强大的开环放大倍数 A 将反馈系数 F 推向前台形成闭环电压放大倍数 A_f，自己却隐身而退。

---

① 该公式 2017 年 5 月由长沙大学计算机与数学学院计科 1601 班大一学生刘志国首创。

负反馈时反馈深度 $D>1$，故负反馈只是压低电压放大倍数，但不改变其符号。反馈电压放大倍数 A_f 与开环电压放大倍数 A 同号。

7.1.2 反馈分类及反馈组态

1. 反馈分类

1) 输出反馈与非输出反馈(电压反馈与电流反馈)

按照反馈信号引出点的位置，反馈分为电压反馈与电流反馈。

反馈信号引出点位置有两种，一种是引自电路(系统)输出端，另一种是引自电路(系统)非输出端。考虑电路系统的输出参数多是电压，因此引自电路(系统)输出端且负载电阻接地的反馈称为电压反馈，其余情况，包括引自电路非输出端的反馈称为电流反馈。

电气工程中把焊接主回路的电弧电压或电动机主回路的电枢电压成比例引回，形成电压反馈，把电弧电流或电枢电流成比例引回，形成真正的电流反馈。

2) 加反馈与减反馈(并联反馈与串联反馈)

反馈信号与输入信号的关系不是相加就是相减。按照反馈信号与输入信号之间相加或相减的逻辑关系，即按照偏差信号的形成方式，反馈可分为加反馈和减反馈。

输入信号加上反馈信号形成偏差信号的反馈称为加反馈，输入信号减去反馈信号形成偏差信号的反馈称为减反馈。

相减与相加关系能反映反馈信号与输入信号的内在联系。只有注重减反馈与加反馈概念，才能快速准确判别反馈极性。

(1) 加反馈(俗称并联反馈)

加反馈方框图见图 7.1.1(b)。图 7.1.2 所示放大器是一种典型的加反馈。输入电压 u_i 通过电阻 R_b 缓冲变换为电流 i_{rb}，反馈电压 u_f 通过电阻 R_f 缓冲变换为电流 i_{rf}，与输入信号引到同一点，反馈电流 i_{rf} 与输入电流 i_{rb} 相加形成基极电流 i_b，作为偏差 e。

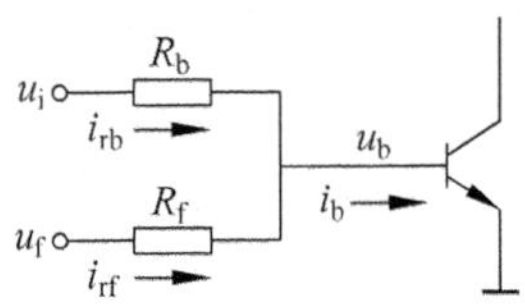

图 7.1.2 加反馈(并联反馈)理论模型

用 PN 结零压降模型，认为 $U_{be}\approx 0$，可求出作为偏差信号 e 的基极电流 i_b 为

$$i_b=\frac{u_i}{R_b}+\frac{u_f}{R_f} \qquad ①$$

由此看出共射放大器中引到晶体管基极的反馈属于加反馈。

式①表明，采用加反馈时信号源内阻不影响偏差信号的形成，即信号源内阻不影响加反馈效果。故信号源内阻较大时，为减小其对反馈效果的影响，应考虑选用加反馈。

(2) 减反馈(俗称串联反馈)

图 7.1.1(a)是减反馈方框图。图 7.1.3 所示晶体管电路是一种典型的减反馈。设基极输入信号为 u_b，晶体管发射极到地接有电阻 R_e，反馈电压 u_f 通过电阻 R_f 变换为电流 i_f 进入晶体管发射极，形成减反馈。作为偏差信号 e 的晶体管基极电流为

$$i_b=\frac{(R_e+R_f)u_b-R_eu_f}{(\beta+1)R_eR_f} \qquad ②$$

式①、式②的价值在于说明加反馈及减反馈原理。反馈中的输入信号与反馈信号的相加或相减关系，主要体现在逻辑上，不宜进一步详细发掘。

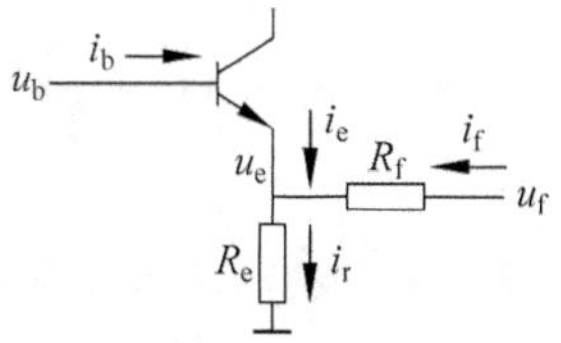

图 7.1.3　减反馈(串联反馈)理论模型

准确区别减反馈与加反馈，是正确判断反馈极性的基础。

集成运算放大器同相端与反相端互为反极性输入端子。反极性输入端子概念可以从集成运算放大器推广到分立元件放大器。根据共射和共源放大器电压放大倍数为负、共基和共栅放大器电压放大倍数为正的原理可知，BJT 基极与发射极、FET 栅极与源极也可互称为反极性输入端子。

集成放大器中信号从反相端输入、引到反相端的反馈属于加反馈；信号从同相端输入、引到反相端的反馈属于减反馈。

共射放大器中信号从 BJT 基极输入，引到 BJT 基极的反馈属于加反馈，引到 BJT 发射极的反馈属于减反馈。

共源放大器中信号从 FET 栅极输入，引到 FET 栅极的反馈属于加反馈，引到 FET 源极的反馈属于减反馈。

一般地，信号电压经 RC 缓冲从某端输入、反馈电压经 RC 缓冲又引到同一个端子的反馈属于加反馈；信号电压经 RC 缓冲从某端输入、反馈电压经 RC 缓冲引到反极性输入端子的反馈属于减反馈。

撇开来源，反馈信号其实也是一种输入信号。故信号能从哪些点输入，反馈就能引到哪些点。以 BJT 放大器为例，单管放大器信号能从基极 B 或发射极 E 输入，反馈信号也只能引回到 B 或 E；差分放大器信号只能从基极 B 输入，反馈信号也只能引到 B。

目前加反馈通称为并联反馈，减反馈通称为串联反馈。

3）他反馈与自反馈

按照反馈信号引入点与引出点的相对位置，可将反馈分为他反馈与自反馈。

上边介绍的反馈中，反馈信号从电路的一点引到另外一点去，反馈引入点与引出点不是一个点，其间有一段距离，称为他反馈。实际也有反馈引入点与引出点重合的特殊情况。把反馈引入点与引出点重合的反馈称为自反馈。

输出影响输入是反馈的基本特征。断开输入与输出的公共通路，接入电阻电容等元件，就能使输出影响输入，形成自反馈。例如，在共射放大器中，晶体管发射极是公共通路，断开发射极回路接入电阻电容，就能使代表输出的集电极电流影响代表输入的基极电流，就能形成自反馈。自反馈极性为负。通常他反馈比较明显，而自反馈比较隐蔽。也可以把他反馈称为显式反馈，把自反馈称为隐式反馈。

他反馈中的反馈电阻越大，则反馈越弱；自反馈中的反馈电阻越大，则反馈越强。他反馈中与自反馈中的反馈电阻大小对反馈强度的影响正好相反。将反馈分为他反馈和自反馈，有助于准确判断反馈电阻大小对反馈强度的影响。

图 7.1.4 中的晶体管发射极电阻就构成自反馈。前面介绍分压偏置共射放大器时使用

了电流相减负反馈(电流串联负反馈),属于自反馈。

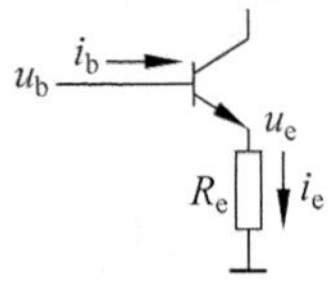

图 7.1.4　典型的自反馈电路

在图 7.1.4 中,若晶体管发射极作为放大器输出点,就是常见的射极输出器。射极输出器就是典型的电流相减自负反馈,或叫做电流串联自负反馈。

图 7.1.3 中有两种反馈,R_e 构成自反馈,R_f 构成他反馈,他反馈建立在自反馈的基础上,他反馈依赖于自反馈,与自反馈并存。就是说,当 R_e 为 0 时,自反馈消失,他反馈也不复存在。

分压偏置放大器中的电阻 R_{e1}、R_{e2}、射极输出器中的电阻 R_e、源极输出器中的电阻 R_s、长尾差分放大器中的 R_e 所产生的反馈都属于自反馈。

4) 单路反馈与多路反馈

按照反馈通道数目,反馈分为单通道反馈和多通道复合反馈。

图 7.1.1(a)、(b)所示为单通道反馈,图 7.1.1(c)所示为双通道复合反馈。

5) 直流反馈、交流反馈与交直流复合反馈

按照反馈信号成分,分为直流反馈、交流反馈与交直流复合反馈。

电阻既能通过直流成分,又能通过交流成分,而电容具有隔直作用。在交直流共存的电路中,通过电阻引来的反馈是交直流复合反馈,通过电容引来的反馈是交流反馈。

正确区别直流反馈、交流反馈与交直流复合反馈,可以判断反馈是仅影响直流工作点,或者仅影响交流放大倍数;还是既影响直流工作点又影响交流放大倍数。

6) 正反馈与负反馈

按照反馈信号是加强还是削弱输入信号,反馈分为正反馈与负反馈。正反馈与负反馈的作用截然不同。反馈极性的判断是反馈分析和设计工作中最重要的任务。

7) 单层反馈与多层嵌套反馈

图 7.1.1～图 7.1.4 讨论的都是单层反馈,习题 7.2.1 配图 7.7.1～图 7.7.6 都是双层嵌套反馈。

多层嵌套反馈中,若内层为负反馈,外层为正反馈,则正反馈较弱时,总体上还有可能形成负反馈;若内层为正反馈,外层为负反馈,则总体上很难构成负反馈。

多层嵌套反馈的内外层分明时,可以从内层开始逐渐简化为单层反馈,以判别反馈极性及计算总电压放大倍数。内外层不甚分明时,可直接用 KCL、KVL 进行反馈分析计算。

8) 人工反馈与自然反馈

系统中自然存在的反馈叫做自然反馈。自然反馈也叫做固有反馈。专门设计的反馈叫做人工反馈。实践中的反馈很多是人工反馈,但也有自然反馈。自然反馈由于其隐蔽性往往容易被忽略。揭秘自然反馈,有助于解决更多问题。

2. 反馈组态

总之,按照不同的划分方法,反馈一共有 8 种 17 类。反馈组合状态有一百多种。

目前一般把电压减负反馈(电压串联负反馈)、电流减负反馈(电流串联负反馈)、电压加负反馈(电压并联负反馈)与电流加负反馈(电流并联负反馈)称为反馈的四种组态。

思考题

7.1.1　反馈系统中的反馈信号与输入信号的逻辑关系有哪两种?

7.1.2　试从代表性、作用等方面比较反馈信号与输入信号的加减关系和串并联关系的重要性。

7.1.3　如何判断反馈电阻大小对反馈强度的影响?

7.2　反馈极性与反馈作用

7.2.1　反馈极性及其判别

反馈极性判别是反馈应用中最重要的工作。

1. 开环放大倍数 A 与反馈系数 F 符号的判别

交流信号有0°～360°之间连续变化的初相位,直流信号有0°和180°两个初相位。但是在频带内亦认为交流信号有0°和180°两个初相位。直流信号传输过程中符号不变,认为其初相位为0°,即 $A>0$,符号变化,认为其初相位为180°,即 $A<0$。

为判别开环放大倍数 A 的符号,首先要明确信号相位以第一级放大器晶体管输入信号相位为基准。设第一级放大器晶体管输入信号初相位为0°,每过一个集电结,信号就反相一次,过发射结则相位不变。在频带范围内,耦合电容容抗很小应忽略不计。因此过耦合电容和电阻等相位亦不变。若从反馈信号引入级晶体管基极到引出点经过的集电结个数为偶数,则可认为信号初相位仍为0°,即 $A>0$;为单数则为180°,即 $A<0$。

判别分立元件电路信号相位变化的三个要领。

晶体管集电(漏)极电压与基(栅)极电压反相,例如共射(源)电路。

晶体管发射(源)极电压与基(栅)极电压同相,例如共集(漏)电路。

晶体管集电(漏)极电压与发射(源)极电压同相,例如共基(栅)电路。

差分放大器两个管子的集电极(漏极)电压互为反相。

前向通道及反馈通道中的电阻、电容前后的电压相位不变。

分立放大器电压放大倍数 A 的符号与放大器组态有关,可能为正,也可能为负。

差分放大器电压放大倍数 A 的符号与输出端定义有关,可能为正,也可能为负。

集成运算放大器,从同相端看进去 A 为正,从反相端看进去 A 为负,见图7.2.1。

运算放大器OPA的+、−端并非一成不变。两个OPA通过−端级联,+、−端就互换了,原来的+端等效为−端,−端等效为+端,见图7.2.2。这种现象称为OPA的变性。

反馈引到有效同相端,为正反馈;引到有效反相端,为负反馈。

反馈系数 F 可能为正,如电阻串联分压,也可能为负,如有些 LC 串联分压。

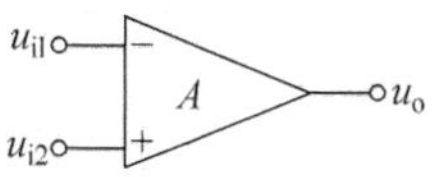

图7.2.1　OPA的 A 值的双重符号

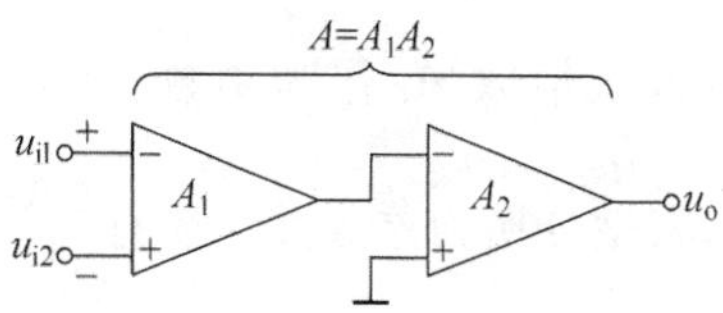

图7.2.2　OPA反相级联后输入端子正负变性

2. 根据反馈信号总相移进行反馈分析与设计(3φ 法)

从反馈方框图可知,偏差信号经前向通道、反馈通道和合成环节重新形成偏差信号。在此环路中的总相移若为 $2n\pi$,就判断为正反馈;总相移若为$(2n+1)\pi$,就判断为负反馈。

前向通道相移设为 φ_a,$A>0$,$\varphi_a=0$;$A<0$,$\varphi_a=\pi$;

反馈通道相移设为 φ_f,$F>0$,$\varphi_f=0$;$F<0$,$\varphi_f=\pi$;

合成环节相移设为 φ_s,加反馈 $\varphi_s=0$;减反馈 $\varphi_s=\pi$。

$$\sum\varphi=\varphi_a+\varphi_f+\varphi_s$$

若反馈信号总相移 $\sum\varphi=2n\pi$,$(n=0,1)$,则判断为正反馈;若 $\sum\varphi=(2n+1)\pi$,则判断为负反馈。

3. 根据反馈深度判别反馈极性

图 7.2.3 演示了不同数值的反馈深度 D 分别造就各种正反馈和负反馈的具体情况。

- $D<1$ 时正反馈
  - $D\leqslant 0$,$|FA|\geqslant 1$
    - 无谐振滤波器时输出饱和
    - 有谐振滤波器时自激振荡
  - $0<D<1$,$|FA|<1$,可控的正反馈
- $D=1$,$|FA|=0$,无反馈
- $D>1$ 时负反馈
  - $D>1$,$|FA|>0$,负反馈,$A_f=A/D$
  - $D>>1$,$|FA|>>1$,深度负反馈,$A_f\approx 1/F$

图 7.2.3 用反馈深度判别反馈极性

反馈深度小于 0 时会振荡;反馈深度在 0~1 之间时是可控的正反馈;反馈深度为 1 时无反馈;反馈深度大于 1 时是负反馈;反馈深度远远大于 1 时是深度负反馈。

按照分贝数来说,反馈深度分贝数为负时是可控的正反馈;为 0 时无反馈;为正时是负反馈;超过一定分贝数,例如超过 20dB 时,为深度负反馈。

根据多通道复合反馈情况下的反馈深度计算公式 $D=1+(F_1-F_2)A$ 可以看出,正反馈系数大于负反馈系数即 $F_2>F_1$ 时,表明正反馈强于负反馈,系统反馈极性总的为正;负反馈系数大于正反馈系数即 $F_1>F_2$ 时,表明负反馈强于正反馈,系统反馈极性总的为负。

7.2.2 反馈作用

1. 正反馈作用

正反馈是正弦波及非正弦波振荡器的首要条件。

适当引进正反馈,可形成滞后比较器,可用于加速滤波器的衰减特性。

正反馈用于加速电子开关的速度,降低损耗,用于施密特触发器进行脉冲整形。

2. 负反馈作用

将闭环放大倍数 A_f 作为函数、开环放大倍数 A 作为自变量微分式(7.1.2)有 $\dfrac{dA_f}{dA}=\dfrac{1}{(1+FA)^2}$,将微分换为差分并化简有 $\dfrac{\Delta A_f}{A_f}=\dfrac{1}{1+FA}\dfrac{\Delta A}{A}$,即

$$\delta A_f=\frac{1}{1+FA}\delta A \tag{7.2.1}$$

上式说明，在负反馈系统中，某种原因造成开环放大倍数 A 变化后，闭环放大倍数 A_f 的相对变化量 δA_f 比开环放大倍数 A 的相对变化量 δA 小得多。

反馈越深，闭环放大倍数 A_f 的相对变化量比开环放大倍数 A 就越小。式(7.1.5)说明，深度负反馈条件下放大器的闭环电压放大倍数实际只与反馈系数 F 成反比，而与开环放大倍数 A 无关。同理，负反馈系统中，闭环放大倍数的非线性小于开环放大倍数的非线性。在深度负反馈系统中，开环放大倍数的离散和非线性基本上不影响闭环放大倍数。

开环放大倍数的离散和非线性来源于器件参数的离散和非线性。深度负反馈条件下开环放大倍数的离散和非线性基本不影响系统闭环放大倍数，也可以说深度负反馈条件下器件参数的离散和非线性基本不影响系统闭环放大倍数，是负反馈的主要优点。

负反馈的作用表现在以下几个方面。

1）稳定电压放大倍数及输出电压

负反馈减小电压放大倍数。负反馈减小电压放大倍数只是一方面。通常负反馈一方面减小电压放大倍数，另一方面又通过对开环放大倍数的包容稳定了闭环放大倍数。

极限情况下，在系统开环放大倍数很大时，负反馈系统的闭环放大倍数实质上仅与反馈元器件有关(即仅与反馈系数有关)，开环放大倍数的离散基本不影响闭环放大倍数。

例如，集成运算放大器开环放大使用时有两条局限性：

(1) 开环放大倍数很高，输入电压范围很窄，一般只有不足 1mV。

(2) 开环放大倍数离散大，芯片没有互换性。

集成运算放大器开环电压放大倍数 A 虽然高达 10 000 倍以上，但 A 的实际数值不甚准确，因此直接开环使用时，一般只能作电压比较器。

集成运算放大器外接电阻等元器件组成反馈网络，既能作放大器，又能作振荡器。集成运算放大器虽在开环状态下工作时无互换性，但在闭环状态下工作时就有互换性。

2）抑制奇次非线性失真

奇次非线性失真对输出电压上下半波的影响不同。

奇次非线性使反相放大造成上胖下瘦的失真，见图 7.2.4。将上胖下瘦的输出引回到输入端与原信号相加形成负反馈，等效信号总体上胖下瘦。矮胖的上半波放大较多，瘦长的下半波放大较少，非线性失真得以减小。

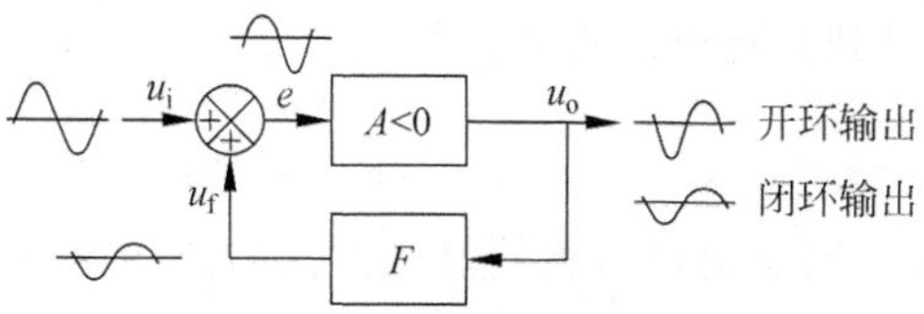

图 7.2.4　负反馈抑制非线性失真的原理

负反馈不能抑制偶次非线性失真。例如，双向削波失真就属于偶次非线性。负反馈对双向削波失真是无效的。

3）展宽频带

设 f_{fh} 表示闭环上限频率，则采用负反馈后上限频率 f_{hf} 增大为

$$f_{fh} = (1 + FA) f_h \tag{7.2.2}$$

说明负反馈可以展宽通频带。负反馈越深，频带拓展越宽。

$$A_f f_{fh} = A f_h \tag{7.2.3}$$

这说明放大器的增益带宽积等于常数。负反馈以牺牲增益为代价展宽频带。

增益只能表达放大器的电压放大能力,带宽只能表达放大器的频响能力,增益带宽积客观上综合表达了放大器的放大能力和频响能力。因此很多集成运算放大器给出了增益带宽积作为技术参数。

4) 影响输入电阻和输出电阻

就负反馈来说,电压反馈减小输出电阻,电流反馈虽然说起来增大输出电阻,但所造成输出电阻的增量很小,几乎可忽略不计。例如,射极偏置共射放大器的发射极反馈电阻所构成的电流反馈基本不影响输出电阻。串联反馈增大输入电阻,并联反馈对输入电阻的影响较复杂。典型说法是并联反馈减小输入电阻。

负反馈的作用很多。在自动控制系统中,负反馈可改善系统动态响应特性及稳定性。

3. 抑制非线性失真的措施

①信号源内阻;②多级反相放大;③负反馈;④直流电流源直接偏置。

明确抑制非线性失真的措施,有利于在不需要非线性失真时如纯粹放大时使非线性失真最小化,在需要非线性失真时如混频时使非线性失真最大化。

思考题

7.2.1 负反馈有哪些典型作用?负反馈能抑制偶次非线性失真吗?

7.2.2 反馈强度是单纯取决于系统结构还是既与系统结构有关又与工作频率有关?

7.3 射极偏置共射放大电路反馈分析计算

这里就射极偏置共射放大器中的电流串联(电流相减)负反馈讨论分立元件负反馈放大器反馈系数 F 与反馈深度 D 的分析计算问题,并讨论负反馈如何展宽通频带。

射极偏置共射放大器反馈信号取自发射极,与输入信号同相,又引回到发射极,属于电流相减(电流串联)负反馈。射极偏置共射放大器电压放大倍数实质上就是闭环电压放大倍数。这里只讨论电压放大倍数,不考虑电流放大倍数,故省略下标 u。且因 $r_{be} \ll \beta R_{e1}$,有

$$A_f \approx -\beta \frac{R_b}{R_b + \beta R_{e1}} \frac{R'_L}{r_s + R_b // \beta R_{e1}} \tag{7.3.1}$$

令反馈电阻 $R_{e1}=0$,得到开环电压放大倍数

$$A \approx -\beta \frac{R'_L}{r_s} \tag{7.3.2}$$

由此知道基本共射放大器是射极偏置共射放大器的开环形式。

开环电压放大倍数与闭环电压放大倍数的比值为

$$\frac{A}{A_f} = \frac{-\beta R'_L / r_s}{-\beta \dfrac{R_b}{R_b + \beta R_{e1}} \dfrac{R'_L}{r_s + R_b // \beta R_{e1}}} = \frac{R_b + \beta R_{e1}}{R_b} \frac{r_s + R_b // \beta R_{e1}}{r_s}$$

$$= \frac{r_s (R_b + \beta R_{e1}) + R_b \beta R_{e1}}{r_s R_b} = 1 + \frac{(r_s + R_b) \beta R_{e1}}{r_s R_b}$$

由此得到射极偏置共射放大器反馈深度为

$$D = \frac{A}{A_f} = 1 + \frac{(r_s + R_b) \beta R_{e1}}{r_s R_b} \tag{7.3.3}$$

根据定义 $D-1=FA$ 可得到射极偏置共射放大器反馈系数 $F=(D-1)/A$

$$F=-\left(1+\frac{r_s}{R_b}\right)\frac{R_{e1}}{R_L'} \tag{7.3.4}$$

由此可知，分压偏置共射放大器反馈系数绝对值与晶体管发射极第一反馈电阻 R_{e1} 成正比，与信号源内阻 r_s 成正比，与基极偏置总电阻 R_b 成反比，与等效负载电阻 R_L' 成反比。确定分压偏置共射放大器反馈系数时不仅要看发射极第一反馈电阻 R_{e1} 的大小，还要看信号源内阻 r_s、基极偏置总电阻 R_b、等效负载电阻 R_L' 的综合影响。分压偏置共射放大器所用反馈属于 $A<0$、$F<0$、$AF>0$ 的相减自负反馈，自反馈的反馈电阻越大，反馈越深。

例 7.3.1　已知图 7.3.1 所示分压偏置放大器 $U_{cc}=12\text{V}$，$\beta=103$，$f_\beta=1\text{MHz}$，$r_{bb'}=200\Omega$，$R_c=R_L=2.4\text{k}\Omega$，$R_{e1}=100\Omega$，$R_{e2}=1\text{k}\Omega$，$R_{b1}=82\text{k}\Omega$，$R_{b2}=43\text{k}\Omega$，$r_s=10\text{k}\Omega$。试计算反馈深度 D、反馈系数 F 以及频带展宽量，并用事实证明放大器增益带宽积等于常数。

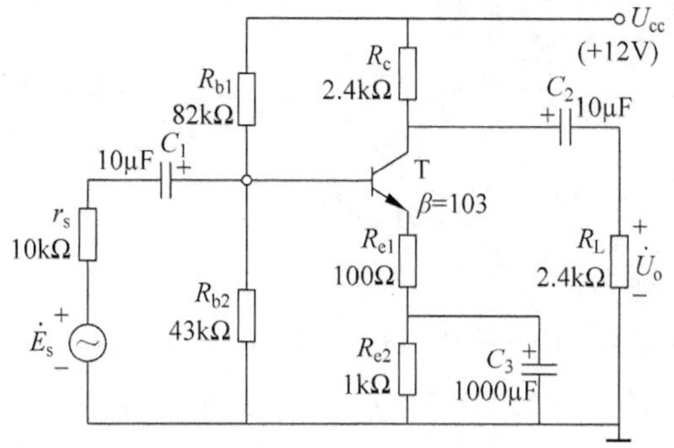

图 7.3.1　射极偏置共射放大器（$\varphi_a=\pi$，$\varphi_f=\pi$，$\varphi_s=\pi$）

解　(1) 上限频率及带宽计算对比

$$R_b=82//43\text{k}\Omega=28.21\text{k}\Omega$$

$$R_L'=2.4//2.4\text{k}\Omega=1.2\text{k}\Omega$$

反馈深度及对数反馈深度为

$$D\approx\left(1+\frac{r_s}{R_b}\right)\frac{\beta R_{e1}}{r_s}+1=\left(1+\frac{10}{28.21}\right)\frac{103\times0.1}{10}+1=2.395$$

$$20\lg D=20\lg 2.395=7.587\text{dB}$$

反馈系数为

$$F=-\left(1+\frac{r_s}{R_b}\right)\frac{R_{e1}}{R_L'}=-\left(1+\frac{10}{28.21}\right)\frac{0.1}{1.2}=-0.1129$$

开环电压放大倍数为

$$A\approx-\beta\frac{R_L'}{r_s}=-103\times\frac{1.2}{10}=-12.36$$

开环增益带宽积为

$$|Af_h|=|Af_\beta|=12.36\times1\text{MHz}=12.36\text{MHz}$$

由式(7.2.2)可计算放大器闭环上限频率即分压偏置共射放大器上限频率

$$f_{fh}=(1+FA)f_h=(1+FA)f_\beta=[1+(-0.1129)\times(-12.36)]f_\beta$$

$$= 2.40 f_\beta = 2.40\text{MHz}$$

频带上限展宽量 $\Delta f_{fh} = f_{fh} - f_h = (2.40 - 1.0) f_\beta = 1.40 f_\beta = 1.40\text{MHz}$，展宽了 140%。

闭环电压放大倍数为

$$A_f \approx -\beta \frac{R_b}{R_b + \beta R_{e1}} \frac{R'_L}{r_s + R_b // \beta R_{e1}}$$

$$= -103 \times \frac{28.21}{28.21 + 103 \times 0.1} \frac{1.2}{10 + 28.21 // (103 \times 0.1)} = -5.161$$

闭环增益带宽积 $|A_f f_{fh}| = 5.161 \times 2.40\text{MHz} = 12.39\text{MHz}$。

闭环增益带宽积 $|A_f f_{fh}|$ 与开环增益带宽积 $|A f_h|$ 相等。

(2) 下限频率计算对比

$$U_b = \frac{R_{b2}}{R_{b1} + R_{b2}} U_{cc} = \frac{43}{82 + 43} \times 12\text{V} = 4.128\text{V}$$

$$I_b \approx \frac{U_b - U_{be}}{R_b + \beta R_e} = \frac{4.128 - 0.7}{28.21 + 103 \times 1.1}\text{mA} = 0.02422\text{mA}$$

$$r_{be} = r_{bb'} + \frac{U_T}{I_b} = 200\Omega + \frac{26}{0.02422}\Omega = 1273\Omega$$

开环时放大器输入电阻 $r_i \approx r_{be} = 1.273\text{k}\Omega$

$$\tau_1 = (r_s + r_i) C_1 = (10 + 1.273) \times 10\text{ms} = 112.7\text{ms}$$

$$\tau_2 = (R_c + R_L) C_2 = (2.4 + 2.4) \times 10\text{ms} = 48\text{ms}$$

$$f_L = \left(1 + 0.1 \frac{\tau_{min}}{\tau_{max}}\right) \sqrt{\tau_1^{-2} + \tau_2^{-2}} / 2\pi$$

$$= \left(1 + 0.1 \times \frac{48}{112.7}\right) \sqrt{0.048^{-2} + 0.1127^{-2}} / 6.283 = 3.76\text{Hz}$$

闭环时放大器输入电阻 $r_i = R_b // (r_{be} + \beta R_{e1}) = 28.21 // (1.273 + 103 \times 0.1)\text{k}\Omega \approx 8.206\text{k}\Omega$

$$\tau_1 = (r_s + r_i) C_1 = (10 + 8.206) \times 10\text{ms} = 182.1\text{ms}$$

τ_2 不变

$$f_L = \left(1 + 0.1 \times \frac{48}{182.1}\right) \sqrt{0.048^{-2} + 0.1821^{-2}} / 6.283 = 3.42\text{Hz}$$

频带下限展宽量为 $\Delta f = 3.76 - 3.42 = 0.34\text{Hz}$。

反馈系数与反馈深度是基于反馈方框图定义的反馈参数。目前为止只得到了一部分反馈电路的反馈系数和反馈深度计算方法。借助反馈系数与反馈深度可以进行反馈计算，其实没有反馈系数与反馈深度也可以进行反馈计算。因此，应当本着若能得到就尽量利用，但又不刻意追求、不一味依赖的态度对待反馈系数和反馈深度，采取具体反馈电路具体分析的方法，妥善解决反馈问题。

思考题

7.3.1 放大器的增益带宽积受反馈影响吗？

7.3.2 负反馈一定能增大输入电阻或减小输出电阻吗？

7.4　集成运算放大电路反馈分析计算

7.4.1　集成运算放大器闭环应用误差分析

集成运算放大器输出电压 u_o 与两输入电压差值($u_+ - u_-$)之间的电压传输特性为

$$u_o = A(u_+ - u_-) \quad (-U_{om(max)}/A < u_+ - u_- < U_{om(max)}/A) \tag{7.4.1}$$

见图 7.4.1，其中 A 是集成运算放大器自身电压放大倍数，也叫做开环放大倍数。电压传输特性为芯片固有。图 7.4.1 与图 6.2.6 差分放大器电压传输特性曲线属于一类性质。

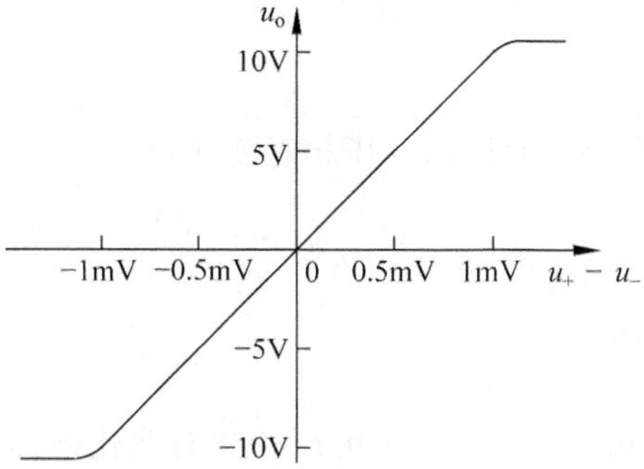

图 7.4.1　±12V10000 倍集成运算放大器电压传输特性曲线

实际集成运算放大器开环电压放大倍数 A 离散性很大，即使芯片制造厂家也只保证 A 值一般在 10 000 倍以上。图 7.4.1 按照 A=10 000 倍绘制。由于 A 数值大且明显分散，集成运算放大器直接开环使用时输入电压范围很窄，仅约有±1mV，芯片一般无互换性。

在集成运算放大器外围增加负反馈电路，其性能指标就大大改善，用途就很多。

例如，在特高输入电阻特高电压增益集成差分放大器外围增加电阻 R_1、R_f 组成的负反馈网络，就形成负反馈比例放大器，见图 7.4.2。图 7.4.2 属于减反馈。

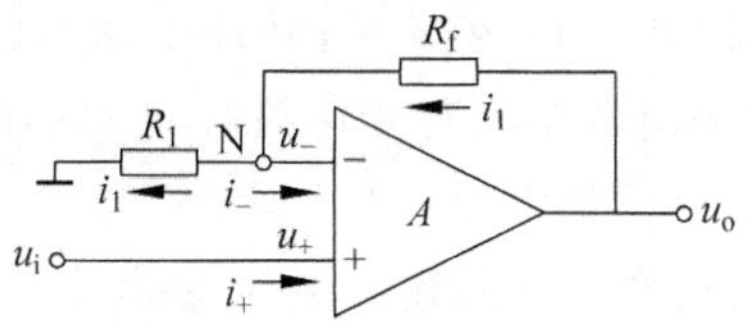

图 7.4.2　双输入单输出差分放大器的闭环应用

由于集成差分放大器芯片输入电阻特高，因此其输入电流很小，实际通常认为其输入电流等于 0。图 7.4.2 中的运放电路芯片反相端点 N 形式上是一个节点，其实是一个从电阻 R_1 到 R_f、经过运放反相端的通路。按照串联分压原理，反馈到运放反相端的电压与输出电压的比值即反馈系数为

$$F = \frac{R_1}{R_1 + R_f} \tag{7.4.2}$$

电阻 R_f 叫做反馈电阻，R_1 叫做反馈系数调整电阻。

可对图 7.4.2 列出电压平衡方程

$$\begin{cases} u_{+} = u_{\mathrm{i}} \\ u_{-} = F u_{\mathrm{o}} \\ u_{\mathrm{o}} = A(u_{+} - u_{-}) \end{cases}$$

将前两式代到第三式消去 u_+、u_- 有 $u_o = A(u_i - Fu_o)$，从中可以解出

$$u_{\mathrm{o}} = \frac{A}{1+FA} u_{\mathrm{i}} \qquad ①$$

这与根据反馈方框图，见图 7.1.1(a)，解出的结果完全一致，参见式(7.1.1)。

1. 更换芯片后闭环输出电压的相对变化及设计要求

首先分析计算开环电压放大倍数变化 ΔA 时输出电压变化量

$$\Delta u_{\mathrm{o}} \approx \frac{\Delta A}{(1+FA)^2} u_{\mathrm{i}}$$

开环电压放大倍数变化 ΔA 时输出电压相对变化量

$$\delta u_{\mathrm{o}} = \frac{\Delta u_{\mathrm{o}}}{u_{\mathrm{o}}} = \frac{\Delta A}{(1+FA)^2} u_{i} \bigg/ \frac{A}{1+FA} u_{\mathrm{i}} = \frac{\delta A}{1+FA} = \frac{\delta A}{D}$$

$$\delta u_{\mathrm{o}} = \frac{\Delta u_{\mathrm{o}}}{u_{\mathrm{o}}} = \frac{\delta A}{1+FA} = \frac{\delta A}{D} \qquad (7.4.3)$$

这说明闭环时 A 值的相对变化对输出电压的相对变化的影响将降低到开环时的 D 分之一。反馈深度越大，A 值的相对变化对输出电压的相对变化的影响就越小。

假设 1 号芯片电压放大倍数 $A=10\,000$，2 号芯片电压放大倍数 $A=8000$，$\delta A=20\%$，按照式(7.4.3)，开环工作时更换芯片后输出电压相对变化亦为 $\delta u_o=20\%$。

设 $F=0.01$，$FA=0.01\times10\,000=100$，$D=FA=1+100=101$，按照式(7.4.3)，闭环工作时输出电压相对变化为

$$\delta u_{\mathrm{o}} = \frac{\delta A}{D} = \frac{0.2}{101} \approx 0.2\%$$

$$0.20/20 = 0.01 = 1\%$$

就是说，芯片自身电压放大倍数 A 变化 20%时，开环工作时的输出电压相对变化同样达到 20%，闭环工作 $F=0.01$ 时的输出电压相对变化只有 0.2%，闭环工作时的输出电压相对变化只有开环工作时的输出电压相对变化的 1%。

为保证集成运放闭环应用更换芯片后输出电压变化较小，即保证集成运放闭环应用时芯片具有互换性，一般要求反馈系数 $F\geqslant0.01$，就是要求闭环电压放大倍数 $A_f<100$ 倍。对比式(7.4.2)可知，要求反馈系数 $F\geqslant0.01$，也就是要求电阻比 $R_f/R_1<100$ 倍。

通常 $A>10^4$，很容易形成深度负反馈。即使反馈系数取下限 $F=0.01$，反馈深度 $D=FA$ 也大于 $0.01\times10^4=100$，满足深度负反馈条件。因此反馈系数满足条件 $F\geqslant0.01$ 时，反馈深度 $D\geqslant100$，能保证集成运放闭环应用电路的反馈总属于深度负反馈。

2. 闭环输出电压近似计算误差及设计要求

深度负反馈时式(7.1.1)可简化为

$$u_{\mathrm{o}} \approx \frac{1}{F} u_{\mathrm{i}} \qquad ②$$

代入式(7.4.2)得到深度负反馈条件下的实用近似计算公式

$$u_o \approx \left(1+\frac{R_f}{R_1}\right)u_i \tag{7.4.4}$$

将式②减去①可得到输出电压近似计算误差为

$$\Delta u_o = \left(\frac{1}{F}-\frac{A}{1+FA}\right)u_i = \frac{1}{F(1+FA)}u_i$$

$$\delta u_o = \frac{\Delta u_o}{u_o} = \frac{1}{F(1+FA)}u_i \bigg/ \frac{A}{1+FA}u_i$$

$$\delta u_o = \frac{\Delta u_o}{u_o} = \frac{1}{FA} = \frac{1}{D} \tag{7.4.5}$$

可以看出,输出电压近似计算误差 δu_o 与反馈系数 F 成反比,与开环放大倍数 A 成反比。输出电压近似计算误差 δu_o 等于反馈深度 D 的倒数。考虑通常 $A \geqslant 10^4$,若要求 $F>0.01$,则能保证 $D \geqslant 100$,使 $\delta u_o < 1\%$。所以根据近似计算误差同样要求反馈系数满足条件 $F>0.01$,而闭环电压放大倍数 $A_f<100$。

总之,无论从闭环放大器中的芯片互换性考虑,还是从限制近似计算误差考虑,都应要求集成运算放大器闭环应用电路的反馈系数不能太小。这两个要求几乎是同等的,即都要求 $F \geqslant 0.01$,或 $R_f/R_1 \leqslant 100$ 倍,而闭环电压放大倍数也被限制在大约 100 倍。

高输入电阻高电压增益差分放大器开环使用时芯片电压放大倍数的离散直接影响放大器输出电压,而闭环使用时芯片电压放大倍数的离散对放大器输出电压的影响微乎其微。因此,同样一个高输入电阻高电压增益差分放大器芯片开环使用时没有互换性,但闭环使用时就具有互换性。闭环使用时芯片可以互换,为用户提供了方便。

7.4.2 集成运算放大器工程应用分析计算方法

集成差分放大器芯片电压增益很高、输入电阻很大时,其反馈放大器的输出电压实际上取决于外接电阻电容反馈网络。通过精心设计外接电阻、电容反馈网络,可以完成比例、加减、微分、积分、对数、反对数、乘法、除法、开方等数学运算以及正弦振荡和非正弦振荡。所以工程中把这样具有特高输入电阻、特高电压增益、特高共模抑制比的双输入单输出集成差分放大器称为集成运算放大器,简称集成运放或运放。

差分放大器芯片的高输入电阻及高电压增益作为内因,而外接 R、L、C 网络作为外因,外接 R、L、C 网络包容了芯片电压增益数值上的分散性和非线性,结果形成综合性能优良的以集成运算放大器为核心的电子电路。

由于电路的多样性,很多闭环电路的反馈系数 F 的计算比较难,况且深度负反馈时闭环电压放大倍数近似计算公式 $A_f \approx 1/F$ 主要是从概念上定性说明问题,真正分析问题时近似计算公式 $A_f \approx 1/F$ 并不是总是有效的。换句话说,深度负反馈时闭环电压放大倍数取决于外接元器件的电路结构及参数。因此没有必要一定去寻求反馈系数 F。

也就是说,闭环电压放大倍数可以通过反馈系数和反馈深度来计算,也可以直接根据外接电阻、电容网络来计算。实际上,工程中闭环电压放大倍数一般不是通过反馈系数 F 或反馈深度 D 来计算,而是直接根据外接电阻、电容网络来计算。即一般不用 $A_f=1/F$ 来计算闭环电压放大倍数,而是直接根据有关电阻比,即类似于式(7.4.4)的公式来计算闭环电压放大倍数。

直接根据外接电阻、电容网络计算集成运算放大器闭环电压倍数 A_f 时,需要明确并充分利用电路特征。

1. 三个近似条件与虚等电位概念

开环放大倍数是集成运算放大器芯片固有的。无论开环运用还是外接元件闭环运用，开环放大倍数 A 及关系 $u_o=A(u_+-u_-)$ 对集成运算放大器芯片来说都是一个客观存在。电源电压 $U_{cc}=12V$ 条件下，当集成运算放大器输出满幅电压 10V 时，可以计算其同相端子与反相端子的电压差值为

$$u_+ - u_- = u_o/A = 10V/10\,000 = 1mV$$

通常输出电压不会满幅，因此通常集成运算放大器芯片同相端子与反相端子的电位差绝对值在 1mV 以下，可以认为同相端子与反相端子的电压相等

$$u_+ = u_-$$

在条件 $u_+=u_-$ 及芯片输入电阻很大条件下认为两个输入电流 $i_+\approx0$，$i_-\approx0$，就构成了运算放大器工程应用分析计算所依赖的三个近似条件。

$$\begin{cases} u_+\approx u_- \\ i_-\approx 0 \\ i_+\approx 0 \end{cases} \tag{7.4.6}$$

集成运算放大器同相端与反相端电位近似相等，但两点电流不能直接流通，因此近似条件 $u_+\approx u_-$ 表达了虚等电位概念。

2. 同相比例运算

绘制图 7.4.3 时就体现了两个输入电流 $i_+\approx0$，$i_-\approx0$ 这样两个近似条件。

由于 $i_-\approx0$、$i_+\approx0$，运放输入端的三线节点实际变成经过输入端的通路，四线节点实际变成了经过输入端的三线节点。就是说，运放输入端的 n 线节点其实变成 $n-1$ 线节点。

下面根据图 7.4.3 用工程应用分析方法推导输出电压 u_o 与 u_i 之间的关系。

忽略运放芯片输入电流可知，运放芯片同相端电压 u_+ 等于电路输入电压 u_i，反馈电阻 R_f 电流与同相端接地电阻 R_1 电流相等

$$i_f \approx i_1$$

$$u_o \approx \frac{R_1+R_f}{R_1}u_- \approx \left(1+\frac{R_f}{R_1}\right)u_+ \approx \left(1+\frac{R_f}{R_1}\right)u_i$$

由于输出电压与输入电压成正比且符号相同，所以称图 7.4.3 为同相比例放大器。

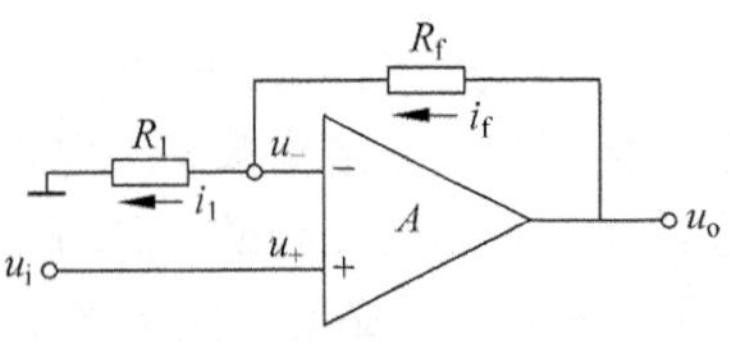

图 7.4.3　同相比例集成运算电路工程分析用图

3. 反相比例运算与虚地概念

反相比例运算电路工程分析用图见图 7.4.4。该电路同相端直接接地，考虑到运放芯片输入电流很小，可认为 $i_+\approx0$，于是可推断该电路中同相端电压 $u_+\approx0$。

反相端与同相端电位相等是运放的基本特征。当运放一个输入端接地时，另一个输入

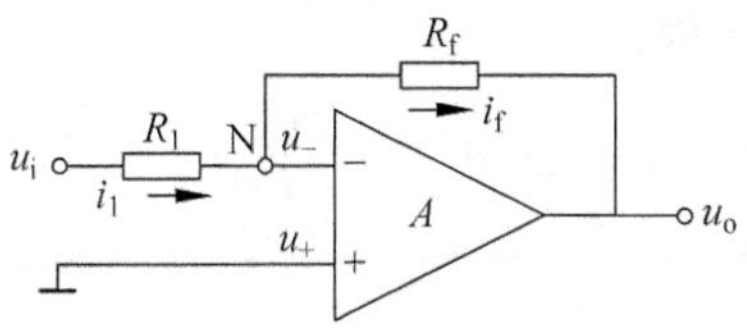

图 7.4.4 反相比例集成运算电路工程分析用图

端虽然与地没有直接相连,但是其实际电位也等于地电位。把这样虽然与地没有直接关系,但由于运放内部特性使电位基本等于 0 的输入端子称为虚地。在图 7.4.4 中,由于运放同相端接地,其电位为 0,影响反相端电位也是 0,此时反相端就叫做虚地。

电流的天性使它喜欢入地。虚地好似一个陷阱,它先以地电位把电流引来,但又不让电流真正入地,结果逼得电流远走他方。在图 7.4.4 中,电流经输入电阻 R_1 流到虚地后,由于不能真正入地,结果被逼流向反馈电阻 R_f。运放输出电压正是电流被逼流向反馈电阻 R_f 后形成的。输入电压 u_i 经过电阻 R_1 转换为电流,电流被骗来后无家可归,最后被逼流向反馈电阻 R_f,又转换为电压。在这个从电压到电流、又从电流到电压的过程中,以虚地为中转站,完成了电压的比例运算。比例系数 R_f/R_1 即为闭环电压放大倍数。

不仅复杂电路的反馈系数很难计算,就是一些非常简单的电路,如图 7.4.4 所示反相比例电路的反馈系数也难以计算。因此,一定要注意反馈系数能用则用,但勿一味依赖。

式(7.4.6)所表达的三个近似条件,加上虚地概念,代表了集成运放电子电路分析计算常用的基本概念和方法。虚地只提供零电位但不提供入地电流通路。

根据运放基本关系式(7.4.6),可以对图 7.4.4 列出方程组

$$u_+ = 0$$

$$u_- \approx u_+ = 0$$

$$i_1 = \frac{u_i - u_-}{R_1} \approx \frac{u_i}{R_1}$$

$$i_f \approx i_1 \approx \frac{u_i}{R_1}$$

由此解出输出电压

$$u_o = -R_f i_f = -\frac{R_f}{R_1} u_i$$

由于输出电压与输入电压成正比但符号相反,所以称图 7.4.4 为反相比例放大器。

对比图 7.4.3 与图 7.4.4 可以发现,同相比例运算放大器存在共模电压 $u_c = u_i$,而反相比例运算放大器没有共模电压。因此同相比例运算放大器输入电压不宜过大。实际最常用的是反相比例运算放大器以及基于反相比例运算的反相加法电路。

从此以后,刚才从列写式(7.4.2)开始的复杂分析方法将不再使用,而是直接利用建立在三无穷大(输入电阻 $r_i \to \infty$、电压放大倍数 $A \to \infty$,共模抑制比 CMRR$\to \infty$)基础上的三个近似条件,必要时加用虚地概念,直接列写关于外围的 R、L、C 组成的反馈电路的电压电流方程来分析运算放大器输出电压与输入电压的关系。

还要注意:虽然运算放大器所用特高输入电阻特高电压增益集成差分放大器为双输入,但是所组成的集成运算放大器的输入信号电压个数不一定总是两个,根据运算需要,输入信号电压可能是一个、两个、三个甚至更多。

4. 电压跟随概念及电压跟随器

将式②与负反馈增益标准计算公式 $u_o=\frac{A}{1+FA}u_i$ 相对比，可看出这里负反馈系数

$$F=\frac{R_1}{R_1+R_f}$$

正是式(7.4.2)。此处的反馈属于他反馈。反馈电阻 R_f 越小，负反馈就越强。

反相端与地所接电阻 $R_1\to\infty$ 或反馈电阻 $R_f=0$ 时，负反馈系数 F 都达到最大值 1，反馈深度 $D=FA=A\gg 1$，负反馈最强，$u_i\equiv u_o$，输出电压始终等于输入电压，实现电压跟随。

把这样的反馈最深、输出电压始终等于输入电压的电路叫做电压跟随器。

图 7.4.5(a)中 $R_1\to\infty$ 时，R_f 无电流，$u_o\equiv u_i$，但与其他电路配合使用时，可能因 R_f 被灌入电流而失去电压跟随作用，因此这是有条件电压跟随器(conditional voltage follower)。仪表放大器使用了有条件电压跟随器。图 7.4.5(b)虽然可当成电压跟随器使用，但反馈电阻 R_f 为 0 时，运放反相端与地所接的反馈系数调整电阻 R_1 完全蜕化为一个无谓的下拉负载，对电压跟随已无任何积极作用。因此反馈电阻 R_f 为 0 时应当断开电阻 R_1。断开电阻 R_1 即获得图 7.4.5(c)所示实用的无条件电压跟随器(unconditional voltage follower)。

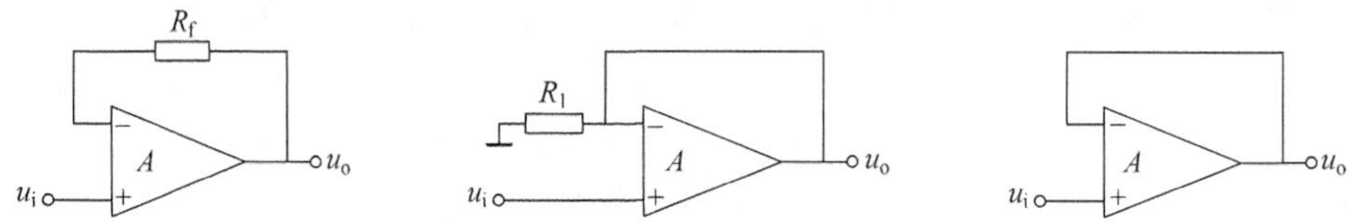

(a) 工作原理1(有条件电压跟随器)　　(b) 工作原理2　　(c) 无条件电压跟随器

图 7.4.5　集成运放深度负反馈构成的电压跟随器

电压跟随器输出电压始终等于输入电压并非主要任务，其主要作用是削内阻，就是把高内阻信号源变换为低内阻信号源。

电压跟随器的作用与分立射随器和源随器作用类似，两者的共同点都是依靠深度负反馈降低信号源内阻。由于 BJT 射随器输入电阻虽然说起来高但是实际有限，所以分立射随器输出电压一般只能达到信号源电动势的 50%左右。而集成运放芯片的输入电阻几乎是无穷大，因此集成运放电压跟随器的输出电压能达到信号源电动势(即输入电压)的 99%以上。比较起来，集成运放电压跟随器的电压跟随作用比分立射随器和源随器好得多。

集成运放应用都与负反馈有关，很多还与正反馈有关。

思考题

7.4.1　集成运放开环使用时因自身电压增益离散而无互换性，闭环使用时仍无互换性吗？

7.4.2　集成运算放大器闭环放大使用时反馈电阻变大，反馈深度如何变化？

7.5　本章小结

一、总体内容

论述反馈概念和反馈种类、反馈极性判别及正反馈与负反馈的作用、反馈系数及反馈深度计算、分立元件放大器及集成放大器反馈分析与计算方法等。

二、各节要点

7.1 反馈概念与反馈分类

根据反馈信号引自系统输出端还是非输出端，反馈分为电压反馈和电流反馈。根据反馈信号与输入信号相减还是相加，反馈分为减反馈和加反馈；根据反馈引出点与引入点是否在一起，反馈分为他反馈与自反馈；根据反馈系统中可能存在的反馈通道数量，反馈分为单通道反馈与多通道复合反馈；根据反馈信号成分是交流、直流或交直流共有，反馈分为交流反馈、直流反馈和交直流复合反馈；根据反馈信号是加强还是削弱输入信号，反馈分为正反馈和负反馈。对反馈客观合理分类，强调反馈信号与输入信号的内在逻辑关系而不是形式关系。

7.2 反馈极性与反馈作用

根据反馈深度区别正反馈与负反馈。反馈深度小于1为正反馈，等于1无反馈，大于1为负反馈。也可根据开环放大倍数 A 与反馈系数 F 的符号关系及相加或相减关系区分正反馈与负反馈。

正反馈作用主要是产生自激振荡、制作波形发生器，正反馈还可以补偿负反馈。

负反馈有稳定电压放大倍数、抑制器件非线性、展宽频带、影响输入电阻与输出电阻等作用。

7.3 射极偏置共射放大电路反馈分析计算

以射极偏置放大器为例，介绍反馈系数与反馈深度的计算方法。

7.4 集成运算放大电路反馈分析计算

无论从闭环放大器中的芯片互换性考虑，还是从限制近似计算误差考虑，都应限制集成运算放大器反馈系数不能太小。一般要求 $F\geqslant 0.01$，即 $R_f/R_1\leqslant 100$ 倍。

闭环电压放大倍数计算公式 $A_f=1/F$ 理论价值较高。实际工程应用时直接根据外接电阻比值计算闭环电压放大倍数，就是 $A_f=1/F$ 的体现。为此需要明确集成运算放大器应用电路的 $i_+=0$、$i_-=0$、$u_+=u_-$ 三个基本特征和 u_+ 接地时 $u_-=0$ 以及 u_- 接地时 $u_+=0$ 的虚地概念。虚地只提供地电位，但不提供入地电流通路。

三、关键知识

熟悉17种反馈类型、四种反馈组态、反馈深度及反馈系数概念，掌握反馈极性的判别方法、负反馈及正反馈的作用、反馈参数分析计算、根据 $|FA|>1$ 判别振荡条件。明确并联反馈与串联反馈用于分析反馈对输入电阻和输出电阻的影响。减反馈与加反馈用于分析反馈极性。他反馈与自反馈用于分析反馈电阻大小对反馈强度的影响。

极性相同的信号相减形成负反馈，极性相同的信号相加形成正反馈，极性不同的信号相减形成正反馈，极性不同的信号相加形成负反馈。切忌简单认为减反馈就是正反馈或加反馈就是负反馈。

反馈极性由 AF 符号及反馈信号与输入信号的相加或相减关系来确定，也可以根据反馈深度来判断。根据信号经过集电结的次数是偶数还是奇数来判别开环电压放大倍数 $A>0$ 还是 $A<0$，而经电阻 R、电容 C 引来的或 RC 谐振电路产生的反馈系数一般为正，LC、RLC 谐振电路产生的反馈系数可能为负。

7.6 仿真与实训七 电压跟随器

图7.6.1是电压跟随器 Multisim 仿真图，输入电压2V，输出电压2.001V，电压跟随精度很高。

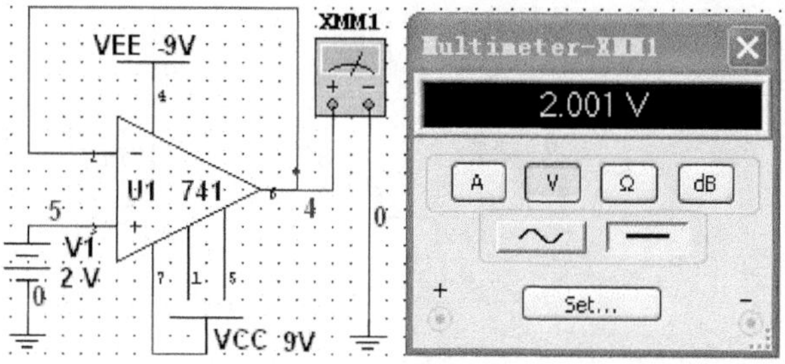

图7.6.1 电压跟随器 Multisim 仿真

只要将仿真与实训八中的实验电路中的 R_1 断开，也能进行电压跟随器实验。

7.7 习 题 七

7.1.1 已知减反馈开环放大倍数 $A=100$，闭环放大倍数 $A_f=10$，试推算反馈系数 F 及反馈深度 D。

7.2.1 试用相位移法判断图 7.7.1、图 7.7.2、图 7.7.3、图 7.7.4、图 7.7.5、图 7.7.6 中的以 A_1、A_2 为核心的内层及外层分别属于加反馈还是减反馈、负反馈还是正反馈，整个电路总体上属于负反馈还是正反馈。

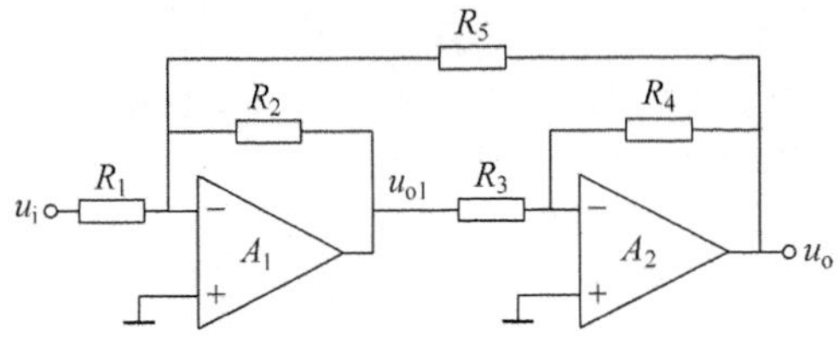

图 7.7.1 集成反馈放大器

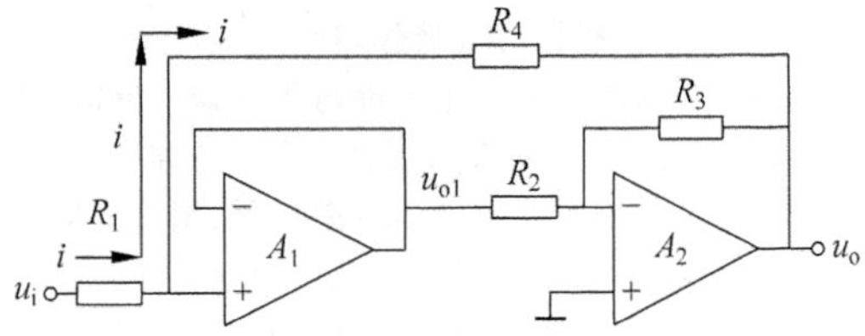

图 7.7.2 集成反馈放大器

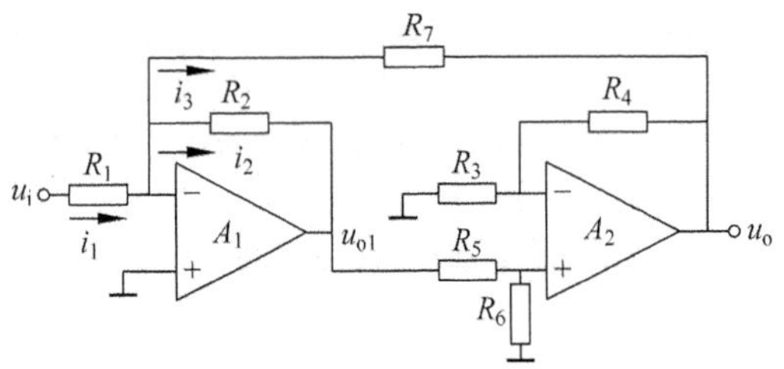

图 7.7.3 集成反馈放大器

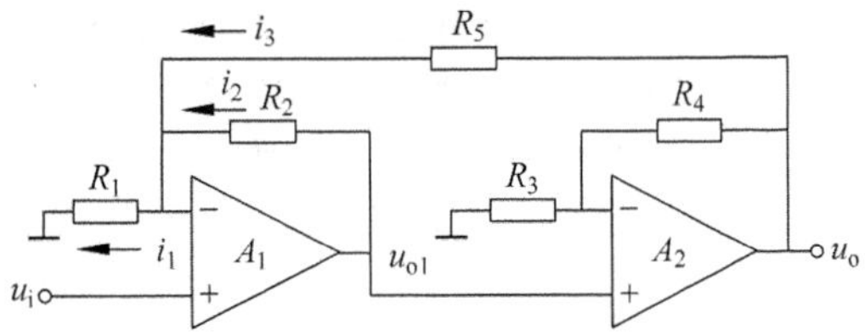

图 7.7.4 集成反馈放大器

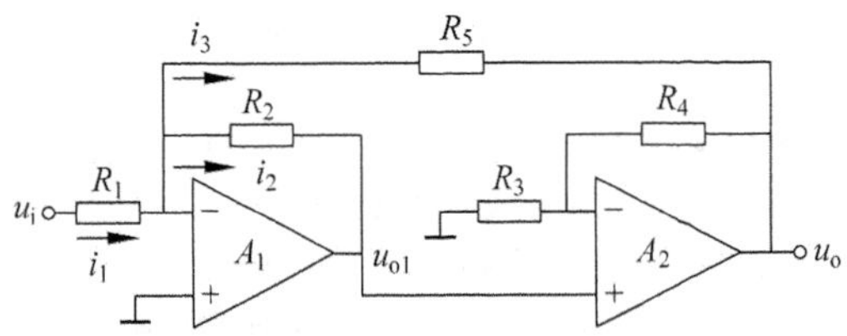

图 7.7.5 集成反馈放大器

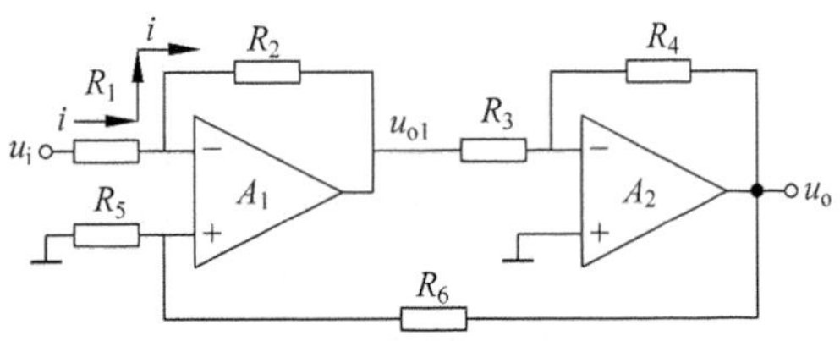

图 7.7.6 集成反馈放大器

结合本题说明，反馈至 OPA 正端的不一定是正反馈，反馈至 OPA 负端的不一定是负反馈。

7.2.2 （发 0823）试将图 7.7.7 中的反馈电阻电容连接在合适的两点之间，构建电压负反馈。

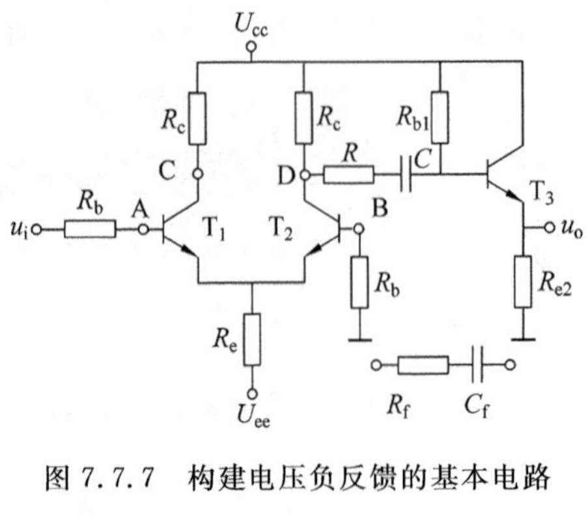

图 7.7.7 构建电压负反馈的基本电路

7.3.1 已知图 7.7.8 分压偏置放大器信号源内阻 $r_s=10\text{k}\Omega$，$U_{cc}=12\text{V}$，晶体管 $\beta=100$，$f_\beta=1\text{MHz}$，$R_L=3\text{k}\Omega$，$R_c=3\text{k}\Omega$，$R_{e1}=100\Omega$，$R_{e2}=1\text{k}\Omega$，$R_{b1}=82\text{k}\Omega$，$R_{b2}=36\text{k}\Omega$，试计算反馈深度 D、反馈系数 F，然后各用反馈系数法即式(7.2.2)及频率特性函数法计算上限频率及频带展宽量，用事实证明放大器的增益带宽积等于常数。

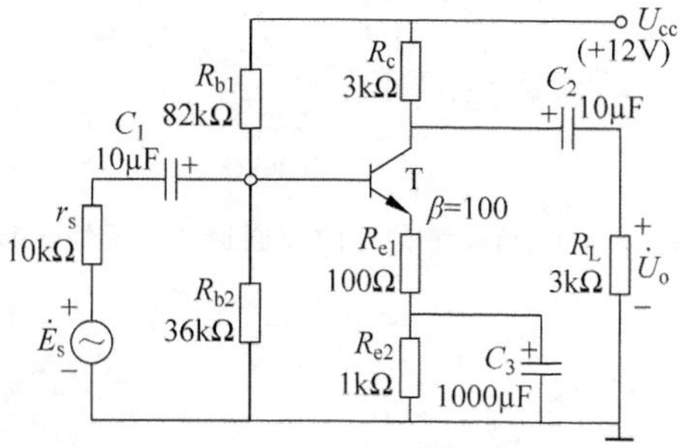

图 7.7.8 分压偏置放大器

7.3.2 图 7.7.9、图 7.7.10 是基于深度电压串联负反馈的计算题用图。图 7.7.9 中忽略 T_1 的发射极信号电流，可认为 R_f 与 R_e 等效串联。图 7.7.10 中忽略 T_2 的基极信号电流，可认为 R_f 与 R_{b2} 等效串联，试计算它们的反馈系数 F 及反馈电压放大倍数 A_f。

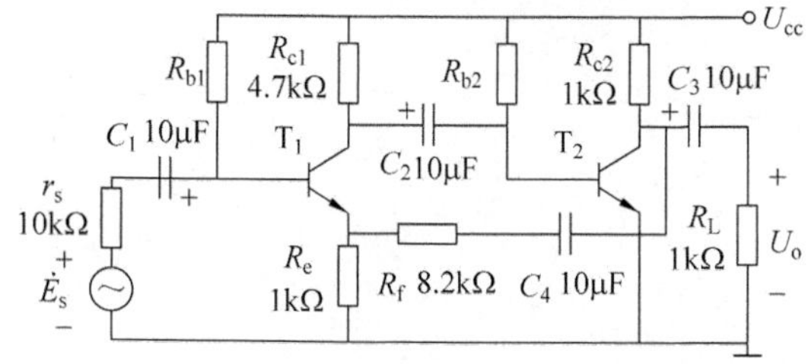

图 7.7.9 深度负反馈双级共射放大电路

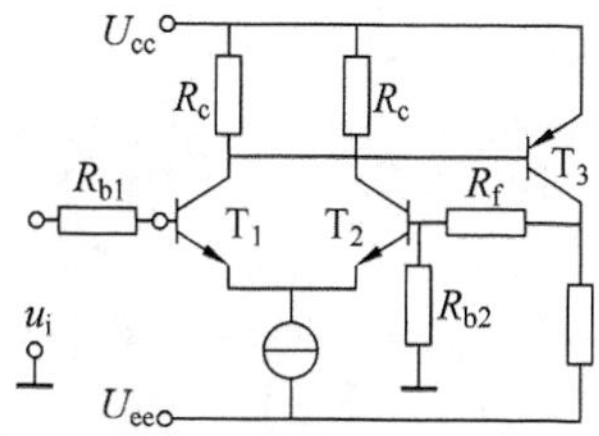

图 7.7.10 深度负反馈差分放大电路

以上两个电路，一般在 $AR_e/R_f>10$，或 $AR_{b2}/R_f>10$ 时即可认为是深度负反馈。有些题目不给 A、R_f、R_e 或 R_{b2} 的具体数值，也可根据题意按照深度负反馈计算。

7.3.3 图 7.7.11 甲乙类 OCL 功率放大器采用集成运算放大器构成负反馈，有利于进一步抑制交越失真，其中电源电压 $U_{cc}=15\text{V}$，$U_{ee}=-15\text{V}$，$R_L=8\Omega$，试计算负载最大获得功率 P_o、管子最大功率消耗 P_T 及电源最大功率输出 P_s。

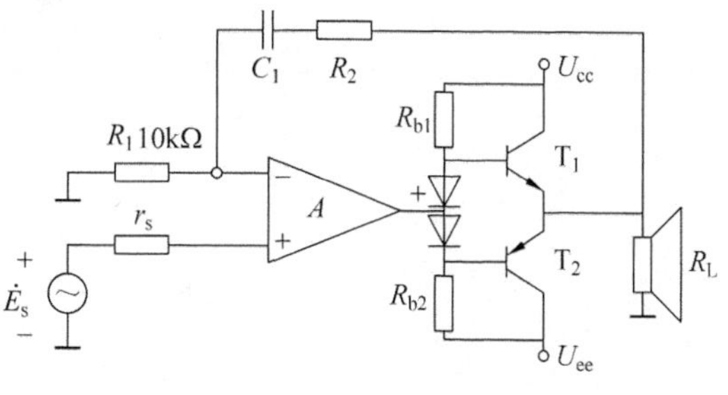

图 7.7.11 OCL 功率放大器

只是围绕电压串联深度负反馈出题，而不考虑其他三种深度负反馈，是因为电压串联深度负反馈的反馈系数及电压放大倍数都是一个简单的电阻比，图 7.7.9 中 $F=R_e/(R_f+R_e)$，图 7.7.10 中 $F=R_{b2}/(R_{b2}+R_f)$，图 7.7.11 中 $F=R_1/(R_1+R_2)$，而其他三种负反馈即使是深度的，也没有如此简捷的公式！

7.4.1 计算图 7.7.12 双输入双通道复合反馈比例减法器的输出电压 u_o 与输入电压 u_{i1}、u_{i2} 之间的关系。

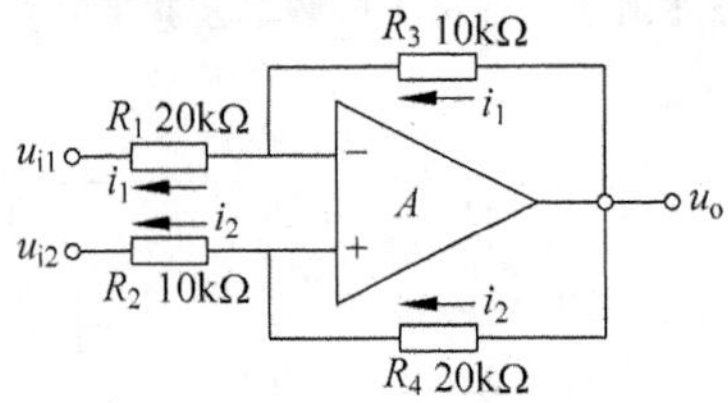

图 7.7.12　正、负反馈共存的双通道复合反馈实验电路

第 8 章　集成运算放大器应用

集成运算放大器应用主要涉及反馈技术。本章直接利用建立在理想运放三无穷大($r_i\to\infty$、$A\to\infty$，CMRR$\to\infty$)基础上的三个近似条件(三大法宝)$u_-\approx u_+$、$i_+\approx 0$、$i_-\approx 0$ 及虚地概念分析解决问题。

8.1　集成运算放大器的线性应用(1)

8.1.1　比例及加减运算电路

1. 同相比例运算

图 8.1.1 及图 8.1.2 电路中的 R_3 称为平衡电阻，目的是补偿 OPA 的输入偏置电流及失调电流，$R_3=(I_{bn}/I_{bp})R_1//R_2$，见两图的图(a)。OPA 的输入偏置电流很小，故通常无需平衡，见两图的图(b)。同相比例运算电路的输入电阻等于 OPA 输入电阻，几乎是无穷大。

设输入电压 $u_i>0$，若无电阻 R_2，则图 8.1.1 电路会正向饱和。电阻 R_2 引来正电压与 u_i 相减，使电路退出正向饱和，改进线性状态。同相比例运算电路属于输出相减负反馈(电压串联负反馈)。图 8.1.1 电路中信号电压 u_i 输入到运放同相端，故称为同相比例运算电路。

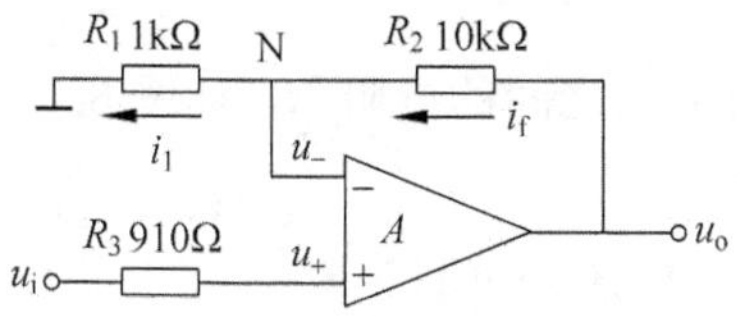

(a) 用平衡电阻

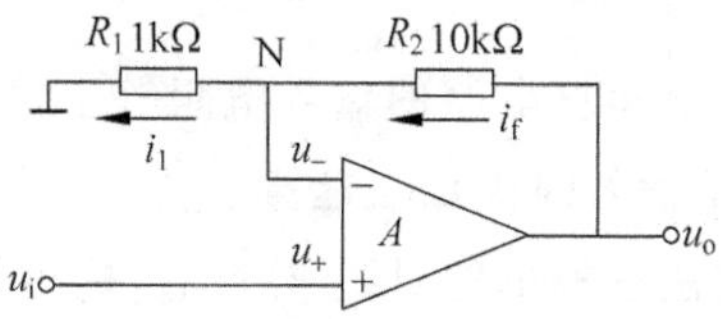

(b) 不用平衡电阻的简易电路

图 8.1.1　同相比例运算电路(升压器)($\varphi_a=0$，$\varphi_f=0$，$\varphi_s=\pi$，电压减负反馈)

根据运放输入电流 $i_+\approx 0$ 判断 R_1 与 R_2 可视为串联关系，$i_1=i_f$，依串联分压关系有

$$u_-=\frac{R_1}{R_1+R_2}u_o$$

根据运放反相端电压与同相端电压基本相等有 $u_-=u_+=u_i$，从中求出输出电压为

$$u_o=\left(1+\frac{R_2}{R_1}\right)u_i$$

同相比例运算电路的闭环电压放大倍数为

$$A_f=\frac{u_o}{u_i}=\left(1+\frac{R_2}{R_1}\right)\tag{8.1.1}$$

同相比例运算电路的闭环电压放大倍数大于 1，所以也叫做升压器。

图 8.1.1 电路 $A_f=1+10/1=11$ 倍。输入电压 u_i 可以是直流电压，也可以是交流电压。

2. 反相比例运算

设输入电压 $u_i>0$，若无电阻 R_2，则图 8.1.2 电路会负向饱和。电阻 R_2 引来输出的负电压与正输入电压 u_i 相加，一正一负两个电压相加，互相削弱，结果使电路退出负向饱和，改进线性状态。反相比例运算电路属于输出相加负反馈(电压并联负反馈)。

图 8.1.2 电路中信号电压 u_i输入到运放反相端,$A_f<0$,故称为反相比例运算电路。

根据运放输入电流 $i_+\approx 0$ 判断 R_1与 R_2为串联关系,$i_1=i_f$,其中点电压可计算为

$$u_- = \frac{R_1 u_o + R_2 u_i}{R_1 + R_2}$$

反相端为虚地 $u_-=u_+=0$,故有 $R_1 u_o + R_2 u_i = 0$,从中求得输出电压为

$$u_o = -\frac{R_2}{R_1} u_i$$

反相比例运算电路闭环电压放大倍数为

$$A_f = \frac{u_o}{u_i} = -\frac{R_2}{R_1} \tag{8.1.2}$$

图 8.1.2 电路 $A_f=-10\text{k}\Omega/1\text{k}\Omega=-10$ 倍。

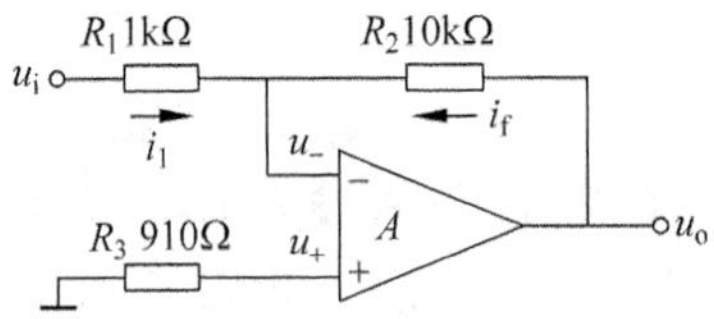

(a) 用平衡电阻(罕见)

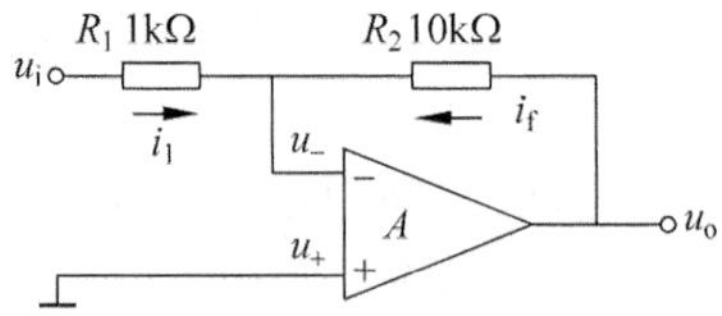

(b) 不用平衡电阻(常见)

图 8.1.2 反相比例运算电路($\varphi_a=\pi,\varphi_f=0,\varphi_s=0$,电压加负反馈)

反相比例运算电路的输入电阻等于输入端与虚地之间的电阻 R_1,如图 8.1.2 所示。

3. 分压输入同相加法运算

同相加法运算电路见图 8.1.3。这里使用节点电压法分析计算。

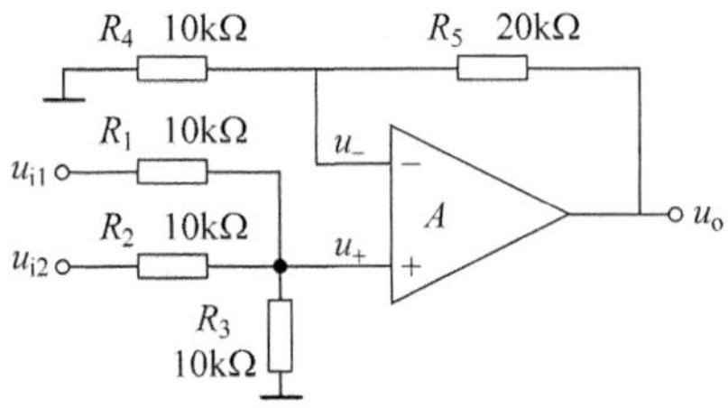

图 8.1.3 分压输入同相加法运算电路($\varphi_a=0,\varphi_f=0,\varphi_s=\pi$,电压减负反馈)

用节点电压法可求得 u_+与 u_{i1}、u_{i2}的关系为

$$u_+ = \frac{u_{i1}/R_1 + u_{i2}/R_2}{1/R_1 + 1/R_2 + 1/R_3} = \frac{R_2 u_{i1} + R_1 u_{i2}}{R_1 + R_2 + R_1 R_2/R_3}$$

不管同相端电压 u_+是怎么来的,图 8.1.3 中 u_-与 u_o的关系还是串联分压关系。

$$u_o = \left(1+\frac{R_5}{R_4}\right)u_- = \left(1+\frac{R_5}{R_4}\right)u_+ = \left(1+\frac{R_5}{R_4}\right)\frac{R_2 u_{i1} + R_1 u_{i2}}{R_1 + R_2 + R_1 R_2/R_3} \tag{8.1.3}$$

$R_1=R_2=R_3$、$R_5=2R_4$时

$$u_o = (1+2)\,\frac{u_{i1}+u_{i2}}{3} = u_{i1} + u_{i2} \tag{8.1.3a}$$

4. 直接输入同相加法运算

同相输入时运放同相输入端与地之间的电阻 R_3与 R_1和 R_2对输入电压的串联分压并非

必需。断开 R_3,图 8.1.3 就演变为图 8.1.4。

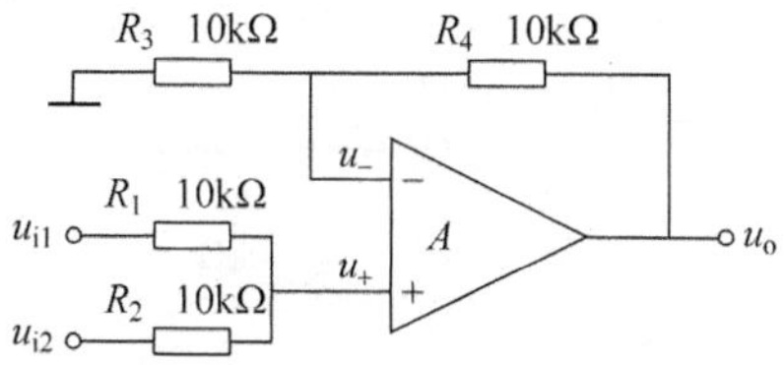

图 8.1.4　直接输入同相加法运算电路($\varphi_a=0,\varphi_f=0,\varphi_s=\pi$,电压减负反馈)

$$u_o=\left(1+\frac{R_4}{R_3}\right)u_-=\left(1+\frac{R_4}{R_3}\right)u_+=\left(1+\frac{R_4}{R_3}\right)\frac{R_2u_{i1}+R_1u_{i2}}{R_1+R_2}\tag{8.1.3b}$$

$R_1=R_2$、$R_4=R_3$ 时

$$u_o=(1+1)\frac{u_{i1}+u_{i2}}{2}=u_{i1}+u_{i2}\tag{8.1.3c}$$

同相加法电路图 8.1.3、图 8.1.4 的对比：

图 8.1.3 先降压后升压,故具有在同样输入电压作用下,芯片共模电压低的优点；但多用一个电阻,又有电路较复杂的缺点。

图 8.1.4 的优点：电路较简单,缺点：同样输入电压作用下,芯片共模电压较高。

5. 反相加法运算

反相加法运算电路见图 8.1.5。反相加法运算电路亦属于相加负反馈。

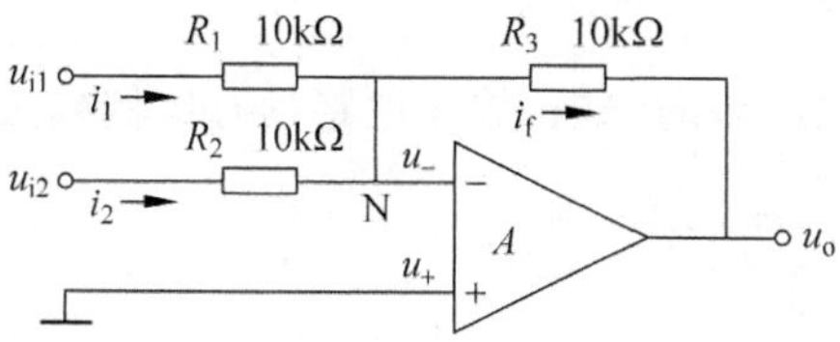

图 8.1.5　反相加法运算电路($\varphi_a=\pi,\varphi_f=0,\varphi_s=0$,电压加负反馈)

由节点电压法及虚地原理,有

$$u_-=\frac{u_{i1}/R_1+u_{i2}/R_2+u_o/R_3}{1/R_1+1/R_2+1/R_3}=u_+=0$$

由此解出输出电压

$$u_o=-\left(\frac{R_3}{R_1}u_{i1}+\frac{R_3}{R_2}u_{i2}\right)\tag{8.1.4}$$

取 $R_3=R_2=R_1$ 时,则有

$$u_o=-(u_{i1}+u_{i2})\tag{8.1.4a}$$

由于输出电压与两输入电压的和成正比但符号相反,所以称其为反相加法放大器。两输入反相加法放大器很容易扩展为三输入反相加法放大器。

$$u_o=-\left(\frac{R_4}{R_1}u_{i1}+\frac{R_4}{R_2}u_{i2}+\frac{R_4}{R_3}u_{i3}\right)$$

取 $R_4=R_3=R_2=R_1$ 时,则有

$$u_o=-(u_{i1}+u_{i2}+u_{i3})$$

6. 减法运算

减法运算电路见图 8.1.6。依串联分压原理及中点电压定理有

$$u_+ = \frac{R_3}{R_2+R_3}u_{i2}, \quad u_- = \frac{R_4 u_{i1} + R_1 u_o}{R_1+R_4}$$

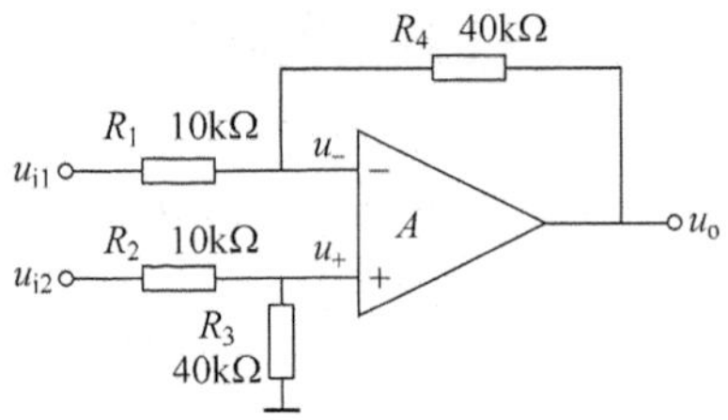

图 8.1.6 减法运算电路($\varphi_f=0$。u_{i1} : $\varphi_a=\pi,\varphi_s=0$；$u_{i2}$: $\varphi_a=0,\varphi_s=\pi$)

依运放特点 $u_- = u_+$ 有

$$\frac{R_4 u_{i1} + R_1 u_o}{R_1+R_4} = \frac{R_3}{R_2+R_3}u_{i2}$$

$$u_o = \frac{R_1+R_4}{R_1}\frac{R_3}{R_2+R_3}u_{i2} - \frac{R_4}{R_1}u_{i1} \quad \text{(能模拟直线方程 } y = kx+b\text{)} \tag{8.1.5}$$

若$\frac{R_3}{R_2+R_3}\frac{R_1+R_4}{R_4}=1$，即$\frac{R_3}{R_2}=\frac{R_4}{R_1}$，就有

$$u_o = \frac{R_4}{R_1}(u_{i2}-u_{i1}) \tag{8.1.5a}$$

输出电压等于两输入电压差的倍数，放大电路具有比例减法功能。

$R_4=R_3=R_2=R_1$有

$$u_o = u_{i2} - u_{i1} \tag{8.1.5b}$$

拓展讨论：

(1) $u_{i2}-u_{i1}=u_d$为差模输入，$0.5(u_{i2}+u_{i1})=u_c$为共模输入，则 $u_{i2}=u_c+0.5u_d$，$u_{i1}=u_c-0.5u_d$，代入式(8.1.5)有

$$u_o = \frac{R_4}{R_1}\left[\frac{R_3}{R_2+R_3}\frac{R_1+R_4}{R_4}(u_c+0.5u_d) - u_c + 0.5u_d\right]$$

$$u_o = \frac{1}{2}\frac{R_4}{R_1}\left(\frac{R_3}{R_2+R_3}\frac{R_1+R_4}{R_4}+1\right)u_d + \frac{R_4}{R_1}\left(\frac{R_3}{R_2+R_3}\frac{R_1+R_4}{R_4}-1\right)u_c$$

如此看来，$\frac{R_3}{R_2+R_3}\frac{R_1+R_4}{R_4}=1$其实也是共模信号影响为 0 的条件。由此可见减法电路具有共模抑制能力。减法电路的缺点是输入电阻较小。

(2) 令 $R_4=R_1$，$u_{i2}=u_{i1}=u_i$，由式(8.1.5)知，$R_3\to\infty$时有 $u_o=u_i$；$R_3\to 0$ 时有 $u_o=-u_i$。利用此点，将 R_3改制为一个受输入信号极性自动控制的开关，能进行相敏滤波。

8.1.2 微分及积分运算电路(±90°移相电路)

1. 微分运算电路(第二功能：−90°移相器，第三功能：三角波转方波)

微分运算电路见图 8.1.7。图 8.1.7 所示微分运算电路采用加反馈。

因为反相端为虚地，故电容上的电荷为 $q=Cu_i$

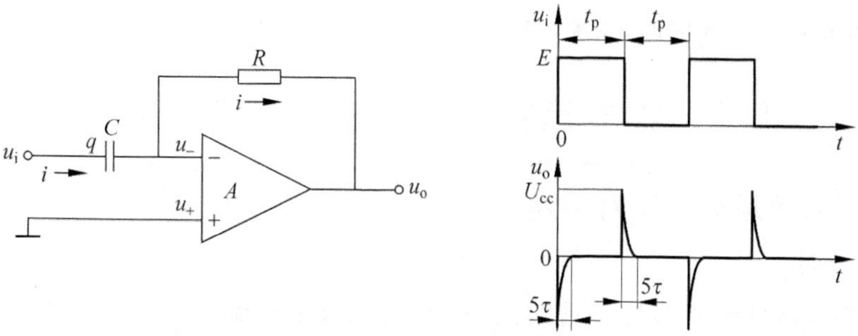

图 8.1.7 有源微分电路(微分运算电路)及其 I/O 波形(−90°移相器)

电容电流为 $i=\frac{\mathrm{d}q}{\mathrm{d}t}=C\frac{\mathrm{d}u_i}{\mathrm{d}t}$

运放输出电压为

$$u_o=-Ri=-RC\frac{\mathrm{d}u_i}{\mathrm{d}t} \tag{8.1.6}$$

输出电压与输入电压之间为微分关系。输入电压为正弦波时,输出电压为滞后 90°的正弦波。$\dot{U}_o=-\mathrm{j}\omega RC\dot{U}_i$,$\omega RC$ 只影响电压增益,不影响−90°移相。输入三角波,输出方波电压。

输入电压为方波时,输出电压为正负相间的尖脉冲,见图 8.1.7。

2. 积分运算电路(+90°移相器)

积分运算电路见图 8.1.8。电阻 R_1 用于补偿运放非理想特性,使电路可靠工作。R_1 过大则无效,过小则消极影响大、导致三角波线性差。分析计算时认为 R_1 断开。

因为反相端为虚地,故电阻及电容电流 $i=\frac{u_i}{R}$

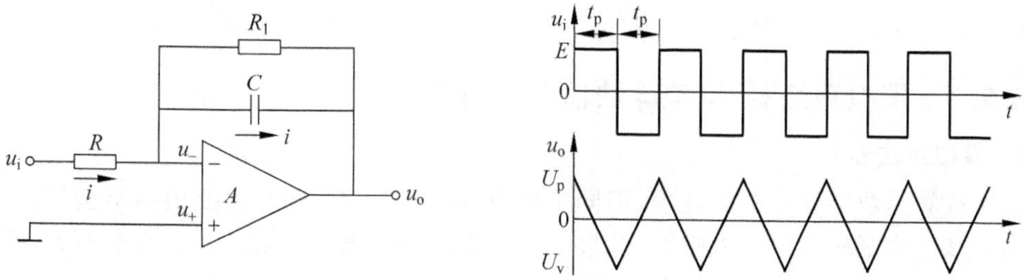

图 8.1.8 有源积分电路(积分运算电路)及其 I/O 波形(+90°移相器)

运放选 μA741、$R=10\text{k}\Omega$、$C=0.01\mu\text{F}$、R_1 取 240kΩ,输入 0.6$V_{\text{p-p}}$ 1kHz 方波,可得 1.35$V_{\text{p-p}}$三角波。忽略 R_1 电流,运放输出电压为

$$u_o=-\frac{1}{C}\int i\,\mathrm{d}t=-\frac{1}{RC}\int u_i\,\mathrm{d}t \tag{8.1.7}$$

输出电压与输入电压之间为积分关系。输入电压为方波,则输出电压可为三角波。

积分运算电路输入正弦波电压,输出$\dot{U}_o=\mathrm{j}(1/\omega RC)\dot{U}_i$ 正弦电压,超前输入 90°。

思考题

8.1.1 集成运算放大器闭环使用时同相输入与反相输入模式比较起来各有什么特点和用途?

8.1.2 同相加法电路中同相端对地的电阻可以断掉，减法运算电路呢？

8.2 集成运算放大器的线性应用(2)

8.2.1 对数运算及反对数运算

1. 对数运算

对数运算电路见图 8.2.1。根据虚地概念，电阻 R 的电流 $i=u_i/R$。输出电压 u_o的相反值加在 PN 结上，电压 $u\geqslant 3U_T$时，PN 结电流 i 与输出电压 u_o的关系为 $i\approx I_s\exp(-u_o/U_T)$。考虑运放输入电阻很大，输入电流很小，认为二极管电流等于电阻电流则有

$$u_i/R\approx I_s\exp(-u_o/U_T)$$

从中求出输出电压与输入电压的关系为

$$u_o\approx -U_T\ln(u_i/RI_s) \tag{8.2.1}$$

这说明图 8.2.1 电路输出电压与输入电压的自然对数成正比，故称为对数运算电路。

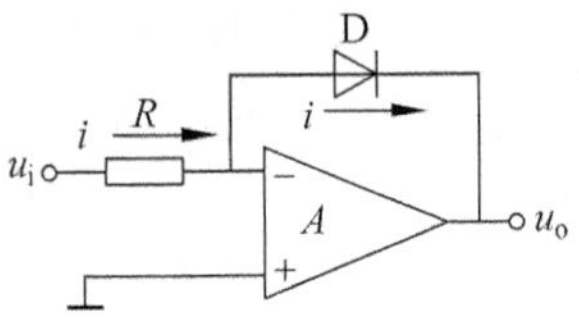

图 8.2.1 对数运算电路

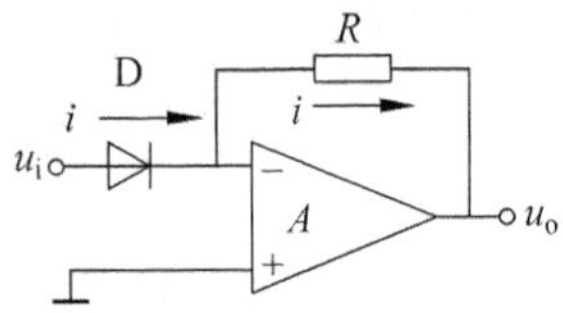

图 8.2.2 反对数运算电路

2. 反对数运算(指数运算)

将对数运算电路的输入电阻与反馈二极管调换位置，形成图 8.2.2 所示电路，就能实现指数运算即反对数运算。

在图 8.2.2 中，反馈电阻电压与电流成正比，故输出电压为

$$u_o=-Ri\approx -RI_s\exp(u_i/U_T) \tag{8.2.2}$$

8.2.2 模拟乘法器、模拟除法器及开方器

1. 模拟乘法器

乘法运算是数字计算机的强项，但同步检波、混频、鉴相等还是需要模拟乘法器。

BJT 基极串联较大限流电阻时，基极电流主要取决于限流电阻，与 r_{be}关系不大，系统呈现较好线性。模拟乘法器工作原理见图 8.2.3。

信号源内阻很小且 BJT 基极不串联限流电阻时，基极电流主要取决于发射结电阻 r_{be}。根据式(1.3.2)，若省略基区体电阻 $r_{bb'}$，则有 $r_{be}\approx\beta U_T/I_c$。

设 $\beta_2=\beta_1=\beta$，则图 8.2.3 所示电路输出电压与输入电压关系为

$$u_o\approx\beta\frac{R_c}{r_{be}}u_{i1}\approx\beta\frac{R_c}{\beta(U_T/I_c)}u_{i1}=\frac{R_cI_c}{U_T}u_{i1} \tag{①}$$

设 R_e较大，R_e压降远大于 U_{be3}，则 T_3管集电极电流 $2I_c=\frac{u_{i2}-U_{be3}}{R_e}\approx\frac{u_{i2}}{R_e}$

T_3管集电极电流分流为 T_1、T_2管集电极电流 $I_c\approx u_{i2}/(2R_e)$，代到式①化简得到

$$u_o\approx\frac{R_c}{2R_eU_T}u_{i1}u_{i2} \tag{8.2.3}$$

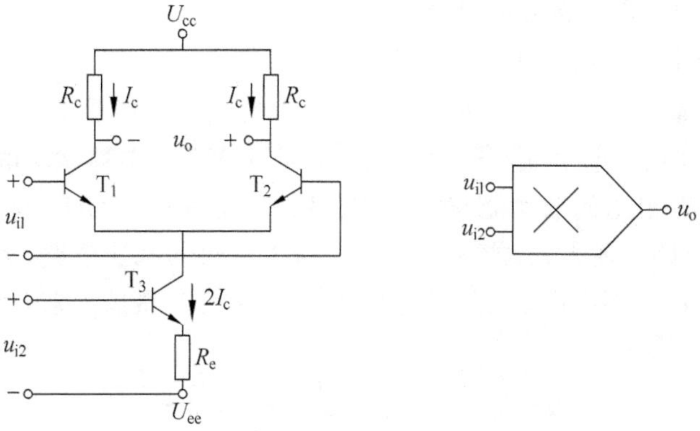

(a) 模拟乘法电路　　(b) 乘法电路图形符号

图 8.2.3　模拟乘法电路工作原理

由此看出图 8.2.3(a)能实现模拟乘法运算，所以称其为模拟乘法器。

2. 模拟除法器及开方器

在图 8.2.4 左半部为同相比例电路，$u_{o1} \approx (1+R_2/R_1)u_{i1}$

将模拟乘法器用在图 8.2.4 右半部反馈通路中有 $u_{o1} \approx R_c/(2R_eU_T)u_ou_{i2}$

联立以上两式消去 u_{o1} 有 $(1+R_2/R_1)u_{i1} \approx R_c/(2R_eU_T)u_ou_{i2}$，从中求出 u_o

$$u_o \approx \frac{2R_eU_T}{R_c}\left(1+\frac{R_2}{R_1}\right)\frac{u_{i1}}{u_{i2}} \tag{8.2.4}$$

由此看出图 8.2.4 所示电路能实现模拟除法运算，所以称其为模拟除法器。

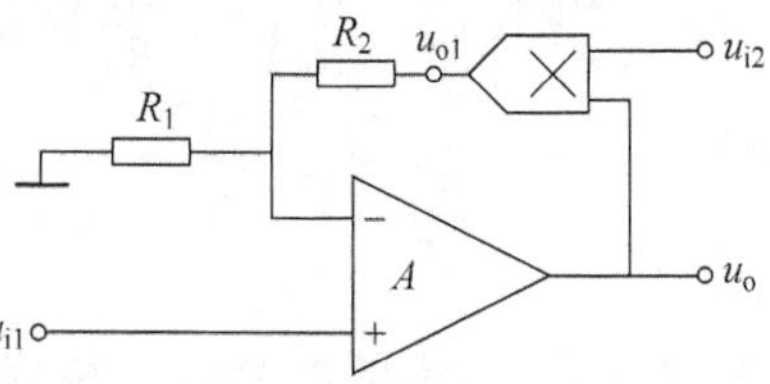

图 8.2.4　模拟除法器电路

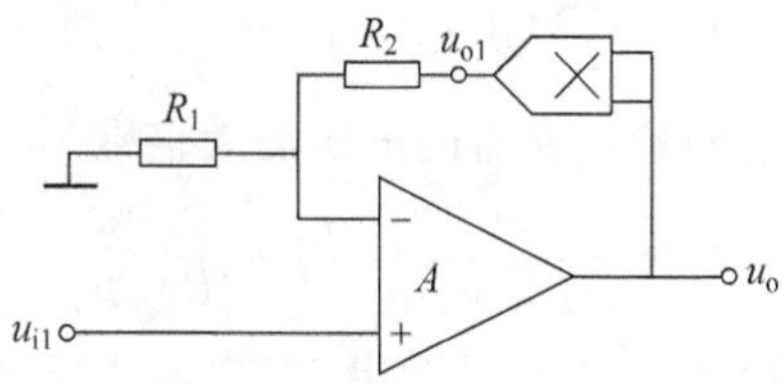

图 8.2.5　模拟开方器电路

取消模拟除法器的除数输入 u_{i2}，见图 8.2.5，将运放输出端接到模拟乘法器的两个输入端，令式(8.2.4)中的 $u_{i2}=u_o$，可求出

$$u_o \approx \sqrt{\frac{2R_eU_T}{R_c}\left(1+\frac{R_2}{R_1}\right)u_{i1}} \tag{8.2.5}$$

由此看出图 8.2.5 所示电路能实现模拟开方运算，所以称为模拟开方器。

思考题

8.2.1　集成运算放大器对数与反对数运算有什么优缺点？

8.3　集成运算放大器线性应用(3)——仪表放大器(INA)

OPA 芯片一方面作为一种产品在市场上直接销售，另一方面又有专业厂家进行二次开发，以 OPA 为核心设计制造成技术含量及性价比更高的产品供应市场。仪表放大器(又称测量放大器)就是以 OPA 为核心的典型二次开发产品。

1. **测量放大器电路结构设计**

很多传感器都通过电桥输出差动电压信号。电桥输出电阻较大，放大电桥输出的差动电压信号要求使用高输入电阻高共模抑制比的差动放大器。前述减法电路难以胜任。

图 8.1.1 所示同相比例放大器输入电阻很大。将两个同相比例放大器的输出接到图 8.1.6所示减法电路的输入，就能构成具有高输入电阻的减法电路，见图 8.3.1。高输入电阻的减法运算电路专门用于放大微弱的差动信号，称为测量放大器，也叫仪表放大器。

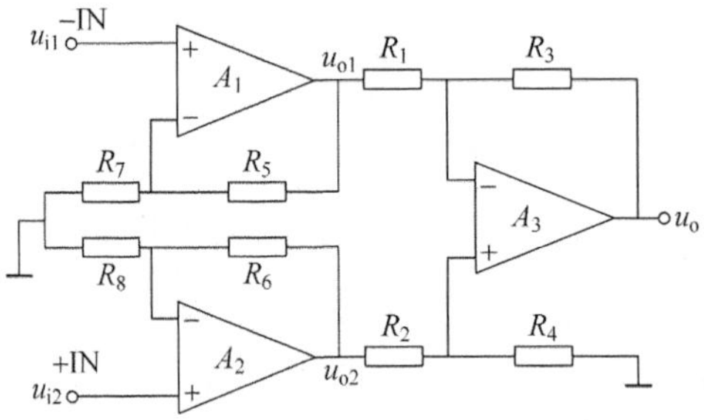

图 8.3.1　测量放大器原始电路

运放 A_1、A_2组成同相放大器，输出电压各为 $u_{o1}=\left(1+\dfrac{R_5}{R_7}\right)u_{i1}$，$u_{o2}=\left(1+\dfrac{R_6}{R_8}\right)u_{i2}$。运放 A_1、A_2所组成的同相放大器，实际属于有条件电压跟随器。

运放 A_3组成减法器，阻值满足 $R_4/R_3=R_2/R_1$，再取 $R_7=R_8$、$R_5=R_6$，输出电压为

$$u_o=\frac{R_4}{R_2}(u_{o2}-u_{o1})=\frac{R_4}{R_2}\left[\left(1+\frac{R_6}{R_8}\right)u_{i2}-\left(1+\frac{R_6}{R_8}\right)u_{i1}\right]=\frac{R_4}{R_2}\left(1+\frac{R_6}{R_8}\right)(u_{i2}-u_{i1})$$

整个测量放大器的电压放大倍数为

$$A=\frac{u_o}{u_{i2}-u_{i1}}=\left(1+\frac{R_6}{R_8}\right)\frac{R_3}{R_1}\tag{8.3.1}$$

从图 8.3.2 可以看出，差模输入电压在电阻 R_7和 R_8中产生的电流大小相等、方向相反，自成回路，两电阻之间的地线无用，式(8.3.1)总成立。

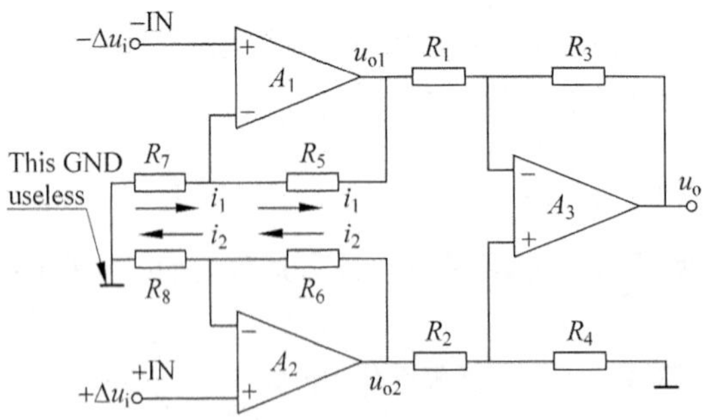

图 8.3.2　测放原始电路在差模输入电压下的表现

从图 8.3.3 可以看出，输入电压的共模成分在电阻 R_7和 R_8中产生大小相等、方向相同的电流。R_7与 R_8中间若有地线，就给共模电流提供通路，共模信号就与差模信号一起放大。掐断 R_7与 R_8中间的地线，则既不影响放大差模电压，又杜绝了共模电压的放大途径，实乃

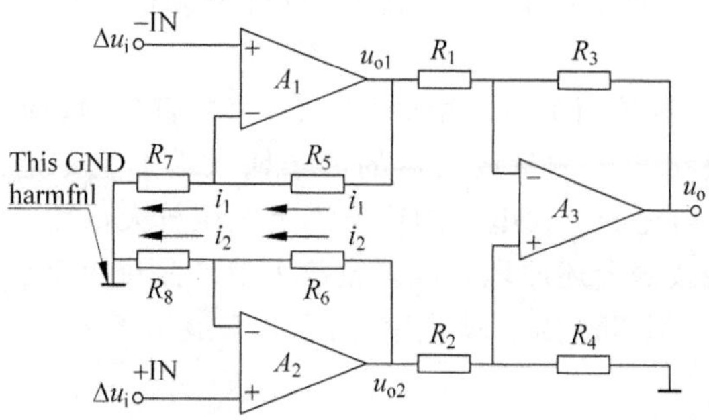

图 8.3.3　测放原始电路在共模输入电压下的表现

一举两得。

实际去掉 R_7 与 R_8 中间的地线，将 R_7 与 R_8 合并为 R_g，并改为电位器以调节增益，把 R_4 改为电位器以调零，就形成测量放大器实用电路，如图 8.3.4 所示。

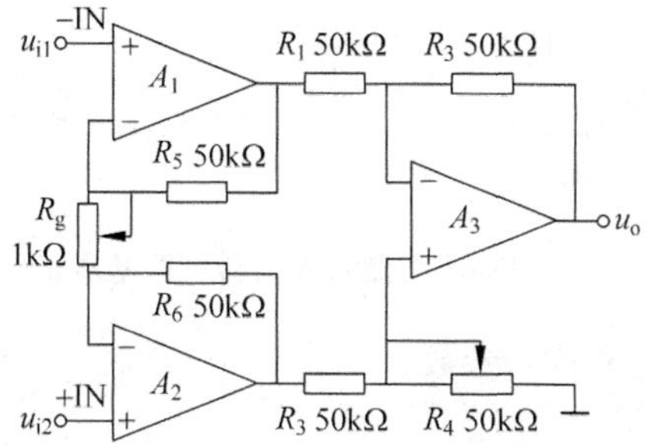

图 8.3.4　电压增益可调的测量放大器实用电路

图 8.3.4 差模信号放大$(1+R_{f2}/R_1)$倍，$A_d=1+2R_f/R_g$；在 R_7 与 R_8 之间无地线的条件下，电阻 R_5、R_6 无电流，属于虚短，A_1 与 A_2 对共模信号表现为电压跟随器。共模信号只能一比一地通过，$A_c=1$，于是测量放大器第一级外围电路获得共模抑制比为

$$\mathrm{CMRR}=\left(1+\frac{R_6}{R_g/2}\right)\Big/1=1+2\frac{R_6}{R_g} \tag{8.3.2}$$

第一级外围电路作为有条件电压跟随器，具有共模抑制能力；第二级外围电路作为减法器，也具有共模抑制能力；所用三块 OPA 芯片的共模抑制比更高。一、二级外围电路与 OPA 芯片一起，对共模信号形成三重屏蔽，是测量放大器的一大特色。

将式(8.3.1)中电压放大倍数计算公式中的 R_8 换成 $R_g/2$，得到图 8.3.4 所示实用测量放大器电压放大倍数计算公式

$$A=\frac{u_o}{u_{i2}-u_{i1}}=\left(1+2\frac{R_6}{R_g}\right)\frac{R_4}{R_2} \tag{8.3.1a}$$

2. 基于共模抑制比最大设计测量放大器电阻阻值

由式(8.3.2)看出，R_6 越大，R_g 越小，则测量放大器第一级放大电路的共模抑制比越大。因此，测量放大器设计时，二放电压增益通常取最小值 $R_4/R_2=1$，一放电压增益取尽可能大的数值。为此常取 $R_g\approx 1\text{k}\Omega$，其余电阻取值 20～50kΩ，使得测量放大器电压放大倍数可从 20 倍起向上调节。

大批量集成制造时可用人工进行电阻配对，也可用激光标定方法配对电阻，用三个运放组成测量放大器。

使用时，将测量放大器的两个输入端接在一起，再接直流地，调节 R_4 电位器，使 A_3 输出电压等于 0，就完成调零。再给测量放大器的两个输入端加上一定的差模电压，调节 R_g 电位器，使 A_3 输出电压与给定的差模电压的比值满足电压放大倍数要求，就完成标定。

很多专业厂家已经按照上述原理制成测量放大器产品供应市场。常用典型测量放大器产品有 AD623 等型号。AD623 为 8 脚芯片，图 8.3.5 展示了 AD623 电路工作原理。

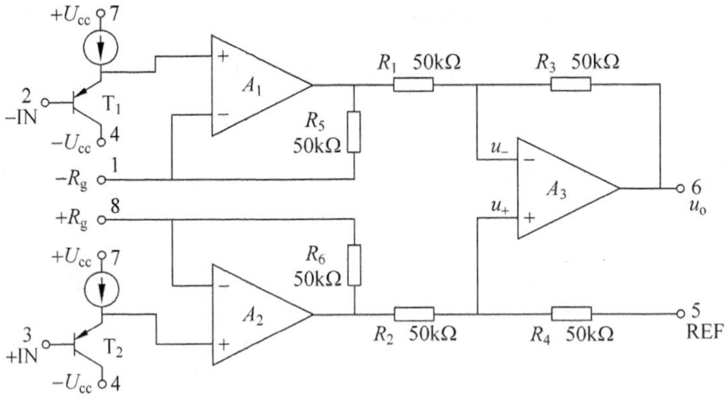

图 8.3.5　AD623 型测量放大器电路基本工作原理

AD623 型测量放大器主要技术参数：

（1）电源电压±3～±6V；

（2）输入电压±3～±6V；

（3）电压放大倍数 1～1000；

（4）带宽 800kHz。

AD623 型测量放大器第 5 脚 REF 端子是 CMRR 调整端子。若对共模抑制比要求不高，可直接将第 5 脚 REF 端子接地。对共模抑制比要求高时，可将第 5 脚 REF 端子通过一个 500Ω 以下电位器接地，调节该电位器即可调零。

芯片的 $+R_g$ 与 $-R_g$ 端子之间应接入增益调整电阻 R_g。AD623 电压放大倍数为

$$A=\left(1+\frac{100\text{k}\Omega}{R_g}\right)$$

根据所需要的电压放大倍数 A 可以计算需要接入的电阻为

$$R_g=\frac{100\text{k}\Omega}{A-1}$$

集成运放芯片本身电压放大倍数可达 10^4 以上，由若干片集成运放芯片构成的测量放大器电压放大倍数仅在 10^3 以内。不直接使用集成运放芯片，而使用测量放大器，原因还是 OPA 芯片电压放大倍数虽然很大，但不确定且不能调整，也没有互换性，而测量放大器电压放大倍数虽有限但可以精确调整到所需要的数值，而且共模抑制能力超强。

电流源，如著名的郝兰德电流泵，也是用 OPA 设计的，详见文献[15]。

思考题

8.3.1　试说明运放闭环放大电路的 CMRR 与运放芯片自身的 CMRR 之间的联系与区别。

8.3.2　测量放大器与运放芯片比较有什么特点？

8.4　集成运算放大器的非线性应用——比较器

8.4.1　单限比较器

数字控制经常需要根据两个模拟电压的大小产生数字信号 0、1。要求甲电压大于乙电压时，哪怕只大一丁点时输出 1，否则输出 0。理论上只有放大倍数为无穷大的放大器才能达到这个要求。实际上放大倍数很大的放大器，如放大倍数 10^4 倍以上的集成运算放大器就能达到这个要求。就是说，集成运算放大器可以当电压比较器使用。集成运算放大器当电压比较器使用时，用正向饱和输出代表数字 1，用负向饱和输出代表数字 0。实际上电压比较器的优点是比集成运算放大器动态响应更快。电压比较器的功能是：同相端电压高于反相端时，输出高电平 1；同相端电压低于反相端时，输出低电平 0。电压比较器符号见图 8.4.1(a)。

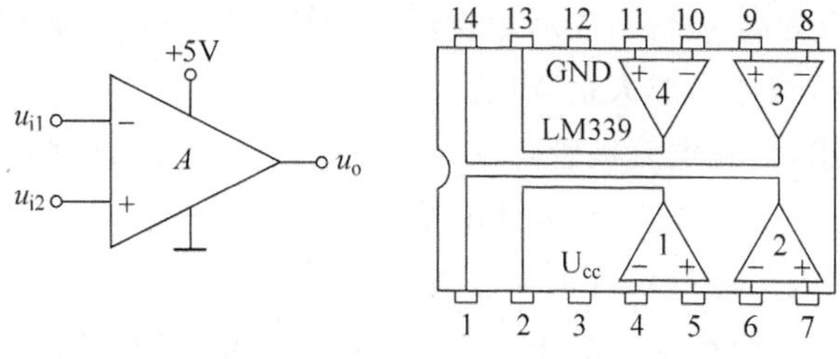

(a) 电路符号　　(b) 芯片引脚

图 8.4.1　四电压比较器 LM339

四个运放做在一块芯片上可形成 LM324 系列四运放，四个比较器做在一块芯片上也可形成四电压比较器。LM339 是一款广泛应用的四电压比较器芯片，见图 8.4.1(b)。

四电压比较器 LM339 特性如下：

(1) 集电极开路输出；

(2) 低饱和压降，输出电流 1mA 时饱和压降仅 140mV；

(3) 电源电压范围为＋36V 或±18V，电源电流 1～2mA；

(4) 输入共模电压范围允许－3～＋36V。

LM339 配用单＋5V 电源，其应用电路见图 8.4.2(a)。其同相端电压大于反相端时，比较器正向饱和，输出电压接近＋5V，代表高电平 1；同相端模拟电压小于反相端时，比较器负向饱和，输出电压接近 0V，代表低电平 0，见图 8.4.2(b)。

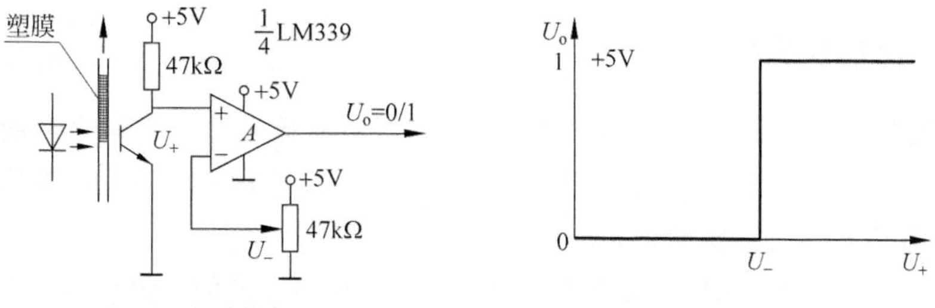

(a) 应用电路　　(b) I/O特性

图 8.4.2　LM339 电压比较器应用电路

例如，彩色塑料袋制袋过程中需要用光电技术检测走袋误差。图中塑膜进给方向示意向上，阴影部分代表着色塑膜，其余代表无色透明塑膜，红外发光二极管正对着塑料薄膜发光，薄膜另一侧安装光电三极管。无色塑料薄膜透光性好，光电三极管获得较多光，产生较大电流，集电极外接电阻上产生较大电压降，输出到电压比较器同相端的电压 U_+ 较低，设经检测 $U_{+b}\approx 2\text{V}$；彩色塑料薄膜透光性差，光电三极管获得光较少，产生较小电流，集电极外接电阻上产生较小的电压降，输出到电压比较器同相端的电压 U_+ 较高，设经检测 $U_{+c}\approx 4\text{V}$。

用电位器将电压比较器反相端电压 U_- 调节到 U_{+b} 与 U_{+c} 的平均值。对本例有

$$U_- = 0.5(U_{+b}+U_{+c}) = 0.5\times(2+4) = 3\text{V}$$

走过规定的一个袋长时即停顿，停顿时若彩膜在前，白膜在后，常称为后沿检测，若实际走袋量不够，则光电三极管与发光二极管之间全部由彩膜遮盖，光电三极管集电极输出 $U_{+c}=4\text{V}$，经电压比较器转换为高电平 1，表示走袋慢。计算机检测到走袋慢信号后，在下次走袋过程中就会通过执行机构适当加大走袋量。

若实际走袋量超出，则光电三极管与发光二极管之间全部由白膜遮盖，光电三极管集电极输出 $U_{+c}=2\text{V}$，经电压比较器转换为低电平 0，表示走袋快。计算机检测到走袋快信号后，在下次走袋过程中就会通过执行机构适当减小走袋量。

实际上只要白膜和彩膜产生的电压有 0.2V 以上差值，就能经过电压比较器分解为高、低电平，供计算机识别。

比较器的开环电压放大倍数很高，以反相端为基准，可以认为同相端电压从小到大变化时达到反相端电压即电压差为 0，比较器就翻转为 1；同相端电压从大到小变化时达到反相端电压即电压差为 0，比较器就翻转为 0。

像这样的以单一基准电压为切换点的比较器叫做单限比较器。

基准电压为零的单限比较器叫做过零比较器。

运放作电压比较器或专用电压比较器工作时，通常不是处于正向饱和状态，就是处于负向饱和状态。饱和时，运放输出电压不再与同相端与反相端之间的电压差值成比例，线性关系被破坏，所以把比较器应用叫做非线性应用。

普通集成运算放大器虽然可以权当电压比较器使用，但是普通集成运算放大器对阶跃电压等瞬间变化的电压的响应较慢。电压比较器对阶跃电压等瞬间变化的电压的响应较快。为了提高响应速度，最好选用电压比较器。

8.4.2 滞后比较器

由于比较器开环电压放大倍数相当大，所以过零电压比较器动作相当灵敏。只要同相端电压达到并稍微超过反相端，比较器马上正向饱和；或者只要反相端电压达到并稍微低于同相端时，比较器又马上负向饱和。

过零电压比较器动作灵敏的特点通常正是一般工作所需要的。但从防止干扰提高系统工作可靠性考虑，有时又不希望电压比较器动作太灵敏，而是希望比较器的翻转动作与输入电压的变化之间有一个滞后。翻转动作滞后于输入电压变化的比较器叫做滞后比较器。

滞后比较器的核心仍是一个过零比较器，其滞后性能由外接正反馈电阻网络实现，见图 8.4.3和图 8.4.5。滞后比较器同相端接受正反馈电压，反相端接受来自于生产现场的电压信号。设电源电压为 $U_{cc}=\pm12V$，忽略饱和压降，则比较器输出电压范围约为±12V。暂不考虑电位器 R_p影响，正反馈系数 $F_p=R_1/(R_1+R_2)=0.025$ 时，芯片同相端电压范围约为 0.025×(±12V)=±0.3V。

图 8.4.3 滞后比较器反相端电压 $u_i>0.3V$ 时，反相端电压肯定高于同相端，比较器负向饱和输出负电压 $u_o\approx-12V$，经正反馈使同相端得到−0.3V 电压。

反相端电压 u_i 自 0.3V 以上降低但不低于−0.3V 时，就不会改变同相端电压低于反相端的大局，因此比较器不反转。只有反相端电压 u_i 低于−0.3V 时，才会使同相端电压高于反相端，使比较器反转为正向饱和。比较器一旦反转为正向饱和输出+12V 电压之后，就经正反馈使同相端得到+0.3V 电压。此后即便反相端电压 u_i 上升，但只要不超过+0.3V，就不会改变同相端电压高于反相端的大局，因此比较器也不反转，表现出滞后特性。

就是说，来自于生产现场的电压信号在 $\pm F_pU_{cc}$ 小范围变化时，滞后比较器不会动作。这种滞后特性可用来防止干扰，或使动作更为可靠，或防止频繁换向。

滞后比较器输出电压与输入电压的回环关系见图 8.4.4。输入电压差 $u_{i2}-u_{i1}=2F_pU_{cc}$ 称为环宽。保持一定的环宽有利于抵抗干扰，防止错误动作，但环宽太大时会使系统动作迟钝。正反馈系数 R_1/R_2 越大，回环就越宽。例如，双闭环调速系统中转矩鉴别器的环宽值一般取为 0.4～0.6V。

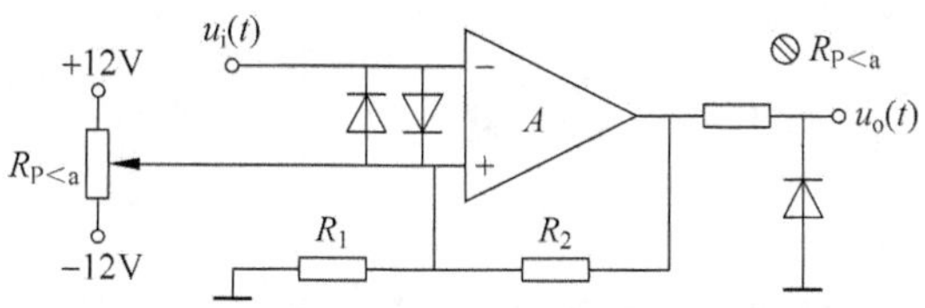

图 8.4.3　对称滞后比较器电路

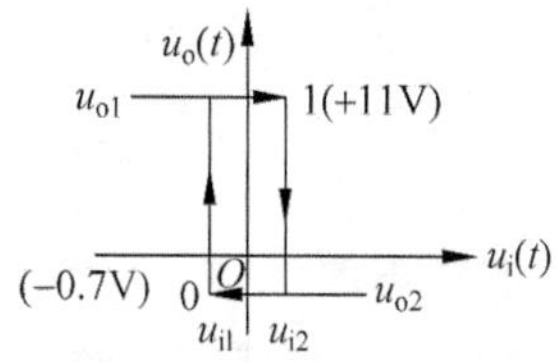

图 8.4.4　对称滞后比较器跳变回环

由于运算放大器不完全理想，回环不一定对称于纵轴。调节电位器 R_P 改变偏置电压，可以使回环对称于纵轴。图 8.4.5 滞后比较器与图 8.4.3 相比较，差别仅仅是电位器 R_P 下端由负电源改接地。调节电位器 R_P 改变偏置电压，可以使回环偏在第 1、4 象限，见图 8.4.6。

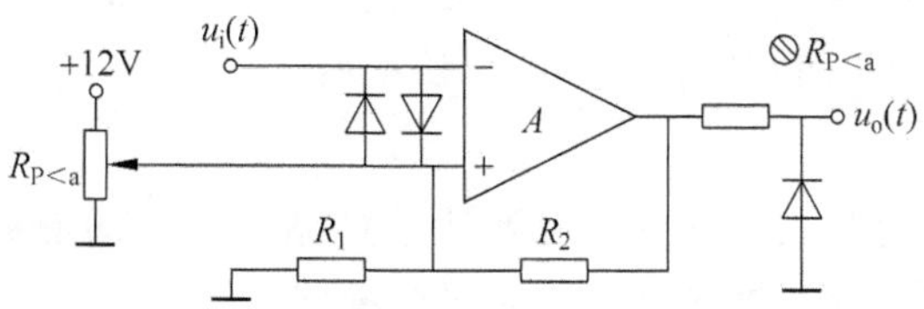

图 8.4.5　不对称滞后比较器电路

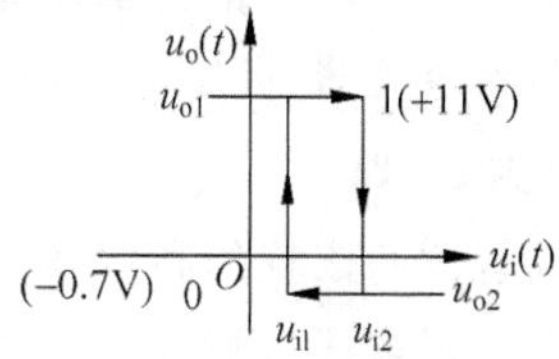

图 8.4.6　不对称滞后比较器跳变回环

回环位置调整技巧：少许拧 R_P，记住方向"顺"或"逆"，再观察 u_{i1} 与 u_{i2} 变化，若趋好则应向同一方向继续拧，若偏离更厉害则应反向拧。多圈电位器一次调节量应尽可能少。

单限比较器既可以运放芯片反相端为基准点，也可以同相端为基准点。滞后比较器只能以同相端为基准点，因为滞后比较器需要正反馈。

思考题

8.4.1 普通集成运算放大器当电压比较器使用时有什么局限性？

8.4.2 如何调整滞后比较器改变其回环宽度？

8.5 集成运算放大器使用技巧

为作图方便，集成运放应用电路中通常只画一个三端符号，电源、调零、消振等端子一般都省略了。读者要注意，实际集成运放肯定有电源才能工作，高端集成运放产品可能还有调零、消振等端子。很多运放应用电路还设有锁零功能，用于电机自动换向等控制。

1. 保护电路

集成运放输出电压介于两个电源电压之间。单电源运放输出电压介于电源电压和地之间。输入电压过高时，输出会饱和，输出正向电压低于正电源 1～2V，输出负向电压高于负电源 1～2V。问题是输入电压过高，将可能损坏运放输入电路。

经常在集成运放差动输入端反并联两只二极管保护运放输入电路，见图 8.5.1。二极管反向截止，正向电压很小时实际也处于截止状态，不影响运放正常工作，但一旦大于 0.5V 就开始导通，最终将同相与反相端电位差箝位在 0.7V 以内，起到保护作用。

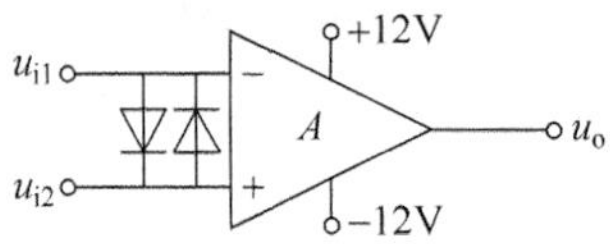

图 8.5.1 两只反并联二极管保护运放输入电路

2. 调零电路

尽管集成运放闭环运算精度很高，但是因为输出失调电压等多种因素影响，输入是 0 时集成运放产品输出不一定正好是 0。因此有些集成运放芯片设有外部调零功能。

例如，μA741 集成运放的第 1、5 脚接电位器两固定端，电位器活动端子接负电源，即可进行零点调整，见图 6.7.5。

μA741 的外部调零电位器与内部有关电阻之间呈并联关系。即使不接调零电位器，芯片也能工作。μA741 的外部调零功能通常作为一个备用功能。使用 μA741 芯片时一般暂时不接调零电位器，即第 1、5 脚开路使用，使用过程中发现问题再接不迟。

3. 防振电路

集成运放所依赖的高增益放大器往往容易自激振荡。有些运放产品设有外部消振功能。按产品要求接入消振元件并调整，能有效消除集成运放芯片自激振荡。

4. 给集成运放增加功率放大级

运算放大器的主要功能是信号放大及运算，其输出电流通常限制在 10mA 以内。若负载电流超过 10mA，一般就需要增加功率放大级。在运放芯片输出端加用分立射随器进行功率放大，是一个简单经济可行的设计方案，见图 8.5.2。

输出输入关系 $u_o=(1+R_f/R_1)u_i$ 不变，但负载电流 i_o 不再直接由运放芯片提供，而是改由射随器提供。运放芯片所提供功率晶体管基极电流 i_b 只有负载电流 i_o 的 $1/(\beta+1)$。

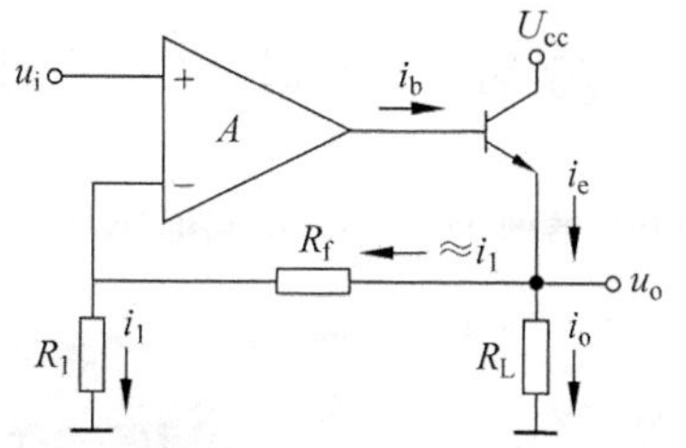

图 8.5.2　带 BJT 功放级的闭环运算放大电路

思考题

8.5.1　集成运算放大器应用时一定要首先接调零电位器吗?

8.6　本章小结

一、总体内容

内含偏置电路、输入电阻 1MΩ 以上的、电压放大倍数 $A=10^4$ 以上的特高输入电阻、特高电压增益、双输入单输出集成差分放大器称为集成运算放大器。集成运算放大器具有高放大倍数、高输入电阻、高共模抑制比等优点,也有电压放大倍数虽然大但不准确等不足。集成运算放大器通常不直接开环使用,而是外接反馈网络后闭环使用。闭环使用时输出输入关系基本上只取决于外接反馈元件,差动放大器本身电压放大倍数的离散性、非线性对输出与输入的关系没有直接影响,通过精心设计外接反馈元件就能获得很高的运算精度。

本章介绍了集成运算放大器的线性应用和非线性应用,以及应用技巧。

二、各节要点

8.1　集成运算放大器的线性应用(1)

介绍运放比例运算、加法运算、减法运算、微分运算、积分运算电路的分析设计方法及应用,同相比例运算、加法运算与反相比例运算、加法运算的区别。

8.2　集成运算放大器的线性应用(2)

介绍运放对数运算与反对数运算、有源滤波等电路的分析设计方法及应用。

8.3　集成运算放大器的线性应用(3)测量放大器

介绍由运放组成的测量放大器的分析设计方法及应用。学习测量放大器一节,要注意测量放大器电路从图 8.3.1 到图 8.3.4 再到图 8.3.5 的一步步发展,从图 8.3.1 到图 8.3.4 的发展是共模抑制比的提高,从图 8.3.4 到图 8.3.5 的发展是输入电阻进一步提高了。

8.4　集成运算放大器的非线性应用比较器

介绍单限比较器、滞后比较器等各种比较器工作原理及应用。

8.5　集成运算放大器使用技巧

介绍集成运算放大器锁零电路、调零电路、保护电路及防振电路的工作原理和应用。

运放锁零电子开关选用 JFET 而不是 BJT,主要是考虑 JFET 的两个主电极漏极与源极具有互换性,而 BJT 的两个主电极集电极与发射极没有互换性。

三、关键知识

集成运算放大器两个输入端电位非常接近,两个输入电流与外接 RC 网络的电流相比非常小,实际上在集成运算放大器两个输入端电位相等、两个输入电流为零的条件下进行分析计算。

还要注意:一个芯片上可能不止一个运放单元。原理图一般省略电源电压,实际使用时一定别忘记接电源。

8.7 仿真与实训八 升压器

图 8.7.1 是同相比例放大器即升压器的 Multisim 仿真图，2V 经 3 倍升压为 6.004V，精度很高。

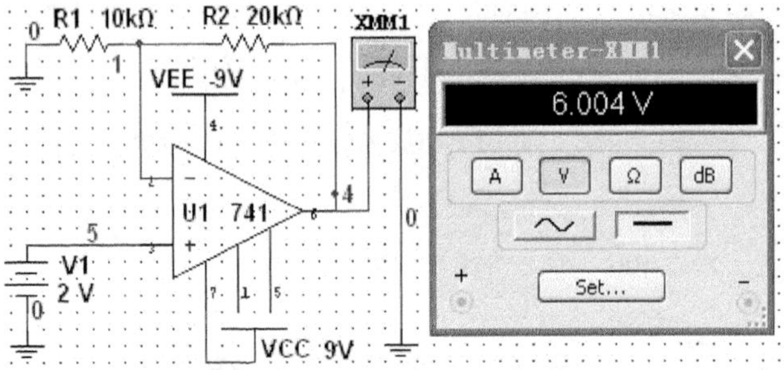

图 8.7.1 Multisim 仿真升压器

图 8.7.2 是同相比例放大器即升压器的实物图，2.006V 经 3 倍升压为 6.05V，精度也较高。

图 8.7.2 在面包板上进行升压器实验

两块 9V 叠层电池头对尾压在一起，并压入 1 根地线，即获得±9V 电源。

OPA 选用 741，2V 信号源用 100kΩ 电位器对 9V 叠层电池电压分压获得。

8.8 习 题 八

8.1.1 反相比例放大电路图 8.8.1 中 $R_1=2\text{k}\Omega$，$R_2=20\text{k}\Omega$，试分别就输入信号电压 $u_i=0.5\text{V}$、$u_i=0.5\sin\omega t(\text{V})$ 计算输出电压。

8.1.2 同相比例放大器图 8.8.2 中 $R_1=2\text{k}\Omega$，$R_2=18\text{k}\Omega$，试分别就 $u_i=0.5\text{V}$、$u_i=0.5\sin\omega t(\text{V})$ 计算输出电压 u_o。

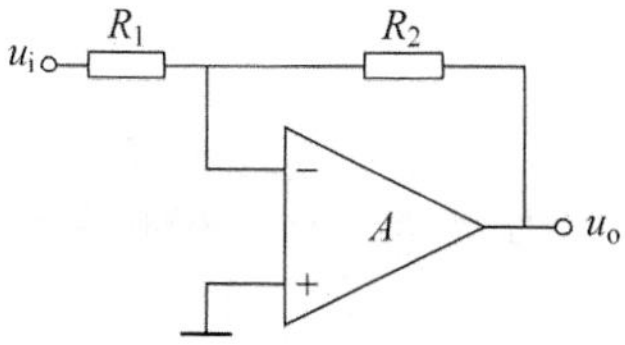

图 8.8.1　反相比例放大电路

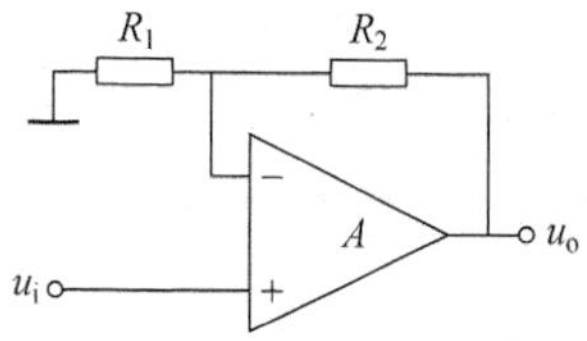

图 8.8.2　同相比例放大电路

8.1.3　反相比例加法器图 8.8.3 中 $R_1=R_2=3\text{k}\Omega$，$R_3=12\text{k}\Omega$，试分别就输入信号电压 $u_{i1}=1\text{V}$、$u_{i2}=2\text{V}$ 和 $u_{i1}=1\sin\omega t(\text{V})$、$u_{i2}=2\sin\omega t(\text{V})$ 计算输出电压 u_o。

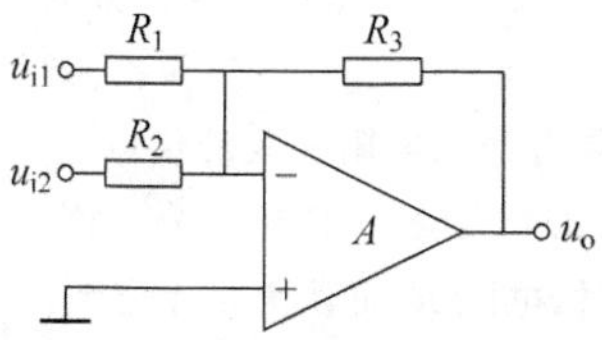

图 8.8.3　反相比例加法电路

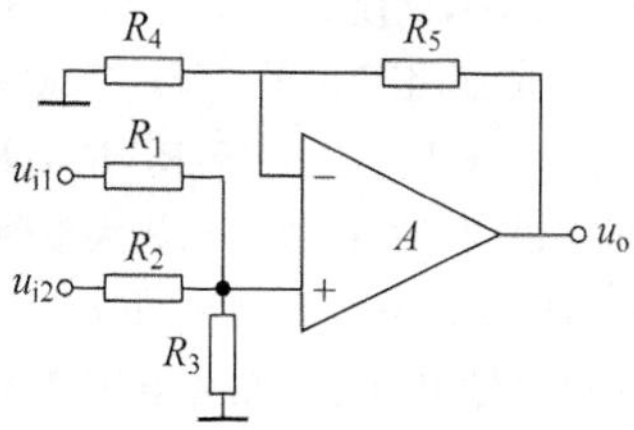

图 8.8.4　同相比例加法电路

8.1.4　同相比例加法电路图 8.8.4 中 $R_1=R_2=R_3=R_4=10\text{k}\Omega$，$R_5=20\text{k}\Omega$，试分别就输入信号电压 $u_{i1}=1\text{V}$、$u_{i2}=2\text{V}$ 和 $u_{i1}=\sin\omega t(\text{V})$、$u_{i2}=2\sin\omega t(\text{V})$ 计算输出电压 u_o。

8.1.5　要求闭环运放电路输出输入关系为 $u_o=3u_{i1}+u_{i2}$，试构造电路。

8.1.6　试证明三电压同相加法电路图 8.8.5 的输出电压为 $u_o=u_{i1}+u_{i2}+u_{i3}$。

图 8.8.6 将 n 个电压 u_{i1}、u_{i2}、…、u_{in} 分别经 n 个电阻 R_1、R_2、…、R_n 输入到运算放大器同相端，再经 R_{n+1}、R_{n+2} 反馈后输出，试证明其输出电压 $u_o=u_{i1}+u_{i2}+\cdots+u_{in}$。

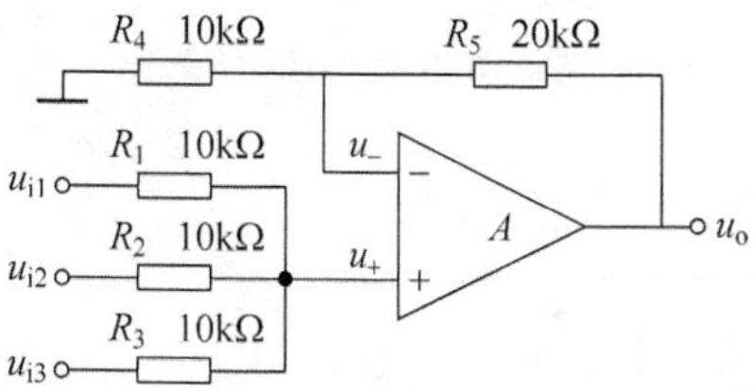

图 8.8.5　三电压直接输入同相加法电路

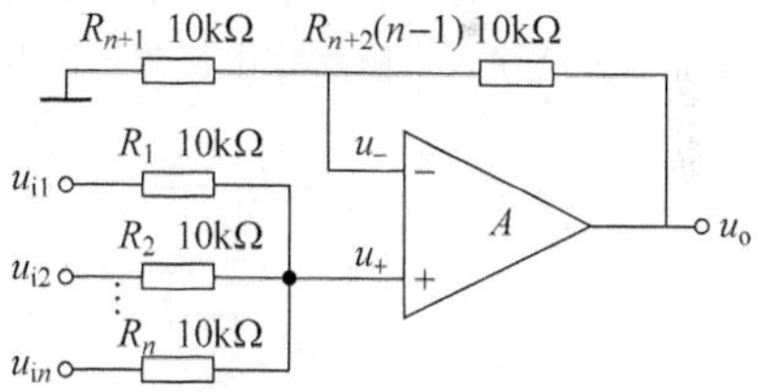

图 8.8.6　n 电压直接输入同相比例加法电路

8.1.7　减法电路图 8.8.7 中 $R_1=R_2=10\text{k}\Omega$，$R_3=R_4=20\text{k}\Omega$，推证 u_o 与 u_i 的一般关系式，并分别就输入信号(1) $u_{i1}=1\text{V}$、$u_{i2}=2\text{V}$；(2) $u_{i1}=2\sin\omega t(\text{V})$、$u_{i2}=4\sin\omega t(\text{V})$ 计算输出电压 u_o。

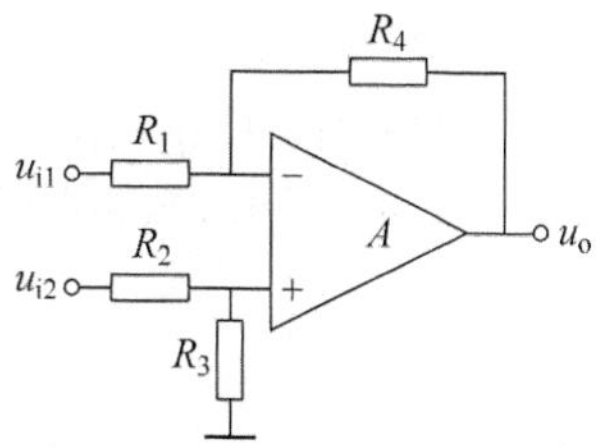

图 8.8.7　减法电路

8.1.8　四输入综合加减法电路图 8.8.8 中电阻 $R_4=R_3=R_2=R_1$，$R_5=R_6$，试证明输出电压与四个输入电压的关系为 $u_o=R_6/R_1(u_{i1}+u_{i2}-u_{i3}-u_{i4})$。

而且可以推广到一般情况：$2n$ 个信号电压中的一半电压经过相同电阻同相输入，另一半信号电压经过相同电阻反相输入，运放反馈电阻与其同相输入端和地之间所接电阻相等，设反馈电阻为 R_f，$R_f=R_5$，则有 $u_o=R_f/R_1(u_{i1}+u_{i2}+\cdots+u_{in}-u_{i(n+1)}-u_{i(n+2)}-\cdots-u_{i(2n)})$。

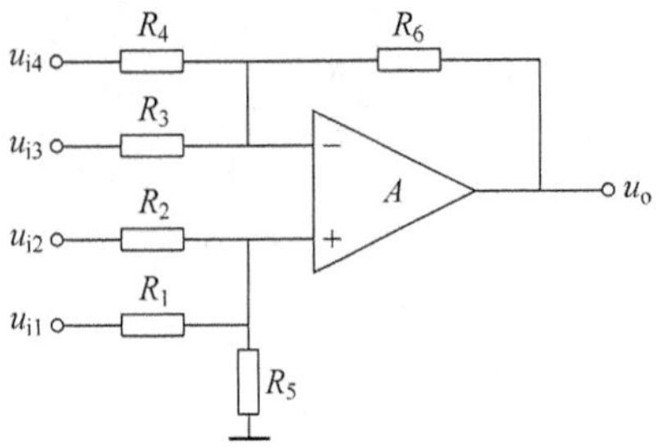

图 8.8.8　四输入综合加减法电路

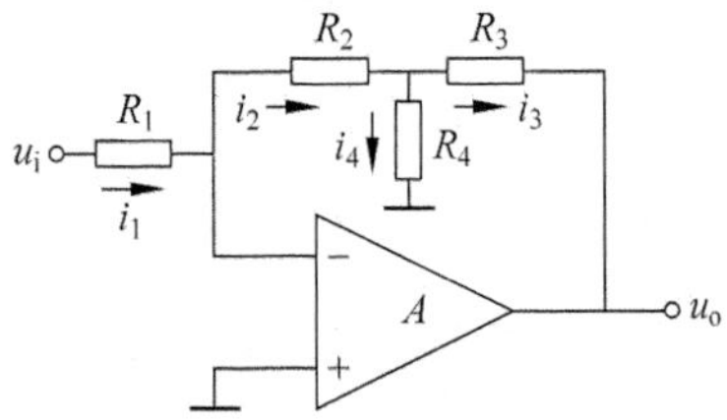

图 8.8.9　T 型电阻网络反相比例电路

取 $R_5=2\text{k}\Omega, R_6=5\text{k}\Omega$，欲使 $u_o=u_{i1}+2u_{i2}-3u_{i3}-4u_{i4}$，应如何确定各电阻值？

8.1.9　(发 1828)试证明图 8.8.9 所示 T 型电阻网络放大器闭环电压放大倍数为

$$A_f = u_o/u_i = -(R_2+R_3+R_2R_3/R_4)/R_1$$

求其输入电阻，并说明其在同等电压放大倍数条件下具有输入电阻较大的优点。

8.1.10　试证明图 8.8.10 可实现比例微分运算，图 8.8.11 可实现比例积分运算。推导图 8.8.11 电路输出与输入信号电压之间的关系时，电阻 R_1 可认为是无穷大。

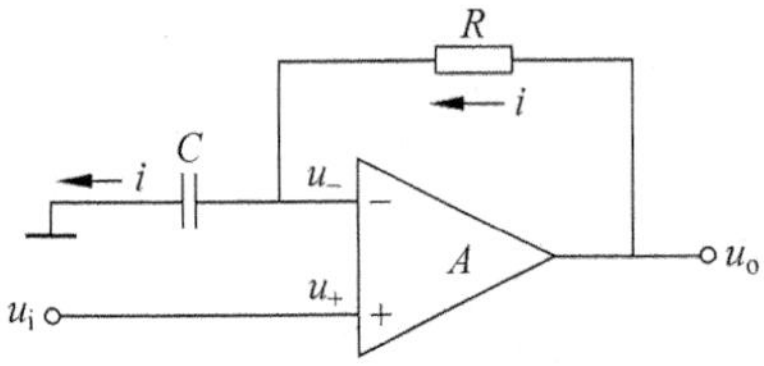

图 8.8.10　同相输入模式微分电路

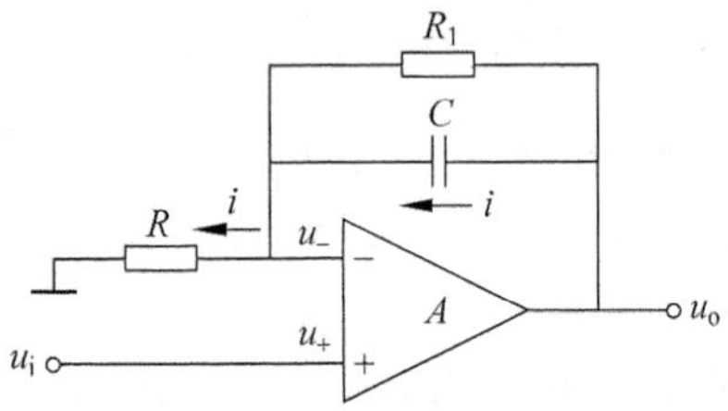

图 8.8.11　同相输入模式积分电路

8.1.11　试计算习题 7.2.1 中的 6 个电路的总闭环电压放大倍数。

8.1.12　一种高输入电阻受控电流源见图 8.8.12，$R=R_1+R_2$，试证明 $I_L=-2U_i/R_1$

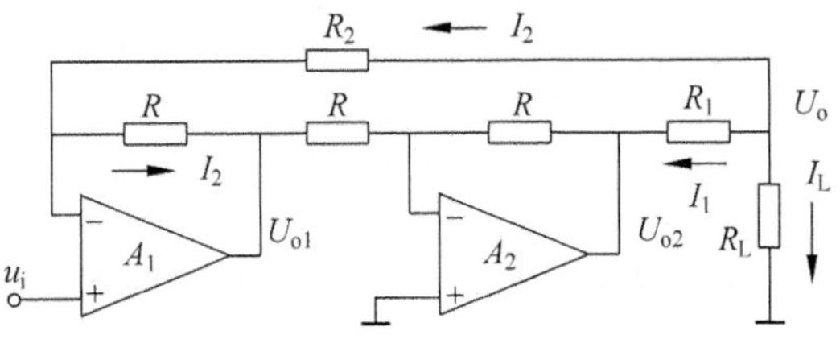

图 8.8.12　一种高输入电阻受控电流源

8.1.13　图 8.8.13 电压波形整形及变换电路输入信号电压 $u_i=3\sin\omega t$(V)，稳压二极管稳定电压 $U_z=6\text{V}$，试分析并画出输出电压波形。电阻 R_3 可认为是无穷大。

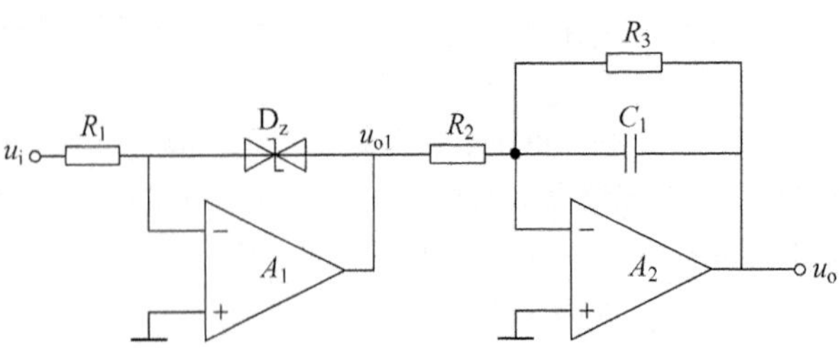

图 8.8.13　电压波形整形及变换电路

8.1.14　图 8.8.14 两个运放、两只二极管及 5 只电阻组成的电路，输入正弦电压 $u_i = U_m \sin\omega t$ 时，由于二极管的不对称作用，输出大致为枫叶形电压，故称之为枫叶电压发生器。认为 A_1、A_2 为理想运放，试在两种条件下分析其工作原理，写出 u_o 与 u_i 的关系。

(1) 设二极管 D_1、D_2 为理想的，其正向压降为 0；

(2) 设二极管 D_1、D_2 为 0.7V 恒压降，大致勾画出输出电压 u_o 的枫叶状波形；

(3) D_1、D_2 的方向颠倒，其余不变，分析电路功能如何变化；

(4) Multisim 仿真结果如何，说明应该如何灵活使用 Multisim 等仿真工具。

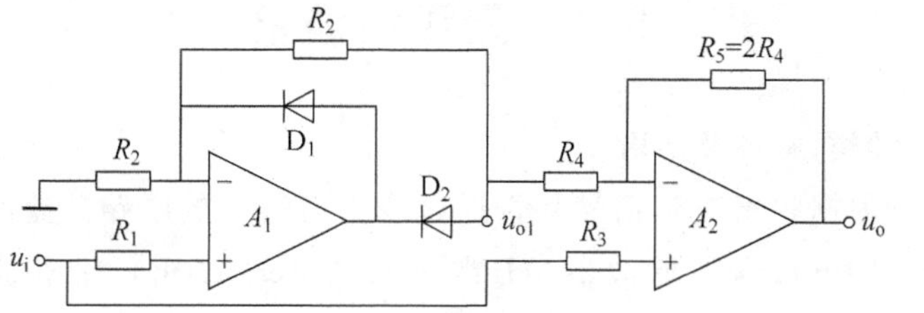

图 8.8.14　枫叶电压发生器

8.1.15　试证明考虑补偿 OPA 的输入偏置电流及失调电流对输出电压的影响时，图 8.1.1 及图 8.1.2 电路中平衡电阻应为 $R_3 = (I_{bn}/I_{bp})R_1//R_2$。

8.2.1　如图 8.8.15 所示模拟乘法器和 OPA 都是理想的，电路输出电压 u_o 与输入电压 u_{i1}、u_{i2} 的关系应为________。

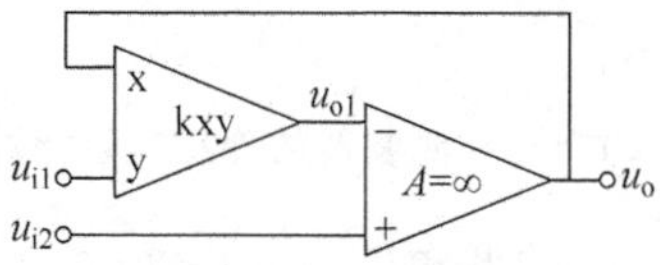

图 8.8.15　乘除法电路

A. $u_o = ku_{i1}u_{i2}$　　B. $u_o = \frac{ku_{i1}}{u_{i2}}$　　C. $u_o = \frac{ku_{i2}}{u_{i1}}$　　D. $u_o = \frac{u_{i2}}{ku_{i1}}$

第9章　滤波电路

有些无益信号不能指望用差分放大器来滤除。滤波器就是一种能根据信号频率决定其是否通过的电路。本章介绍滤波原理及常见的无源滤波器和有源滤波器。

9.1　无源滤波器

滤波器概念、种类、特性及术语

滤波器是一种根据频率决定信号是否通过或如何通过的电路。滤波器分低通滤波器(Low Pass Filter，LPF)、高通滤波器(High Pass Filter，HPF)、带通滤波器(Band Pass Filter，BPF)和带阻滤波器(Band Elimination Filter，BEF)(陷波器)及全通滤波器(All Pass Filter，APF)等五种类型，见图 9.1.1。带通滤波器与带阻滤波器统称为谐振滤波器。

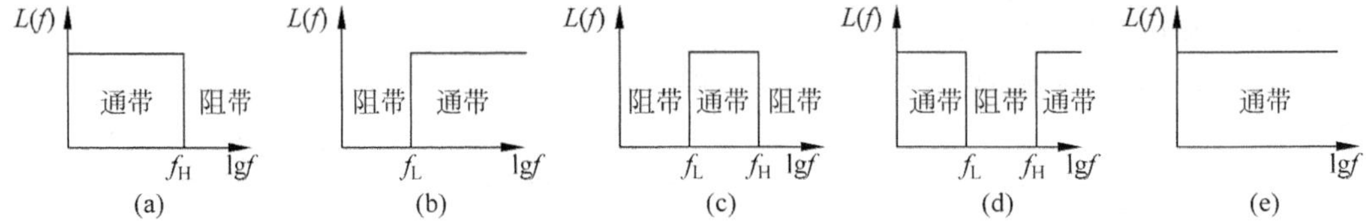

图 9.1.1　五种滤波器的理想幅频特性曲线

(a) 低通滤波器(LPF)：0～f_H的低频信号允许通过，>f_H的高频信号禁行。

(b) 高通滤波器(HPF)：f_L～∞的高频信号允许通过，<f_L的低频信号禁行。

(c) 带通滤波器(BPF)：f_L～f_H的中频信号允许通过，<f_L及>f_H的信号禁行。

(d) 带阻滤波器(BEF)：<f_L和>f_H的信号允许通过，f_L～f_H的中频信号禁行。

(e) 全通滤波器(APF)：所有频率的信号都允许通过，指定频率的信号发生相移。

前四种滤波器，看重的主要是幅频特性，全通滤波器看重的则是相频特性。

滤波器分 RC 电路组成的无源滤波器和外加 OPA 的有源滤波器两种。

9.1.1　一阶 *RC* 低通滤波器及高通滤波器

1. 一阶 *RC* 低通滤波器(第二功能：0～90°滞后移相器)

按照 RC 串联分压原理，图 9.1.2 所示 RC 电路输出电压、电压比及相位移各为

$$\dot{U}_o = \frac{1/\mathrm{j}\omega C}{R + 1/\mathrm{j}\omega C}\dot{U}_i = \frac{1}{1+\mathrm{j}\omega RC}\dot{U}_i \tag{9.1.1}$$

$$|A(\omega)| = \left|\frac{\dot{U}_o}{\dot{U}_i}\right| = \frac{1}{\sqrt{1+(\omega RC)^2}} \tag{9.1.1a}$$

$$\varphi(\omega) = -\arctan(\omega RC) \tag{9.1.2}$$

频率较低时，$|A(\omega)| \approx 1$，输入电压几乎全部通过，输出电压几乎达到输入电压；频率较高时，$|A(\omega)| \approx 0$，输入电压几乎全部禁行，输出电压几乎为 0，所以叫做低通滤波器。

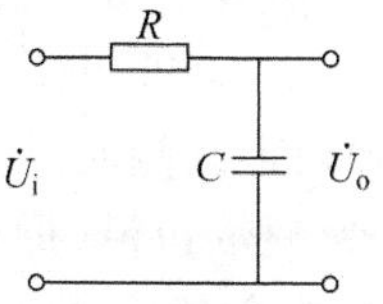

图 9.1.2　一阶 RC 低通滤波器(0～90°滞后移相器)

$f<f_H$的频段称为低通滤波器的通带，也叫频带；$f>f_H$的频段称为阻带。

图 9.1.2 属于一阶电路，故叫做一阶 RC 低通滤波器。

1) 一阶 RC 低通滤波器的对数幅频特性曲线

电压、电流放大倍数的常用对数的 20 倍，$20\lg|A_u|$定义为电压增益 L。功率放大倍数的常用对数的 10 倍，$10\lg|A_p|$定义为功率增益 L。增益 L 与放大倍数 A 的对照关系见表 9.1.1。

表 9.1.1　增益 L(dB)与放大倍数 A 的对照表

放大倍数 A_u、A_i	0.1	0.707	1	10	10^2	10^3	10^4	10^5
增益 L/dB	−20	−3	0	20	40	60	80	100

$$L(\omega)=20\lg|A(\omega)|$$

通常增益函数 $L(\omega)$作为纵轴。设 $\omega_0=1/RC$，则 $\omega RC=\omega/\omega_0$。$\lg(\omega/\omega_0)$叫做对数频率。$\lg(\omega/\omega_0)$作为横轴，叫做对数频率轴。设 $\lg(\omega/\omega_0)=x$，则 $\omega/\omega_0=\omega RC=10^x$。

ω 每变化 10 倍，对数频率 $x=\lg(\omega/\omega_0)$每变化 1，叫做 10 倍频程，用 dec 表示。

一阶 RC 低通滤波器的幅频特性函数式(9.1.1a)和相频特性函数式(9.1.2)可分别表示为

$$L(\omega)=20\lg|A(\omega)|=-10\lg(1+10^{2x})\tag{9.1.1b}$$

$$\varphi(\omega)=-\arctan10^x\tag{9.1.2a}$$

当 $\omega/\omega_0\ll1$ 即 $x\ll1$ 时，$|A(\omega)|\approx1$，$L(\omega)\approx0$。

当 $\omega/\omega_0\gg1$ 即 $x\gg1$ 时，$L(\omega)=-10\lg10^{2x}=-20x<0$。

函数 $L(\omega)=-20x$ 表示每 10 倍频程下降 20 分贝，即斜率 20dB/dec 的直线，是当频率趋近无穷大时对数幅频特性曲线的渐近线，叫做高频渐近线，见图 9.1.3。

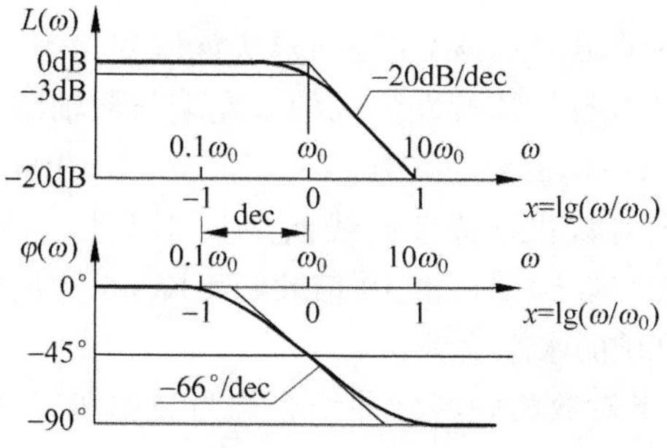

图 9.1.3　一阶 RC 低通滤波器的波德图

理想低通滤波器应当在频率达到某值时信号全被挡住，即水平的幅频特性曲线到频带高端时猛然向下拉，变得笔陡，见图 9.1.1。实际上设计电路只能使幅频特性曲线尽可能陡峭。就是说，低通滤波器的幅频特性到频带高端时是缓慢下降的。这就存在一个问题，究竟该在幅频特性衰减到多大比例时定义为频带边沿，即上限频率 f_H。实际衰减到 70%、60% 乃至 50%都可考虑，问题是哪个操作起来方便些。

频带内的幅频特性通常叫做中频特性。中频特性曲线通常是水平线。令 $\omega=0$，得到一阶 RC 低通滤波器中频特性为 $L(\omega)=0\text{dB}$。$L(\omega)=0\text{dB}$ 水平线与高频渐近线 $L(\omega)=-20x$ 的交点 $x=0$ 处的频率 $\omega=\omega_0$ 叫做高频转折频率。

用 $A(\omega)$ 函数式(9.1.1a)可以计算，在高频转折频率 $\omega=\omega_0$ 处，$A(\omega_0)=1/\sqrt{2}=0.707$，$L(\omega_0)=20\lg(1/\sqrt{2})=20\lg 0.707=-3\text{dB}$，见图 9.1.3。

就是说，如果用幅频特性下降到原先的 $1/\sqrt{2}$ 或 0.707 倍，即对数幅频特性下降 3dB 来作为上限频率条件，则高频转折频率就是上限频率。

根据幅频特性下降到原先的 $1/\sqrt{2}$ 或 0.707 倍，即对数幅频特性下降 3dB 来定义上下限频率，有以下几个操作方便的好处：

(1) 渐近线斜率为 ±20dB/dec 时，高/低频转折频率就是上/下限频率，判断起来特快。

(2) 一阶情况下时令幅频特性函数 $A(\omega)$ 的分母的虚、实部相等，就是上/下限频率条件，用起来特方便。

如此看，一阶 RC 低通滤波器的上限频率(截止频率)

$$\omega_H=\frac{1}{RC},\quad f_H=\frac{1}{2\pi RC} \tag{9.1.3}$$

实际上绘制一阶 RC 低通滤波器的对数幅频特性曲线时，首先画出中频特性水平线及斜率 −20dB/dec 的渐近线，然后在转折频率处向下走 3dB，找出一个点，过此点画光滑曲线与中频水平线及渐近线贴合，即得到所求曲线。

2) 一阶 RC 低通滤波器的半对数相频特性曲线

与对数幅频特性曲线配套的相频特性曲线的横轴也是对数频率轴，纵轴为普通角度轴，所以称为半对数相频特性曲线。

微分半对数相频特性函数 $\varphi(\omega)$ 式(9.1.2a)有

$$\frac{\mathrm{d}\varphi}{\mathrm{d}x}=-\frac{10^x}{1+10^{2x}}\ln 10\,\text{rad/dec}$$

$$\frac{\mathrm{d}^2\varphi}{\mathrm{d}x^2}=-\frac{1-10^{3x}}{(1+10^{2x})^2}\ln^2 10$$

$\omega\to 0$ 时，$x\to-\infty$，$\varphi\to 0°$，$\mathrm{d}\varphi/\mathrm{d}x\to 0$，$\mathrm{d}^2\varphi/\mathrm{d}x^2$ 从负值变化为 0，曲线上凸，存在一条与横轴重合的渐近线，或者说半对数相频特性曲线的最左端与横轴贴合。

在转折频率处，$\omega=\omega_0$，$x=0$，$\varphi\to-45°$，$\mathrm{d}\varphi/\mathrm{d}x=-0.5\ln 10\,\text{rad/dec}=-1.1513\,\text{rad/dec}\approx-66°/\text{dec}$，$\mathrm{d}^2\varphi/\mathrm{d}x^2=0$，半对数相频特性曲线曲率为 0，且以 −66°/dec 斜率(即每 10 倍频程 66°)变化，存在一条过点(0，−45°)、每 10 倍频程下降 66°的渐近线，称为中点渐近线。

高频段渐近线为过 −90°的水平直线。

对数幅频特性曲线与半对数相频特性曲线合称为波德图，见图 9.1.3。

RC 低通滤波电路除了具有高频成分衰减功能之外，还具有滞后移相功能。从式(9.1.2)可看出，信号频率越高，输出电压相对于输入电压的滞后就越大。当信号频率等于截止频率，即 $\omega RC=1$ 时，输出电压比输入电压滞后 45°。$\omega RC\to\infty$ 时，滞后移相可达 90°。

电力电子技术中的晶闸管正弦波同步触发电路就使用了这种 RC 电路，但目的不是低通滤波，而是进行滞后移相控制。

这个例子告诉我们，一种电路，有时用的是幅频特性，有时用的是相频特性。

2. 一阶 RC 高通滤波器(第二功能：0～90°超前移相器)

按照 RC 串联分压原理，图 9.1.4 所示 RC 高通滤波器输出电压为

$$\dot{U}_o=\frac{R}{R+1/j\omega C}\dot{U}_i=\frac{j\omega RC}{1+j\omega RC}\dot{U}_i$$

$$A(\omega)=\left|\frac{\dot{U}_o}{\dot{U}_i}\right|=\frac{\omega RC}{\sqrt{1+(\omega RC)^2}} \tag{9.1.4}$$

$$\varphi=90^\circ-\arctan(\omega RC)=\arctan(1/\omega RC) \tag{9.1.5}$$

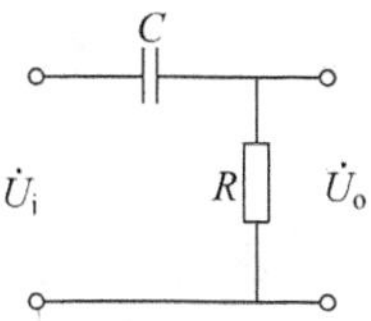

图 9.1.4　一阶 RC 高通滤波器(0～90°超前移相器)

仿照一阶 RC 低通滤波器，可以画出一阶 RC 高通滤波器波德图，见图 9.1.5。

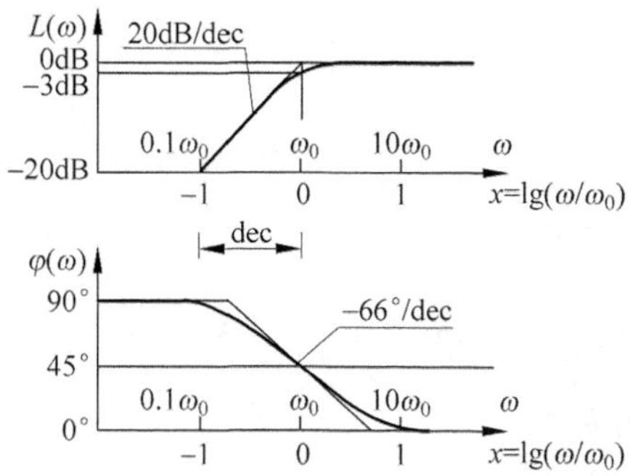

图 9.1.5　一阶 RC 高通滤波器的波德图

频率较低时输出电压几乎为 0，而频率较高时输出电压几乎达到输入电压，所以叫做高通滤波器。将输出电压与输入电压幅度比降低为 $1/\sqrt{2}\approx70.7\%$ 时的频率称为下限频率。用 ω_L 表示下限角频率，令有 $\omega_L RC=1$，从中可求出高通滤波器下限角频率及下限频率各为

$$\omega_L=\frac{1}{RC},\quad f_L=\frac{1}{2\pi RC} \tag{9.1.6}$$

将 $f<f_L$ 的频段称为高通滤波器的阻带，$f>f_L$ 的频段称为通带(频带)。

电容输入、电阻输出的 RC 电路也可当成超前移相器使用。

一般给定电阻 $R=1\sim10\text{k}\Omega$，再根据截止频率和电阻设计电容 C 值。

低通滤波器的上限频率和高通滤波器的下限频率统称为截止频率。电压下降到原值的 0.707 倍时，功率下降一半。故按照电压下降到原值的 0.707 倍时得到上下限频率也称为半功率频率(点)。

9.1.2 带通滤波器

带通滤波器的基本功能是放过特定频率的电压，阻止其他或高或低频率成分的电压。或者说，带通滤波器的基本功能是放手让一定频率成分的电压通过，对其他频率的电压“严加看管”，阻止它们通过。带通滤波器输出电压与频率的山峰形关系曲线见图 9.1.6。

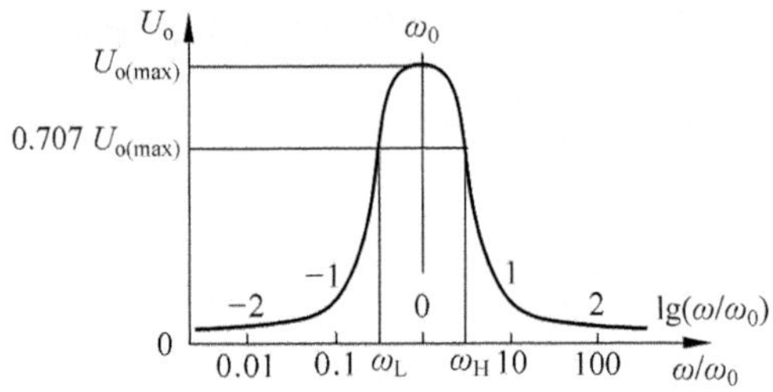

图 9.1.6 带通滤波器幅频特性曲线(以等 *RC* 串并联电路画出)

1. 串并联型 *RC* 带通滤波器

图 9.1.7 所示的串并联型 *RC* 电路稳态时分压比为

$$F=\frac{\dot{U}_o}{\dot{U}_i}=\frac{R//(1/j\omega C)}{R+1/j\omega C+R//(1/j\omega C)}$$

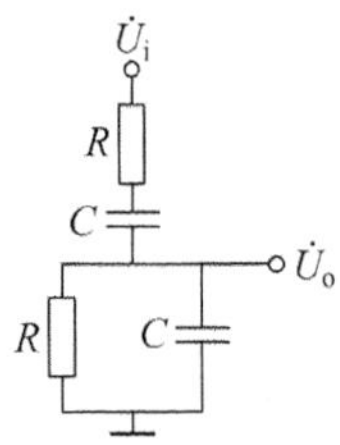

图 9.1.7 *RC* 串并联正分压比带通滤波器

化简得分压比计算公式为

$$F=\frac{1}{3+j(\omega RC-1/\omega RC)} \tag{9.1.7}$$

谐振频率及谐振频率下的 *RC* 串并联电路分压比各为

$$f_0=\frac{\omega_0}{2\pi}=\frac{1}{2\pi RC} \tag{9.1.8}$$

$$F_0=1/3 \tag{9.1.7a}$$

偏离谐振频率时分母中的虚部不再为 0，故分压比将小于 1/3。这就证明了 *RC* 串并联电路谐振频率下的分压比 F_0大于非谐振频率下的分压比 *F*，属于带通滤波器。

下面证明 *RC* 串并联电路谐振频率下两个电容电压不同相，因此总能交换电能。

图 9.1.7 所示 *RC* 串并联电路谐振时(即 $\omega RC=1$ 时)*RC* 串联阻抗 Z_{rcs}、*RC* 并联阻抗 Z_{rcp}及总阻抗 *Z* 计算如下

$$Z_{rcs}=R+\frac{1}{j\omega C}=\frac{1+j\omega RC}{j\omega C}=\frac{1+j}{j}R=(1-j)R$$

$$Z_{rcp}=\frac{R/j\omega C}{R+1/j\omega C}=\frac{R}{1+j\omega RC}=\frac{1}{1+j}R=0.5(1-j)R$$

$$Z=\left(\frac{1+\mathrm{j}}{\mathrm{j}}+\frac{1}{1+\mathrm{j}}\right)R=\frac{3}{1+\mathrm{j}}R$$

回路总电流为

$$\dot{I}=\dot{U}/Z=\frac{1+\mathrm{j}}{3R}\dot{U}$$

谐振时电容 C_1 电压为

$$\dot{U}_{\mathrm{c1}}=\frac{1}{\mathrm{j}\omega C}\dot{I}=\frac{1}{\mathrm{j}\omega C}\frac{1+\mathrm{j}}{3R}=\frac{1+\mathrm{j}}{3\mathrm{j}}\dot{U}$$

这说明谐振时上边电容 C_1 电压滞后于总电压 45°，而下边电容 C_2 电压与总电压同相，因此 C_2 与 C_1 电压存在 45°相位差。电容电荷与电压同步。电压存在相位差，说明 C_1 放完电时，C_2 具有充足的电荷；C_2 放完电时，C_1 具有充足的电荷。RC 串并联电路谐振时两个电容确实形成互补，总在交换电能。整个电路中总是存在充足的电能，奠定了振荡的基础。

RC 串并联谐振电路的特点是：谐振分压比为正，且因不用电感，没有高次谐波，故电压波形纯净，但提高谐振频率需要低阻值电阻。考虑电阻阻值越低，功率消耗就将越大，因此 RC 串并联谐振电路只适合于在比较低的频率下工作。串并联型 RC 带通滤波器在文氏电桥振荡电路中的应用见图 10.4.1。

2. 电容三点式 LC 负分压并联谐振电路

电感 L_1 和电容 C_1 的串联体与电容 C_2 并联构成的并联谐振电路见图 9.1.8。

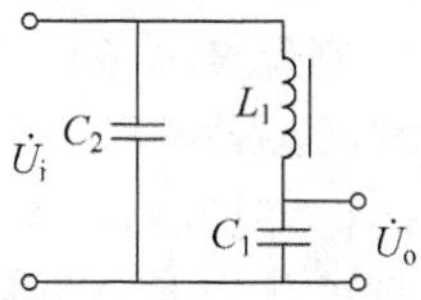

图 9.1.8 电容三点式 LC 并联谐振电路(电容输出负分压比)

电感 L_1 与电容 C_1 的串联阻抗为 $\mathrm{j}\omega L_1+\frac{1}{\mathrm{j}\omega C_1}=\frac{1-\omega^2 L_1 C_1}{\mathrm{j}\omega C_1}$

L_1C_1 串联体与电容 C_2 的并联阻抗为

$$\frac{\frac{1}{\mathrm{j}\omega C_2}\frac{1-\omega^2 L_1C_1}{\mathrm{j}\omega C_1}}{\frac{1}{\mathrm{j}\omega C_2}+\frac{1-\omega^2 L_1C_1}{\mathrm{j}\omega C_1}}=\frac{1-\omega^2 L_1C_1}{\mathrm{j}\omega C_1+\mathrm{j}\omega C_2-\mathrm{j}\omega^3 L_1C_1C_2}=\frac{1-\omega^2 L_1C_1}{\mathrm{j}\omega(C_1+C_2)\left(1-\omega^2 L_1\frac{C_1C_2}{C_1+C_2}\right)}$$

串联谐振频率为

$$f_{\mathrm{s0}}=\frac{\omega_{\mathrm{s0}}}{2\pi}=\frac{1}{2\pi}\sqrt{\frac{1}{L_1C_1}}$$

并联谐振频率，也是振荡频率为

$$f_{\mathrm{p0}}=\frac{\omega_0}{2\pi}=\frac{1}{2\pi}\sqrt{\frac{C_1+C_2}{L_1C_1C_2}} \tag{9.1.9}$$

显然，电路并联谐振频率总是高于串联谐振频率。故 C_2 应当明显小于 C_1，以便电路并联谐振频率与串联谐振频率相差较大，有利于起振及振荡可靠性。

稳态时自电容 C_1 上端引出电压的分压比为

$$F=\frac{\dot{U}_{\mathrm{o}}}{\dot{U}_{\mathrm{i}}}=\frac{1}{\mathrm{j}\omega C_1}\Big/\frac{1-\omega^2 L_1C_1}{\mathrm{j}\omega C_1}=\frac{1}{1-\omega^2 L_1C_1} \tag{9.1.10}$$

显然,该分压比与电路工作频率有关。工作频率小于串联谐振频率时,分压比 $F>0$;工作频率大于串联谐振频率时,分压比 $F<0$。该电路并联谐振频率大于串联谐振频率,故并联谐振时分压比 $F<0$。

并联谐振频率下的分压比为

$$F_0=\frac{1}{1-\frac{C_1+C_2}{L_1C_1C_2}L_1C_1}=\frac{1}{1-\frac{C_1+C_2}{C_2}}=-\frac{C_2}{C_1}$$

$$F_0=-\frac{C_2}{C_1} \tag{9.1.10a}$$

这种电路由电感 L_1 和电容 C_1 的串联体与电容 C_2 并联构成,其并联谐振分压比小于 0,相频特性为 $-180°$,故叫做电容三点式负分压比 LC 并联谐振电路。

设 $\omega^2=(1+\delta)\omega_0{}^2$ 代入式(9.1.10)并配方化简,可得到偏离并联谐振频率时的分压比为

$$F=\frac{1}{1-(1+\delta)\frac{C_1+C_2}{C_2}}=\frac{1}{1+\delta+\delta\frac{C_2}{C_1}}F_0 \tag{9.1.10b}$$

由此看出,$\omega<\omega_0$ 时,$|F|>|F_0|$;$\omega>\omega_0$ 时,$|F|<|F_0|$。因此这种电路本身既非带通滤波,也非带阻滤波。不过,这种电路作为负载接在放大器输出端,利用其并联谐振时相当于空载,而放大器空载输出电压比负载输出电压高,实际上也能形成带通滤波效果,作为带通滤波器用在科比兹振荡器里,因此把它归在带通滤波器一类电路里介绍。

分压比就是反馈系数。若 $C_2\ll C_1$,则反馈系数的绝对值太小而影响起振。仿真实验表明,$\beta=100$,$L_1=0.5\text{mH}$,$C_1=270\text{nF}$ 时,C_2 若小于 1nF,即分压比绝对值小于 0.37%,则很难起振。C_2 刚达到 1nF 时,虽然开始起振,但振幅不大。实际上取 $C_2/C_1=3$ 比较合适。

电容三点式负分压 LC 带通滤波器的优点是:谐振频率高,且电压自电容上端引出,因此波形较好。

3. 电感三点式 LC 负分压并联谐振电路

电感 L_1 和电容 C_1 的串联体与电感 L_2 相并联构成的谐振电路见图 9.1.9。

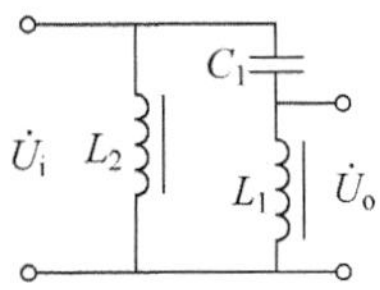

图 9.1.9 电感三点式 LC 并联谐振电路(电感输出负分压比)

电感 L_1 与电容 C_1 的串联阻抗为

$$\mathrm{j}\omega L_1+\frac{1}{\mathrm{j}\omega C_1}=\frac{1-\omega^2L_1C_1}{\mathrm{j}\omega C_1}$$

L_1C_1 串联体与电感 L_2 的并联阻抗为

$$\frac{\mathrm{j}\omega L_2\frac{1-\omega^2L_1C_1}{\mathrm{j}\omega C_1}}{\mathrm{j}\omega L_2+\frac{1-\omega^2L_1C_1}{\mathrm{j}\omega C_1}}=\frac{\mathrm{j}\omega L_2(1-\omega^2L_1C_1)}{1-\omega^2(L_1+L_2)C_1}$$

串联谐振频率为 $f_{s0}=\frac{\omega_{s0}}{2\pi}=\frac{1}{2\pi}\sqrt{\frac{1}{L_1C_1}}$

并联谐振频率，也是振荡频率为

$$f_{p0}=\frac{\omega_0}{2\pi}=\frac{1}{2\pi}\sqrt{\frac{1}{(L_1+L_2)C_1}} \tag{9.1.11}$$

显然，电路并联谐振频率小于串联谐振频率。

以 L_1 下端为参考点，自 L_1 上端引出电压的分压比为

$$F=\frac{\mathrm{j}\omega L_1}{1/\mathrm{j}\omega C_1+\mathrm{j}\omega L_1}=\frac{-\omega^2L_1C_1}{1-\omega^2L_1C_1}=\frac{\omega^2L_1C_1}{\omega^2L_1C_1-1}$$

该分压比与电路工作频率有关。工作频率大于串联谐振频率时，分压比 $F>0$；工作频率小于串联谐振频率时，分压比 $F<0$。该电路并联谐振频率小于串联谐振频率，故并联谐振时分压比 $F<0$。

并联谐振频率下的分压比为

$$F_0=\frac{\frac{1}{(L_1+L_2)C_1}L_1C_1}{\frac{1}{(L_1+L_2)C_1}L_1C_1-1}=\frac{L_1}{L_1-(L_1+L_2)}=-\frac{L_1}{L_2}$$

$$F_0=-\frac{L_1}{L_2} \tag{9.1.12}$$

这种电路由电感 L_1 和电容 C_1 的串联体与电感 L_2 并联构成，其并联谐振分压比小于 0，相频特性为 180°，故叫做电感三点式负分压比 LC 并联谐振电路。

电感三点式负分压比 LC 并联谐振电路与上述电容三点式负分压比 LC 并联谐振电路相似，它们自身都既不是带通滤波器，也不是带阻滤波器，但是都能利用并联谐振时的空载效应形成带通滤波效果，实际上作为带通滤波器用在哈特莱振荡器里，因此把它归在带通滤波器一类电路里介绍。

并联电感型负分压 LC 带通滤波器的优点是：谐振频率高，但因电压自电感一端引出，故电压波形较差。

9.1.3 带阻滤波器

带阻滤波器的基本功能是阻止特定频率的电压，而让其他频率成分的电压通过。或者说，带阻滤波器的基本功能是放手让一般频率成分的电压通过，但对特定频率的电压“严加看管”，阻止其通过。带阻滤波器输出电压与频率的峡谷形关系曲线见图 9.1.10。

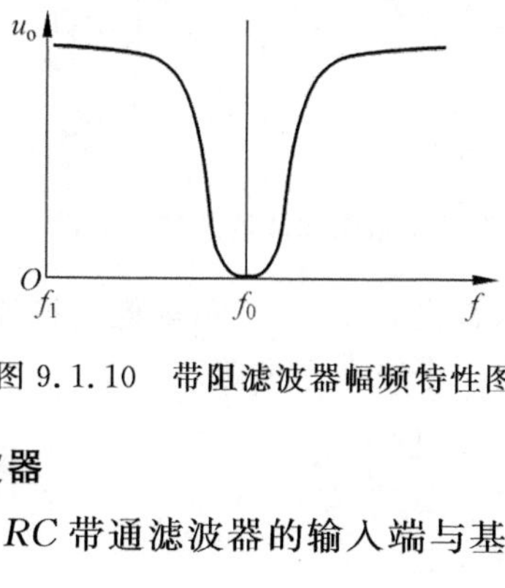

图 9.1.10 带阻滤波器幅频特性图

1. 并串联型 RC 带阻滤波器

将图 9.1.7 所示串并联型 RC 带通滤波器的输入端与基准地互换，就得到并串联型 RC 带阻滤波器，见图 9.1.11。

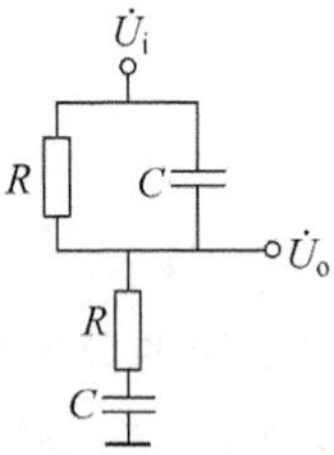

图 9.1.11　正分压比 RC 并串联谐振电路(带阻滤波器)

稳态时分压比为 $F=\dfrac{\dot{U}_o}{\dot{U}_i}=\dfrac{R//1/j\omega C}{R+1/j\omega C+R//1/j\omega C}$

化简可得分压比计算公式为 $F=\dfrac{2+j(\omega RC-1/\omega RC)}{3+j(\omega RC-1/\omega RC)}$

谐振频率与串并联型 RC 带通滤波器相同，为

$$f_0=\frac{1}{2\pi RC} \tag{9.1.13}$$

谐振频率下的分压比为

$$F_0=2/3 \tag{9.1.14}$$

偏离谐振频率时，由于分子分母中的虚部都不再等于 0，分子分母虚部始终相等，但分子实数比较小，故分压比将大于 2/3。谐振频率下的分压比 F_0小于非谐振频率下的分压比 F，表现出带阻滤波器的基本特征，见图 9.1.10。

2. 双 T 网络 RC 带阻滤波器

双 T 网络 RC 带阻滤波器见图 9.1.12。可以看出，输入电压$\dot{U}_i$ 一方面经电阻 R 与电容 $2C$ 进行低通滤波后经另一个电阻 R 输出，另一方面又经电容 C 与电阻 $R/2$ 进行高通滤波后经另一个电容 C 输出。若低通滤波器截止频率低于高通滤波器截止频率，则中频成分被抑制，形成带阻滤波。图 9.1.12 中，低通滤波器截止角频率为 $\omega_L=1/(2RC)$，高通滤波器截止角频率为 $\omega_H=2/RC$，$\omega_{0H}=4\omega_{0L}$，已经形成了带阻滤波。

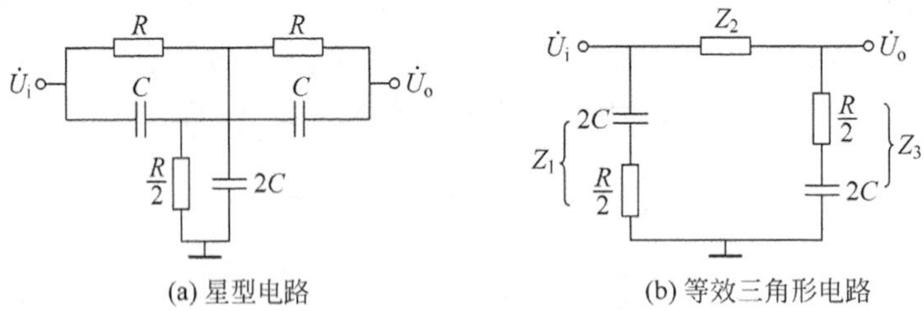

图 9.1.12　双 T 网络带阻滤波器及其星型到三角形的等效转换

为计算带阻滤波中心频率，首先利用星-三角等效转换原理，把两个星型电路分别等效转换为三角形电路，然后合并为一个三角形电路。

$$Z_1=Z_3=\frac{R}{2}+\frac{1}{2j\omega C}=\frac{j\omega RC+1}{2j\omega C} \quad ①$$

$$Z_2=\frac{2R(1+j\omega RC)}{1-\omega^2R^2C^2} \quad ②$$

设中间变量 $\lambda=\mathrm{j}\omega RC$，则式①、式②可分别表示为

$$Z_1=Z_3=\frac{R}{2}+\frac{1}{2\mathrm{j}\omega C}=\frac{\lambda+1}{2\mathrm{j}\omega C},\quad Z_2=\frac{2R(1+\lambda)}{1+\lambda^2}$$

将 Z_1、Z_2代入滤波器分压比计算公式 $F=\frac{\dot{U}_o}{\dot{U}_i}=\frac{Z_3}{Z_2+Z_3}$ 中有

$$F=\frac{\dot{U}_o}{\dot{U}_i}=\frac{1+\lambda}{2\mathrm{j}\omega C\left[\frac{2R(1+\lambda)}{1+\lambda^2}+\frac{1+\lambda}{2\mathrm{j}\omega C}\right]}=\frac{1+\lambda^2}{1+\lambda^2+4\lambda}$$

将 λ 换回 $\mathrm{j}\omega RC$ 即得到分压比频率特性函数为

$$F=\frac{\dot{U}_o}{\dot{U}_i}=\frac{1-\omega^2R^2C^2}{1-\omega^2R^2C^2+4\mathrm{j}\omega RC}$$

由此看出双 T 网络带阻滤波器谐振频率及分压比为

$$\omega_0=\frac{1}{RC}\quad\left(f_0=\frac{1}{2\pi RC}\right)\tag{9.1.15}$$

$$F_0=0\tag{9.1.16}$$

很明显，双 T 带阻滤波器中心频率 f_0介于低通滤波器截止频率 f_{0L}与高通滤波器截止频率 f_{0H}之间，f_0等于低通滤波器截止频率 f_{0L}与高通滤波器截止频率 f_{0H}的几何平均值。

偏离谐振频率时分压比将大于 0，电路呈现带阻特性，见图 9.1.10。

从谐振时 $1-\omega_0RC=0$，三角形顶边阻抗模$|Z_2|$为无穷大，将 U_o与 U_i阻断，使 $U_o=0$，也能直观地看出双 T 网络的带阻特性，见图 9.1.10。

思考题

9.1.1　滤波器都有什么种类？哪些滤波器能用于振荡器？

9.1.2　谐振滤波器谐振时的相位移除了 0°和 180°之外还有别的情况吗？

9.2　有源滤波器

9.2.1　有源低通滤波器

RC 无源滤波器的缺点是输出阻抗大、带负载能力差。把 *RC* 无源滤波电路的输出端接到同相比例电路的输入端，即构成有源滤波器。有源滤波器的特点是采用减反馈、同相端输入、反相侧放大；因运放输入电阻很大，所用 *RC* 无源滤波器相当于空载工作，滤波特性最好；并可利用运算放大器进行附加放大，弥补滤波器插入损耗。

1. 一阶 RC 有源低通滤波器

有源低通滤波器电路及其频率特性见图 9.2.1。

有源低通滤波器输出与输入之间的频率特性函数为

$$A(\omega)=\frac{\dot{U}_{o1}}{\dot{U}_i}=\left(1+\frac{R_2}{R_1}\right)\frac{1/\mathrm{j}\omega C}{R+1/\mathrm{j}\omega C}=\left(1+\frac{R_2}{R_1}\right)\frac{1}{1+\mathrm{j}\omega RC}$$

图 9.2.1 所示有源低通滤波器附加电压放大倍数为(1+22/10)=3.2 倍，折合 10dB。

有源低通滤波器上限频率与无源低通滤波器相同，设计过程一样。

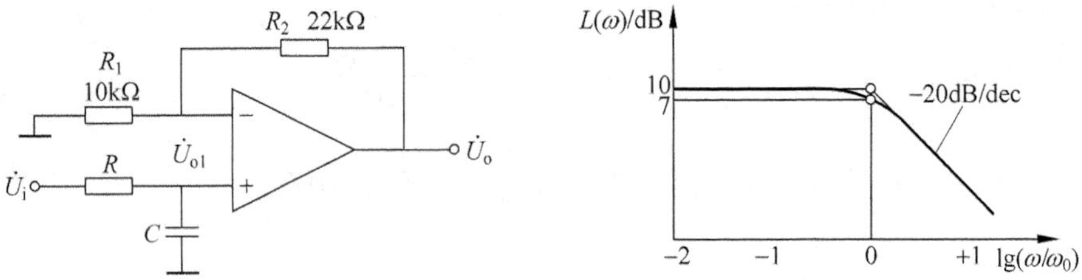

图 9.2.1　一阶有源低通 RC 滤波电路及其频率特性

2. 简单二阶有源低通滤波器

简单二阶有源低通滤波器电路及其频率特性见图 9.2.2。

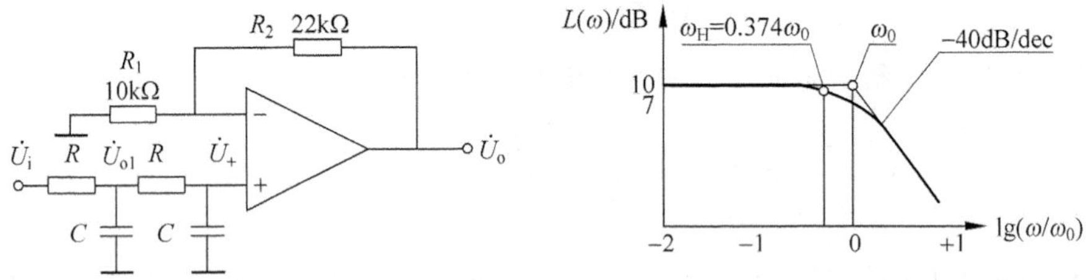

图 9.2.2　简单二阶有源低通 RC 滤波电路及其频率特性

左边第一个电容 C 与 RC 串联体的并联阻抗为

$$\frac{\frac{1}{\mathrm{j}\omega C}\left(R+\frac{1}{\mathrm{j}\omega C}\right)}{\frac{1}{\mathrm{j}\omega C}+R+\frac{1}{\mathrm{j}\omega C}}=\frac{R+\frac{1}{\mathrm{j}\omega C}}{2+\mathrm{j}\omega RC}=\frac{1+\mathrm{j}\omega RC}{(2+\mathrm{j}\omega RC)\mathrm{j}\omega C}$$

$$\dot{U}_{o1}=\frac{\frac{1+\mathrm{j}\omega RC}{(2+\mathrm{j}\omega RC)\mathrm{j}\omega C}}{R+\frac{1+\mathrm{j}\omega RC}{(2+\mathrm{j}\omega RC)\mathrm{j}\omega C}}\dot{U}_i=\frac{1+\mathrm{j}\omega RC}{(2+\mathrm{j}\omega RC)\mathrm{j}\omega RC+1+\mathrm{j}\omega RC}\dot{U}_i$$

$$\dot{U}_{o1}=\frac{1+\mathrm{j}\omega RC}{1+3\mathrm{j}\omega RC-(\omega RC)^2}\dot{U}_i$$

$$\dot{U}_o=\left(1+\frac{R_2}{R_1}\right)\frac{1/\mathrm{j}\omega C}{R+1/\mathrm{j}\omega C}\dot{U}_{o1}=\left(1+\frac{R_2}{R_1}\right)\frac{1}{1+\mathrm{j}\omega RC}\dot{U}_{o1}$$

$$\dot{U}_o=\left(1+\frac{R_2}{R_1}\right)\frac{1}{1+3\mathrm{j}\omega RC-(\omega RC)^2}\dot{U}_i$$

频率为 0 时分母的模等于 1，频率变大时分母的模逐渐变大，电压增益逐渐变小。令分母的模等于$\sqrt{2}$，得到上限频率条件

$$1+(\omega_H RC)^4+7(\omega_H RC)^2=2$$

$$(\omega_H RC)^4+7(\omega_H RC)^2-1=0$$

$$\omega_H RC=0.374$$

$$\omega_H=0.374/RC \tag{9.2.1}$$

这个例子直观地说明了，见图 9.2.2，幅频特性曲线的高频渐近线斜率不是－20dB/dec

时，高频转折频率就不再是上限频率了，上限频率低于高频转折频率。

3．二阶有源低通滤波器

电容 C_1 引来适度的正反馈，控制滤波器 Q 值，进一步改善频率特性，见图 9.2.3。

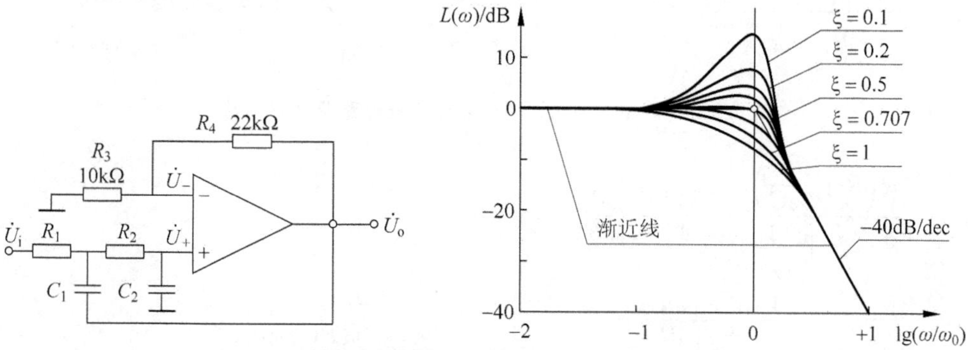

图 9.2.3 二阶有源低通 RC 滤波电路及其频率特性

图 9.2.3 中 R_1、C_1、R_2、C_2 数值的不同组合，将使滤波器获得不同的特性，由此图 9.2.3 分别称为巴特沃思（Butterworth）滤波器、切比雪夫（Chebyshev）滤波器和贝塞尔（Bessel）滤波器，可满足不同的需要。

9.2.2 有源高通滤波器

1．一阶有源高通滤波器

有源高通滤波器电路及其频率特性见图 9.2.4。

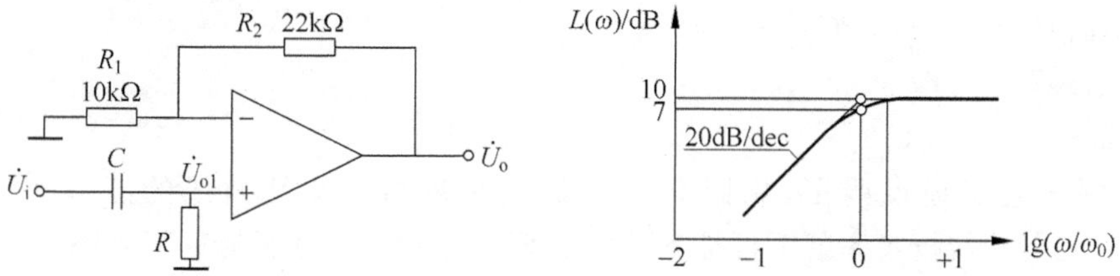

图 9.2.4 一阶有源 RC 高通滤波电路及其频率特性

有源高通滤波器输出与输入之间的频率特性函数为

$$A(\omega)=\frac{\dot{U}_o}{\dot{U}_i}=\left(1+\frac{R_2}{R_1}\right)\frac{j\omega RC}{1+j\omega RC}$$

有源高通滤波器下限频率与无源高通滤波器相同。

有源高通滤波器理想通频带为 $f_0<f<\infty$，实际受所用运算放大器芯片本身截止频率影响，设 f_b 为运算放大器芯片本身截止频率，通频带为 $f_0<f<f_b$。

图 9.2.4 所示有源高通滤波器附加电压放大倍数为(1+22/10)=3 倍，折合增益 10dB。

2．简单二阶有源高通滤波器

有源高通滤波器电路及其频率特性见图 9.2.5。

左边第一个电阻 R 与 CR 串联体的并联阻抗为

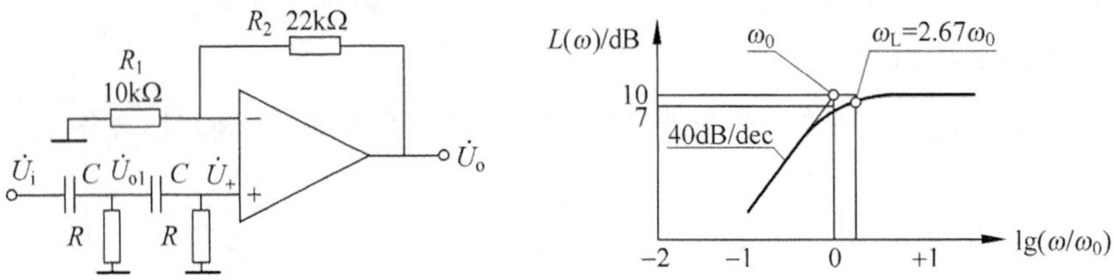

图 9.2.5　简单二阶有源 RC 高通滤波电路及其频率特性

$$\frac{R\left(R+\dfrac{1}{\mathrm{j}\omega C}\right)}{R+R+\dfrac{1}{\mathrm{j}\omega C}}=\frac{R(1+\mathrm{j}\omega RC)}{1+2\mathrm{j}\omega RC}$$

$$\dot{U}_{o1}=\frac{\dfrac{R(1+\mathrm{j}\omega RC)}{1+2\mathrm{j}\omega RC}}{\dfrac{1}{\mathrm{j}\omega C}+\dfrac{R(1+\mathrm{j}\omega RC)}{1+2\mathrm{j}\omega RC}}\dot{U}_i=\frac{(1+\mathrm{j}\omega RC)\mathrm{j}\omega RC}{1+2\mathrm{j}\omega RC+(1+\mathrm{j}\omega RC)\mathrm{j}\omega RC}\dot{U}_i$$

$$\dot{U}_{o1}=\frac{(1+\mathrm{j}\omega RC)\mathrm{j}\omega RC}{1+3\mathrm{j}\omega RC-(\omega RC)^2}\dot{U}_i$$

$$\dot{U}_o=\left(1+\frac{R_2}{R_1}\right)\frac{R}{R+1/\mathrm{j}\omega C}\dot{U}_{o1}=\left(1+\frac{R_2}{R_1}\right)\frac{\mathrm{j}\omega RC}{1+\mathrm{j}\omega RC}\dot{U}_{o1}$$

$$\dot{U}_o=\left(1+\frac{R_2}{R_1}\right)\frac{-(\omega RC)^2}{1+3\mathrm{j}\omega RC-(\omega RC)^2}\dot{U}_i$$

频率为∞时分母的模等于 1，令分母与分子的模的比等于$\sqrt{2}$，得到下限频率条件

$$1+(\omega_L RC)^4+7(\omega_L RC)^2=2(\omega_L RC)^4$$

$$(\omega_L RC)^4-7(\omega_L RC)^2-1=0$$

$$\omega_L RC=2.67$$

$$\omega_L=2.67/RC$$

这个例子直观地说明了，见图 9.2.5，低频对数幅频特性曲线的渐近线斜率大于 20dB/dec 时，低频转折频率就不再是下限频率了，下限频率高于低频转折频率。

3. 二阶有源高通滤波器

有源高通滤波器电路见图 9.2.6。

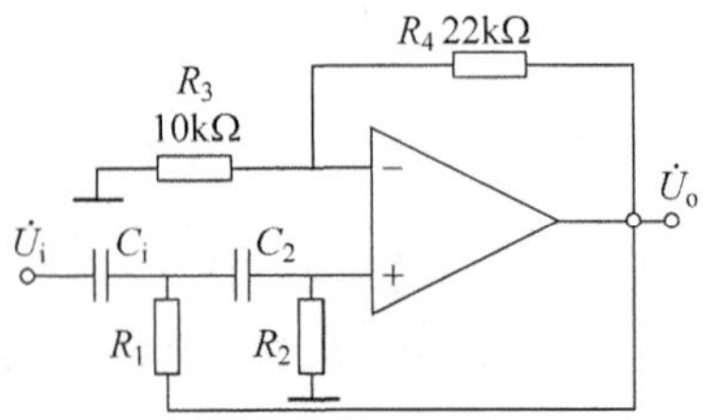

图 9.2.6　有源高通滤波器

电阻 R_1引来适度的正反馈，进一步改善滤波器频率特性，使幅频特性曲线的低频渐近线比−40dB/dec 更为陡峭，斜率甚至可达到−80dB/dec。R_1、C_1、R_2、C_2数值的不同组合，将使滤波器获得不同的特性，满足不同的需求。

9.2.3 有源带通、带阻、全通及状态变量滤波器

有源带通/带阻滤波器电路见图 9.2.7。选择 R_1、C_1、R_2、C_2数值的不同组合，既可以制成有源带通滤波器，又可以制成有源带阻滤波器。

1. **有源带通滤波器**

图 9.2.7 中，R_1C_1组成低通滤波器，R_2C_2组成高通滤波器。设计 R_1、C_1、R_2、C_2数值，使低通滤波器的上限频率高于高通滤波器的下限频率，就形成有源带通滤波器。

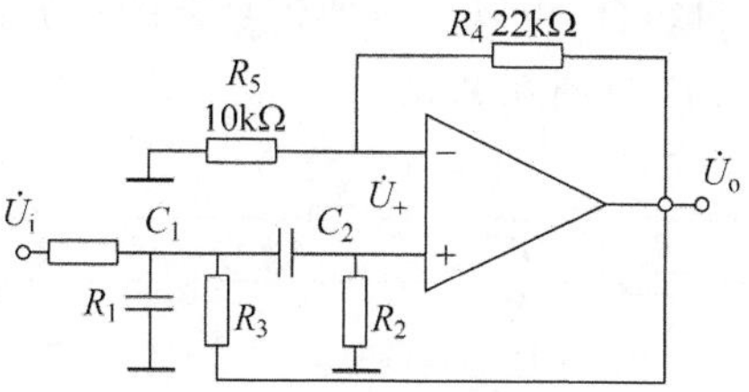

图 9.2.7 有源带通/带阻滤波电路

2. **有源带阻滤波器**

图 9.2.7 中，设计 R_1、C_1、R_2、C_2数值，使低通滤波器的上限频率低于高通滤波器的下限频率，就形成有源带阻滤波器。

3. **全通滤波器**

全通滤波器要的是相频特性。图 9.2.8 是全通滤波器电路及其相频特性图。

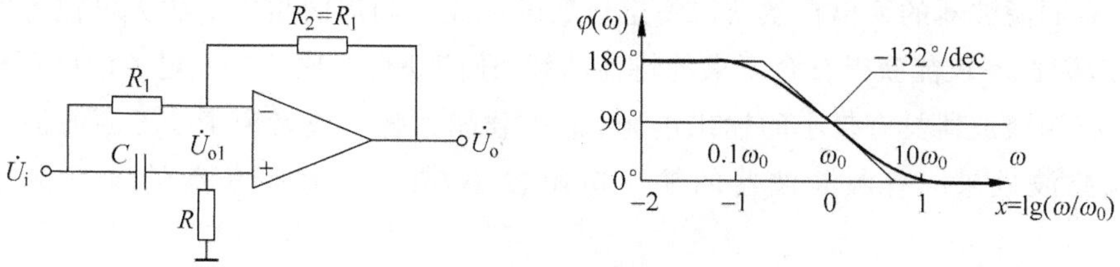

图 9.2.8 全通滤波器及其半对数相频特性曲线

用叠加原理，能得到滤波器的频率特性函数。

信号电压仅从 OPA 同相端子输入时，应认为 R_1 接地，频率特性

$$A'(\omega)=\frac{\dot{U}'_o}{\dot{U}_i}=\frac{2j\omega RC}{1+j\omega RC}$$

信号电压仅从 OPA 反相端子输入时，频率特性

$$A''(\omega)=\frac{\dot{U}''_o}{\dot{U}_i}=-1=-\frac{1+j\omega RC}{1+j\omega RC}$$

两个幅频特性分量叠加起来即得到滤波器的频率特性函数

$$A(\omega)=\frac{\dot{U}_o}{\dot{U}_i}=-\frac{1-j\omega RC}{1+j\omega RC}$$

$|A(\omega)|\equiv 1$，故为全通滤波器。

$A(\omega)$函数中，-1提供$180°$相移，分子$1-\mathrm{j}\omega RC$提供$-\arctan(\omega RC)$相移，分母$1+\mathrm{j}\omega RC$亦提供$-\arctan(\omega RC)$相移，故总相移为

$$\varphi(\omega)=\pi-2\arctan(\omega RC)$$

$$\varphi(0)=\pi$$

$$\varphi(\infty)=0$$

故随着信号频率从0到∞变化，全通滤波器提供的相移为$\pi\sim 0$，见图9.2.8。

4. 状态变量滤波器简介

将若干种有源滤波器有机组合，可以用一种较复杂的滤波器，其不同点的输出，既能做HPF，又能做BPF，还能做LPF，见图9.2.9。

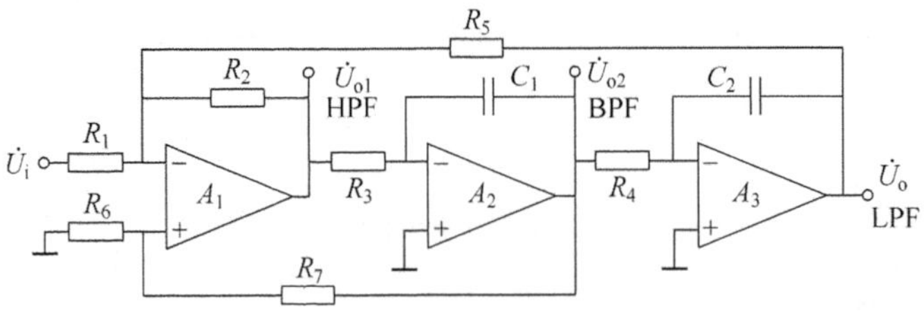

图9.2.9 状态变量滤波器

有源滤波器有三大优点。

(1) 原滤波器在空载情况工作，滤波效果最好。利用运放芯片输入电流几乎为0的特点，有源滤波器中的RC滤波器基本上在空载情况下工作，滤波效果最好。

(2) 有源滤波器的输出自然获得一定倍数的放大。利用同相比例放大可以弥补滤波器插入损耗，因此不仅能获得符合要求的特性曲线，还能获得一比一甚至更大的电压输出。

(3) 有源滤波器具有较小的输出电阻，带负载能力强。或者说RC无源滤波器带负载时将影响滤波效果。有源滤波器的输出电阻较小，有利于在带负载情况下保持原始滤波能力。

思考题

9.2.1 有源滤波器比同种无源滤波器有哪些优点？

9.3 本章小结

一、总体内容

滤波器是一种根据频率决定信号是否通过的电路。按照功能，滤波器分低通滤波器(Low Pass Filter，LPF)、高通滤波器(High Pass Filter，HPF)、带通滤波器(Band Pass Filter，BPF)和带阻滤波器(Band Elimination Filter，BEF)及全通滤波器(All Pass Filter，APF)等五种。带阻滤波器也叫做陷波器。带通滤波器与带阻滤波器统称为谐振滤波器。按照滤波效果，滤波器分为一阶滤波器、二阶滤波器及更高阶的滤波器。按照电路组成，滤波器分为无源滤波器和有源滤波器。

二、各节要点

9.1 无源滤波器

介绍了一阶RC低通滤波器、高通滤波器、串并联RC带通滤波器、并联电容型负分压比LC准带通滤波器、并联电感型负分压比LC准带通滤波器、双T网络带阻滤波器等。

9.2　有源滤波器

介绍了一阶有源低通滤波器、简单二阶有源低通滤波器、二阶有源低通滤波器，一阶有源高通滤波器、简单二阶有源高通滤波器、二阶有源高通滤波器，以及有源带通、带阻滤波器、全通滤波器和状态变量滤波器。

三、关键知识

对数放大倍数即增益、对数频率坐标轴概念，将增益下降 3dB 即放大倍数下降到原值的 70.7%时作为频带上下限的原因。通过对几种谐振滤波器分压比的讨论可以明确：谐振时滤波器呈现电阻性，其分压比不是正实数就是负实数，相位移不是 0°就是 180°。

9.4　仿真与实训九　多路反馈带通滤波器

图 9.4.1 是多路反馈带通滤波器 Multisim 仿真图，可看到山峰型幅频特性曲线。

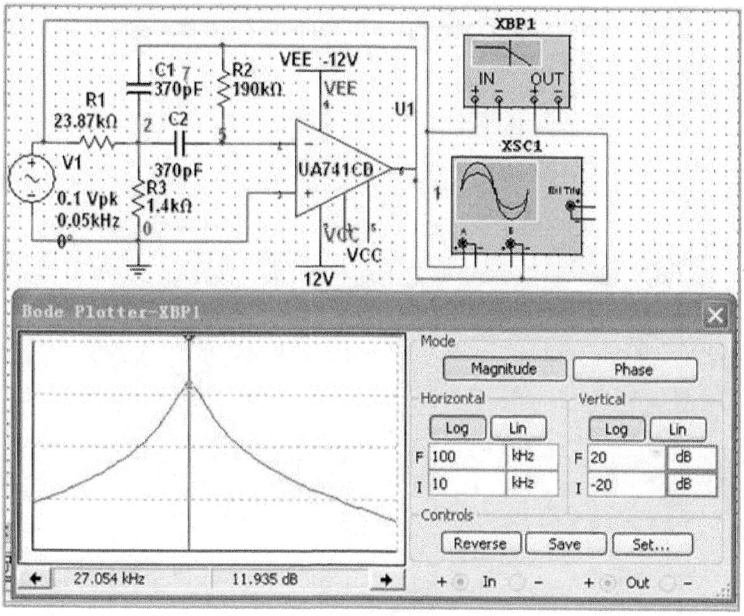

图 9.4.1　多路反馈带通滤波器仿真

9.5　习　题　九

9.1.1　*RC* 低通滤波器电路如图 9.1.2 或图 9.2.1，$R=1\text{k}\Omega$，$C=1\mu\text{F}$，试计算上限频率 f_H。

9.1.2　*RC* 高通滤波器电路如图 9.1.4 或图 9.2.4，$R=1\text{k}\Omega$，$C=0.1\mu\text{F}$，试计算下限频率 f_L。

9.1.3　试分别就 (1) $R_2=R_1$、$C_2=C_1$；(2) $R_2=2R_1$、$C_2=2C_1$ 两种情况计算图 9.5.1 串-并联 *RC* 滤波器和图 9.5.2 并-串联 *RC* 滤波器的谐振分压比。

9.1.4　图 9.5.3 并联电容型 *LC* 谐振滤波器 $C_1=100\text{pF}$，$C_2=200\text{pF}$，$L_1=200\mu\text{H}$，试计算谐振分压比及谐振频率。

9.1.5　图 9.5.4 并联电感型 *LC* 谐振滤波器 $L_1=200\mu\text{H}$，$L_2=100\mu\text{H}$，$C_1=100\text{pF}$，试计算谐振分压比及谐振频率。

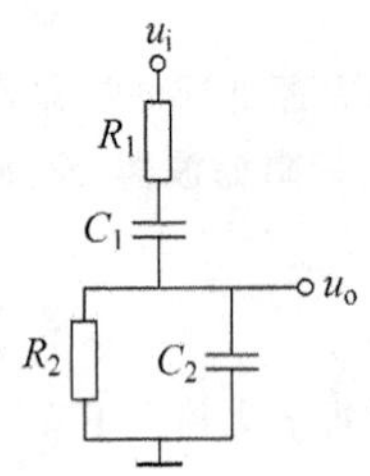

图 9.5.1 串-并联 RC 滤波器

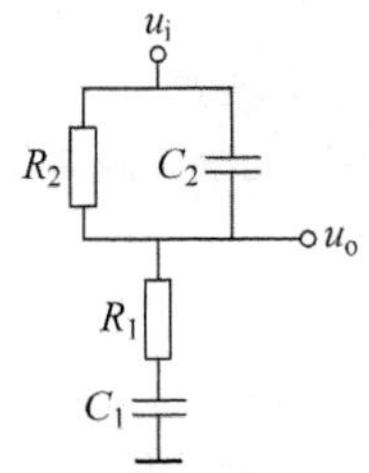

图 9.5.2 并-串联 RC 滤波器

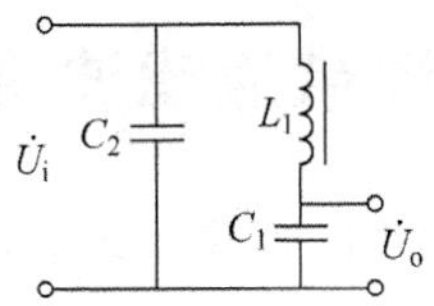

图 9.5.3 并联电容型负分压 LC 滤波器

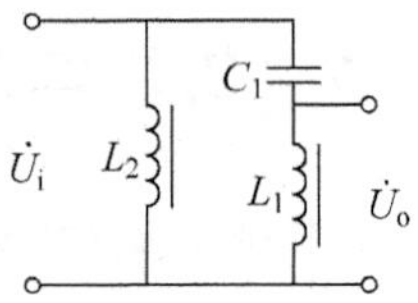

图 9.5.4 并联电感型负分压 LC 滤波器

第10章 振荡电路

交流发电机能把机械能转换为交流电能。振荡电路能把直流电能转换为交流电能即交流电压信号。本章介绍振荡原理及常见正弦波振荡电路和非正弦波振荡电路。

10.1 自激振荡原理及振荡电路模型

振荡器是无输入的环路谐振放大器。噪声电压、纹波电压及上电时的冲击电压等就像冬雪。正反馈就像滚雪球。谐振滤波器就像筛子。科学使用放大、反馈及滤波技术，能在某频率上形成足够强的正反馈，产生并输出特定频率和一定幅度的正弦电压。

1. 单路正反馈构成的振荡电路模型

1）由加反馈构成的振荡电路模型

图 10.1.1 所示振荡电路模型采用加反馈，其合成环节相移 $\varphi_s=0°$。

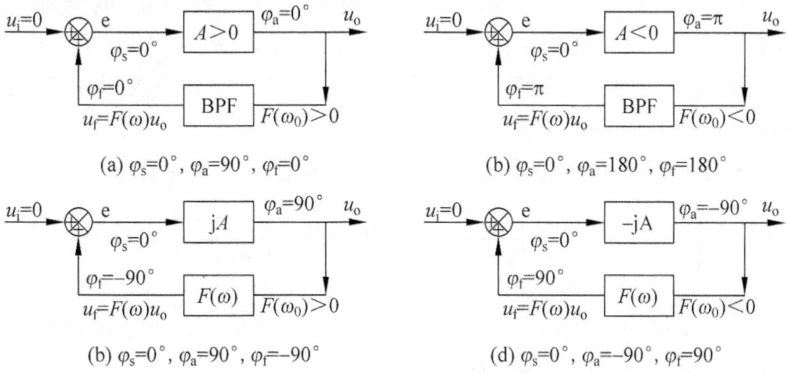

图 10.1.1 加反馈构成的振荡电路模型

放大器前向通道相移 φ_a 及反馈通道相移 φ_f 有 0°、180°、及±90°共四种。

图 10.1.1(a)所示振荡电路模型称为正加正型正弦波振荡电路。它采用同相放大器，前向通道电压放大倍数 $A>0$，$\varphi_a=0°$。若 $F>0$，$\varphi_f=0°$，则相位平衡条件满足

$$\sum\varphi=\varphi_a+\varphi_f+\varphi_s=0°+0°+0°=0° \qquad ①$$

图 10.1.1(b)所示振荡电路模型称为负加负型正弦波振荡电路。它采用反相放大器，前向通道电压放大倍数 $A<0$，$\varphi_a=180°$。若 $F<0$，$\varphi_f=180°$，则相位平衡条件满足

$$\sum\varphi=\varphi_a+\varphi_f+\varphi_s=180°+180°+0=360° \qquad ②$$

振荡频率用 f_0 表示，振荡角频率用 ω_0 表示。它们由相位平衡条件确定。

正加正型及负加负型正弦波振荡电路统称为同号相加型正弦波振荡电路。

图 10.1.1(c)采用+90°移相放大器，前向通道电压放大倍数为 $\mathrm{j}A$，$\varphi_a=90°$。若反馈通道由两节 RC 滞后移相电路组成，则反馈系数为 $-\mathrm{j}F$，$\varphi_f=-90°$，相位平衡条件满足

$$\sum\varphi=\varphi_a+\varphi_f+\varphi_s=90°+(-90°)+0°=0° \qquad ③$$

图 10.1.1(d)采用$-90°$移相放大器，前向通道电压放大倍数为$-\mathrm{j}A$，$\varphi_a=-90°$。若反馈通道由两节RC超前移相电路组成，则反馈系数为$\mathrm{j}F$，$\varphi_f=90°$，相位平衡条件满足

$$\sum\varphi=\varphi_a+\varphi_f+\varphi_s=-90°+90°+0°=0° \quad ④$$

加反馈特征是$\varphi_s=0°$。相位平衡条件①、②、③、④可简化为$\varphi_a+\varphi_f=2n\pi$。

因$u_i=0$，故图 10.1.1 所示加反馈构成的正弦波振荡电路的输出电压

$$u_o=F(\omega)Au_o$$

$F(\omega)A$叫做环路电压放大倍数。环路电压放大倍数满足条件$0<F(\omega_0)A<1$，表示虽有正反馈但不强，系统不能起振，已有振荡会衰减停振；$F(\omega_0)A=1$，表示正反馈强度达到平衡状态，已有振荡勉强维持，但不能起振；$F(\omega_0)A>1$，表示正反馈足够强，类似滚雪球，能起振。环路电压放大倍数是判断系统是否能起振或幅度平衡的关键参数。

图 10.1.1 所示加反馈构成的分立元件振荡电路的起振条件及幅度平衡条件为

$$F(\omega_0)A\geqslant 1 \quad 或 \quad D\leqslant 0 \quad (等号为幅度平衡条件，其余为起振条件) \quad ⑤$$

电容三点式振荡器(科比兹振荡器)，见图 10.2.1，电感三点式振荡器(哈特莱振荡器)，见图 10.2.3，所采用就是图 10.1.1(b)所示模型，$A<0$，$F(\omega_0)<0$。

用RC移相电路作反馈网络，与朝另一方向移相的放大器串联，能以加反馈模式形成RC移相正弦振荡电路。RC移相正弦振荡电路的φ_a、φ_f既可取值$0°$和$180°$，也可取值$\pm 90°$。RC移相振荡电路种类很多。它们各自使用图 10.1.1(a)、(b)、(c)或(d)电路模型。

2) 由减反馈构成的振荡电路模型

图 10.1.2 所示振荡电路模型采用减反馈模式，其合成环节相移$\varphi_s=180°$。

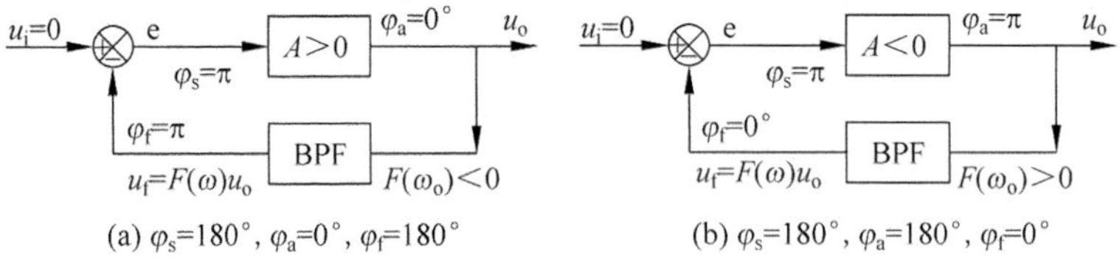

图 10.1.2　减反馈构成的振荡电路模型

图 10.1.2(a)所示振荡电路模型称为正减负型正弦波振荡电路。它采用同相放大器，$A>0$，$\varphi_a=0$；若$F<0$，$\varphi_f=180°$，则相位平衡条件满足

$$\sum\varphi=\varphi_a+\varphi_f+\varphi_s=0°+180°+180°=360° \quad ⑥$$

图 10.1.2(b)所示振荡电路模型称为负减正型正弦波振荡器。$A<0$，$\varphi_a=180°$，$F>0$，$\varphi_f=0°$，故相位平衡条件亦满足

$$\sum\varphi=\varphi_a+\varphi_f+\varphi_s=180°+0°+180°=360° \quad ⑦$$

正减负型及负减正型正弦波振荡器可统称为异号相减型正弦波振荡器。

因$u_i=0$，故异号相减型正弦波振荡器的输出电压

$$u_o=-F(\omega)Au_o$$

异号相减型振荡电路的环路电压放大倍数是$-F(\omega)A$，其起振条件及幅度平衡条件为

$$-F(\omega_0)A\geqslant 1 \quad ⑧$$

通用示波器中的时间标准振荡电路采用减反馈，构成异号相减型振荡电路模型。

2. 双路正、负反馈抵消构成的集成振荡电路

1) 基于 BPF 的双路正、负反馈振荡电路模型

集成运算放大器 OPA 的开环电压放大倍数 A 很大。若用一路正反馈形成幅度平衡条件 $FA=1$，则要求将反馈系数 F 压得很低很低。以 $A=10000$ 为例，要 $FA=1$，则要求将反馈系数压低到 $F=0.0001$ 才行。要求将反馈系数调节到如此之小的数值，在技术上是很难操作的。因此振荡器主通道使用 OPA 时，只用一路正反馈很难实现幅度平衡条件。

若采用双路反馈，则能以正、负反馈抵消的方式获得幅度平衡条件。在平衡点上，正、负反馈系数都比较大，在技术上容易操作。因此，以 OPA 为核心的集成振荡电路通常都采用双路反馈，见图 10.1.3。

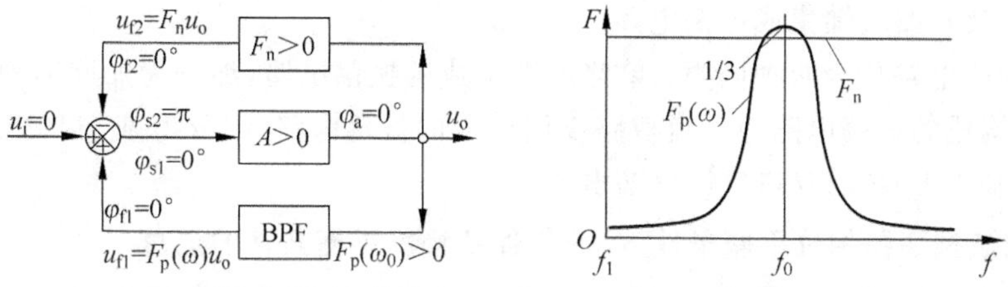

(a) 电路方框图　　(b) 反馈极性与频率的关系

图 10.1.3　带通滤波器双路复合反馈集成振荡电路

图 10.1.3 为带通滤波器复合反馈集成振荡电路方框图。带通滤波器在集成振荡电路中作为正反馈通路，正反馈系数 $F_p(\omega)$是频率的函数。负反馈系数 F_n为固定值。在非谐振点上，负反馈强于正反馈。在谐振点上，正反馈强于负反馈，形成振荡。

图 10.1.3 电路模型 $A>0,\varphi_a=0$；$F_p>0,\varphi_f=0$，相位平衡条件满足

$$\sum\varphi=\varphi_a+\varphi_f+\varphi_s=0°+0°+0°=0° \tag{9}$$

系统输出电压

$$u_o=[F_p(\omega)-F_n]Au_o$$

环路电压放大倍数为$[F_p(\omega)-F_n]A$。

带通滤波器复合反馈集成振荡电路的起振条件及幅度平衡条件

$$[F_p(\omega_0)-F_n]A\geqslant 1 \tag{10}$$

文氏电桥集成振荡电路就属于基于带通滤波器的双路复合反馈振荡电路。

2) 基于 BEF 的双路正、负反馈振荡电路模型

用带阻滤波器构成由频率自动调节的负反馈，用电阻串联分压构成固定正反馈。在非谐振点上，负反馈强于正反馈。在谐振点上，正反馈强于负反馈，组成振荡器，见图 10.1.4。

图 10.1.4 电路模型 $A>0,\varphi_a=0$；$F_n>0,\varphi_f=0°$，相位平衡条件满足

$$\sum\varphi=\varphi_a+\varphi_f+\varphi_s=0°+0°+180°=180° \tag{11}$$

系统输出电压

$$u_o=[F_p-F_n(\omega_0)]Au_o$$

环路电压放大倍数是$[F_p-F_n(\omega)]A$。

以带阻滤波器为核心的复合反馈集成振荡电路的起振条件及幅度平衡条件为

$$[F_p-F_n(\omega_0)]A\geqslant 1 \tag{12}$$

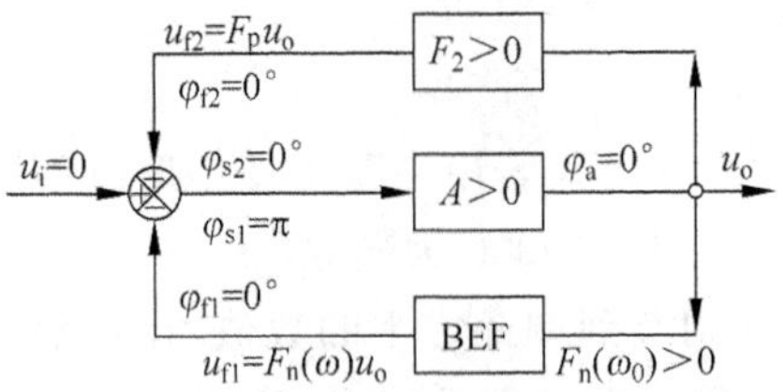

(a) 电路方框图

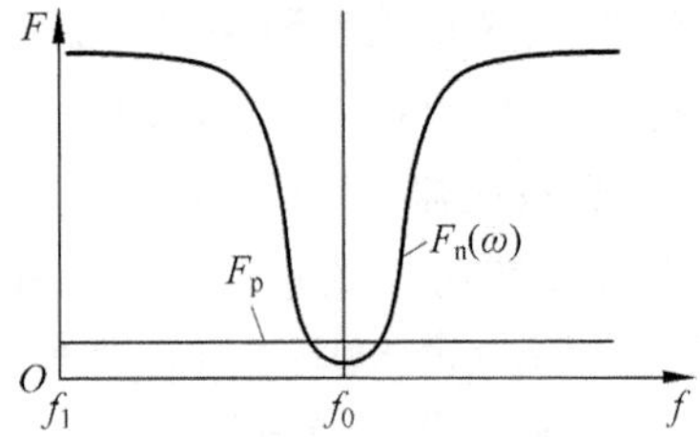

(b) 反馈极性与频率的关系

图 10.1.4 带阻滤波器复合反馈集成振荡电路

双路反馈的双 T 电桥集成振荡电路就属于用 BEF 自动可调负反馈与固定正反馈组成的典型的正、负双路反馈集成振荡电路。

总之，振荡电路分为两种四类：单路反馈构成的振荡电路，细分为加反馈构成的振荡电路及减反馈构成的振荡电路，正、负双路反馈构成的振荡电路，细分为基于 BPF 的双路反馈振荡电路及基于 BEF 的双路反馈振荡电路。

3. 正弦波振荡器相位平衡条件、起振条件及幅度平衡条件的汇总

从式①、②、③、④、⑥、⑦、⑨可看出，由带通滤波器构成的振荡电路的相位平衡条件可以统一表示为

$$\sum\varphi=\varphi_a+\varphi_f+\varphi_s=2n\pi,\quad(n=0,1)\tag{10.1.1}$$

从式⑪可看出，由带阻滤波器构成的集成振荡电路的相位平衡条件可统一表示为

$$\sum\varphi=\varphi_a+\varphi_f+\varphi_s=(2n+1)\pi,\quad(n=0,1)\tag{10.1.3}$$

从式⑤、⑧可看出，单通道振荡电路的起振条件及幅度平衡条件可统一表示为

$$|FA|\geqslant 1\tag{10.1.1}$$

从式⑩、⑫可看出，双通道振荡电路的起振条件及幅度平衡条件可统一表示为

$$(F_p-F_n)A\geqslant 1\tag{10.1.4}$$

取大于号时为起振条件，取等号时为幅度平衡条件。

实际的振荡电路，很多还具有专门的振幅调节、波形矫正等功能。

思考题

10.1.1 振荡电路的谐振滤波器一定用在正反馈通道里吗？试就带通滤波器与带阻滤波器分别说明。

10.1.2 振荡电路用射极输出器作放大器时对反馈系数有什么要求，如何实现？

10.2 分立元件振荡电路

10.2.1 电容三点式振荡电路(科比兹振荡器)

电容三点式振荡电路由一级共射放大电路与并联电容型负分压比 LC 带通滤波器通过相加反馈组成，见图 10.2.1。电容三点式振荡电路电压放大倍数为负值，其反馈电压分压比亦为负值，以保证谐振频率电压反馈为正。

C_3 为旁路电容，C_4、C_5 为耦合电容，其值尽可能大些，一般可选 10μF 电解电容。

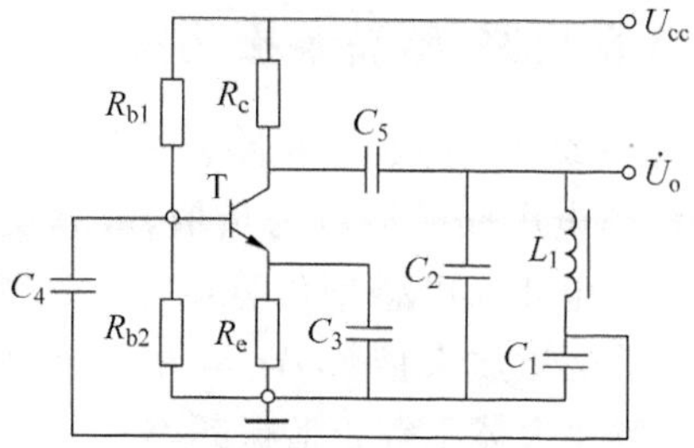

图 10.2.1 科比兹振荡电路及其交流等效电路(Colpitts Oscillator, $\varphi_a=\pi$, $\varphi_f=\pi$, $\varphi_s=0$)

带通滤波器并联谐振频率即振荡频率 $f_{p0}=\frac{\omega_0}{2\pi}=\frac{1}{2\pi}\sqrt{\frac{C_1+C_2}{L_1C_1C_2}}$。

并联谐振频率下带通滤波器分压比 $F_0=-\frac{C_2}{C_1}$。

起振条件及幅度平衡条件为 $|FA|=(\beta R_c/r_{be})(C_2/C_1)\geqslant 1$。

可以看出,电容比值 C_2/C_1 等于分压比绝对值。因此,比值 C_2/C_1 越大,正反馈越强,越容易起振和维持振荡。

另一方面,振荡电路所用 BJT 输入电阻 r_{be} 不大,比值 C_2/C_1 太大将使谐振电路向 BJT 提供过多电流而影响谐振选频,反而影响起振。

为保证振荡电路可靠工作,BJT 的 β 值应足够大,电容比值 C_2/C_1 的大小应合适。

电容三点式振荡电路的特点如下:

(1) 反馈电压自电容 C_1 引出,高次谐波成分少,输出正弦波形比较纯净。

(2) 工作频率范围由数百千赫到一百兆赫以上。

(3) 一般来讲,改变频率时需要电容 C_1、C_2 联动。

电容三点式振荡电路常用在调幅或调频收音机中,一般用同轴双联电容器调谐。

电容三点式振荡电路能否起振受多种因素影响。其中一个原因是:所用 BJT 输入电阻小,耗用过多电流,将影响谐振电路的工作,轻则使振荡频率偏离谐振频率,重则影响起振。若把 BJT 改为耗尽型 MOSFET,则不仅使谐振电路大体上空载工作,而且省用了一个偏置电阻,使电路在管子跨导相对小的情况下易于起振,其中电阻 R_g 给 FET 栅极提供零偏置,R_g 阻值大小要求很宽,一般取 300kΩ 左右,见图 10.2.2。

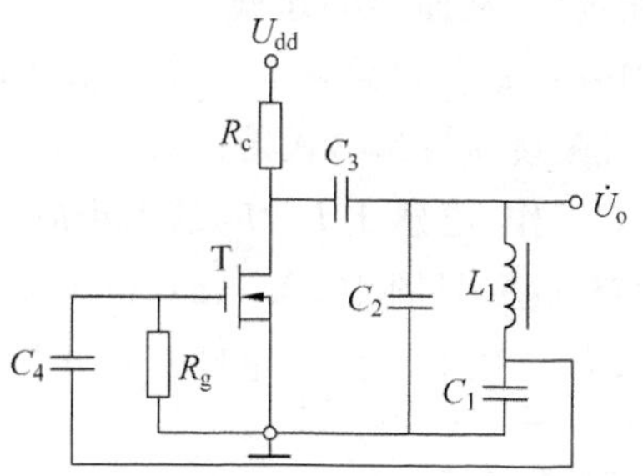

图 10.2.2 采用 JFET 或耗尽型 MOSFET 的电容三点式振荡电路($\varphi_a=\pi$, $\varphi_f=\pi$, $\varphi_s=0$)

将 BJT 改为耗尽型 MOSFET,电容比 C_2/C_1 可选较大值,以加强反馈,使电路易于起振。

10.2.2 电感三点式振荡电路(哈特莱振荡器)

电感三点式振荡电路由一级共射放大电路、一个 LC 滤波器和加反馈组成，见图 10.2.3。电感三点式振荡电路电压放大倍数为负值，故其反馈电压分压比亦为负值，以保证谐振频率电压反馈为正。选用并联电感型负分压比 LC 带通滤波器，保证了谐振频率左右的分压比 $F<0$，与前向通道电压放大倍数 $A<0$ 相配合，使谐振频率成分电压实现正反馈，保证自激振荡，自激振荡频率大体上等于谐振频率。

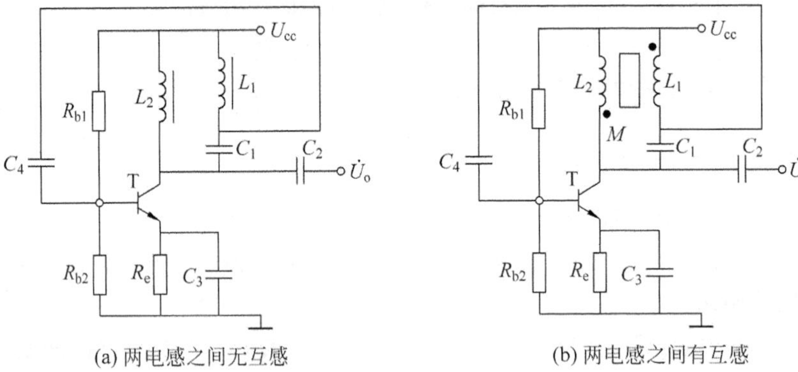

图 10.2.3 哈特莱振荡电路及其交流等效电路(Hartley Oscillator，$\varphi_a=\pi$，$\varphi_f=\pi$，$\varphi_s=0$)

C_3 为旁路电容，C_2、C_4 为耦合电容，其值应尽能大些，一般可选 10μF 电解电容。

带通滤波器并联谐振频率即振荡频率 $f_{p0}=\frac{\omega_0}{2\pi}=\frac{1}{2\pi}\sqrt{\frac{1}{(L_1+L_2)C_1}}$。

并联谐振频率下带通滤波器分压比 $F_0=-\frac{L_1}{L_2}$。

起振条件及幅度平衡条件 $|FA|=(\beta\omega_0 L_2/r_{be})(L_1/L_2)\geqslant 1$。

注意此分压比以 U_{cc} 端子即 L_1 上端为参考点。

可以看出，分压比绝对值取决于电感比 L_1/L_2。因此，电感比 L_1/L_2 越大，正反馈越强，越容易起振和维持振荡。

另一方面，振荡电路所用 BJT 输入电阻 r_{be} 不大，电感比 L_1/L_2 太大将使谐振电路向 BJT 提供过多电流而影响谐振选频，从而影响起振。

还有，当 $1-\omega^2 L_1 C_1=0$ 时，LC 选频电路还有一个类似于串联谐振的零阻抗谐振频率，电感比 L_1/L_2 过大，将使并联谐振频率与此串联谐振频率非常接近而影响选频及起振。

总之，为保证振荡电路可靠工作，电感比 L_1/L_2 的大小应合适。

电感 L_1 与 L_2 之间可以没有互感，见图 10.2.3(a)，也可以有互感，见图 10.2.3(b)。

图 10.2.3(b)所示的 L_1 与 L_2 之间有互感的电感三点式振荡器的工作频率按下式计算

$$f_0=\frac{1}{2\pi}\sqrt{\frac{1}{(L_1+L_2+2M)C_1}} \tag{10.2.1}$$

电感三点式振荡电路的正弦波电压可以直接经过 BJT 集电极输出，也可以在电感 L 上增加一个耦合线圈输出。

电感三点式振荡电路能否起振受多种因素影响。其中一个原因是：所用 BJT 输入电阻小，耗用过多电流，将影响谐振电路的工作，轻则使振荡频率偏离谐振频率，重则影响起振。若把 BJT 改为耗尽型 MOSFET，则不仅使谐振电路空载工作，而且省用了一个偏置电阻，使电路在管子跨导相对小的情况下易于起振，其中电阻 R_g 给 FET 栅极提供零偏置，R_g 阻值大小要求很宽，一般可取 300kΩ 左右，见图 10.2.4。

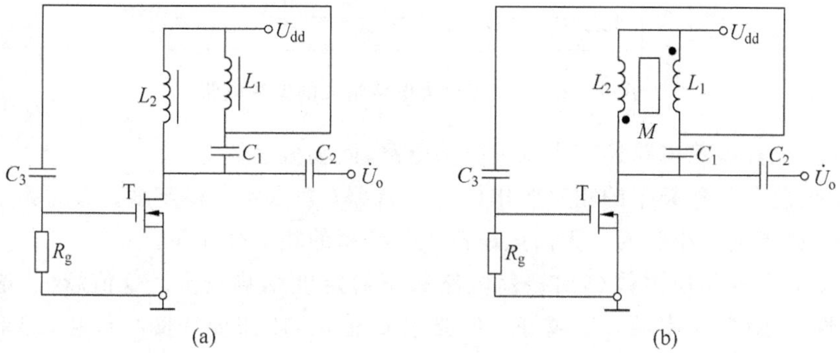

图 10.2.4　电感三点式 FET 振荡电路($\varphi_a=0,\varphi_f=0,\varphi_s=0$)

BJT 改为耗尽型 MOSFET，电感比 L_1/L_2 可用较大值，增加反馈强度，使电路易于起振。

10.2.3　其他分立元件振荡电路

1. 变压器反馈单管振荡电路

变压器反馈式振荡电路见图 10.2.5。

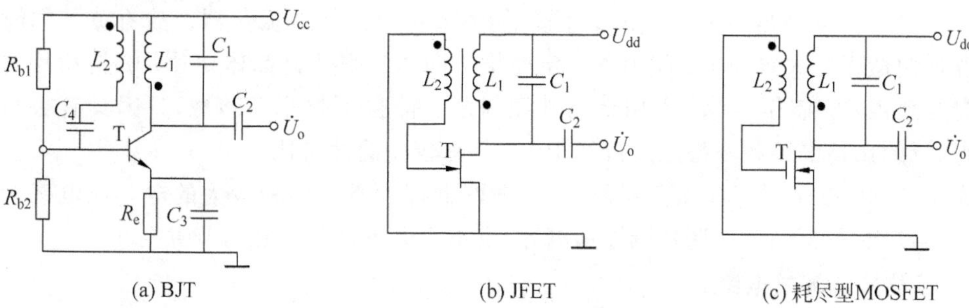

图 10.2.5　变压器反馈式振荡电路(用电流反馈概念：$\varphi_a=0,\varphi_f=0,\varphi_s=0$)

变压器原边线圈并联一个电容，形成 LC 并联谐振选频回路，副边电压反馈给 BJT 基极或 FET 栅极，就构成变压器反馈式振荡电路，其谐振频率为

$$f_0=\frac{1}{2\pi}\sqrt{\frac{1}{L_1C_1}} \tag{10.2.2}$$

变压器反馈的特点是反馈系数 F 可以做得比较大，以利于起振。

2. RC 谐振选频双管振荡电路

双管振荡电路见图 10.2.6。

双级共源放大电路总电压放大倍数为正，所以可以使用 RC 串并联谐振电路选频，并实现正反馈。图 10.2.6 所示的双级耗尽型 MOSFET 振荡电路的振荡频率见式(10.2.2)。

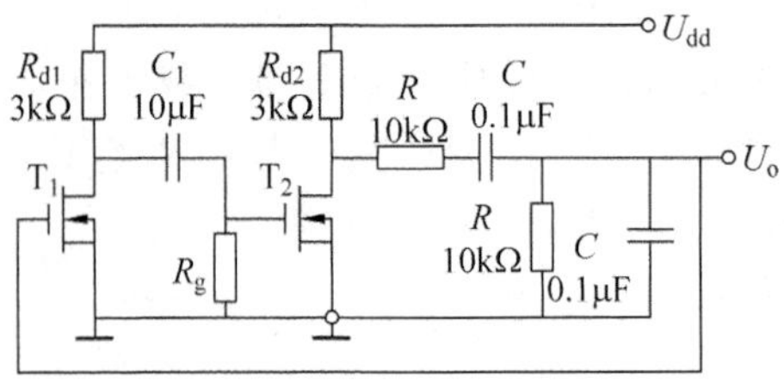

图 10.2.6　双级放大电路组成的振荡电路

典型分立元件振荡电路还有克拉泼振荡电路、西勒振荡器等。

通常用振荡器工作频率的相对变化量 $\delta f = \Delta f / f$ 表示频率稳定度。有时频率稳定度附加时间要求，如指定 1 小时或一天内振荡器工作频率的相对变化量。

LC 谐振回路的品质因数 Q 对振荡电路频率稳定度影响较大。Q 值越大，谐振曲线越尖锐，选频性能越好，频率稳定度越好。但要求 Q 值大，就需要线圈导线粗，结果使线圈重量增加。LC 谐振振荡电路 Q 值一般只能达数百，频率稳定度只能达到 10^{-5}。

思考题

10.2.1　电容三点式振荡器与电感三点式振荡器的开环放大倍数及反馈系数的符号如何？

10.2.2　电容三点式振荡器与电感三点式振荡器相比较各有什么特点？

10.3　石英晶体振荡电路

二氧化硅(S_iO_2)晶体俗称石英。石英晶体切片等效为 RLC 电路，其品质因数 Q 值可达 $10^4 \sim 10^6$。石英晶体切片与放大器连接，能形成正反馈构成振荡器。故石英晶体简称晶振。晶振制造工艺大致如下：①沿着一定晶格方向将二氧化硅晶体切片；②把切片的两个端面抛光镀银；③制作引线；④用金属外壳封装。晶振不仅小巧玲珑，且因具有很高的 Q 值，所构成的振荡电路频率稳定度可达 10^{-8}，具有较高的性价比。

常见的 RC 振荡器、LC 振荡器及 RLC 振荡器都少不了体积较大的电容或电感。石英晶体小巧玲珑，石英晶体振荡器既不用电容，也不用电感，频率稳定，节省空间。

1. 石英晶体等效电路

晶振可以等效为一个 RLC 串联体与一个电容的并联电路，其中最主要的参数是等效电感 L。晶振的等效电路及电路符号见图 10.3.1。晶振等效电感 L 一般在几十毫亨到几十亨，串联等效电容 C 一般在 10^{-2}pF 到 10^{-1}pF，串联等效电阻 R 一般在 200Ω 以下，并联等效电容 C_0 一般在几 pF 到几十 pF。

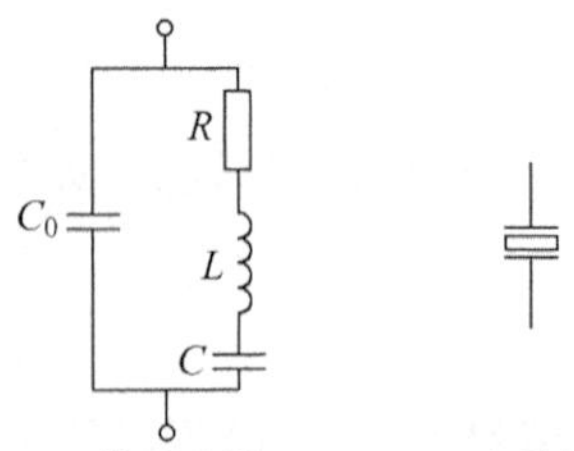

(a) 等效电路　　(b) 电路符号

图 10.3.1　石英晶体及其符号

晶振原始技术参数有串联谐振频率 f_s和并联谐振频率 f_p。并联谐振频率 f_p稍高于串联谐振频率 f_s。

$$f_s = \frac{1}{2\pi}\sqrt{\frac{1}{LC}}, \quad f_p = \frac{1}{2\pi}\sqrt{\frac{1}{LC}}\sqrt{1+\frac{C}{C_0}} = \sqrt{1+\frac{C}{C_0}}f_s$$

$$Q = \frac{\omega_0 L}{R} = \frac{1}{R}\sqrt{\frac{L}{C}}$$

例如,标称 4MHz 晶振典型参数:等效电感 $L\approx100\text{mH}$,串联等效电容 $C\approx0.015\text{pF}$,串联等效电阻 $R\approx100\Omega$,并联等效电容 $C_0=5\text{pF}$,品质因数 $Q=25\ 000$。

根据典型参数近似值计算 4MHz 晶振品质因数和频率参数如下

$$Q = \frac{1}{R}\sqrt{\frac{L}{C}} = \frac{1}{100}\sqrt{\frac{0.1\times10^{12}}{0.015}} = 2.582\times10^4$$

$$f_s = \frac{1}{2\pi}\sqrt{\frac{1}{LC}} = \frac{1}{2\pi}\sqrt{\frac{10^{12}}{0.1\times0.015}} = 4.109\text{MHz}$$

$$f_p = \sqrt{1+\frac{C}{C_0}}f_s = \sqrt{1+\frac{0.015}{5}}\times4.109\text{MHz} = 4.115\text{MHz}$$

工作频率低于串联谐振频率时,晶振等效为电容,整体上呈现容性,见图 10.3.2(a)。

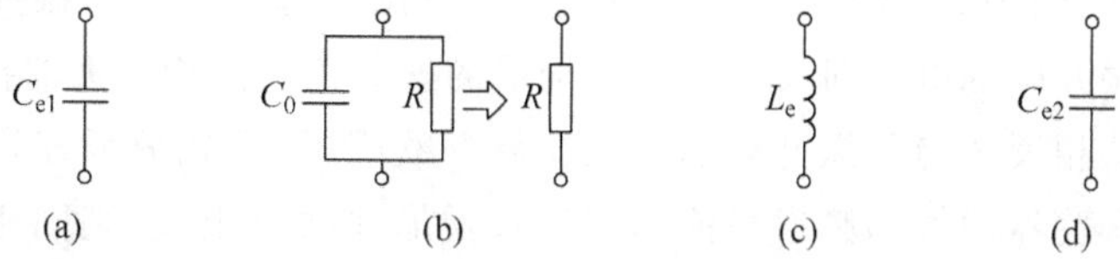

图 10.3.2 石英晶体在不同频率作用下的等效电路

串联谐振时,等效电感 L 上的电压与等效电容 C 上的电压互相抵消,晶振等效为其内部电阻 R 与电容 C_0的并联体,见图 10.3.2(b)。以工作频率 1MHz、$C_0=5\text{pF}$ 计算

$$1/\omega C_0 = 1/(2\pi\times1\times10^6\times5\times10^{-12})\approx32\text{k}\Omega$$

晶振内部的等效电阻 $R\approx200\Omega$,远远小于 32kΩ 容抗。根据两并联体中阻抗较小的一个起主导作用的原理,串联谐振时,晶振实际等效为一个电阻,见图 10.3.2(b)。工作频率在串联谐振频率基础上继续提高,会发生并联谐振。工作频率介于串联谐振频率与并联谐振频率之间时,晶振整体上呈现感性,见图 10.3.2(c)。工作频率超过并联谐振频率时,晶振整体上又呈现容性,见图 10.3.2(d)。

总之,工作频率自低到高逐渐变化时,晶振分别呈现容性、阻性、感性及容性。

2. 石英晶体振荡电路

晶振一般接在反相放大器输入端与输出端之间形成正反馈,构成振荡器。接在同相放大器输入与输出端之间,也能形成正反馈,构成振荡器。

图 10.3.3 中石英晶体接在反相放大器输入端与输出端之间,可在某个频率点上形成正反馈,构成简单实用的晶体振荡电路。属于数字电路的普通反相驱动器也有电压放大能力。图 10.3.4 中的反相集成放大器可以选用普通反相驱动器,如 74LS04 或 74HC04 等。在晶振两端与直流地之间加接两个 30pF 左右的小电容,见图 10.3.3(c),有助于消除振荡电压波形上的毛刺。

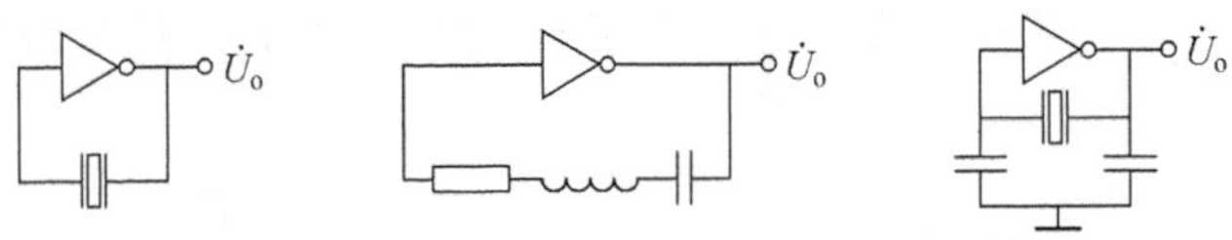

(a) 电路原理　　(b) 等效电路　　(c) 工程电路

图 10.3.3　石英晶体与反相放大器构成振荡电路

图 10.3.4 中石英晶体接在同相放大器输入端与输出端之间，在谐振点上也能形成正反馈，构成简单实用的串联型石英晶体振荡电路。同相放大器可选用数字电路的普通同相驱动器。图 10.3.4 中的同相集成放大器可以选用普通同相驱动器，如 74LS07 或 74HC07 等。两个反相驱动器，如 74LS04 或 74HC04，串联在一起也可以作为同相放大器使用。

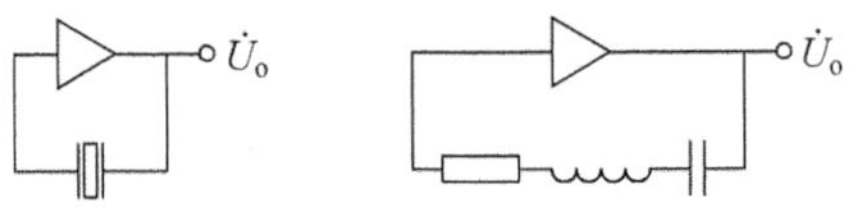

(a) 实际电路　　(b) 电路工作原理

图 10.3.4　石英晶体与同相放大器构成振荡电路

在图 10.3.3 和图 10.3.4 中与晶振并联电阻，有助于起振。与晶振并联的电阻还影响振荡频率。与晶振并联的电阻对反相放大器构成的振荡器和同相放大器构成的振荡器的振荡频率的影响截然相反。与晶振并联的电阻在数百欧姆时，反相放大器构成的振荡器和同相放大器构成的振荡器的振荡频率可能相同。若增加并联电阻值，则同相放大器构成的振荡器的振荡频率一路下降。使得同样一个石英晶体与同相放大器配用时的振荡频率远远低于与反相放大器配用时的振荡频率。并联电阻值达到兆欧时，前者降低为后者的 1%左右。

石英晶体与 74LS07 或 74LS04 配用时若不起振，还可在输入端加接 6kΩ 下拉电阻。

图 10.3.3 及图 10.3.4 石英晶体集成振荡电路在正反馈作用下，工作于正反馈状态下，其输出波形不是正弦波，而是理论幅度很大的正弦波削顶后形成的方波。方波正是计算机工作所需要的。各类计算机主频、彩色电视接收机 4.43MHz、3.58MHz 彩色副载波频率源等都属于石英晶体集成振荡器。石英晶体集成振荡器应用越来越广泛。

石英晶体振荡电路振荡频率不仅与石英晶体本身有关，与所配用的放大器是同相还是反相有关，而且与放大器电压放大倍数有关。只有与计算机芯片内部的反相放大器配用时，石英晶体振荡电路实际振荡频率才近似等于石英晶体标称频率。

计算机芯片内部都有一个反相放大器，在这个反相放大器的输入端与输出端之间接上晶振，就构成振荡电路，产生脉冲信号，供芯片工作使用。晶振标称值与其谐振频率只是很接近，但并不真正相等。计算机芯片连接晶振反相放大器的两个引脚内部已经加接了数兆欧的电阻，以使振荡频率达到晶振标称值。

用石英晶体还能构成很多分立元件振荡电路。图 10.3.5 是石英晶体三点式振荡电路，也叫做皮尔斯振荡器。典型石英晶体分立振荡电路有皮尔斯振荡器、密勒振荡器等。

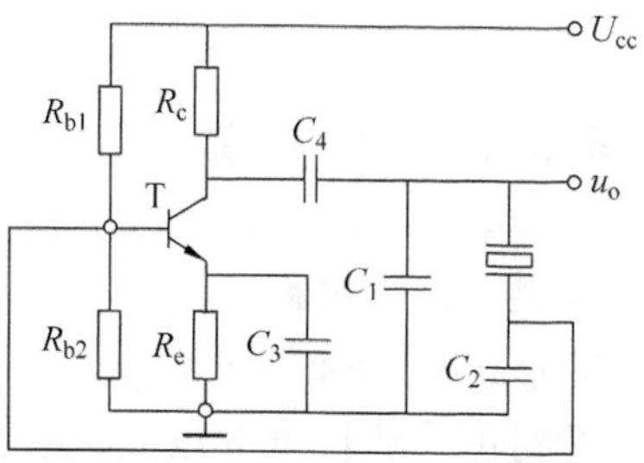

图 10.3.5 石英晶体三点式振荡电路(皮尔斯振荡器)

思考题

10.3.1 石英晶体振荡电路有哪些优点?

10.3.2 振荡电路离不开电容或电感等储能元件,石英晶体振荡电路的储能元件在哪里?

10.4 集成振荡电路

10.4.1 文氏电桥集成振荡电路

选频网络谐振频率及分压比分析计算,只是振荡电路分析计算的局部。通过局部分析计算,可明确如何改变参数利于起振,但是具体操作时若遇到困难,还是不易解决。

微分方程方法是研究振荡电路的最好方法。用微分方程方法研究振荡电路,有助于人们对振荡的认识由定性向定量发展,可以直观地定量地看到电路起振条件、振荡频率及其调节范围以及振幅稳定过程等,有利于以最快的速度制成或者修复振荡器。

1. 起振条件及振荡频率

在图 10.4.1 所示的文氏电桥正弦波振荡电路中,既有由电阻 R_1、R_f构成的固定负反馈回路,又有由串联-并联 RC 带通滤波器构成的自动可调正反馈回路,其双通道复合反馈方框图见图 7.1.1(c)。文氏电桥正弦波振荡电路的基本特征是负反馈固定、正反馈随频率大小自动调节,正、负反馈共存。

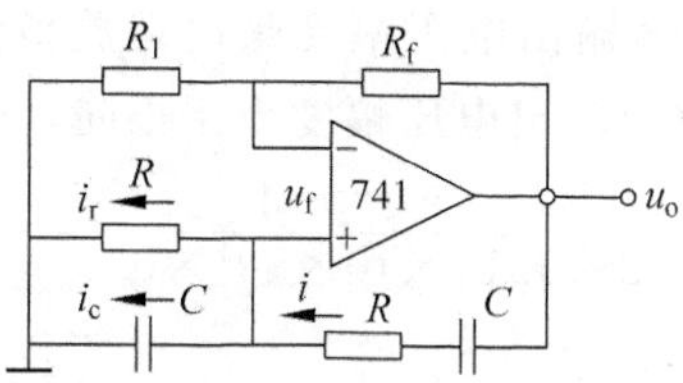

图 10.4.1 文氏电桥集成振荡器电路原理

电路接电时,电容中会产生阶跃电流,电阻中会产生阶跃电流及电压。按照傅里叶级数理论,这些阶跃电流和电压可分解为各种频率成分的正弦电流和电压。在非谐振点上,带通滤波器输出小,负反馈较强,整个电路表现为负反馈,非谐振频率的电压被抑制。在谐振点上,带通滤波器输出最大,正反馈最强,整个电路表现为正反馈,实现自激振荡。

文氏电桥振荡器起振条件及振荡频率

$$R_f/R_1 > 2 \tag{10.4.1}$$

$$f_0 = \frac{\omega_0}{2\pi} = \frac{1}{2\pi RC} \tag{10.4.2}$$

起振条件还可以用正反馈系数大于负反馈系数 $F_{p0}>F_n$来表达

$$F_{p0} \geqslant F_n \tag{10.4.3}$$

2. 文氏电桥振荡电路稳幅及波形校正实验

这里结合实验讨论稳幅及波形校正的理论及措施。自小到大调节图 10.4.2 电位器 R_w,减小负反馈系数,可起振并看到正弦波输出电压。继续调大 R_w,总体上正反馈强度变大,输出电压过零后很快趋于最大输出摆幅,正弦波电压被削平,出现类似梯形波电压。

1) 起振条件及饱和稳幅实验

文氏电桥起振实验电路见图 10.4.2。该电路谐振时正反馈系数 $F_{p0}=1/3$。当 R_w由小到大调到 5kΩ,即总反馈电阻 $R_f=20\text{k}\Omega$、负反馈系数达到 $F_n=1/3$ 时能起振,振幅由单向失真限制,但失真不明显。

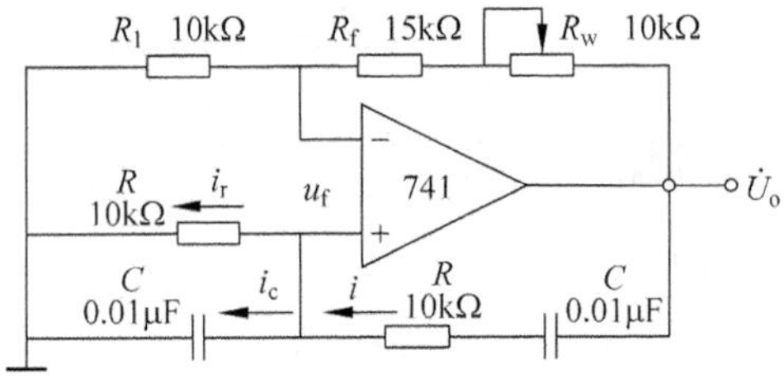

图 10.4.2 文氏电桥起振实验电路

总反馈电阻 R_f超过 20kΩ 越多,失真越明显,振荡频率越低。

振荡中 R_w由大到小调节时,因负反馈变强,故失真渐小。到 $R_w=5\text{k}\Omega$ 时若再调小,则负反馈强于正反馈,在示波器上可看到振幅很快衰减到 0,振荡停止。将 R_w由小到大调节时,失真渐增,而振荡频率渐减。R_w断开,则振荡频率降低到零,亦表现为停振。

总反馈电阻为 20kΩ 临界振荡时,测量振荡器输出电压有效值 $u_o=7.2\text{V}$,折算成电压幅值为 $U_{om}=\sqrt{2}\times7.2\text{V}\approx10.2\text{V}$。仔细观察可以看出,失真首先从负峰顶开始。考虑运放电源电压为±12V,显然自激振荡输出电压幅度是由运放负向限幅所致。测量该运放芯片的电压输出能力,果然发现其负向输出电压幅度小于正向,仅有 10.2V。

理论振荡频率:$f=\dfrac{1}{2\pi RC}=\dfrac{1}{2\times3.14\times10\times10^3\times0.01\times10^{-6}}\approx1592\text{Hz}$

实际振荡频率:$f=1593\text{Hz}$。

在大体上输出正弦波这样一个稳定状态下调整 R_w,输出电压 u_o变小到 7.15V 时尚能维持等幅振荡,若继续调小到 7.10V,则振幅很快衰减到 0 而停振。这证明确实存在一个临界振荡位置。实验证明:振荡器可以由双向输出范围内较小的一个限幅。

图 10.4.1 所示文氏电桥起振实验电路单纯依靠输出饱和进行稳幅,其缺点是振荡幅度总是接近电源电压,不易根据需要进行调整。

2) 双二极管稳幅实验

振荡电路的反馈系数是影响起振及振幅的关键因素。在反馈通道中串联两只反向并联的二极管,见图 10.4.3。正反馈系数依然是一个固定值,设两二极管正向特性相同,$r_{be1}=$

$r_{be2}=r_{be}$，串联两只反向并联二极管时负反馈系数变为

$$F_{n1}=\frac{R_1}{R_1+R_f+r_{be}+R_w}$$

输出电压过零附近，二极管电阻 r_{be}很大，参见图 1.1.12，致使负反馈系数很小，电路总体表现为正反馈，输出电压自然增大；输出电压数值较大时，二极管电阻 r_{be}变得很小，致使负反馈系数变大，正反馈强度相对被压低，电压幅度自动得到限制。就是说，二极管非线性特性使振荡电路的负反馈系数可以随着稳幅要求而自动调整，实现了放大倍数与电压绝对值成反比的自动增益控制(Automatic Gain Control，AGC)，振荡幅度因此得以调节和稳定。调节电位器，振幅连续变化可控，振荡频率维持在 1593Hz。

因硅二极管在 0～0.5V 电压作用下电阻 r_{be}表现为接近无穷大，所形成的 AGC 作用太强烈，使得输出电压过零点时负反馈通路几近断开，负反馈系数接近 0，负反馈作用几乎消失，只剩下正反馈，使得电路过零后呈现深度正反馈，输出电压幅度飞速增大。

在 $\omega t=2n\pi$ 点，输出电压从负变正过零点时，二极管 D_1来不及马上导通，负反馈瞬间消失，深度正反馈使输出电压自零点开始骤升。在 $\omega t=(2n+1)\pi$ 点，输出电压从正变负过零点时，二极管 D_2来不及马上导通，负反馈瞬间消失，深度正反馈使输出电压自零点开始骤降。

无论输出电压骤升还是骤降，都造成振荡电压曲线在过零点后斜率很大，结果发生陡峭交越失真，见图 10.4.3。

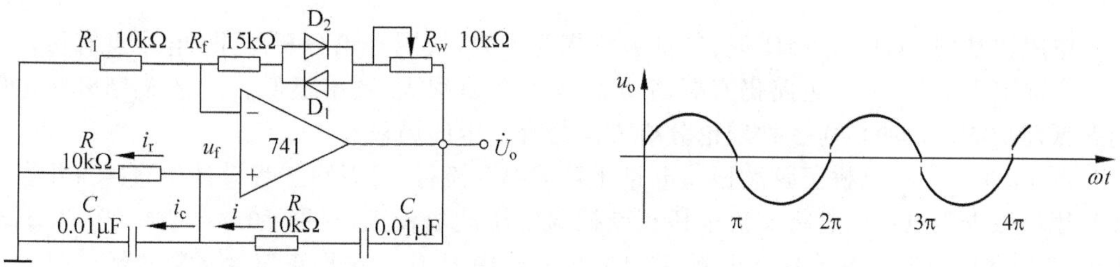

图 10.4.3 文氏电桥双二极管限幅电路及其陡峭交越失真

把文氏电桥振荡器的陡峭交越失真与乙类 OTL 及 OCL 功率放大电路的平坦交越失真对比，参见图 5.3.2，可以看出两种失真方向正好相反。

总之，振幅可由双向电压输出范围中较小的一个限制，也可由非线性元器件限制。

3) 波形失真校正实验

波形失真校正实验电路见图 10.4.4。

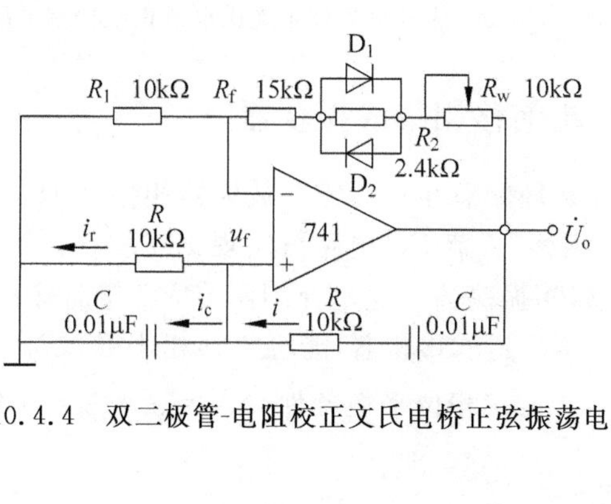

图 10.4.4 双二极管-电阻校正文氏电桥正弦振荡电路

交越失真既然是由于二极管非线性太大使过零点后正反馈过于强烈以及 AGC 作用太大造成的，那么只要设法减小二极管非线性的影响，就可以克服陡峭交越失真。

与二极管并联电阻 R_2，见图 10.4.4。$R_1=10\text{k}\Omega$ 时 R_2阻值 $1\sim10\text{k}\Omega$，负反馈系数

$$F_{n2}=\frac{R_1}{R_1+R_f+r_{be}//R_2+R_w}$$

利用并联的两只电阻中较小的那只电阻起主导作用的原理，在零点附近，$R_2\ll r_{be}$，R_2代替 r_{be}起主导作用，使负反馈保持一定强度。远离零点时，$r_{be}\ll R_2$，r_{be}代替 R_2起主导作用，增大负反馈强度，以自动调节输出电压幅度。

与负反馈回路中反向并联的两只二极管并联一只阻值合适的电阻，即能消除陡峭交越失真。实验结果发现陡峭交越失真消失，振荡频率维持在 1593Hz，输出振幅连续稳定可调的正弦波电压，见图 10.4.4。

实验结论：文氏电桥振荡器可以由输出饱和来限幅，也可以由非线性元器件来限幅。

按照表 10.4.1 第 1 行数据将 R_f/R_1 调大，记录实际振荡频率在第 3 行。

表 10.4.1　文氏电桥自激振荡频率与电阻比的关系

R_f/R_1		2	2.2	2.4	3.0	3.2
振荡频率ω	理论值	1593	1585	1561	1380	1274
	实际植					
相对误差δ						

电阻比达到 4，即 $R_f>4R_1$时，特征方程根为实数，按照理论分析结果，电路没有振荡功能。实际上 $R_f/R_1>4$ 时电路仍有振荡功能，只是失真很大、频率很低。甚至 R_f断开时电路仍有振荡功能。说明任何一种理论分析方法都有一定的局限性。

图 10.4.4 文氏电桥正弦波振荡电路比较成熟和流行，可以在工程设计中直接选用。

用热敏电阻也可以进行文氏电桥正弦振荡电压波形校正，见图 10.4.5。图 10.4.5(a)中 R_f应当选用负温度系数热敏电阻，图 10.4.5(b)中 R_1应当选用正温度系数热敏电阻。

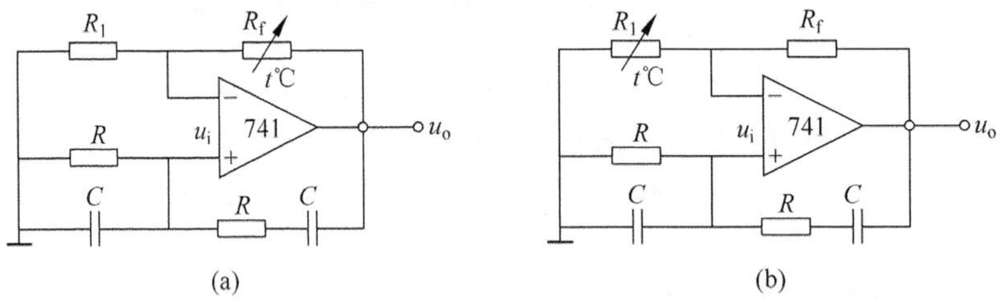

图 10.4.5　热敏电阻校正文氏电桥正弦振荡电路

10.4.2　两节 *RC* 超前移相集成振荡器

振荡器相位平衡条件是环路总相移为零。放大器相移有 180°、−90°及+90°。两节 *RC* 电路可实现−90°或+90°相移，三节 *RC* 电路可实现 180°相移。用两节或三节 *RC* 电路与放大器组合成环路，可组成移相振荡器。这里介绍两节 *RC* 超前移相振荡器。

R_1C_1、R_2C_2 组成两节 *RC* 超前移相器，能轻松移相+90°，R_3C_3 与 OPA 组成−90°滞后放大器，如图 10.4.6 所示。振荡相位平衡条件 $\sum\varphi=\varphi_a+\varphi_f=+90°+(-90°)=0°$可满足，

环路总相移能在 0°左右徘徊。通常 $R_2=R_1=R$、$C_3=C_2=C_1=C$。根据起振条件确定 R_3。

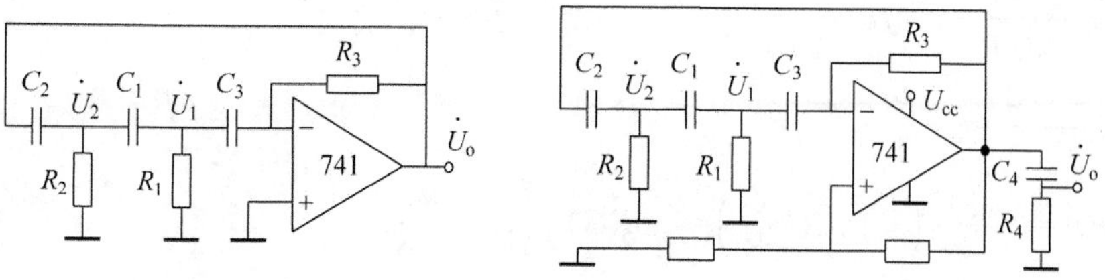

(a) 双电源供电　　(b) 单电源供电

图 10.4.6　两节 RC 超前移相集成振荡器

90°滞后移相放大器电压放大倍数

$$A=-\frac{R_3}{1/\mathrm{j}\omega C_3}=-\mathrm{j}\omega RC\frac{R_3}{R}$$

振荡频率及起振条件可用两种方法来分析计算。

1）用串联分压法分析计算振荡频率及起振条件

（1）电阻电容串并联阻抗计算

电容 C_3 右端接虚地，C_3 等效与电阻 R_1 并联。并联阻抗为

$$Z_{\mathrm{P1}}=\frac{R/\mathrm{j}\omega C}{R+1/\mathrm{j}\omega C}=\frac{R}{1+\mathrm{j}\omega RC}=\frac{R}{1+\lambda}=\frac{R}{\lambda+1}$$

将 $\mathrm{j}\omega RC$ 置换为无量纲虚数 λ，以简化方程组。

电容 C_1 与并联阻抗 Z_{P1} 的串联阻抗为

$$Z_{\mathrm{S1}}=\frac{R}{\lambda}+\frac{R}{1+\lambda}=\frac{2\lambda+1}{\lambda(\lambda+1)}R$$

电阻 R_2 与串联阻抗 Z_{S1} 的并联阻抗为

$$Z_{\mathrm{P2}}=\frac{R\dfrac{2\lambda+1}{\lambda(\lambda+1)}R}{R+\dfrac{2\lambda+1}{\lambda(\lambda+1)}R}=\frac{2\lambda+1}{\lambda^2+3\lambda+1}R$$

电容 C_2 与并联阻抗 Z_{P2} 的串联阻抗为

$$Z_{\mathrm{S2}}=\frac{R}{\lambda}+\frac{2\lambda+1}{\lambda^2+3\lambda+1}R=\frac{3\lambda^2+4\lambda+1}{\lambda(\lambda^2+3\lambda+1)}R$$

（2）串联分压比 α、反馈系数 F 及环路电压放大倍数 FA 计算

$$\alpha_1=\frac{\dot{U}_1}{\dot{U}_2}=\frac{Z_{\mathrm{P1}}}{Z_{\mathrm{S1}}}=\frac{R}{\lambda+1}\Big/\left(\frac{2\lambda+1}{\lambda(\lambda+1)}R\right)=\frac{\lambda}{2\lambda+1}$$

$$\alpha_2=\frac{\dot{U}_2}{\dot{U}_{\mathrm{o}}}=\frac{Z_{\mathrm{P2}}}{Z_{\mathrm{S2}}}=\frac{2\lambda+1}{\lambda^2+3\lambda+1}R\Big/\left(\frac{3\lambda^2+4\lambda+1}{\lambda(\lambda^2+3\lambda+1)}R\right)=\frac{\lambda(2\lambda+1)}{3\lambda^2+4\lambda+1}$$

$$F=\alpha_1\alpha_2=\frac{\dot{U}_1}{\dot{U}_{\mathrm{o}}}=\frac{\lambda}{2\lambda+1}\frac{\lambda(2\lambda+1)}{3\lambda^2+4\lambda+1}=\frac{\lambda^2}{3\lambda^2+4\lambda+1}$$

将 λ 变换为 $\mathrm{j}\sigma$，$\sigma=\omega RC$，有

$$F=\frac{-\sigma^2}{-3\sigma^2+4\mathrm{j}\sigma+1}$$

令 $3\sigma^2=3(\omega RC)^2=1$，得到振荡角频率、反馈系数 F 及环路电压放大倍数 FA 为

$$\omega_0=\frac{1}{\sqrt{3}RC},\quad f_0=\frac{1}{2\pi\sqrt{3}RC} \tag{10.4.4}$$

$$F=\mathrm{j}\,\frac{\sigma}{4}=\mathrm{j}\,\frac{\omega RC}{4}$$

$$FA=\mathrm{j}\,\frac{\omega RC}{4}\left(-\mathrm{j}\omega RC\,\frac{R_3}{R}\right)=(\omega RC)^2\,\frac{R_3}{4R}=\frac{R_3}{12R}$$

由 $FA\geqslant 1$ 得到起振条件及振幅平衡条件

$$R_3\geqslant 12R \tag{10.4.5}$$

2) 用节点电压法分析计算振荡频率及起振条件

用节点电压法在$\dot{U}_2$、$\dot{U}_1$ 所在节点列出关于电压$\dot{U}_2$、$\dot{U}_1$、$\dot{U}_\mathrm{o}$ 的方程组

$$(\mathrm{j}\omega C+\mathrm{j}\omega C+G)\dot{U}_2-\mathrm{j}\omega C\,\dot{U}_1-\mathrm{j}\omega C\,\dot{U}_\mathrm{o}=0$$

$$(\mathrm{j}\omega C+\mathrm{j}\omega C+G)\dot{U}_1-\mathrm{j}\omega C\,\dot{U}_2=0$$

$$\dot{U}_\mathrm{o}=-\mathrm{j}\omega R_3C\,\dot{U}_1$$

第一、二两式乘以 R 有

$$(2\mathrm{j}\omega RC+1)\dot{U}_1-\mathrm{j}\omega RC\,\dot{U}_\mathrm{i}-\mathrm{j}\omega RC\,\dot{U}_\mathrm{o}=0$$

$$(2\mathrm{j}\omega RC+1)\dot{U}_\mathrm{i}-\mathrm{j}\omega RC\,\dot{U}_1=0$$

$$\dot{U}_\mathrm{o}=-\mathrm{j}\omega RC(R_3/R)\dot{U}_1$$

再将 $\mathrm{j}\omega RC$ 置换为无量纲虚数 λ，方程组可以简化为

$$(2\lambda+1)\dot{U}_1-\lambda\,\dot{U}_\mathrm{i}-\lambda\,\dot{U}_\mathrm{o}=0$$

$$(2\lambda+1)\dot{U}_\mathrm{i}-\lambda\,\dot{U}_1=0$$

$$\dot{U}_\mathrm{o}=-\lambda(R_3/R)\dot{U}_1$$

从第二式求出$\dot{U}_1=(2\lambda+1)/\lambda\,\dot{U}_\mathrm{i}$、连同第三式代入第一式有

$$(2\lambda+1)^2\,\dot{U}_\mathrm{i}-\lambda^2\,\dot{U}_\mathrm{i}+\lambda^3(R_3/R)\dot{U}_\mathrm{i}=0$$

$$[(R_3/R)\lambda^3+3\lambda^2+4\lambda+1]\dot{U}_\mathrm{i}=0$$

振荡电路中任一点的电压都非零，故有

$$(R_3/R)\lambda^3+3\lambda^2+4\lambda+1=0$$

将 $\lambda=\mathrm{j}\omega RC$ 代入得到

$$-(R_3/R)\mathrm{j}(\omega RC)^3+4\mathrm{j}\omega RC-3(\omega RC)^2+1=0$$

令此式的实部为 0，就是振荡频率条件；虚部为零，就是起振条件。

$R=10\mathrm{k}\Omega$、$C=103$ 时，振荡频率为

$$f_0=\frac{1}{2\pi\sqrt{3}RC}=\frac{10^{12}}{10.883\times10\times10^3\times10\times10^3}\mathrm{Hz}=\frac{10^4}{10.883}\mathrm{Hz}=918.9\mathrm{Hz}$$

思考题

10.4.1　欲使文氏电桥振荡器起振，负反馈回路的反馈电阻应当调大还是调小？

10.4.2　双二极管稳幅电路造成的交越失真与互补式功率放大电路的交越失真有什么异同？

10.5 非正弦波振荡电路

实际除了使用正弦波振荡器之外，还使用方波、三角波、锯齿波等非正弦波振荡器。因为方波除了基波之外还包含丰富的高次谐波，故方波振荡器也称为多谐振荡器。

10.5.1 矩形波振荡电路

1. 占空比 $\rho=0.5$ 的矩形波振荡器

以电阻串联电路引入固定正反馈，以 RC 串联电路引入可变负反馈，就可以组成矩形波振荡电路，见图 10.5.1。这里 OPA 当电压比较器使用。

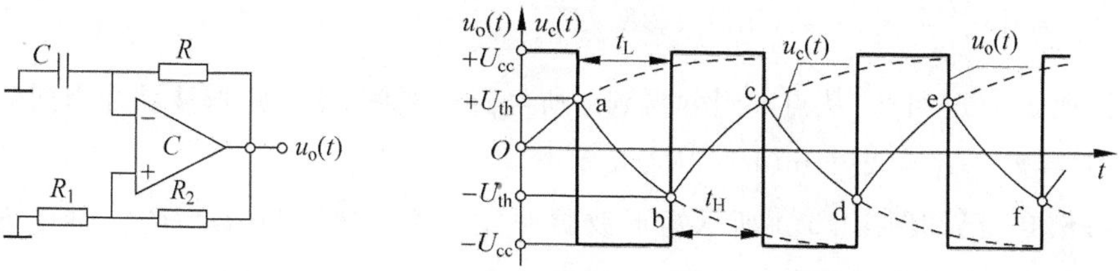

(a) 矩形波发生电路　　(b) 电容上的负指数曲线三角波$u_c(t)$与输出矩形波$u_o(t)$

图 10.5.1 电压比较器组成的矩形波发生器(占空比 $\rho=0.5$)

忽略输出管饱和压降，认为比较器正向饱和时输出电压达到电源电压 $+U_{cc}$，负向饱和时输出电压达到负电源电压 $-U_{cc}$。

正反馈系数 $F_p=\dfrac{R_1}{R_1+R_2}$

比较器同相端门限电压 $U_{th}=F_pU_{cc}=\dfrac{R_1}{R_1+R_2}U_{cc}$

设上电时电容 C 无电荷，比较器输出电压初始值为 $+U_{cc}$，经正反馈同相端电压 $u_+=+U_{th}$，则电路以 $u_c(0_+)=0$ 为初始条件、以稳态值 $u_c(\infty)=+U_{cc}$ 为理论最终目标进入 RC 暂态过程，时间常数为 $\tau=RC$，从原点 O 开始过渡，实际到点 a 结束，见图 10.5.1(b)。

电容电压充到 $+U_{th}$ 时，比较器反相端电压上升达到同相端，输出电压切换到 $-U_{cc}$，因此实际到点 a 时过渡过程即结束。稳态值 $u_c(\infty)=+U_{cc}$ 只是一个理想目标，可望不可即。

根据三要素法可以列出负指数曲线。

输出电压切换到 $-U_{cc}$ 后经正反馈，同相端电压切换为 $u_+=-U_{th}$，然后电路以 $u_c(0_+)=+U_{th}$ 为初始条件、以点 a 为起点，以稳态值 $u_c(\infty)=-U_{cc}$ 为最终目标进入 RC 放电暂态过程，时间常数仍为 $\tau=RC$，将三要素代到暂态过程通用公式 $u_c(t)=u_c(\infty)+[u_c(0_+)-u_c(\infty)]e^{-t/\tau}$ 有

$$u_c(t)=-U_{cc}+[U_{th}-(-U_{cc})]e^{-t/\tau}$$

$$u_c(t)=(U_{th}+U_{cc})e^{-t/\tau}-U_{cc}$$

电容电压放到 0 又反充到 $-U_{th}$ 时，比较器反相端输入电压下降到同相端，输出电压切换到 $+U_{cc}$，实际到点 b 时过渡过程即结束。$u_c(\infty)=-U_{cc}$ 也是一个可望不可即的理想目标。

令 $u_c(t)=-U_{th}$ 得到从点 a 到 b 所用时间 t_1 所满足的条件及 t_1 为

$$(U_{th}+U_{cc})e^{-t/\tau}-U_{cc}=-U_{th}$$

$$t_1=\tau\ln\frac{U_{cc}+U_{th}}{U_{cc}-U_{th}}=\tau\ln(1+2R_1/R_2)$$

然后自点 b 开始到点 c 的下一次充电过程。亦按照三要素列出暂态过程方程

$$u_c(t)=U_{cc}+(-U_{th}-U_{cc})e^{-t/\tau}$$

$$u_c(t)=U_{cc}-(U_{th}+U_{cc})e^{-t/\tau}$$

令 $u_c(t)=+U_{th}$ 得到从点 b 到 c 所用时间 t_2 所满足的条件

$$U_{cc}-(U_{th}+U_{cc})e^{-t/\tau}=U_{th}$$

$$t_2=\tau\ln\frac{U_{cc}+U_{th}}{U_{cc}-U_{th}}=\tau\ln(1+2R_1/R_2)$$

由图 10.5.1(b)可知，从点 a 到 b 再到 c 所经过的时间，就是矩形波脉冲周期

$$T=t_1+t_2=2RC\ln(1+2R_1/R_2) \tag{10.5.1}$$

例 10.5.1 已知图 10.5.1 所示矩形波脉冲发生器的参数为 $R_1=R_2=1\text{k}\Omega$，$R=1\text{k}\Omega$，$C=0.1\mu\text{F}$，$U_{cc}=12\text{V}$，试计算脉冲周期 T、频率 f。

解 $T=2RC\ln(1+2R_1/R_2)$

$=2\times1\times10^3\times0.1\times10^{-6}\times\ln(1+2\times1/1)\approx2.1972\times10^{-4}\text{s}$

$f=1/T=10^4/2.1972\approx4551\text{Hz}$

2. 占空比可调的矩形波振荡器

通常把正脉冲宽度占整个脉冲周期的比率叫做占空比，常用字母 ρ 表示

$$\rho=\frac{t_H}{t_L+t_H} \tag{10.5.2}$$

图 10.5.1 所示矩形波发生器 $t_H=t_L$，占空比为固定值 50%，不可调节。

设置二极管使电容充、放电经不同电阻进行，能获得占空比可调的矩形波发生器，见图 10.5.2。设电位器 R_P 上、下半部阻值各为 R_{P1}、R_{P2}，则从 a 到 b、从 b 到 c 所用时间各为 $t_H=(R_{P1}+R)C\ln(1+2R_1/R_2)$、$t_L=(R_{P2}+R)C\ln(1+2R_1/R_2)$，矩形波脉冲周期

$$T=(R_P+2R)C\ln(1+2R_1/R_2) \tag{10.5.3}$$

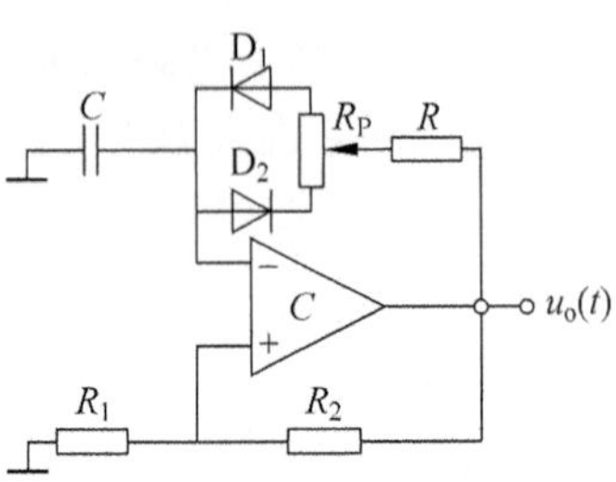

(a) 矩形波发生电路

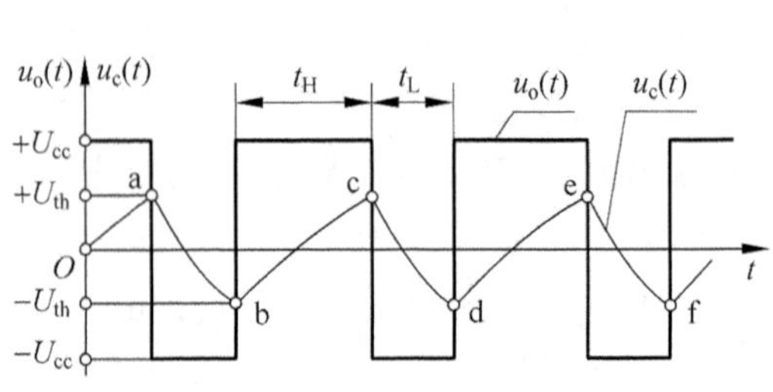

(b) 电容三角波与输出矩形波

图 10.5.2 占空比可调矩形波发生器

R_P调到最低端，输出正电压U_o对电容C充电最慢，正脉冲维持时间最长，占空比最大；R_P调到最高端，输出负电压U_o对电容C充电最慢，负脉冲维持时间最长，占空比最小。

占空比可调范围为

$$\rho=\frac{R}{R_p+2R}\sim\frac{R_p+R}{R_p+2R} \tag{10.5.4}$$

还可以看出，这种矩形波发生器调节占空比时，振荡频率基本保持不变。

经调节占空比实现控制，叫做脉冲宽度调制(Pulse Wide Modular，PWM)。

例 10.5.2 已知图10.5.2所示矩形波脉冲发生器的参数为$R_1=R_2=R=10\text{k}\Omega$，$R_P=10\text{k}\Omega$，$C=10\text{nF}$，$U_{cc}=12\text{V}$，试计算脉冲周期$T$、频率$f$及占空比$\rho$。

解 $T=(R_P+2R)C\ln(1+2R_1/R_2)$

$=(10+2\times10)\times10^3\times10\times10^{-9}\times\ln(1+2\times1/1)\approx3.296\times10^{-4}\text{s}$

$f=1/T=10^4/3.296\approx3034\text{Hz}$

$$\rho=\frac{R}{R_p+2R}\sim\frac{R_p+R}{R_p+2R}=\frac{10}{10+2\times10}\sim\frac{10+10}{10+2\times10}=\frac{1}{3}\sim\frac{2}{3}$$

3. 输出幅度精确对称的矩形波振荡器

有些比较器正、负向输出摆幅大约有10%的差异。双向稳压二极管中两只稳压二极管稳定电压差异则在1%以下。2DW234型双向稳压二极管中的单只二极管稳定电压为5.3V，标称输出稳定电压6V，实际输出电压在5.104～6.06V之间。在比较器输出端接上电阻及双向稳压二极管，经过双向稳压二极管可以获得输出幅度精确对称的矩形波，见图10.5.3。

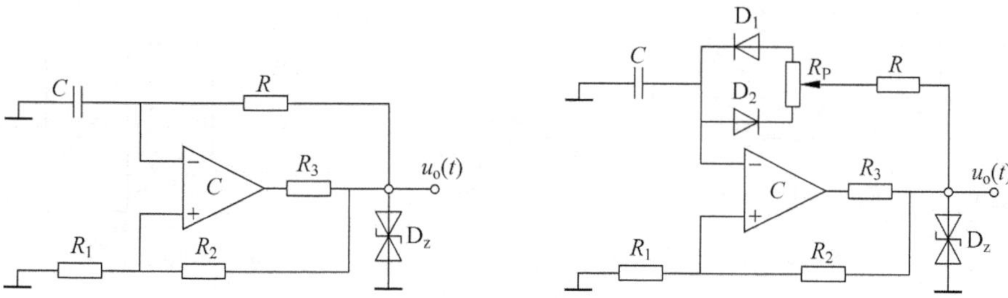

图10.5.3 输出幅度可调矩形波发生器

图10.5.3所示矩形波脉冲幅度U_{om}等于稳压二极管稳定电压U_z。

输出幅度精确对称的矩形波发生器周期仍按式(10.5.5)计算。

矩形波发生器使用普通运放，频率较高时方波将畸变为梯形波，且实际频率变低。振荡频率越高，畸变越厉害。使用高速运放可减少这种畸变。

4. 借助矩形波振荡电压实际波形测算运放芯片压摆率

借助方波到梯形波的畸变可以测量普通集成运放芯片的压摆率。用普通运放芯片进行矩形波发生器实验，可以看到实际波形与理想方波有差异而呈现为梯形波，见图10.5.4。随着时间常数RC持续变小、频率持续变高，梯形波输出就演变成为三角波。

用示波器测量方波实际周期T'、正向饱和到负向饱和所需时间Δt_1或负向饱和到正向饱和所需时间Δt_2，通常$\Delta t_1=\Delta t_2=\Delta t$，可计算方波理论周期$T=T'-2\Delta t$及运放芯片压摆率。

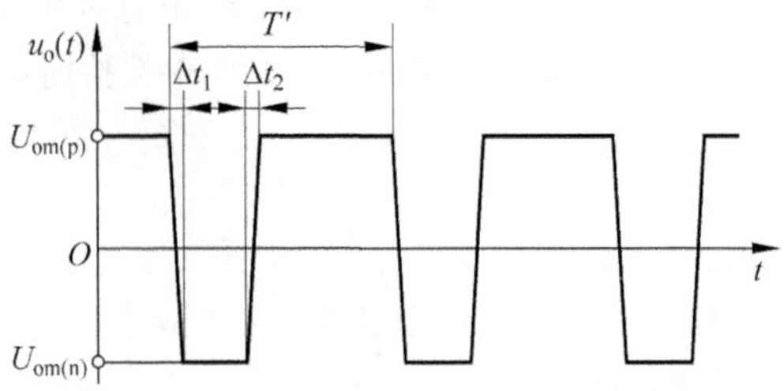

图 10.5.4　借助矩形波的畸变测量运放芯片的压摆率 SR

图 10.5.4 中运放型号 μA741，$U_{cc}=12V$，$R_1=R_2=1k\Omega$，$R=1k\Omega$，$C=0.1\mu F$，理论振荡频率为 4551Hz，实际振荡频率为 3600Hz，$\Delta t=28\mu s$，由此用式(6.7.1)可测算所用 μA741 压摆率

$$SR=\frac{U_{p\text{-}p}}{\Delta t}=\frac{U_{om(p)}-U_{om(n)}}{\Delta T}=\frac{11-(-10)}{28}\ \frac{V}{\mu s}=0.75V/\mu s$$

10.5.2　三角波振荡电路与锯齿波振荡电路

1. 三角波振荡电路

从图 10.5.1 或图 10.5.2 均可看出，矩形波发生器所用集成运放的反相端子其实已经产生了三角波电压，该三角波电压经过跟随器或同相放大后即能供负载使用，见图 10.5.5。

图 10.5.5 所示电路的锯齿波和三角波的频率计算按照式(10.5.3)进行。改变 R_3 与 R_4 的比例，可以调节三角波幅度。

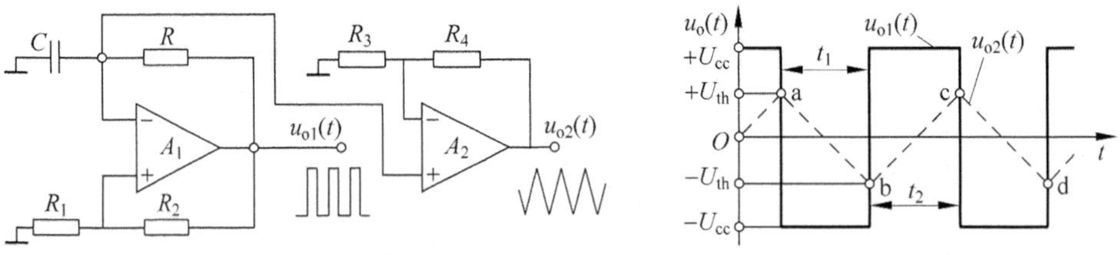

(a) 矩形波三角波双发生器　(b) 三角波与矩形波

图 10.5.5　矩形波三角波双发生器

图 10.5.5 产生的三角波由 *RC* 自然充放电形成，线性可能不太完美。如对三角波线性要求严格，可采用下面的专用恒流充放电三角波发生器。

专门三角波发生器也需要两级运放，见图 10.5.6。第一级运放正反馈闭环使用，作反相端零基准电压滞后比较器，第二级运放负反馈闭环使用。

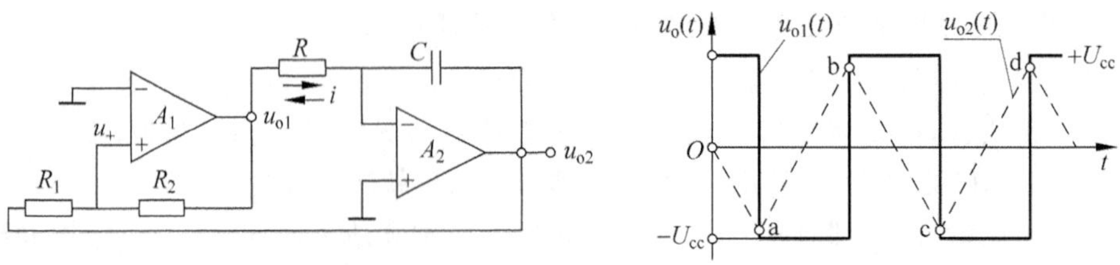

(a) 三角波发生电路　(b) 三角波电压波形

图 10.5.6　恒流充放电三角波发生器

运放 A_1 反相端接地，其电压 $u_-=0$，故其输出切换条件为 $u_+=0$。

运放 A_1 同相端电压 $u_+=\frac{R_1}{R_1+R_2}(u_{o1}-u_{o2})+u_{o2}=\frac{R_1u_{o1}+R_2u_{o2}}{R_1+R_2}$

因此运放 A_1 同相端电压达到 0 的条件为 $R_1u_{o1}+R_2u_{o2}=0$

已知 u_{o1}，可求出满足 $u_+=0$ 的 $u_{o2}=-\frac{R_1}{R_2}u_{o1}$

运放 A_1 接成正反馈，故其输出电压不是正向输出电压极限 $U_{omp}>0$ 就是负向输出电压极限 $U_{omn}<0$，而 A_2 反相端为虚地，故电阻 R 电流即电容 C 充电电流大小恒定。

$u_{o1}=U_{omp}>0$ 时电流 i 自左向右 $i=\frac{U_{omp}}{R}$

$u_{o1}=U_{omn}<0$ 时电流 i 自右向左 $i=\frac{|U_{omn}|}{R}$

下面分析三角波发生器工作过程并计算三角波周期。

上电后电容无电荷，$u_{o2}=0$，设 $u_{o1}=U_{omp}>0$，则 A_1 通过电阻 R 给电容 C 充电，充电电流自左向右，运放 A_2 输出电压自原点 O 线性下降，见图 10.5.6。

A_2 输出电压下降到 $u_{o2}=-(R_1/R_2)u_{o1}=-(R_1/R_2)U_{omp}<0$ 时，A_1 反转为 $u_{o1}=U_{omn}<0$，此点即三角波谷点 a。

$u_{o1}=U_{omn}<0$，A_1 通过电阻 R 给电容 C 放电，电流自右向左，运放 A_2 输出电压自点 a 线性上升，见图 10.5.6。

电容 C 放电完又反充电，A_2 输出电压升到 $u_{o2}=-(R_1/R_2)u_{o1}=-(R_1/R_2)U_{omn}>0$ 时，A_1 输出电压反转为 $u_{o1}=U_{omp}>0$，u_{o2} 达到峰点 b。此间电容电流 $i=|U_{omn}|/R$，电量变化 $C(R_1/R_2)(U_{omp}-U_{omn})$，耗时

$$t_1=C(R_1/R_2)(U_{omp}-U_{omn})/(|U_{omn}|/R)\approx 2(R_1/R_2)RC$$

$u_{o1}=U_{omp}>0$，A_1 通过电阻 R 给电容 C 充电，电流自左向右，运放 A_2 输出电压自点 b 线性下降，见图 10.5.6。

电容充电到 A_2 输出电压下降到 $u_{o2}=-(R_1/R_2)u_{o1}=-(R_1/R_2)U_{omp}<0$ 时，A_1 反转为输出电压 $u_{o1}=U_{omn}<0$，达到谷点 c。此间电容电流 $i=U_{omp}/R$，电量变化 $C(R_1/R_2)(U_{omp}-U_{omn})$，耗时为

$$t_2=C(R_1/R_2)(U_{omp}-U_{omn})/(U_{omp}/R)\approx 2(R_1/R_2)RC$$

对 741 运放，$U_{omp}\approx U_{cc}-1\text{V}$，$U_{omn}\approx -U_{cc}+2\text{V}$，三角波电压峰-峰值

$$U_{p\text{-}p}=\frac{R_1}{R_2}(U_{omp}-U_{omn})\approx\frac{R_1}{R_2}(2U_{cc}-3\text{V})\tag{10.5.5}$$

从 $U_{om}<U_{omp}$ 可看出三角波发生器设计时应满足条件

$$R_1<R_2\tag{10.5.6}$$

若发现三角波发生器不起振，应检查条件(10.5.6)是否满足。

图 10.5.6 按照 $R_1/R_2=10/10$ 画出，三角波峰-峰值 $U_{p\text{-}p}=0.10(2U_{cc}-3\text{V})$。

从点 a 到 c 所用时间即三角波周期为

$$T=t_1+t_2=\frac{(U_{omp}+|U_{omn}|)^2}{U_{omp}|U_{omn}|}\frac{R_1}{R_2}RC$$

考虑$|U_{omn}|\approx U_{omp}$，得到三角波周期计算公式为

$$T = t_1 + t_2 = 4\frac{R_1}{R_2}RC \tag{10.5.7}$$

$|U_{omn}|\neq U_{omp}$时将使三角波左右不对称。对741运放，当$U_{cc}=12V$时，$U_{omp}\approx 11V$，$U_{omn}\approx -10V$，三角波电压两侧时间将差10%左右。若不允许，可在A_1输出加用双稳压管，见图10.5.7。A_1输出电压由双向稳压二极管限制为$\pm U_z$，式(10.5.7)仍然适用，式(10.5.6)应修正为

$$U_{p\text{-}p} = \frac{R_1}{R_2}[U_z-(-U_z)] = 2\frac{R_1}{R_2}U_z \tag{10.5.6a}$$

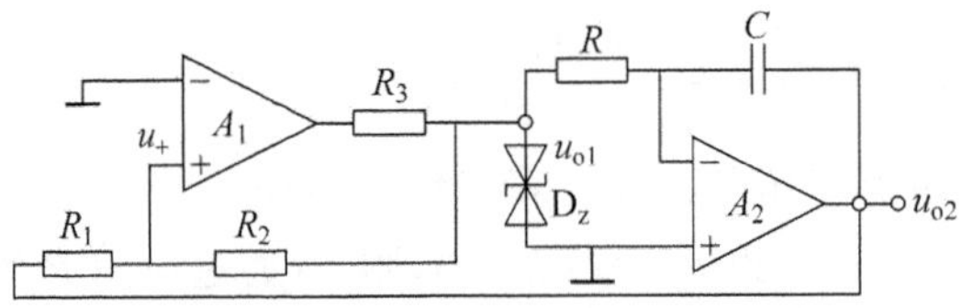

图10.5.7　精密对称三角波发生器

三角波输出电压经RC低通滤波，可形成正弦波电压。

2. 锯齿波振荡器

改变三角波上升沿与下降沿的比例，就形成锯齿波发生器。电路中只要增加两只二极管D_1、D_2，并将电阻R换成电位器R_w就可以，见图10.5.8。调节电位器R_w，使电容C两个方向充电的快慢不同，就可以形成锯齿波发生器。

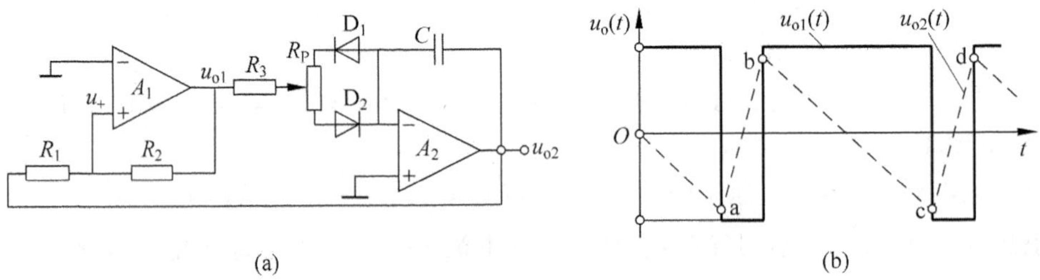

图10.5.8　锯齿波发生器及其产生的锯齿波

振荡周期为

$$T = t_1 + t_2 = 2\frac{R_1}{R_2}(2R_3 + R_p)C \tag{10.5.8}$$

不用双向稳压二极管，精调图10.5.8锯齿波发生器也可产生精密对称三角波电压。

思考题

10.5.1　正弦波振荡电路中的集成运算放大器工作在放大状态还是饱和状态，非正弦波振荡电路中的集成运算放大器呢？

10.5.2　非正弦波振荡电路中的电容C是工作在连续的暂态过程中吗？

10.5.3　按照图10.5.1用μA741等普通集成运放构成的方波发生器输出电压波形在频率超过1kHz时为什么明显呈现梯形波，而且实际频率明显低于计算值，如何解决？

10.6　本章小结

一、总体内容

本章主要围绕振荡电路讨论自激振荡条件即起振条件、振荡电路用谐振滤波器、分立元件振荡电路及集成振荡电路，最后讨论了非正弦波振荡电路。

二、各节要点

10.1　自激振荡原理及振荡电路

自激振荡条件理论上包括幅度平衡及起振条件和相位平衡条件。

单通道自激振荡电路的幅度平衡及起振条件是$|FA|\geqslant 1$。

双通道自激振荡电路的幅度平衡及起振条件是$(F_p-F_n)A\geqslant 1$。

带通滤波器自激振荡电路的相位平衡条件是 $\sum\varphi=\varphi_a+\varphi_f+\varphi_c=2n\pi$，$(n=0,1)$。

带阻滤波器自激振荡电路的相位平衡条件是 $\sum\varphi=\varphi_a+\varphi_f+\varphi_c=(2n+1)\pi$，$(n=0,1)$。

10.2　分立元件振荡电路

主要介绍基于负分压比带通滤波器的电容三点式振荡电路和电感三点式振荡电路，其特征是采用加反馈；单级反相开环放大与负反馈系数，结果形成正反馈。只要有一定放大倍数即满足起振条件。

10.3　石英晶体振荡电路

石英晶体本身是一种 RLC 谐振电路。石英晶体有串联谐振和并联谐振两种工作方式。只要将石英晶体与同相放大器或反相放大器输入与输出端连起来就构成振荡电路，不再另用电容或电感，显得小巧玲珑。石英晶体振荡电路的应用越来越广泛。

10.4　文氏电桥集成振荡电路

文氏电桥振荡电路由串并联 RC 带通滤波器与运算放大器构成。文氏电桥振荡电路的频率可以调节，波形可以校正。文氏电桥振荡电路的应用也很广泛。

10.5　非正弦波振荡器

非正弦振荡电路主要包括方波发生器、三角波发生器和锯齿波发生器。

非正弦振荡电路由运算放大器和 RC 反馈网络组成。非正弦振荡电路利用 RC 充放电和正反馈使电路在正向饱和与负向饱和之间切换，而输出方波等非正弦电压。

三、关键知识

振荡是正反馈的一种典型应用。要认清楚振荡是一种周期性的电能转换过程，因此振荡电路中电容、电感等储能元件的数量至少应有两个。足够的正反馈是补充能量、维持振荡的必要条件，要明确反馈是加反馈还是减反馈；开环放大倍数是正还是负；谐振滤波器分压比即反馈系数是正还是负，然后才能进行综合判断是否属于正反馈。只有反馈属于正反馈，经过参数调节才有起振可能。

振荡是一种能量转换过程。所以振荡电路必有电容或电感等储能元件。RC 或 RLC 谐振滤波器构成的振荡电路中的电容或电感很明显，石英晶体振荡电路中的等效电容和电感隐藏在石英晶体中。

正弦振荡电路分为 RC 振荡电路、LC 振荡电路和石英晶体振荡电路。一般来讲，RC 振荡电路用于产生低频信号，LC 振荡电路用于产生高频信号，石英晶体振荡电路用于产生高稳定性信号。

正弦振荡电路的放大器处于线性状态，非正弦振荡电路的放大器大部分时间处于饱和状态。

在第 3 章，读者可看到因工作点不当造成的单边削平失真、因信号强度超限造成的双边削平失真，因晶体管非线性导致的上半部矮胖下半部瘦长的非线性失真，在第 5 章可看到因晶体管死区电压导致的平坦交越失真；在本章可看到因二极管非线性导致的陡峭交越失真。至此，削平失真、上矮胖下瘦长的非线性失真以及交越失真，读者都看到了。放大器、振荡器的设计，就是围绕如何降低这三大失真进行的。

10.7 仿真与实训十 振荡器

1. 最简互补振荡器

图 10.7.1 是一种简单的互补振荡器，其特点是几乎不要什么起振条件，输出谐波成分很多。上电前电容无电荷，电压为 0，晶体管 T_1、T_2 均截止。电源 U_{cc} 经电阻 R_1 给电容 C_1 充电。电压一旦充到 0.7V，T_1、T_2 相继导通。T_2 集电极电流分两路，一路给扬声器电阻 R_2，另一路经 T_1 发射结给 C_1 放电。放电完毕时使 U_{be} 降低，T_1、T_2 相继截止，然后开始下一轮振荡循环。电源电压低到 3V 仍能工作。该电路容易起振，谐波丰富，但频率难调。

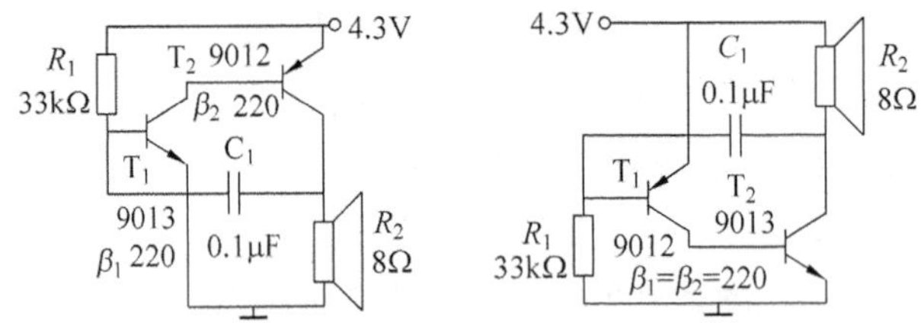

图 10.7.1 两种最简互补振荡器

图 10.7.2 是用面包板搭接的简单互补振荡器实物，由万能充电器提供 4.3V 直流电源。

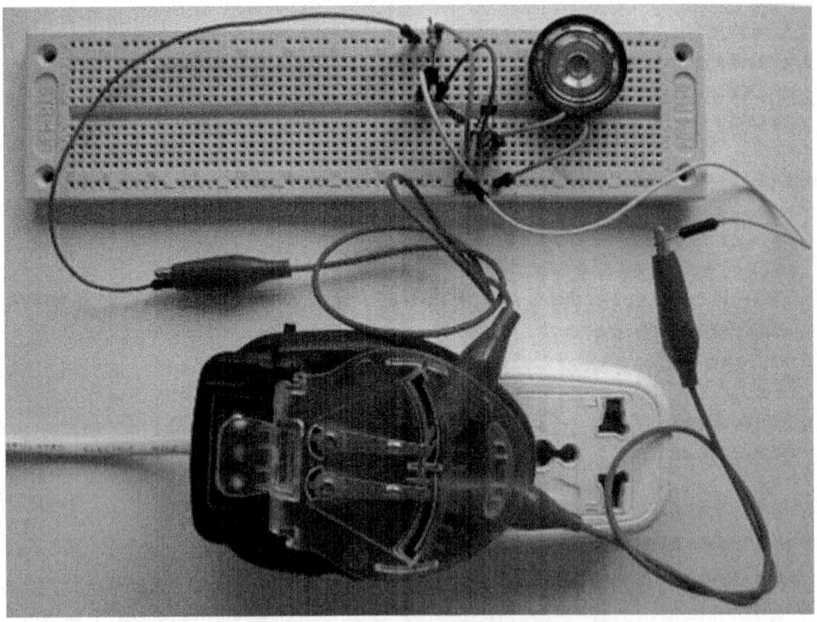

图 10.7.2 按照第一种电路进行最简互补振荡器实验

2. 文氏电桥振荡器

图 10.7.3 实验电路是根据图 10.4.1 文氏电桥振荡器在面包板上搭接的实验电路。实验时取 $R=10\text{k}\Omega$，$C=0.1\mu\text{F}$，$R_1=10\text{k}\Omega$，$R_f=20\text{k}\Omega+100\Omega$，一般能保证起振。扬声器发声人耳可听见。无示波器时可以听觉判断振荡电路是否起振。

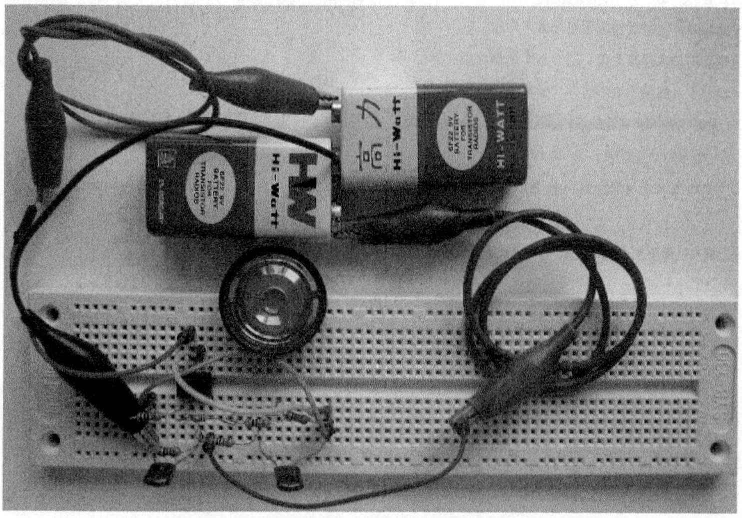

图 10.7.3　文氏电桥振荡器实验电路

10.8　习　题　十

10.1.1　试判断图 10.8.1、图 10.8.2 电路可否满足振荡相位平衡条件。

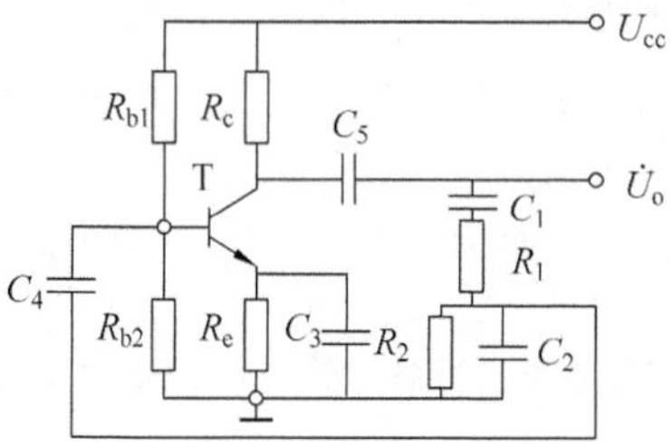

图　10.8.1

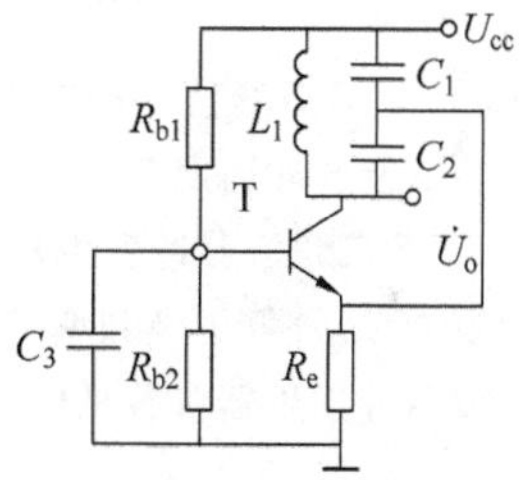

图　10.8.2

10.2.1　图 10.2.1 电容三点式振荡器 $U_{cc}=12V$，$R_c=1k\Omega$，$R_e=500\Omega$，试按照输出范围最大要求确定临界偏置电压 $U_{ce(cr)}$、$U_{e(cr)}$ 及输出范围 $U_{om(max)}$。

10.4.1　为使图 10.8.3 所示文氏电桥振荡电路产生正弦振荡，请进行以下工作：

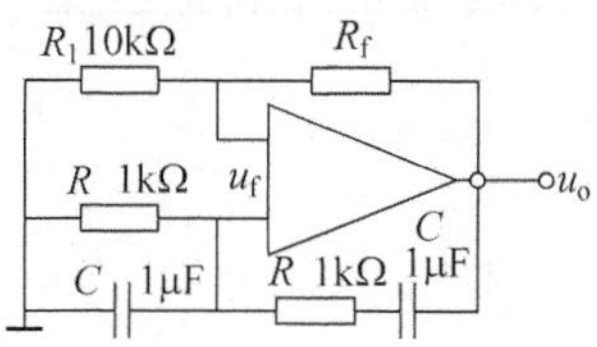

图 10.8.3　文氏电桥振荡电路

(1) 指出属于什么振荡电路？RC 振荡电路、LC 振荡电路或石英晶体振荡电路？

(2) 标出运放正、负输入端；

(3) 计算能起振的反馈电阻 R_f 最小值；

(4) 计算振荡频率 f。

10.4.2 文氏电桥振荡电路见图10.8.4,试证明其振荡频率及起振条件各为

(1) $f=\dfrac{1}{2\pi\sqrt{R_1R_2C_1C_2}}$,　　(2) $\dfrac{R_4}{R_3}\geqslant\dfrac{R_1}{R_2}+\dfrac{C_2}{C_1}$

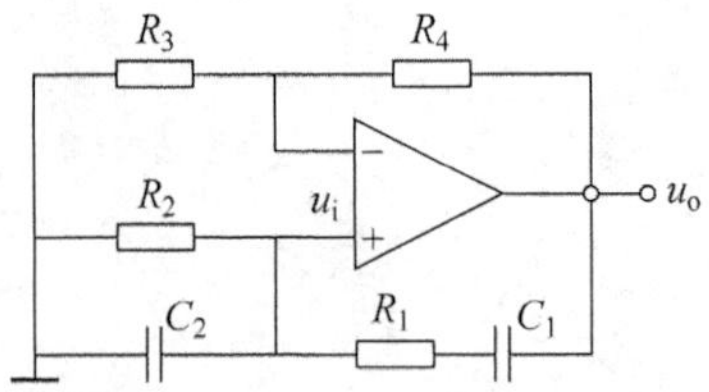

图10.8.4　文氏电桥振荡电路

10.4.3 反相带阻谐振电桥振荡电路见图10.8.5,试列写其微分方程,然后从微分方程中寻找起振条件。提示:可参考教科书关于文氏电桥振荡电路的微分方程建立过程,即先建立积分方程组,再转化为微分方程组,最后消去中间变量得到关于输出电压的微分方程。

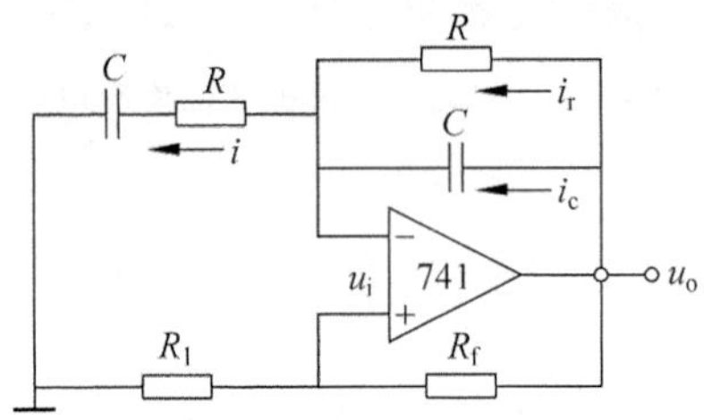

图10.8.5　反相带阻谐振电桥振荡电路

10.5.1 图10.5.1(a)矩形波脉冲发生器参数 $R_1=R_2=10\text{k}\Omega$,$R=10\text{k}\Omega$,$C=0.1\mu\text{F}$,$U_{cc}=12\text{V}$,试计算矩形波脉冲占空比 ρ 及脉冲周期 T。

10.5.2 图10.5.7三角波脉冲发生器参数 $R_1=10.1\text{k}\Omega$,$R_2=10\text{k}\Omega$,$R=11\text{k}\Omega$,$C=0.1\mu\text{F}$,$U_z=6\text{V}$,试计算三角波脉冲幅度 U_{om}、周期 T 及频率 f。

10.5.3 锯齿波脉冲发生器参数见图10.8.6,试计算锯齿波脉冲幅度 U_{om}、周期 T 及频率 f。

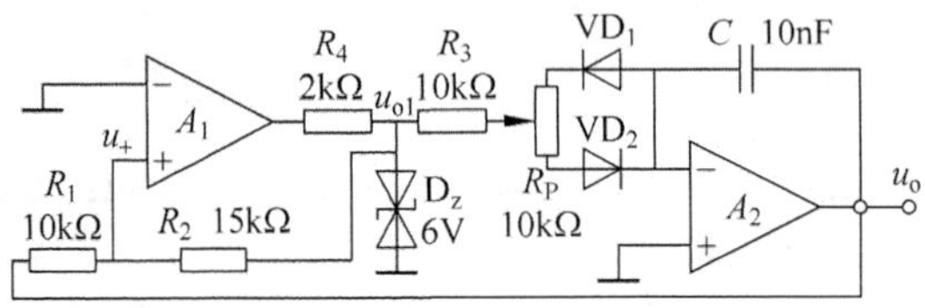

图10.8.6　锯齿波发生器

第 11 章　直流稳压电源

通常电子设备都需要直流电源。直流电源有两大类：一是各类电池，包含一次性电池和可充电电池；二是将交流电经过整流、滤波、稳压获得的直流电源。一次性电池和蓄电池成本都比较高，最经济实用的还是将交流电经过整流、滤波、稳压获得的直流电源。

11.1　整流电路

通常单相 220V 交流电电压太高，整流前常需要降压。降压方法有变压器降压和电容降压。这里先介绍传统的变压器降压整流电路。

11.1.1　单相半波整流电路

图 11.1.1 二极管 D 串接在交流电压 U_2 与负载电阻 R_L 之间。由于 PN 结单向导电，二极管 D 只有在 U_2 正半波才导通，使 R_L 获得间断的正半波电压，叫做单相半波整流电路。

1. 输出直流电压电流的平均值及变压器副边电压的有效值

单相半波整流电路各电压波形见图 11.1.2。U_2 表示被整流交流电压有效值，U_o 表示整流后的直流脉动电压平均值，也是用直流电压表测到的电压值，U_{drm} 表示整流二极管反向耐压最大值。交流电正半波二极管导通时用恒压降模型，硅管正向压降按 0.7V 画出。

忽略二极管正向压降，整流电路输出直流脉动电压平均值为

$$U_o = \frac{1}{2\pi}\int_0^{2\pi} u_o(t)\,d\omega t = \frac{1}{2\pi}\left[\int_0^{\pi}\sqrt{2}U_2\sin\omega t\,d\omega t + \int_{\pi}^{2\pi} 0\,d\omega t\right]$$

$$= \frac{U_2}{\sqrt{2}\,\pi}\int_0^{\pi}\sin\omega t\,d\omega t = \frac{\sqrt{2}}{\pi}U_2 = 0.4502U_2$$

$$U_o = 0.45U_2 \tag{11.1.1}$$

二极管电流平均值等于负载电流平均值

$$I_o = \frac{U_o}{R_L} = 0.45\frac{U_2}{R_L} \tag{11.1.2}$$

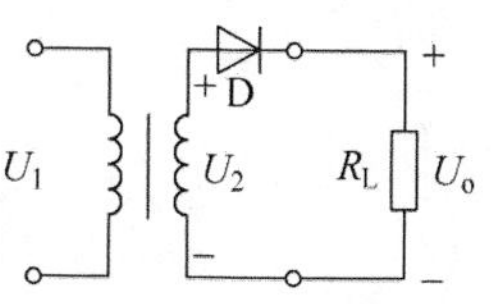

图 11.1.1　单相半波整流电路

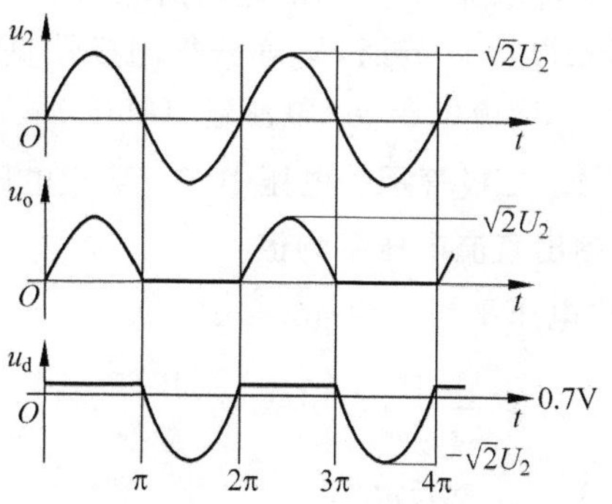

图 11.1.2　单相半波整流电路电压波形

变压器副边电流有效值

$$I=\sqrt{\frac{1}{2\pi}\int_0^{2\pi} i^2\,\mathrm{d}\omega t}=\sqrt{\frac{1}{2\pi}\left[\int_0^{\pi}\left(\frac{\sqrt{2}U_2}{R_L}\sin\omega t\right)^2\mathrm{d}\omega t+\int_{\pi}^{2\pi}0\,\mathrm{d}\omega t\right]}=\frac{\sqrt{2}}{2}\frac{U_2}{R_L}$$

$$=0.707\frac{U_2}{R_L}=\frac{U_{2m}}{2R_L} \tag{11.1.3}$$

2. 管子不导通时承受反压最大值

从图 11.1.2 可见，电源负半波时二极管承受反压最大值等于被整流交流电压幅度

$$U_{drm}=\sqrt{2}U_2\approx 1.414U_2 \tag{11.1.4}$$

例如，被整流交流电压有效值 $U_2=18V$ 时，单相半波整流输出电压平均值 $U_o\approx 0.45U_2=0.45\times 18V=8.1V$，管子承受反压最大值 $U_{drm}\approx 1.414U_2=1.414\times 18V=25.5V$，考虑安全系数，整流二极管反向耐压至少应不低于 50V。

单相半波整流电路的缺点是负载电流不连续，且降压变压器磁通有直流成分。

单相半波整流电路可用于以脉冲方式给蓄电池充电。12V 蓄电池充电所需最小交流电有效值 U_2 可计算为 $12/\sqrt{2}=8.5V$，考虑二极管正向压降等因素，应取大约 11V 有效值。

11.1.2 单相全波整流电路

图 11.1.3 为单相全波整流电路。降压变压器副边有中心抽头，交流电正半波期间，上半边有效值 U_2 的交流电压经二极管 D_1 加在负载电阻 R_L 上；负半波期间，下半边有效值亦为 U_2 的交流电压经 D_2 加在 R_L 上。D_1、D_2 轮流工作，使 R_L 获得完全正弦半波电压。

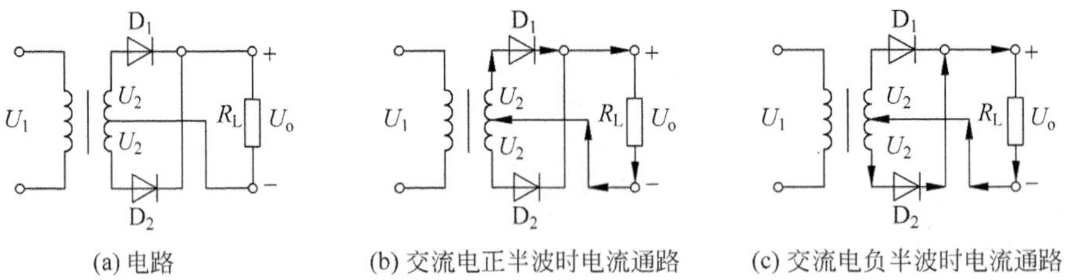

图 11.1.3 单相全波整流电路

由于二极管单向导电作用，被整流交流电压极性为上正下负时，二极管 D_1 导通，负载电阻 R_L 获得直流脉动电压，电流通路见图 11.1.3(b)，D_2 承受反压断开；交流电压极性为上负下正时，二极管 D_2 导通，R_L 亦获得同极性直流脉动电压，电流通路见图 11.1.3(c)，D_1 承受反压断开。交流电压 u_2、整流输出电压 u_o、二极管 D_1 承受电压 u_{d1}、D_2 承受电压 u_{d2} 波形见图 11.1.4。二极管承受电压中，0.7V 正电压代表正向导通压降，$-2\sqrt{2}U_2$ 代表承受反压。

1. 输出直流电压平均值

输出电压平均值为

$$U_o=\frac{1}{\pi}\int_0^{\pi}u(t)\,\mathrm{d}\omega t=\frac{1}{\pi}\int_0^{\pi}\sqrt{2}U_2\sin\omega t\,\mathrm{d}\omega t=\frac{\sqrt{2}U_2}{\pi}\int_0^{\pi}\sin\omega t\,\mathrm{d}\omega t$$

$$=\frac{2\sqrt{2}U_2}{\pi}=0.9003U_2$$

$$U_o=0.9U_2 \tag{11.1.5}$$

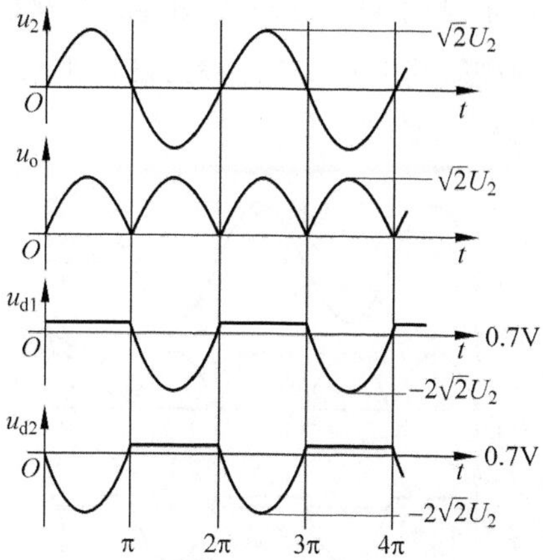

图 11.1.4　**单相全波整流电路有关电压波形**

二极管电流平均值等于负载电流平均值的一半，为

$$I = 0.5\frac{U_o}{R_L} = 0.45\frac{U_2}{R_L} \tag{11.1.6}$$

变压器副边电流有效值与单相半波相同，见式(11.1.3)。

2. 管子不导通时承受反压最大值

二极管 D_1 导通时 D_2 不导通，D_2 承受反压最大值等于 U_2 与 U_o 的和，即 2 倍的被整流交流电压幅度。二极管 D_2 导通时 D_1 不导通，D_1 承受反压与 D_2 类似，反压最大值为

$$U_{drm} = 2\sqrt{2}U_2 \approx 2.828U_2 \tag{11.1.7}$$

例如，被整流交流电压有效值 $U_2 = 18V$ 时，单相全波整流输出电压平均值 $U_o \approx 0.9U_2 = 0.9 \times 18V = 16.2V$，管子承受反压最大值 $U_{drm} \approx 2.828U_2 = 2.828 \times 18V = 51V$。考虑安全系数，整流二极管反向耐压至少应不低于 110V。

单相全波整流电路虽然比半波电路输出电压脉动小，但不仅降压变压器副边需要中心抽头，而且整流二极管反向耐压要求高。

11.1.3　单相桥式整流电路

图 11.1.5 为单相桥式整流电路。在 U_2 正半波，交流电压经二极管 D_1 加在负载电阻上，经 D_3 回到交流电源，负载电阻获得直流脉动电压，电流通路见图 11.1.5(b)，D_2、D_4 承受反压断开；U_2 负半波时，交流电压经 D_2 加在负载电阻上，经 D_4 回到交流电源，负载电阻亦获得同极性直流脉动电压，电流通路见图 11.1.5(c)，D_1、D_3 承受反压断开。

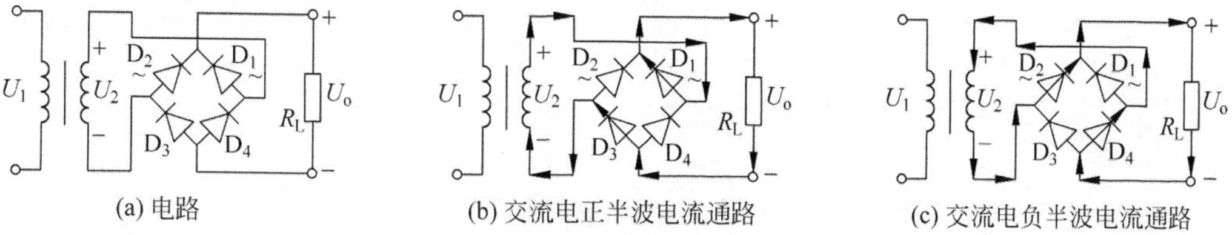

图 11.1.5　**单相桥式整流电路**

单相桥式整流电路电压波形见图 11.1.6。U_{d1}、U_{d3}是二极管 D_1、D_3承受电压波形，U_{d2}、U_{d4}是二极管 D_2、D_4承受电压波形，其中 0.7V 代表二极管正向导通时的压降，$-\sqrt{2}U_2$ 代表二极管截止时承受的反向电压最大值。

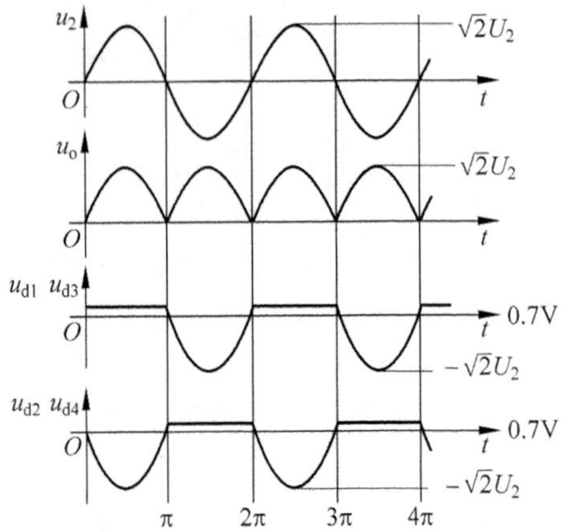

图 11.1.6　单相桥式整流电路电压波形

单相桥式整流电路输出直流电压平均值与单相全波相同，为

$$U_o = 0.9U_2 \tag{11.1.8}$$

二极管电流平均值等于负载电流平均值的一半，为

$$I = 0.5\frac{U_o}{R_L} = 0.45\frac{U_2}{R_L} \tag{11.1.9}$$

单相桥式整流电路二极管反向耐压等于单相全波整流电路的一半：

$$U_{drm} = \sqrt{2}U_2 \approx 1.414U_2 \tag{11.1.10}$$

例如，被整流交流电压有效值 U_2=18V 时，单相桥式整流输出电压平均值为

$$U_o \approx 0.9U_2 = 0.9\times 18\text{V} = 16.2\text{V}$$

忽略二极管正向压降，桥式整流电路变压器副边电流有效值等于 U_2/R_L。

管子承受反压最大值为

$$U_{drm} \approx 1.414U_2 = 1.414\times 18\text{V} = 25.5\text{V}$$

考虑安全系数，整流二极管反向耐压不低于 50V 就能安全可靠地工作。

单相桥式整流电路不仅输出电压脉动小，而且降压变压器的副边不要中心抽头，整流二极管反向耐压要求也较低，因而广泛应用。晶体管制造厂把四只二极管按照桥式整流要求做成一个组件，叫做全桥，见图 11.1.7。全桥用中间一只二极管的正方形符号表示。

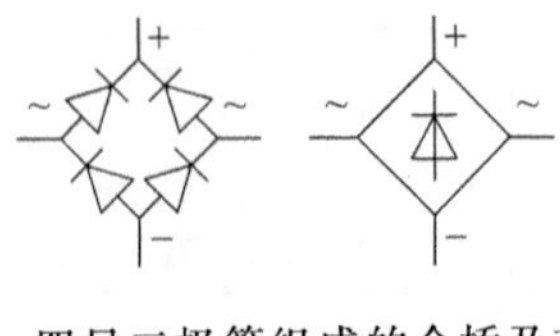

图 11.1.7　四只二极管组成的全桥及其简化符号

常用脉动系数表达直流脉动电压的不平稳度。脉动系数=输出电压交流分量的基波最大值/输出电压的直流分量。单相半波整流输出直流电压的脉动系数为 S=1.57，单相全波

和桥式整流电路输出直流电压的脉动系数为 $S=0.67$。

11.1.4 电容降压整流电路

变压器降压因笨重、价格高、效率低而应用渐少。电容降压具有电路简单、体积甚小、价格低廉、效率高等优点。近十几年来电容降压不仅已经在充电器、手电筒、电蚊拍等民用产品中,而且在(消防)应急灯、时间继电器等工业产品中获得广泛应用。

电容在正弦交流电路中的容抗模 $X_c=1/\omega C$,说明电容既能限流也能降压。把电容与整流全桥及负载串联在一起接在220V交流电源中,合理设计电容值,就能达到降压目的。

与降压电容并联一个1MΩ高阻值电阻 R_1,主要是考虑弥补交流电源正、负半周导通工作的两组 PN 结的不对称差异,既能在工作时起到均衡作用,防止降压电容单向积累电荷而过压损坏,又能在断电时及时将电容残留电荷释放掉。

图11.1.8是电容降压整流直接给LED供电的电路。

图11.1.9是电蚊拍上广泛采用的电容降压整流后给2.4V电池补充电能的充电电路。负载电压2.4V相对于电源电压220V来说是很低的。所以这实质是一种恒流充电电路。降压电容按0.4μF,忽略2.4V电池压降,可以近似计算恒流充电电流有效值

$$I=U_1\omega C_1=220\times314\times0.4\times10^{-6}=0.028\text{A}=28\text{mA}$$

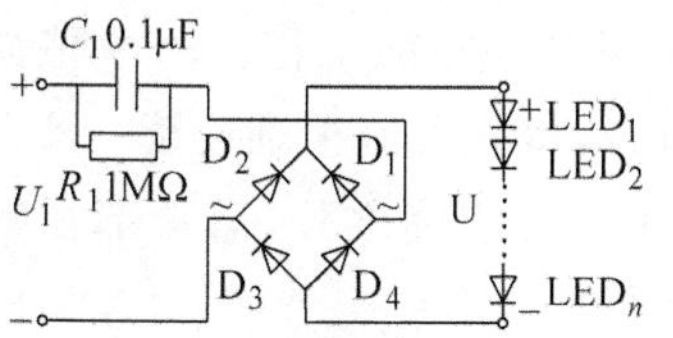

图11.1.8 电容降压整流电路直供LED

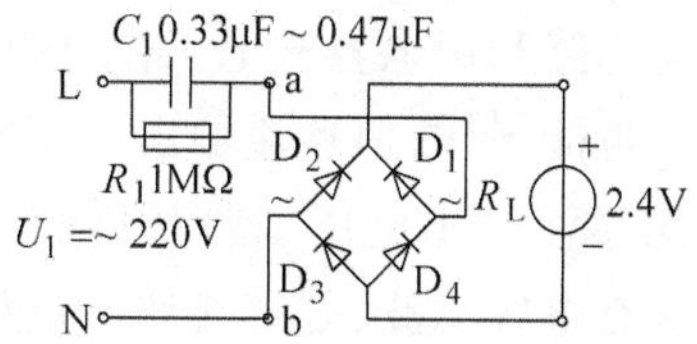

图11.1.9 电蚊拍电容降压整流充电电路

11.1.5 倍压整流电路

倍压整流电路可以将较低的交流电压整流为数倍于交流电压有效值的直流电压。

图11.1.10是两倍压整流电路。在交流电压负半波,电源经二极管 D_1 给电容 C_1 充到数值接近交流电压幅值 U_{2m} 的电压。在交流电压正半波,电源与 C_1 一起经二极管 D_2 给电容 C_2 充到数值接近 $2U_{2m}$ 的电压。与电容 C_2 并联的负载能获得最大值 $2U_{2m}$ 的直流电压。

两倍压整流电路很容易扩展为三倍压、四倍压乃至多倍压整流电路。图11.1.11是四倍压整流电路。在交流电压负半波,电源一边经二极管 D_1 给电容 C_1 充到 U_{2m} 电压,一边又与 C_2 一起经 D_3 给 C_3 充电,使 C_3 电压接近 $2U_{2m}$。在交流电压正半波,电源一边与 C_1 一起经 D_2 给 C_2 充电,一边又与 C_3 一起经 D_4 给电容 C_4 充到数值接近 $2U_{2m}$ 的电压。

倍压整流电路的特征是:除了与副边直接连接的电容 C_1 电压等于 U_{2m} 之外,其他电容电压均是 $2U_{2m}$。只要把负载接到有关电容两端,就能使负载获得所需要的电压。在图11.1.12中,负载电阻 R_L 接到电容 C_2 和 C_4 两端,就获得幅度接近 $4U_{2m}$ 的直流电压。

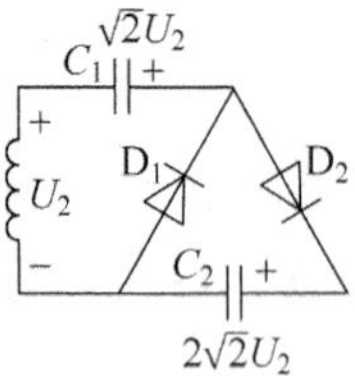

图 11.1.10　两倍压整流电路

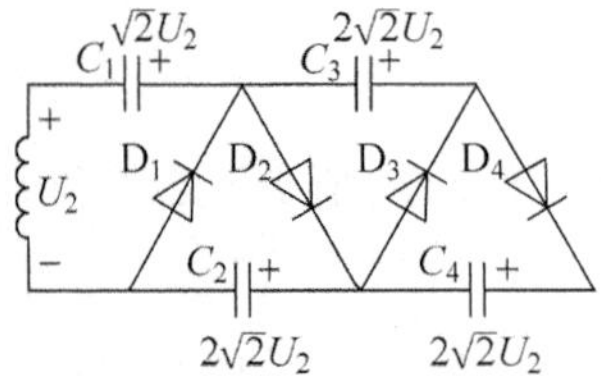

图 11.1.11　四倍压整流电路

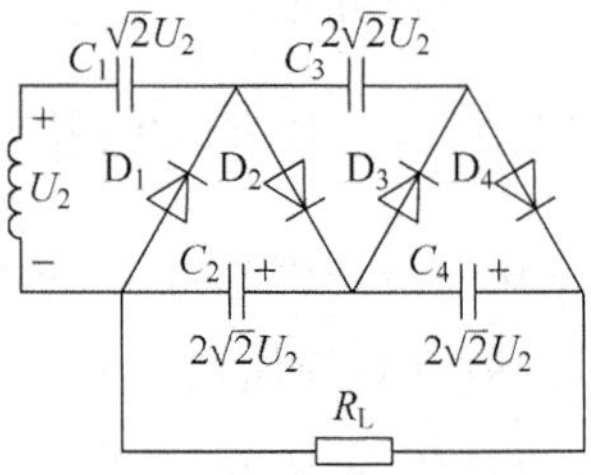

图 11.1.12　四倍压整流电路带负载

倍压整流电路通常用在高压轻载情况。电蚊拍输出的高压电网就采用了倍压整流电路。自激振荡产生的高频交流电压幅度有限。电蚊拍将自激振荡产生的高频脉冲电压经倍压整流为 2000V 直流高压，输出到内金属丝网与外金属丝网之间，蚊虫一旦扫进，就会被电击杀灭，其放电声音犹如鞭炮一样大，放电火花像一粒花生米大小。

思考题

11.1.1　普通整流电路没有滤波电容也能工作，倍压整流电路没有滤波电容还能工作吗？

11.1.2　试从变压器副边、二极管反向耐压等比较单相桥式整流电路与单相全波整流电路。

11.2　滤波电路

倍压整流电路利用电容充电工作，因此必须配用电容才能工作。一般整流电路虽然不配用电容有时也能工作，但整流输出电压脉动很厉害，负载电流很难连续。实际除了继电器线圈直接使用整流输出电压、利用线圈自身电感使电流连续之外，通常都在整流后进行滤波。滤波方法有电容滤波、电感滤波、电感电容滤波等。

例如，开关式稳压电源直接将 220V 交流电源整流并用电容滤波后形成约 300V 直流电压，约为交流电源电压有效值 220V 的 1.4 倍，与交流电压幅值 $1.414\times220\text{V}\approx311\text{V}$ 相当接近。彩电维修员常说的 300V 不稳定直流电压指的就是 220V 交流电直接经桥式整流、电容滤波后的直流输出电压。

1. 电容滤波电路

与负载并联滤波电容 C_1 能起到滤波作用，见图 11.2.1。设电源内阻为 r_s，通常电源内阻 r_s 远远小于负载电阻 R_L，故时间常数 $r_sC_1\ll R_LC_1$。整流输出正弦脉动电压从零点开始正向上升时一边给 C_1 充电，一边给 R_L 供电。因 r_s 很小，C_1 充电很快，可认为 C_1 电压跟上正弦半波电源电压。过峰点下降到点 1 时，滤波电容 C_1 代替整流电源向负载供电，整流二极管截止，C_1 电压按照 R_LC_1 负指数函数放电规律下降。到点 2 时，电源电压下一个整流后的正弦半波跟上来，电源电压大于电容电压，因此电源既向电容充电，又接替电容直接向负载供电，C_1 电压又跟着正弦半波电源电压变化。在有电容滤波的整流电路中，实际是由整流电源和滤波电容交替向负载供电。

正弦脉动电源电压过最高点后按照正弦函数规律下降，电容放电时按照 R_LC_1 负指数函数放电规律下降。正弦函数斜率减小很快。至正弦函数斜率减小到等于负指数函数斜率时，滤波电容即代替正弦脉动电源给负载电阻供电。

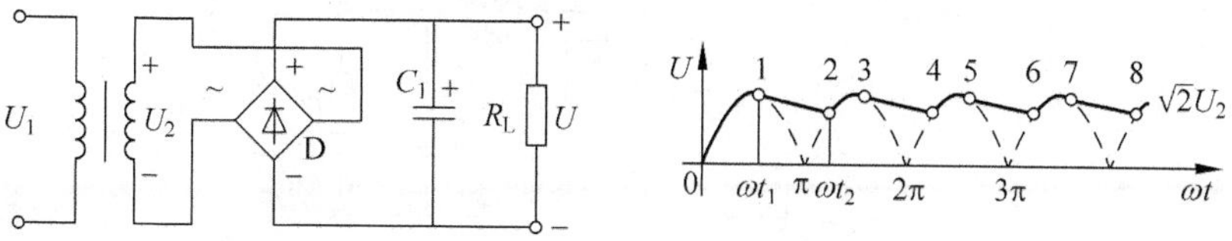

图 11.2.1　电容滤波电路及负载电压波形

滤波电容荷压比越大，负载电阻越大，则电容放电越慢，而线段 1-2 越平坦，滤波效果越好。被整流电压周期越小，半个周期内放电量也越小，滤波效果越好。因此，应当根据被整流电压周期 T 和负载电阻 R_L 的大小及滤波输出电压波纹要求来确定滤波电容荷压比。

按照暂态过程理论可知 RC 放电曲线初始段近似为直线，其斜率为 $-1/\tau$。放电时间按照交流电周期的一半 $0.5T$ 估计，输出电压纹波系数可近似估算为

$$\delta = 0.5T/\tau = 0.5T/R_LC_1$$

由此求出

$$C_1 \geqslant (0.5/\delta)T/R_L \tag{11.2.1}$$

例如，若要求 $\delta=5\%$，则 $C_1\geqslant(0.5/0.05)T/R_L=10T/R_L$

经电容滤波后，输出直流电压平均值明显提高，几乎接近于被整流交流电压幅度。电容滤波时输出直流电压平均值不能再用式(11.1.7)计算，空载时应按照下式计算

$$U_o \approx 1.4U_2 \tag{11.2.2}$$

负载时输出电压稍微下降，取 0.9 与 1.414 的平均值 1.2，按照下式计算

$$U_o \approx 1.2U_2 \tag{11.2.2a}$$

单相桥式或单相全波二极管电流平均值约等于负载电流平均值的一半

$$I_o = 0.7\frac{U_2}{R_L} \tag{11.2.3}$$

电容滤波时二极管反向承压情况与无滤波时相同。

应当注意，电容滤波时负载电压、电流及二极管电流均与无滤波时有很大区别。

例 11.2.1　彩色电视机开关稳压电源首先将单相工频交流电经二极管桥式整流电容滤波，整机功耗 100W，试确定整流二极管正向平均电流、反向承压及滤波电容荷压比。

解　等效负载电阻 $R_L=\dfrac{U_o^2}{P}=\dfrac{300^2}{100}\Omega=900\Omega$

二极管电流平均值 $I=0.7\dfrac{U_2}{R_L}=0.7\times\dfrac{220}{900}\text{A}=0.17\text{A}$

二极管反向承压 $U_{drm}\approx1.414U_2=1.414\times220\text{V}=311\text{V}$

工频交流电周期 $T=0.02\text{s}$，滤波电容荷压比

$$C_1 \geqslant 4T/R_L = 4\times0.02/900 = 8.89\times10^{-5}\text{F} = 88.9\mu\text{F}$$

1N4007 是目前最常用的塑封整流二极管，其正向电流 1A，反向承压 1200V。

实际彩色电视机开关稳压电源很多采用 1N4007 二极管作整流电桥，采用 200μF/500V 电解电容滤波。

2. 电感电容滤波电路

整流输出首先串联电感 L_1，再并联滤波电容 C_1，叫做电感电容滤波，简称 LC 滤波，见图 11.2.2。

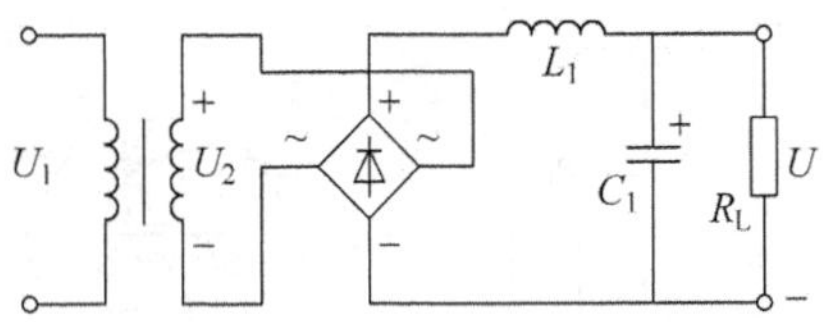

图 11.2.2　电感电容滤波电路

3. π 型滤波电路

整流输出首先并联一个滤波电容 C_1，再串联一个电感 L_1，最后并联第二个滤波电容 C_2，由于两个电容与电感呈 π 型分布，故叫做 π 型滤波，见图 11.2.3。

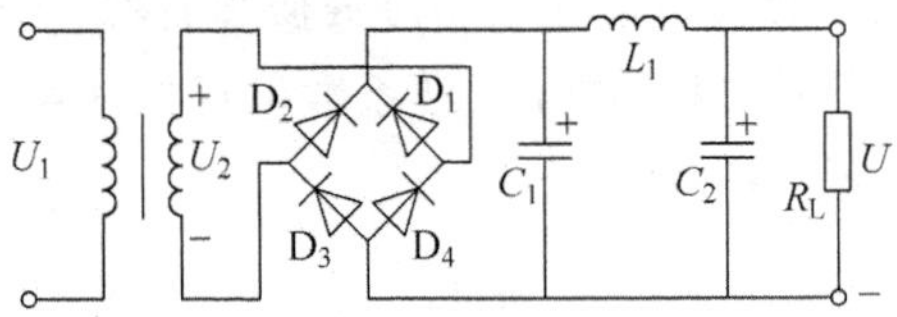

图 11.2.3　π 型滤波电路

检波电路与整流电路形式上相同。有倍压整流电路，也有倍压检波电路。检波电路与整流电路的根本区别在于滤波电容荷压比（容量）。整流电路所用滤波电容荷压比较大，而检波电路所用滤波电容荷压比较小。滤波电容的量变导致电路性质的改变。

三种滤波方法中最常用的是电容滤波。注意掌握电容滤波的有关设计计算。

思考题

11.2.1　滤波方法有哪些，常用什么滤波方法？

11.2.2　试分析计算单相半波整流电路、单相全波整流电路、单相桥式整流电路加上电容滤波后的整流二极管反向耐压。

11.3　串联稳压电源

经过滤波后的直流电压还是有明显的纹波，而且没有稳压功能。这在很多场合还是不能满足负载需要。

直流电源不仅应当在输入的交流电源电压在许可范围变动时自动保持输出电压基本不变，而且应在负载在许可范围变动时自动保持输出电压基本不变。在输入交流电源电压（包括纹波）或负载大小少量变动时自动保持输出电压基本不变，就是所谓的直流电源的稳压功能。

11.3.1　分立串联稳压电源

1. 分立串联稳压电源工作原理

第 1.2 节介绍稳压二极管时简单介绍了用稳压二极管构成的直流稳压电源，见图 1.2.3。单纯由稳压二极管构成的直流稳压电源的局限性是输出功率很小、效率很低。

图 11.3.1 所示的直流稳压电源由一只稳压二极管、两只三极管、五只电阻和两只电容组成。电容 C_1 对输入不稳定直流电压滤波，C_2 对输出稳定直流电压滤波。电阻 R_5 电流分

两路，一路为三极管 T_1 提供基极电流，另一路为 T_2 提供集电极电流，R_4 为稳压二极管 D_1 提供工作电流，R_1、R_2、R_3 对输出电压分压采样，提供输出电压偏差信息。

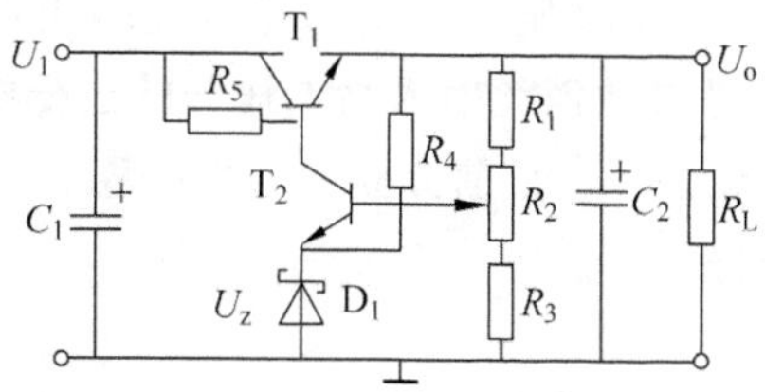

图 11.3.1　一种分立元件串联稳压电路

稳压二极管 D_1 只提供基准电压，不直接为负载服务，因此 D_1 提供的基准电压小于负载电压。例如，负载要求电源电压 $U_o=12V$，D_1 提供的基准电压只要 6V 左右即可。

这里 R_1、R_2 与 R_3 阻值较大，电流较小，故三极管 T_2 的基极电流不可忽略。但不忽略 T_2 的基极电流就很难计算。实际上通常忽略 T_2 的基极电流，认为 R_1、R_2 与 R_3 理想串联，进行计算，计算结果与实际相差很大，只有参考价值。

电位器 R_2 调到最上端时，稳压二极管基准电压与输出电压关系大体为

$$[(R_2+R_3)/(R_1+R_2+R_3)]U_o=(U_{be}+U_z)$$

负载电压最小值约为

$$U_{o(min)}=\left(1+\frac{R_1}{R_2+R_3}\right)(U_{be}+U_z) \tag{11.3.1}$$

电位器 R_2 调到最下端时，稳压二极管基准电压与输出电压关系大体为

$$[R_3/(R_1+R_2+R_3)]U_o=(U_{be}+U_z)$$

负载电压最大值约为

$$U_{o(max)}=\left(1+\frac{R_1+R_2}{R_3}\right)(U_{be}+U_z) \tag{11.3.1a}$$

调节电位器 R_2，可以将输出电压精确调整到需要数值。

三极管 T_2 是误差放大管，T_1 是误差调整管。T_2 集电极与 T_1 基极争夺电阻 R_5 提供的电流。T_2 集电极电流越大，T_1 基极电流就越小，结果稳压电源输出电压就越低。

若由于某种原因使输出电压变小，则电阻 R_1、R_2、R_3 采样电压变低，偏差变小，误差放大管 T_2 基极电流与集电极电流相继变小，减少对 T_1 基极的分流作用，结果 T_1 基极电流变大，为负载提供更多电流，抑制负载电压的下落，抬高和稳定输出电压。

若由于某种原因使输出电压变大，则电阻 R_1、R_2、R_3 采样电压变高，偏差变大，误差放大管 T_2 基极电流与集电极电流相继变大，增加对 T_1 基极的分流作用，结果 T_1 基极电流变小，抑制负载电压的上升，降低和稳定输出电压。

图 11.3.1 所示直流稳压电源的电源调整管 T_1 串联在输入不稳定电源与负载之间，所以叫做串联式稳压电源，简称串联稳压电源。串联稳压电源也叫做线性稳压电源。

串联稳压电源输入电压与负载电压之间的电位差由调整管 T_1 自动承受。输入不稳定电压较高，调整管 T_1 就自动多承受一些；输入不稳定电压较低，调整管 T_1 就自动少承受一些，可以说电源调整管 T_1 以自己的默默忍受和奉献换来了负载电压的稳定。

串联稳压电源的电源调整管 T_1 和误差放大管 T_2 始终处于放大状态，尤其是电源调整

管 T_1既要直接提供较大的负载电流，又处于放大状态，故其功耗较大，必须采取较强的散热措施。通常用铝合金散热片并在散热片与管子接触面之间涂敷导热硅脂。

串联稳压电源通常要求输入不稳定直流电压至少比输出稳定电压高 3V 以上，串联稳压电源依靠降压稳压，其实质是自动消耗输入高电压与输出低电压的电压差，效率较低。串联稳压电源的效率通常在 50%上下。目前分立元件串联稳压电源的应用越来越少。

2. 直流稳压电源技术指标

(1) 内阻(输出电阻)

直流稳压电源像其他电源一样，都有内阻参数。内阻越小，负载变化后电源电压的变化就越小，电源电压就越稳定。

(2) 电源电压调整率(电源纹波调整率)

理想的直流稳压电源的输入电源电压变化时，希望电源输出电压不变。实际直流稳压电源的输入电源电压变化时，电源输出电压总是有少许变化。

输入电压的相对变化(纹波)与输出电压的相对变化的比值叫做电源纹波调整率(Power Supply Rejection Ratio，PSRR)。PSRR 越大，表示输出纹波越小。

(3) 电源电压温度系数

理想的直流稳压电源的工作环境温度变化时，希望电源输出电压不变。实际直流稳压电源的工作环境温度变化时，电源输出电压总是有少许变化。

输出电压的相对变化与工作环境温度每℃变化的比值叫做电源电压温度系数。

电源纹波调整率 PSRR 越大越好。电源电压温度系数越小越好。

11.3.2 集成串联稳压器及应用电路

原理类似图 11.3.1 的直流串联稳压电源已经有三代集成化产品。

1. 第一代三端集成稳压器——78××/79××系列

78××/79××系列为第一代串联式集成稳压器。78××系列输出正电压，79××系列输出负电压，××代表输出电压大小。如 7805 输出电压+5V，7905 输出电压−5V。78××/79××系列输出电压有±5V、±6V、±8V、±9V、±11V、±12V、±15V、±24V 等。

78××/79××系列产品采用带隙基准电压等多种先进技术，稳压性能良好，输出电压温度系数通常在±1mV/℃之内，应用很广泛，生产厂家遍布世界各地。不同厂家在 78××或 79××上冠以厂家标志，其中国产品冠以 W 字头，如 W7805。

78××/79××系列三端集成稳压器输出电压温度系数为正，L78××C/L79××C 系列产品输出电压温度系数为负。L78××C/L79××C 系列产品作调压输出时，其输出电压负温度系数可与静态电流 I_q正温度系数补偿，进一步提高稳压精度。

78××/79××系列三端集成稳压器有多种封装及外形，图 11.3.2 是最常用的平板直插式 TO220 塑料封装 78××系列和 79××系列三端集成稳压器外形。78 系列 1 脚为输入，2 脚为公共地，3 脚为输出；79 系列 2 脚为输入，1 脚为公共地，3 脚为输出。

表 11.3.1 列出了 78××系列集成稳压器输入电压的许用范围。可以看出，78 系列和 79 系列三端集成稳压器只要输入与输出之间有 3V 压降即可正常工作。实际设计时可在表 11.3.1许用范围低限上加上 1V 作为设计值。79××系列照此参考。

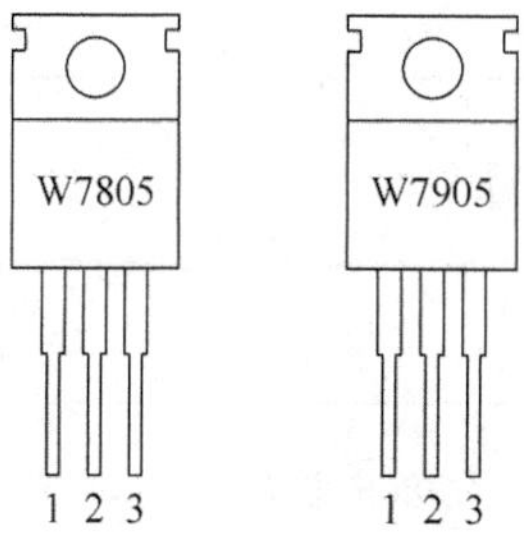

图 11.3.2　国产 78 系列及 79 系列集成稳压器

表 11.3.1　78 系列集成稳压器输入电压

输出电压/V		5	6	8	9	10	12	15	18	24
输入电压/V	低限	8	9	11	12	13	15	18	21	27
	高限	20	21	23	24	25	27	30	33	38

例如选用 7805 时，应在表 11.3.1 的数据 8V 之上加 1V 作为实际输入电压设计值。

使用 W7805 型集成稳压器产生＋5V 直流稳压电源的电路见图 11.3.3。C_1、C_2、C_3、C_4 的特性及作用都不同，缺一不可，必须配置齐全。其中 C_1、C_4 为电解电容，作滤波，C_1 为输入滤波电容，C_4 为输出滤波电容，其大小根据负载确定；C_2、C_3 为无极性电容，作去耦，以防止电路自激，其值与负载无关，$C_2=0.33\mu F$、$C_3=0.1\mu F$。

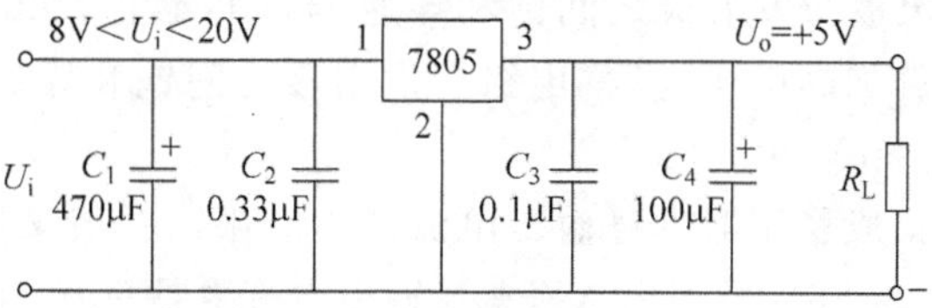

图 11.3.3　使用 7805 集成稳压器的标准稳压电路

78××/79××系列三端集成稳压器公共线静态电流 I_q 受温度、输入电压及负载等影响不大，其数值大约为 5mA，极限最大 8mA，故称为静态电流。利用 I_q 大体恒定的特点，在稳压芯片公共端与电源地之间串接一个电阻，就可提升集成稳压器公共端电位，进而提升整个电路的输出电压。因此，78××/79××系列三端集成稳压器本身输出电压虽是固定数值，但也可用来制作可调稳压电源。78××/79××系列使用垫高电压的方法来调压一般用于输出电压精度不很高的场合。

利用 7805 制作的 5V 以上可调串联式稳压电源电路见图 11.3.4，其输出电压为

$$U_o = R_1 I_q + 5V \tag{11.3.2}$$

给定最大输出电压，可计算电阻 R_1 为

$$R_1 = \frac{U_{omax} - 5V}{I_q}$$

例 11.3.1　图 11.3.4 为 7805 集成稳压器可调稳压电路。要求 $U_{omax}=5.8V$，试确定 R_1。

解　$R_1=\dfrac{U_{omax}-5V}{I_q}=\dfrac{5.8-5}{5}\times 1000\Omega=160\Omega$

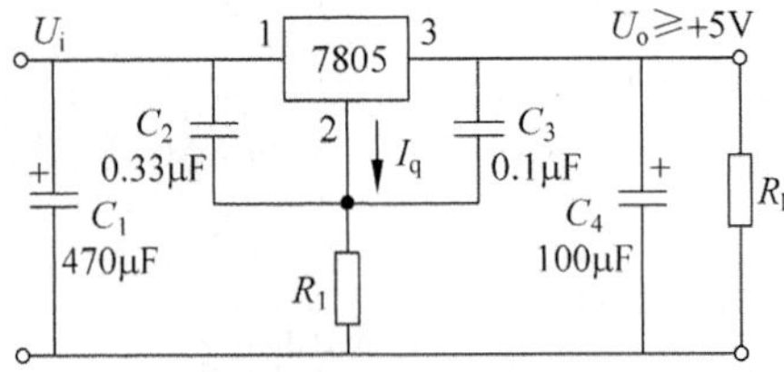

图 11.3.4　7805 集成稳压器可调稳压电路

用 BJT 作为电子开关控制几个不同电阻，可用 78XX/79XX 系列集成稳压器制成数控电源。用 7805 集成稳压器制成的能分别输出 5V、6V、7V 电压的数控电源见图 11.3.5。

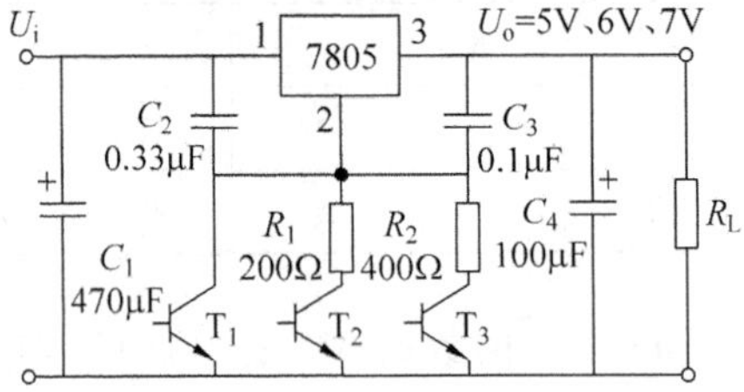

图 11.3.5　7805 集成稳压器数控电源

BJT 电子开关的基极由单片机等计算机接口电路控制。T_1 管基极施加高电平，其集电极与发射极之间饱和导通，T_2、T_3 截止，忽略约 0.1V 的饱和压降，输出电压 $U_o \approx 5V$；T_2 管基极施加高电平，其集电极与发射极之间饱和导通，T_1、T_3 截止，200Ω 电阻起作用，输出电压 $U_o \approx 6V$；T_3 管基极施加高电平，其集电极与发射极之间饱和导通，T_1、T_2 截止，400Ω 电阻起作用，输出电压 $U_o \approx 7V$。

78XX/79XX 三端集成稳压器本身输出电流能力有限。一般来讲，7805 极限输出电流为 500mA，7805A 为 1A。78LXX/79LXX 本身输出电流更是只有 110mA。在 78XX/79XX 系列三端集成稳压器输入端并联大功率 PNP 晶体管，可以提高其带负载能力，见图 11.3.6。

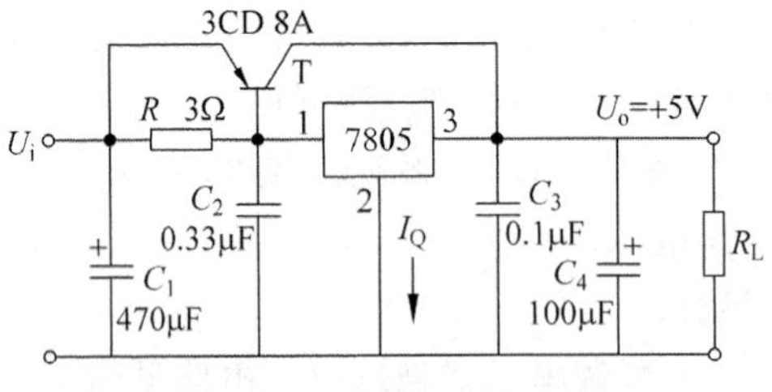

图 11.3.6　7805 集成稳压器大电流稳压电路

用 78XX 系列三端集成稳压器制作的可调串联式稳压电源的输出电压只能从三端集成稳压器本身电压向上调节。如 7805 可调稳压电源的输出电压只能从 5V 开始往上调节。

2. 第二代三端集成稳压器——317/337

317 三端集成稳压器本身输出电压＋1.25V，337 输出电压－1.25V。317/337 芯片公共线电流只有大约 50μA。317/337 芯片本身只输出一个很小的电压基准，一般不直接用做稳压电源，而是外接电阻网络从 1.25V 向上提升输出电压，组成可调稳压器。317 芯片用于组成正电压可调输出，337 芯片用于组成负电压可调输出。

317/337 芯片工作时，要求其输出端到公共端之间流过至少大约 4mA 偏置电流。这 4mA 基础电流，实际相当于 78XX/79XX 系列芯片的 5mA 静态电流。317/337 芯片与 78XX/79XX 系列芯片静态电流虽然相当，但 317/337 芯片的 4mA 偏置电流由 1.25V 基准电压所提供，所以用 317/337 芯片组成的调压电源精度优于 78XX/79XX。一般讲 317/337 属于第二代三端集成稳压器。

用 LM317 集成可调稳压芯片制作的可调串联式稳压电源电路见图 11.3.7。

图 11.3.7 中 LM317 芯片偏置电流即电阻 R_1 的 $I_1=1.25\text{V}/0.24\text{k}\Omega\approx5.2\text{mA}$，明显超过 4mA 基本要求，以使电路工作稳定可靠。忽略很小的公共线电流，电阻 R_2 的电流也可以认为是 $I_1=5.2\text{mA}$，所以 317 调压电路输出电压为

$$U_o = 1.25\text{V} + R_2 I_1$$

若把 R_2 当成负载电阻，用 317 芯片还可构成不小于 5mA 的简易恒流源，负载电流为

$$I_1 = \frac{1.25\text{V}}{R_1}$$

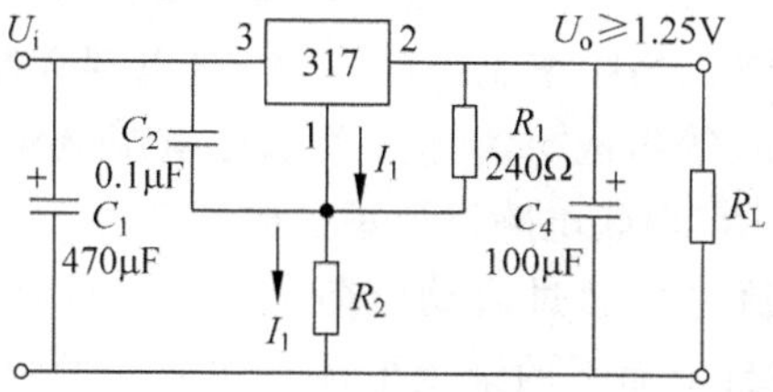

图 11.3.7 用 317 集成稳压器组成可调稳压电路

例 11.3.2 恒流源见图 11.3.7，要求负载电流 $I_1=10\text{mA}$，试确定电阻 R_1。

解 $R_1=\dfrac{1.25\text{V}}{I_1}=\dfrac{1.25\text{V}}{0.01\text{A}}=125\Omega$

3. 第三代三端集成稳压器——低压差稳压器 LDO

第一代和第二代集成稳压器要求输入电压至少比输出电压高 2～3V，否则就不能正常工作，这导致芯片本身功耗大，效率低。在一些情况下，这么大的损耗显得太苛刻，如 5V 转 3.3V，输入与输出的压差只有 1.7V，即使使用第二代集成稳压器 317 都不满足要求。

针对要求输入输出压差较低以提高效率的情况，发展了 LDO 类稳压芯片。LDO 是 Low Dropout Regulator，即低压差稳压器。图 11.3.8 是 LDO 电路框图。

XC6206 就是一款典型的 LDO。XC6206 技术参数如下：

(1) 输出电流 100mA 时，输入输出之间仅需 160mV 压差即可正常工作。

(2) 输出电压 1.2～5V，以 100mV 递增，能够直接满足很多需要。

(3) 最大工作电压 6V。

LDO 应用时，只要在输入端和输出端接上陶瓷降噪退耦电容即可，见图 11.3.9。

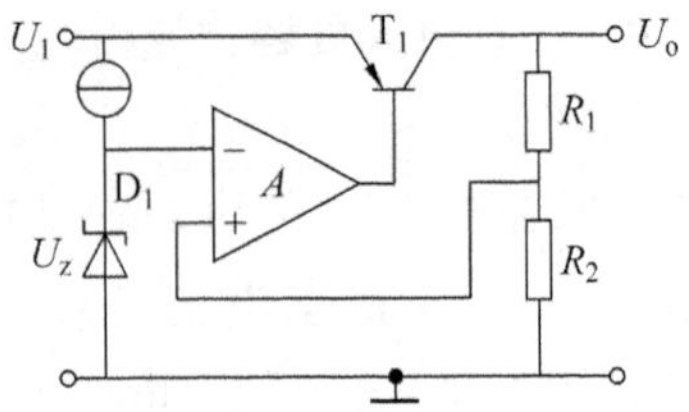

图 11.3.8　低压差稳压器(LDO)

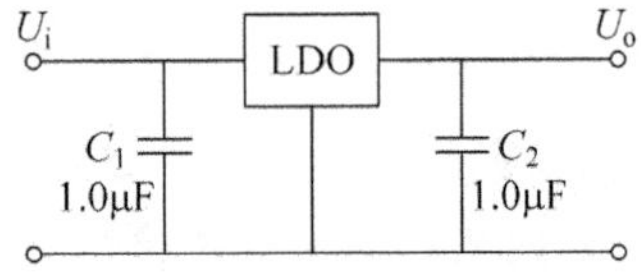

图 11.3.9　LDO应用电路

思考题

11.3.1　串联稳压电源中的电源调整管工作在什么状态？串联稳压电源效率为什么很低？

11.3.2　举出常用78XX系列及79XX系列集成稳压器的11种型号，说明其输出电压数值。

11.4　开关稳压电源

1. 开关稳压电源工作原理

串联式稳压电源，也叫线性稳压电源，依靠电源调整管集电极-发射极之间自动承受多余电压来稳压，调整管工作在放大状态，电压电流都较大，所以效率较低。

开关稳压电源电路见图11.4.1。开关稳压电源由输入滤波电容 C_1、输出滤波电容 C_2、电源调整管 T_1、开关变压器 B_1、高频整流二极管 D_1、光电耦合器 IC_1、脉宽调制器 IC_2、启动电阻 R_1 以及采样电阻 R_2、R_3 等组成。实际开关稳压电源电路比图11.4.1还要复杂。例如，开关变压器原边上接有 RC 串联电路以保护晶体管 T_1。

上电后，不稳定输入直流电压通过启动电阻 R_1 给电源调整管 T_1 提供基极电流，T_1 导通，开关变压器 B_1 原边产生自上而下的渐增电流。按照楞次定律，副边欲产生的感应电流方向亦为自上而下，因整流二极管 D_1 关断，实际无感应电流。

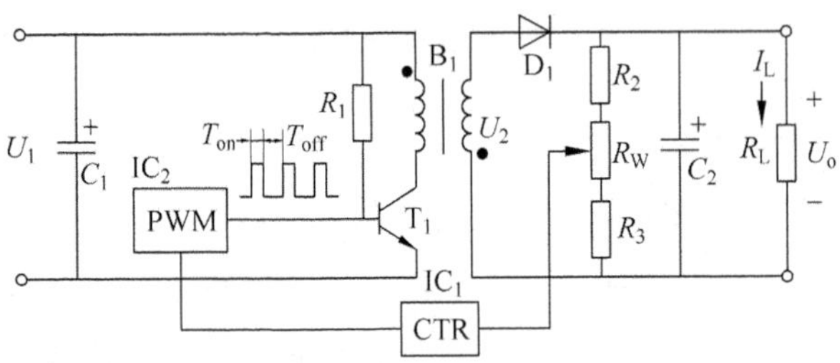

图 11.4.1　开关稳压电源工作原理

脉宽调制器 IC_2 输出低电平时，启动电阻 R_1 中的电流流向脉宽调制器，电源调整管 T_1 关断。电源调整管 T_1 关断时，按照楞次定律，原边电流自动转移到副边，副边感应电流方向为自下而上，经整流二极管 D_1 流向负载电阻。

电源调整管 T_1 导通时整流二极管 D_1 关断、T_1 关断时 D_1 导通的开关稳压电源叫做反激式开关稳压电源。除了整流二极管动作与电源调整管异步的反激式开关稳压电源之外，还有整流二极管动作与电源调整管同步的正激式开关稳压电源。

串联分压采样信号给光电耦合器 IC_1，经光耦合后传给脉宽调制器 IC_2，根据输出电压偏差控制脉宽调制器占空比。

若由于某种原因使输出电压减小，则自动加大脉宽调制器占空比，增加 T_{on}，即增加每个开关周期内 T_1 管导通时间，提供更多的电能，使输出电压恢复到原值。

若由于某种原因使输出电压增大，则自动减小脉宽调制器占空比，减小 T_{on}，即减小每个开关周期内 T_1 管导通时间，少提供一些电能，使输出电压恢复到原值。

通常把 220V 交流电直接整流滤波得来的不稳定直流电压的负极称为"热地"。人接触热地有触电危险。

与热地隔开的直流地称为冷地。一般讲，人接触冷地没有触电危险。用光电耦合器采样输出电压能将开关稳压电源的输出电压负极与热地隔开，形成比较安全的冷地。因此，目前市售正品开关稳压电源很多都使用光电耦合器，以保证用户人身安全。

2．开关稳压电源与串联稳压电源的对比

1）开关稳压电源体积小重量轻

开关稳压电源工作时开关频率很高，开关频率一般在 11kHz 以上，因此开关变压器体积非常小。正是依靠很高的开关频率，开关稳压电源输出电压纹波才很低。

相比同样输出功率的直流稳压电源，开关稳压电源使用的开关变压器体积和重量都在串联稳压电源的 10%以下。因此，开关稳压电源的一个明显优点是其体积小和重量轻。

开关稳压电源开关频率高，因此必须选用高频整流二极管。彩色电视机的开关稳压电源可以借用 15 625Hz 行扫描脉冲驱动脉宽调制器。

2）开关稳压电源效率高

开关式稳压电源依靠调整电源调整管的开关占空比来调压，简称开关稳压电源。开关稳压电源的电源调整管工作于开关状态，管子饱和导通时，虽然有电流通过，但管压降很低，因此电压电流积即管子功率消耗很低；管子截止时，虽然管压降很高，但无电流通过，因此电压电流积即管子功率消耗也很低。开关稳压电源效率可达 90%以上。

3）开关稳压电源电路种类及特性都比较复杂

开关稳压电源电路比串联稳压电源电路复杂得多，出现故障时维修也比串联稳压电源难些。

除了反激式开关稳压电源之外，还有正激式开关稳压电源。正激式开关稳压电源的电源调整管导通时整流二极管亦导通、电源调整管截止时整流二极管亦截止。

图 11.4.1 所示的开关稳压电源属于并联式。除了并联式开关稳压电源之外，还有串联式开关稳压电源。一些串联式开关稳压电源不能空载工作，维修时必须注意。因为一旦开路空载，故障极有可能扩大。因此，初学者可以用串联稳压电源练手，但一般不宜用开关稳压电源练手。因为没有一定的技术水平，调试开关稳压电源时很容易烧毁元器件。

4）开关稳压电源既可升压又可降压

开关稳压电源既可升压又可降压，而串联稳压电源只能降压。因此开关稳压电源比串联稳压电源适应性要强得多。

5）开关稳压电源与串联稳压电源的应用对比

拿电视接收机来说，串联稳压电源只用在早期生产的黑白电视机上，彩色电视机从 20 世纪 80 年代第一代产品开始就直接采用开关稳压电源。随着彩色电视机的普及和开关稳压电源在彩色电视机中的普及，开关稳压电源已经发展得相当成熟。目前开关稳压电源不仅在各种电子电气设备上广泛应用，而且已经作为一个独立产品大量面市。

开关稳压电源应用面越来越宽。例如，各种电动车充电器使用的都是开关稳压电源。不仅大、中功率场合使用开关稳压电源，就连小功率场合也使用开关稳压电源。例如，目前手机充电器已经全部过渡为开关稳压电源。

已经有类似于三端集成串联式稳压器的五端集成开关式稳压器问世，典型的如LM2576/LM2596系列产品，配接少量电感电容及稳压二极管，就能组成开关稳压电源。

目前除了78XX系列、79XX系列小功率集成串联稳压器以及低压差集成稳压器还有应用之外，整体上看串联稳压电源已经退出了市场。

思考题

11.4.1　开关稳压电源有什么优点？举出若干例你所用的开关稳压电源。

11.4.2　散户使用开关稳压电源时一般应当自行研制还是直接从市场上购进？

11.4.3　认为图11.4.1开关稳压电源输出侧整流二极管不导通时开关变压器副边电压为0，设稳定输出电压为U，试计算整流二极管反向耐压。

11.5　本章小结

一、总体内容

本章介绍了直流稳压电源电路的整流、滤波及稳压工作原理。

二、各节要点

11.1　整流电路

单相半波、单相全波、单相桥式、倍压整流等整流电路种类，整流输出电压及二极管参数计算。

单相半波时$U_o=0.45U_2$，单相全波、单相桥式$U_o=0.9U_2$，单相半波及单相桥式时二极管反向耐压最大是$1.414U_2$，单相全波二极管反向耐压最大是$2.828U_2$，都是需要重点记忆的知识点。

11.2　滤波电路

电容滤波电路、电感电容滤波电路、π型滤波电路。滤波器分为频率选择器和纹波衰减器。

电容滤波空载时$U_o=1.4U_2$，电容滤波负载时$U_o=1.2U_2$，是需要重点记忆的知识点。

11.3　串联稳压电源

稳压方法有串联稳压和开关式稳压。稳压电源技术参数：内阻、纹波系数、电源电压调整率。

串联稳压工作原理基于自动调节串联在电源与负载之间的电阻，电源电压低时自动将电阻调小些，电源电压高时自动将电阻调大些。重点掌握78XX/79XX系列集成稳压器的应用。

11.4　开关稳压电源

开关稳压工作原理基于自动调节供电时间，通过自动调节占空比来稳压。

三、关键知识

电容滤波输出电压介于被整流电压有效值与峰值之间，接近峰值。

串联稳压的电源调整管工作在放大状态，功率消耗大，电源工作效率低。

开关稳压的电源调整管工作在开关状态，功率消耗小，电源工作效率高。

11.6　仿真与实训十一　220VAC电源超欠压灯光报警器

要求220V交流电低于180V时绿色LED亮，高于250V时红色LED亮，正常时蓝色LED亮。报警电路由降压变压器、整流滤波电压采样器、比较器等组成，见图11.6.1。

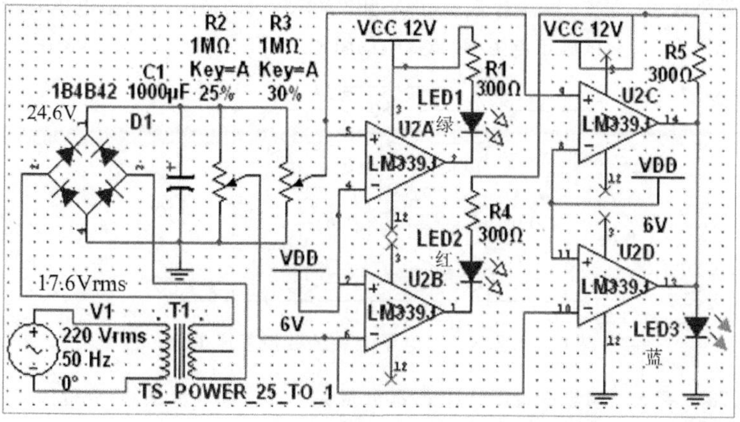

图 11.6.1 220VAC 电源超欠压灯光报警电路

220V 交流电经 12.5:1 降压后成为 $U_2=17.6\text{V}$。用两个 1MΩ 电位器对整流滤波电压采样。考虑两个 1MΩ 电位器属于轻载，整流滤波输出电压按照 $U_o=1.3U_2$进行计算。整流滤波输出电压与基准电压经四电压比较器 LM339 监测，驱动 LED，实现灯光报警。

比较器基准电压=6V。交流电上升到 250V 时，经 12.5:1 降压后成为 $U_2=20\text{V}$，整流滤波输出电压 $U_o\approx1.3U_2=1.3\times20\text{V}=26\text{V}$，电位器 R_2应调到 6V/26V=23%。因所用 Multisim 电位器每档只能调 5%，故仿真图中暂调到 25%。

交流电下降到 180V 时经 12.5:1 降压后成为 $U_2=14.4\text{V}$，整流滤波输出电压 $U_o\approx1.3U_2=1.3\times14.4\text{V}=18.7\text{V}$，故电位器 R_3应调到 6V/18.7V=32%，仿真图中实际调到 30%。

11.7 习题十一

11.2.1 图 11.7.1 是采用集成运放、全桥及磁电式微安表头构成的高内阻交流电压表电路工作原理。试指出被测电压 u_i极性为正时哪两个二极管导通，为负时哪两个二极管导通。

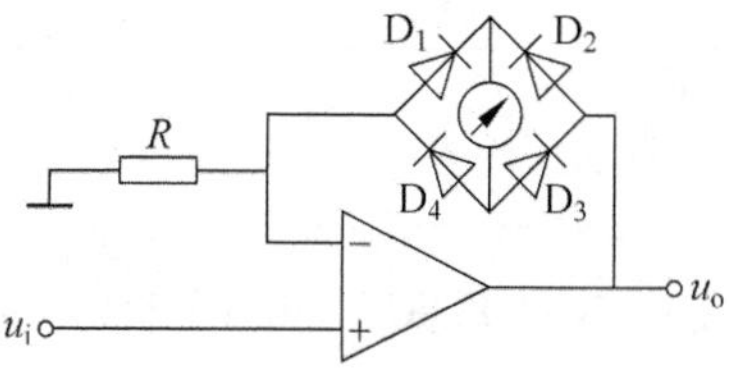

图 11.7.1 采用集成运放和全桥的高内阻电压表

11.2.2 图 11.7.2 展示了一种采用集成运算放大器的串联稳压电路。设稳压二极管稳定电压为 U_z，试计算输出电压 U_o与 U_z及 R_1/R_2的关系。

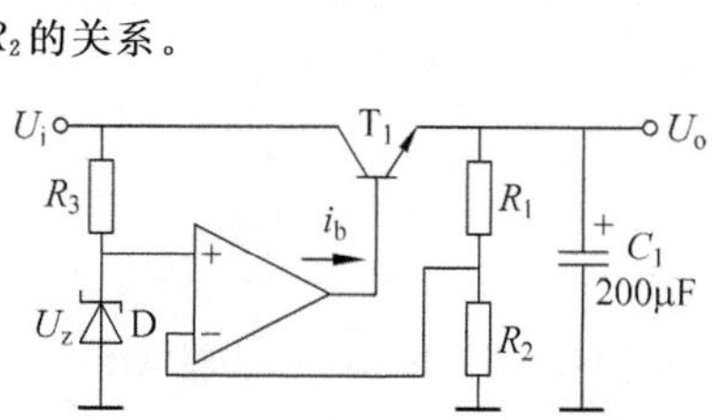

图 11.7.2 采用集成运算放大器的串联稳压电路

11.2.3 三端集成稳压器7805芯片 $I_q=5\text{mA}$，用7805制成的能分别输出电压 $U_o=5\text{V}$、6V、7V、8V电压的数控电源见图11.7.3，试确定电阻 R_1、R_2、R_3 的阻值。

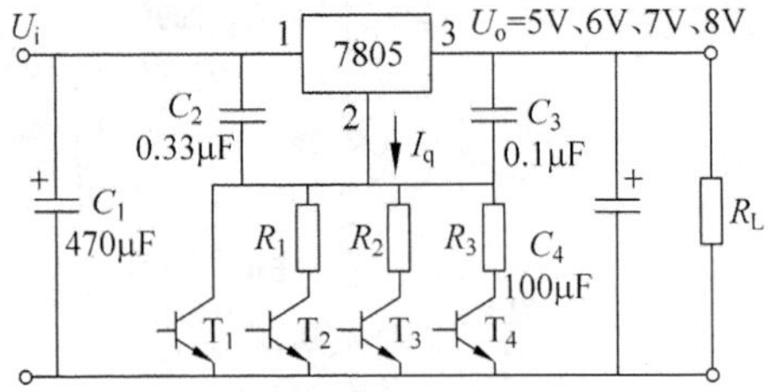

图11.7.3 用电子开关的数控稳压电路

11.2.4 就7805系列三端集成稳压器和L7805CV系列三端集成稳压器，分析计算图11.7.4所示可调稳压电路输出电压，并指出其中电阻 R_2 有何副作用。

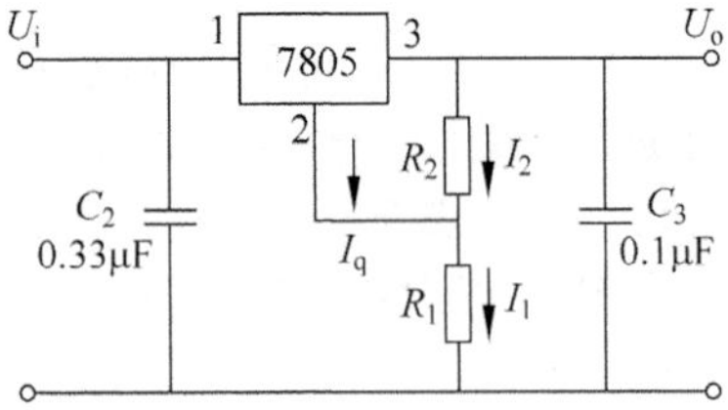

图11.7.4 7805集成稳压器可调稳压电路

11.2.5 一种采用稳压二极管的集成稳压电路如图11.7.5所示，稳压二极管 D_1 稳定电压为 $U_z=5\text{V}$，试回答下列问题：

(1) 该电路输出电压可调范围。

(2) 电阻 R_1 和稳压二极管 D_1 是否必需？试改进去掉 R_1 和 D_1，达到输出电压可调范围。

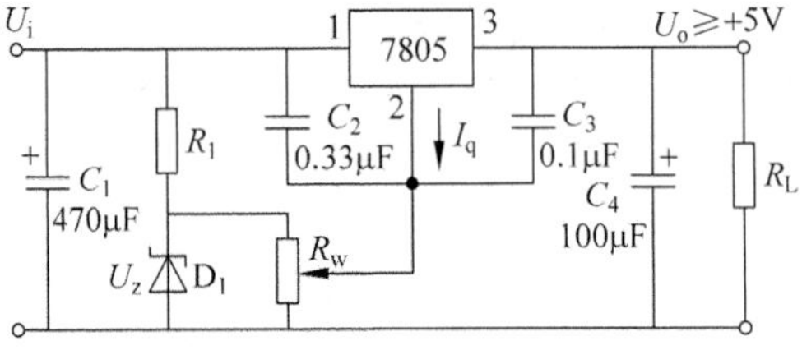

图11.7.5 用稳压二极管的稳压电源

11.2.6 恒流源电路见图11.7.6，要求负载电流 $I_L=1.25\text{mA}$，试确定限流电阻 R_1。

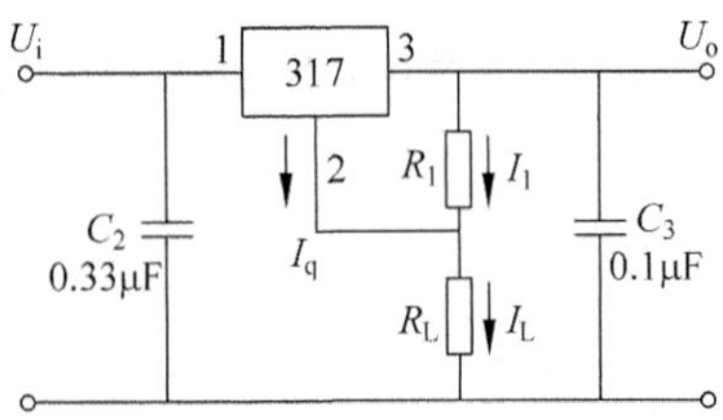

图11.7.6 用317做成的电流源

11.2.7 串联稳压电源电路见图11.7.7。已知直流不稳定输入电压 $U_1=15\text{V}$，稳压管稳定电压 $U_z=5.4\text{V}$，三极管 T_2 发射结压降 $U_{be}=0.6\text{V}$，$R_1=1\text{k}\Omega$，$R_2=1\text{k}\Omega$，$R_3=2\text{k}\Omega$，试计算输出电压 U_o，以及三极管

T_1集电极-发射极承受电压U_{ce}范围。(本题很典型,建议布置。)

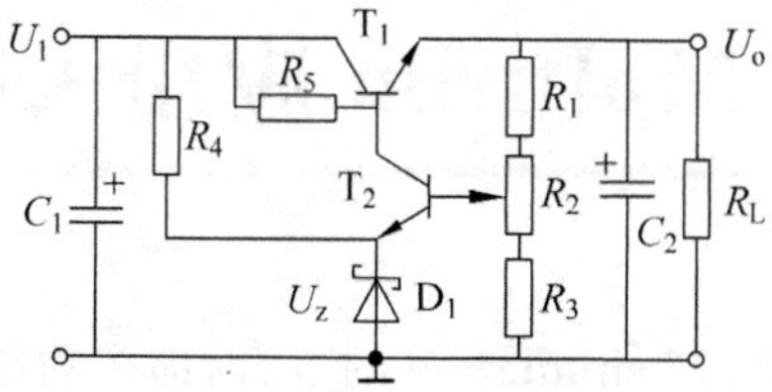

图 11.7.7 分立元件串联稳压电源

提示:按照传统习惯做法,不顾计算误差,强行忽略三极管T_2的基极电流,认为R_1、R_2与R_3真正串联,方可求解。

附录1　多功能电子电路仿真平台 Multisim应用入门

Multisim是英语Multiple与simulation的复合，即多功能电子电路仿真器。Multisim由EWB(Electronics Work Bench)演变而来。

最初EWB 5.0是加拿大图像交互技术公司(Interactive Image Technologies，IIT)于1988年推出的EDA(Electronics Design Automation)软件。EWB 5.0具有操作方便、界面形象直观、仿真功能强大等优点。EWB 5.0曾经被本地化成10多种语言在几十个国家使用，几乎风靡全世界。20世纪90年代开始，EWB 5.0就在我国广泛应用。

进入21世纪后，IIT公司将EWB 5.0升级为V6.0，并命名为Multisim 2001。2003年迭次升级为Multisim 7、Multisim 8。2006年IIT公司被美国NI(National Instruments)公司收购后更名为NI Multisim，并陆续推出Multisim 9～Multisim 12等版本。

Multisim具有丰富的元器件库、多种虚拟仪表和多种基本分析方法。电子电路仿真软件Multisim与微控制器仿真软件Proteus、电子电路自动制板软件Protel等一起，已经成为很多高校电子电路计算机辅助教学的常用平台，并为广大工程技术人员选用。

1. Multisim的虚拟电源及元器件库

Multisim电源库包括直流电源、正弦交流电源、方波电源、压控方波电源等。

Multisim元件库包括电阻、电容、电感、变压器、电机等。

Multisim二极管类器件库包括二极管、晶闸管等，三极管类器件库包括BJT、FET等。

Multisim还有运放类器件库(包括OPA、比较器等)，TTL器件库，CMOS器件库，以及射频元器件、开关、插座、连接器、键盘显示器、继电器开关类等辅助零件，还有少量单片机芯片，如8051、8031。

2. Multisim的虚拟仪表

1) Multisim虚拟仪表种类

Multisim 2001提供的虚拟仪表如下(按通常使用频次排序)：

函数信号发生器(Function Generator)；

电压电流测试笔(Measurement Probe)；

失真分析仪(Distortion Analyzer)；

数字万用表(Multimeter)；

功率表(Wattmeter)；

双通道示波器(Oscilloscope with Two Channel)；

扫频仪(Bode plotter)，也叫做波德图示仪；

字符发生器(Word Generator)；

逻辑分析仪(Logic Analyzer)；

逻辑转换器(Logic Converter)；

频谱分析仪(Spectrum Analyzer)；

网络分析仪(Network Analyzer)。

Multisim 2001 以后的新版本多提供以下虚拟仪表:

四通道示波器(4 Channel Oscilloscope);

频率计数器(Frequency Counter);

伏安特性分析仪(IV-Analyzer);

安捷伦函数信号发生器(Agilent Function Generator);

安捷伦万用表(Agilent Multimeter);

安捷伦示波器(Agilent Oscilloscope);

泰克示波器(Tektronix Oscilloscope);

图形化编程语言工具(LabVIEW Instrument)。

2) Multisim 虚拟仪表操作方法

虚拟仪表的工作面板一般都比较大。如果把工作面板直接连接在电路中,势必占据很大面积而喧宾夺主。为此,Multisim 的虚拟仪表设置了图标和工作面板两种显示方式。图标很小,其上只有主功能符号与接线端子,作为电路的一个组成部分。工作面板独立于电路,可与电路迭放,用来显示图像和数据,并可调整和设置。

使用虚拟仪表时,首先从仪表栏中拖出其图标,双击图标,即跳出工作面板。

Multisim 允许用外部数据文件作为输入,例如将 wav 文件作为输入信号源。

Multisim 常用下标符号:

m、pk: 幅度、峰值(Magnitude Value or Peak Value)的下标;

p-p: 峰-峰值(Peak to Peak Value)的下标;

rms: 有效值的下标。

3. Multisim 的主要功能

1) Multisim 提供元器件型号参数

利用 Multisim 提供的元器件库,可以查找所需要型号的元器件参数,为设计维修等工作提供技术服务。就是说,Multisim 可以当成一个电子元器件手册使用。

2) Multisim 提供搭接电路的平台

利用 Multisim 提供的平台,可以用其元器件库所有的元器件搭接各种电工电子电路,并且用其所有的虚拟仪器构成仿真系统。

3) Multisim 提供电路仿真实验

利用 Multisim 提供的仿真实验,可以完成放大、振荡、滤波等多项仿真功能。

4) Multisim 提供电路分析方法

直流工作点分析(DC Operating Point Analysis);

交流分析(AC Analysis);

瞬态分析(Transient Analysis);

傅里叶分析(Fourier Analysis),显示被测信号的各次谐波幅度;

噪声分析(Noise Analysis);

噪声系数分析(Noise Figure Analysis);

失真分析(Distortion Analysis),显示被测信号的总谐波失真 THD;

频谱分析(Spectrum Analysis);

直流扫描分析(DC Sweep Analysis);
灵敏度分析(Sensitivity Analysis);
参数扫描分析(Parameter Sweep Analysis);
温度扫描分析(Temperature Sweep Analysis);
极点-零点分析(Pole-Zero Analysis);
传递函数分析(Transfer Function Analysis);
蒙特卡罗分析(Mente Carlo Analysis);
扫描幅度分析(Trance Width Analysis);
批处理分析(Batched Analysis);
射频分析(RF Analysis);
用户自定义分析(User Defined Analysis)。

4. Multisim 的操作方法举例

Multisim 提供的仿真功能很多。这里结合最常用的电压放大和自激振荡,简要介绍 Multisim 的操作方法,包括电路搭接、仿真启动与关闭、电位器调节方法、函数信号发生器、示波器等虚拟仪表操作方法。

1) Multisim 电压放大仿真操作方法

(1) 在 Multisim 平台上选择元器件

在元器件库中选中所需要规格后,必要时可单击"详细报告"(Detailed Report),以查看其参数是否符合要求,如二极管反向耐压、三极管电流放大倍数及集-射极耐压等。

(2) 在 Multisim 平台上搭接放大电路

将选中的元器件拖到台面上,将鼠标移到元器件管脚上,待箭头变成带十字叉的圆点时,单击不放,拖到另外一个连接点上,松开后再及时单击一下,连线即画成。画线过程中若想在某点改变方向,需要在该点松开后再次单击拖动。

(3) 连接虚拟函数信号发生器及示波器

电路搭接及电源连接均完成后,需要将桌面右边的虚拟仪表栏中的函数信号发生器图标拖到放大电路输入点近旁并接线。

(4) 启动仿真及观察电压波形

有些版本的 Multisim 有启动和停止两个跷跷板按钮。

2) Multisim 振荡电路仿真操作方法

Multisim 振荡电路仿真操作比电压放大操作更简单。振荡电路搭接完毕,只需接入虚拟示波器即可进行仿真。一旦电路参数符合起振条件,就可以在示波器工作面板屏幕上看到起振过程及稳定后的电压波形。一旦电路参数不符合起振条件,还可以在示波器工作面板屏幕上看到振荡衰减过程。

(1) 在 Multisim 平台上搭接振荡电路。

(2) 连接虚拟示波器。只需连接虚拟示波器,操作同上。

(3) 启动仿真及观察电压波形。

(4) 调节电位器使电路起振。电位器调节方法同上。

3) Multisim 三极管 β 值调整方法

Multisim 以实际型号和虚拟元器件两种方式提供元器件。世界上各种电子元器件产品多得数不清，Multisim 主要提供欧美产品型号。Multisim 所提供的产品型号有限。仿真时找不到所需元器件是一个最大困难。尽可能使用虚拟元器件是快速备齐元器件的好途径。

BJT、FET、二极管及稳压二极管都有虚拟元件可选。虚拟元器件的优点是各种参数指标都可以根据需要自行设定。

三极管 β 值离散很大。为表达三极管 β 值离散很大的现实，Multisim 平台上的有型号真三极管 β 值及虚拟三极管 β 值均可以修改。

修改三极管 β 值的方法步骤如下：

(1) 双击 BJT 图标出现对话框。

(2) 单击 Edit model，出现含有 β 参数(显示 BF)的对话框。

(3) 修改 β 参数。

(4) 再次单击已修改参数之前或之后的部分，使整行呈深颜色显示，同时对话框下边的 change part model 由灰暗变为清晰有效。

(5) 单击 change part model，最后单击 OK，本次 β 参数修改即生效。

4) Multisim 测试笔(Measurement Probe)的操作使用

测试笔操作最简单，只要拖到电路指定点，就在近旁跳出一个伏安综合显示框，显示电压、电流(无需断开电路)的瞬时值、峰峰值、有效值及直流分量：

U：电压瞬时值，例如 −155mV；

$U_{p\text{-}p}$：电压峰峰值，即电压曲线上负峰点(谷点)到正峰点之间的电压值；

U_{rms}：电压有效值；

U_{dc}：直流电压分量；

I：电流瞬时值，例如 −15.5mA；

$I_{p\text{-}p}$：电流峰峰值，即电流曲线上负峰点(谷点)到正峰点之间的电流值；

I_{rms}：电流有效值；

I_{dc}：直流电流分量。

5) 扫频仪(波德图示仪)的操作使用

扫频仪是自动扫描的。使用 Multisim 扫频仪时，只要随手将交流信号源接在被测电路输入端及扫频仪 IN 端，将电路输出端接在扫频仪 OUT 端即可，信号源频率幅度无需设定。

Multisim 扫频仪的屏幕可分时显示对数幅频特性曲线和半对数相频特性曲线，例如图 9.1.3。两图由软按钮 magnitude 和 phase 切换。屏幕极限视界，横向为 1μHz～1000THz，对数幅频特性图纵向为 −200～+200dB，半对数相频特性图纵向为 −720°～+720°。视界可根据具体电路调小，以精细显示所关心的曲线段，准确读取上下限频率等参数指标。

Multisim 扫频仪像示波器一样，屏幕左边都有一个滑竿。滑竿与显示曲线交点处的频率、增益或相移在屏幕下边显示。拖动扫频仪滑竿，在对数幅频特性图上，记下中频增益。继续向左拖动滑竿，当增益下降 3dB 时，所显示频率值就是下限频率；向右拖动滑竿，当增益下降 3dB 时，所显示频率值就是上限频率。

附录2　应对旧体系模拟电子技术考试的二三事

本书所介绍模拟电子技术知识面对旧体系是全面覆盖的，因此按照本书组织教学或自学，应对按照旧体系组织的考试，是绰绰有余的。尽管如此，为了避免过渡期新旧知识体系之间的一些碰撞对考生可能的伤害，确保学生在旧体系模拟电子技术课程考试、研究生入学考试、注册电气工程师执业资格考试等考试中获得更好成绩，特指出几点注意事项。

1. 分压偏置放大器 Q 点三参数 I_b、I_c、U_{ce} 的计算

新法用戴维南等效电源法，依次计算串联分压比 $\alpha=R_{b2}/(R_{b1}+R_{b2})$，开路基极电压 $U_b=\alpha U_{cc}$，等效电动势 $E=U_b-U_{be}$、戴维南内阻 $R_b=R_{b1}//R_{b2}$ 及等效负载电阻 $r_L=\beta R_e$，然后计算 $I_b=\dfrac{E}{r_s+r_L}=\dfrac{U_b-U_{be}}{R_b+\beta R_e}$、$I_c=\beta I_b$ 或 $I_c=\dfrac{U_b-U_{be}}{R_b/\beta+R_e}$ 及 $U_{ce}=U_{cc}-(R_c+R_e)I_c$。

旧法先用公式 $I_c=\dfrac{U_b-U_{be}}{R_e}$ 计算 I_c，再计算 $I_b=I_c/\beta$ 及 $U_{ce}=U_{cc}-(R_c+R_e)I_c$。

将 I_c 新旧算法对比可看出，旧法丢掉了戴维南内阻 R_b/β。照原理本来应该是电动势比上内阻与负载电阻之和得到负载电流，实际沦落为电动势比上负载电阻之和得到负载电流。就算是近似计算，也该有一个解释，但所有的旧模电教科书就连一个简单的解释都没有，电路课里讲的戴维南内阻，就给活生生地丢掉了。R_b 越大或 β 越小，丢掉 R_b/β 所造成的计算误差就越大，作者就曾遇到计算误差高达 50% 的例子。不过为过渡，教师短期内应允许学生自主选用新旧两种方法。

2. 反馈问题

1）反馈组态

四种反馈组态见表 F1。

表 F1　四种反馈组态新旧对照

新	电压相减负反馈	电流相减负反馈	电压相加负反馈	电流相加负反馈
旧	电压串联负反馈	电流串联负反馈	电压并联负反馈	电流并联负反馈

照新体系思考和解题，答案转换为旧体系给出，详见 7.1 节。

2）振荡相位平衡条件及幅度平衡条件

振荡相位平衡条件本来应该是 $\varphi_a+\varphi_f+\varphi_c=2n\pi$，幅度平衡条件是 $|FA|=1$。我们知道相加反馈不一定就是正反馈，但旧观点默认振荡电路采用相加反馈，即默认 $\varphi_c=0$，故旧体系下振荡相位平衡条件简化为 $\varphi_a+\varphi_f=2n\pi$，幅度平衡条件仍为 $FA=1$。

3）深度电压串联负反馈的处理

电流负反馈或并联负反馈即便是深度的，也不容易计算。所以习题或考试所出的涉及深度负反馈的计算题，都是深度串联电压负反馈，如何应对，见第 7 章的习题。

3. 分立元件串联式稳压电源输出电压计算

分立元件串联式稳压电源的输出电压，本来很难计算的，目前传统做法强行忽略误差采样管的基极电流，计算输出电压，见第 11 章的习题，读者做此类习题时可以参照。

部分习题参考答案

第 1 章

1.1.1 BJT符号中箭头的作用：(1) 表示发射结 (2) 指明基极电流方向 (3) 箭尾表示P极、箭头表示N极

1.2.1 $R=1.5\text{k}\Omega$

1.2.2 $R=0.8\text{k}\Omega$

1.2.3 (a) 二极管D导通

(1) 认为D恒压降0.7V，$U_o=12\text{V}-0.7\text{V}=11.3\text{V}$

(2) 认为D零压降，$U_o=12\text{V}$

(b) 二极管D截止，无论用什么模型，都有$U_o=10\text{V}$

1.2.4 (a) $U_{ak2}>U_{ak1}$，判断二极管D_2导通，D_1承受3V反压而截止，$U_o=2.3\text{V}$

(b) $U_{ak2}>U_{ak1}$，判断二极管D_2导通，D_1承受6V反压而截止，$U_o=-5.3\text{V}$

1.3.1 (a) $R_b<\beta R_c$，饱和状态，$I_c=U_{cc}/R_c=1.2\text{mA}$

(b) $R_b>\beta R_c$，放大状态，$I_c=\beta I_b=6\text{mA}$

(c) $R_b>\beta R_c$，放大状态，$I_c=\beta I_b=0.6\text{mA}$

1.4.1 通过三极电流大小和方向能判断三极管β值、极性和引脚，但不能判断材料

(a) NPN管子 1. E 2. B 3. C (b) PNP管子 1. E 2. B 3. C

1.4.2 通过三极电压大小能判断三极管的材料、极性和引脚，但不能判断β值

(a) 硅NPN管子 1. E 2. C 3. B (b) 锗NPN管子 1. E 2. C 3. B

1.4.3 图(a)缺陷：BJT导通时U_{ce}被牵制在1V以上，负载电压少1V多，管子发热大

第 2 章

2.1.1 FET符号中箭尾表示电极、沟道或衬底是P型材料，箭头表示是N型材料

2.1.2 (1) $I_{dss0}\approx2.1\text{mA}$，$I_{dss}=2.03\text{mA}$ (2) $I_{dss0}\approx2.4\text{mA}$，$I_{dss}=2.32\text{mA}$

2.1.3 $I_{dss}=3.47\text{mA}$，$g_m=3.61\text{mS}$，$g_{m0}=4.34\text{mS}$(毫西门子)

2.1.4 $I_{dss}=1.87\text{mA}$，$U_{ds0}=8.27\text{V}$，$I_d=2.47\text{mA}$，$U_{ds}=7.06\text{V}$

2.2.1 $g_{md}=12.8\text{mS}$

第 3 章

3.1.1 $R_{b(min)}=240\text{k}\Omega$，$R_{b(cr)}=360\text{k}\Omega$，$I_{c(cr)}\approx3.333\text{mA}$，$U_{ce(cr)}=4\text{V}$，$U_{om(max)}\approx4\text{V}$

3.1.2 $\beta=R_{b(cr)}/(R_c+R_c//R_L)/0.95=390\text{k}\Omega/(2+2//2)\text{k}\Omega/0.95=390/2.85=137$ 倍

3.1.3 $r_i\approx r_{be}\approx1\text{k}\Omega$，$r_o=2.4\text{k}\Omega$，$A_{uz}\approx-120$ 倍，$A_u\approx-40$ 倍，$A_i=50$ 倍，$A_p=2000$ 倍

3.1.4 $I_b\approx0.0314\text{mA}$，$I_c\approx3.14\text{mA}$，$U_{ce}=4.46\text{V}$，$(|\delta I_c|+|\delta U_{ce}|)/2=9\%<10\%$，工作点合理

$r_i\approx r_{be}\approx1\text{k}\Omega$，$r_o=2.4\text{k}\Omega$，$A_{uz}\approx-120$ 倍，$A_u\approx-40$ 倍，$A_i=50$ 倍，$A_p=2000$ 倍

3.1.5 (1) $f_L=9.34\text{Hz}$；(2) $f_L=6.2\text{Hz}$

3.1.6 $C_1=C_2=12.5\mu\text{F}$

3.2.1 $R_{e2}=0.8\text{k}\Omega$，$U_{ce(cr)}=3.3\text{V}$，$U_{e(cr)}=2.7\text{V}$、$I_{c(cr)}=3\text{mA}$

3.2.2 $U_{om(max)}=3\text{V}$，$\lambda=0.2\%/℃$，$\rho=0.2$，$\alpha_{cr}=0.340$，$R_{b(cr)1}=66.2\text{k}\Omega$，$R_{b(cr)1}=34.1\text{k}\Omega$

3.2.3 $\alpha=0.365$，$R_b=17.1\text{k}\Omega$，$I_b\approx0.02341\text{mA}$，$I_c\approx2.341\text{mA}$，$U_{ce}=3.1\text{V}$

$(|\delta I_c|+|\delta U_{ce}|)/2=(1.4\%+4\%)/2=2.7\%<10\%$，$\rho=11\%$，$r_{be}=1.31\text{k}\Omega$

$r_{be}+\beta R_{e1}=21.3\text{k}\Omega$

$r_i=9.51\text{ k}\Omega$，$r_o=2.4\text{k}\Omega$，$A_{uz}\approx-5.63$ 倍，$A_u\approx-4.65$ 倍，$A_i=22.3$ 倍，$A_p=104$ 倍

$\alpha_{cr}=0.361$，$\delta\alpha=-1\%$，$\delta I_c=1.4\%$

3.2.4 (1) 把 $R_{b(cr)1}=35.0\text{k}\Omega$，$R_{b(cr)1}=18.8\text{k}\Omega$ 接入即可基本上整定工作点

(2) 调整 R_{b2}，使 $U_{ce}=U_{ce(cr)}=3.14\text{V}$，即完成工作点整定

3.2.5 $R_{b(cr)}=310\text{k}\Omega$，$\rho=0.738$，$\lambda=0.738\%$

3.3.1 (1) $I_{c(cr)}\approx2.667\text{mA}$，$U_{ce(cr)}=4\text{V}$，$U_{om(max)}\approx4\text{V}$，$R_{b(cr)}=150\text{k}\Omega$，$\rho=0.333$

(2) $r_i=75.3\text{k}\Omega$，$r_o=0.5\text{k}\Omega$，$A_{uz}=0.992$，$A_u=0.430$，$A_i=25.1$，$A_p=10.8$

3.4.1 $U_{ce(cr)}=3.16\text{V}$，$I_{c(cr)}=2.11\text{mA}$，$U_{e(cr)}=2.53\text{V}$，$U_{om(max)}=3.16\text{V}$

3.4.2 $r_i=26.3\text{k}\Omega$，$r_o=6.8\text{k}\Omega$，$A_u=3.4$，$A_i=0.5$，$A_p=1.7$，$A_{uz}=129$

3.4.3 $R_{b(cr)}=300\text{k}\Omega$，$I_{c(cr)}=-4\text{mA}$，$U_{ce(cr)}=-4\text{V}$，$U_{om(max)}\approx4\text{V}$

第 4 章

4.1.1 $R_{d(max)}=4.75\text{k}\Omega$，$R_{d(cr)}=2.15\text{k}\Omega$，$I_{d(cr)}=2.79\text{mA}$，$U_{ds(cr)}=6.0\text{V}$，$U_{om(max)}=6.0\text{V}$

4.2.1 $R'_L=3//3=1.5\text{k}\Omega$，$I_{d(cr)}=2.105\text{mA}$，$U_{ds(cr)}=3.37\text{V}$，$U_{om(max)}=3.16\text{V}$，

$\alpha_{cr}=0.384$

$\rho=0.0365$，$R_{g2}=224.1\text{k}\Omega$，$U_g=4.604\text{V}$，$U_{gs}=2.23\text{V}$，$r_i\approx138\text{k}\Omega$，

$r_o=R_d=3\text{k}\Omega$

$A_{uz}=-10.6$ 倍，$A_u=-9.74$ 倍，$A_i=488$ 倍，$A_p=4749$ 倍

4.3.1 $I_{d(cr)}=2.67\text{mA}$，$U_{d(cr)}=4\text{V}$，$U_{om(max)}=4\text{V}$，$R'_L=1.5\text{k}\Omega$，$g_m=3.65\text{mS}$，$\alpha_{cr}=0.613$，

$R_{g2}=889\text{k}\Omega$，$r_i=344\text{ k}\Omega$，$r_o=251\Omega$，$A_{uz}=0.846$，$A_u=0.655$，$A_i=96.8$，$A_p=63.4$

4.4.1 $R'_L=5\text{k}\Omega$，$A_u=10$ 倍，$A_{uo}=20$ 倍，$A_i=0.5$ 倍，$A_p=5$ 倍，$r_i=48\Omega$，$r_o=10\text{k}\Omega$

4.5.1 $R'_L=1.5\text{k}\Omega$，$I_{d(cr)}=2.18\text{mA}$，$\alpha_{cr}=0.374$，$R_{g2}=132\text{k}\Omega$，$A_u=3$ 倍，$A_{uo}=6$ 倍

$A_i=0.5$ 倍，$A_p=1.5$ 倍，$r_i=48\Omega$，$r_o=3\text{k}\Omega$

第 5 章

5.1.1 $R_{b(cr)}=3.6\text{k}\Omega$，$I_b=3.14\text{mA}$，$r_{be}=108\Omega$，$A_u=5.88$ 倍

$U_{om(max)}=8\text{V}$，$P_{o(max)}=2\text{W}$，$A_p=882$ 倍

5.2.1 (1) $R'_L=0.5\text{k}\Omega$，$R_{b(cr)3}=40\text{k}\Omega$，$r_{i2}=19.8\text{k}\Omega$，$r_{io2}=26.2\text{k}\Omega$，$R_{L1}=r_{i2}=19.8\text{k}\Omega$，

$R'_{L1}=2.14\text{k}\Omega$，$I_{c(cr)1}=2.09\text{mA}$，$R_{b(cr)1}=73.9\text{k}\Omega$，$R_{b(cr)2}=31.3\text{k}\Omega$

(2) $r_{o1}=2.4\text{k}\Omega$，$r_{o2}=27\text{k}\Omega$，$A_{u1}=-7.9$，$A_{uo1}=-8.9$，$A_{u2}=0.89$，$A_{uo2}=0.92$，

$A_u=-7.9$，$A_{uo}=-8.1$

5.3.1 (a) 甲类 (b) 乙类 (c) 甲乙类 (d) 丙类

5.3.2 $P_o=14.1\text{W}, P_T=2.81\text{W}, P_s=18.0\text{W}$

5.4.1 $U_{cc}=16\text{V}, P_{T(max)}=0.8\text{W}, P_{s(max)}=5.1\text{W}$，甲乙类 $I_{cm}=1\text{A}, R_{b1}=R_{b2}=4\text{k}\Omega$；甲类 $I_{cm}=2\text{A}, R_{b1}=R_{b2}=1.6\text{k}\Omega$

5.4.2 $A_p=1000$ 倍，$P_i=2\text{mW}, P_o=A_pP_i=5\text{W}, I_o=0.5\text{A}$

5.4.3 $U_{cc}=8\text{V}, P_T=0.8\text{W}, P_s=5.1\text{W}$

甲类 $R_{b1}=R_{b2}=1.28\text{k}\Omega$，甲乙类 $R_{b1}=R_{b2}=3.2\text{k}\Omega$

第 6 章

6.1.1 $U_+=1\text{mV}$

6.2.1 (1) $\beta=100, I_b\approx0.0113\text{mA}, I_c\approx1.13\text{mA}, U_{ce}=7.05\text{V}, r_{be}\approx2.5\text{k}\Omega$

(2) $R_L''=2.5\text{k}\Omega, A_{ud}=29.4, A_{uc}=0.005, \text{CMRR}=5900$

(3) $R_L''=3.33\text{k}\Omega, A_{ud}=19.6, A_{uc}=0.332, \text{CMRR}=59$

6.2.2 (1) $R_L''=2.5\text{k}\Omega, R_e=3.34\text{k}\Omega, U_{ce(cr)}=4.23\text{V}, U_{om(max)}=8.47\text{V}$

$I_{c(cr)}=1.69\text{mA}, r_{be}=1.74\text{k}\Omega, A_d=37.1$ 倍，CMRR=4955 倍

(2) $R_e=4.45\text{k}\Omega, U_{ce(cr)}=6.35\text{V}, U_{om(max)}=12.70\text{V}, I_{c(cr)}=1.27\text{mA}$

$r_{be'}=2.25\text{k}\Omega, A_d=69.0$ 倍，CMRR=6140 倍

6.2.3 (1) 双端输出 $A_d=20$ 倍，CMRR=410 倍；

(2) 单端输出 $A_d=10$ 倍，CMRR=41 倍

6.2.4 $R_{e(cr)}\approx8.9\text{k}\Omega$

(1) R_e实值 10kΩ，故其输出范围达不到最大，比理想最大值要小百分之十几

(2) 为了建立偏置接进两只 510Ω 电阻，但对直流信号根本无必要，空影响电压增益

(3) 调零方式综合效果最差。应参照图 6.7.5 改进

6.3.1 (1) $R_{b3}=334\text{k}\Omega, I_{c(cr)}=1.69\text{mA}, U_{ce(cr)}=4.23\text{V}, U_{om(max)}=8.47\text{V}, r_{be}=1.74\text{k}\Omega$,

$A_d=37.11$

(2) $R_{b3}=445\text{k}\Omega, I_{c(cr)}=1.27\text{mA}, U_{ce(cr)}=6.35\text{V}, U_{om(max)}=12.7\text{V}, r_{be}=2.25\text{k}\Omega$,

$A_d=69.0$

6.4.1 (1) 负载 4.7kΩ 时取 $I_c=I_{c(cr)}=0.586\text{mA}, r_{be}=4.54\text{k}\Omega, A_d=105$ 倍

(2) 空载时取 $I_c=I_{c(cr)}=0.529\text{mA}, r_{be}=5.01\text{k}\Omega, A_d=124$ 倍

6.4.2 S 断开，$U_{ab}=2.30\text{V}$；S 闭合，$U_{ab}=3\text{V}$　$I_2=1\text{mA}$

6.4.3 4.615mA，4.617mA

6.7.2 19μA，图 6.7.4 所给 20μA 是近似值

第 7 章

7.1.1 $F=0.09$

7.2.1 反馈通过电阻引来，$F>0, \varphi_f=0$，总相移简化为 $\sum\varphi=\varphi_a+\varphi_f+\varphi_c=\varphi_a+\varphi_c$

图 7.7.1：内层第一级 $A_1<0, \varphi_a=\pi$，加反馈，$\varphi_c=0, \sum\varphi=\varphi_a+\varphi_c=\pi$，为负反馈

内层第二级 $A_2<0, \varphi_a=\pi$，加反馈，$\varphi_c=0, \sum\varphi=\varphi_a+\varphi_c=\pi$，为负反馈

外层 $A>0$，$\varphi_a=0$，加反馈，$\varphi_c=0$，$\sum\varphi=\varphi_a+\varphi_c=0$，总体有条件加正反馈

$R_3R_5>R_2R_4$ 时，$A_f>0$，总体为负反馈

$R_3R_5=R_2R_4$ 时，$A_f\to\infty$，总体为正、负反馈之间的临界状态

$R_3R_5<R_2R_4$ 时，$A_f<0$，总体负反馈演变为正反馈

图 7.7.2：内层 $A_1>0$，减负反馈，$A_2<0$，加负反馈，$A<0$，外层总体加负反馈

图 7.7.3：内层 $A_1<0$，加负反馈，$A_2>0$，减负反馈，$A<0$，外层总体加负反馈

图 7.7.4：内层 $A_1>0$，减负反馈，$A_2>0$，减负反馈，$A>0$，外层总体减负反馈

图 7.7.5：内层 $A_1<0$，加负反馈，$A_2>0$，减负反馈，$A<0$，外层总体加负反馈

图 7.7.6：内层 $A_1<0$，加负反馈，$A_2<0$，加负反馈，$A>0$，外层总体减负反馈

7.3.1 $D\approx2.4$，$F=-0.093$，$A\approx-15$，$A_f\approx-6.25$，$\Delta f_{hf}=1.4\text{MHz}$，$\Delta f_L=4.6\text{Hz}$

7.3.2 (1) $F=R_e/(R_e+R_f)$，$A_f\approx1/F=(R_e+R_f)/R_e=1+R_f/R_e=9.2$ 倍

(2) $F=R_{b2}/(R_{b2}+R_f)$，$A_f\approx1/F=(R_{b2}+R_f)/R_{b2}=1+R_f/R_{b2}$

7.3.3 $P_o=14.1\text{W}$，$P_T=2.81\text{W}$，$P_s=17.9\text{W}$

7.4.1 $u_o=2u_{i2}-u_{i1}$

第 8 章

8.1.1 $A_f=-R_2/R_1=-20/2=-10$，$u_o=-10u_i$

(1) $u_o=-10\times0.5\text{V}=-5\text{V}$；

(2) $u_o=-10\times0.5\sin\omega t\,\text{V}=-5\sin\omega t\,\text{V}=5\sin(\omega t+\pi)\text{V}$

8.1.2 闭环电压放大倍数 $A_f=10$，(1) $u_o=5\text{V}$；(2) $u_o=5\sin\omega t(\text{V})$

8.1.3 $u_o=-4(u_{i1}+u_{i2})$，(1) $u_o=-12\text{V}$；(2) $u_o=-12\sin\omega t\,\text{V}$

8.1.4 $u_o=u_{i1}+u_{i2}$，(1) $u_o=3\text{V}$；(2) $u_o=3\sin\omega t\,\text{V}$

8.1.7 $R_3/R_2=R_4/R_1$，$u_o=R_4/R_1(u_{i2}-u_{i1})=(20/10)(u_{i2}-u_{i1})=2(u_{i2}-u_{i1})$

(1) $u_o=2\times(2\text{V}-1\text{V})=2\text{V}$；(2) $u_o=2\times(4\sin\omega t-2\sin\omega t)\text{V}=4\sin\omega t\,\text{V}$

8.1.8 $R_1=10\text{k}\Omega$，$R_2=5\text{k}\Omega$，$R_3=4\text{k}\Omega$，$R_4=3\text{k}\Omega$

8.1.11 图 7.7.1：$A_f=\dfrac{R_2R_4}{R_3R_5-R_2R_4}\dfrac{R_5}{R_1}$，$R_3R_5>R_2R_4$ 时，$A_f>0$，总体为负反馈

$R_3R_5=R_2R_4$ 时，$A_f\to\infty$，总体为正、负反馈之间的临界状态

$R_3R_5<R_2R_4$ 时，$A_f<0$，总体负反馈演变为正反馈

图 7.7.2：$A_f=-\dfrac{R_3R_4}{R_1(R_2+R_3)+R_2R_4}$

图 7.7.3：$k=\dfrac{R_6}{R_5+R_6}\dfrac{R_3+R_4}{R_3}$，$A_f=-\dfrac{kR_2}{1+kR_2/R_7}$

图 7.7.4：$A_f=\left(1+\dfrac{R_4}{R_3}\right)\dfrac{(1/R_1+1/R_2+1/R_5)R_5}{1+R_4/R_3+R_5/R_2}$

图 7.7.5：$A_f=-\dfrac{1+R_4/R_3}{1+R_4/R_3+R_5/R_2}\dfrac{R_5}{R_1}$

图 7.7.6：$A_f=\dfrac{R_2(R_5+R_6)}{R_3R_1(R_5+R_6)/R_4+(R_1+R_2)R_5}$

第 9 章

9.1.1 $f_H=159\text{Hz}$

9.1.2 $f_L=1592\text{Hz}$

9.1.3 (1) $F_0=1/3$,(2) $F_0=2/7$

9.1.4 $F_0=-C_2/C_1=-200/100=-2$

9.1.5 $F_0=-L_1/L_2=-200/100=-2$

第 10 章

10.1.1 图 10.8.1：$\sum\varphi=\varphi_a+\varphi_f+\varphi_c=\pi+0+0=\pi$,不能振荡

图 10.8.2：$\sum\varphi=\varphi_a+\varphi_f+\varphi_c=0+0+0=0$，振荡相位平衡条件满足

10.2.1 $U_{om(max)}=U_{ce(cr)}=4.8\text{V}$,$U_{e(cr)}=2.4\text{V}$

10.4.1 (1) 属于 RC 振荡电路；(2) 运放输入端上负、下正

(3) $R_{f(min)}=20\text{k}\Omega$；(4) 振荡频率 $f=159.2\text{Hz}$

10.5.1 $T=2.2\times10^{-3}\text{s}$,$f\approx454.5\text{Hz}$,$\rho=50\%$

10.5.2 $U_{om}=5.46\text{V}$,$T=4.004\text{ms}$,$f\approx250\text{Hz}$

10.5.3 $U_{om}=4\text{V}$,$T=0.4\text{ms}$,$f=2500\text{Hz}$

第 11 章

11.2.1 u_i极性为正时二极管 D_2、D_4 导通，为负时二极管 D_1、D_3 导通

11.2.2 $U_o=(1+R_1/R_2)U_z$

11.2.3 输出 6V 电压时，要求 $R_1I_q=1\text{V}$,$R_1=(6\text{V}-5\text{V})/I_q=1\text{V}/I_q=1\text{V}/5\text{mA}=200\Omega$

输出 7V 电压时，要求 $R_2I_q=7\text{V}-5\text{V}=2\text{V}$,$R_2=2\text{V}/I_q=2\text{V}/5\text{mA}=400\Omega$

输出 8V 电压时，要求 $R_3I_q=8\text{V}-5\text{V}=3\text{V}$,$R_3=3\text{V}/I_q=3\text{V}/5\text{mA}=600\Omega$

11.2.4 R_2作用是试图减少 I_q可能的变化对输出电压稳定性的影响，但是，R_2首先要带来附加功耗。实际上 I_q变化很小，7805 调压电路本身属于低档次电路，一般不在正式产品上使用，而是临时使用，所以不宜苛求稳定性。此外，L78XXCV 系列芯片输出电压稳度系数为负，可与 I_q正温度系数补偿。加用 R_2反而不能补偿。故 R_2既无充分性，也无必要性。

11.2.5 (1) 输出电压可调范围 5～10V

(2) 可去掉 D_1，同时去掉 R_1，取 $R_w=5\text{V}/5\text{mA}=1\text{k}\Omega$ 即可

11.2.6 $R_1=1.25\text{V}/I_L=1.25\text{V}/1.25\text{mA}=1\text{k}\Omega$

11.2.7 (1) R_2 调到最上端 $U_o=U_{o(min)}=8\text{V}$,$U_{ce}=U_{ce(max)}=7\text{V}$

(2) R_2 调到最下端 $U_o=U_{o(max)}=12\text{V}$,$U_{ce}=U_{ce(min)}=3\text{V}$

参 考 文 献

[1] Shockley W. The theory of p-n junctions in semiconductors and p-n junction transistors. Bell Syst. Tech. J,1949,28(3):435-89.

[2] Shockley W. Carrier generation and recombination in p-n junctions and p-n junction characteristics. Proc. IRE,1957, 45(9):1228-43.

[3] Shockley W. Problems related to p-n junctions in silicon. Solid-State Electron, 1961,2(1):35-67.

[4] Henry Zanger. Semiconductor device and circuits, John wiley & sons, Inc. 1984.

[5] Rashid H M. Microelectronic Circuits analysis and design. USA: PWS, a division of Thomson Learning, 1999.

[6] 刘恩科，朱秉升，罗晋生. 半导体物理学[M]. 西安：西安交通大学出版社，1998.

[7] 吴运昌. 模拟电子线路基础[M]. 广州：华南理工大学出版社，2001.

[8] 童诗白，华成英. 模拟电子技术基础[M]. 3 版，北京：高等教育出版社，2000.

[9] 康华光. 电子技术基础(模拟部分)[M]. 5 版，北京：高等教育出版社，2006.

[10] 秦曾煌. 电工学(下册，电子技术) [M]. 6 版，北京：高等教育出版社，2004.

[11] 孙肖子. 模拟电子技术基础[M]. 西安：西安电子科技大学出版社，2001.

[12] 杨素行. 模拟电子技术基础简明教程[M]. 2 版，北京：高等教育出版社，1998.

[13] 高吉祥. 模拟电子技术学习辅导及习题详解[M]. 北京：电子工业出版社，2006.

[14] 铃木雅臣. 晶体管电路. 科学出版社，2004.

[15] 高伟. 甲类交流放大器最佳工作点的整定[J]. 北京：大学物理，1998，5：15-16.

[16] 赖家胜. 三极管放大电路基极偏置电阻的估算[J]. 柳州：柳州师专学报，2002，2：95-96.

[17] 冯永振. 单级低频共射交流放大器最佳工作点的设置与调试[J]. 北京：实用测试技术，2002，5：23-24.

[18] 常建刚、陈兆生. 怎样判断电路中反馈的类型[J]. 家用电器，1999，6：41.

[19] 陶希平. 关于反馈电路的几个概念问题[J]. 重庆工商大学学报，2012，2(29)：73-78.

[20] 叶钟灵. 山高水长 一代宗师堪风范(访童诗白教授)[J]. 电子产品世界，2012，5：20、47.

[21] 元增民. 模拟电子技术[M]. 北京：中国电力出版社，2009.

[22] 元增民. 模拟电子技术(修订版)[M]. 北京：清华大学出版社，2013.

[23] 元增民. 变压器输入阻抗与输出阻抗的分析计算[J]. 变压器，2006，43(8)：5-10.

[24] 元增民. 电阻性甲类放大器效率与负载最大功率的分析计算[J]. 长沙大学学报，2006，20(2)：32-35.

[25] 元增民. 基本共射放大器频率特性的分析计算[J]. 长沙大学学报，2006，20(5)：35-38.

[26] 元增民. 磁耦合放大器交流参数与频率特性的分析计算[J]. 长沙大学学报，2007，21(5)：35-38.

[27] 元增民. 磁耦合放大器工作点与极限参数的分析计算[J]. 长沙大学学报，2008，22(2)：14-17.

[28] 元增民. 用微分方程分析文氏电桥振荡器限幅机理[J]. 长沙大学学报，2009，23(5)：9-12.

[29] 元增民. 重视基础理论创新、夯实教学改革基础[J]. 2010 电子高等教育学术研讨会，2010(7).

[30] 元增民. 基于输出范围温度系数进行工作点稳定性设计[J]. 2010 IEEE 电气工程与自动控制国际学术会议(ICEEAC 2010)，2010，11.

[31] 元增民. BJT 放大电路工作点设计要求与整定方法[J]. 长沙大学学报，2011，25(2)：10-12.

[32] 元增民. 栅极无偏置 JFET 放大电路工作点设计整定方法[J]，长沙大学学报，2011，25(5).

[33] 元增民. 电工技术[M]. 长沙：国防科技大学出版社，2011.

[34] 黄继昌. 电子元器件应用手册[M]. 北京：人民邮电出版社，2004.